高等教育“十三五”规划教材·城市交通运输系列

交通检测与物联网技术基础及应用

主　编　王江锋

副主编　闫学东　马　路

北京交通大学出版社

·北京·

内 容 简 介

本书分别从基础篇、技术篇和应用篇三个层面，介绍了交通检测技术和交通物联网技术的概念、工作原理、常用技术方法和实际系统应用等内容。本书在内容安排上充分考虑了交通检测与物联网技术相关知识的基础性、理论性和应用性，使读者能够循序渐进地掌握交通检测技术的工作原理及交通物联网基本概念，在此基础上可深入学习交通信息技术、交通大数据与云计算技术、交通事件检测技术和智能网络汽车仿真技术等方面的理论方法，最后从系统层面了解交通检测与物联网技术在交通领域的应用。

本书可作为高等院校交通运输、交通工程及相关专业的本科生、研究生教材，也可作为交通管理、运营、设计工程技术人员的参考用书。

图书在版编目（CIP）数据

交通检测与物联网技术基础及应用 / 王江锋主编. —北京：北京交通大学出版社，2020.6
ISBN 978-7-5121-4213-8

Ⅰ. ① 交… Ⅱ. ① 王… Ⅲ. ① 交通工程–检测–高等学校–教材 ② 互联网络–应用–高等学校–教材 ③ 智能技术–应用–高等学校–教材 Ⅳ. ① U491 ② TP393.4 ③ TP18

中国版本图书馆 CIP 数据核字（2020）第 087474 号

交通检测与物联网技术基础及应用
JIAOTONG JIANCE YU WULIANWANG JISHU JICHU JI YINGYONG

责任编辑：陈可亮
出版发行：北京交通大学出版社　　电话：010–51686414　　http://www.bjtup.com.cn
地　　址：北京市海淀区高梁桥斜街 44 号　　邮编：100044
印 刷 者：北京时代华都印刷有限公司
经　　销：全国新华书店
开　　本：185 mm×260 mm　　印张：22.75　　字数：612 千字
版 印 次：2020 年 6 月第 1 版　　2020 年 6 月第 1 次印刷
印　　数：1～2 000 册　　定价：58.00 元

本书如有质量问题，请向北京交通大学出版社质监组反映。对您的意见和批评，我们表示欢迎和感谢。
投诉电话：010-51686043，51686008；传真：010-62225406；E-mail：press@bjtu.edu.cn。

前　言

交通检测技术是智慧交通的重要组成部分，利用网络通信技术，配合交通检测设备，实现对交通信息的实时采集和处理，并传输到监控中心，为监控中心进行交通控制方案的制定提供重要信息依据。近年来，随着我国传感器技术、物联网技术、人工智能等技术的发展，一些基于物联网的新型交通检测技术在智慧交通中得到越来越多的应用，推动智慧公路、车路协同、自动驾驶等相关技术进步。随着智慧城市和智慧公路建设的快速发展，未来交通检测技术将向着智能化、可视化、光电一体化发展。首先，未来交通检测技术将不断提高检测器的使用寿命与准确性，降低干扰并提高检测精度，保证检测系统的可靠性和稳定性；其次，交通检测技术的智能化水平将不断提高，无论是检测器的操作还是交通流量检测，均以智能模式运行，极大减轻人力压力；最后，交通检测技术在车辆和交通流信息参数获取上将更加智能化、精细化、实时化，在实现交通实时控制、提高交通通行效率中起到重要作用。

未来的交通系统是将先进的传感技术、信息传输技术、控制技术及物联网技术等有效地集成运用于交通管理与控制，在此基础上建立的一种大范围、全方位发挥作用的实时、准确、高效综合交通运输管理系统。我国交通领域研究人员需要具备通信、计算机、物联网等多领域的专业知识，掌握一些常用交通检测技术的工作原理，以及相应的交通信息处理方法、交通大数据与云计算方法等，培养研究人员解决交通工程领域复杂工程问题的能力，有效利用所学专业知识应对未来更加未知多变的城市交通问题。

针对以上需求，本书撰写内容主要具备以下三方面的特征。第一，基础性。城市交通系统中涉及大量的交通传感器和检测设备，本书基础篇介绍了交通信息检测、交通物联网和常用交通参数检测原理等方面的知识，将为交通领域研究人员掌握交通检测技术和交通物联网技术提供一些基础性知识准备；第二，理论性。针对采集获得的交通数据，需要进行数据整备方可用于交通的管理与控制。本书技术篇介绍了交通信息预处理技术、交通信息数据挖掘技术、交通事件自动检测技术等方面的内容。同时考虑到大数据技术与自动驾驶的快速发展，也介绍了交通大数据与云计算技术、智能网联汽车关键技术与仿真技术等方面的内容。这些内容将为交通领域研究人员提供一些基本的数据处理方法，用于对交通检测数据进行数据质量治理与数据挖掘，以便将高质量的交通检测数据更好应用于交通系统。第三，应用性。本书应用篇介绍了交通物联网技术、RFID 技术在智能交通领域的应用，便于从实践角度让交通领域研究人员了解交通检测与物联网技术的实施情况。

本书力求通俗易懂、学以致用，安排了一些应用案例和思考题，以加深对理论知识的理解，便于理论联系实际。

本书编写方面，第 1 章由闫学东编写，王超等参与校正；第 2 章由马路编写，熊慧媛、张茜等参与校正；第 3 章由梁艳平编写，王梦玉、董佳宽等参与校正；第 4、5 章由史丹丹编写，刘雨桐、教欣萍等参与校正；第 6～9 章由王江锋编写，王超等参与校正；第 10、11 章由王云编写，陈磊、高志军等参与校正。全书由王江锋教授统稿，交通运输部科学研究院刘好德研究员主审。

交通检测与物联网技术专业性、综合性强，是一门正在迅速变革中的新型交通应用技术。由于编者水平有限，本书疏漏、不足之处在所难免，恳请同行和读者批评指正，特此致谢！

编　者

2020 年 2 月

目　　录

第1篇　基　础　篇

第2篇 技 术 篇

第3篇 应 用 篇

第1篇　基础篇

第1章　绪　　论

交通检测器是道路交通管理与控制系统的主要组成部分之一，是交通流信息的采集设备。它通过数据采集和设备监视等方式，在道路上实时地检测交通量、车辆速度、车流密度和车辆占有率等各种交通参数，这些参数都是控制系统中所需的配时计算参数。检测器检测到的数据，通过通信系统传送到本地控制器或是直接上传至监控中心计算机，作为监控中心分析、判断、发出信息和提出控制方案的主要依据。所以，交通检测器及其检测技术水平的高低直接影响到公路交通控制系统的整体运行和管理水平，交通控制系统的工作效率决定于检测器对车辆的检测能力。

1.1　概　　述

1.1.1　交通信息

1. 概念

广义地讲，交通信息是指交通系统与环境交换的、系统内部要素之间交换的、要素自身处理加工的，用于服务、影响、干预、引导、指挥交通行为的所有信息。狭义地讲，交通信息就是以物理量的形式体现出的关于交通方面的信息。

2. 交通信息的分类

1）按交通信息的性质划分

根据交通信息的性质，可以将其划分为描述性信息和预测性信息两类。

（1）描述性信息。

描述性信息是指对交通路网状况所进行的描述，包括交通事故、拥挤状况、排队长度、天气状况等。描述性信息只对交通路网状况进行客观描述，不做任何其他预测或指示。

（2）预测性信息。

预测性信息是指根据目前路网状况来对未来路网状况进行预测，然后将预测信息发布给出行者以诱导出行者的出行行为，具体包括：出行时间的预测、拥堵状况的预测、出行费用的预测等。

2）按交通信息的获取时间划分

根据交通信息的获取时间不同，可以将交通信息分为两大类，即出行前交通信息和在途交通信息。

（1）出行前交通信息。

出行前，出行者可以通过各种方式获得各类交通信息，根据交通信息来做出具体的出行选择，如：是否出行的选择、出行时间的选择、出行方式的选择、出行路径的选择等。出行前交通信息能够帮助出行者做出更优的决策，从而缓解出行的拥挤，如重新选择出行的路径、延迟出行的时间、切换出行的模式或放弃出行等。出行前交通信息的可获得性和准确性是出行前交通信息效用的关键，随着信息技术和多媒体通信技术的发展，出行者在出行前可以通过多样化的渠道获得各类信息，如通过电话咨询相关部门、收听广播、查看报纸、上网等方式。信息技术的普及，使获得出行前交通信息更加及时和方便。

（2）在途交通信息。

在途交通信息是指出行者在出行途中通过各类设备和终端获得的各类交通信息。随着交通系统的完善，在出行途中获得交通信息的方式也越来越多，如：道路可变信息指示牌、交通广播、车载导航系统等。可以提供的信息也是多样的，包括：交通拥堵信息、交通事故信息、天气情况、某一特定路段可能影响出行的特殊事件信息等。车内的显示设备则为出行者提供各样的出行信息，如报警系统可以提醒即将到来的不利因素，路径导航系统则可以帮助司机进行路径规划，同时还将为司机提供计算机合成的语音、图片、文本等信息。

3）按交通信息的相对稳定性划分

根据交通信息的相对稳定性，又可以分为静态交通信息和动态交通信息。

（1）静态交通信息。

静态交通信息是指道路网信息、交通管理设施信息、机动车保有量和道路交通量等统计信息、交通参与者出行规律在时间和空间上相对稳定的信息。这些信息在一段时间内相对固定，主要有与交通管理相关的地理信息（路网分布、地貌特征、民俗及人文信息、匝道分布等），道路交通网络信息（道路等级、长度、收费、立交连接方式等），车辆服务信息（道路通行情况、最短路径选择、辅助设施如加油站和收费站、服务区、立交桥平面图）和交通管理信息（限速标志等）。

（2）动态交通信息。

动态交通信息是指交通流信息、交通控制状态信息、实时交通环境信息。根据实际交通状况的实时变化，有网络交通流状态信息（流量、速度、密度等）、交通紧急事故信息、环境状况信息（大气状况、污染状况信息）和交通动态控制管理信息等。按照信息的产生形式，可分为原始型交通信息和加工型交通信息。原始型交通信息通常指直接发生在道路上及其周围彼此独立的各种信息，包括交通现象信息和交通环境信息。加工型交通信息指与原始型交通信息的相关性结合并加以处理的信息。根据信息基本内容可分成三类，包括交通流信息、交通需求信息和交通事件信息，内容如表 1–1 所示。

表 1–1　运行信息分类

分类	主要内容
交通流信息	交通量、车道占有率、交通密度、车型、车速等
交通需求信息	高速公路主线 OD 量、路网 OD 量等
交通事件信息	交通事件、交通堵塞、恶劣天气等

3. 交通信息的特征

交通信息具有以下的特征。

（1）时效性：交通数据的价值和时间变量有关，时间久远的交通数据利用价值较低。

（2）主观性：同样的交通数据对于不同的目的便有不同的价值。

（3）流动性：根据不同用户的需求，交通数据需要进行存储和流动。

（4）再现性：对于城市中的同一个交叉口或者路段而言，其交通数据呈现周期性变化。

4. 交通信息的作用

随着交通信息越来越多地应用到交通系统中，出行者不再仅凭出行经验和实时路网状况进行出行决策，而是可以在个体层面做出效用最大化的决策。另外，整个交通系统由于引入了交通信息对出行者进行出行诱导，路网状况随着交通信息的发布呈现出更活跃的实时变化。交通信息的作用有个体和系统两个层面。

1）个体层面

随着交通信息发布系统的完善，交通信息成为出行决策不可或缺的重要因素。具体而言，交通信息对个体出行者有如下作用。① 节约出行时间和出行成本。例如，在出发前，出行者可以事先获得到达目的地耗时最短或者花费最低的路径，节约时间成本和经济成本。② 避免拥堵和交通事故。在出行前或者出行途中，出行者通过获得拥堵信息，可以及时改道，从而避免拥堵。③ 帮助制订出行计划。当出行者进入一个陌生路网时，完备的路网信息可以帮助出行者方便地制订准确的出行计划。

2）系统层面

交通信息通过合理诱导出行者的出行行为，对整个路网状况的优化也起到了显著作用。交通信息在系统层面的作用主要包括：① 提高路网通行效率，降低行程时间和延误。如果出行者能够合理地遵循交通信息诱导，整个路网交通流就能够得到均衡，从而提高整体的通行效率。② 提高应急能力，缓解交通拥挤，减少二次事故的发生。及时地发布交通信息，引导出行者绕道，可以使事故发生地段的交通流降低，从而缓解道路拥堵压力。③ 降低能源消耗，减少环境污染。交通信息通过诱导出行者出行行为，提高路网通行效率，不但减少了行程时间和延误，而且也降低了机动车尾气排放，在一定程度上保护了城市大气环境。④ 因交通条件改善带来的潜在效益。整个路网的效率提高，可以为一个城市带来潜在效益，例如，更多人才愿意选择该城市定居，投资者愿意将工厂和机构设在该城市，从而促进城市经济发展，提高城市竞争力。

1.1.2 交通检测技术

交通信息是城市交通规划和交通管理的重要基础信息，通过全面、丰富、准确、实时的交通信息，不但可以把握城市道路交通的发展现状，而且可以对未来交通发展进行预测，为道路交通规划和交通管理部门的正确决策提供科学依据。同时在未来智能交通系统中，交通信息服务系统和动态交通诱导功能的实现，都要以城市交通系统中实时的交通信息为基础，这些都需要先进的交通检测技术去进行信息采集。因此，交通检测技术是城市交通规划和道路交通科学管理最重要的基础和前提。

1. 基本概念

交通检测技术是智能交通系统关键技术之一，其主要利用网络和通信技术，配合电子设备与检测设备，实现对交通车辆信息的采集和整理，并传输到监控中心，为监控中心进行交通控制方案的制订提供重要信息依据。近年来，交通检测技术不断发展，多种车辆检测器被研发并实际应用到智能交通系统中。各种车辆检测器的技术方向不同，其在应用中发挥的作用也各不相同。伴随工程模块化人工智能和微处理器信号控制设备的应用，交通监控系统日趋智能化，其监控范围和控制实时性也得到极大发展。

道路交通检测技术的定义分狭义和广义两种。狭义的道路交通检测技术是利用各种检测设备来获取道路交通参数、监视交通状况的技术，即利用车辆检测器采集交通信息的技术。而广义的道路交通检测技术是指在交通管理实践过程中研究交通流参数的测量方法、交通检测装置及检测系统构成等有关技术的学科。

道路交通检测技术的核心器件是交通检测器。交通检测器大致可分为两类：一类用于检测车辆的存在、速度、占有率等参数，以便实施有效的交通控制与管理；另一类用来检测和交通有关的环境条件及驾驶员的身体状况，其目的是在有害的环境条件出现时，或者驾驶员出现不适宜进行驾驶活动的身体状况时，发出警告或进行必要的干预或控制。

交通检测器主要由 5 部分组成：检测探头（即传感器）、检测电路（包括放大、计数、处理电路）、微处理器（计算、处理）、显示装置（指示仪、记录仪、数字显示器）、电源，如图 1–1 所示。

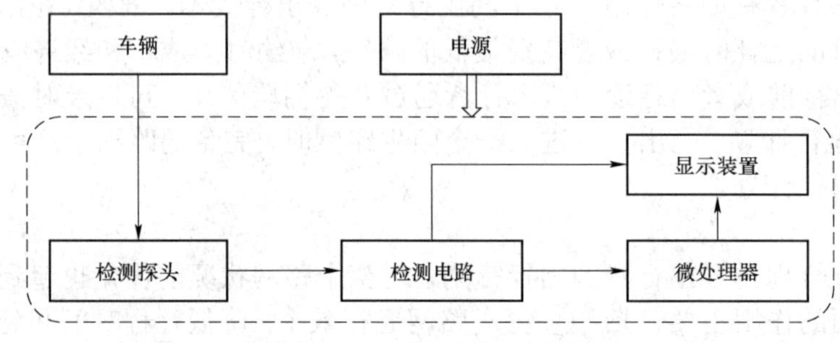

图 1–1　交通检测器结构图

（1）检测探头：直接用来检测车辆的传感器。

（2）检测电路：处理检测探头采集来的信号，即将车辆信号放大整形成标准数字信号。

（3）微处理器：对检测电路送来的信号进行处理，并将结果进行存储、显示、打印或形成文件。

（4）显示装置：将检测结果用指示仪、记录仪、数字显示器等形式显示出来。

交通检测器的种类很多，其工作原理主要有三种：

① 检测能使某种开关的触点闭合的机械力；

② 检测因汽车的运动或存在而引起的能量变化；

③ 检测摄像机影像范围内的图像变化。

交通检测器的类型主要有机械压电检测器、波频检测器、磁频检测器、视频检测器等。基于工作原理① 的常见检测器是橡皮管压力检测器，由于寿命短，现已较少使用。基于工作原理② 的检测器比较常用，由于检测能量变化的电子装置有很多优点，至今仍在发展完善中。

随着电子技术、通信技术和计算机技术的不断发展，车辆检测器也由过去比较单一的种类发展为采用不同技术手段，具有多类型、多品种、多系列的交通车辆参数检测器。目前世界各国采用的交通检测技术主要分为固定型检测技术和移动型检测技术。固定型检测技术可分为磁频采集、波频采集和视频采集 3 类，主要有感应线圈检测器、磁力检测器、微波检测器、超声波检测器、红外线检测器和视频检测器等。目前我国道路监控系统中，使用最多的是感应线圈车辆检测器、视频车辆检测器和微波车辆测器 3 种。移动型检测技术目前主要有浮动车法、车辆识别法和探测车法等，运用的技术主要有基于 GPS 的定位采集技术、基于汽车牌照自动判别的采集技术、基于电子标签（beacon）的定位采集技术和基于手机探测器的采集技术。

2. 交通检测技术分类

道路交通检测技术按不同分类方式可分为不同种类。

1）按检测原理分类

按检测器检测原理不同，可将检测器分为磁频、波频、视频和移动型检测器。其中磁频、波频、视频检测器是较为传统的检测技术，移动型检测器是新型的交通检测技术。移动型采集技术是指运用安装定位装置的浮动车来采集道路交通信息参数的方法总称。目前国内外采用的移动交通信息采集方式主要有基于 GPS 浮动车检测技术、基于 RFID 电子标签检测技术、基于手机定位信息采集技术和基于无线传感网检测技术。

2）按施工方式分类

交通检测器按照施工方式的不同，分为侵入式检测器（intrusive detector）和非侵入式检测器（non-intrusive detector）两种。其中，侵入式检测器包含环形线圈车辆检测器、地磁车辆检测器；非侵入式检测器包含视频、微波雷达、激光雷达、被动红外、超声波车辆检测器，以及它们几个共同使用而形成的新方式。侵入式检测设备直接安装到公路的地表下方，须破开路面，这些检测器的应用都比较成熟。不过也正是因为它们在安装时须要挖开地表，不仅影响公路的使用寿命，而且在维修和更改应用时须要再次挖开地表，因此使它们逐渐被非侵入式检测设备取代。非侵入式检测技术正是为了解决侵入式检测技术的这一缺点而提出来的。一般来说，它们在安装时对交通的影响比较小，并且能够提供更准确的数据。最近的评估表明，安装在地表以上的检测器采集的数据基本可以表征相应路段的交通流参数。但其缺点是容易受环境的影响，如对于超声波车辆检测器，当风速达 6 级以上时，反射波产生漂移而无法正常检测；探头下方通过的人或物也会产生反射波，造成误检。另外，位于红外车辆检测器工作现场的灰尘、冰、雾会影响系统的正常工作。这两种检测方法都有其利弊，因此还有些路段在检测时会将几种方式结合，以求获得更准确的测量结果。

3）按工作方式分类

在车辆检测中使用的检测器按照工作方式可分为两种类型：主动式和被动式。例如，激光测距仪、毫米波雷达等为主动式检测器，电荷耦合器件摄像机，以及目前广泛使用的地磁线圈检测器、超声及红外检测器则属于被动式检测器。使用主动式检测器进行车辆检测，算法实现简单、性能较好，但是仍然存在一些不足，如分辨率较低、检测器之间互有干扰、成本昂贵及可能带来的环境问题。相比较而言，被动式检测器的价格相对便宜，并且在对车辆的具体位置信息要求不高时能提供交通路口的排队长度及车辆类型等基本信息。

4）按检测主体分类

按照对检测主体要求的不同可分为两种类型：不可区分个体车辆的车流检测技术和可区分个体车辆的车辆检测技术。不可区分个体车辆的车流检测技术能够检测到每辆通过检测区域的车辆，但是不能辨别身份。可区分个体车辆的车辆检测技术能够判断每辆通过检测区域的车辆的身份，但其造价高于前者。

5）按接触对象分类

按是否接触检测对象又可以将交通检测技术分为接触式和非接触式。接触式交通检测技术是目前使用最广泛、效果较好的技术，主要包括环形线圈、磁映像及橡胶气压管传感器等检测技术，它们在安装时都需要中断交通，给施工和调试带来诸多不便，而且在安装过程中各自还有一些特别值得注意的地方。非接触式交通检测技术主要包括数字微波、视频、激光、红外、声学等检测技术。各种非接触式交通检测技术各有优势，检测性能互补，但各自也存在着缺陷。

随着智能交通管理与控制系统性能的日益完善和丰富，对底层交通信息采集的准确度、内涵要求越来越高，也促进了交通信息检测技术的迅速发展。

3. 交通数据检测器性能比较

各类检测器各有优劣，磁频检测器大多为地埋型，安装和维护须破坏路面。波频、视频检测器大多为悬空型，不用破坏路面，但在某些特定场合，如有景观要求或场地条件受限制，不宜采用过多的悬空型检测器，在实际应用中需仔细权衡，综合考虑。常用的固定型交通检测技术优缺点见表 1–2。

表 1–2　固定型交通检测技术优缺点

检测技术	优点	缺点
感应线圈检测技术	（1）成熟、易于操作的技术，设备价格便宜。 （2）灵活多变的设计，可满足多种实施状况的需求。 （3）广泛的实践基础。 （4）提供基本的交通参数（如：流量、占有率、速度、车头时距和车辆间隙）	（1）安装和维修需要关闭车道，对交通流造成干扰。 （2）路面翻修和道路设施维修可能需要重装检测器。 （3）检测特定区域的交通流状况时往往需要多个检测器。 （4）降低道路寿命。 （5）对路面车辆压力和温度敏感。 （6）当车辆类型变化比较大时，精确性会降低。 （7）需要对检测器做定期的维护
磁力检测器	（1）安装所需的时间比感应线圈型短。 （2）可用于感应线圈型不适用的地方（如：桥面等）。 （3）对路面车辆压力的敏感度低于感应线圈型。 （4）某些型号可通过无线电传输数据	（1）安装需要挖开路面或在路面下挖掘管道。 （2）安装和维修需要关闭车道，对交通流造成干扰。 （3）要想对静止车辆进行检测，需借助特殊的传感器设计或使用专门的信号处理软件
道路管检测器	（1）安装快速，适用于临时性的交通数据采集。 （2）低能耗、低价格。 （3）易于维修	（1）交通量较高时，车轴计数的准确度下降。 （2）压力启动开关对温度敏感。 （3）车辆轮胎会对道路管造成伤害
红外线检测器	（1）主动式红外线检测器发射多光束的红外线，保证对车辆位置、速度及车辆类型的准确测量。 （2）可实现多车道检测。 （3）多检测区域的被动式红外线传感器可测量车速	（1）当雾天能见度低于 6 m 时，或强风雪天气时，检测性能会下降。 （2）在大雨、大雪或浓雾天气下，被动式红外线检测器的灵敏度会下降
微波雷达检测器	（1）在用于交通管理的较短的波长范围内，微波雷达对恶劣天气不敏感。 （2）可实现对车速的直接检测。 （3）可实现多车道检测	（1）天线的波束宽度和发射的波形必须适合具体应用的要求。 （2）多普勒微波雷达不能检测静止车辆。 （3）多普勒微波雷达在交叉口的车辆检测效果不好
超声波检测器	（1）可实现多车道检测。 （2）易于安装	（1）温度变化、强烈的气流紊乱等环境因素都会影响传感器的检测性能，为此某些型号设计了温度补偿装置。 （2）当高速公路上车辆以中等车速或高速行驶时，检测器采用大的脉冲重复周期会影响占有率的测量
声学检测器	（1）被动式检测器。 （2）对降水天气不敏感。 （3）可实现多车道测量	（1）较低的温度可能会影响检测的准确度。 （2）某些型号不适用于检测慢速移动的车辆
视频检测器	（1）多检测区域，可检测多条车道。 （2）易于增加和改变检测区域。 （3）可获得大量数据。 （4）当多个摄像机连接到一个视频处理单元中时，可提供更广范围的检测	（1）恶劣的天气，如雾、雨、雪；车辆投射到相邻车道的阴影；交通堵塞；光照水平的变化；车辆与道路的对比度变化；摄像机镜头上的水迹、盐渍、冰霜和蜘蛛网等都可能影响检测器性能。 （2）为取得车辆出现和速度检测的最佳效果（在路边安装摄像机的情况下）需将摄像机装于 15～18 m 高度。 （3）某些型号对因大风引起的摄像机振动比较敏感。 （4）当需要检测多个检测区域或特殊类型的数据时，视频检测器才会有较高的性价比

除了分析现有的固定型交通检测技术的优缺点之外，根据技术的发展状态和设备使用情况还对常用的固定型道路交通信息检测技术使用性能进行了简单的比较，如表 1–3 所示。

表 1–3 固定型道路交通信息检测技术使用性能

内容	感应线圈	视频	压电	微波	超声波	红外
技术成熟度	高	中	中	高	高	高
交通量检测精度	中	中	高	中	中	高
车型分类精度	低	低	中	中	低	中
速度检测精度	中	中	高	中	中	高
抗干扰能力	高	中	高	中	中	中
设备稳定性	高	高	高	中	中	中
维护方便性	高	高	低	高	高	高
使用寿命	长	长	短	长	中	长
价格	低	低	高	中	中	中
备注	全天候，但存在跨道误检问题	算法实时性差，易受光线影响	系统寿命短，维护十分困难	存在车辆互相遮挡情况	漏检情况严重	受环境的影响较大

但目前固定型交通检测技术主要存在以下的不足：

（1）固定式交通信息采集方式在路网上的覆盖率比较低，采集的交通信息不能全面反映路网交通状态。

（2）固定式交通信息采集方式由于本身受技术特点限制，不同的采集方式具有不同的采集特点和环境适应性，信息源的可靠性不高。

（3）固定式交通信息采集方式在安装和维护过程中需要破坏路面或影响正常交通流，每年固定交通信息采集方式的维护和保养需要花费大量人力和物力。

为弥补上述不足，出现了移动型交通检测技术，此类技术的优缺点如表 1–4 所示。

表 1–4 移动型交通检测技术优缺点

技术	优点	缺点	可检测参数
GPS 浮动车检测技术	（1）数据检测连续性强。 （2）全天候条件下工作	（1）需要足够多装有 GPS 的车辆运行在城市路网。 （2）检测数据通信容易受到电磁干扰。 （3）在城市中的检测精度与 GPS 定位精度有很大关系	（1）直接：交通流量、瞬时车速。 （2）间接：行程时间、行程车速。 （3）可实现多车道覆盖
RFID 电子标签检测技术	（1）数据检测连续性强。 （2）全天候条件下工作。 （3）可以提供自动收费功能	（1）车辆必须安装电子标签。 （2）必须有足够多的车辆安装电子标签。 （3）必须有良好的滤波算法，以消除个别车辆因运行故障引发的数据误差	（1）直接：交通流量。 （2）间接：行程时间、行程车速。 （3）可实现多车道覆盖
手机定位检测技术	（1）可提供城市、高速公路等整个路网的交通信息。 （2）不需要安装高成本的车载设备。 （3）可直接获得速度、行驶方向及行程时间等信息。 （4）克服了固定检测器只能检测固定位置交通信息的缺点	（1）有时会发生丢包现象。 （2）实际速率比理论值低。 （3）存在转接时延	整个路网（包括高速公路、快速路、城市干道等）的车辆位置、速度、行程时间、行驶方向、交通事件信息
无线传感网检测技术	（1）数据检测连续性强。 （2）全天候条件工作。 （3）克服了固定检测器只能检测固定位置交通信息的缺点	（1）检测精度受建筑和天气影响较大。 （2）有时会发生丢包现象	整个路网（包括高速公路、快速路、城市干道等）的车辆位置、速度、行程时间、行驶方向、交通事件信息

1.1.3 传感器

信息处理技术取得的进展以及微处理器和计算机技术的高速发展，都需要在传感器的开发方面有相应的进展。微处理器现在已经在测量和控制系统中得到了广泛的应用。随着这些系统能力的增强，作为信息采集系统的前端单元，传感器的作用越来越重要。传感器已成为自动化系统和机器人技术中的关键部件，作为系统中的一个结构组成，其重要性变得越来越明显。

1. 定义

最广义地来说，传感器是一种能把物理量或化学量转变成便于利用的电信号的器件。国际电工委员会（International Electrotechnical Committee，IEC）的定义为：传感器是测量系统中的一种前置部件，它将输入变量转换成可供测量的信号。我国国家标准《传感器通用术语》（GB/T 7665—2005）对传感器（transducer/sensor）的定义是：能感受规定的被测量，并按照一定的规律转换成可用输出信号的器件或装置。

主要包含以下几方面的含义：

（1）传感器是测量装置，能完成检测任务。

（2）它的输入量是某一被测量，可能是物理量，也可能是化学量、生物量等。

（3）它的输出量是某种物理量，这种量要便于传输、转换、处理、显示等，这种量可以是气、光、电量，但主要是电量。

（4）输入输出有对应关系，且应有一定的精确程度。

传感器主要由敏感元件、转换元件和转换电路组成，转换电路包括信号调理电路和辅助电源电路，如图 1–2 所示。

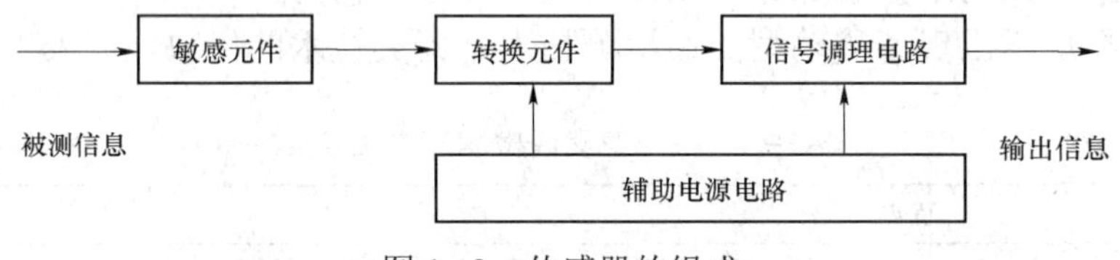

图 1–2 传感器的组成

（1）敏感元件（sensitive element）：直接感受被测量，并输出与被测量成确定关系的某一物理量的元件。

（2）转换元件（transduction element）：以敏感元件的输出为输入，把输入转换成电路参数。

（3）转换电路（transduction circuit）：上述电路参数接入转换电路，便可转换成电量输出。

2. 分类

由于同一被测量可用不同转换原理实现检测，利用同一种物理法则、化学反应或生物效应可设计制作出检测不同被测量的传感器，而功能大同小异的同一类传感器可用于不同的技术领域，故传感器有不同的分类方法。

1）按外界输入的信号变换为电信号采用的效应分类

按外界输入的信号变换为电信号采用的效应分类，传感器可分为物理型传感器、化学型传感器和生物型传感器三大类，如图 1–3 所示。

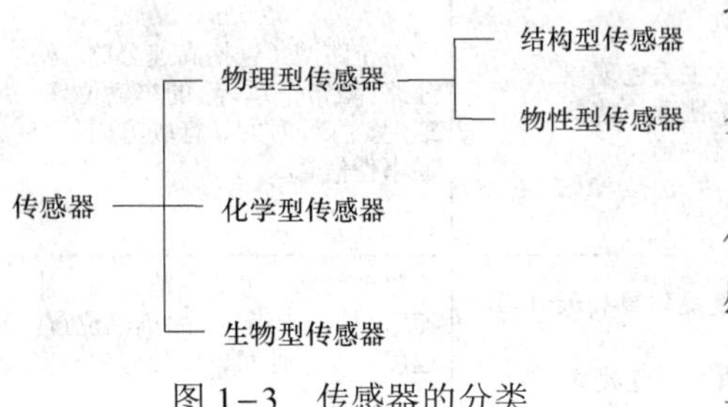

图 1–3 传感器的分类

其中利用物理效应进行信号变换的传感器称为物理型传感器，它利用某些敏感元件的物理性质或某些功能材料的特殊物理性能进行被测非电量的变换。如利用金属材料在被测量作用下引起的电阻值变化的应变效应制成的应变式传感器；利用半导体材料在被测量作用下引起的电阻值变化的压阻效应制成的压阻式传感器；利用电容器在被测量作用下引起的电容值的变化制成的电容式传感器；利用磁阻随被测量变化制成的简单电感式、差动变压器式传感器；利用压电材料在被测量作用下产生的压电效应制成的压电式传感器等。

（1）物理型传感器。

物理型传感器又可以分为结构型传感器和物性型传感器。

结构型传感器是以结构（如形状、尺寸等）为基础，利用某些物理规律来感受（敏感）被测量，并将其转换为电信号实现测量的。例如电容式压力传感器，必须有按规定参数设计制成的电容式敏感元件，当被测压力作用在电容式敏感元件的动极板上时，引起电容间隙的变化导致电容值的变化，从而实现对压力的测量。又比如谐振式压力传感器，必须设计制作一个合适的感受被测压力的谐振敏感元件，当被测压力变化时，改变谐振敏感结构的等效刚度，导致谐振敏感元件的固有频率发生变化，从而实现对压力的测量。

物性型传感器就是利用某些功能材料本身所具有的内在特性及效应感受（敏感）被测量，并转换成可用电信号的传感器。例如利用具有压电特性的石英晶体材料制成的压电式压力传感器，就是利用石英晶体材料本身具有的正压电效应而实现对压力测量的；利用半导体材料在被测压力作用下引起其内部应力变化导致其电阻值变化制成的压阻式传感器，就是利用半导体材料的压阻效应而实现对压力测量的。

一般而言，物理型传感器对物理效应和敏感结构都有一定要求，但侧重点不同。结构型传感器强调要依靠精密设计制作的结构才能保证其正常工作；而物性型传感器则主要依靠材料本身的物理特性、物理效应来实现对被测量的敏感。

近年来，由于材料科学技术的飞速发展与进步，物性型传感器应用越来越广泛。这与该类传感器便于批量生产、成本较低及易于小型化等特点密切相关。

（2）化学型传感器。

化学型传感器是利用电化学反应原理，把无机或有机化学的物质成分、浓度等转换为电信号的传感器。最常用的是离子敏传感器，即利用离子选择性电极，测量溶液的 pH 值或某些离子的活度，如 K^+、Na^+、Ca^{2+}等。电极的测量对象不同，但其测量原理基本相同，主要是利用电极界面（固相）和被测溶液（液相）之间的电化学反应，即利用电极对溶液中离子的选择性响应而产生的电位差。所产生的电位差与被测离子活度对数呈线性关系，故检测出其反应过程中的电位差或由其影响的电流值，即可给出被测离子的活度。化学型传感器的核心部分是离子选择性敏感膜。膜可以分为固体膜和液体膜。玻璃膜、单晶膜和多晶膜属固体膜；而带正、负电荷的载体膜和中性载体膜则为液体膜。

化学型传感器广泛应用于化学分析、化学工业的在线检测及环保检测中。

（3）生物型传感器。

生物型传感器是近年来发展很快的一类传感器。它是一种利用生物活性物质选择性来识别和测定生物化学物质的传感器。生物活性物质对某种物质具有选择性亲和力，也称其为功能识别能力。利用这种单一的识别能力来判定某种物质是否存在，其浓度是多少，进而利用电化学的方法进行电信号的转换。生物型传感器主要由两大部分组成。其一是功能识别物质，其作用是对被测物质进行特定识别。这些功能识别物有酶、抗原、抗体、微生物及细胞等。用特殊方法把这些识别物固化在特制的有机膜上，从而形成具有对特定的从低分子到大分子化合物进行识别功能的功能膜。其二是电、光信号转换装置，此装置的作用是把在功能膜上进行识别被测物质所产生的化学反应转换成便于传输的电信号或光信号。其中最常应用的是电极，如氧电极和过氧化氢电极。近来有把功能膜固定在场效应晶体管上代替栅–漏极的生物型传感器，使得传感器整个体积做得非常小。如果采用光学方法来识别在功能膜上的反应，则要靠光强的变化来测量被测物质，如荧光生物型传感器等。变换装置直接关系着传感器的灵敏度及线性度。生物型传感器的最大特点是能在分子水平上识别被测物质，不仅在化学工业的监测上，而且在医学诊断、环保监测等方面都有着广泛的应用前景。

表 1–5 给出了与五官对应的传感器。

表 1–5 与五官对应的传感器

感觉	传感器	效应
视觉	光敏传感器	物理效应
听觉	声敏传感器	物理效应
触觉	热敏传感器	物理效应
嗅觉	气敏传感器	化学效应、生物效应
味觉	味敏传感器	化学效应、生物效应

2）按工作原理分类

按工作原理分类是以传感器对信号转换的作用原理命名的，如应变式传感器、电容式传感器、压电式传感器、热电式传感器、电感式传感器、霍尔传感器、热电式传感器等。这种分类方法较清楚地反映出了传感器的工作原理，有利于对传感器研究的深入分析。

3）按被测量对象分类

按传感器的被测量对象——输入信号分类，能够很方便地表示传感器的功能，也便于用户选用。按这种分类方法，传感器可以分为温度、压力、流量、物位、加速度、速度、位移、转速、力矩、湿度、黏度、浓度等传感器。生产厂家和用户都习惯于这种分类方法。同时，这种方法还将种类繁多的物理量分为两大类，即基本量和派生量。例如，将力视为基本物理量，可派生出压力、重量、应力、力矩等派生物理量，当需要测量这些派生物理量时，只要采用基本物理量传感器就可以了。所以，了解基本物理量和派生物理量的关系，对于选用传感器是很有帮助的。表 1–6 给出的是常用的基本物理量和派生物理量。

表 1–6 常用的基本物理量和派生物理量

基本物理量		派生物理量
位移	线位移	长度、厚度、应变、振动、磨损、不平度
	角位移	旋转角、偏转角、角振动
速度	线速度	速度、振动、流量、动量
	角速度	转速、角振动
加速度	线加速度	振动、冲击、质量
	角加速度	角振动、扭矩、转动惯量
力	压力	重力、应力、力矩
时间	频率	周期、计数、统计分布
温度		热容量、气体速度、涡流
光		光通量与密度、光谱分布

按输入物理量进行传感器分类的方法，将原理不同的传感器归为一类，不易找出每种传感器在转换机理上的共性和差异，因此，不利于掌握传感器的一些基本原理和分析方法。仅温度传感器中就包括用不同材料和方法制成的各种传感器，如热电偶温度传感器、热敏电阻温度传感器、金属热电阻温度传感器、P–N 结二极管温度传感器、红外温度传感器等。通常对传感器的命名就是将其工作原理和被测参数结合在一起，先说工作机理，后说被测参数，如硅压阻式压力传感器、电容式加速度传感器、压电式振动传感器、谐振式质量流量传感器等。

针对传感器的分类，不同的被测量可以采用相同的测量原理，同一个被测量可以采用不同的测量原理。因此，必须掌握在不同的测量原理之间测量不同的被测量时，各自具有的特点。

4）按需不需要外加电源分类

传感器按需不需要外加电源方式分类，可分为无源传感器和有源传感器。

无源传感器的特点是无需外加电源便可将被测量转换成电量。如光电传感器能将光射线转换成电信号，其原理类似太阳能电池；压电传感器能够将压力转换成电压信号；热电偶传感器能将被测温度场的能量（热能）直接转换成为电压信号的输出等。

有源传感器需要辅助电源才能将检测信号转换成电信号。大多数传感器都属于这类。

5）按构成传感器的功能材料分类

按构成传感器的功能材料不同，可将传感器分为半导体传感器、陶瓷传感器、光纤传感器、高分子薄膜传感器等。

6）按某种高新技术命名的传感器分类

有些传感器是根据某种高新技术命名的，如集成传感器、智能传感器、机器人传感器、仿生传感器等。

应该指出，由于敏感材料和传感器的数量特别多，类别十分繁复，相互之间又有着交叉和重叠，这里就不再赘述。为了揭示诸多传感器之间的内在联系，表 1–7 中给出了传感器分类、转换原理和它们的典型应用，供选用传感器时参考。

表 1–7 传感器分类表

传感器分类		转换原理	传感器名称	典型应用
转换形式	中间参量			
电参数	电阻	移动电位器触点改变电阻	电位器传感器	位移
		改变电阻丝或片的尺寸	电阻应变式传感器、半导体应变传感器	微应变、力、负荷
		利用电阻的温度效应（电阻温度系数）	热丝传感器	气流速度、液体流量
			电阻温度传感器	温度、辐射热
			热敏电阻传感器	温度
		利用电阻的光敏效应	光敏电阻传感器	光强
		利用电阻的湿度效应	湿敏电阻	湿度
	电容	改变电容的几何尺寸	电容传感器	力、压力、负荷、位移
		改变电容的介电常数		液位、厚度、含水量
	电感	改变磁路几何尺寸、导磁体位置	电感传感器	位移
		利用涡流去磁效应	涡流传感器	位移、厚度、硬度
		利用压磁效应	压磁传感器	力、压力

续表

<table>
<tr><th colspan="2">传感器分类</th><th rowspan="2">转换原理</th><th rowspan="2">传感器名称</th><th rowspan="2">典型应用</th></tr>
<tr><th>转换形式</th><th>中间参量</th></tr>
<tr><td rowspan="10">电参数</td><td rowspan="3">电感</td><td rowspan="3">改变互感</td><td>差动变压器</td><td rowspan="3">位移</td></tr>
<tr><td>自速角机</td></tr>
<tr><td>旋转变压器</td></tr>
<tr><td rowspan="3">频率</td><td rowspan="3">改变谐振回路中的固有参数</td><td>振弦式传感器</td><td>压力、力</td></tr>
<tr><td>振筒式传感器</td><td>气压</td></tr>
<tr><td>石英谐振传感器</td><td>力、温度等</td></tr>
<tr><td rowspan="3">计数</td><td>利用莫尔条纹</td><td>光栅</td><td rowspan="3">大角位移、大直线位移</td></tr>
<tr><td>改变互感</td><td>感应同步器</td></tr>
<tr><td>利用拾磁信号</td><td>磁栅</td></tr>
<tr><td>数字</td><td>利用数字编码</td><td>角度编码器</td><td>大角位移</td></tr>
<tr><td rowspan="6">电能量</td><td rowspan="4">电动势</td><td>温差电动势</td><td>热电偶</td><td>温度、热流</td></tr>
<tr><td>霍尔效应</td><td>霍尔传感器</td><td>磁通、电流</td></tr>
<tr><td>电磁感应</td><td>磁电传感器</td><td>速度、加速度</td></tr>
<tr><td>光电效应</td><td>光电池</td><td>光强</td></tr>
<tr><td rowspan="2">电荷</td><td>辐射电离</td><td>电离室</td><td>离子计数、放射性强度</td></tr>
<tr><td>压电效应</td><td>压电传感器</td><td>动态力、加速度</td></tr>
</table>

3. 特性

1）传感器的静态特性

传感器的静态特性是指对静态的输入信号，传感器的输出量与输入量之间所具有的相互关系。因为这时输入量和输出量都和时间无关，所以它们之间的关系，即传感器的静态特性。可用一个不含时间变量的代数方程，或以输入量作横坐标，把与其对应的输出量作纵坐标而画出的特性曲线来描述。表征传感器静态特性的主要参数有：线性度、灵敏度、分辨率和迟滞等。

传感器的静态特性是通过各静态性能指标来表示的，它是衡量传感器静态性能优劣的重要依据。静态特性是传感器使用的重要依据，传感器的出厂说明书中一般都列有其主要的静态性能指标的额定数值。

传感器可完成将某一输入量转换为可用信息，因此，总是希望输出量能不失真地反映输入量。在理想情况下，输出与输入呈线性关系，但在实际工作中，由于非线性（高次项的影响）和随机变化量等因素的影响，不可能是线性关系。所以，衡量一个传感器检测系统静态特性的主要技术指标有：灵敏度、分辨率、线性度、迟滞（滞环）、重复性，以下分别介绍。

（1）灵敏度。

灵敏度（静态灵敏度）是传感器或检测仪表在稳态下输出量的变化量 Δy 与输入量的变化量Δx之比，用K表示，有

$$K = \frac{\Delta y}{\Delta x} \tag{1-1}$$

如果输入输出特性为线性的传感器或仪表，则

$$K=\frac{y}{x} \tag{1-2}$$

如果检测系统的输入输出特性为非线性，则灵敏度不是常数，而是随输入量的变化而改变，应以 dy/dx 表示传感器在某一工作点的灵敏度。实际使用中，由于需要外加辅助电源的传感器的输出量与供给传感器的电源电压有关，因此，其灵敏度的表达式往往需要包括电源电压的因素。灵敏度是一个有单位的量，其单位取决于传感器输出量的单位和输入量的单位以及有关的电源电压的单位。

例如：某位移传感器，当电源电压为 1 V 时，每 1 mm 位移变化引起的输出电压变化为 100 mV，则其灵敏度可表示为 100 mV/（mm • V）。

（2）分辨率。

分辨率也称灵敏度阈值，即引起输出量产生可观测的微小变化所需的最小输入量的变化量。因为传感器的输入输出关系不可能都做到绝对连续，有时，输入量开始变化，但输出量并不随之相应变化，而是输入量变化到一定程度时输出量才突然产生一个小的阶跃变化。这就出现了分辨率和阈值问题。从微观来看，传感器的特性曲线并不是十分平滑的，而是有许多微小的起伏。当输入量改变 Δx 时，输出量变化 Δy，Δx 变小，Δy 也变小。但是一般来说，Δx 小到某种程度，输出量就不再变化了，这时的 Δx 就是分辨率或灵敏度阈值。

存在灵敏度阈值的原因有两个。第一个是输入的变化量通过传感器内部被吸收，因而反映不到输出端上去。典型的例子是螺丝或齿轮的松动。螺丝和螺帽、齿条和齿轮之间多少都有空隙，如果 Δx 相当于这个空隙的话，那么 Δx 是无法传递出去的。又例如，装有轴承的旋转轴，如果不加上能克服轴与轴之间摩擦的力矩的话，轴是不会旋转的。第二个原因是传感器输出存在噪声。如果传感器的输出值比噪声电平小，就无法把有用信号和噪声分开。如果不加上最起码的输入值（这个输入值所产生的输出值与噪声的电平大小相当）是得不到有用的输出值的，该输入值即灵敏度阈值，也叫灵敏阈、门槛灵敏度或阈值。

对数字显示的测量系统，分辨率是数字显示的最后一位所代表的值。对指针式测量仪表，分辨率与人们的观察能力和仪表的灵敏度有关。

（3）线性度。

通常为了标定和数据处理的方便，总希望得到线性关系，可采用各种方法如硬件或软件进行补偿，即进行线性化处理，这样就使得输出不可能丝毫不差地反应被测量的变化，总存在一定的误差（线性或非线性）。即使实际是线性关系的特性，测量的线性关系也并不完全与其重合，而常用一条拟合直线近似代表实际的特性曲线。线性度就是用来评价传感器的实际输入输出特性对理论拟合的线性输入输出特性的接近程度的一个性能指标，即传感器特性的非线性程度的参数。线性度的定义为：传感器的实测输入输出特性曲线与理论拟合直线（理想输入输出特性曲线）的最大偏差对传感器满量程输出之比的百分数表示。线性度也称为“非线性误差”或“非线性度”。

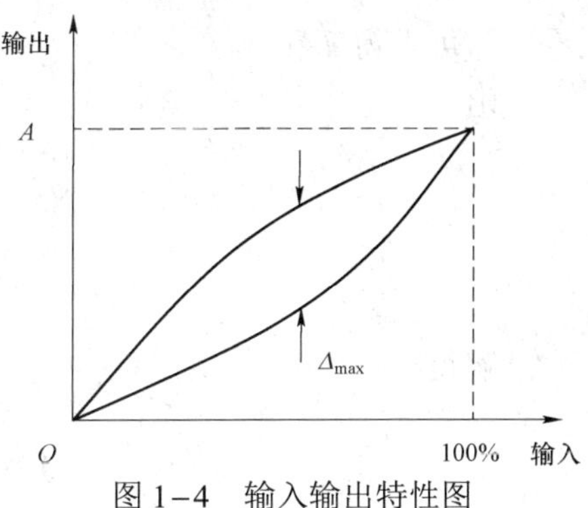

图 1–4　输入输出特性图

如图 1–4 所示，非线性误差（线性度）为

$$\delta=\frac{\varDelta_{\max}}{A}\times 100\% \tag{1-3}$$

式中：$\varDelta_{\max}$——实测特性曲线与理想线性曲线间的最大偏差；

A——传感器满量程输出平均值；

δ——非线性误差（线性度）。

非线性误差（线性度）的大小是以一拟合直线或理想直线作为基准直线计算出来的，基准直线不同，所得出的线性度就不一样，因而不能笼统地提线性度或非线性误差，必须说明其所依据的拟合基准直线。比较传感器线性度好坏时，必须建立在相同的拟合方法上。按照所依据的基准直线的不同，线性度可分为理论线性度、端基线性度、独立线性度、最小二乘法线性度等。

① 理论线性度：又称绝对线性度，其拟合直线为理论直线，通常取零点作为理论直线的零点，满量程输出 100% 作为终止点，这两点的连线即为理论直线，所以理论直线与实际测试点无关。优点是简单、方便，但通常最大偏差$\varDelta_{\max}$很大。

② 端基线性度：将传感器校准数据的零点输出平均值和满量程输出平均值连成直线（实际特性曲线首、末两端点的连线），作为拟合直线。其公式为

$$y = b + kx \tag{1-4}$$

式中：b 和 k 分别为截距和斜率。这种方法简单，但最大偏差$\varDelta_{\max}$也很大。

③ 独立线性度：做两条与端基直线平行的直线，使之恰好包围所有的标定点（试验点），与两条直线等距离的直线作为拟合直线。独立线性度方法也称最佳直线法，其实质就是使实际输出特性相对于所选拟合直线的最大正偏差等于最大负偏差的一条直线作为拟合直线。

④ 最小二乘法线性度：最小二乘法原理是一种数学原理，它在误差的数据处理中作为一种数据处理手段。最小二乘法原理就是要获得最可信赖的测量结果，使各测量值的残余误差平方和为最小。在等精度测量和不等精度测量中，之所以用算术平均值或加权算术平均值作为多次测量的结果，是因为它们符合最小二乘法原理。最小二乘法在组合测量的数据处理、实验曲线的拟合及其他多种学科等方面，均获得了广泛的应用。

最小二乘法线性度就是按最小二乘法原理求取拟合直线，该直线能保证传感器校准数据的残差平方和为最小，一般是用式 $y=b+kx$ 来表示最小二乘法拟合直线，式中系数 b 和 k 可按下述分析求得。

设实际校准测试点有 n 个，则第 i 个校准数据 y_i 与拟合直线上相应值之间的残差为

$$\varDelta_i = y_i - (b + kx_i) \tag{1-5}$$

按最小二乘法原理，应使 $\sum_{i=1}^{n} \varDelta_i^2$ 最小，故由 $\sum_{i=1}^{n} \varDelta_i^2$ 分别对 k 和 b 求一阶偏导数并令其等于零，即可求得 k 和 b。

由

$$\begin{aligned} \frac{\partial}{\partial k}[y_i - (b + kx_i)]^2 = 0 \\ \frac{\partial}{\partial b}[y_i - (b + kx_i)]^2 = 0 \end{aligned} \tag{1-6}$$

解得

$$\begin{aligned} k = \frac{n\sum x_i y_i - \sum x_i \cdot \sum y_i}{n\sum x_i^2 - \left(\sum x_i\right)^2} \\ b = \frac{\sum x_i^2 \cdot \sum y_i - \sum x_i \cdot \sum x_i y_i}{n\sum x_i^2 - \left(\sum x_i\right)^2} \end{aligned} \tag{1-7}$$

式中

$$\sum x_i = x_1 + x_2 + \cdots + x_n$$
$$\sum y_i = y_1 + y_2 + \cdots + y_n$$
$$\sum x_i y_i = x_1 y_1 + x_2 y_2 + \cdots + x_n y_n \tag{1-8}$$
$$\sum x_i^2 = x_1^2 + x_2^2 + \cdots + x_n^2$$

最小二乘法的拟合精度很高，但校准曲线相对于拟合直线的最大偏差的绝对值并不一定最小，最大正、负偏差的绝对值也不一定相等。

（4）迟滞（滞环）。

在相同的工作条件下进行全测量范围测量时，输入逐渐增加到某一值，与输入逐渐减小到同一输入值时的输出值不相等，这一现象就是迟滞现象。迟滞说明传感器测量系统正向（输入量增大）和反向（输入量减小）特性不一致的程度，如图 1–5 所示。

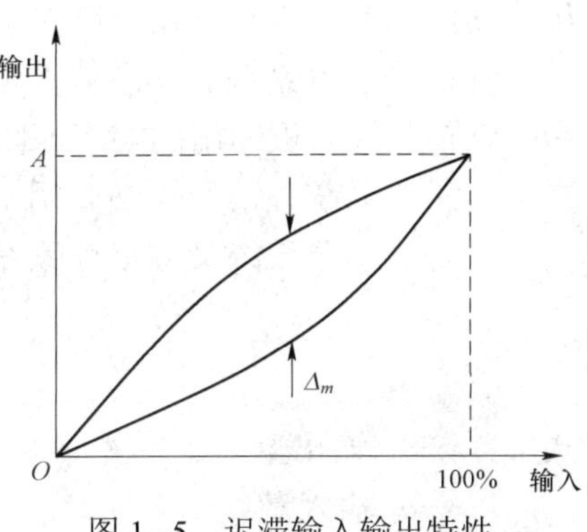

图 1–5 迟滞输入输出特性

最大迟滞误差率表示为

$$E_m = \frac{\Delta_m}{A} \times 100\% \tag{1-9}$$

式中：Δ_m——正向特性曲线与反向特性曲线间的最大偏差；

A——传感器满量程输出平均值。

图 1–5 是这种现象稍微夸张显示了的曲线。一般来说，输入增加到某值时的输出要比输入下降到该值时的输出值小。如存在迟滞差，则输入和输出的关系就不是一一对应了，因此必须尽量减少这个差值。

各种材料的物理性质是产生迟滞现象的原因。如：把应力加于某弹性材料时，弹性材料产生变形，应力虽然取消了，但材料不能完全恢复原状。

（5）重复性。

在同样的工作条件下，输入量按同一方向做全量程多次（三次以上）重复测量时，所得的输出特性往往有一定的差异。为反映这一现象，引入重复性指标，用来衡量传感器检测系统在同一工作条件下，输入量按同方向做全量程多次测量时输出特性曲线的一致性程度。各条特性曲线越靠近，重复性越好。

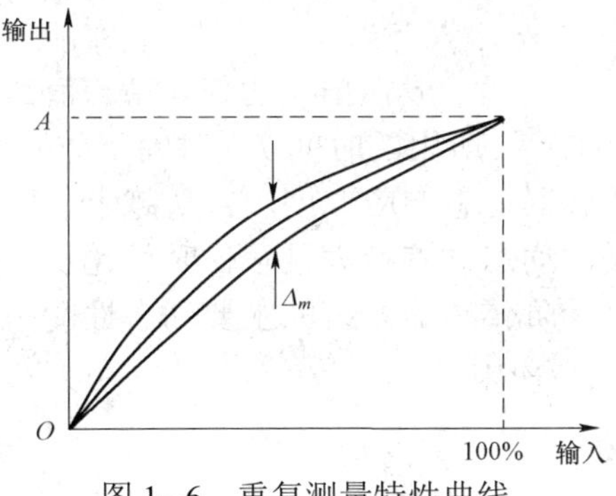

图 1–6 重复测量特性曲线

重复性误差反映的是校准数据的离散程度，属于随机误差。

如图 1–6 所示，重复性误差为

$$\delta_m = \frac{\Delta_m}{A} \times 100\% \tag{1-10}$$

式中：Δ_m——输入量同一方向做全量程多次重复测量时，所得的输出特性曲线间的最大偏差；

A——传感器满量程输出平均值。

显然，δ_m 越小，系统的重复性越好。

2）传感器的动态特性

所谓动态特性，是指传感器在输入变化时，其输出的特性。在实际工作中，传感器的动态特性常用它对某些标准输入信号的响应来表示。这是因为传感器对标准输入信号的响应容易用实验方法求得，并且它对标准输入信号的响应与它对任意输入信号的响应之间存在一定的关系，往往知道了前者就能推定后者。最常用的标准输入信号有阶跃信号和正弦信号两种，所以传感器的动态特性也常用阶跃响应和频率响应来表示。

分析传感器系统的动态特性常用时域分析方法，如用传递函数进行分析。通常取输入信号为阶跃信号，分析输出的响应即阶跃响应。根据动态特性分析，最常见的有一阶传感器系统和二阶传感器系统，下面详细介绍一阶传感器系统。

一阶传感器系统又称惯性系统，其运动方程为

$$f\frac{\mathrm{d}y}{\mathrm{d}t}+ky=kx \tag{1-11}$$

式中：y——输出量；

x——输入量；

f——阻尼系数；

k——常数（动力学的刚度系数）。

由于输出与输入的关系不是一个定值，而是时间的函数，随输入的变化而变化，因此常用“传递函数”来表示输入和输出的关系。一阶传感器系统的传递函数为

$$W(s)=\frac{1}{\frac{f}{k}s+1}=\frac{1}{Ts+1} \tag{1-12}$$

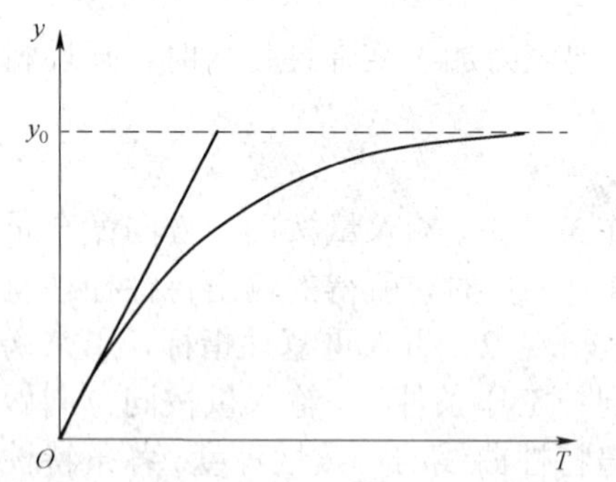

图 1-7　一阶传感器系统在阶跃输入下的响应特性

$T=f/k$ 称为时间常数，表示传感器的滞后程度。

一阶传感器系统在阶跃输入下的响应特性如图 1-7 所示。显然，只有当 $T\to\infty$ 时，y 才能达到其稳态值 y_0。因此一般根据 y 达到其稳态值的 63.2%（即 $0.632y_0$）所用的时间 T（时间常数），来衡量一个传感器动态响应速度。T 值越大，则动态响应越慢，动态误差越大且存在时间越长。时间常数 T 是一阶传感器系统的主要动态性能指标，一般希望它越小越好。

输出响应为

$$y=y_0-y_0\mathrm{e}^{-\frac{1}{T}} \tag{1-13}$$

通常响应时间定位为输出达到稳态值的 90%或 95%所需的时间。

用于测量温度的不带保护套管的热电偶就属于一阶传感器系统。

1.2 交通检测系统

交通信息的采集处理和分析是构建城市交通信息系统的前提和基础，已经日益成为交通研究和日常交通管理活动的重要组成部分。对于交通管理部门来说，获取准确和可靠的交通数据，以及提取准确和有用的决策支持信息的能力已经变得越来越重要。对于出行者来说，获得实时预测和反映历史规律的道路网络交通状况信息已经日益成为一种现实的需求。

通过技术手段实现对交通事件进行智能检测，并对检测到的各种数据参数进行有效管理，可以有效地缩短事件发现、响应和清除所花费的时间，大大提高事件的处理效率。越快对事件进行处理，就越能减少交通事件所造成的人员伤亡和财产损失；越能改善与事件有关的当事人、事件的处理人以及相关道路使用者的安全性；越能有效地使用各种应急资源，提高管理部门的工作效率。智能化的交通事件管理不仅可以减少事件所持续的时间，缩短事件所造成的延误，降低偶发性交通拥堵的程度，从而有效地避免二次事件的发生；而且可以通过发布内容更丰富的出行信息来节省驾驶人员的运行费用，从而更高效灵活地使用人力和道路设施。因此，新形势下基于物联网的智能交通检测系统的新技术、新思路、新方法，不仅可以提升道路交通管理的智能化水平，促进道路交通的管理控制工作上一个新台阶，而且具有显著的经济效益和社会效益。

1.2.1 交通检测信息需求

传统的交通信息检测主要是指检测出在一个较长时间段内相对独立的车辆内部的交通信息，包括：包含路网信息和交通管理设施等信息的交通基础信息；道路交通量和车辆保有量等统计信息；交通参与者出行规律信息等。主要分为以下几个方面：

（1）交通流参数：交通参数（交通流量、车速、占有率等）。

（2）车辆状态：车长、质量、车轴数、行驶车道位置、速度。

（3）交通环境：温度、湿度、风力、空气污染、路面状态。

（4）车辆部件性能：车辆本身性能。

（5）驾驶员行为检测：行为状态（疲劳、酒驾）、心理特征。

（6）货物运行状态检测：各种行驶状态、货物状态。

随着智能网联汽车技术的诞生，单独从车辆或者道路方面考虑交通问题，都很难从根本上解决问题，改革已势在必行并亟待突破。作为智能交通的一个延伸，智能网联汽车本身具有智能交通所拥有的交通检测功能。同时，智能网联汽车技术是物联网的一个具体应用，具有物联网的特点，即信息感知。

信息感知能够为智能网联汽车提供信息来源，是智能网联汽车技术应用的基础。它最基本的形式是数据收集，即节点将感知数据通过网络传输到汇聚节点。但由于在原始感知数据中往往存在异常值、缺失值，因此在数据收集时要对原始感知数据进行数据清洗，并对缺失值进行估计。信息感知的目的是获取用户感兴趣的信息，这些在智能网联交通中具体表现为以下几个方面。

1）对车况及控制系统的感知

主要是汽车运行过程中的各种工况信息，例如车速、各种介质的温度、驱动系/转向系的运行状况等。这些信息通常是利用安装在汽车上的车用传感器获得。车用传感器是车联网最终端的神经末梢。常见的车用传感器有车速传感器、加速度传感器、车身高度传感器、进气温度传感器、冷却液温度传感器等。

2）对道路环境的感知

对道路环境的感知是车辆与外部环境进行感知的主要技术。通过对道路环境的感知，将车辆这一个体与交通整体进行融合。道路环境感知主要有路面感知、交通状况感知、交通信号感知、行人感知等。对道路环境的感知主要借助的是各种传感器。路面感知主要借助的是安装在路面下和道路两侧的交通信息检测器。在传统的智能交通中，对交通状况的感知主要借助于交通信息检测器。在智能网联环境下，可以通过 RFID 技术来获取车辆信息，进一步获得交通的状态信息。交通信号感知和行人感知是实现汽车的安全驾驶以及无人自动驾驶的基础，前者一般是通过视频传感器等综合感知技术来判断交通信号，后者通过安装在车辆上的和安装在路口的视频传感器以及红外信标等技术来判断行人的位置。

3）车与物之间的感知

车与物之间的感知目前在智能网联（物联网）中应用得较多。联入网络的车辆（通常在物流运输过程中）通过安装在货箱内传感器以及 RFID 等手段，感知车内装载物品的状态信息，再将信息传输到监控系统，从而实现对整个运输过程的实时监控与管理。

车与物之间的感知还包括车对车外的物品、建筑物以及前后车辆的感知，一般是通过视频、激光、红外、电磁传感器以及 RFID 等综合感知技术，能够提高行车安全，实现防撞和无人驾驶。

4）对车辆位置的感知

车联网中对车辆位置的感知是最重要的感知技术之一。它的实现是通过车辆监控、辅助驾驶、在线调度和路径优化等基础技术。除了采用卫星定位技术以外，还有基于路侧基础设施等方法进行定位。目前应用最广的卫星定位技术是美国的 GPS 系统。我国的北斗导航定位系统发展也很快，目前已正式提供亚太区域服务，预计在 2020 年能提供覆盖全球的高精度、高可靠的定位、导航和授时服务。

智能网联技术的交通信息交互是一个基于网络系统有众多异质网络节点参与的信息传输、信息共享和信息交换的过程。通过信息交互，车联网的各个节点能够自主地获取环境和其他节点的信息。信息的传输过程既有将数据采集等信息由各个节点汇总到聚汇节点的“多对一”过程，也有将查询命令、网络配置以及程序代码等信息通过汇聚节点传输到网络中的各个节点的“一对多”过程。信息的传输首先要求有高可靠性，其次还要求低延迟。对于车联网这种规模较大的网络来说，能耗也是一个应该考虑的问题。车联网本身的大范围和高速移动特点决定了信息传输的方式以无线通信和数字通信为主，包括车辆之间的通信（vehicle to vehicle，V2V）和车辆与基础设施之间的通信（vehicle to infrastructure，V2I）。目前，大部分的信息传输协议是基于 Ad Hoc 网络的洪泛（flooding）和谣传（gossiping）协议建立的。

1.2.2 系统技术架构

基于物联网（Internet of Things）的交通检测系统从技术架构上分为感知层、网络层和应用层。

感知层：通过磁频、波频、射频（RFID 识别）、GPS（全球定位系统）、雷达、视频传感器等手段，可以感知车流、客流，检测车牌，监测车辆行为等，采用智能交通高清摄像机、智能交通终端管理设备、智能交通测速仪、辅助设备（车检器、信号检测器、雷达、补光灯）等智能硬件设备，建立物理世界和虚拟世界的联系。

网络层：网络层负责网络的数据交换传输，可以将传感器采集到的信息传输到数据仓储处理中心，网络层可以是局域网、互联网，也可以是 3G、4G 或其他方式的网络。

应用层：应用层基于云存储和云计算的各种应用开发，通过对存储在云端的各种数据进行分析和处理，提升应用层对物质世界的感知度，通过决策和控制，来实现交通管理的各种应用。

1.2.3　平台系统和子模块

应用层由多个功能模块子系统组成，融合了公安信息管理业务、智能交通应用、视频图像监控、高速网络传输、高性能比对计算等多技术、多系统，形成一套基于物联网的交通事件智能检测与应急管理的“智能交通管理综合平台”。该平台通过智能交通高清摄像机、智能交通终端管理设备、智能交通测速仪、辅助设备（车检器、信号检测器、雷达、补光灯）等，对采集到的静态与动态数据分析加工处理，实施治安监控、事件检测、交通管理控制和诱导等功能。

平台系统按其功能设计可以分为交通监控模块、交通参数模块、事件检测模块、违法取证模块、高清卡口模块、入口匝道控制模块、信息诱导发布模块、路面状况检测模块等。

道路交通检测系统的典型结构如图 1–8 所示。图 1–8 中，交通传感器将检测到的交通信息通过放大、传输，送到信号机为交通信号控制系统服务，最后送到交通管理中心，交通管理中心对这些交通信号进行处理、存储、发布，为交通管理提供决策依据。交通检测系统架构如图 1–9 所示。

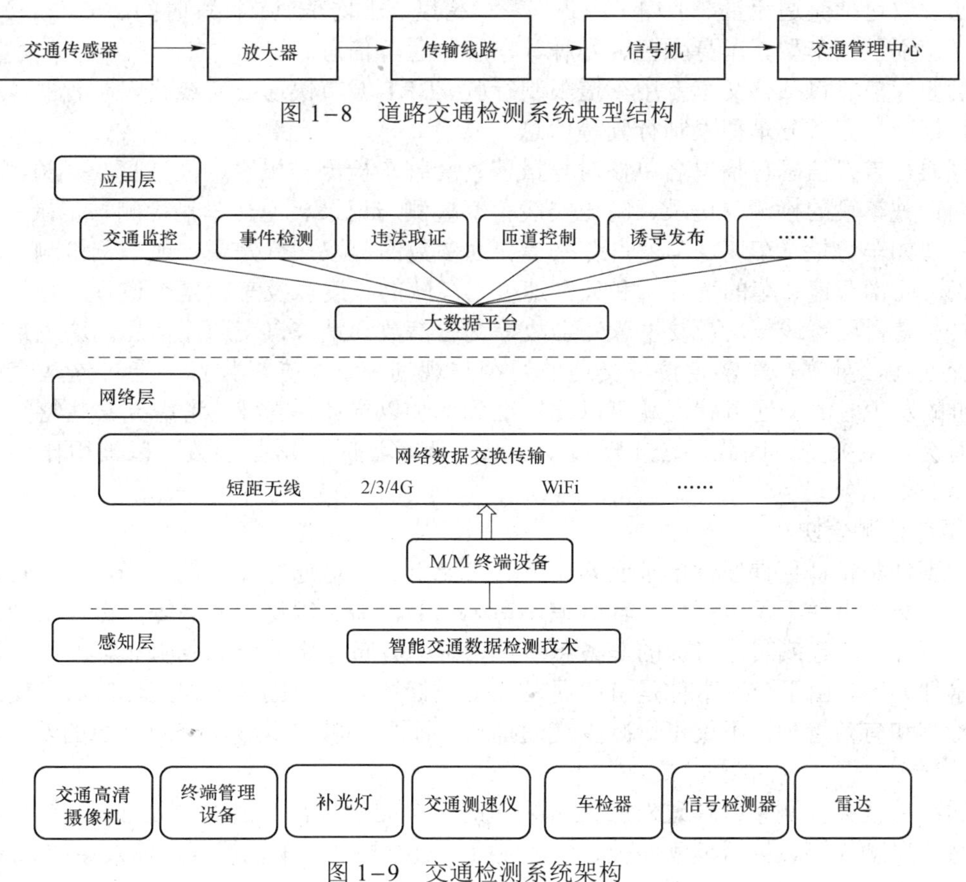

图 1–8　道路交通检测系统典型结构

图 1–9　交通检测系统架构

1. 交通监控模块

交通监控模块由通信链路、监控中心设备、监控远端设备和外场摄像机设备等构成，完成视频管理、报警管理、设备管理、数据通信、数据处理等交通监控工作。摄像机可对区域内的交通、气象状况进行实时的监视，并对报警、事故等进行确认，同时监视该区域的交通服务状况。系统具有视频监控、图片抓拍、电子地图、视频上墙等功能。设备管理包括设备的增、删、改等设备维护以及设备的在线巡检，设备在线巡检是指对系统中所有的硬件设备的运行状态自动进行监测，以确保系统 7×24 h 正常、安全、平稳地运行。

这种基于视频监控的智能交通系统，一方面可以提供比较丰富的交通视频信息，实现道路交通准确、可靠、高效的监视和控制；另一方面，由于监控摄像机的安装方便、快捷、经济、实惠，很容易在原有摄像机监控系统基础上进行升级和移植，不仅维护方便，而且可以大大节省整个项目的人力物力。此外，随着计算机技术、数字图像处理技术和模式识别技术等的不断发展以及处理器性能的迅速提高，能够很好地满足视频交通参数的提取对于实时性和可靠性的要求。交通监控模块的功能主要包括：一是要实现交通车辆、治安车辆、布控车辆和临时车辆的监视和控制；二是根据识别到的车牌信息，再参照数据库中的黑名单信息进行比对，以判断通过的车辆是否是非法车辆，如果是，系统会立即发出警报，以便提醒相关人员及时做出相应处理。

2. 交通参数模块

交通参数包括交通流量、平均车道占有率、密度、平均车速、行程时间、平均车头间距等；车辆信息识别包括车型、车身颜色、号牌、车牌颜色等信息。

车辆通行信息包括公交车专用车道限制行驶、BRT 城市快速公交线路限制行驶、路段单双号牌限制行驶、分道分车型限制行驶等信息。

车辆通行告警信息包括黑名单核对与报警、套牌车检测与报警、闯红灯车辆检测与记录、不按导向行驶车辆的检测与记录、骑压实线车辆检测与记录、逆行车辆检测与记录等。

要实现如车流量、车速、车道占有率等交通参数的提取，首先要实现车辆检测，即要锁定目标车辆。而像车速、车的离开量和离开速度、车队的长度以及车辆是否逆行、是否超速、是否闯红灯、是否压黄线、是否发生意外事故等交通参数则是来自交通流信息，这也是交通信号控制、交通违法处理、车辆定位、交通的组织与规划等重要参考指标。通过这些交通流特征参数，事故发生时的交通流状况就可以比较准确地加以描述。当然，考虑到某些特征参数在事故发生时会产生突变，因此，在实现自动事故检测算法时，这些参数可以被用作算法的控制变量。

3. 事件检测模块

交通事件是指任何偶发性的非正常事件，它能引起车道通行能力的下降，无法正常满足通行的需求。交通事件不仅包括像车辆的追尾、车辆的停滞、货物的抛洒等，也包括像正常的公路维护、项目的重建或其他特殊的非紧急事件（对车道通行能力会造成明显影响的情况或局面或其他事件）等。由于交通事件是引起偶发性交通拥挤的关键因素，因此，对城市交通事件进行准确检测和有效管理，不仅可以减少交通拥挤，而且可以减少城市交通事故的发生，降低事故损失。

交通事件视频检测系统通过对摄像机采集的视频图像进行智能分析处理，能够实现对各种交通事件的自动检测，包括车辆停驶、车辆逆行、交通拥堵、车辆慢行、行人穿越、遗弃物等。主要包括：

（1）车辆拥堵检测。自动根据平均车速与排队长度检测道路拥堵情况并报警。

（2）车辆逆行检测。自动检测车辆逆行事件并报警。

（3）非法停车检测。系统自动检测车辆停驶状态和停驶时间，当停驶时间超过设定阈值后，系统发出车辆非法停车事件并报警。

（4）抛洒物检测。系统自动检测车道中各种目标，当检测到车道中出现长时间不动的静态目标时，经分类为可疑物并持续一定时间以上的，认为是抛洒物，系统触发报警信息。

（5）行人闯入检测。系统对进入车道的移动物体进行分类检测，分类结果中如果出现行人特征目标，系统自动检测并报警。

此外，系统支持检测服务器事件录像和视频管理平台事件录像两种方式，并具有事件录像存储和管理功能，可以根据现场实际情况进行优化配置，如中心组网（服务器）和前端组网（智能盒）两种检测部署方案，方便用户根据实际组网和项目需求进行选择部署。

4. 违法取证模块

违法取证模块应用于道路路口，可有效地防止闯红灯、逆行、轧线、变道行驶等交通违法行为，减少由此引发的交通事故。

该模块采取非现场交通执法模式，利用高清摄像机等设备收集反映现场事实的视频资料，对交通违法行为实时记录。当违法行为发生时，该模块会非常直观地将视频资料记录下来，而此时在违法现场，行为人并不知晓自己的违法行为已被记录。一旦视频资料经审查确认无误，就成为违法的处罚证据，行为人将按程序接受调查，并接受相应处罚。

该模块由前端采集/数据处理设备、传输链路、控制中心等组成，并采用高清视频检测方法对机动车和信号灯灯色进行实时检测。一旦检测到有闯红灯、逆行、轧线等违法行为时，前端高清摄像机会连续抓拍多张图片存储到控制器，通过控制器处理后再上传至控制中心。控制中心的平台系统接收到外场设备的数据，将数据处理后存入数据库。

系统还可对监测区域内的各种车辆进行实时捕捉，连续抓拍多张车辆过程图片，并通过车牌自动识别功能，构建更加完整的取证数据信息。信号灯灯色视频检测方法可自动判断环境亮度，自动调节摄像机的曝光参数，使图像处于最佳状态，达到最佳的识别和监控效果。同时，采用 GPS 卫星定位模块，精确的经纬度定位可解决动态违法抓拍的证据争议问题。

5. 高清卡口模块

卡口自动监测模块作为交通违法非现场执法系统的一部分，有利于提高交通路网的通行能力，保障车辆的快速通行和安全行驶，提高管理整个交通系统的效率。

该模块由嵌入式高清一体化摄像机、平板窄波雷达、LED 频闪灯、闪光灯、智能终端管理设备、交换机、光传输设备等组成。采用雷达检测与高清视频检测双重模式对过往车辆进行检测，当某一模式出现故障时，系统可自动切换至另一检测模式。

该模块可应用于公路要道实现通行车辆、超速车辆等的监控与报警，应用于省际或市际出入口实现车辆监控与报警，应用于重要治安卡口实现通行车辆监控与报警等，并对车辆监控记录与报警记录进行有效管理。同时，它也可以为交管部门处理肇事逃逸车辆、打击盗抢机动车犯罪以及交通违法处罚等实时提供准确的车辆信息和有效证据。

该模块工作原理如下：前端数据采集模块通过在路口建立的视频监控子模块，实现对所在的监控区域内通行的所有过往车辆进行实时监视和控制，包括实时监看、图片抓拍、车牌识别、声光报警以及车辆通行信息的记录和检索等功能。然后，将所采集到的通过各车道的所有车辆的识别信息，通过网络传输模块上传到中心管理平台（CMS），再由中心管理平台进行集中、有效、综合的管理。

前端设备的主要功能是完成车辆的抓拍和违法监测，同时将抓拍的图像连同车辆通过的时间、速度、车长、车道号、辖区等信息写入本地数据库并通过网络上传。处理中心系统可将违法信息并入公安部统一的“道路交通违法信息管理系统”和“车驾管”业务系统平台，并自动进行信息发布、布控和撤控。

6. 入口匝道控制模块

城市快速路具有全程无交叉口、只允许机动车行驶、车辆行驶速度高等特点，在城市交通中起着主导性的作用。

为了保障城市快速路道路容量的有效使用，进一步改善整个城市交通系统，对入口匝道进行有效控制显得十分必要。入口匝道控制一般可以实现以下几个目标：减少甚至消除交通拥挤的发生；降低事故发生率；提高交通安全水平；减少总的旅行时间；提高交通服务水平。该模块的工作原理如下：通过引进技术手段对入口匝道到快速路交通流量进行有效的调节，使得快速路主线的交通需求（TD），尽可能不要超出道路的通行能力范围，这样就能保证快速路主线的交通始终处在一个最佳状态附近运行，从而保证快速路交通的畅通。

该模块主要由匝道控制主机、车辆检测器、信号灯三部分组成。

（1）匝道控制主机：是入口匝道控制的核心部件，主机中装载入口匝道控制程序。

（2）车辆检测器：包括主线检测器（快速路主线交通状况检测）、排队检测器（入口匝道的车辆排队状况检测）、检入检测器（是否有车辆到达停车线前等待的检测）、检出检测器（是否有车辆通过停车线的检测）、交汇检测器（车辆是否顺利地交汇到快速路主线上的检测）。

（3）信号灯：用来指示车辆是否可以通行还是需要在停车线前等待。

7. 信息诱导发布模块

交通诱导系统通过对车辆采集系统、道路监视系统、接处警系统、交通信号控制系统、人工采集以及相关部门提供的动态信息数据进行处理，并将交通信息实时发送到室外 LED 显示屏，为公众出行提供信息服务，包括实时路况信息，如道路拥堵情况、交通流量、平均速度、交通管制、高速公路封堵等，以及动态交通信息，如公交车信息、出租车信息、停车位信息等。

交通诱导系统是交通控制与交通疏导的主要技术手段，是智能交通综合管理指挥决策的重要依据。交警可以通过指挥中心或者直接在现场进行控制并发布交通信息。由于室外显示屏也具有存储功能，因此，即使在室外显示屏和指挥中心之间通信连接断开时，室外显示屏上也能够自动循环显示存储在室外显示屏中的信息，并能在现场对信息显示进行操作和控制，当然这些信息只是一些通用信息。

（1）固化信息显示：将通用的显示信息固化在下端显示屏中，用于显示屏与中心中断时显示，其内容可以从控制中心下载，显示时间也可通过控制系统进行更改。

（2）人工诱导信息显示：是指以人工的方式将诱导信息从控制系统发送到室外显示屏进行显示。根据实际需要可选择是发送后立即显示还是由控制系统定时发送显示。

（3）自动诱导信息显示：是指由诱导软件按照预先设定好的算法自动计算来生成诱导信息，运算数据来自交通流实时动态信息检测系统，该系统会收集实时的交通流数据。诱导信息一经生成并确认，诱导软件便会自动将其发送到室外显示屏上显示。

（4）停车信息诱导发布：是指根据停车场系统检测到的停车信息，自动对停车场剩余车位进行信息发布。

8. 路面状况检测模块

路面状况检测在道路建设和管理中不仅是一项基础性的工作，还是一项至关重要的工作，它可以直接影响对工程质量的检验和控制，而且对于道路养护的决策是否科学以及养护资金的分配是否最优也起着决定性的作用。该模块需要对路面破损状况设计自动检测算法，可在各种行驶速度和各种环境条件下，对包括裂缝、坑槽、车辙等各种破损路面进行检测和识别。路面破损检测算法采用目前比较前沿的技术，不仅可以获得路面三维变形破损数据，如道路的平整度、路面的车辙、纹理、损坏度以及前方景观图像等数据，而且还能通过对路面损坏图像的识别和处理，自动对损坏路面的裂缝、坑槽等进行分析和处理，找出裂缝、坑槽的具体位置坐标，计算出裂缝、坑槽的长度、宽度、深度以及路面损坏率。计算结果可以按照指定的格式直接导入路面管理系统，用于对路面状况进行评定。

9. 智能交通应急管理平台

该平台系统通过网络能够实现前端设备管理、视频实时监控与录像回放，交通参数设置，交通事件、违法信息自动检测识别、自动报警，GIS 应用，智能车辆查询追踪（区间查询、碰撞查询、同行车查询、套牌车查询、区间测速），违法查询（闯红灯、逆行、禁左禁右、超速），车辆布撤控，车辆智能研判（首次出现、频繁出现、高危时段出现），智能分析（车牌识别、人脸识别、行为分析、人数统计、视频质量诊断）；通过电子地图可进行电子地图实时导航、直观图像预览、报警点直观显示、报警信息显示和查询、车流统计、卡口信息实时显示、运行状态实时查看、过车信息和行车轨迹实时查询等功能；联动报警管理可实现布控设置（含：单一布控、统一布控）、报警联动设置（含：声光报警、弹屏报警、人工处警提示、短信提醒、联动图像、联动大屏等多种方式）等功能。

该平台还包括应急管理和决策指挥模块。根据前端模块对交通状况的监控，将检测到的异常事件信息上传。本模块能对上传事件进行汇总和辨别，并针对不同事件做出决策，及时生成处理此事件的应急方案，主要包括：对交叉路口信号灯的控制、对匝道开启和关闭的控制、对驾驶员的诱导和控制、对电子板显示信息的提供以及对异常事件排除时间的动态预测和异常事件排除后对交通流的诱导和控制等，并立即组织实施方案，同时发布事件信息。最后还要对此次事件发生和处理的全过程进行记录，对实施效果进行评估，并将评估结果保存到应急管理知识库中，为以后的事故处理和方案生成提供原始数据。

1.3　交通检测技术发展趋势

1.3.1　交通检测技术适用性分析

交通检测技术大致可以分为两类：一类是固定型交通检测技术，主要包括环形线圈、磁映像及微波、视频等检测技术；另一类是移动型交通检测技术，主要包括 GPS 浮动车检测技术、RFID 电子标签检测技术、手机定位检测技术和无线传感网检测技术等检测技术。随着我国城市居民生活水平的提高，人们对汽车的需求也越来越大，因此城市的车辆也越来越多，这也使得交通更加拥堵，现代交通检测技术也越来越广泛地应用在交通道路中。目前交通检测技术主要应用于以下几个方面。

1. 对车辆的检测

环形线圈式车辆检测技术具有较高的性价比与可靠性。视频检测技术的检测精度以及检测的可靠性已经慢慢得到认可，在国外也得到了广泛的应用，并且已慢慢形成一种趋势。因此，在我国，视频检测技术应该作为以后交通检测技术的发展方向。从实际情况来看，环形线圈检测技术的成本虽然低，但是却容易损坏，并且其维护的难度比较大。视频检测技术的成本虽然高，但是其检测精度高，虽然容易受到环境的影响，但是可以结合红外检测技术进行补充。目前，全世界用得较多的还是环形线圈检测技术与视频检测技术，因此应当依据交通道路的实际情况与要求进行合理搭配，以获得较好的检测效果。

2. 对事故的检测

对事故进行检测是交通安全部门以及交通管理部门一直都特别注重的。能够得到高效而又可靠的事故检测信息，对于制订恰当和合适的策略是非常重要的，例如可以通过对事故的检测进而来控制和引导车辆选择其他道路避开事故地点，对于降低事故的影响有非常重要的意义。同时交通检测技术也可以作为交通事故以及违法处理的凭据，例如检测驾驶员违法的交通检测技术包括闯红灯监视器（俗称电子眼），它是由检测器与摄像机构成的，对于闯红灯的车辆，电子眼能够自动地分辨出来，并且将违法车辆的车牌号拍摄下来。

3. 对交通拥堵的检测

有时道路因为交通事故、施工或者进行车辆检查等而导致道路拥堵，利用交通检测技术能够在第一时间就检测到，并且还能将道路的监控摄像头自动切换视角，转移到当前拥堵地区，提醒交通部门的工作人员采取相应的措施进行控制或引导，防止拥堵进一步升级。拥堵检测设备一般是利用无线微地磁传感器来获取道路的路况信息，通过利用地球磁场细微的变化来检测出道路上车辆的行驶速度、道路占有率以及车流量等交通信息。

4. 对天气的检测

交通检测技术能够对天气进行检测，不仅能够检测到一般的天气，例如大风、雨雪、雾霾等，还能够对大气的温湿度进行准确的检测。对天气方面的检测还包括在大雾天气状况下道路能见度的检测，以及在低温雨雪天气下路面是否有结冰的检测。一旦出现道路不利于车辆正常行驶的情况，检测系统将相应的信息反馈给交通控制指挥中心，然后再由指挥中心向司机发出道路情况的警告。如果情况严重，则采取紧急措施，例如封锁道路、摆设警示牌等。

典型的固定型交通检测技术适用性分析如表 1–8 所示。

表 1–8　固定型交通检测技术适用性分析

应用目的	检测需求	常用交通检测器
交通信号控制	检测停止车辆（一般气象条件）	感应式环形线圈，微波检测器，红外线检测器，超声波检测器，视频检测器
交通状态识别	检测全路网的交通流信息	环形感应线圈检测器，视频检测器，微波检测器
紧急事件快速反应	需要检测停止车辆（任何气象条件）	环形感应线圈检测器，视频检测器，微波检测器
交通信息服务	检测全路网的基本交通流信息（任何气象条件）	视频检测器，微波检测器

随着技术的进步和经济的发展，移动型交通检测技术应运而生，对交通检测器的应用也有了更多的选择，一般选择交通检测器的合理步骤为：

（1）对选取的交通检测器性能参数深入了解；

（2）根据系统对交通信息的需求，确定交通参数，初步拟定使用何种检测器；

（3）考虑当地实际交通环境（包括气象条件）与所用检测器的适用条件；

（4）合理设计检测器空间布置方案；

（5）发挥检测器特性，物尽其长，综合使用；

（6）安装费用、维护费用计算。

由于移动型交通检测技术需要足够多装有检测设备的车辆运行在城市道路网络中，交通检测设备还未广泛普及安装，所以当前使用的调查方案设备多为固定型交通检测设备，典型的设备选型方案如表 1–9 所示。

表 1–9 典型的设备选型方案

调查内容	调查设备选择
城市大型交叉路口	气压管式检测器、地磁感应式检测器、人工观测
城市中小路口	气压管式检测器、人工观测
路口转向调查	人工观测
城市快速路路段或高等级公路路段调查	视频检测设备、地磁感应式检测器
双向两车道道路	气压管式检测器
同方向两条车道	气压管式检测器、地磁感应式检测器
停车场出入口	地磁感应式检测器

伴随着国民经济飞跃式的发展，道路上的汽车不断增加，交通检测技术开始在道路交通中广泛应用，为了满足各种交通信息的需求，在不同的道路环境情况下，对不同的交通检测器要求也会有所不同，但是总体来说高密度、全方位、智能性的交通检测技术是未来的发展方向。除此之外，还需要选择适宜的交通检测技术来获取和采集所需要的准确的交通信息。如今科学技术不断进步，一些新的交通检测技术和理念也随之产生，如何合理地选择与组合来获得最好的检测效果也成为一个越来越受关注的问题。若要达到预期的目的，则需要选取合理的交通检测技术的组合，使其发挥良好的效果。

1.3.2 交通检测技术的发展趋势

交通检测器是道路交通管理与控制系统的主要组成部分之一，是交通流信息的采集设备。它通过数据采集和设备监视等方式，在道路上实时地检测交通量、车辆速度、车流密度和车辆占有率等各种交通参数，这些参数都是控制系统中所需的配时计算参数。检测器检测到的数据，通过通信系统传送到本地控制器或是直接上传至监控中心计算机，作为监控中心分析、判断、发出信息和提出控制方案的主要依据。所以，交通检测器及其检测技术水平的高低直接影响到公路交通控制系统的整体运行和管理水平，交通控制系统的工作效率取决于检测器对车辆的检测能力。

近年来，随着高速公路和城市交通监控系统的发展需要，车辆检测器已得到了广泛的应用，同时车辆检测技术也随着传感器技术、通信技术、计算机和人工智能等技术的发展而得到了迅速提高。目前车辆检测技术的发展集中在以下几个方面。

（1）表现在以传感器技术发展为基础，大幅度提高检测器的各项性能。其一是对基于电磁感应原理类检测器的研究，通过对检测器探头和信号处理装置的改进，来提高检测器的可靠性和使用寿命。其二是对波频车辆检测器的研究，研究重点在于提高检测器的精度和抗干扰能力，由于此类检测器具有便于安装和维护的特点，因而有着良好的发展前景。

（2）表现在以车辆检测器的发展为基础，结合人工智能和先进的计算方法等，使车辆检测器朝着系统化、智能化和光电一体化方向发展。如智能化遥感微波检测器、感应线圈智能交通流量测试仪以及借助于红外线技术的定点摄像记录系统的研究等，为我国实现交通管理智能化打下坚实的基础。

（3）最先进的系统和最集中的研究领域是采用视频检测技术的车辆自动识别系统和高速公路事故测报系统。在基于图像处理的车辆自动识别系统中，采用计算机视觉（computer vision）和图像处理技术可以获得车辆的外形三维数据及车辆的轴数、轴距、轮距和车辆组成等交通参数，这是以前传统的车辆检测器所不能做到的。该方向的研究重点是提高图像识别的实时性和准确性。基于图像处理的高速公路事故测报系统目前正处在研究开发阶段，它利用计算机视觉、神经、网络、模糊逻辑等技术和先进的计算方法进行事件检测、车辆识别和公路监控，可以获得车辆数量、车速、道路的空间占有率及车辆的前进程度等重要交通参数，从而可以预测和发现事故。交通视频车辆检测技术的运用，以及光纤通信技术、计算机信息处理系统和人工智能技术的应用，必将使交通控制系统向大范围、全方位、智能化和实时控制方向发展。

从我国交通检测技术目前应用情况分析，未来我国交通检测技术将向着人工智能化和可视化、光电一体化发展。首先，未来交通检测技术将不断提高检测器的使用寿命与准确性，降低干扰并提高检测精度，保证检测系统的可靠性和稳定性；其次，交通检测技术的智能化水平将不断提高，无论是检测器的操作还是交通流量测试，均以智能模式运行，极大减轻人力压力；此外，交通检测技术在车辆和交通流信息参数获取上将更加智能化、精细化和实时化，在实现交通实时控制、提高交通执法效率中起到重要作用。

随着我国经济发展水平的不断提高，城市汽车总量不断增加，交通压力将不断加大。不断研发并应用现代化的交通检测技术，能够提升我国交通车辆信息检测水平，并逐渐实现智能化、实时化，极大提高我国交通管理效率，保证车辆顺畅通行，避免交通事故发生，实现城市交通的高水平发展。

思考题

1. 什么是交通检测技术？其核心器件的主要组成部分是什么？
2. 交通检测技术按检测原理分为哪几类？
3. 交通检测系统从技术架构上分为哪几层？每层主要实现什么功能？
4. 新型交通检测技术相较于传统技术有什么区别和优势？
5. 如何进行交通检测器类型的选择？有哪些步骤？

本章参考文献

[1] 高敬红，杨宜民. 道路交通车辆检测技术及发展综述[J]. 公路交通技术，2012（1）：116–119.

[2] 陈圆媛，潘珍亮，武奇生，等. 基于多数据融合的交通事件检测系统研究[J]. 公路交通科技（应用技术版），2012（8）：375–377.

[3] 王国伟，王伟力，谢洪波，等. 物联网条件下交通异常事件自动检测技术[J]. 公路与汽运，2012（5）：69–72.

[4] 厉双华. 道路交通检测系统的设计和实现[J]. 软件，2015（12）：214–216.

[5] 杨小树. 浅谈现代交通检测技术在交通中的应用[J]. 中国高新技术企业，2016（9）：104–105.

[6] 杨小树. 浅析交通检测技术及其未来发展趋势[J]. 科技创新导报，2015（33）：30+32.

[7] 颜安. 基于 GPS 浮动车的城市道路交通事件检测技术研究[D]. 西安：长安大学，2010.

[8] 陈高强. 电子标签检测技术研究[D]. 杭州：杭州电子科技大学，2011.

[9] 柴干，朱苍晖，过秀成. 高速公路交通动态数据检测技术应用研究[J]. 公路交通技术，2008（5）：128–131.

[10] 贾元华. 高速公路交通事件自动检测系统结构框架[J]. 佳木斯大学学报（自然科学版），2004（2）：242–246.
[11] 张存保，严新平. 固定检测器和移动检测器的交通信息融合方法[J]. 交通与计算机，2007，25（3）：14–17.
[12] 徐秋平. 基于车联网的交通信息采集与事故识别方法研究[D]. 北京：北京交通大学，2014.
[13] 徐加伟. 基于低功耗蓝牙无线通讯技术的交通数据检测方法研究[D]. 哈尔滨：哈尔滨工业大学，2013.
[14] 杨飞，裘炜毅. 基于手机定位的实时交通数据采集技术[J]. 城市交通，2005（4）：67–72.
[15] 傅福林，晋胜国. 基于物联网的智能交通检测与应急管理系统[J]. 中国公共安全，2016（12）：45–54.
[16] 宋颖华. 交通检测技术及其发展[J]. 公路，2000（9）：36–39.
[17] 吕婷婷. 交通检测技术综合对比与应用分析[J]. 淮海工学院学报（自然科学版），2011（1）：15–17.
[18] 吴建波. 交通事件自动检测系统研究及应用[J]. 中国交通信息化，2010（3）：74–77.
[19] 张思博. 交通信息视频检测系统[D]. 北京：北京交通大学，2010.
[20] 储浩，杨晓光，吴志周，等. 交通移动采集技术及其适用性分析[C] // 交通运输工程学科论文集. 北京：2005 年全国博士生学术论坛，2005.
[21] 林涛. 视觉交通检测技术的研究[D]. 天津：天津大学，2005.
[22] 孟碧波. 数据挖掘技术在智能交通检测系统中的应用[D]. 武汉：武汉理工大学，2008.

第 2 章　交通物联网

交通物联网可实现对各交通要素进行实时采集、传输和处理，从而建立起一种在交通运输行业范围内发挥作用的准确、实时、高效、便捷、安全、环保的交通运输综合管理系统，为社会公众提供全面的交通信息服务，全面提高交通行业管理和服务水平，推进交通信息化的发展。

2.1　交通物联网概述

2.1.1　物联网概念的发展

物联网的概念在 1995 年已经出现，但其正式提出应该是在 2005 年信息社会世界峰会上由国际电信联盟（ITU）发布的《ITU 互联网报告 2005：物联网》中。物联网（Internet of Things）是指把所有物品通过射频识别等信息传感设备与互联网连接起来，实现智能化识别和管理。简而言之，物联网就是“物物相连的互联网”。

从理论设想到概念提出，再到付诸实践，物联网的发展经历了快速发展的历程。

比尔·盖茨 1995 年出版的《未来之路》一书，提出了“物－物”相联的物联网雏形，只是当时受限于无线网络、硬件及传感器设备的发展，并未引起世人的重视。

1998 年，美国麻省理工学院（MIT）创造性地提出了当时被称为 EPC（electronic product code）系统的物联网构想。1999 年，美国 Auto－ID 首先提出物联网的概念，主要是建立在物品编码、射频识别（radio frequency identification，RFID）技术和互联网的基础上。这时对物联网的定义很简单，主要是指把所有物品通过射频识别等信息传感设备与互联网连接起来，实现智能化识别和管理。也就是说，物联网是指各类传感器和现有的互联网相互衔接的一种新技术。

2005 年，国际电信联盟（ITU）在《ITU 互联网报告 2005：物联网》中，正式提出了物联网的概念。该报告指出，无所不在的物联网通信时代即将来临，世界上所有的物体从轮胎到牙刷、从房屋到纸巾都可以通过互联网主动进行信息交换。射频识别技术、传感器技术、纳米技术、智能嵌入技术将得到更加广泛的应用。

2008 年 3 月，苏黎世举行了全球首个国际物联网会议“物联网 2008”，探讨了物联网的新理念和新技术，以及如何推进物联网发展。奥巴马就任美国总统后，与美国工商业领袖举行了一次“圆桌会议”，作为仅有的两名代表之一，IBM 首席执行官彭明盛首次提出“智慧地球”的概念，建议新政府投资新一代的智慧型基础设施，并阐明了其短期和长期效益。奥巴马对此给予积极回应：“经济刺激资金将会投入到宽带网络等新兴技术中去，毫无疑问，这就是美国在 21 世纪保持和夺回竞争优势的方式。”“智慧地球”的概念一经提出，就得到了美国各界的高度关注；甚至有分析认为，IBM 公司的这一构想将有可能上升至美国的国家战略，并在世界范围内引起轰动。

2009 年 8 月 7 日，时任总理温家宝在中科院无锡高新微纳传感网工程技术研发中心视察并发表重要讲话，“在传感网发展中，要早一点谋划未来，早一点攻破核心技术”，提出了“感知中国”的理念，这标志着政府对物联网产业的关注和支持力度已提升到国家战略层面。之后，“传感网”“物联网”成为热门名词术语。2009 年 9 月 11 日，“传感器网络标准工作组成立大会暨感知中国高峰论坛”在北京举行，会议提出了传感网发展的一些相关政策。2009 年 11 月 12 日，中国移动与无锡市人民政府签署“共同推进 TD-SCDMA 与物联网融合”战略合作协议，中国移动将在无锡成立中国移动物联网研究院，重点进行 TD-SCDMA 与物联网融合的技术研究与应用开发。

2010 年初，我国正式成立了传感（物联）网技术产业联盟。同时，工信部也宣布将牵头成立一个全国推进物联网的部级领导协调小组，以加快物联网产业化进程。2010 年 3 月 2 日，上海物联网中心正式揭牌。更为重要的是，温家宝在《2010 年国务院政府工作报告》中明确提出：要大力培育战略性新兴产业；要大力发展新能源、新材料、节能环保、生物医药、信息网络和高端制造产业；积极推进新能源汽车、电信网、广播电视网和互联网的三网融合取得实质性进展，加快物联网的研发应用；加大对战略性新兴产业的投入和政策支持。

在交通运输行业，李盛霖部长在 2010 年全国交通运输工作会议上的讲话中指出要努力提高交通运输设施装备的技术水平和信息化水平。2010 年 4 月 23 日，交通运输部科技司和综合规划司联合组织部规划研究院、科学研究院、公路科学研究所（院）、水运科学研究所（院）、中国交通通信信息中心、中交水运规划设计院、大连海事大学、北京市交通委，以及浙江、湖北、广东省交通主管部门，在江苏开展了物联网在交通运输行业发展调研及座谈。2010 年 7 月 19 日，交通运输部部长李盛霖、副部长高宏峰走访中国工程院，与院长周济、常务副院长潘云鹤、副院长旭日干、秘书长邹贺铨等就物联网在交通运输领域的推广应用进行座谈。物联网在交通运输行业的研究与应用已风起云涌。

2.1.2　物联网的定义

物联网的英文名称为“Internet of Things”，简称 IoT。由名称可见物联网就是“物物相连的互联网”。这里有两层意思：第一，物联网的核心和基础仍然是互联网，是在互联网基础之上进行延伸和扩展的一种网络；第二，其用户端延伸和扩展到了任何物品与物品之间，进行信息交换和通信。

由于物联网（IoT）概念出现不久，其内涵还在不断发展、完善。目前，对于“物联网”这一概念的准确定义尚未形成比较权威的表述。

2009 年 9 月，在北京举办的物联网与企业环境中欧研讨会上，欧盟委员会信息和社会媒体司 RFID 部门负责人 Lorent Ferderix 博士给出了欧盟对物联网的定义：物联网是一个动态的全球网络基础设施，它具有基于标准和互操作通信协议的自组织能力。其中物理的和虚拟的“物”具有身份标识、物理属性、虚拟的特性和智能的接口，并与信息网络无缝整合。物联网将与媒体互联网、服务互联网和企业互联网一道，构成未来互联网。与此同时，《欧盟物联网行动计划》中明确指出物联网将具有三方面本质特性：第一，不能简单地将物联网看作今天互联网的延伸，物联网建立在特有基础设施上，将是一系列新的独立系统，当然，部分基础设施仍要依存于现有的互联网；第二，物联网将伴随新的业务共同发展；第三，物联网包括多种不同的通信模式，如物与人通信、物与物通信。

而目前国内对物联网较为多见的定义是指通过各种信息传感设备，如射频识别（RFID）装置、红外感应器、全球定位系统、激光扫描器等，按照约定的协议，把任何物品与互联网相连接，进行信息的交换和通信。其目的是把所有物品通过射频识别等信息传感设备与互联网连接起来，实现智能化识别、定位、跟踪、监控和管理。如图 2-1 所示。

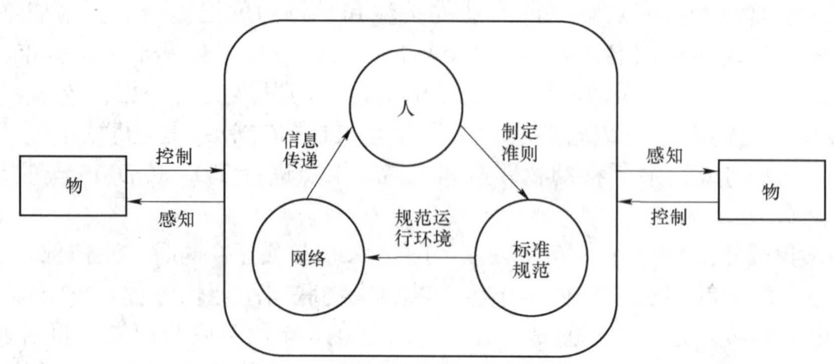

图 2-1　物联网概念示意图

物联网的上述定义包含了以下 3 个主要含义：

（1）物联网是指对具有全面感知能力的物体及人的互联集合。两个或两个以上物体如果能交换信息即可称为物联。使物体具有感知能力需要在其上安装不同类型的识别装置，如电子标签、条码与二维码等，或通过传感器、红外感应器等感知其存在。同时，这一概念也排除了网络系统中的主从关系，能够自组织。

（2）物联网必须遵循约定的通信协议，并通过相应的软、硬件实现。互联的物品要互相交换信息，就需要实现不同系统中实体的通信。为了成功通信，它们必须遵守相关的通信协议，同时需要相应的软、硬件来实现这些规则，并可以通过现有的各种接入网与互联网进行信息交换。

（3）物联网可以实现对各种物品（包括人）进行智能化识别、定位、跟踪、监控和管理等功能。这也是组建物联网的目的。

2.1.3　交通物联网的定义

交通运输物联网是指把物联网技术应用于交通运输领域，以实现交通运输系统的智能化管理和最优化运行。具体来讲，交通运输物联网是基于 RFID 技术、传感器技术和泛在通信与网络等物联网技术，将交通要素唯一化接入互联网络，实现交通要素的互联互通，实时获取交通要素的运行状态和功能状况，通过实时仿真和决策，促使交通要素间的互动和协同运作，实现整个交通系统的智能化管理和最优化运行，从而解决交通运输中的道路拥堵、事故频发和交通运输效率低等问题；同时利用对实时数据的运算处理，获取对社会公众有价值的交通运输信息，提升交通运输行业服务化水平，推进行业纵深化发展。

交通运输物联网的构建，将使得未来交通系统中的运输工具和交通基础设施不再只充当人和货物运输的工具，而成为具有自主身份、具有交互功能的智能物体，以快速地应对突发事件，极大地提高交通运输效率，有效地降低交通运输要素与社会生活需求不协调的现状，交通运输物联网具有如下两大核心特征：一是着眼于提高已有交通运输设施的运行效率；二是着眼于交通运输信息的广泛应用与服务。

2.1.4　交通物联网的关键要素

交通运输行业物联网发展的核心在于为交通对象、交通工具、交通基础设施建立起以身份特征信息为核心的唯一对应的标识，然后依托以 RFID 传感器网络传输为主的网络信息通信技术，将采集的信息动态地映射到交通运输综合处理平台上，再通过对感知信息进行系统性和智能化分析与处理，实现对交通运输的统一监控、管理和服务。

（1）交通要素身份特征标识体系。身份特征标识体系是物联网在交通运输领域应用的关键基础，在“物物相连”的物联网系统中，每一个交通环境中的静态及动态的物体都应有其特殊的标识码，使其在系统中能够方便地被感知、被寻址，交通运输物联网应用，要给交通对象、交通工具、交通基础设施这些交通要素赋予全球唯一的寻址码，再将它们的身份码信息收集录入身份认证系统，使所有交通运输领域内的要素成为一个交通要素身份特征标识体系的一部分。

（2）交通要素信息数据获取体系。网络与传输是物联网“物物相连”的连接载体，交通运输业在现有传感器大量应用的基础上，实时“采集”交通对象、交通工具以及交通基础设施的运行状态信息，并将采集到的各种数据通过统一的通信手段和传输标准传送到数据中心进行处理。交通要素信息数据获取体系包括交通运输物联网系统数据输入输出接口标准和基于 RFID 身份识别和底层传感技术的交通要素信息采集体系。基于 RFID 身份识别和底层传感技术的交通要素信息采集体系通过大力推广 RFID 身份标识和传感器件，是交通运输物联网要素实时信息采集的基础工作，使大规模、实时收集物联网基础信息成为可能。

（3）交通运输物联网综合处理中心。交通运输物联网综合处理中心由交通数据处理中心和各交通领域物联网综合平台两方面组成，交通数据处理中心储存海量的交通运输传感数据，为综合管理平台的智能化、自动化处理提供后台支持，搭建各交通领域物联网综合平台，通过数据分析显示交通运输体系运行状态，实现对交通运输系统海量物联信息的分析和管理，为交通对象、交通工具、交通基础设施的智能化提供决策支持，实现交通运输物联网功能自动化和运行最优化。

交通运输物联网综合处理中心实时掌控各交通要素的信息收集、功能交互和服务需求，通过各交通要素的网络接入，信息实时更新，再现交通系统的运行状况，体系通过对整体信息的再现与智能处理，实现物物相连，以及感知、实时状态处理、交通运行管理等，构成交通运输物联网智能化管理的主体。

2.2 物联网的体系结构和关键技术

2.2.1 物联网的体系结构

物联网的体系结构如图 2–2 所示，从下到上依次可以划分为感知层、网络层和应用层。在各层之间，信息不是单向传递的，也有交互或控制。在所传递的信息中，主要是物的信息，包括物的识别码、物的静态信息、物的动态信息等。

1. 感知层

物联网要实现物与物的通信，其中“物”的感知是非常重要的。感知层是物联网的感觉器官，用来识别物体、采集信息。

亚里士多德曾对“物”给出了解释：“物”即存在。“物”能够在空间和时间上存在和移动，可以被辨别，一般可以通过事先分配的数字、名称或地址对“物”加以编码，然后加以辨识。在物联网中，“物”既包括电器设备和基础设施，如家电、计算机、建物等，也包括可感知的因素，如温度、湿度、光线等。

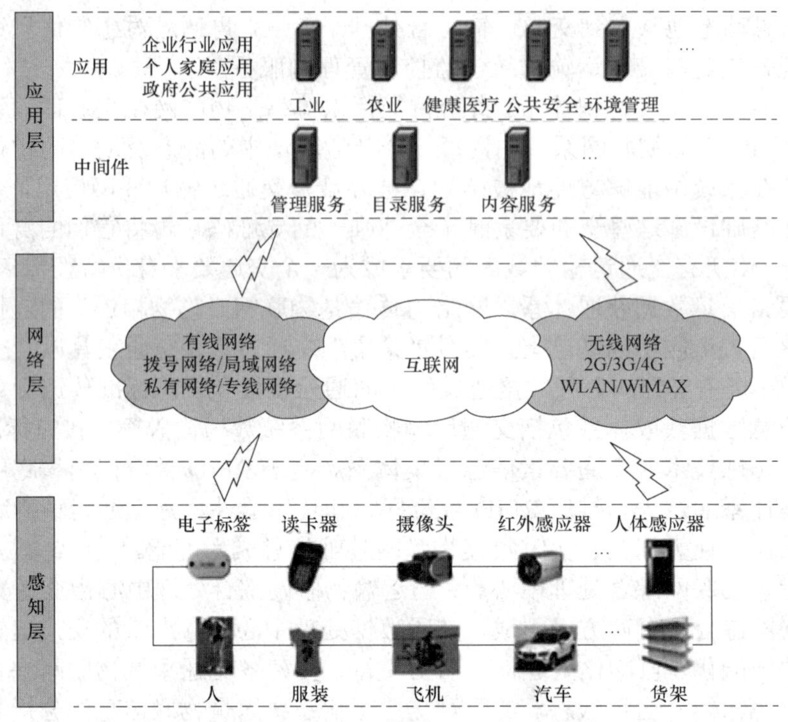

图 2-2 物联网的体系结构

感知层利用最多的是 RFID、传感器、摄像头、GPS 等技术，感知层的目标是利用上述诸多技术形成对客观世界的全面感知。在感知层中，物联网的终端是多样性的，现实世界中越来越多的物理实体需要实现智能感知，这就涉及众多的技术层面。在与物联网终端相关的多种技术中，核心是要解决智能化、低功耗、低成本和小型化的问题。

2. 网络层

物联网当然离不开网络。物联网的价值主要在于网，而不在于物。网络层是物联网的神经系统，负责将感知层获取的信息进行处理和传输。

网络层是一个庞大的网络体系，用于整合和运行整个物联网。网络层包括接入网与互联网的融合网络、网络管理中心和信息处理中心等。接入网有现在的移动通信网、有线电话网等，通过接入网能将信息传入互联网。网络管理中心和信息处理中心是实现以数据为中心的物联网中枢，用于存储、查询、分析和处理感知层获取的信息。

3. 应用层

物联网建设的目标是为用户提供更好的应用和服务体验。应用层形成了物联网的“社会分工”，这类似于人类社会的分工，每行每业都需要进行各自的物联网建设，以不同的应用完成各自“分工”的物联网。物联网结合行业需求，与行业专业技术进行深度融合，可以实现所有行业的智能化，进而实现整个世界的智能化，这也就是物联网的建设目的。

应用层把感知和传输来的信息进行分析和处理，做出正确的控制和决策，解决信息处理和人机交互的问题。应用层主要基于软件技术和计算机技术来实现，这其中云计算作为海量数据存储和分析的平台，也是物联网的重要组成部分。

应用层可以为用户提供丰富的特定服务，它涵盖了国民经济和社会生活的每一个领域，包括制造领域、物流领域、医疗领域、身份识别领域、军事领域、交通领域、食品领域、防伪安全领域、资产管理领域、图书领域、动物领域、农业领域、电力管理领域、电子支付领域、环境监测领域、智能家居领域等。应用层的不断开发将会带动物联网技术的研发，带给物联网产业丰厚的利润，最终带来物联网的普及。

2.2.2 感知层

物联网与传统网络的主要区别在于，物联网扩大了传统网络的通信范围。物联网不仅局限于人与人之间的网络通信，还将网络的“触角”伸到了物品之上。感知层在物联网的实现过程中，用于完成物品信息全面感知的问题，与传统网络相比，体现了“物”的特色。也就是说，物联网中的“物”是通过感知层来实现的。

1. 感知层的组成和功能

感知层主要解决人类社会和物理世界数据获取和数据收集的问题，用于完成信息的采集、转换、收集和整理。感知层主要包含两个主要部分：其一是用于数据采集和最终控制的终端装置，这些终端装置主要由电子标签和传感器等构成，负责完成信息获取的问题；其二是信息的短距离传输，这些短距离传输网络负责收集终端装置采集的信息，并负责将信息在终端装置和网关之间双向传送。实际上，感知层信息获取、信息短距离传输这两个部分有时交织在一起，同时发生，同时完成，很难明确区分。

1）信息获取

首先，信息获取与物品的标识符相关。为了有效地收集信息，感知层需要给物联网中的每一个“物”都分配唯一的标识符，这样“物”的身份可以通过标识符来加以确定和辨识，解决信息归属于哪一个“物”的问题。

其次，信息获取与数据采集技术相关。数据采集技术主要有自动识别技术和传感器技术。自动识别技术用于自动识别物体，其应用一定的识别装置，通过被识别物体和识别装置之间的接近活动，自动获取被识别物体的相关信息。传感器技术用于感知物体，其通过在物体上植入各种微型感应芯片使其智能化，这样任何物体都可以变得“有感觉、有思想”，如可以感觉周围的温度等。

2）信息短距离传输

信息短距离传输是指收集终端装置采集的信息，并负责将信息在终端装置和网关之间双向传送。这里需要强调的是，信息短距离传输与信息获取这两个过程有时同时发生，感知层很难明确区分这两个过程。

信息短距离传输与自组织网络、近距离无线通信技术、红外和工业现场总线等相关。例如，传感网属于自组织网络，蓝牙和 ZigBee 属于短距离无线通信技术。

2. 物品标识与数据采集

1）标识符

在信息系统中给不同物体以不同的标识，对信息的收集意义重大。物联网中的标识符应该能够反映每个单独个体的特征、历史、分类、归属等信息，应该具有唯一性、一致性和长期性，不会随物体位置的改变而改变，不会随连接网络的改变而改变。另外，由于现在已经存在许多标识符，因此将来的技术必须支持现存的标识符，必须是现存标识符的扩展。

现在许多领域已经开始给物品分配唯一的标识符。例如，EPC 系统已经开始给全球物品分配唯一的标识符。物联网起源于 EPC 系统，EPC 系统提供了一个编码体系，全球每一个物品都可以获得 EPC 系统的一个编码。正是因为 EPC 系统重视物品的编码体系，其编码容量可以满足全球任何物品的需求，并且 EPC 的编码体系可以支持现存的条码编码体系，EPC 系统才引起全球的关注，成为最成功的物联网商业模式之一。

2）数据采集

在现实生活中，各种各样的活动或者事件都会产生这样或者那样的数据，这些数据包括人的和物质的，这些数据的采集对于生产或者生活的决策是十分重要的。数据的采集对于决策的正确制定提供了参考依据，如果没有这些实际数据的支持，生产或者生活的决策就将缺乏现实基础。数据采集主要有两种方式，一种是利用自动识别技术进行物体信息的数据采集，另一种是利用传感器技术进行物体信息的数据采集。

（1）自动识别技术。

自动识别技术是一种高度自动化的信息与数据采集技术。自动识别技术就是应用一定的识别装置，通过被识别物品和识别装置之间的接近过程，自动地获取被识别物品的相关信息，并提供给后台的计算机处理系统来完成相关后续处理的一种技术。自动识别技术是以计算机技术和通信技术为基础发展起来的综合性技术，它是信息数据自动识读、自动输入计算机网络系统的重要方法和手段。

自动识别技术近几十年在全球范围内得到了迅猛发展，形成了一个包括条码技术、磁卡技术、IC 卡技术、射频识别技术、光学字符识别、声音识别及视觉识别等集计算机、光、磁、无线、物理、机电、通信技术为一体的高新技术学科。自动识别技术如表 2-1 所示。

表 2-1　自动识别技术

日常应用	条形读码器/条码	磁盘读卡器/磁卡	IC 读卡器/IC 卡	读写器/电子标签	光学字符识别系统
应用的自动识别技术	条码技术	磁卡技术	IC 卡技术	射频识别技术	光学字符识别技术

例如，商场的条码扫描系统就是一种典型的自动识别系统。售货员通过扫描仪扫描商品的条码，获取商品的名称和价格，后台 POS 系统通过计算可以算出商品的价格，从而完成对顾客商品的结算。当然，顾客也可以采用银行卡支付的形式进行支付，银行卡支付过程本身也是自动识别技术的一种应用形式。

在物联网中，最重要的自动识别技术是射频识别（RFID）技术。RFID 通过无线射频信号自动识别目标对象并获取相关数据，是一种非接触式的自动识别技术。与其他自动识别技术相比，RFID 以特有的无接触、抗干扰能力强、可同时识别多个物品等优点，逐渐成为自动识别中最优秀和应用领域最广泛的技术。

物联网起源于 EPC 系统，EPC 系统就来源于射频识别领域。EPC 系统建立在物品编码、射频识别和互联网的基础之上，已经形成了射频识别标准体系，是目前全球最大的物联网应用体系。EPC 系统得到了沃尔玛、可口可乐、宝洁等 100 多个国际大公司的支持，中国物品编码中心（ANCC）也积极参与到 EPC 的推广中来。EPC 的目标是在全球构筑物联网，通过整合现有信息技术和信息系统，为商品追踪、供应链监管和运作管理提供服务，可提高供应链上贸易单元信息的透明度与可视性，实现全球贸易的实时跟踪。

（2）传感器技术。

在利用信息的过程中，首先要解决的就是要获取准确可靠的信息，而传感器是获取自然和生产领域准确可靠信息的主要途径与手段。传感器是一种物理装置或生物器官，能够探测、感受外界的信号、物理条件（如光、热、湿度）或化学组成（如烟雾），并将探知的信息传递给其他装置或器官。人为了从外界获取信息，必须借助于感觉器官。而单靠人自身的感觉器官来研究自然现象和生产规律，显然是远远不够的。可以说，传感器是人类感觉器官的延伸，因此传感器又称为电五官。

传感器的应用在现实生活中随处可见。自动门是利用人体的红外波来开关门；烟雾报警器是利用烟敏电阻来测量烟雾浓度；手机和数码相机是利用光学传感器来捕获图像；电子秤是利用力学传感器来测量物体的重量。此外，水位报警、温度报警、湿度报警、光学报警等也需要传感器来完成。

随着物联网时代的到来，世界开始进入"物"的信息时代，"物"的准确信息的获取，同样离不开传感器。传感器不仅可以单独使用，还可以由传感器、数据处理单元和通信单元的微小节点构成传感网。借助于节点中内置的传感器，传感网可以探测包括温度、湿度、噪声、光强度、压力、土壤成分、移动物体的大小、速度和方向等各种物质现象。

3. 自组织网络

自从无线网络产生后，它的发展十分迅速。目前，无线移动网络主要有两种：第一种是基于网络基础设施的网络，这种网络的典型应用为无线局域网（WLAN）；第二种是无网络基础设施的网络，一般称为自组织网络（Ad Hoc）。自组织网络没有固定的路由器，网络中的节点可随意移动，并能以任意方式相互通信。

1）移动自组织网络

移动自组织网络是一种分布式网络，同时是一种自治、多跳网络，整个网络没有固定的基础设施，能够在不能利用或者不便利用现有网络基础设施（如基站、无线接入点）的情况下，提供终端之间的相互通信。移动自组织网络如图 2–3 所示。

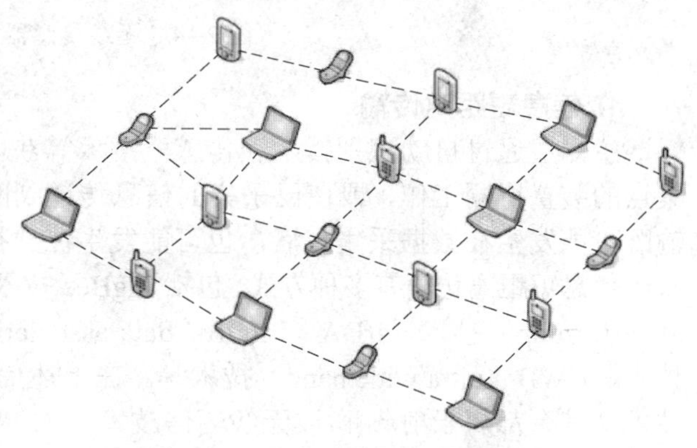

图 2–3　移动自组织网络

移动自组织网络是一种临时性的多跳自治系统，它的原型是美国早在 1968 年建立的 ALOHA 网络和之后于 1973 提出的 PR（packet radio）网络。ALOHA 网络需要固定的基站，网络中的每一个节点都必须和其他所有节点直接连接才能互相通信，是一种单跳网络。直到 PR 网络诞生才出现了真正意义上的多跳网络，网络中的各个节点不需要直接连接，而是能够通过中继的方式，在两个距离很远而无法直接通信的节点之间传送信息。IEEE 在开发 802.11 标准时，提出将 PR 网络改名为 Ad Hoc 网络，即今天常说的移动自组织网络。

2）无线传感器网络

无线传感器网络（wireless sensor network，WSN）就是一种自组织网络。无线传感器网络由随机部署在监测区域内的大量传感器节点组成，通过无线通信方式形成一个多跳自组织网络。

无线传感器网络是一种全新的信息获取平台，能够实时监测和采集网络分布区域内各种目标对象的信息，具有快速展开、抗毁性强等特点。以环境监测为例，随着人们对环境问题的关注程度越来越高，需要采集的环境数据也越来越多，无线传感器网络的出现不仅为环境随机性研究数据的获取提供了便利，还可以避免传统数据收集方式给环境带来的侵入式破坏。比如，英特尔实验室的研究人员曾经将 32 个小型传感器连进互联网，以读取美国缅因州"大鸭岛"上的气候，此项实验用来评价一种海燕巢的环境条件。

无线传感器网络是物联网的重要组成部分，将带来信息感知的一场变革。虽然无线传感器网络还没有大规模商业应用，但是最近几年随着成本的下降以及微处理器体积越来越小，为数不少的无线传感器网络已经开始投入使用。例如，无线传感器网络已经用于跟踪候鸟和昆虫的迁移，研究环境变化对农作物的影响，监测海洋、大气和土壤的成分等。此外，无线传感器网络也可以应用在精细农业中，用来监测农作物中的害虫、土壤的酸碱度和施肥的状况等。

3）无线传感器网络与互联网的连接

无线传感器网络采集的信息需要上传给互联网，以实现数据的远程传输。无线传感器网络中的传感器节点检测出数据，该数据沿着其他节点"逐跳"地进行传输，其传输过程可能通过多个节点处理，经过多跳后到达汇聚节点，最后通过互联网或其他网络，信息到达用户远程管理终端。无线传感器网络的体系结构如图 2-4 所示。

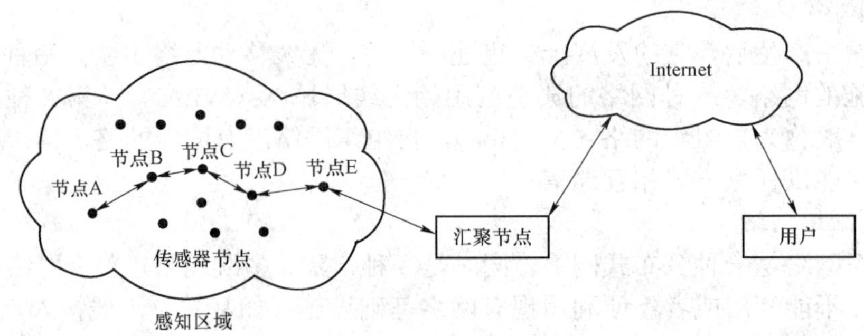

图 2-4　无线传感器网络的体系结构

4. 信息短距离传输

感知层通过自动识别技术和传感器技术等获取的信息，需要进行短距离传输，以使信息采集点的装置协同工作，或使已采集的信息传递到网关设备。这里需要说明的是，信息短距离传输既可能发生在数据采集之后，也可能发生在数据采集的过程中。

信息短距离传输有多种方式，包括 ZigBee 技术、蓝牙（bluetooth）技术、RFID（radio frequency identification）技术、IrDA（infrared data association）技术、NFC（near field communication）技术、UWB（ultra wide band）技术等。在上述信息短距离传输的方式中，IrDA 属于红外通信技术，其余都属于射频/微波无线通信技术。

ZigBee 技术是一种近距离无线组网通信技术，在物联网的感知层中发挥着重要作用。ZigBee 技术的特点是近距离、低复杂度、自组织、低功耗、低数据速率、低成本，可以嵌入各种设备，主要用于近距离无线连接。例如，ZigBee 技术可以实现在数千个微小的传感器之间相互协调实现通信，这些传感器只需要很少的能量，以接力的方式通过无线电波将数据从一个网络节点传到另一个节点。此外，ZigBee 技术还应用在 PC 外设（鼠标、键盘、游戏操纵杆）、家用电器（电视和 DVD 的遥控设备）、医疗监控等领域。

蓝牙是一种支持设备短距离通信（一般 10 m 内）的无线技术，它抛开了传统连线的束缚，是一种电缆替代技术。在物联网感知层中，蓝牙主要用于数据的接入。蓝牙是一种无线数据与语音通信的开放性全球规范，它以低成本、近距离无线连接为基础，为固定与移动通信环境建立一个特别的连接，有效地简化了移动通信的终端设备，也简化了设备与互联网之间的通信，使数据传输变得更加迅速高效，为无线通信拓宽了道路。

RFID 通过无线电波进行数据的传递，用射频信号自动识别目标对象，是一种非接触式的自动识别技术。RFID 以电子标签来标识某个物体，电子标签内存储着物品的数据，电子标签通过无线电波将物品的数据发送到附近的读写器，读写器对接收到的数据进行收集和处理。

RFID 主要工作在高频和超高频频段，其中高频频段电子标签与读写器相距几厘米，超高频频段电子标签与读写器相距几米到几十米。

IrDA 是红外数据组织（infrared data association）的简称，目前广泛采用的 IrDA 红外连接技术就是由该组织提出的。红外线的频率高于微波而低于可见光，适合应用在需要短距离无线通信的场合，进行点对点的直线数据传输。红外通信有着成本低廉、连接方便、简单易用和结构紧凑的特点，在小型的移动设备中获得了广泛的应用，主要使用在笔记本电脑、掌上电脑、机顶盒、游戏机、移动电话、计算器、寻呼机、仪器仪表、MP3 播放机、数码相机、打印机等设备中。尽管现在有同样是近距离无线通信的蓝牙技术，但红外通信技术以成本低廉和兼容性强的优势，在短距离数据通信领域依旧扮演着重要的角色。

2.2.3　网络层

物联网是网络的一种形式，物联网的主要价值在于“网”，而不在于“物”。感知只是物联网的第一步，如果没有一个庞大的网络体系，感知的信息就不能得到管理和整合，物联网也就失去了意义。网络层是物联网的神经系统，物联网要实现物与物、人与物之间的全面通信，就必须在终端和网络之间开展协同，建立一个端到端的全局网络。

1. 网络层的组成和功能

物联网的网络层是在现有的网络和互联网基础上建立起来的。网络层与目前主流的移动通信网、互联网、企业内部网、各类专网等网络一样，主要承担着数据传输的功能。此外，当三网融合后，有线电视网也能承担数据传输的功能；在智能电网中，电力网也能承担数据传输的功能。

物联网的概念分狭义和广义两个方面。狭义来讲，由于广域通信网络在物联网发展早期的缺位，早期的物联网就是物品之间通过自动识别技术或传感器技术连接起来的局域网。广义来讲，物联网发展的目标是实现任何人、任何时间、任何地点与其他任何人、任何物的信息交换，未来的物联网所有终端必须接入互联网，建立端到端的全局网络。

物联网的网络层包括接入网和核心网。接入网是指骨干网络到用户终端之间的所有设备，其长度一般为几百米到几公里，因而被形象地称为“最后一公里”。接入网的接入方式包括铜线接入、光纤接入、光纤同轴电缆混合接入、无线接入、以太网接入等多种方式。核心网通常是指除接入网和用户驻地网之外的网络部分。核心网是基于 IP 的统一、高性能、可扩展的分组网络，支持移动性以及异构接入。

物联网的终端是多种多样的，随着物联网应用的不断扩大，网络层要以多种方式提供广泛的互通互连。物联网的接入应该是一个泛在化的接入、异构的接入，物品信息随时随地都可以上网，这要求接入网络具有覆盖范围广、建设成本低、部署方便、具备移动性等特点，因此无线接入网将是物联网网络层的主要接入方式。

目前，电信网络和互联网络长距离的基础设施在很大程度上是重合的，核心网络作为融合的基础承载网络将长期服务于物联网。核心网络应使整个网络的处理能力不断提升，使业务和应用达到一个更高的层次。

2. 接入网

宽带、移动、融合、智能化、泛在化是整个信息通信网络的发展趋势，物联网要满足未来不同的信息化应用，在接入层面需要考虑多种异构网络的融合与协同。物联网中任何节点都要实现泛在互连，在基础性网络构建的公共通信平台上，实现终端的多样化、业务的多样化、接入方式的多样化，将感知层感知到的信息无障碍、高可靠性地接入网络。

传统的接入网主要以铜缆的形式为用户提供一般的语音业务和数据业务。随着网络的不断发展，出现了一系列新的接入网技术，包括无线接入技术、铜缆接入技术、光纤接入技术、同轴接入技术、电力网接入技术等。

1）无线接入技术

无线接入技术采用微波、卫星、无线蜂窝等无线传输技术，能够实现多个分散用户的业务接入。无线接入技术通过无线介质将终端与网络节点连接起来，以实现用户与网络之间的信息传递，具有建设速度快、设备安装灵活、成本低、使用方便等特点。考虑到终端连接的方便性、信息基础设施的可用性（不是所有地方都有固定接入能力）、监控目标的移动性，在物联网中无线接入技术已经成为最重要的接入手段。

物联网要求物品的信息可靠传送。“可靠传送”就是利用网络的“神经末梢”，将物品的信息接入互联网，它将带来互联网的扩展，网络将无处不在。在技术方面，建设“无处不在的网络”，不仅要依靠有线网络的发展，更要积极发展无线网络。目前，最常用的无线接入有 3G、4G、WiFi、WiMAX 等，它们是组成“网络无处不在”的重要技术。

2）铜缆接入技术

发展铜缆新技术，充分利用双绞线，是电信界始终关注的热点。当前用户接入网主要是由多个双绞线构成的铜缆组成。怎样发挥其效益，并尽可能满足多项新业务的需求，是用户接入网发展的主要课题，也是电信运营商应付竞争、降低成本、增加收入的主要手段。所谓铜缆接入技术，是指在非加感的用户线上，采用先进的数字处理技术来提高双绞线的传输容量，向用户提供各种业务的技术。目前铜缆接入主要采用高比特率数字用户线（HDSL）、不对称数字用户线（ADSL）、甚高数据速率用户线（VDSL）等技术。

3）光纤接入技术和同轴接入技术

光纤接入技术是一种光纤到楼、光纤到路边、以太网到用户的接入方式，它为用户提供了可靠性很高的宽带保证，真正实现了千兆到小区、百兆到楼单元和十兆到家庭，并随着宽带需求的进一步增长，可平滑升级为百兆到家庭而不用重新布线。

混合光纤/同轴网（hybrid fiber coax，HFC）也是一种宽带接入技术，它的主干网使用光纤，分配网则采用同轴电缆系统，用于传输和分配用户信息。HFC 是将光纤逐渐推向用户的一种新的、经济的演进策略，可实现多媒体通信和交互式业务。

4）电力网接入技术

目前家庭宽带接入市场，主要是由电信公司和有线电视公司所占据，但业界一直将电力网作为宽带接入的潜在竞争对手。到目前为止，由于成本较高及技术上的原因，多数电力公司对电力网宽带接入业务并没有表现出强烈兴趣。如何在技术层面上进一步提高电力网接入技术，是今后需要加以解决的问题。

电力网接入技术所用电力线路为物理介质，可将遍布在住宅各个角落的信息家电连为一体，不用额外布线，就可与家中的计算机连接起来，组建家庭局域网。电力网接入技术可以为用户提供高速的互联网访问服务及话音服务，从而为用户上网和打电话增加了新的选择。电力网接入技术通过与控制技术的结合，可以在现有基础上实现“智能家庭”，实现远程水、电、气等的自动抄表，一张收费单就可以解决用户生活中的所有收费项目。

3. 互联网

互联网是由多个计算机网络按照一定的协议组成的国际计算机网络。互联网可以是任何分离的实体网络的集合，是“连接网络的网络”。互联网提供全球信息的互通与互连，人们在互联网上可以共同娱乐、共同完成一项工作。

2.2.4　应用层

应用层是用户直接使用的各种应用，是物联网发展的目的。现在有些观点甚至认为，从技术特征来看，物联网本身就是一种应用，可见应用在物联网中的地位。物联网最终的目的，就是要把“感知层感知到的信息”和“网络层传输来的信息”更好地加以利用，在各行各业全面应用物联网。

应用层主要基于软件技术和计算机技术来实现，用于完成数据的管理和数据的处理。这些数据与各行各业的应用相结合，将实现所有行业的智能化，进而实现整个地球的智能化，这也就是我们所期望的“智慧地球”。

1. 应用层的组成和功能

物联网应用层解决的是信息处理和人机交互的问题，网络层传输而来的数据在这一层进入各行各业、各种类型的信息处理系统，并通过各种设备与人进行交互。应用层主要由两个子层构成，其一是物联网中间件，其二是物联网应用场景，各种各样的物联网应用场景通过物联网中间件接入网络层，如图 2–5 所示。

物联网中间件是一种软件，用于进行各种数据的处理。物联网中间件包括一组服务，以便于运行在一台或多台机器上的多个软件通过网络进行交互。物联网中间件能够管理计算机资源和网络通信，相互连接的系统即使具有不同的接口，通过中间件仍能交换信息。

物联网应用场景是指物联网的各种应用系统，物联网最终将面向工业、农业、医疗、个人服务等各种应用场景，实现各行各业的应用。物联网的应用系统提供人机接口，不过这里的人机界面已经远远超过了人与计算机交互的概念，而是泛指与应用程序相连的各种设备与人的交互。物联网虽然是“物物相连的网络”，但最终还是要以人为本，提供人机接口，实现“人”对“机”的操作与控制。

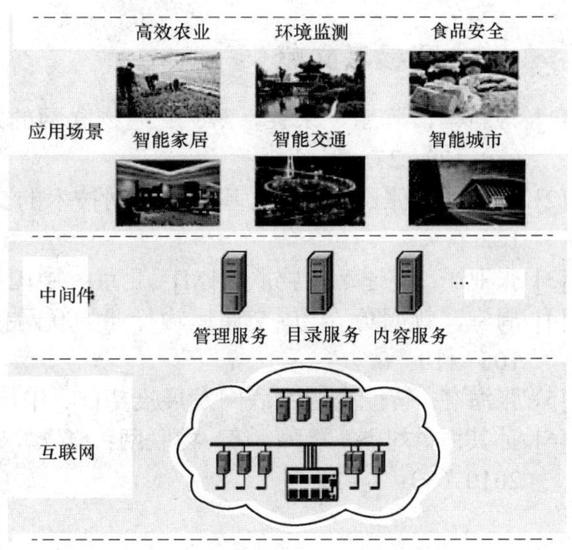

图 2–5　物联网应用层的架构

应用层主要基于软件技术和智能终端来实现，这其中云计算是不可或缺的重要组成部分。云计算作为一种虚拟化的硬件、软件解决方案，可以为物联网提供无所不在的信息处理能力，用户通过云计算可以获得订购的应用服务。

2. 物联网中间件

中间件是一种独立的系统软件，处于操作系统与应用程序之间，总的作用是为处于自己上层的应用软件提供运行和开发的环境，屏蔽底层操作系统的复杂性，使程序设计者面对简单而统一的开发环境，减轻应用软件开发者的负担。

物联网中间件是一个基础的“管理”平台，可以提供数据管理、通信管理和设备管理等。同时，物联网中间件也是一个具备各种“能力”的平台，如具有定位能力、短信能力等。

在物联网应用的早期，用户往往结合自己应用系统的要求，找系统集成商单独开发软件，以完成本系统基本的“管理”和“能力”需求。由于各个用户需要实现的功能各不相同，软件开发也各不相同，开发周期往往较长，需求满足的程度难以保障，后续服务取决于系统集成商的服务能力，服务质量得不到保证。

在理想模式下，物联网中间件应该成为一个公共的服务资源系统。物联网中间件应该是物联网的基础设施之一，它通过标准的接口提供服务，并由专业机构提供运营维护和服务保障。用户基于物联网中间件，不但能够获得标准化的服务，而且系统集成和部署的时间短，后续服务能够保证。

目前 IBM、Microsoft、BEA、Reva 等公司都提供物联网中间件产品，这些中间件对建立物联网的应用体系进行了尝试，为物联网将来的大规模应用提供了支撑。

思考题

1. 什么是物联网？什么是交通物联网？
2. 交通物联网的关键要素有哪些？
3. 物联网的体系结构包括哪些？各层的功能是什么？
4. 物联网各层分别应用了哪些技术？

本章参考文献

[1] 蒋新华，陈宇，朱铨，等. 交通物联网的发展现状及趋势研究[J]. 计算机应用研究，2013（8）：22-27.

[2] 陈建军，张鹍鹏. 试析基于物联网技术的交通信息采集与服务[J]. 信息化建设，2016（7）：122.

[3] 张亚平. 交通运输物联网[M]. 北京：中国物资出版社，2011.

[4] 周堂，赖明勇. 我国交通运输行业物联网技术应用模式研究[J]. 中国工程科学，2012（7）：105-110.

[5] 张海亮. 智能交通物联网发展展望[J]. 中国交通信息化，2010（12）：31-33.

[6] 孙其博，刘杰，黎羴，等. 物联网：概念、架构与关键技术研究综述[J]. 北京邮电大学学报，2010（3）：5-13.

第 3 章　常用交通参数检测原理

在智能交通系统中，交通参数的检测起着十分重要的作用。它可以帮助改善交通信号控制的方案实现交通诱导，提供实时的交通信息，以及对交通状况进行实时监视。本章主要介绍交通参数检测方法与原理、传统交通检测技术工作原理和新型交通检测技术工作原理。

3.1　交通参数检测方法与原理

连续不断的车辆在道路上行驶，形成车流，称作“交通流”。交通流状态分为稳定交通流状态和非稳定交通流状态。稳定交通流状态是指车辆在道路上行驶时，依次鱼贯而行，受到外界的干扰因素较少，主要交通流参数包括交通流量、速度和密度以及车头时距、车头间距。非稳定交通流状态是指接近或超过道路通行能力时，交通流受阻，出现排队或等待，主要交通流参数包括排队长度、等待（延误）时间等。

交通流定性特征和定量特征，称为交通流特性。定性特征主要是指道路状况畅通、拥堵情况等，例如北京交通发展研究中心开发的“北京市交通运行智能化分析平台”首次提出“交通拥堵指数”的概念。它通过道路实时动态交通拥堵指数，综合反映宏观路网动态运行状况，从拥堵强度、拥堵范围、拥堵时间、发生频度、稳定性这“五维”特征，表征拥堵的严重程度、时间和空间影响程度，全方位反映城市交通流定性特征及演变规律。定量特征，即上述提及的交通流参数，主要包括交通流量、速度和密度以及车头时距、车头间距、排队长度、等待延误时间等。

描述交通流特性最重要的三个参数是交通量、速度与密度：交通量反映道路的交通流负荷程度；速度反映道路能提供的服务水平；密度反映车辆在道路上行驶的自由程度。

通过交通调查，可以为交通管理与规划提供全面、系统而又真实可靠的实际参考资料和基础数据，依据这些数据对调查区域交通现状进行准备分析，并直接作用于交通管理和规划的制定与实施。

3.1.1　交通量检测

交通量是指在单位时间内，通过道路某一点、某一断面或者某一条车道的运行单元数。当运行单元是车辆，则为车辆交通流量；若为行人或自行车，则为行人交通流量或自行车交通流量。

车辆交通量计算公式如下

$$Q = N / T \tag{3-1}$$

式中：Q 为交通流量（辆/h）；N 为数据采样间隔内的车辆数（辆）；T 为数据统计采用的时间间隔（h）。

1. 交通量分类

交通量可以按照不同的分类标准进行分类。

1）按照交通性质分

可分为机动车交通量、非机动车交通量、混合交通量和行人交通量。

（1）机动车交通量，包括汽车、拖拉机、摩托车等车辆，在农村道路上以载货汽车为主，在城市道路上以小汽车为主。

（2）非机动车交通量，以自行车为主，还有部分人力车和畜力车，是我国城市道路混合交通流中的一个重要部分。

（3）混合交通量，即将各种机动车和非机动车按照一定的折算系数换算成某一种标准车型的当量交通量。

（4）行人交通量，指在人行道路上或通过人行横道、地道、人行天桥等地点的行人数。

2）按照计时单位分

（1）小时交通量。

（2）日交通量。

（3）昼夜交通量。

（4）信号周期交通量。

（5）白天 12 h、16 h 交通量。

（6）周、月、年交通量。

3）按照交通量特性分

（1）平均交通量，指某一时段间隔内交通量的平均值，作为某一期间的交通量的代表，可分为平均日交通量、年平均日交通量、周平均日交通量、月平均日交通量。

（2）高峰小时交通量，指在以 1 h 为单位进行连续若干小时调查所得结果中，交通量最大的小时交通量，如高峰小时交通量、年最高小时交通量、第 30 位小时交通量等。

我国交通部门从 1979 年 10 月开始进行正规的交通量调查，主要有间歇式调查和连续式调查两种。

（1）间歇式调查。

① 调查站点的设置。为了确切掌握交通流量的变化，应该合理布置调查站点的数量和距离，保证调查数据的准确性和代表性。全国没有统一规定，可以根据各地实际情况进行安排。

② 调查次数和时间。间歇式调查规定每月调查 1～3 次，具体日期由各省（市、自治区）根据实际情况确定，尽量使全年各调查日均匀分布在一周的各周日中。每次观测从 6：00 至次日 6：00，昼夜连续调查，按小时间隔计数。

③ 调查内容。对 13 种车型进行调查，记录各类车辆的绝对数，不分方向，最后折算成以小客车为标准的标准交通量。记录表中应该记录道路标号或名称、调查站名称、调查地点以及里程桩号、调查时间和天气情况、调查人员等。

④ 填报内容。根据文件要求填报有关内容，并绘制交通量分布示意图，包括混合交通、汽车交通量变化图等。

（2）连续式调查。

① 调查站点的设置。设站点的目的一方面是提供全年完整的交通量数据，更主要的是为了获得交通流量的变化规律，以逐步简化观测工作。调查站点的设置，应该使调查得到的交通量能够充分代表区间交通量变化规律，应该设置在有代表性的路段上，综合考虑地形、气候因素，避免集中或过分靠近大城市。

② 调查次数和时间。调查时间连续一年为一个周期，每天连续 24 h 调查，按照小时交通

量记录数据。

③ 调查内容。调查内容同间歇式调查。

④ 填报内容。除了间歇式调查所填报的内容外，还包括年平均昼夜顺序交通量图、小时交通量统计表、日交通量月报表、年报表等。同时，计算年平均日交通量和月、周、日不均系数等。

2. 交通量调查的计数方法

明确了交通量调查的时间和地点之后，就可以针对调查目的、所能获取的设备、经费和技术情况，确认采用何种交通量调查计数方法了。常用的交通量调查的计数方法主要有人工计数法、浮动车法和机械计数法等。

1）*人工计数法*

人工计数法是应用较为广泛的一种原始性调查法，组织调查人员在调查路段或交叉口引道处进行交通量观测和记录，可使用的工具包括计时器、计数器和其他记录用的记录板、纸和笔。人工计数法可以调查得到分车型交通量数据、某一车道或方向上的交通量、交叉口流量和流向数据、非机动车和行人交通量等。

人工计数法的优点是适用范围广泛，可以适用于任何情况和任何目的下的交通量调查，调查的地点环境不受限制，机动灵活，精度较高，易于掌握调配，资料收集整理方便。缺点是人力消耗大，劳动强度大，调查精度取决于调查人员的责任心与态度。所以人工计数法一般只用于短期、临时性的交通调查。

2）*浮动车法*

浮动车法是由英国道路研究所的 Wardrop 和 Charlesworth 于 1954 年提出的。浮动车法可以同时获得某一路段的交通量、行驶时间和行驶车速等数据，是一种较好的综合调查技术。

调查时需要一辆调查车，没有特殊标志的普通车辆最为适用。调查时，除驾驶员之外还需三名调查人员，一名调查人员记录对向开来的车辆数量，第二名调查人员记录与测试车同向行驶的车辆中，被测试车超越的车辆和超越测试车的车辆数，第三名调查人员报告和记录时间以及停始时间。行驶距离可以从里程表读取。调查过程中，测试车一般需要沿调查路线往返行驶 12～16 次。浮动车法为在无观测器路段上获取交通量和平均速度提供了一种方法，作为一种辅助交通调查方法具有其实际存在的意义。

表 3-1 为浮动车法调查记录表格示例。

表 3-1 浮动车法调查记录表

路线名称及编号________观测日期____年____月____日____时

调查区间编号________观测路段起讫点________

测定距离________观测人员________天气情况________

行车方向	观测次数	逆向交会车辆数 X_A	同向超越测试车的车辆数 N_{A-B}	同向被测试车超越的车辆数 M_{A-B}	行程时间 T_{A-B}		
					分	秒	换算为分
A—B	1						
	2						
	⋮						
	n						
	平均值						

续表

行车方向	观测次数	逆向交会车辆数 X_B	同向超越测试车的车辆数 N_{B-A}	同向被测试车超越的车辆数 M_{B-A}	行程时间 T_{B-A}		
					分	秒	换算为分
B—A	1						
	2						
	⋮						
	n						
	平均值						

测试车在 A、B 两地之间往返行驶，其测定方向上的交通量和行程时间的计算公式如下所示

$$Q_A = \frac{X_B + N_{A-B} - M_{A-B}}{T_{A-B} + T_{B-A}} \times 60 \tag{3-2}$$

$$Q_B = \frac{X_A + N_{B-A} - M_{B-A}}{T_{A-B} + T_{B-A}} \times 60 \tag{3-3}$$

$$\overline{T}_{A-B} = T_{A-B} - \frac{N_{A-B} - M_{A-B}}{Q_A} \times 60 \tag{3-4}$$

$$\overline{T}_{B-A} = T_{B-A} - \frac{N_{B-A} - M_{B-A}}{Q_B} \times 60 \tag{3-5}$$

式中：Q_A、Q_B——由 A 向 B 或由 B 向 A 行驶的交通量，辆/h；

$\overline{T}_{A-B}$、$\overline{T}_{B-A}$——由 A 向 B 或由 B 向 A 行驶于路段 A—B 或 B—A 的行驶时间，min。

3）机械计数法

在交通量计数方面，自动机械计数装置有着明显的优势，自动机械计数可以节省大量人力物力，调查范围广，调查精度高，尤其适用于长期连续性交通量调查，目前已开发出多种自动机械计数装置，得到了广泛的应用。

自动机械计数装置一般由车辆检测器（传感器）和计数器两部分组成。自动机械计数装置可以分为便携式计数装置和永久性计数装置两种。前者适用于临时、短期交通量调查，后者适用于固定或长期交通量调查。大多数自动计数装置可用于：

（1）确定交通量的时间分布。

（2）确定交通量逐日或逐月变化以及增长趋势。

（3）估计年交通量（如用于道路结构设计计算）。

当进行超过 12 h 的长期交通量调查时，机械计数非常适用。在需要的情况下，辅以人工调查抽样，则可以得到有关交通量车型或方向的资料。在具体情况中，可以根据调查要求选择自动机械计数装置，进行连续调查，例如一天累计交通量、一月累计交通量、一年累计交通量等连续调查数据，如摄像机这种较高级的机械装置就可用于记录 1 h 或 1 h 内的交通量资料。

3.1.2 车辆速度检测

车辆行驶路程与相应时间之比，称为车速，是衡量为驾驶人提供的交通服务质量的一个重要指标。车速有以下几种不同的定义：

（1）行驶速度，是以观测车辆通过已知长度路段的行驶时间为基础来度量交通流情况的。行驶速度等于车辆行驶路段长度除以车辆经过该路段的平均行驶时间。行驶时间只包括车辆运动时间。

（2）行程速度，是以观测车辆通过已知长度路段的行程时间为基础来度量交通流情况的。行程速度等于车辆行驶路段长度除以车辆经过该路段的平均行程时间。行程时间包括车辆运动时间、停车延误时间。它也称作区间平均速度。

（3）地点速度，又称为瞬时车速或点速度，它是车辆通过某一地点的瞬时速度。一般在测定地点速度时，通常取 20～50 m 的距离来测定。

（4）时间平均速度，是指通过道路上某一点观测车速的算术平均值，也称为平均地点速度。

（5）区间平均速度，是指在某一特定时间内处在所测路段长度范围内的所有车辆行驶路程的平均值。

以环形线圈车辆检测器为例，每辆车的地点速度可以用下式计算

$$v_i = \frac{D}{\Delta t_i} \tag{3-6}$$

式中：v_i 为采样间隔内第 i 辆车的地点速度；Δt_i 为采样间隔内第 i 辆车通过前后线圈的时间差；D 为前后线圈之间的距离。

根据《环形线圈车辆检测器》（GB/T 26942—2011）的要求，环形线圈车辆检测器输出的平均速度为时间平均速度，即观测时间内通过道路某断面所有车地点速度的算术平均值，即

$$\overline{v_i} = \frac{1}{N}\sum_{i=1}^{N} v_i \tag{3-7}$$

式中：$\overline{v_i}$ 为采样间隔内时间平均速度；v_i 为采样间隔内第 i 辆车的地点速度；N 为数据采样间隔内的通过车辆数。

而在实际应用中，有些检测器输出的速度采用的是区间平均速度。如著名的英国 PEEK 公司的环形线圈检测器输出的速度就采用区间平均速度，即

$$\overline{v_i} = \frac{D}{\frac{1}{N}\sum_{i=1}^{N}\Delta t_i} = \frac{D}{\frac{1}{N}\sum_{i=1}^{N}\frac{D}{v_i}} = \frac{1}{\frac{1}{N}\sum_{i=1}^{N}\frac{1}{v_i}} \tag{3-8}$$

式（3–8）表明区间平均速度是观测路段内所有车辆行驶速度的调和平均值。一般情况下，时间平均速度和区间平均速度相差不大，只有在采样间隔内速度波动很大的情况下，两者才会有比较大的区别，这时采用调和平均值能更好地表征交通状态。

在进行道路设计、交通规划、交通管理与控制时，均以车速作为最基本的资料，因此车速调查成为交通工程中最重要的调查项目之一。地点车速调查和区间车速调查是最为常见的两种车速调查。

1. 地点车速调查

进行地点车速调查时，首先需要确认调查地点、调查时间和调查样本。

调查地点一般选取道路平坦顺直、离交叉口有一定距离的路段，以受外界影响最小的直行路段最佳。若有特殊需求，则应根据需求选择调查地点，如用于交通事故分析时，则应选择事故发生地点的车速。另外，为保证观测到的是正常车速，减少观测者对行驶车辆产生的影响，调查地点应尽量隐蔽，不被路段上车辆驾驶者所发觉。

调查时间应选择与调查目的相对应的具有典型性和代表性的时段，通常选择在天气良好、

交通和道路状况均正常的时间进行调查。若调查目的是制定交通管制措施，应选择机动车早晚高峰时间段，此时交通量大，车流矛盾最为突出；若调查目的是研究非机动车对机动车的影响，则应选择非机动车和机动车流量均较大的时段。一般而言，不会选择交通有异常的时间，如节假日，此时通勤人数减少，交通量也随之减少，车速增高，所得结果不具有普遍性。

调查样本的确认包括样本选择和样本容量。

在选择样本时，应选择交通流在畅通条件下具有代表性的随机样本。避免车速突然变化的特殊情况。若车流为一车队行进时，可选择排头车辆的车速代表整列车速。在调查中，应避免某一车种所占比例过大，造成调查结果有失客观。当不分车种调查时，应使样本中各类车型与实际交通流中的比例大体一致。

样本容量的确定主要取决于调查精度的要求。我国 1998 年出版的《交通工程手册》，给出了地点车速调查的最小样本量的计算公式

$$n=\left(\frac{\sigma K}{E}\right)^2 \tag{3-9}$$

式中：σ——样本总体标准的估计值，一般应由已有的速度资料给出，《交通工程手册》给出了对应不同地区和道路类型的σ值，见表 3-2。

E——速度调查允许误差，一般可取 E=20 km/h。

K——不同置信水平对应的系数，实质上是一定置信水平和自由度的 t 分布统计量。《交通工程手册》中给出了对应于不同置信水平下 K 的经验值。

表 3-2　对应不同地区和道路类型的 σ 值

行驶区域	σ 值	
	双车道	四车道
乡村	8.5	6.8
郊区	8.5	8.5
城市	7.7	7.9
平均值	8.0	8.0

地点车速调查的常用方法有人工测量法和机械测量法。

1）人工测量法

人工测量法简单易操作，只需要简单的设备，但是误差较大、精度不高，容易由于观测员的视差等原因造成一定的误差。

最常见的人工测量法是秒表测速法，即由观测人员在调查地点选择调查路段长度 L，一般要求测长度的记录时间不少于 1.5 s，一般可取 30～50 m。具体做法是在选定的测量路段两端设置参考标志，如用色漆画横线或利用行道树，当车辆前轮经过前参考线时，观测员立即启动秒表，当车辆前轮驶过路段末端参考线时，观测员立即停止秒表，将观测数据记录下来。

2）机械测量法

机械测量法即利用机械装置来测量通过车辆的行驶速度，优点是误差小、精度高，缺点是需要一定的设备，成本要求较高。机械测量法主要有雷达测速法、道路检测器测速法和摄像法等。

（1）雷达测速法。

雷达测速法在目前的交通调查中十分普遍，常用的仪器有雷达枪和雷达测速仪。雷达测速法十分简单，只要在测量时用测速雷达瞄准运行的车辆，就能读出车辆的瞬时速度。

雷达测速的基本原理是应用反射波的多普勒效应，当雷达测速仪瞄准被测车辆时，发射出高频微波，遇到车辆后反射回来，根据反射波和反射波的频率差与车辆行驶速度成正比的关系，得到车辆的瞬时车速。

（2）道路检测器测速法。

道路检测器测速法的基本原理是在测速地点选取一小段距离，两端均埋设检测器，车辆通过前后两个检测器时发出信号，并传送给记录仪，记录下车辆通过的时间，从而计算出车速。

当测速精度要求不高时，也可用一个检测器，测量出车辆前后轮通过检测器的时间，并用前后轴距除以该时间得出车速。

常用的道路检测器有电感式、环状线圈式和超声波式等，它们均设置在固定测站上，同时还可测量交通量。

（3）摄像法。

在测量地点，量取若干段距离，做好标记。将摄像机架设在视野良好的高处，防止行道树以及其他物体的遮挡，将摄像机对准拟测路段，以一定的送片速度进行录像。根据汽车通过测定区间的录像胶卷画面数和画面的时间间隔，即可求得车辆的地点车速。录像时应该详细记录开始时间、地点、方向、送片速度、天气等，以免整理时发生错误。

摄像法的主要优点是对测定地点有形象的记录，不但能够录到车辆移动的位置，而且可以录到车型以及实地交通状况，有利于进行地点车速和影响因素的相关分析。但录像方法的成本较高，广泛使用受到限制。

2. 区间车速调查

区间车速是车辆行驶在某一区间时，根据道路交通状况而确定的综合车速，用区间距离除以车辆行驶在该区间的总时间（包括停车时间）求得。通常用于掌握道路交通现状，作为评价道路服务水平的主要指标，也是衡量道路上车辆运营特性的重要参数。

区间车速的调查方法主要有牌照法、跟车法、流动车测速法和五轮仪法。

1）牌照法

首先选定区间车速调查的路段，在路段的起终点设置观测点，各设置调查员 4～6 人，按照上下行方向分为两组。观测人员记录通过观测点的车辆类型、牌照号码、车辆通过时间等参数。调查结束后，将起终点的车型和车辆牌照进行对比，计算相同牌照号码的车辆通过起终点的时间差，即为行程时间，再用路段距离除以此行程时间得到区间车速。

此方法适用于路段上无大型交叉口、大型出入口的单向一车道或流量不大的单向两车道的道路，路段长度不宜超过 500 m。观测时起终点秒表必须同步，观测期间不得停表。

牌照法的主要优点是取样速度快，能够较为准确地获取不同时段各种车型的行程速度、通过断面的单向交通量以及车头时距，便于进行交通工程中的微观分析。其缺点是只能测得车辆经过起终点的行程时间，无法知道车辆在行驶过程中的延误和交通延误情况。

2）跟车法

跟车法是利用观测车在观测路段往返行驶，同时记录下所用的时间，即为行程时间，用路段长度除以该时间即可得到行程速度。

跟车法测速时，首先在地形图上（或利用车辆里程表）测量路段的全长和交叉口及特殊点（如道路断面宽度变化处）之间的长度，对路段进行编号，然后现场踏勘，在实地做好标记，并补充地形图上遗漏的地物特征点。测试车应该具备良好的性能，能跟上道路上行驶的车辆，同时测试车上需要有两名观测人员并携带秒表和记录表格，测试人员必须熟记预先在道路上做的各个标记。

测速时，测试车必须跟踪道路车队行驶，一般不允许超车，但是如果遇到速度较低的车辆可以超越。两名观测人员中的一人观测沿路交通情况，用秒表读出经过各标记地点的时间、沿线停车时间以及停车原因，另一人记录。当测试车遇到阻塞或严重减速时，应该记录减速次数或停车延误时间及原因。

测试次数一般要求往返 6～8 次，每次往返时间尽量小于 40 min。在道路条件好、交通顺畅的市郊道路，路线长度以不超过 15 km 为宜。市区边缘道路，路线长度以小于 10 km 为宜。市中心区道路，一般交通繁忙，车速低，并受到交叉口的影响，路线长度应该小于 5 km。

跟车法的优点是操作简单容易，能测量全程及各路段的行程时间、行驶时间、延误、沿途交通情况以及交通阻塞原因等，劳动强度低，适用于交通量大、交叉口多的城市道路。缺点是测量次数受行程时间的影响，有时还要受到偶然因素的影响。当交通量大时，测量数据能够代表道路上实际行车速度。但是当交通量小时，车辆难以形成车流，测试车较难跟踪到有代表性的车队，导致测试车处于非跟踪状态，测得的车速常受到测试车性能以及驾驶员习惯的影响，不能完全代表道路上车流的速度。

3）流动车测速法

此种方法类似于交通量的浮动车法，利用测试车在测速区间做往返行驶调查，根据调查结果计算行程时间，用路段长度除以行程时间即得到区间车速，基本做法都与交通量调查的浮动车法一致，在此不再赘述。

4）五轮仪法

五轮仪是测量车速的专用仪器，与速度分析仪同时使用。测速时将五轮仪安装于试验车之后，称为试验车以外的一个轮子，故名五轮仪。当试验车行驶时，五轮仪的轮子与地面接触，同时转动。在五轮仪的轮轴上设有光电装置，其作用是将五轮仪转动速度转换成电信号输入速度分析仪，此时记录仪能自动记下行驶距离、行驶时间、行程车速。

五轮仪法同跟车法的测速原理基本相同，其主要优点是自动化程度高，测速精确，能直接将结果打印输出，无需记录。五轮仪可以与车辆油耗仪同时使用，测量不同行驶状态、不同车速情况下的耗油量，作为建立模型的可靠资料。在使用五轮仪时，对路面平整度有一定的要求，平整度很差的路面，行驶时对五轮仪造成损伤，并且测量精度也不高。在测速时如有车辆倒退或掉头等情况，必须将五轮仪的轮子升起，使其不与地面接触，否则会对仪器造成损害。

3.1.3 交通密度检测

当交通流量为零时，不能认定此刻没有车辆，而是有两种情况：一是道路上没有行驶车辆；二是车速为零，有车而不流，即阻塞。这种情况下，不能只用交通流量来描述交通状况，而应采用交通密度描述交通状况。

所谓交通密度，是指单位长度道路上，在某一瞬时的车辆总数。为使车流有可比性，对于同一条道路，可以不考虑车道仅考虑方向来比较；对于不同车道数的不同道路应采用单车道来定义密度。交通密度是衡量车流畅通状况的重要指标，有

$$\rho=\frac{N}{L} \tag{3-10}$$

式中：ρ 为交通密度（辆/km）；L 为路段长度（km）；N 为路段长度 L 内的某瞬时车辆数（辆）。

下面介绍几个相关概念。

临界交通密度：是指交通流量接近或达到道路通行能力时的交通密度，又称为最佳交通密度，用 ρ_{m} 表示。

阻塞交通密度：是指车流密集到所有车辆基本无法运动时的交通密度，用 ρ_{j} 表示。此时车速近似于零，车流量也接近于零。

交通密度的分布特征用空间占有率和时间占有率来描述，统称为车道占有率。车道占有率越高，则交通密度越大。

空间占有率：在某一瞬间、一定的观测路段长度内行驶的车辆总长度占该观测路段长度的百分比，称为空间占有率，用 R_{s} 表示

$$R_{\mathrm{s}} = \frac{1}{L}\sum_{i=1}^{n} l_i \times 100\% \tag{3-11}$$

式中：L 为观测路段的总长度（m）；l_i 为第 i 辆车的车身长度（m）；n 为观测路段上车辆总数（辆）。

时间占有率：在某一时段内，车辆通过某一断面的累积时间占该时段的百分比，用 R_i 表示

$$R_i = \frac{1}{T_0}\sum_{i=1}^{n} t_i \times 100\% \tag{3-12}$$

式中：T_0 为观测时段（s）；t_i 为第 i 辆车通过观测断面时占用的时间（s）；n 为观测断面的车辆总数（辆）。

交通密度指在单位长度车道上，某一瞬时所存在的车辆数，一般用“辆/（km·车道）”表示。由定义可知，密度是一个瞬时值，它不仅随时间的变化而变化，也随测定区间的长度而变化。为此，常将瞬时密度用某总计时间内的平均值来表示。交通密度是描述交通流特性的重要参数之一，在研究划分道路服务水平、分析交通瓶颈状况、制定交通管理与控制方面的政策与措施均有应用，同时也是研究交通流理论的重要基础数据。

交通密度调查主要有出入量法和摄影法，摄影法又可分为地面摄影观测法和航空摄影观测法。

1）出入量法

出入量法是一种通过观测调查，获得道路上两断面之间无出入交通的路段内现有车辆数，从而计算路段交通密度的方法。

出入量法的基本原理是：只要知道观测路段内初始车辆数、t 时刻内车辆数的变化量以及路段的长度，就可以计算出该路段的交通密度。如图 3-1 所示，在道路上选择 A、B 两点间路段为观测路段，车流从 A 点驶向 B 点。

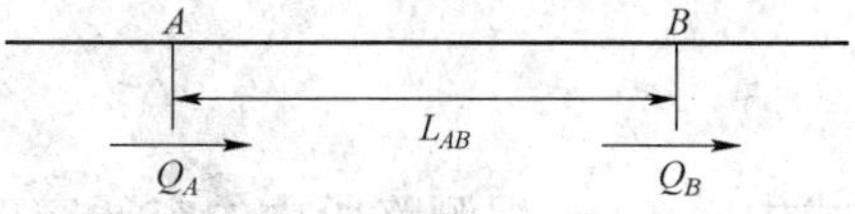

A B L_{AB} Q_A Q_B

图 3-1 出入量法示意图

在观测开始时刻（$t=t_0$），观测路段 AB 内初始车辆数为 $E(t_0)$，t 时刻内从 A 处驶入的车辆数为 $Q_A(t)$，从 B 处驶出的车辆数为 $Q_B(t)$，则 t 时刻 AB 路段内存在的车辆数 $E(t)$ 为初始车辆数 $E(t_0)$ 与 t 时刻内 AB 路段车辆改变量之和，即

$$E(t) = E(t_0) + Q_A(t) - Q_B(t) \tag{3-13}$$

则 t 时刻 AB 路段内的交通密度为

$$K(t) = \frac{E(t_0)}{L} = \frac{E(t_0) + Q_A(t) - Q_B(t)}{L} \tag{3-14}$$

式中：$K(t)$——t 时刻路段 AB 内交通密度，辆/km；

L——路段 AB 的长度，km。

车辆数的变化量即为 $Q_A(t)$、$Q_B(t)$ 之差，路段长度可通过测量得出，出入量法的关键就在于确定初始车辆数 $E(t_0)$ 的大小。

求初始车辆数 $E(t_0)$ 的方法有牌照法、照相观测法和试验车法，这里讲述试验车法，也多用试验车法。

试验车法中，参照图 3–1，试验车跟随车流运行，在观测开始时刻（$t = t_0$）从 A 驶向 B，到达 B 的时刻为 t_1。从 t_0 到 t_1 时刻，通过 B 处的车辆数为 q_B。如果试验车在行驶期间没有超越其他车辆，也没有被其他车辆超越，则 q_B 就是 t_0 时刻 AB 路段内初始车辆数；如果试验车在行驶期间存在超车和被超车的现象，则观测时刻（$t = t_0$）AB 路段内的初始车辆数为

$$E_0(t) = q_B + a - b \tag{3-15}$$

式中：q_B——从 t_0 到 t_1 时刻通过 B 处的车辆数；

a——被试验车超越的车辆数；

b——超越试验车的车辆数。

试验车法的优点是简单，容易操作。缺点是随着时间的推移，车辆数的误差也在累积。为了减少积累误差，除增加试验车的观测次数外，还要把试验车每次通过 A 点的时刻作为基准时刻，把该时刻现有的车辆数作为每次的原始车辆数。此方法适用于较长的测定区间，以提高测量精度。

2）地面摄影观测法

地面摄影观测法又称高处摄影观测法，通常用录像机在高处摄影确定道路交通密度。测定路段长度视地区内的交通状况和周围条件而变化，一般取 50～100 m，若超过 100 m，测量精度将会受到影响。因此，在测定长路段的交通密度时，需要用几个摄像机同时观测。

摄影的时间间隔依测定路段的长度而异。当测定路段长度为 50～100 m 时，摄影间隔可以用 1 画面/（5～10 s）。需要详细分析交通流的情况，如要同时观测交通量，为了取得正确的观测值，需缩短摄影间隔，一般取 1 画面/s。在高速道路上，由于车速高，可取 2 画面/s。

现场测量结束后，在各盘录像带的每个画面（Δt）中，读取摄影观测路段长度（L）内存在的车辆数（k_i），计算总观测时间内观测路段上的平均车辆数，然后再换算成每车道每公里存在的车辆数，即密度值

$$K = \frac{\sum_{i=1}^{n} k_i}{n} \cdot \frac{1}{L} \tag{3-16}$$

式中：K——观测路段内的交通密度值，辆/km；

k_i——第 i 个画面上测定路段内存在的车辆数，辆；

L——观测路段长度，km；

Δt——读取存在车辆数的时间间隔，s；

n——在总计时间内的画面数，按下式计算

$$n = \frac{t}{\Delta t} \tag{3-17}$$

式中：t——总计时间，s。

如果总计观测时间大于 5 min，则交通的偶然性变化或周期性变化就能消除。这种方法可以很方便地看出密度随时间的变化情况，同时，又因为它包含短时间的变化，也可以观察出密度的变化趋势。

3）航空摄影观测法

航空摄影观测法可以确定交通密度的准确数值。航空摄影观测法是利用普通飞机或直升机从空中摄影，从照片上获得交通密度的方法，所以航空摄影观测法的调查精度与摄影间隔有关，间隔越短精度越高。直升机具有低速且能停在空中的性能，因而使用最为广泛。

航测时，一般采用测量用航空照相机，这种照相机的精度已能够满足交通调查的需要。摄影后，在胶卷上读取观测路段内存在的车辆数，据此计算平均交通密度。航空摄影观测法测定路段交通密度最为适宜，但是不宜长时间观测，不仅是因为费用高，而且因为飞机在空中飞行时间有限，航空照相机一次摄影的胶卷张数也有限制。

上述方法均为离线式调查，数据分析处理时间较长、费用昂贵，难以应用于需要实时判断的道路交通管理与控制中。

利用卫星遥感图片可以测量交通密度，并且随着我国北斗卫星技术的广泛应用，卫星遥感动态交通检测的应用也会愈加广泛。近年来，使用无人机进行交通检测和跟踪分析获得了良好的应用，也成为了交通调查的一项新技术。

3.2　传统交通检测技术工作原理

传统交通检测中，交通检测器通过在高速公路沿途埋设环形线圈检测器及在交通要道处装设电视录像机等，将数据和画面传送到控制中心进行分析、判断和确认交通偶发事件，从而达到报警和人工干预的目的。

近几年来，随着传感器技术、微电子技术和信息处理技术等的发展，交通检测器也有较大发展，按其基本工作原理可分为电磁感应式、电接触式、光电式、超声波式、红外线式等多种类型。这些交通检测器的基本功能可概括为两大类：一类为检测车辆存在的存在型检测器；另一类为检测车辆通过的通过型检测器。任何交通检测器至少应具有上述两个基本功能之一。有些检测器只能检测静态的存在或动态的通过中的一种；有些则既能检测静态的存在，又能检测动态的通过，称为复合型检测器。

目前具有代表性的是按检测器的工作方式及工作时的电磁波波长范围，将检测器划分为 4 大类：磁频检测器、波频检测器、射频检测器和视频检测器。

3.2.1　磁频检测器

磁频检测器采用电磁感应的原理检测交通信息。当有机动车通过检测区域时，在电磁感应的作用下交通检测器内的电流会跳跃式上升。当电流超过指定阈值时，会触发记录仪对车辆数及车辆存在的持续时间进行记录。磁频车辆检测器包括环形线圈检测器、地磁检测器、磁成像检测器和摩擦电检测器。

1. 环形线圈检测器

1）检测原理

环形线圈检测器是最常用的磁频检测技术。环形线圈检测技术是一种基于电磁感应的检测器，它由 3 部分组成：埋设在路面下的环形线圈传感器、信号检测处理单元（包括检测信号放大单元、数据处理单元和通信接口）及馈线。环形线圈检测器组成结构如图 3–2 所示。

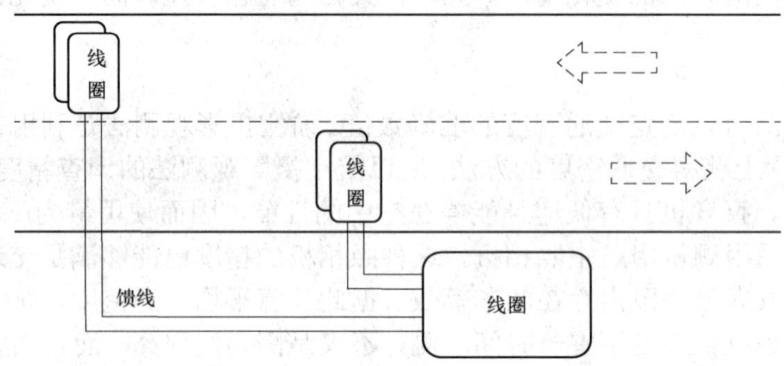

图 3–2　环形线圈检测器组成结构

环形线圈检测器的工作原理是检测单元同环形线圈与馈线线路组成一个调谐电路。当车辆通过通有一定电流的地埋环形线圈或停在其上时，铁质车身切割磁力线，引起线圈回路电感量的变化，检测器通过检测电感变化量就可以检测出车辆的存在。从环形线圈的工作原理可知，不论车辆通过检测器或停在检测器上，都能使检测器工作，所以这种检测器既可以检测交通量，又可以检测占有率及大致的车速等多种交通参数。这是目前国内外技术相对成熟和应用最为广泛的车辆检测设备。环形线圈检测器原理如图 3–3 所示。

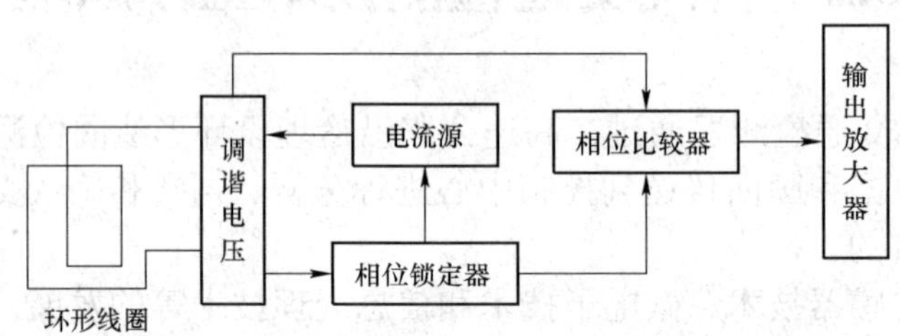

图 3–3　环形线圈检测器原理

根据电子感应原理可知，当车辆处于环形线圈产生的交变磁场中时，就会在车辆内部产生感应电动势，并在车辆中形成闭合回路，产生感应电流，这种感应电流就称为涡流。涡流产生的磁场与环形磁场的方向相反，引起振荡回路的阻抗发生变化。而从电路的角度来看，一辆车不管其形状多么复杂，当它通过环形线圈交变磁场时，在车体中引起的涡流是一定的，所形成的影响也是一定的，即车辆可以被等效地看成具有一定电路参数的电路。环形线圈和车辆的等效电路如图 3–4 所示。

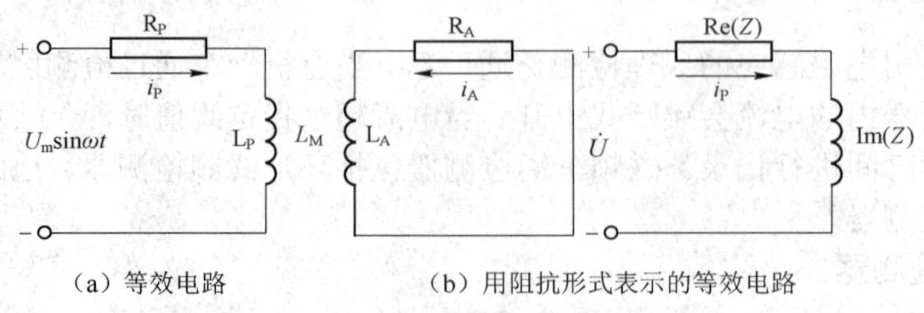

图 3–4　环形线圈和车辆的等效电路

在图 3–4（b）中，车辆被看作一个由电感 L_A 和电阻 R_A 组成的短路环；环形线圈回路包

含电感 L_P、线圈电阻 R_P 和正弦交流电压 $U_m \sin \omega t$，U_m 是交流电压的幅值，ω 是电压角频率。图中 i_P、i_A 分别为环形线圈回路和车辆回路中的电流；L_M 为环形线圈和车辆之间的互感，与环形线圈与车辆之间的位置有关。

根据基尔霍夫电压环路定律，通过等效电路可以得到以下的动态方程

$$\begin{cases} i_p R_p + L_p \dfrac{di_p}{dt} + L_M \dfrac{di_A}{dt} = U_m \sin \omega t \\ L_A \dfrac{di_A}{dt} + i_A R_A - L_M \dfrac{di_p}{dt} = 0 \end{cases} \tag{3-18}$$

当电路处于稳态时，i_P 和 i_A 都是按正弦变化的交流电，且角频率和电压角频率相同，为 ω，可以得到如下的用复数形式表示的稳态方程

$$\begin{cases} R_p \dot{I}_p + j\omega L_p \dot{I}_p - j\omega L_M \dot{I}_A = \dot{U} \\ j\omega L_A \dot{I}_A + R_A \dot{I}_A - j\omega L_A \dot{I}_p = 0 \end{cases} \tag{3-19}$$

式中：$\dot{U}$ 为电压相量；$\dot{I}_p$、$\dot{I}_A$ 为与电流 i_P、i_A 对应的电流相量。

由式（3–19）的第二个等式可得用 $\dot{I}_p$ 表示的 $\dot{I}_A$，再带入式（3–19）的第一个等式，可得等效阻抗为

$$Z = R_p + \frac{\omega L_M^2 R_A}{R_A^2 + \omega L_A^2} + j\omega \left[L_p - \frac{(\omega L_M)^2 L_A}{R_A^2 + \omega L_A^2} \right] \tag{3-20}$$

则图 3–4（a）所示电路就等效成了图 3–4（b）所示电路，在图 3–4（b）中，Re(*Z*)表示等效阻抗 *Z* 的实部，Im(*Z*)表示等效阻抗 *Z* 的虚部。式（3–20）的虚部被称为等效电抗，其对应的等效电感为

$$L = L_p - \frac{(\omega L_M)^2 L_A}{R_A^2 + \omega L_A^2} \tag{3-21}$$

式（3–21）中的 L_p 是与车辆材料的磁导率有关的，第二项 $(\omega L_M)^2 L_A / (R_A^2 + \omega L_A^2)$ 与车辆中的涡流效应有关。通过式（3–21）可以得到阻抗中的等效电感的变化情况，式中的负号表示电涡流的效应是使线圈的等效电感量减小。如果工作频率适当，当有车辆通过环形线圈时，等效电感 *L* 的变化正是环形线圈检测器所需要检测的参数。

2）LC 并联谐振电路的谐振频率

一般情况下，在环形线圈检测器中通过谐振电路把等效电感 *L* 的变化转换成谐振频率的变化输出。图 3–5 所示为 LC 并联谐振原理电路，其中的关键环节，就是 LC 并联谐振电路，它的作用是把等效电感 *L* 的变化变换为对应的频率变化。

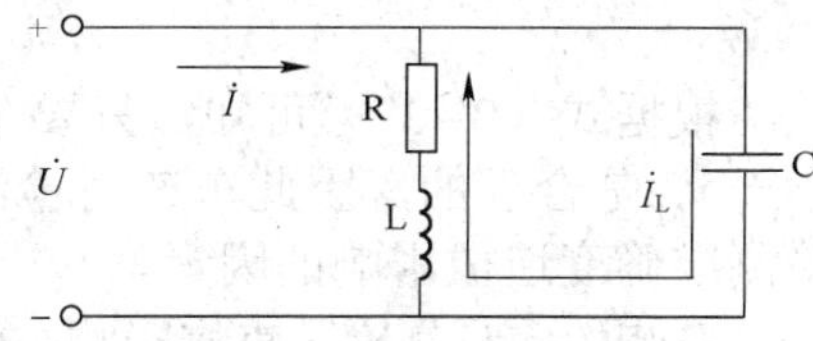

图 3–5　LC 并联谐振原理电路

图 3–5 中，R 为等效电阻，相当于图 3–4（b）所示的 Re（*Z*）；$\dot{U}$ 为电压相量；$\dot{I}$ 为电流相量；*L* 则为式（3–21）给出的等效电感；$\dot{I}_L$ 为流经电感 L、电阻 R 和电容 C 组成的回路的电流相量。由上可知复数导纳为

$$Y = j\omega C + \frac{1}{R + j\omega L} \tag{3-22}$$

经过化简有

$$Y=\frac{R}{R^2+(\omega L)^2}+\mathrm{j}\omega C-\frac{\omega L}{R^2+\omega L^2} \tag{3-23}$$

由式（3-23）可见，当并联电路的导纳的虚部等于零时，电流与电压同相位，并发生并联谐振，并联谐振的角频率为ω_0，考虑实际情况，R 表示的等效电阻是很小的，则有

$$\frac{1}{\sqrt{1+\left(\frac{R}{\omega_0 L}\right)^2}}\approx 1 \tag{3-24}$$

由此，可得并联谐振的角频率ω_0的表达式为

$$\omega_0\approx\frac{1}{\sqrt{LC}}\ \text{或}\ f_0\approx\frac{1}{2\pi\sqrt{LC}} \tag{3-25}$$

基于图 3-5 所示的 LC 并联谐振电路可以构成各种形式的 LC 振荡电路，输出是频率为f_0的正弦信号。LC 振荡电路输出的正弦信号经过放大整形后得到方波信号，作为处理器的输入信号。

3）*交通参数检测方法*

根据经验，在一定的灵敏度下，当车辆覆盖 1/3 线圈长度时，即可判断为有车辆存在。该比例系数需根据实际情况进行调节，设线圈的长度为 L_c，一般车长为 L_v，当车辆驶过线圈时能够检验到有车的有效感觉范围为 L_s，L_s 的计算方法为

$$L_s=\frac{2}{3}L_c+L_v-\frac{1}{3}L_c=\frac{1}{3}L_c+L_v \tag{3-26}$$

车速感知上限：当车辆的速度超过车速感知上限时，则检测器无法感知到车辆的存在。

在实际应用中，为了避免检测误差对检测结果的影响，计算机程序需要连续检测到 N 个有效的有车状态时，才可以最终做出有车的判断，参数 N 的具体数值根据实际情况设定。假设在程序中每隔 T_L 采样更新一次等效电感的估计值$\hat{L}$，T_L 称为电感采样时间，则检测器做出有车判断的最小时间间隔为 NT_L，由此可以推导出车速感知上限为

$$v_M<\frac{L_s}{NT_L} \tag{3-27}$$

（1）交通流量。

交通流量计算一般是指统计周期内通过线圈车辆的数量，由于检测器可以准确地检测到车辆的通过，因此只要在设定的时间内对通过的车辆进行计数即可得到车辆的流量值。假设在统计时间 T 内，车辆计数值为 N，则可以得到单位时间内交通流量的估计值为

$$q\leqslant\frac{N}{T} \tag{3-28}$$

根据式（3-27）可知，只要车速小于v_M，检测器就能感知到通过的车辆，通常认为车速小于v_M是合理的，因此车速对检测准确度的影响可以忽略不计。下面讨论几种会对交通流量检测准确度造成影响的因素。

车辆的底盘高度，直接影响车辆经过线圈时所引起的电感量的变化。底盘高的车辆引起的电感变化量小，底盘低的车辆引起的电感变化量大。当车辆底盘高出一定范围时，则可能检测不到车辆的通过。目前轿车底盘高度通常在 150～200 mm，中小客车的底盘高度一般在 400 mm 左右。

基于环形线圈的检测器，对于不同车型车辆的检测准确度也不相同，同时这种检测方法对馈线的长度也比较敏感。馈线长度的增加会造成馈线部分的电感比例加大，这时当车辆通过时引起的等效电感的相对变化量减小，从而对检测准确度造成一定的影响。

所以交通流量的检测准确度受车型、馈线长度等现场因素的影响。在实际应用中，可根据实际情况调整振荡频率和检测灵敏度，以保证最高的交通流量计算准确度。

（2）车速。

在双线圈车速检测方法中，需要在一个车道上相距一定的距离 s 埋设两个环形线圈，如图 3–6 所示。假设线圈 1 在 t_1 时刻检测到车辆的存在，线圈 2 在 t_2 时刻检测到车辆的存在，则可以得到车速的估计值为

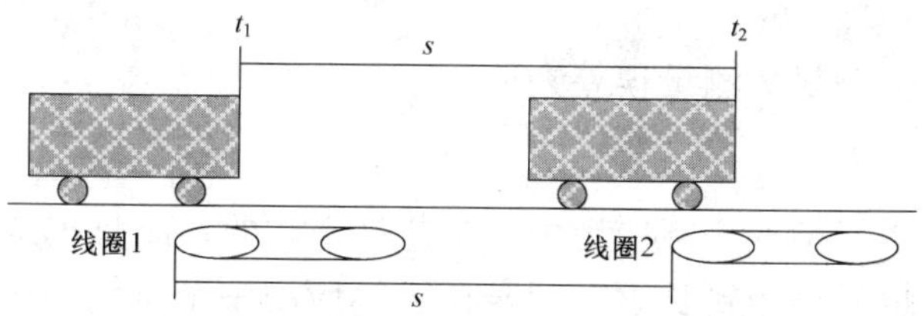

图 3–6　双线圈车速检测法的线圈埋设示意图

$$\hat{v} \approx \frac{s}{t_1 - t_2} \tag{3-29}$$

然而，在实际工程中，由于车辆行驶的位置、车速都存在一定的随机性，可以采用下面方法提高检测准确度。

① 三线圈测速法。

将第一个线圈与第二个线圈、第一个线圈与第三个线圈、第二个线圈与第三个线圈分别组成测速线圈，排除突发性的速度值，计算出车辆行驶到检测点处的平均速度，从而将测速误差控制在 1%的误差范围之内。

② 硬件中断法。

将两个线圈的轮询方法改为硬件中断，一旦线圈检测有车辆出现，立即以最高级别的硬件中断向处理器发出中断请求，处理器保护好正在处理的程序现场后立即响应中断，减少由于轮询而延误的时间，从而提高测速准确度。

③ 增加距离法。

适当增加两个测速线圈间的距离，使车辆通过两个线圈的时间增加，以此达到降低误差的目的。不过，伴随距离增加也会产生新的问题，如果车辆仅通过一个线圈，则测不出速度，因此两个测速线圈的有效距离应控制在车辆长度有效范围之内。

（3）车辆长度。

基于环形线圈的检测器还可以对车辆长度进行估计，其原理如图 3–7 所示。

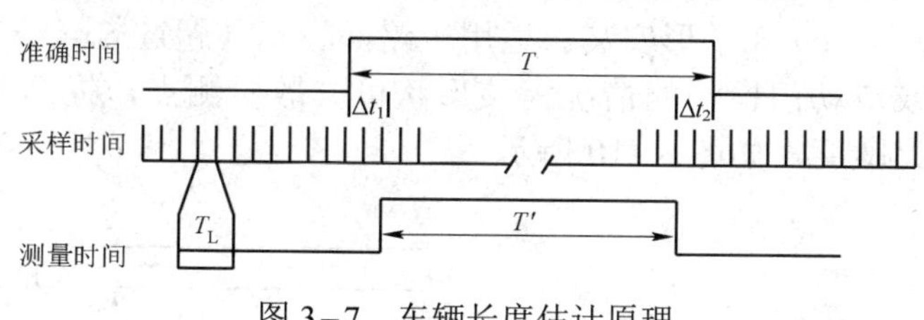

图 3–7　车辆长度估计原理

图 3–7 中，时间 T 对应的脉冲为车辆通过检测线圈时产生的准确时间脉冲，在其上升沿车辆进入检测线圈，在其下降沿车辆离开检测线圈。时间 T' 对应的脉冲为测量到的车辆通过时间，在其上升沿和下降沿与采样时间点对应。在时间 T 内车辆行驶的距离为车辆长度 L_v 和检测线圈长度 L_c 之和，同时假设车辆的行驶速度 v 是已知的（如可以通过双线圈车速检测方法对车速进行测量），那么车辆长度 L_v 的估计方法为

$$L_v = T'v - L_c \tag{3-30}$$

图 3–7 中，Δt_1 表示由采样时间造成的测量时间的起始迟滞时间，Δt_2 表示测量时间的技术迟滞时间，Δt_1 和 Δt_2 具有随机性，而且采样时间越短，Δt_1 和 Δt_2 也就越短，测量时间误差为

$$\Delta t = T - T' = \Delta t_1 + \Delta t_2 \tag{3-31}$$

因此可得车辆长度的测量误差为

$$\Delta L_{\mathrm{v}} = v\Delta t \tag{3-32}$$

最大测量误差为

$$\Delta L_{\mathrm{v}_{\max}} = 2vT_{\mathrm{L}} \tag{3-33}$$

但在实际应用中，车速是未知的，而且车速本身具有一定的扰动性。上述方法从原理上可以获得车辆长度，但是在实际应用中基本没有采用线圈法来测量车辆长度的。

4）检测器安装

环形线圈检测器是目前世界上应用非常广泛的一种检测设备。车辆通过埋设在路面下的环形线圈，引起线圈磁场的变化，检测器据此计算出交通流量、车速、时间占有率和行进方向等交通参数，并上传给中央控制系统，以满足交通管理与控制系统的需要。

（1）线圈施工规范。

在环形线圈检测器的安装过程中，按施工要求进行施工。根据气候等因素，在不同地区，敷设时的具体要求不同。

① 线圈尺寸及材料。

线圈的尺寸：线圈的大小取决于检测功能需求和实际道路宽度，一般不小于 0.5 m×0.5 m，线圈匝数不少于 4 匝。一般情况下，推荐尺寸为 2 m 宽，长度（车行方向上）至少为 1 m。

环形线圈是埋设于路面之下的，所以要求它应具有良好的耐热、耐寒、耐拉、抗腐蚀和柔韧性能，推荐使用聚氯乙烯尼龙护套线。

② 线圈形状。

根据电磁场理论，在线圈的平面上，磁力线在线圈的拐点附近比较集中，因此线圈拐点处的灵敏度比较高。线圈有多种切法，常用的有梯形线圈和平行四边形线圈。梯形线圈检测面比较小，平行四边形线圈检测面比较大。

（a）矩形安装。两条长边与行车方向垂直，两端距道路边缘或分道线约为 0.3～1 m，线圈宽为 1 m，如图 3-8 所示。

（b）倾斜 45° 安装。长边与行车方向成 45° 角，两端距道路边缘约为 0.2 m，宽为 0.8 m，如图 3-9 所示。

（c）8 字形安装。适用于路面较宽（超过 6 m）或滑动门检测的情况，该形状可分散检测点，提高灵敏度，如图 3-10 所示。

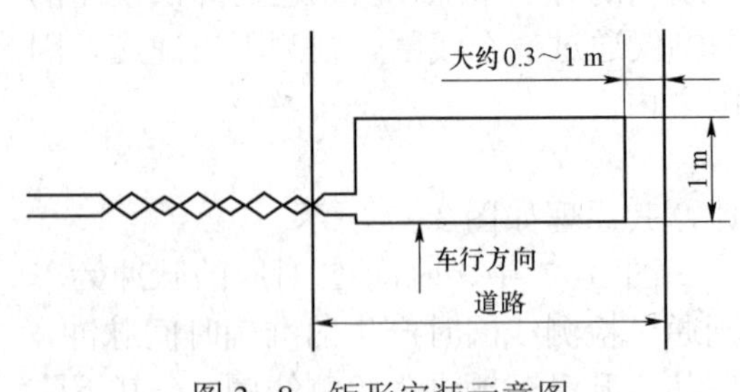

图 3-8　矩形安装示意图

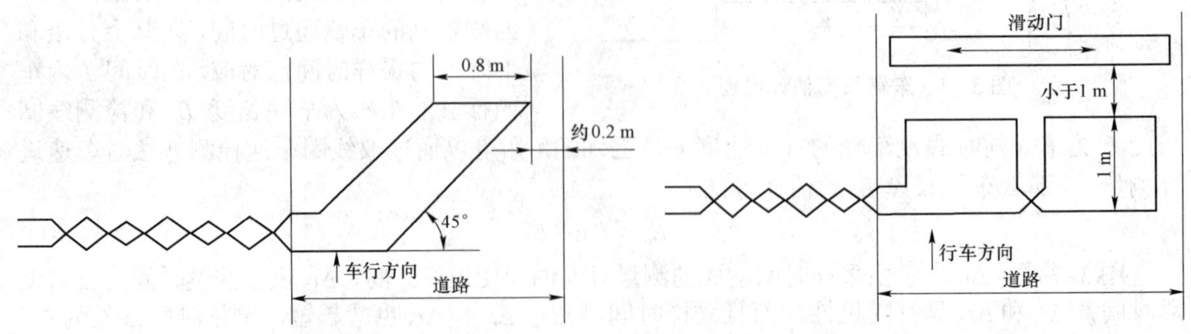

图 3-9　倾斜 45° 安装示意图

图 3-10　8 字形安装示意图

③ 线圈匝数。

检测器工作在最佳状态下，线圈的电感量应保持在 100～300 μH 之间。线圈周长与线圈匝数的关系见表 3-3。

表 3-3　线圈周长与线圈匝数的关系

线圈周长/m	线圈匝数
<3	根据实际情况，保证线圈的电感量保持在 20～2 000 μH 之间
3～6	5～6 匝
6～10	4～5 匝
20～25	3 匝
>25	2 匝

④ 输出引线。

鉴于双绞线的输出引线将会引入干扰，使得线圈的电感值变得不稳定，同时探测线圈的灵敏度会随引线的增长而降低，因此要求输出引线不能过长，且引出电缆要做成紧密双绞的形式，要求最少每米绞合 20 次。

⑤ 馈线。

馈线是环形线圈的连接端到信号机之间的线缆，用于传输检测信号。馈线的质量与检测稳定性和灵敏度有直接的关系，因此不能随意选择线型，要求选用聚氯乙烯绝缘屏蔽电缆。在实际应用时，一般采用带有优质橡胶护套的 2.5 mm^2 铜芯屏蔽或非屏蔽双绞线电缆（馈线长度为 300～500 m）或 1.5 mm^2 铜芯屏蔽或非屏蔽双绞线电缆（馈线长度小于 300 m），其双绞密度不少于 30 绞/m，电缆本身绝缘电阻大于 100 MΩ/500 V。

（2）埋设方法及注意事项。

环形线圈常工作于单线圈埋设的情况下，但在有些场合下，如测速等，则用双线圈埋设，铺设过程和要求大体相同。在双线圈埋设方式中，检测单元是铺设在路面下一前一后的两个线圈，线圈在车辆行驶方向的长度是固定的，宽度可由实际路面决定。两个线圈的放置要有一定的距离，如图 3-11 所示。

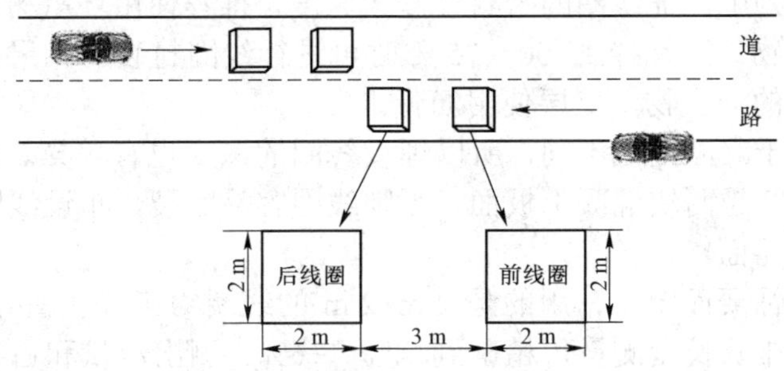

图 3-11　环形双线圈检测器放置距离示意图

环形线圈检测器必须安装在离探测线圈尽可能近且防水的环境里。环形线圈检测器能否良好工作，在很大程度上取决于它所连接的感应线圈。

线圈安装示意图如图 3-12 所示，具体铺设要求如下：

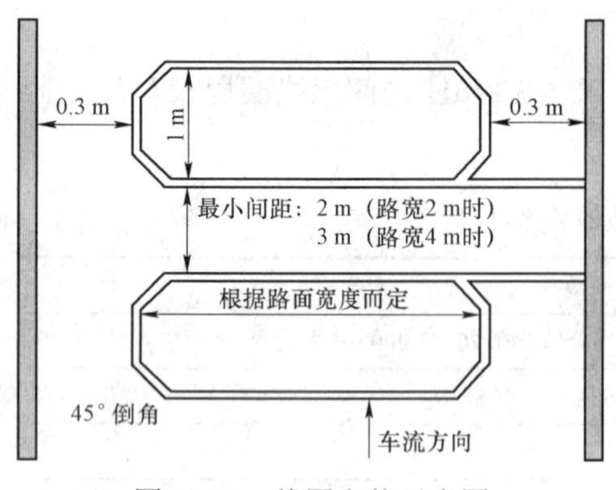

图 3–12　线圈安装示意图

① 按规格，采用切路机在路面切出槽，槽宽一般为 5～15 mm，由电缆直径决定；深为 50～150 mm。

② 在四个角上进行 45° 倒角，防止尖角破坏线圈电缆。

③ 从线圈至路边切一条引线槽。

④ 绕制线圈。绕线圈时必须将线圈拉直，但不要绷得太紧并紧贴槽底。注意在线圈的绕制过程中，应使用电感测试仪实际测试线圈的电感值，并确保线圈的电感值在 100～300 μH 之间。

⑤ 沿引线槽将双绞线引至路边。

⑥ 用沥青或软性树脂将切槽封上。

埋设好的环形线圈都应用电阻表（俗称摇表、兆欧表、直流高阻表）测试其对地的电阻，在 500 V 直流电压下其绝缘电阻应大于或等于 10 MΩ，线圈串联电阻小于 10 Ω。环形线圈和馈线连接点建议用 TL–JTK–BV5 长形全绝缘（黄色）中间接头，用压接钳压接。接好后，两股接头用防水橡胶带紧裹数匝，并在表面涂上环氧树脂固化。馈线的屏蔽套必须可靠接地。

当环形线圈放置于钢筋混凝土的钢筋之上时，线圈至少在钢筋之上 5 cm。安置线圈的槽内除了线圈本身之外不得有其他任何导体。安置的线圈应当离任何可移动的金属物品至少 1.4 m 以上。

对于多车道且要在不同的车道下分别安装多组检测线圈的情况，在安装时还应该防止线圈串扰。所谓线圈串扰就是当两个感应线圈靠得很近时，两个线圈的磁场叠加在一起，相互造成干扰。串扰会导致错误的检测结果和环路检测器的死锁。对于相邻的但属于不同感应器的线圈间可以通过以下措施消除串扰：

① 将相邻的线圈间距加大。必须保证探测线圈之间的间距大于 2 m。

② 相同的尺寸采用不同的线圈匝数，以改变线圈的工作频率。

③ 对线圈引出导线进行良好的屏蔽，屏蔽线必须在探测器端接地。线圈电缆和接头最好采用多股铜导线。在电缆和接头之间最好不要有接线端。如果必须有接线端，也要保证连接可靠。

用电烙铁将它们焊接起来，导线线径不小于 0.2 mm^2，最好采用双层防水线，并且置于防水的环境中。

线圈槽的填充物：为了保证线圈的密封性和柔软度，推荐使用环氧树脂、聚酰胺树脂和邻苯二甲酸二丁酯的混合物。当搅拌到 60～75 ℃时可进行线圈封装。如果路面是沥青路面，也建议底层使用环氧树脂的混合物，上层使用沥青。

在实际工程中，由于路面基础不同，所以埋设线圈的深度也有差异。在混凝土路面上埋设线圈时，严禁一个线圈跨越两块混凝土板面，否则线圈容易断裂，布设线圈线缆之后应使用环氧树脂或特殊沥青封好路面。

环形线圈的尺寸随需要而定，常用的是 2 m×2 m 的线圈约三匝（圈），每车道埋设一个，计数精度可达到±2%，排队长度测量可精确到±4%～±6%。测出流量和占有率之后，借助于预定的平均有效长度即可估计出密度与平均速度。有些情况下，为了较准确地直接测量速度，采用每车道连续埋设两个环形线圈的方案，间距约 6 m。双线圈测量方式的精确度较好，速度测量值可精确到±4%～±6%，但检测器投资及施工费用较高，计算量也较大。

环形线圈检测器优点是高准确度、高可靠性、低成本，其感应灵敏度可调，适应性较大，安装不太复杂，所以在国内外得到广泛的应用。缺点是施工和维护时破坏路面且不方便，检测参数较少。环形线圈易跟随路面变形（沉降、裂缝、搓移等），因此其使用效果及寿命受路面质量的影响甚大，路面质量较差时，一般寿命仅 2 年。另外环境的变化和环形线圈的正常老化对检测器的工作性能有较大的影响，可使检测器材谐振回路失谐而不能判断车辆存在产生的频率变化。因此，人工调谐的环形线圈检测器要定期进行手工调整，以便保持仪器的精度。自调谐检测器可自动进行调整，精度较高，现在已被普遍采用。

2. 地磁检测器

地磁检测器和环形线圈检测器都是通过检测车辆通过引起磁场变化来实现车辆检测的，但两种检测器所检测的磁场不同。从前文可知，环形线圈检测器是在线圈中通入交变电流形成交变磁场，当车辆经过时引起磁场的变化来达到检测的目的。而地磁检测器是利用车辆存在或通过时所引起的地磁场强度的变化来实现车辆检测的目的。

1）检测原理

地球周围存在一层很弱的磁场，称为地磁场，磁感应强度大约为 0.5～0.6 Gs（1 Gs=10^{-4} T），方向由北向南。物质在磁场中电阻将发生变化，这种现象称为磁阻效应。磁阻效应有基于霍尔效应的普通磁阻效应和各向异性磁阻效应之分。对于强磁性金属（铁、钴、镍及其合金），当外加磁场平行于磁体内磁化方向时，电阻几乎不随外加磁场而变；当外加磁场偏离金属的内磁化方向时，金属的电阻减小，这就是各向异性磁阻（anisotropic magneto-resistance，AMR）效应，又称为磁阻的非均质现象，其中能够引起磁阻效应的方向称为敏感方向或者感应方向。

地磁检测器是一种各向异性磁阻传感器（以下简称 AMR 检测器），能够检测出磁感应强度为地球磁感应强度的 1/12 000 的变化。以美国霍尼韦尔公司生产的 HMC1041 单轴 AMR 检测器为例，检测部件是一种特制的电阻条。该电阻条是在强磁场下将铁镍合金薄膜沉积在硅衬底上制成的，沉积时薄膜以长条带状的形式分布。AMR 检测器检测电路是由 4 个这样的磁阻构成一个惠斯通电桥，是一种单边封装的磁场检测器，可感应与引脚平行方向的磁场，如图 3－13 所示。

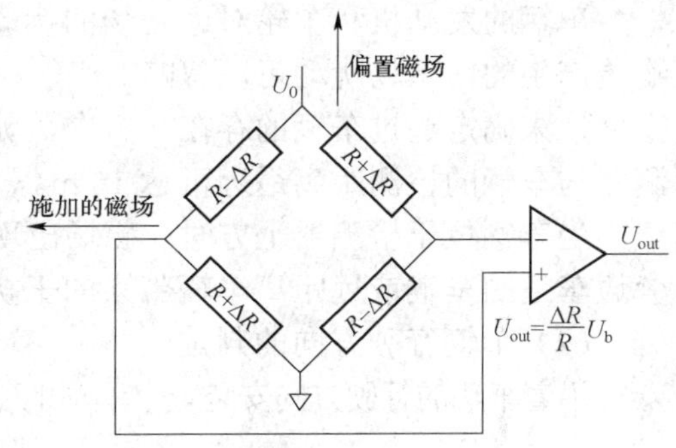

图 3－13　AMR 检测器的检测电路

检测器的工作电源为 U_b，当有铁磁性物体通过检测器所在的特定区域时，相当于在电桥上施加了一个偏置磁场，使得 2 个相对放置的电阻条的磁化方向朝着电流方向转动，引起电阻阻值的增大；另外 2 个相对放置的电阻条的磁化方向背着电流方向转动，引起电阻阻值的减小，这样打破了惠斯通电桥的平衡，并将磁场的变化转换成差动输出电压，该输出电压 U_{out} 可表示为

$$U_{out}=\frac{\Delta R}{R}U_b \tag{3-34}$$

式中：R 为薄膜电阻；$\Delta R/R$ 为阻值的相对变化量；U_b 为检测器工作电压。

通过对电桥输出信号的放大、调理、采样就可以得到检测器感应方向上的磁场变化数据，从磁场的变化或畸变中检测出含有铁磁性物体。

图 3－14 所示为某 AMR 检测器测出的沿感应方向随磁场强度变化的电桥输出电压曲线。

AMR 检测器具有尺寸小、成本低、灵敏度高（使传感器可离被测铁磁性物体一段较长的距离）、对电磁噪声和干扰不敏感的优点，如 HMC1043 是三轴 AMR 检测器，由三个相互垂直的这种惠斯通电桥组成，能测量空间三维方向的磁场，测量范围为±6 Gs，分辨率为 120 μGs。

地磁检测器在检测车辆时就是利用 AMR 地磁探测原理对车辆的存在与运动及运动方向进

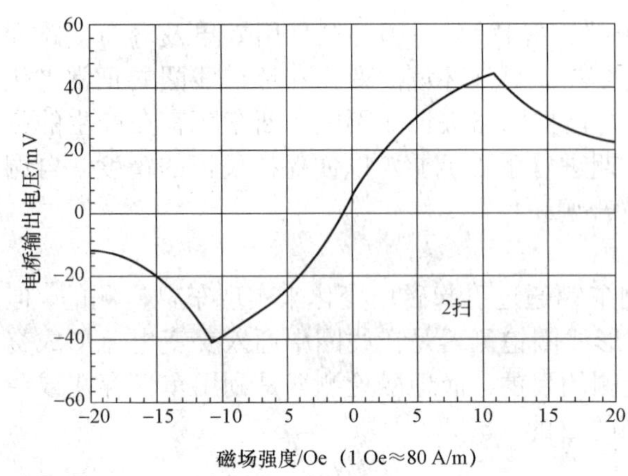

图 3-14　用某 AMR 检测器测出的沿感应方向随磁场强度变化的电桥输出电压曲线

行探测的。车辆本身含有铁磁性物质，当车辆接近地磁检测器的检测区域时，检测区域的磁力线挤压聚合；当车辆将要通过检测区域时，磁力线沿中心进一步聚合收缩；当车辆正在通过检测区域时，磁力线受到牵拉而沿中心发散。这样，利用 AMR 检测器捕捉车辆接近、将要通过及正在通过检测区域时的磁力线的变化，并进行信号分析和处理，可以实现对车辆实时检测，也可以根据不同车辆对地磁产生的扰动不同来识别车辆类型。

目前市场上的地磁检测器多以无线传输为主，以其检测准确度高，自适应、自学习能力强，适应各种复杂天气状况，稳定可靠，安装维护方便，使用寿命长等优点迅速占领市场，被一些专家认为是环形线圈检测器的理想替代技术，在我国的各大城市的道路上已经开始逐步使用。其缺点在于，对于纵向过于靠近车辆的干扰排除能力较差，即当车流速度较低、前后车辆之间的距离较小时，测量准确度受到的影响较大。

2）交通参数检测方法

（1）车辆的存在性检测。

车辆的发动机和车轮对地磁场的扰动尤为明显，而车辆内部、车顶和后备厢等其他铁磁性物质产生的地磁场扰动可以忽略。一般在地下埋设单轴地磁检测器检测车辆，通过观察磁场的变化，来确定通过车辆的存在和方向，如图 3-15 所示。根据车辆铁磁性物质含量的不同，检测器与车辆的检测距离最远可达 15 m。

当车辆位于检测器上方时，磁场出现峰值，在数据处理时通过建立合适的阈值，可以滤掉旁边车道的车辆或远距离车辆带来的干扰信号。当检测值大于阈值时，认为有车辆通过。

（2）车辆行驶方向的判定。

沿着车辆的行驶方向安装一个单轴地磁检测器就可以测量车辆的行驶方向，如图 3-16 所示。

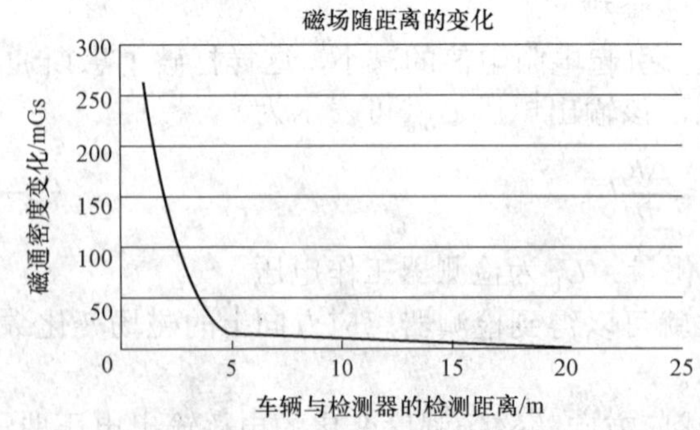

图 3-15　磁通密度随车辆与检测器的检测距离不同的变化曲线

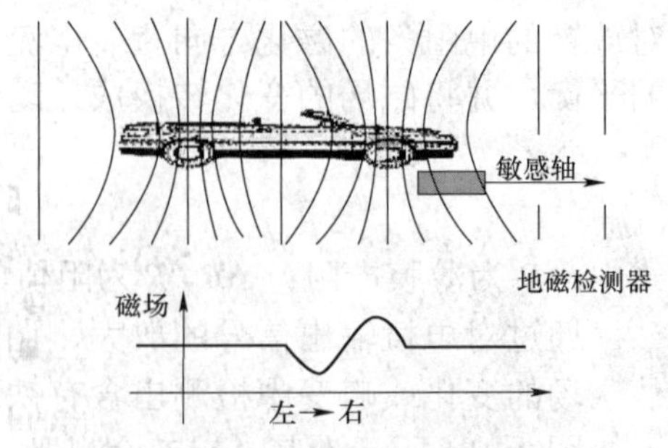

图 3-16　通过检测器检测车辆方向

当没有车辆存在时，检测器输出背景的磁场作为它的初始值。当有车辆接近时，地磁场的磁力线将会偏向铁磁性车辆。如果地磁传感器的敏感轴指向右侧，而车辆是由左向右行驶的，那么磁场的变化规律是首先减弱，因为更多的磁力线会弯向迎面驶来的车辆。所以，从检测器的初始值磁场背景开始，随之而来的第一个畸变是曲线偏向负方向。

当车辆在检测器正上方时，通过车辆的磁场变化量基本为零，检测器输出曲线返回到初始值。当车辆继续向右时，磁力线将沿着敏感轴的正方向偏向车辆。所以传感器的输出将会在初始值的基础上增大。当车辆驶离传感器的测量范围时，传感器输出恢复到初始值。

（3）基本车型的识别方法。

任何铁磁性物体都会改变地磁场的分布，形成地磁场扰动，其综合影响是对地球磁场磁力线的扭曲和畸变，且这个扰动因铁磁性物体的结构及质量不同而不同。也就是说，不同类型的车辆对地磁场的干扰是不一样的。正是利用这个特征，可以对车辆的基本类型进行分类。

一般利用双轴地磁传感器，将其水平安装后，能够将任何水平磁场分为 X 轴和 Y 轴矢量分量，通过两个方向的磁场变化的叠加来区分车型。其原理如图 3-17 所示。

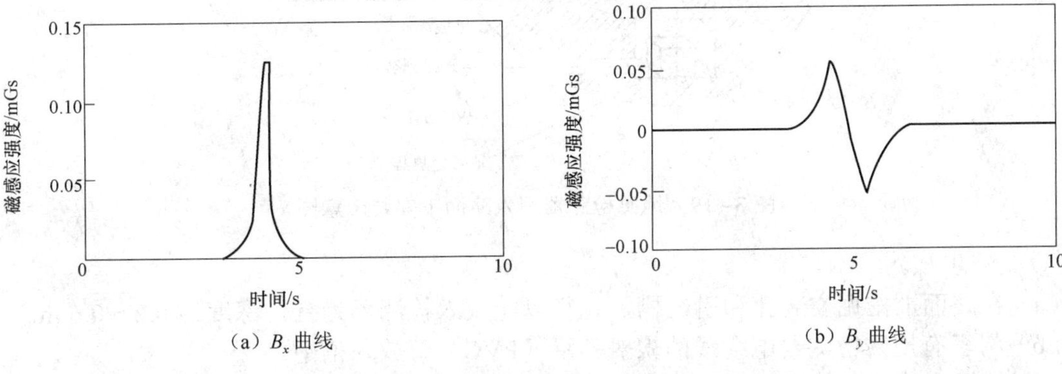

（a）B_x 曲线　　（b）B_y 曲线

图 3-17　某车辆的 B_x 及 B_y 曲线

图 3-18 所示为三种典型车辆的 B_x+B_y 曲线，从图中所示曲线可以看出，卡车、小轿车及摩托车的两轴地磁场扰动磁场叠加的曲线有明显的不同，可以建立基本模板用于比对区分三种车型。

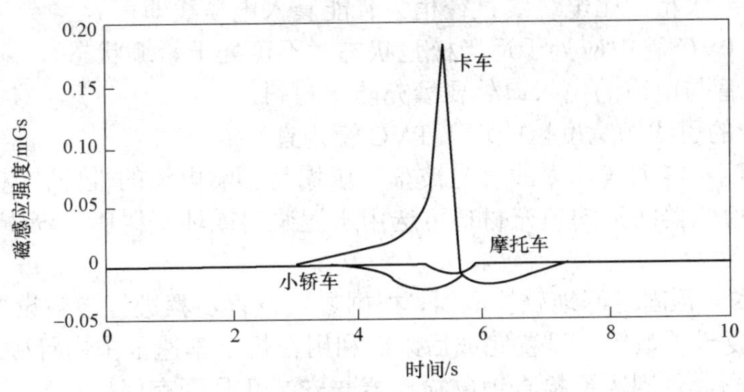

图 3-18　三种典型车辆的 B_x+B_y 曲线

如果要实现准确的车型区分，可以建立标准的车辆模板库，通过对大量样本车辆感应曲线的数据采样分析，提取与车型分类有关的若干种特征，主要包括磁感应强度、高度、左右相对密度、上下相对密度、上升沿、下降沿、凹凸性、峰值等进行进一步的分析，通过与标准车辆模板的匹配、识别来进行车辆类型的准确判断。

3）地磁检测器的安装

地磁检测器安装方式有两种：埋入路面下安装和道路侧（路）边安装。

（1）埋入路面下安装。

在路面挖掘安装孔和引线槽，将地磁检测器和连接线缆埋入。检测器安装固定后，其离车辆底盘距离可控制在某个范围内（一般 0.5 m 以内）。与埋设环形线圈的工程量相比，其埋入路面下安装工程量较少，占用车道时间较短，可离线设置灵敏度和其他参数。

图 3-19 所示为地磁检测器埋入路面下安装示意图。

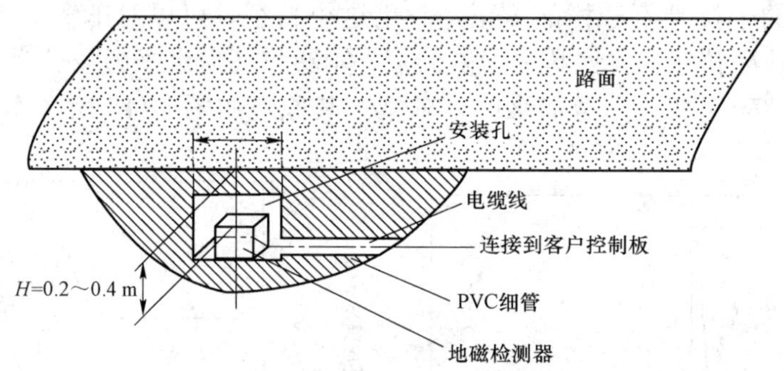

图 3-19　地磁检测器埋入路面下安装示意图

① 安装步骤。

（a）在路面上挖掘安装孔和引线槽，孔径以能放入检测器为宜，深度为 0.2～0.6 m。

（b）将套有地磁检测器电缆线的聚氯乙烯（PVC）管放入槽中。

（c）调节电缆线，将地磁检测器放入孔中，调整好距离地面高度为 0.2～0.4 m，电缆线要处于松弛状态。

（d）在地磁检测器与安装孔间隙处填充固化防水材料。

（e）将电缆线连接到客户控制系统。

② 材料与安装要点。

（a）PVC 管不要太粗，比电缆线直径稍大且能套入电缆线即可。

（b）电缆线在 PVC 管中应处于适当松弛状态（不可处于紧绷状态），避免 PVC 管变形，拉断电缆线。PVC 管与电缆的出入口处要填充防水材料。

（c）装 PVC 管的引线槽宽度以能埋下 PVC 管为宜。

（d）引线槽深度不能太浅，太浅容易被车轮压塌而影响电缆的性能，甚至电缆会被压断。

（e）安装孔与检测器间隙的填充材料可选用水泥浆料或环氧树脂、沥青等，视情况而定。

③ 参数调试。

（a）参数预设置。预固定好地磁检测器，根据参数设置步骤进行参数设置，可设置灵敏度、响应设置系数、恢复设置数等。设置完成后，需利用在规定车速范围内行驶通过的汽车测试查看是否能够成功检测，否则需要检查地磁检测器与安装孔是否有问题。

（b）固化安装。在以上测试正常的情况下，填入防水、固化材料，进行防水和加固。

（2）道路侧边安装。

适合某些不能破坏的路面或比较松软的路面（安装后无法保证检测器位置长期不发生位移），以及车道较窄的场合，如高速公路出入口匝道和高速公路收费路段。道路侧边安装是地磁检测器不同于环形线圈检测器的鲜明特点，由于这种特点，它可为客户提供更高的性价比、最小的施工量，如图 3–20 所示。

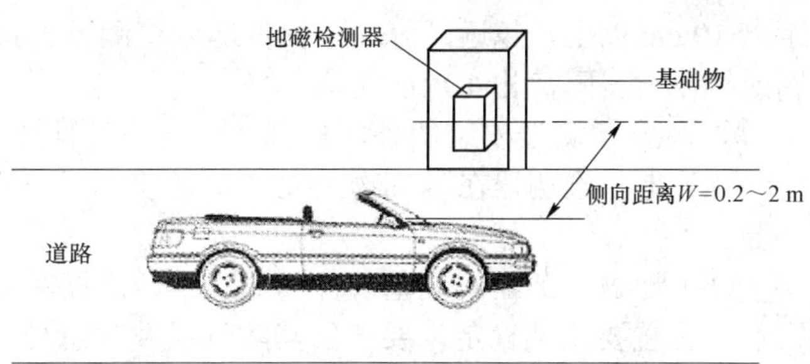

图 3–20　地磁检测器的道路侧边安装

① 使用场合。

道路侧边安装时，理论上离车辆的侧向距离应为 2～3 m。3 m 以上的距离则需要设置较高的灵敏度，但较高的灵敏度会导致地磁检测器对距离较近的摩托车、电动自行车等过滤能力不足，因为它们在 1 m 内也能触发检测器。所以，选择适当的离车辆的侧向距离和灵敏度等参数，是道路侧边安装要特别考虑的问题。一般而言，有以下一些特性或原则需要加以利用或遵循：

（a）离车辆的侧向距离越近，检测器感应到的扰动越大，这有助于通过调高阈值（降低灵敏度）以及其他参数，将非机动车过滤掉。

（b）如果有条件，尽量将车流引到地磁检测器的最佳距离范围内，或者将地磁检测器安装在离车辆距离最佳的范围，即使得地磁检测器与车辆距离尽可能近。

（c）停车场出、入口处通常都是单行道（或单车道），可以将地磁检测器装在车道最狭窄处的外侧。这种情况下，道路侧边安装将可取得最佳效果。

（d）高速公路出口匝道也适合道路侧边安装。高速公路出口匝道通常是单车道，车辆与侧边的距离较小，可在匝道两侧各安装一个地磁检测器；若匝道特别窄，可安装一个检测器。

（e）低等级车道上的使用。我国除了高等级公路外，还有众多低等级公路，路面质量一般，塌陷、损坏的概率高，不适合埋设环形线圈检测器。但是低等级车道通常较窄，同一路面双向行驶，因此只需在路边两侧各安装一个地磁检测器。当有车辆行驶过两个地磁检测器时，距离其中某一个地磁检测器的距离必然较近，因而检测率较高。这样就使得在以往没有条件安装地磁检测器的地方进行车辆检测成为可能。

（f）钢结构桥梁上的使用。桥梁对安全性要求很高，通常不允许挖掘路面；而且很多桥梁是钢结构的，桥路基础面下钢材质量巨大，远远大于汽车的钢质量，导致了靠电涡流原理的环形线圈检测器，对汽车引发的阻抗变化很不灵敏，以至于无法使用。而这种情况下，地磁检测器可以胜任，背景地磁场的大小并不影响它的正常工作，它只关心磁场的扰动量，所以无论路面还是桥面材料如何不同，对车辆引起的地磁场的扰动量依然是敏感的，所以还能进行检测。而且它可以在道路侧边安装，不破坏路面，也符合大桥装配检测器的安装要求。

② 道路侧边安装的侧向距离要求。

离车辆距离最好保持在 0.2～2 m。距离越近效果越佳，推荐 1 m 内为最佳距离。

③ 道路侧边安装高度要求。

一般 0～2 m，要与车辆铁磁性材料最集中的地方等高。

④ 对检测器安装的基础物要求。

（a）必须有合适的基础结构适合用来固定地磁检测器，如水泥墙、立杆、箱体等。

（b）地磁检测器安装基础物要尽量不使用钢铁类磁性材料，不能是较大的钢铁制品，如钢管、钢板、钢筋网。木材、塑料、铝制材料（铝型材）是允许的，水泥墙面（要保证墙面内附近没有钢筋等钢铁材料或较少，且远离墙面）也是允许的。

（c）地磁检测器要尽量远离钢铁类磁性物质。如非要安装在某些带钢铁类结构上，要保证距离 10 cm 以上，越远越好；不得将地磁检测器直接固定在某些带钢铁类结构上，应该用非金属或铝制材料隔离出 10 cm 距离。

⑤ 地磁检测器安装的外部机械、电气等条件要求。

（a）地磁检测器在基础物上安装，必须保证安装后牢固、不松动、不晃动，螺钉要加弹簧垫圈。

（b）地磁检测器安装基础件（如立杆、横杆等）本身必须保证有足够的刚度，并且要固定牢靠，位置要长期稳定，要评估其随气候发生意外变化的可能。

（c）要注意对地磁检测器增加防水措施。

（d）要安装在不容易被人接触到的地方。

（e）不要把地磁检测器安装在具有大电流且电流经常变化的地方。要远离大容量电力设备，如变压器、配电箱。

（f）不要安装在靠近电力输电线处，特别是地下埋设的输电线处。

（g）安装后，地磁检测器本身电缆也要远离电气干扰源。

⑥ 地磁检测器参数调试。

与埋入路面下安装方式的参数调试方法类似。

地磁检测器把一个具有高导磁率铁芯和线圈装在一个保护套内，里面填满非导电的防水材料，形成一根磁棒。在路上垂直于交通流的方向开一个 0.2～0.6 m 的孔，把磁棒埋在路面下，当车辆驶过这个线圈时，通过线圈的磁通量发生变化，在线圈中产生一个电动势，这个电动势经过放大器放大后去推动继电器，发出一个车辆通过的信息。

地磁检测器只能检测以相当车速通过的车辆，所以是通过型检测器，不适用于需要检测车辆存在的场合。这种检测器具有安装容易，不易损坏，价格便宜等优点。缺点是对慢速车辆不能检测，有时会出现误检，且材料容易老化，灵敏度会逐年衰减。

3. 磁成像检测器

磁成像检测器是以近期研究成功的磁成像技术为基础的。它测量由于车辆的出现而引起的电磁场扰动或变化，通过与已记录的不同结构车辆的磁纹（magnetic footprint）相比较，不仅能将卡车和小轿车分离开来，而且可以测出车辆的构造、车型及车速。

4. 摩擦电检测器

该检测器的探头部分封装在一块人造橡胶中的屏蔽电缆内，橡胶块永久地固定在路面的切槽中。其工作原理是车辆通过时，电缆上的压力使电缆芯和屏蔽之间产生低电压，该电压可用适当的放大电路来检测并输出信号。此检测器响应快、恢复时间短，因此可用来精确地测量车轴数。当它与环形线圈检测器一起使用时，还可以测量车型、车速和车距等交通参数。

3.2.2 波频检测器

把利用波的特性来实现车辆检测的检测器归为波频检测器，主要包括超声波检测器、微波检测器、红外检测器等，通过利用超声波、微波和红外线等对车辆发射电磁波而产生感应从而采集交通数据。

振动在弹性介质内的传播称为波动，简称波。可听声声波是频率 20 Hz～20 kHz、能被人耳听到的一种机械波；低于 20 Hz 的，称为次声波；高于 20 kHz 的，称为超声波。另外，频率为 0.3～300 GHz 的电磁波称为微波，频率为 100～390 GHz 的电磁波称为红外光波。

1. 超声波检测器

超声波检测（ultrasonic detection）是一种非接触式的检测方式，它不受光线的影响，在较恶劣的环境中具有较强的适应能力，具有成本低、体积小、优化升级方便灵活、可靠性高等优点，应用范围较广。超声波检测器不仅可以实现对城市道路、高速公路的交通流量、车速的检测，还能提供车辆排队长度、行程时间等数据。

1）检测原理

利用超声波在超声场中的物理特性和各种效应而研制的装置有超声波换能器、检测器或传感器。

目前，大中城市道路交通拥挤现象比较突出，许多路段车间距往往较小，且有大量摩托车、非机动车混行其中，同时车辆在路口等红灯时的车间距非常小，许多检测产品都无法适应这种交通状况，检测准确度大幅降低，甚至无法检测到有效的信息，而超声波检测器可以解决以上问题。例如，视频检测器实际需要车间距为 3～4 m 才能保证正常检测；而超声波检测器只要求车间距达 30～50 cm，就能保证检测准确度。因此，超声波检测器能为车辆排队长度、行程时间计算、交叉口路口信号控制提供准确的数据，但是超声波检测器容易受环境的影响，当风速达 6 级以上时，反射波产生漂移而无法正常检测，且易受行人与非机动车干扰，造成误检。

超声波按其工作原理可分为压电式、磁滞伸缩式、电磁式等，以压电式最为常用。压电式超声波检测器常用的材料是压电晶体和压电陶瓷，这种检测器统称为压电式超声波探头。它是利用压电材料的压电效应来工作的。逆压电效应将高频电振动转换成高频机械振动，从而产生超声波，可作为发射探头；而利用正压电效应，将超声振动波转换成电信号，可用作接收探头。

2）超声波检测器的分类

超声波检测器主要有脉冲型、谐振型和连续波型三种类型。

（1）脉冲型超声波检测器。

悬挂在车道的上方，向车道下方发射超声波脉冲，并且接收回波。当有车辆从下方通过时，由于从车顶反射回波比从路面反射回波经历的路程短，基于这一原理从而检测车辆的通过性或存在性。

（2）谐振型超声波检测器。

在车道两边分别安装相向对立的发射器和接收器，从发射器发射谐振型超声波，此超声波横越车道被车道对面的接收器接收，当车辆通过时就截断了波束，实现车辆的存在性检测。

（3）连续波型超声波检测器。

发射一个连续的超声波波束，当射向驶近的车辆时，由于多普勒效应引起反射频率的变化，可以检测到车速等信息。

3）超声波检测器的工作原理及特点

大多数超声波检测器是通过发射脉冲波实现检测的，它可提供车辆的存在性检测、交通流量及道路占有率等信息。超声波检测器检测区域的大小由超声波发射器的波幅决定。

（1）超声波检测器的组成。

超声波检测器系统结构如图 3-21 所示，主要包括超声波探头、主机和通信三个部分。

安装在路段上方的超声波探头将感应到的道路交通流数据以总线方式传送到安装点上的检测器主机。检测器主机经过数据分析、处理后，得出每条车道分车型的流量、车速，以及车道占有时间、堵车时间等数据。这些数据可通过 RS-232 或 RS-485 接口实时回传到数据服务器上；同时检测器会按用户确定的时间周期将数据存储于主机内的闪速存储器（flash）芯片上，供日后调用。图 3-22 所示为一种超声波检测器实物及硬件结构设计框图。

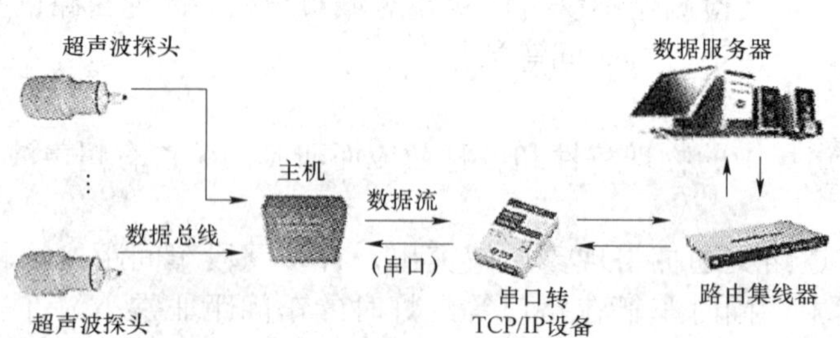

图 3-21 超声波检测器系统结构

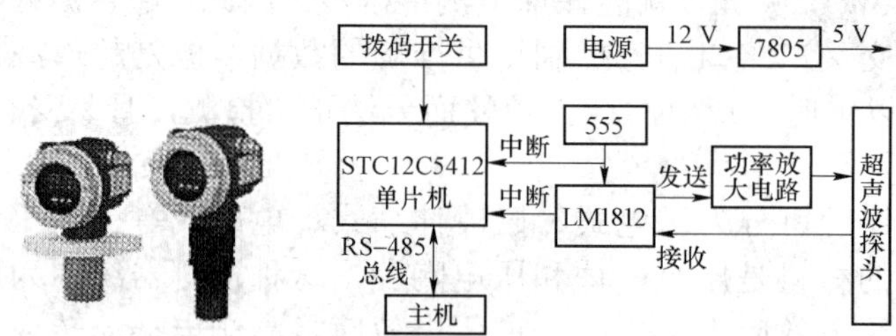

图 3-22 超声波检测器实物及硬件结构设计框图

在硬件结构设计框图中，超声波的发送和接收采用 LM1812 超声波专用集成电路来实现。LM1812 是一种性能优良的，既能发射又能接收超声波的超声波收发器集成电路。555 定时电路产生的调制波输入至 LM1812，LM1812 就会产生所需频率的调制超声波脉冲，该脉冲信号经功率放大后由超声波探头发射出去。当探头接收到回波后，经 LM1812 滤波、放大处理后传送到单片机，在单片机由中断服务程序计算出超声波由发射到接收的时间差，并推算出其他相关交通信息参数。具体原理如下：

通过超声波探头发射并接收反射回来的超声回波，由于超声波探头与地面的距离是一定的，所以探头发出超声波并接收反射波的时间也是固定的。当有车辆通过时，鉴于车辆本身的高度，使探头接收到反射波的时间缩短，从而检测到有车辆通过或车辆存在。超声波车辆检测工作示意图如图 3-23 所示。

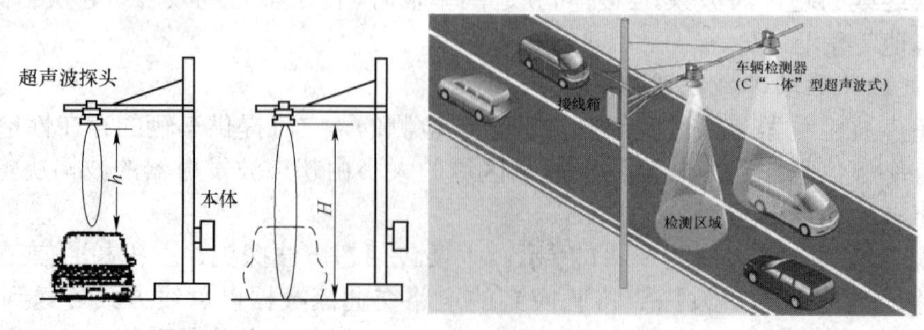

图 3-23 超声波车辆检测工作示意图

若超声波探头距地面高度为 H，车辆高度为 $H-h$，声速为 v，发自探头超声波脉冲的反射波从路面和车辆返回的时间分别为 t 和 t'，则

$$t = 2H / v \tag{3-35}$$

$$t' = 2(H - h) / v \tag{3-36}$$

反射波所用的时间与反射距离存在函数关系。根据这个特点，超声波检测器既可以检测车辆的存在和通过，同时也可以根据预置的参数，按车型分别计数，进一步得到车型（大型车、小型车）、交通流量、占有率等参数。

（2）超声波检测器的特点。

① 优点。

（a）价格低，体积小，可移动，使用寿命较长，易于安装与维护；

（b）方向性好；

（c）不受车辆遮挡影响，对密集车流适应性好；

（d）能通过检测车辆高度区分车型，与人工调查分型方式相近，因此得出的分型结果最接近人工调查；

（e）对雨、雾、雪的穿透能力较强，可在恶劣天气条件下工作。

② 缺点。

（a）仪器响应时间长，误差大，波束发散角大，分辨率低，衰减快，有效测量距离小；

（b）性能受温度和气流等环境的影响较大。

③ 适用性。

主要用于车速测量、停车场车位检测，也可用于交通信号机中替代环形线圈检测器作为车辆检测器。

4）超声波检测器安装

超声波检测器一般垂直安装在车道上方，每个探头检测一个车道。可利用立交桥和过街天桥、导向牌龙门架及路灯的灯杆安装，可以大大降低安装费用，如图 3-24 所示。

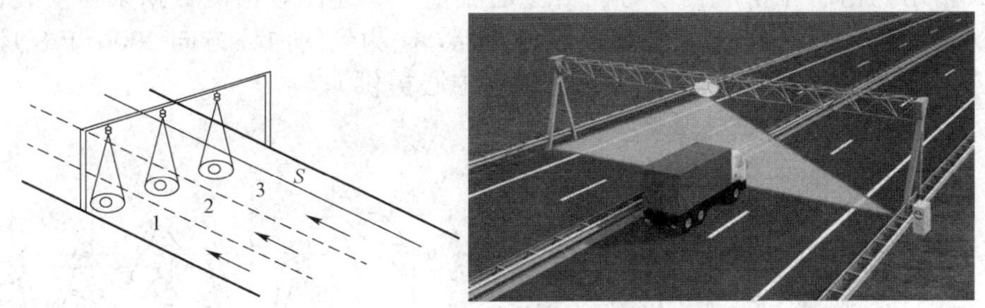

图 3-24　超声波检测器安装示意图

5）交通流参数检测方法

超声波检测器可广泛应用于交通流量检测、信号控制和交通诱导等智能交通领域。例如停车场车位监测系统，需要动态了解车位的占用情况，可利用基于超声波测距工作原理来检测车位占用情况。装置安装于停车场每一车位上方，检测此车位是否有车辆停放。配合智能型停车场管理软件系统，更可实现准确到车位的停车诱导功能。深圳第一代交通信号系统采用了超声波检测器来替代环形线圈检测器。1989 年深圳引进了日本京三信号控制系统，信号机安装在罗湖与福田两区的主要路口，初期安装了 52 个信号控制路口，安装使用了 174 个超声波检测器。检测器安装在主要控制路口，所起到的作用与环形线圈检测器相同，主要采集交通流量与占有率，所采集的交通流数据供信号控制系统决策使用。但是这种检测方式容易受行人与非机动车干扰，考虑到对城市景观的影响，在后期的升级改造中逐渐被其他检测器所替换。

目前，在城市快速路出入口控制中也大量采用了超声波检测器。目前，在北京四环路上，超过 50 个检测断面处安装了 CJK-04 型超声波检测器，用于快速路的出入口控制。该类型超声波检测器对交通流量和平均车速的检测准确度较高，能识别客货车等 7 种车型，并可根据用户的需求再细分车型。并且，其检测不受天气的影响，不受车流状况影响；在各种天气条件下及车流拥堵时，均能保持较高的检测准确度。一般情况下，长期使用无需再做调整，均能保持原有的检测准确度。

CJK-04 型超声波检测器的标准配置是同时检测 8 条车道，如有需要，能扩充连接 16 个探头，实现同时检测 16 条车道。该产品先后在北京、上海、武汉、广州等城市应用，主要提供的检测参数有如下几项。

（1）交通流量。

探头垂直安装在车道上方，如图 3-24 所示，每个探头检测一个车道。它通过测量发射和接收超声波的时间差计算出超声波发射和接收所走过的距离，确定有无车辆并实现交通流量统计。

（2）车型。

通过比对超声波发射波和接收波，可以获得车辆的纵向高度变化曲线，以此推出车辆的外形轮廓线，将此外形轮廓线与超声波检测器数据库中不同车型外形轮廓线进行比较，可以获得基本的车辆车型。

（3）车速。

根据车辆先后通过悬挂于同一车道上方的两个超声波检测探头的时间差及两探头的距离（一般为 2 m），可以计算出车辆的瞬时车速。在保证探头安装角度、安装距离准确的情况下，可以获得较为准确的地点平均车速。

图 3-25 所示为岳各庄桥北内环方向日交通流量、车速图。检测数据来自安装在北京岳各庄桥北第二人行天桥上的 CJK-04 型超声波检测器，检测到的内环方向 2006 年 8 月 14 日的日车道流量、车速（数据由北京市交管局交通指挥中心提供）。

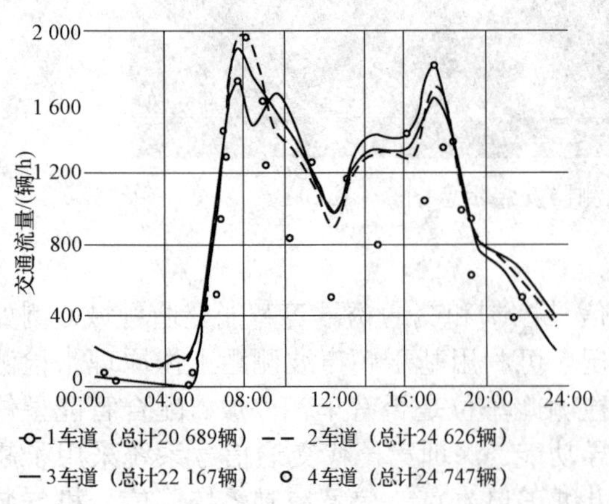

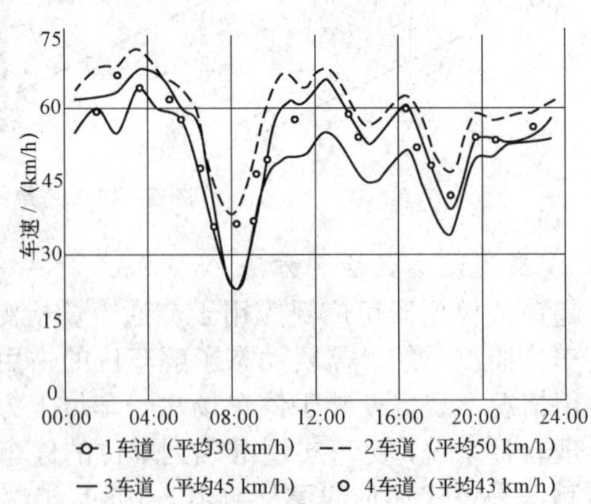

图 3-25　岳各庄桥北内环方向日交通流量、车速

（4）占有率。

探头下方有车辆通过的时间与周期时长之比即为该断面的时间占有率。

（5）拥堵时间。

当一辆车通过检测断面的时间超过一定时长（如 3 s，此参数可根据应用需求设置），则认为该断面堵车，如连续几辆车经过该断面均出现堵车现象，则实时发出堵车信号；同时超声波检测器记录堵车起始时间，累计堵车时长。

大连实施的快速轨道交通信号优先控制系统也采用了超声波检测器。在 1996 年底，大连建成了以 SCOOT 信号控制系统为核心的交通指挥控制中心，快速轨道交通信号优先控制系统就是以原有交通控制系统为基础，结合先进的交通检测技术、公交信号优先技术、交通控制技术于一体而开发的。系统实现优先控制方案，需要合理设计和考虑影响电车运行的各种参数，包括：信号灯绿灯开放时间、阶段变换时间、站点停车时间、车辆间隔时间以及车辆折返点和车站等。系统在解放广场以南的路口全部采取绝对优先的工作方式，在每个电车行进方向分别设入口请求检测器和出口取消请求检测器，可以做到电车运行在此路段时“一路绿灯”，浪费时间最少。快速轨道交通信号优先控制系统构成示意图，如图 3–26 所示。

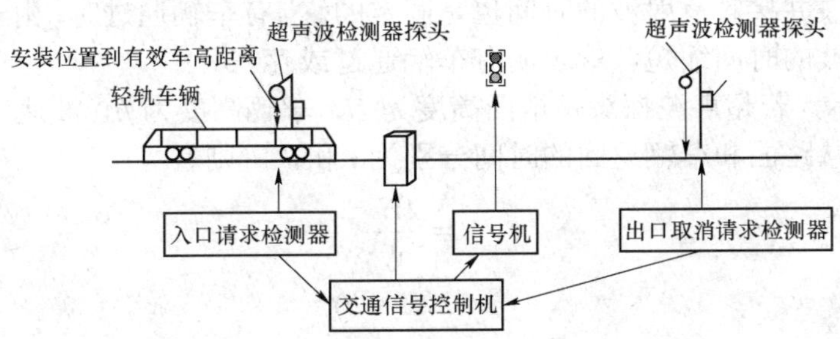

图 3–26　快速轨道交通信号优先控制系统构成示意图

其中的检测部分采用了日本交通系统电气株式会社生产的超声波检测器，它可以检测设定范围内是否有车辆，并输出相应信号到控制设备。该超声波检测器周期性地发射 53 kHz 的超声波，发射脉宽为 2.5 ms，额定的探测距离为 1.5～6.5 m，使用此设备检测电车时探头安装高度为 6.0 m，如图 3–27 所示，设定检测范围为距探头 2～4 m。检测过程中，如果在一个检测周期（T=200 ms）中的 11.7～23.5 ms 之间收到反射波，表明此刻有车辆通过，输出信号有效，否则无效，如图 3–28 所示。

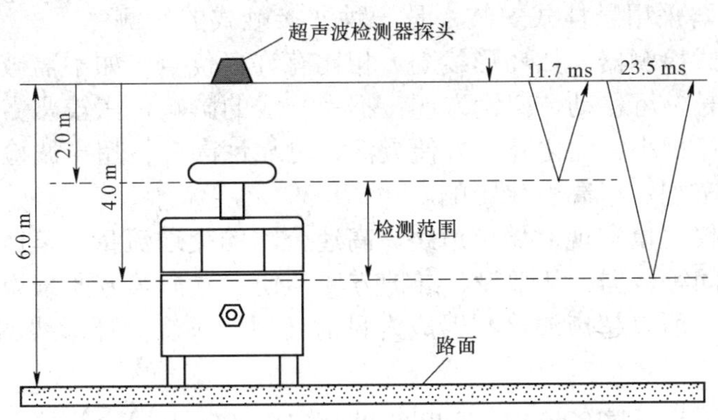

图 3–27　超声波检测工作原理——距离说明

在该系统中采用的超声波检测器检测电车，无需任何车载设备，实现了电车同其他车辆的辨别。经过大量的试验和试运行结果表明，该检测方式检测准确度满足要求、误码率低、运行

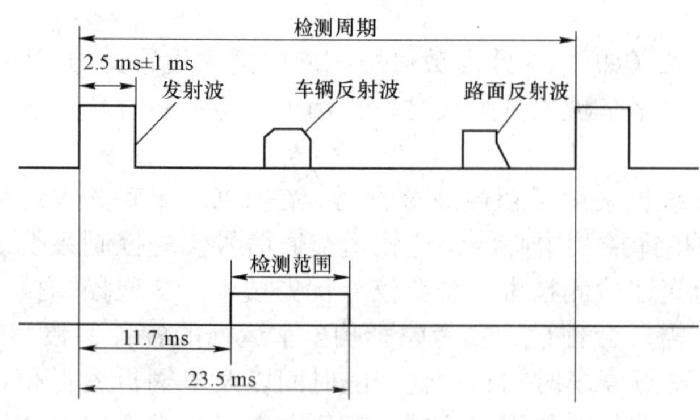

图 3-28 超声波检测工作原理——时间周期说明

可靠、经济实用。

日本由于考虑路面状况和维修方便，基本上采用在路面上设置传感器的方式，以非接触的方式通过超声波检测器来检测车辆。

超声波检测器在高速公路上应用较多，利用反射回波原理制成。超声波检测器由探头和控制机构成，其探头具有发射和接收双重功能，设置于道路的正上方或斜上方。

工作原理是：由超声波发生器（探头）发射一束超声波，再接收从车辆或地面的反射波，根据反射波返回时间的差别，来判断有无车辆通过。由于探头与地面的距离是一定的，所以探头发出超声波并接收反射波的时间也是固定的。当有车辆通过时，由于车辆本身的高度，使探头接收到反射波的时间缩短，就表明有车辆通过或存在。

如图 3-29 所示，若超声波探头距地面高度为 H，车辆高度为 h，波速为 v，发自探头的超声波脉冲的反射波从路面和车辆返回的时间分别为 t 和 t' 。则有

$$t=\frac{2H}{v} \tag{3-37}$$

$$t'=\frac{2(H-h)}{v} \tag{3-38}$$

可见时间 t' 与车辆高度 h 相对应。根据这个特点，超声波检测器既可以检测车辆的存在和通过，也可以检测车高、车的数量和车的时间占有率。

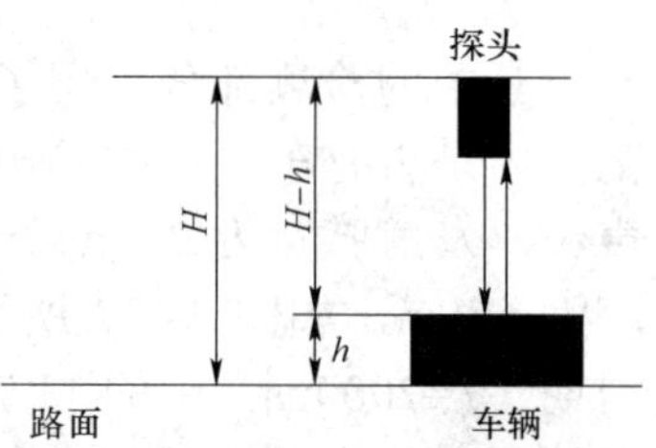

图 3-29 超声波车辆检测原理

超声波检测器的横向检测范围大约为 3～9 m，可以覆盖 1～3 条车道，能检测出高度在 0.75～1.6 m 的车辆。超声波检测器探头可安装在行车道中间上方 5 m 处，也可以安装在路侧，安装高度在 2.5 m 以上。

由于超声波检测器采用悬挂式安装，是一种非接触式的检测方式，这与路面埋设式检测器（如环形线圈）相比有许多优点。如不需破坏路面，不受路面变形的影响；使用寿命长，可移动，架设方便；不受光线的影响，在较恶劣的环境中具有较强的适应能力；成本低、体积小、优化升级方便灵活、可靠性高等。超声波检测器的不足之处是其检测范围呈锥形，受车型、车高变化影响。

超声波检测器不仅可以实现对城市道路、高速公路的交通流量、车速的检测，还能提供车辆排队长度、行程时间等数据。从架设、维护方便和使用寿命等方面来说，路面埋设式检测器都不如超声波检测器，所以超声波检测器成为目前使用量仅次于环形线圈的一种检测器。

2. 微波检测器

远程交通微波检测器（remote traffic microwave sensor，RTMS）是具有智能的、大范围的存在型检测器。从远程上来说，RTMS 可以检测几米到几十米内的车辆存在，不需要像环形线圈、地磁检测器等那样与车辆近距离接触；而针对交通的数据采集方面，路侧安装的 RTMS 可检测断面上 8 车道的车辆流量、平均车速、占有率、车型分类、车间距等交通参数，所检测数据能通过串口周期性地上传至后端服务器，RTMS 还支持通过 I/O 接口直接输出车辆存在信号，

给信号机提供原始数据；名称里的微波，是指频率为 0.3～300 GHz 的电磁波（波长为 1～1 000 mm），是无线电波中一个有限频带的简称，通常也称“超高频电磁波”。

RTMS 不仅可在绝大多数场合下取代传统的环形线圈检测器，而且又以其特有的智能性适应将来智能交通系统应用的需要，是一种极具推广价值和应用前景的检测器。

1）检测原理

RTMS 实际是一个在微波范围内工作的雷达，通过发射和接收反射雷达波来检测车辆。其工作频率很高，一般在 10 GHz 以上，适用于运动车辆的实时检测。

RTMS 一般由三部分组成：

（1）RTMS 雷达波发射接收设备及其控制器；

（2）RTMS 专用无线电调制解调（RF－modem）发射设备，该设备与 RTMS 同高度安装，可定期将 RTMS 采集的数据通过无线电波传送回本地控制器或直接送往交通控制中心，使得 RTMS 可以工作在无线方式下；

（3）RTMS 及 RF－modem 的专用电源。

RTMS 是工作在微波波段的小范围雷达检测器，它不同于一般微波测速检测器。一般的微波测速检测器利用多普勒效应原理（运动引起频率变化）探测物体的存在，因而只能探测到运动的物体，RTMS 应用的是一种连续调频波雷达。RTMS 以低功率微波信号在扇形区域内发射调频连续波（frequency modulated continuous wave，FMCW），典型的微波束以倾角为 40°～45°、方位角为 15° 向道路投影，形成一个可以分为 32 个层面、长达 60 m 的椭圆形波束，微波束层面间距为 2 m，可以在小范围内进行微调，如图 3－30 所示。不同型号的 RTMS 产品的以上参数有所不同。当车辆经过检测区域时，会将信号反射回 RTMS，RTMS 由此检测车流量、占用率、车速和分类等信息。RTMS 是一个真实再现式的多车道微波感应检测器，准确度高、性能稳定、功能强大，可对 60 m（约 200 ft）范围内的检测区域或车道内的车辆分别检测。

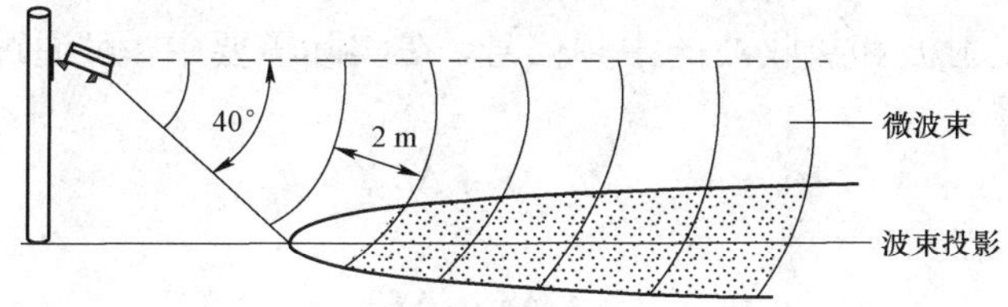

图 3－30　RTMS 微波束及其投影

RTMS 采用线性调频连续波，调频信号采用三角波，通过发射调频连续波在检测路面上投影一个微波带，所采用的频率为 10.525 GHz 或 24.20 GHz，带宽为 45 MHz。每当车辆通过这个微波投影区时，都会向 RTMS 反射一个微波信号，RTMS 发射的调频连续波频率和接收的目标反射波的频率是不同的，其差值与 RTMS 到目标的距离成比例。检测器侦测到这个差值来计算它与目标的距离，并进一步解析获得车辆其他信息。

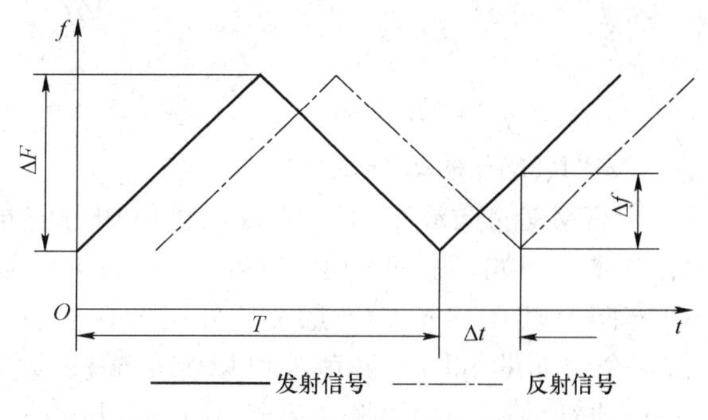

图 3－31　三角波频率扫描发射信号

雷达发射信号采用三角波调制信号，如图 3－31 所示，ΔF 为调频带宽，Δf 为 Δt 时间内雷达发射的电磁波频率的改变值。

雷达接收到的物体反射信号与发射信号存

在 $\Delta t=2R/c$ 的时间延迟，如图 3–32 所示。其中，R 为 RTMS 与运动物体的相对距离；c 为真空中的光速；T_m 为调制三角波的半周期；Δf 为 Δt 时间内雷达发射的电磁波频率的改变值；虚线表示的是物体静态时雷达对应的接收频率；f_b 为拍频，等同于对静态物体所发射的和接收的微波的频率之差，有：

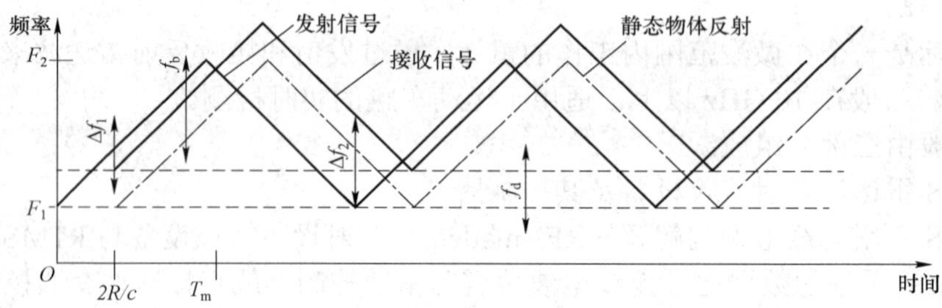

图 3–32　连续波频率调制发射及接收信号

$$f_b=\frac{2R}{c}\frac{\Delta f}{T_m} \tag{3-39}$$

当观察者以 v 的相对速度向波源移动时，波源的波长为 λ，则接收到的波会产生频移，即多普勒频移。根据式（3–39），多普勒频移可以表示为

$$f_d=2\frac{v}{\lambda} \tag{3-40}$$

运动物体发射和接收频率之差可以表示为

$$\Delta f_1=f_b-f_d \tag{3-41}$$

$$\Delta f_2=f_b+f_d \tag{3-42}$$

Δf_1 和 Δf_2 分别为发射波和接收波的中频信号，在实际需要中，可通过检测电路将获取的参数，进而通过运算可得

$$f_b=\frac{\Delta f_1+\Delta f_2}{2} \tag{3-43}$$

$$f_d=\frac{\Delta f_2-\Delta f_1}{2} \tag{3-44}$$

则有

$$R=\frac{cT_m}{2\Delta f}f_b=\frac{cT_m}{4\Delta f}(\Delta f_1+\Delta f_2) \tag{3-45}$$

$$v=\frac{\lambda}{2}f_d=\frac{\lambda}{4}(\Delta f_2-\Delta f_1) \tag{3-46}$$

2）RTMS 的工作过程

RTMS 的微波束以一定的发射角和方位角，在发射方向上以特定距离为一层面，分层面探测物体。例如，近期的 RTMS G4 微波束的发射角可达到 50°，方位角为 12°，在微波束的发射方向上以 0.38 m 为一层面，分层面探测物体。安装好以后，它向公路投影形成一个可以分为 254 个层面的椭圆形波束，可以测量微波投影区域内目标的距离，通过距离来实现对多个车道静止或行驶车辆的检测。系统不但可以自动识别并划分层面来定义检测区域，而且用户可以手动调整微层面，使得检测区域和车道或行车线路密切契合，同时有效屏蔽中央隔离带、防眩光

板、交通设施带来的影响。具体工作过程如下。

（1）RTMS 在开机后自动进行背景学习，接收天线检测到路面的回波信号后，会根据回波信号的强弱自动生成背景阈值，背景获取可在 30 s 内实现。

RTMS 收到各种表面（如人行道、栅栏、车辆以及树木等）的连续不断的反射波，如图 3-33 所示。

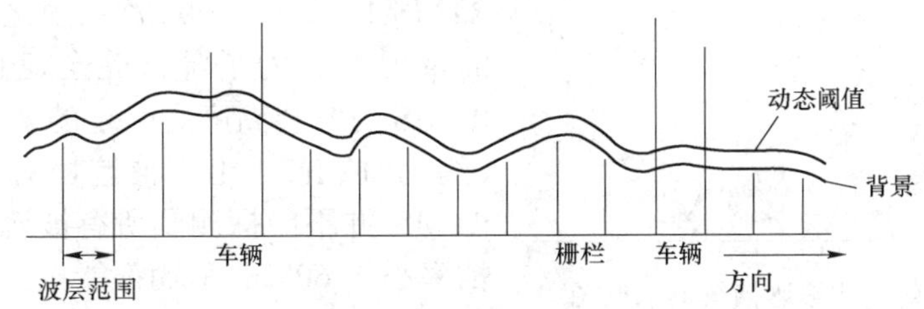

图 3-33 RTMS 背景信号处理示意图

RTMS 能自动调整背景阈值，当有停靠车辆或其他物体不动时，则会产生一个更高的背景阈值，则背景阈值通过自学习可以更新，新的背景阈值在 30 s 内形成。例如，来自停止车辆的回波信号在 30 min 后成为背景，检测将终止，与车道对应的输出开关将断开。相反地，当车辆离开时，背景阈值会很快降至初始状态，新的背景阈值在 30 s 内形成。

背景信号处理就是分辨多个检测层面上的背景和车辆，通过设定合适的背景阈值，如果反射信号的阈值高于其范围段的背景阈值，则表明有车辆存在。

（2）当有车辆经过检测断面时，由于车辆近侧回波信号强度高于背景阈值，则判断该车辆所在车道有目标存在。

接收到的回波信号的强弱取决于车辆的反射面，最强的回波信号来自车辆的垂直表面的反射，水平表面（如车顶）将散射微波，回波信号较弱。实际接收信号是多重反射信号的总和，有时来自各处的信号可能不是同一相位而导致信号会低于阈值，此时短暂的低电平信号称为零信号。为避免由零信号产生的误判，RTMS 在信号处理时引入一个参数——扩展延迟时间（extend delay time，EDT），持续时间短于 EDT 的零信号被忽略。

阈值和 EDT 是两个参数，当操作模式选定后，其默认值也就设置了。通过参数设置可以优化检测器的运行。

（3）目标车辆驶离检测区域，车辆检测器接收的回波信号恢复到背景阈值下，等待下一次检测，同时将检测到的信息记录到检测器内部的缓存中。

RTMS 以一个较高的频率重复上述的工作过程：例如美国 ISS 公司（原加拿大 EIS 公司，后被美国 ISS 公司并购）的 X3 检测器在高速公路/快速路应用中采样频率是 5 次/s，在城市路口应用中的采样频率是 1 次/s；而其第四代产品采用阵列雷达天线技术的 RTMS G4 的采样频率则高达 800 次/s。

3）RTMS 的特性

（1）优势。

① 全天候工作。RTMS 是一种实时的雷达设备，不受环境变化的影响，抗干扰能力强，能穿透雨滴、浓雾和大雪，安装立柱的弯曲和振动也不会影响检测准确度，真正实现全天候的工作。

② 多道性。微波频率决定了其具有多个检测区域的明显优势，既可检测静止的车辆，还可以侧向方式检测多车道信息。一般 RTMS 能够探测到 8 条车道（RTMS G4 可以探测到 12 条车

道）上的车辆的类型、道路占有率、车流量和平均车速等交通信息。

③ 衍射。光在传播路径中，遇到障碍物或小孔（窄缝）后通过散射继续传播的现象称为光的衍射。微波具有衍射特性，一般来说，空隙越小、波长越长，衍射现象越显著。微波检测器的波长在 1～2 cm，由于货车的体积比较大，当微波的波束在经过货车的边缘时，会产生衍射现象，如图 3-34 所示。凭借高灵敏度接收天线，RTMS 能够接收到二次衍射之后的被遮挡的车辆的反射波。为了降低完全遮挡情况的发生，对 RTMS 的安装高度有一定的要求，如高于地面 5 m（约为 17 ft）。由于被遮挡的车辆的反射微弱，RTMS 并不能探测到所有被遮挡的车辆，通常遮挡率小于 60%的车辆都能被探测到。因此，RTMS 微波检测器安装在路侧进行交通数据采集时，能够解决一部分大车遮挡问题，这是 RTMS 微波检测器的独特优势。

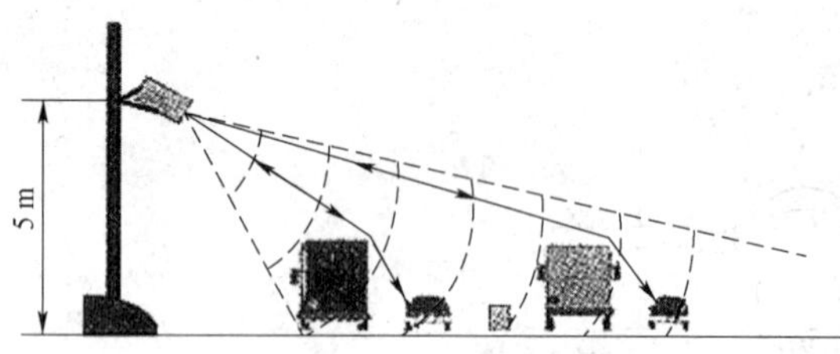

图 3-34　RTMS 衍射探测被遮挡车辆示意图

④ 流量准确度较高。

⑤ 安装简易方便，不破坏路面，维修时不需封闭车道。

（2）存在的问题。

① 交通流量小、速度差距大的情况下，测速准确度差。

② 安装要求高，检测准确度受周围地形条件的影响，需安装在路侧没有丘陵或其他障碍物的平坦路段。

③ 道路中具有铁制的分割带时，检测准确度下降。

（3）适用性。

适合于交通流量大、车辆行驶速度均匀的道路。目前主要应用于高速公路、城市快速路、普通公路交通流量调查站和桥梁的交通参数采集；提供车流量、车速、车道占有率和车型等实时信息；信息可用隔离接触器连接到现行的控制器或通过串行通信线路连接到其他系统，为交通控制管理、交通信息发布等提供数据支持。

4）RTMS 的安装

RTMS 有侧向和正向两种安装方式，对安装点的选择要考虑后退距离和高度要求。

（1）侧向安装。

为使微波束的投影覆盖所有的车道，RTMS X3 检测器的安装必须保证有一定的后退距离，见表 3-4。RTMS 的安装杆与要检测的最近的车道线之间的水平距离称作后退距离，是 RTMS 安装的一个重要限制性参数。通常后退距离越远，则可以检测到的车道越多。

表 3-4　检测车道数与后退距离的设置参考表

车道数	要求最小的后退距离			
	X2 型		X3 型	
	单位：ft	单位：m	单位：ft	单位：m
1～3	10～13	3～4	8	2.5
4	15	4.5	10	3
6	20	6	12	3.5
8	25	7.5	13	4
8+中间隔离带	＞30	＞9	15	4.5

安装高度距离路面并不是固定的 5 m，如果后退距离大于或等于 6 m（约为 20 ft），安装高度可根据后退距离每增加 1.5 m（约为 5 ft）则高度增加 0.6 m（约为 2 ft）来估算。注意，高于规定的安装高度并不能增加检测准确性或提高检测能力，而较低的安装高度可能发生车辆遮挡。在设备安装后，为了较好地覆盖全部检测车道，需进行瞄准调整，按照以下要点进行（见图 3–35）：

① 从设备的后面看，以其侧面作为视轴的方向。

② 调节 RTMS，使之与车道垂直。

③ 若是 1～4 车道，则瞄准检测车道的中心。

④ 若是 5～8 车道，则瞄准检测车道的近点 1/3 处。

⑤ 保持 RTMS 两边水平，侧向安装设备。

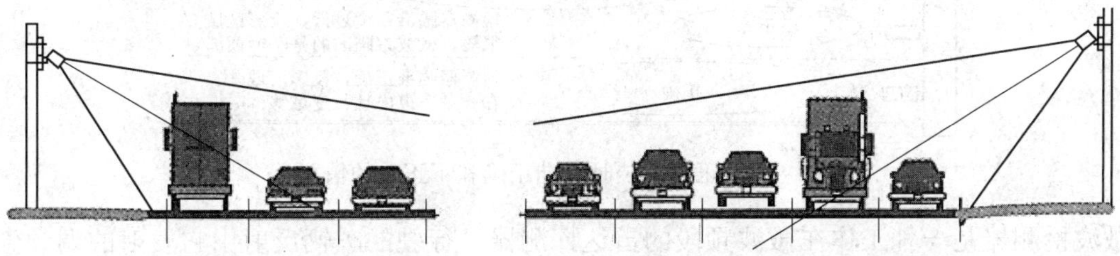

图 3–35 瞄准调整——瞄准中间（3 车道）或 1/3 处（5 车道）

侧向安装时的注意事项：

当 RTMS 侧向安装在大型建筑物（如过街天桥、龙门架等）附近时，要尽量保持检测器微波束区域无干扰，以保证多车道探测的准确度，如图 3–36 所示。

① 一般情况下，不要直接安装在过街天桥（天桥与道路垂直）上，应另用一杆安装在离开过街天桥至少 7 m（约为 23 ft）的位置。

② 当安装在有角度的天桥（指天桥与道路不垂直，有夹角）上时，应利用提前角或采用延伸措施。

③ 安装在龙门架无障碍的一侧时，应远离人行道，并形成一个角度（不可大于 15°），一般建议采用延伸臂。

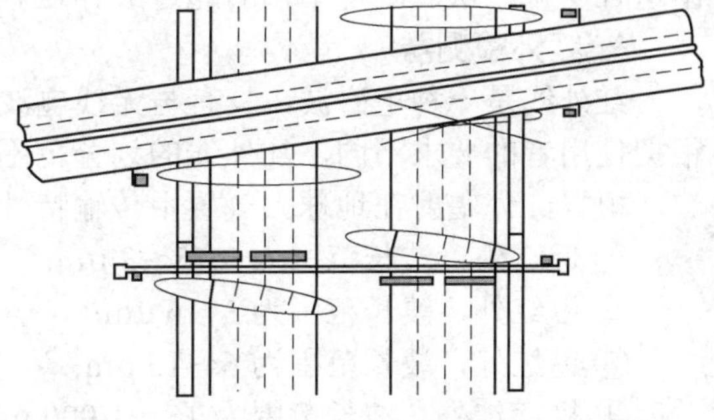

图 3–36 侧向安装于大型建筑物附近时的情况

（2）正向安装。

在高速公路的检测应用中，检测器可安装在远离障碍物的天桥或龙门架上，如图 3–37 所示。检测器的瞄准方向可以是对着车辆驶来方向或驶出方向，对着车辆驶出方向效果更佳。

① 检测器安装在道路正上方时，要求的高度是 5 m，不要超过 7 m。

② 微波的发射方向与检测车道平行。

③ 保持检测器两边水平。

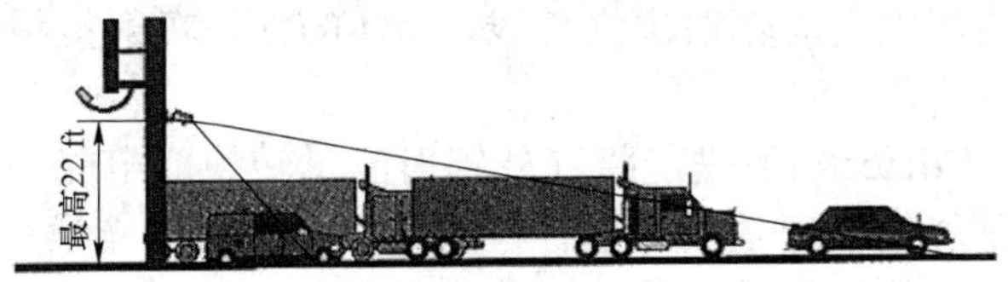

图 3–37 RTMS 正向安装示意图

从设备后面看，视轴的指向位置应离检测器约为 10 m（约 30 ft），保证充分长度和合适宽度的投影对应于单一的车道。

错误的瞄准会带来较低的准确度，如图 3-38 所示。瞄准的调节可在设置时进行核对。

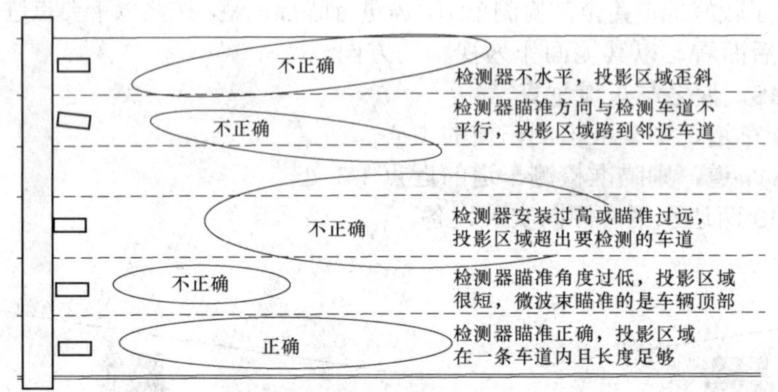

图 3-38　正向安装时瞄准正确和不正确的情况

微波检测器是一种工作在微波频段的雷达探测器，行驶的车辆反射由它发射的调频微波，反射波的频率由于多普勒效应会发生偏移，根据这种频率的偏移可以检测车流信息。远端交通微波检测器可同时检测车辆存在、交通量、车速和占有率等信息。

微波检测器由发射天线和发射接收器组成。架在门架上或路边立柱上的发射天线向路面检测区域发射微波束，当车辆通过时，反射波束以不同的频率返回天线，检测器的发射接收器测出这种变化，从而测定车辆的通过或存在。微波检测器的工作频率通常是 24 GHz 或 10 GHz。

3. 红外检测器

红外线是一种电磁波，具有与无线电波及可见光一样的本质，波长在 0.76～100 μm 之间，根据使用者的要求不同，红外线的划分范围也不同。

根据红外辐射在地球大气层中传输特性的不同，可划分如下：

① 近红外，波长范围为 0.75～3 μm；

② 中红外，波长范围为 3～6 μm；

③ 远红外，波长范围为 6～15 μm；

④ 极远红外，波长范围为 15～1 000 μm。

根据红外光谱划分如下：

① 近红外，波长范围为 1～3 μm；

② 中红外，波长范围为 3～40 μm；

③ 远红外，波长范围为 40～1 000 μm。

红外辐射是自然界存在的一种最为广泛的电磁波辐射。任何物体在常规环境下都会产生自身的分子和原子的无规则运动，并不停地辐射出热红外能量。分子和原子的运动越剧烈，辐射的能量越大；反之，辐射的能量越小。一切温度在 0 K（−273.15 ℃）以上的物体，都会因自身的分子运动而不停地向周围空间辐射出红外线，物体的红外辐射能量的大小与它的表面温度有着十分密切的关系。

红外检测器（infrared detector）是能将红外辐射能量转换成电能的光敏器件，是利用红外辐射与物质相互作用所呈现的物理效应来进行检测的。它一般由光学系统、探测器、信号调理电路及指示单元组成。红外探测器是红外检测器的核心。

红外探测器种类很多，按探测机理的不同分为热探测器和光子探测器两大类。

（1）热探测器。

热探测器的工作机理：利用红外辐射的热效应，探测器的敏感元件吸收辐射能量后引起温度的升高，利用入射的辐射能引起材料温升，然后测定温度变化来确定入射能的大小。

热探测器的主要优点是响应波段宽、常温下工作、使用简单，但热探测器响应时间较长、灵敏度较低。

热探测器主要类型有热敏电阻型、热电偶型、高莱气动型、热释电型。

（2）光子探测器。

光子探测器的工作机理：利用入射光辐射的光子流与探测器材料中的电子相互作用，从而改变电子的能量状态。若入射的光子能量足够大，致使材料的电子逸出表面，向外发射电子，这种现象称为光子效应。利用光子效应制成的红外探测器，统称光子探测器。根据所产生的不同的电学现象，可制成各种不同的光子探测器。电子逸出需要较大的光子能量，只适宜在近红外辐射或可见光范围内使用。

光子探测器的主要特点是灵敏度高、响应速度快、具有较高的响应频率，但一般需要在低温下工作，探测的波段较窄。光子探测器有内光和外光探测器两种。后者又分为光电导、光生伏特和光磁电探测器三种。通过红外辐射，探测器将物体辐射的功率信号转换成电信号后（对物体自身辐射的红外能量的测量），就能准确地测定它的表面温度，或者通过成像装置的输出信号就可以完全一一对应地模拟扫描物体表面温度的空间分布，经过处理得到与物体表面热分布相应的热像图。运用这一方法，便能实现对目标进行远距离热状态图像成像和测温，并进行分析判断，这就是红外辐射检测的基本原理。

按照检测器是否发射红外线，红外检测器分为主动式和被动式两大类。

（1）主动式红外检测器。

主动式红外检测器具有两套光学系统：发射光学系统和接收光学系统。发射光学系统将由脉冲激光二极管发射的红外线以一定角度分成两束。接收光学系统有较大的接收区域，能更好地接收由被测目标散射的红外线。

（2）被动式红外检测器。

被动式红外检测器本身不发射红外线，而是接收来自被测目标的红外线。被动式红外检测器在其光学系统的焦面上安装有一个或多个红外光敏探测单元，由它们采集来自外部的红外线能量。被动式红外检测器可采集探测区域内温度高于 0 K（−273.15 ℃）的物体以任意频率发射的红外线。被动式红外检测器理论上可设计接收各种频率的能量，但考虑应用范围和造价因素，被动式红外检测器接收的波长要限定在一定的范围之内。红外检测技术的优点是非接触遥控测量，在各个领域有着广泛的应用，按功能的不同，分为以下几类：

① 红外辐射计，用于辐射和光谱辐射测量。

② 搜索和跟踪系统，用于搜索和跟踪红外目标，确定其空间位置，并对其运动进行跟踪。

③ 热成像系统，能形成整个目标的红外辐射分布图像。

④ 红外测距系统，实现物体间距离的测量。

⑤ 通信系统，一种基于红外线的无线通信系统。

1）检测原理

（1）近红外车辆检测器。

近红外车辆检测器由近红外收发器和控制器组成，利用近红外线在路面和车辆之间进行双向通信并对行驶车辆进行检测。

车辆被近红外线照射到时，安装在路侧支柱上的控制器将反射信号和双向通信数据传送到中央控制装置，如图 3–39 所示。车辆的检测是根据检测范围内所反射的近红外线的强度水平的不同来判定的。

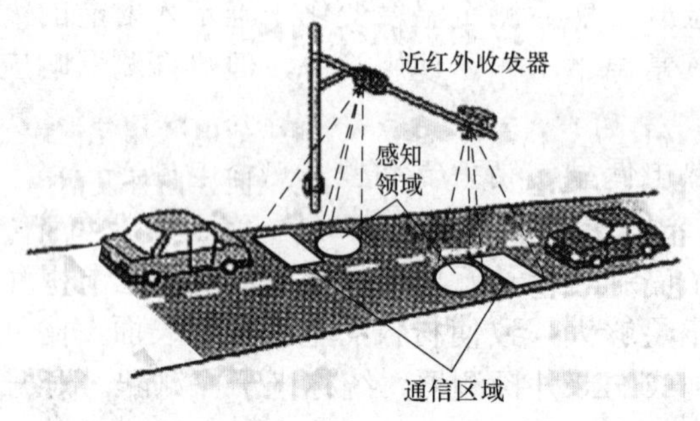

图 3–39　近红外车辆检测器

近红外收发器发光单元的选取要考虑使用寿命问题，采用波长为 850 nm 或 950 nm 的近红外发光二极管（LED），价廉并且能够达到 1 Mbps 的高速率通信。

近红外车辆检测器的特性如下：

① 通信指向性非常强，即使在狭窄的道路上也不会产生相互干扰。

② 可以进行高速数据通信。

③ 对以 0～120 km/h 车速行驶的车辆也可以进行检测。

④ 体积较小，安装容易。

⑤ 将安装在一般道路上的近红外收发器与安装在高速公路上的雷达波收发器进行比较的话，前者不需要电波使用许可的申请。

近红外车辆检测器的主要性能指标见表 3–5。

表 3–5　近红外车辆检测器的主要性能指标

项目		主要性能指标
车辆检测功能	对象车辆	轻型车辆以上
	检测车辆车速	0～120 km/h
	检测范围	1.2 m×1.2 m
双方向通信功能	调波方式	调谐脉冲振幅
	符号化形式	曼彻斯特编码
	车速范围	0～70 km/h
	近红外线波长（提高环）	（850±50）nm 或者（950±50）nm
	传输速率	1 024 kbps
	通信区域（降低环）	3.5 m×3.7 m（路面以上 1 m）
	辐照度（提高环）	3.0 μW / cm^2 以上
	辐照度（降低环）	2.0 μW / cm^2 以上
	检测灵敏度（降低环）	0.75 μW / cm^2 以上
	检测灵敏度（提高环）	0.515 0 μW / cm^2 以上

（2）远红外车辆检测器。

① 被动式远红外车辆检测器。

被动式远红外车辆检测器检测的是波长在 8～14 μm 范围内的远红外辐射源，这些辐射是人眼所不能看见的。通常，一个物体远红外辐射强度取决于该物体本身的大小、温度和表面的结构，与其颜色及周围光线的强度无关。

被动式远红外车辆检测器检测在一定速度范围内的车辆、路面及其他物体自身散发的红外线和它们反射的来自太阳的红外线。当车辆进入被动式远红外车辆检测器的检测区域时，检测器检测到的红外线能量发生变化，其符合辐射传播定律。设车辆和路面（由路面发射的波长在检测器的可测波长范围内的红外线）的红外线发射频率分别为ε_V和ε_R，车辆和路面的表面温度（单位为 K）分别为 T_V和 T_R。在认为检测器自身发射的红外线能量忽略不计的情况下，车辆温度可由下式近似确定

$$T_{BV}(\theta,\varphi)=\varepsilon_V T_V+(1-\varepsilon_V)T_{SKY} \tag{3-47}$$

式中：T_{SKY}为大气温度（大气吸收太阳光、宇宙射线而使大气具有的温度）；θ为检测器检测角度的最小值（如竖直向下时达到的角度）；φ为路面坐标系中的角度；$\varepsilon_V T_V$为车辆散发的红外能量；$(1-\varepsilon_V)T_{SKY}$为车辆反射的大气红外能量。

同样地，路面温度也可由下式近似确定

$$T_{BR}(\theta,\varphi)=\varepsilon_R T_R+(1-\varepsilon_R)T_{SKY} \tag{3-48}$$

式中：$\varepsilon_R T_R$为路面散发的红外能量；$(1-\varepsilon_R)T_{SKY}$为路面反射的大气红外能量。

当无车辆经过时，被动式远红外车辆检测器检测到的红外能量主要源自路面返回的能量；当车辆驶入检测区域，由于汽车发动机上的热辐射明显地与路面的热辐射不同，从而可以判定车辆的存在或通过。同时，这种被动式远红外车辆检测器可以检测被测目标的温度与当前背景的热力学温度之间的差异，从而区分车辆及行人。

在交通监管应用中，这种检测器的典型使用距离大约是 6 m，在这个距离内，大气不会造成检测器的性能明显下降。被动式远红外车辆检测器能对与背景对应温度相差不到 1 ℃的辐射变化做出响应。

② 主动式远红外车辆检测器。

主动式远红外车辆检测器的基本原理类似微波检测。检测器自身配有指向测量车道的红外光源，其核心部件激光二极管在红外线波长范围（即波长在 880 nm）附近工作。当驶近的车辆接近主动式远红外车辆检测器时，就会将红外线反射回检测器，通过红外线发射或反射，来提供公路车流中不同车辆的各种参数，如车流量值、车道的占有率、车辆的车速、车辆分类等。

2）远红外车辆检测器的特点

远红外车辆检测器检测的远红外线波长比可见光或近红外线的波长要长，因此具有更强的穿透雨、雾或雪的能力。而且被动式远红外车辆检测器所检测的是目标车辆等自发的红外辐射，不会对周围环境等造成辐射污染。被动式远红外车辆检测器通过检测被检测目标的温度与当前背景的热力学温度之间的差异，还可区分车辆及行人。

远红外车辆检测器不受光线条件或物体颜色的影响，且当多个检测器同时工作时，相互间没有影响，概括起来其优势主要体现在：

① 安装简便，无需布线，无需破坏路面，无电源，使用寿命长；远红外车辆检测器价格相对便宜；安装一般采用悬挂式或路侧安装，可安装在电杆臂上、龙门架上或信号灯顶端，且安装简单，不需要昂贵的市政施工，同时对于路面和路基的类型和状况的影响可以忽略。

② 能获得汽车通过时的多角度数据，以及交叉口不同方向同一车辆同一时间不同的交通信息。

③ 快速响应，抗干扰性强，可输出丰富的车辆数据信息，能可靠检测各种特殊车辆，可以准确实现车辆的分离。

④ 不受光线条件的影响，能在完全黑暗的情况下工作。

它存在的不足如下：

① 受周围环境影响太大，如大气的温度和湿度。

② 近红外穿透灰尘、云雾、雨滴和雪花的能力很弱，远红外的穿透能力相对较强。

3）红外车辆检测器的应用

红外车辆检测器可用于采集交通流中不同车辆的各种参数——交通流量、车道占有率、车速、车长和排队长度及车型。短距红外车辆检测器可安装在停车线处，是替代感应线圈检测器的理想选择，还可应用在公路收费系统、电子不停车收费（electronic toll collection，ETC）系统、自动车辆分类系统、公路计重收费系统、固定式超限检测站等，非常适合不破坏地面的安装和应用。

高速公路监控系统是在城市街道交通管制系统的基础上发展起来的。近年来随着计算机技术、自动化技术和光纤通信技术的发展，我国高速公路监控系统的技术结构也随之变化，车辆检测器尤为突出。被动式红外车辆检测器因价格低廉、技术性能稳定，在高速公路监控系统中得到了广泛的应用。

例如，在唐港高速公路监控系统中，就采用了红外车辆检测器。唐港高速公路起自唐山东立交（与唐津高速公路相连），在乐亭雷家铺与沿海公路相连进入京唐港区，全长 80.2 km。该公路为全封闭全立交双向 6 车道高等级汽车专用高速公路。监控收费系统作为机电工程不可或缺的一部分。在监控过程中，对通行车辆图像的抓拍极为重要，如何使车辆图像抓拍达到准确，怎样如实地反映车辆信息，成为监控系统的关键。

当车辆驶入收费区域，进入车道，遮挡住检测器发出的红外线时，红外车辆检测器发信号给收费亭内的工控机，车道监视器实时抓拍，图像记录在工控机中。与以往单独使用感应线圈车辆检测器配合车道摄像机实时抓拍的方式相比，红外车辆检测器使图像抓拍的位置更准确，误差小于 1 cm，而且响应时间更短。

交通信息采集由单一检测器向检测器组合应用发展，已成为交通流检测发展的一种趋势。目前，被动式红外检测技术和超声波检测技术联合使用，可以实现更高水平的交通监测，车辆存在和排队检测准确度更高，车辆计数及对高度、距离的识别更准确。

澳大利亚艾克利斯的 ASIM 系列交通侦测系统，将微波、超声波、红外线三种不同的物理探测方法结合在一起进行交通数据的采集，可同时检测一个或多个监测区域，提高了准确度和可靠性。通过检测器内置的数字信号处理器（DSP）可将所有检测器通路中的信号联合起来，可准确提供所有车辆在探测区域内的运动信息。用户可根据需要选择下列功能对车辆进行检测。这种检测取决于安装地点和特定的目的，如车辆的分类、统计所有类型的车辆、检测通过车辆的个体车速、检测出现车辆和排队情况、检测占有率和时间间隙等。这样的检测装置可用于多种交通数据的采集和交通控制，包括对交互式交通航道的检测。

红外检测器是能将红外辐射能量转换成电能的光敏器件，是利用红外辐射与物质相互作用所呈现的物理效应来进行检测的。红外检测器常见的式样为悬挂式或路侧式。检测器一般采用反射式检测技术，反射式检测器探头由一个红外发光管和一个红外接收管组成。其工作原理是由调制脉冲发生器产生调制脉冲，经红外探头向道路上辐射，当有车辆通过时，红外脉冲从车体反射回来，被探头的接收管接收，经红外解调器解调，再通过选通、放大、整流和滤波后触发驱动器输出一个检测信号（见图 3-40）。

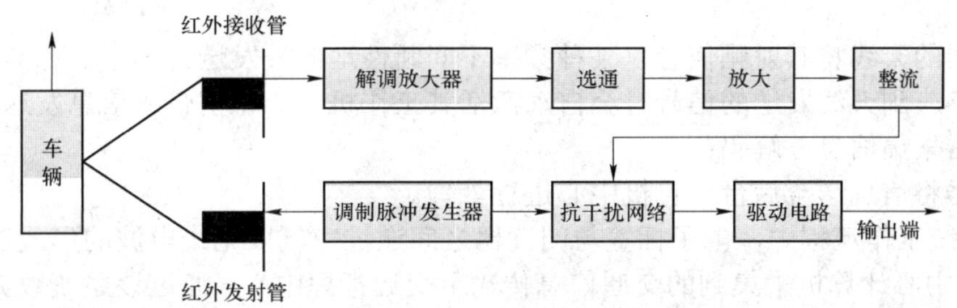

图 3-40　红外检测器检测原理

这种检测器具有快速准确、轮廓清晰的检测能力。其缺点是工作现场的灰尘、冰、雾会影响系统的正常工作。

3.2.3　射频检测器

1. 检测原理

RFID 即射频识别，俗称电子标签，如图 3-41 所示。它包括三部分：RFID 读写器、贴有电子标签的车辆、交通信息中心。RFID 的工作原理是利用光纤或同轴电缆将 RFID 读写器采集到的车辆信息传回到交通信息中心，交通信息中心将此车辆信息连同采集时刻一起记录，通过分析、统计这些数据可以实时掌握路段上的交通流量、车速、行程时间、占有率、交通密度等实时交通数据，所获取的实时交通数据可以用于判断路段上的交通状况。经过分析、统计、对比等方法可以判断出路段的拥挤状况，可以判断出是否发生交通事件，从而为路面交通流控制诱导、导航、交通事故检测、交通事故及时救援等提供实时数据。

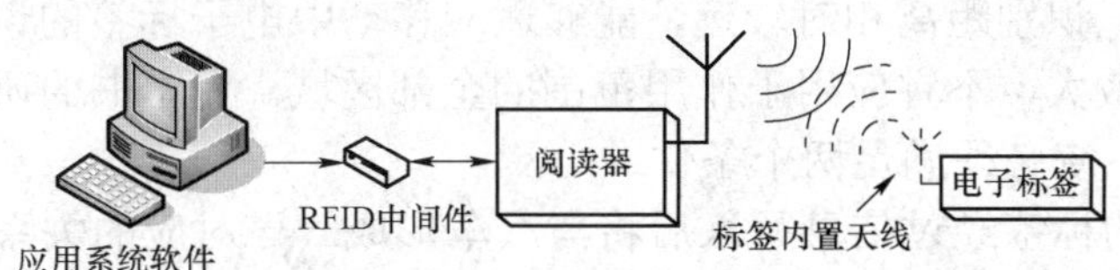

图 3-41　RFID 系统基本组成框架

RFID 技术是运用射频信号来对目标对象进行自动识别与获取其数据的技术，其识别过程无需建立直接的物理接触和人工干预；能够存储信息，是信息采集系统的信息载体，其体积可做到极小，能够附着在物体中，取代了已经有几十年历史的条形码技术。通常，一个完整的 RFID 系统包括阅读器、电子标签、天线以及中心计算机。其中电子标签可分成天线和特殊芯片两个部分，芯片中都附有一个唯一的识别代码，表示附加到该对象的基本信息。阅读器完成对电子标签中信息的读取，同时通过网络与其他计算机通信与传输。

RFID 技术的工作原理是：当电子标签在阅读器天线的工作范围内，该标签会感应到天线发射的信号并激活电子标签的工作机制，将芯片中存储的信息发送给阅读器，阅读器经过对信息的读取和解码后，将采集到的信息传输到中央计算机进行处理。其工作流程如图 3-42 所示。

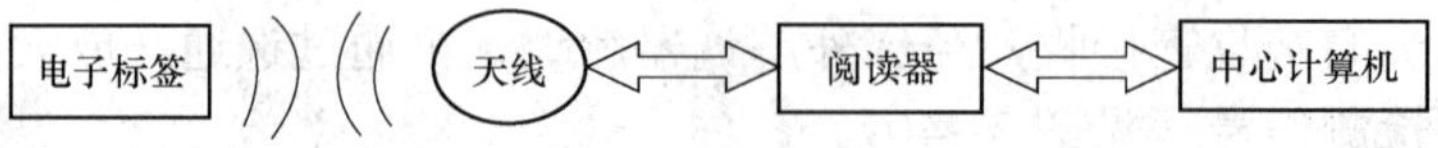

电子标签))(((天线 ⟺ 阅读器 ⟺ 中心计算机

图 3-42 RFID 系统工作流程图

① 阅读器的天线将其射频信号以某种频率不间断性地向外发送；

② 标签感应到天线发送的信号时会自动激活其工作机制，将携带的信息发送给阅读器；

③ 阅读器采集信息并解码；

④ 阅读器将信息送至后台计算机中心进行处理。

RFID 系统工作流程中，电子标签与阅读器之间通过空气以无线电波的形式进行能量与数据的传输，将中心计算机采集到的交通信息传输至交通指挥中心，通过该系统数据库记录采集到的交通信息。

一般情况下，RFID 系统可以分成多类：按照电子标签能量供应可分为无源系统和有源系统；按照 RFID 系统的工作方式可分为全双工系统、半双工系统和时序系统，是对阅读器与电子标签间信息交换方式进行的划分；按照阅读器天线的工作频率可分为低频、中高频、超高频和微波，其频段特性如表 3-6 所示。

表 3-6 RFID 各频段特性

描述	频率范围	作用距离	穿透力
低频（LF）	125～134 kHz	45 cm	大部分物体
中高频（HF）	13.553～13.567 MHz	1～3 m	能穿透液体
超高频（UHF）	400～1 000 MHz	3～9 m	穿透力较弱
微波（Microwave）	2.45，5.8 GHz	10～30 m	穿透力最弱

RFID 系统的不同频段特性既影响标签的工作性能，又影响使用成本。其中低频段的基本特点是作用距离短，阅读器天线方向性不强，相应地成本也较低；高频段则成本较高，标签内可存储信息容量较大，识别距离相对较远，能够适应移动中电子标签的识别，但是容易被障碍物遮挡，受到的影响较大，不宜应用于作用范围的全部区域。在本书的研究中，应用于道路交通信息采集的 RFID 系统必须满足两个条件：

（1）RFID 系统的标签经过信息写入后将与汽车形成一一对应的关系，拆移、更改或挪用涉及权限问题，因此标签宜采用无源的，省去更换电池时对标签信息的损坏。

（2）在采集路段上的交通信息时，行驶中的车辆不仅移动速度快，而且一般车流都较大，必须满足远距离与快速识别的要求，作用距离至少要到达 3 m 以上。

2. 基于 RFID 的动态信息检测技术

RFID 技术的最早应用源于雷达技术的广泛应用与发展，其历史可追溯到 20 世纪初期，在二战中，RFID 技术在军事应用中用于对进入机场的飞机进行识别。20 世纪 80 年代可以说是开始使用 RFID 技术的 10 年，欧洲、美国、日本等许多国家都不同程度在不同领域安装使用了 RFID 系统。20 世纪 80 年代，RFID 技术在电子收费系统中得到了应用。据记载，第一个 RFID 电子收费系统是在 1987 年时挪威正式使用。我国于 1996 年 10 月在北京首都机场的高速路上安装了不停车收费系统。20 世纪 90 年代后，RFID 技术已经快速繁荣与发展，在交通领域内更是得到广泛的应用，主要表现在以下几个方面。

1）电子收费系统

自挪威的 Bergen 首次采用不停车自动收费以来，美国、意大利、法国等国先后在国内开始了该系统的应用。在全欧洲范围内统一的不停车收费带来的利益诱惑下，欧洲标准化委员会协调统一了欧洲各国的呼声，通过了欧洲的不停车收费标准草案。

葡萄牙的 Via Varde 电子收费系统是欧洲具有代表性的系统之一，它采用封闭式和开放式相结合的模式。人工收费车道通行能力为 200 辆/h，自动收费车道的通行能力为 1 500 辆/h，从这组数据可以明确看出自动收费系统的优势。挪威研制出了 Q−free0 自动不停车收费系统，该系统是将一张塑料磁卡粘贴在车辆的前玻璃上，当车辆到达自动收费口时，无线扫描设备通过询问，接收来自过往车辆磁卡发出的电子回答，系统的主计算机存储所有磁卡编号和通过次数，并自动记录通过收费口的车辆，然后和负责账款的系统联系，确定金额。计算机图像系统将非法通过的车辆抓拍下来，警察根据账单进行相应的处罚。

2）电子工票系统

电子工票系统是用电子的 RFID 卡来取代条码纸工票的系统。准确的称谓应该是 RFID EPRS（electronic productive recording system），即使用电子无线射频识别技术的生产计数系统。

在其他许多国家，城市公共交通系统的电子车票技术成功得到应用，其中以韩国首尔的运营情况最为良好。

3）汽车制造业

RFID 技术还应用于汽车制造业中。由于电子标签可以大大缩小汽车体形，RFID 系统可方便地在汽车安全与防盗中得到应用，如福特汽车、三菱汽车、丰田汽车等已经在用。防盗的原理是将汽车钥匙与应答器结合，天线安置于点火锁中，当钥匙插入锁内便启动阅读器与应答器间的数据通信，只有配套的钥匙才能发动汽车，大大提高了汽车的安全性。

4）轨道列车控制

欧洲率先在轨道列车控制系统中应用了 RFID 技术。在欧盟的资助下，欧洲铁路各管理部门组建了列车安全与控制系统，通过电感耦合的射频识别系统，将 RFID 技术应用于铁路交通，提高了列车行车安全，节约了大量的成本投入。

5）国内应用

国内方面，南京市已经采用 RFID 技术采集车辆信息，通过给注册的机动车辆贴上电子标签，在道路两侧设置双基站，采集过往车辆的信息，然后传输至系统中心。其详细规划如下：对南京市本地的 80 万车辆贴上电子标签，在全市设置 1 000 多个基站，利用 RFID 技术来采集车辆信息，采集数据汇总到交通数据中心与共享平台，提升公共交通服务水平，同时为出行者提供行车诱导或停车诱导，其最终目标是建立一个车联网信息服务系统，可采集的信息有车辆的车牌号、车辆年检记录与车辆信息等。

RFID 技术在我国的应用尚处在初级阶段，但应用领域和应用深度都在不断增加。2007 年，国家科技支撑计划项目中开始着手研究 RFID 技术获取动态交通信息，并在 2010 年上海世博会会场区域中使用的所有车辆上都安装了电子车牌，运用 RFID 技术实施区域车辆自动识别和智能管理，发展与推广 RFID 技术、传感网络技术已在中国的信息产业科技发展“十一五”规划中提及，并依此起草了 2020 年中长期规划设计方案。可见运用 RFID 技术来获取动态交通信息的关键技术已经成熟，在城市道路中使用 RFID 技术作为无线传感器来获取动态交通信息，为先进的交通管理系统（ATMS）与先进的交通信息系统（ATIS）的现场决策提供有效依据。

RFID 技术可视为无线版本的条形码技术，但是其更突出的优点在于能够防磁防水、高温耐力强、工作寿命长、远距离识别、目标对象数据安全性更高、可存储数据也可更改、容量大等，这些优势促使 RFID 技术广泛使用。运用 RFID 技术采集交通信息相对于传统的采集方法具有以下优势：

（1）节约空间，使用方便。RFID 电子标签芯片体积小、形状多样、信息可更改且使用寿命长；电子标签的制造厂商可根据标签的不同用途制造出不同大小、不同形状的产品。科学技术的发展使得电子标签越来越小型化与多样化，适用于更多需要标签的产品。

（2）效率高，速度快。标签可远距离自动识别且阅读器与标签每秒通信次数可达百次，采集效率更高；相对于传统的信息采集技术，RFID 技术采用的是非接触的方式，没有方向性的要求，只需标签在磁场范围内，阅读器就能即时地读取标签内的信息，而且读取速度非常快，通常只需几毫秒。结合标签群的防碰撞机制可使阅读器同时读取多个标签，批量识别以达到通信次数的最大化与采集效率的最高。

（3）环境耐受性好，安装维护方便。RFID 系统对环境适应能力极强，可以无人值守且不受时间限制；RFID 设备具有强大的抗污性，也能在恶劣的环境下照常进行工作，其工作过程全自动运行，节省了大量的人力与物力；RFID 系统安装维护简单方便，并且其安装与维护对交通流影响小也是一大特点。

（4）车辆身份自动检测。在需要车辆表明自己的身份时，常用的方法是人工进行检测，RFID 系统可实现车辆的自动检测，使车辆方便快速通过闸口，如电子收费系统。经过自动检测、自动收费、自动放行来完成这一系列的操作，大大减少人力与时间，同时降低了交通瓶颈造成的拥堵。

（5）部分信息可直接采集。直接采集的数据无需复杂计算，就可以实现车辆信息的全面检测与跟踪。在道路交通信息采集时，车辆、车主信息能够直接检测出来，可用于车辆的稽查系统之中，减少盗牌车、套牌车等违法乱纪的行为，为交通管理部门提供了极大的方便。

（6）安全性好，保密性强。标签内信息具有保护功能，安全性更高。RFID 系统是按国际上规定的电子产品代码编制固定在电子标签内，该编码具有唯一性，不可复制、更改，数据可按需求进行加密与锁定，提高了标签内信息的最大安全性。

不仅如此，RFID 技术与其他传感器可以联合起来进行使用，并组成车联网，用以确定某车辆进入了哪个局部的区间，对车辆进行定位，形成更庞大的网络，并满足更多的要求，可最大限度地提高信息采集的效率。因此，运用 RFID 技术采集交通信息具有很好的发展前景。

3. 交通参数检测方法

1）基于 RFID 可采集的交通信息种类

交通信息采集是 ITS 中重要的组成部分，是交通管理与控制、预测、诱导等交通信息服务系统的基础。交通信息可分为两大类：即静态的交通信息与动态的交通信息。其中前者一般指交通空间属性，如路幅宽度等不变的信息；后者则反映路网交通状态的信息，如排队长度等。

运用 RFID 技术采集动态交通信息，主要包括对通行车辆的属性信息和该路段动态交通参数的实时信息的采集，其数据获取方法及应用如表 3-7 所示，这些信息对反映实时路网区域内的交通状态十分重要，是采用交通临时疏解方案不可或缺的资料，更为日后的交通科学管理提供凭据。

表 3-7 RFID 的动态 OD 数据获取方法及应用

通行车辆信息	道路交通部分参数信息
电子站牌类：号码、日期等	车流量
车辆属性信息：车辆、颜色尺寸等	平均速度
车辆功能信息类：私家车、出租车、货车等	行程时间
车主类：车主身份、驾照信息等	排队长度、其他

依据 RFID 技术的工作原理，在各交通小区出入口、关键路段、重要交叉口等处按照图 3-43 所示的方法对阅读器与天线进行布设。当携带电子标签的车辆进入作用范围时，固定在路基的阅读器与移动的电子标签进行通信与信息交换，并将信息传输到后台控制中心，进行相关数据处理与管理控制，从而实现 RFID 技术对交通信息的采集与应用。

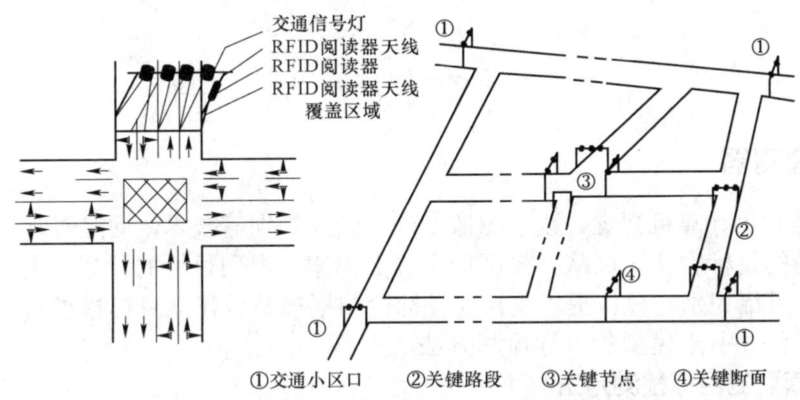

图 3-43　RFID 技术采集交通信息布设方法

在图 3-43 所示的布设方法中，可通过安装在支架上的 RFID 阅读器天线检测并计算出通过该作用范围内的交通量，同时该 RFID 系统与信号灯组组成联合控制机制，智能地计算红绿灯的分配时间，对识别出来的公共交通进行优先通行的控制策略。可通过小区内采集的信息对小区出入口的交通通行权进行有效的控制，达到路网交通流量的相对平均。

2）基于 RFID 的交通参数估计

（1）流量检测方法。

设检测周期为 T，N 为检测周期 T 内记录的车辆总数。

检测周期可以根据实际的道路情况和检测此参数的用途来设定，例如用该参数来判断和预测未来某段时间内的交通流量和道路运行情况，则要将检测周期缩短，以保证预测的准确性。图 3-44 为 RFID 流量检测示意图。

（2）速度检测方法。

当某一车辆在某一时刻经过 A 点时，读卡器自动记录该车的车辆信息和通过的时刻 t_1。同理，通过 B 点时，读写器自动记录下该车的车辆信息和通过的时刻 t_2，则可计算平均速度。两检测点之间的距离 S，也是根据实际的检测目的来设置的，例如如果要在繁华路段用于检测车辆的超速违法，则 S 不能设置得太大，否则达不到检测超速违法的效果。图 3-45 为 RFID 车速检测示意图。

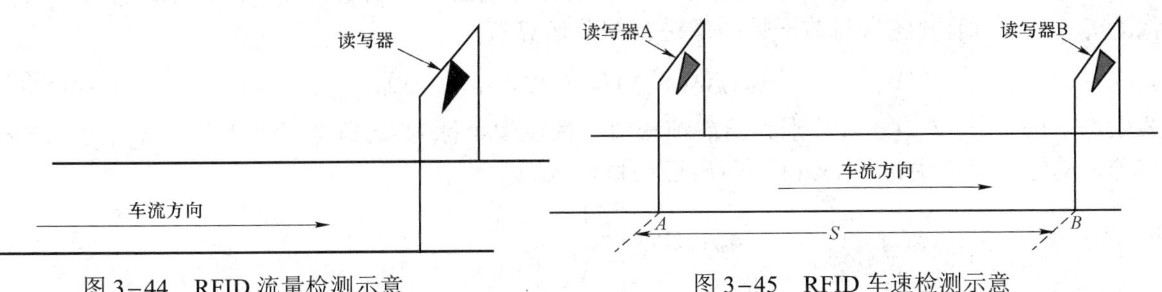

图 3-44　RFID 流量检测示意　　图 3-45　RFID 车速检测示意

（3）占有率检测方法。

由于 RFID 卡与车辆的信息是一一对应的关系，车辆的类型、长度、宽度、重量等信息可以直接记录于 RFID 卡中。流动于该路段的车辆类型为 k 种，各类车辆数为 n_1，n_2，…，n_k，各类型的车辆占地面积分别为 s_1，s_2，…，s_k，从而可以计算出该道路的车辆占有率为

$$\sigma=\frac{\sum_{i=1}^{k}n_i s_i}{S} \tag{3-49}$$

3.2.4 视频检测器

目标检测是利用计算机视觉、数字图像处理、模式识别等技术，通过对视频序列图像进行处理，将感兴趣的目标物体区域从背景区域中提取出来，得到目标的位置、大小等数据，并为后续目标跟踪、目标识别与分析提供支持。目标检测根据是否建立目标模型可以分为基于非模型的目标检测方法和基于模型的目标检测方法。

1. 基于非模型的目标检测方法

基于非模型的目标检测方法主要有帧间差分法、光流场法、背景差分法等，各种方法具有各自的优缺点和适用范围。

1）帧间差分法

帧间差分法是一种通过对视频图像序列中相邻两帧或多帧做差分运算来获得运动目标轮廓的方法，它可以很好地适用于存在多个运动目标和摄像机移动的情况。当检测场景中出现新的物体运动时，帧与帧之间会出现较为明显的差别，两帧相减，得到两帧图像亮度差的绝对值，判断它是否大于阈值来分析视频或图像序列的运动特性，确定图像序列中有无物体运动。概括来说，帧间差分法的基本思想是，在图像序列中的对象如果在不同帧中位置发生变化，那么在对应不同帧的该位置上的灰度也会发生变化。而对象没有发生变化的位置，其灰度值不会发生变化，通过阈值化可得到目标对象。图像序列逐帧差分，相当于对图像序列进行了时域下的高通滤波。其优点是算法实现简单，程序设计复杂度低，对光线等场景变化不太敏感，能够适应各种动态环境，稳定性较好；缺点是不能提取出对象的完整区域，只能提取出边界，同时取决于选择的帧间时间间隔。对快速运动的物体，需要选择较小的时间间隔，如果选择不合适，当物体在前后两帧中没有重叠时，会被检测为两个分开的物体；而对慢速运动的物体，应该选择较大的时间间隔，如果时间间隔选择不合适，当物体在前后两帧中几乎完全重叠时，则检测不到物体。常用的方法有以下两种。

（1）相邻帧间差分法。

相邻帧间差分就是对相邻的帧进行差分，设 n 时刻当前帧图像为 f_n，$n-1$ 时刻的前一帧图像为 f_{n-1}，对当前帧图像与前一帧图像进行差分运算有

$$d_{n-1,n}(x,y)=\left|f_n(x,y)-f_{n-1}(x,y)\right| \tag{3-50}$$

式中：$f_n(x,y)$ 与 $f_{n-1}(x,y)$ 分别为当前帧和前一帧图像坐标为 (x,y) 处的灰度值；$d_{n-1,n}(x,y)$ 为差分后的绝对值，由 $d_{n-1,n}(x,y)$ 判断出运动目标区域

$$b_{n-1,n}(x,y)=\begin{cases}1 & d_{n-1,n}\geqslant T\\ 0 & d_{n-1,n}<T\end{cases} \tag{3-51}$$

式中：T 为判决阈值，若相邻两帧图像同一像素间灰度值相差大于 T，则二值图像 $b_{n-1,n}(x,y)$

相应像素为 1，表示运动目标区域；否则为 0，表示背景区域。

（2）多帧间差分法。

以采用连续三帧图像差分的方法检测运动目标为例，其差分运算公式为

$$d_{n-1,n}(x,y)=\left|f_n(x,y)-f_{n-1}(x,y)\right| \tag{3-52}$$

$$d_{n,n+1}(x,y)=\left|f_{n+1}(x,y)-f_n(x,y)\right| \tag{3-53}$$

式中：$f_{n-1}(x,y)$、$f_n(x,y)$ 和 $f_{n+1}(x,y)$ 为连续的三个视频帧。对 $d_{n-1,n}(x,y)$、$d_{n,n+1}(x,y)$ 进行阈值二值化有

$$b_{n-1,n}(x,y)=\begin{cases}1, & d_{n-1,n}\geqslant T_1\\0, & d_{n-1,n}<T_1\end{cases} \tag{3-54}$$

$$b_{n,n+1}(x,y)=\begin{cases}1, & d_{n,n+1}\geqslant T_2\\0, & d_{n,n+1}<T_2\end{cases} \tag{3-55}$$

通过阈值 T_1 和 T_2 可以获得二值化图像 $b_{n-1,n}(x,y)$ 和 $b_{n,n+1}(x,y)$。通过对此两帧二值图像对应点进行逻辑与，可以得到中间帧二值图像 $M_n(x,y)$。其相应像素为 1，则表示运动目标区域；否则为 0，表示背景区域。

$$M_n(x,y)=b_{n-1,n}\cap b_{n,n+1} \tag{3-56}$$

帧间差分法的优点在于算法的复杂度低、容易实现。但是，该方法也存在一些缺点。由于对前后帧做直接差分，所得到的帧间差分图像经常含有大量噪声、中空及分裂部分。因此，为了保证检测的准确度，往往需要使用一些较帧间差分法更为复杂的算法进行差分的后处理。以车辆检测为例，常用的后处理算法包括填充算法，对帧间差分图像做去中空和连接的处理；采用尺寸滤波器，滤掉小于某一尺寸的连通部分，因为运动车辆的连通分量不可能这么小，留下大于某一尺度的部分，作为运动目标。在帧间差分法中，阈值的选取是检测准确率的决定因素。近年来，一些研究提出采用自适应最佳二值化方法，自适应选取二值化阈值，用以分割运动目标与背景图像，克服使用固定阈值所带来的通用性差的缺点。

图 3–46 所示为北京理工大学的崔星等人采用相邻帧间差分法进行车辆检测的图例。输入视频采用的帧率为 15 帧/s（即 fps），通过相邻两帧图像做差分运算。由于相邻两帧时间间隔非常小，完全可以排除由光照引起的图像动态变化，通过调整合适的阈值，可获得较好的车辆形态。

（a）视频第 34 帧

（b）视频第 35 帧

（c）差分结果

图 3–46　帧间差分法检测结果

由于受到随机噪声、阈值选取及其他一些干扰，造成每辆汽车的车身部位都存在许多黑色空洞，一旦空洞区域彼此连通，则割裂了车身的白色区域，从而将导致一部车辆被误判为多部

车辆。为了提高车辆的识别准确性，可以对取得的差分结果进行数学形态学膨胀和腐蚀处理。经数学形态学处理的差分图像如图 3–47 所示。

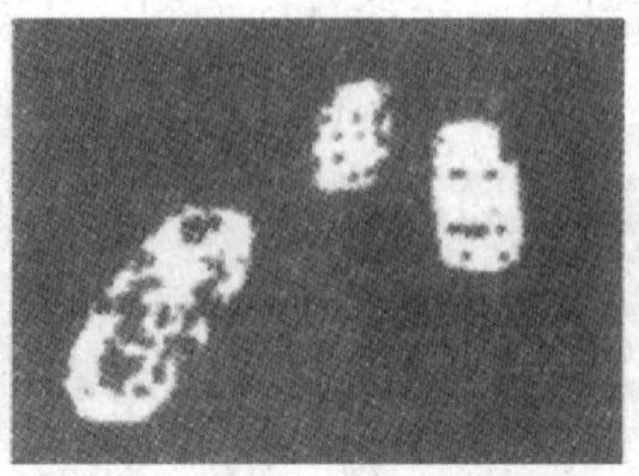
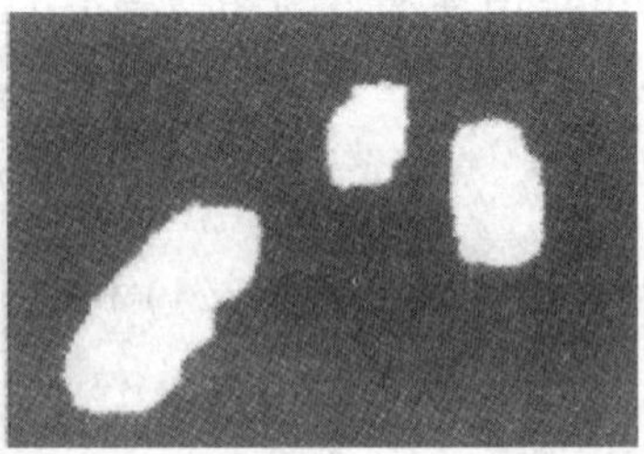

图 3–47　经数学形态学处理的差分图像

经过处理的差分图像，在形态上表现为黑色背景上存在若干孤立的白色区域，这些白色区域就是检测出的车辆，再经过连通区域标记求出物体的数目，进而计算出中心位置和外形轮廓尺寸。图 3–48 所示为实际检测的效果，图像左上角的数字表示识别出的当前帧内的车辆数目。

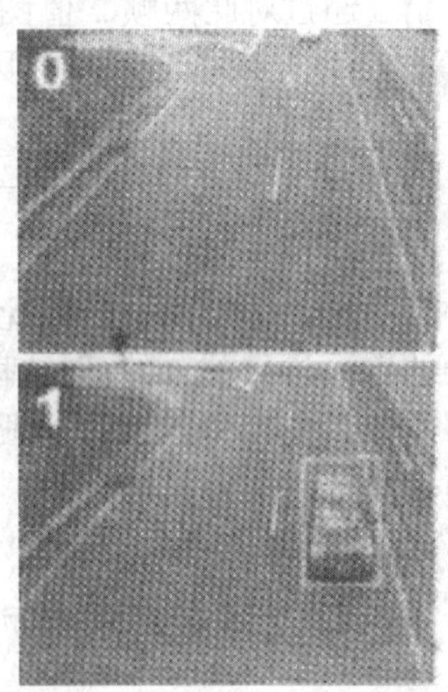

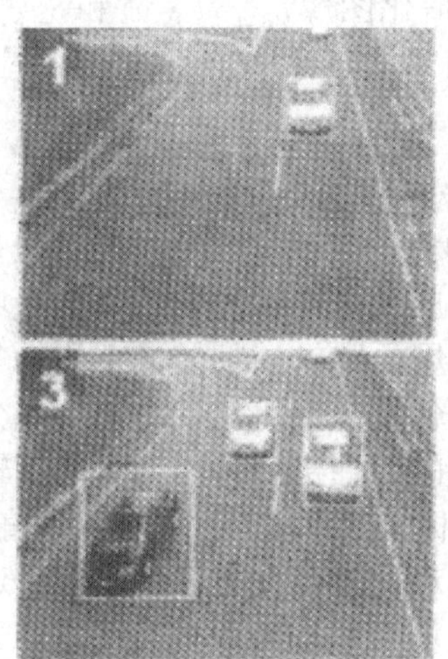

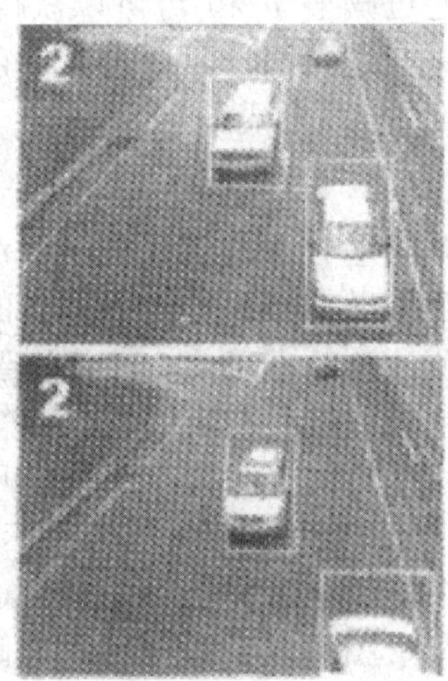

图 3–48　基于帧间差分运算及处理后获得道路视频车辆检测结果

2）*光流场法*

光流场是指空间运动物体被观测面上的像素点运动产生的瞬时速度场。其中二维速度场是三维速度向量在成像平面上的投影。它包含了物体三维表面结构和动态行为的重要信息。

光流场法检测运动目标的基本原理：给图像中的每一个像素点赋予一个速度向量，这就形成了一个图像运动场，在运动的一个特定时刻，图像上的点与三维物体上的点一一对应，这种对应关系可由投影关系得到。根据各个像素点的速度向量特征，可以对图像进行动态分析。如果图像中没有运动目标，则光流向量在整个图像区域是连续变化的。当图像中有运动目标时，则目标和图像背景存在相对运动，运动目标所形成的速度向量必然和邻域背景速度向量不同，从而检测出运动目标及位置。

光流场法的优点在于光流不仅携带了运动目标的运动信息，而且还携带了有关景物三维结构的丰富信息，能够在不知道场景的任何信息的情况下，检测出运动对象。但是，采用光流场法进行运动目标检测的问题在于光流场法的算法往往复杂度很高，算法实现的实时性较差。人们基于不同的理论基础提出了各种光流场算法，算法性能各有不同，按照理论基础与数学方法的区别把它们分成四种：基于梯度的方法、基于匹配的方法、基于能量的方法、基于相位的方法。

（1）基于梯度的方法。

基于梯度的方法又称为时空梯度法，也称为微分法。它是利用图像序列灰度的时空微分来计算图像上的每个像素的光流。下面介绍一下具体算法。

设 $I(x, y, t)$ 为 t 时刻图像点 (x, y) 的灰度；u、v 分别为该点光流向量沿 x 和 y 方向的两个分量，且有 $u=\mathrm{d}x/\mathrm{d}t$，$v=\mathrm{d}y/\mathrm{d}t$。根据图像灰度保持（一致性）假设 $\mathrm{d}I(x, y, t)/\mathrm{d}t=0$，可以导出光流向量的梯度约束方程为

$$I_x u + I_y v + I_t = 0 \tag{3-57}$$

或者写成向量形式

$$\nabla I \bullet \boldsymbol{V} + I_t = 0 \tag{3-58}$$

式中：I_x、I_y、I_t 分别为参考像素点的灰度值沿 x、y、t 三个方向的偏导数；$\nabla I = (I_x, I_y)^{\mathrm{T}}$ 为图像灰度的空间梯度；$\boldsymbol{V}=(u, v)^{\mathrm{T}}$ 即为光流向量。

上述算法的实现相对简单，计算复杂度也较低，而且能够得到准确的光流。但这种技术也存在严重的缺陷：第一，在图像中有遮挡的区域，光流场是突变的，总体平滑的约束迫使所估计的光流场平滑地穿过这一区域，平滑掉了非常重要的物体形状信息；第二，图像灰度的一致性假设对于许多真实图像序列都不合适，在图像的遮挡边缘处，基于灰度一致性假设会造成较大误差；第三，采用微分技术求灰度值沿 x、y、t 三个方向的偏导数，就要求 $I(x, y, t)$ 必须是可微的。因此需对图像数据进行时空预平滑以避免混叠效应，如果处理不当，将对最终的光流估计产生严重影响。

（2）基于匹配的方法。

基于匹配的光流场计算方法有两种，包括基于特征的和区域的。基于特征的方法不断地对目标主要特征进行定位和跟踪，对目标大的运动和亮度变化具有鲁棒性。存在的问题是光流通常很稀疏，而且特征提取和准确匹配也十分困难。基于区域的方法在视频编码中得到了广泛的应用，其实质上是在图像序列的顺序图像对之间实施一种对应，它将光流定义为使得不同时刻图像区域之间产生最佳拟合的位移。给定两帧顺序图像 I_1 和 I_2，对于图像 I_1 中的一个像素点 (x, y)，以此像素点为中心形成一个大小为 $(2n+1)\times(2n+1)$ 的相关窗 W_{c}。围绕图像 I_2 中的对应像素点 (x, y) 建立一个尺寸为 $(2N+1)\times(2N+1)$ 的搜索窗 W_{s}。搜索范围可根据有关两图像间最大可能位移的先验知识来确定。于是可用下面的差方和（sum of square differences，SSD）来计算搜索区域上的 $(2N+1)\times(2N+1)$ 误差分布

$$\int u, v = \sum_{i,j=-n}^{n} [I_1(x+i, y+j) - I_2(x+u+i, y+v+j)]^2 \quad -N \leqslant u, v \leqslant N \tag{3-59}$$

然后将此误差分布转换成指数形式的响应分布

$$R(u,v) = \exp[-k\varepsilon(u,v)] \quad -N \leqslant u, v \leqslant N \tag{3-60}$$

式中：k 为正则化参数。在整个误差范围内，指数响应函数在 0 与 1 之间连续变化。以上两种方法计算的光流通常都不是很稠密，另外，估计亚像素准确度的光流也有困难，计算量很大。

（3）基于能量的方法。

基于能量的方法简称能量法，该方法认为光流是基于速度调谐滤波器输出能量的。由于速度调谐滤波器是在傅里叶域中设计的，因而这类技术也称为基于频率的方法。在基于能量的模型中，首先要对输入图像序列进行时空滤波处理，这是一种时间和空间整合。对于均匀的光流场，要获得正确的速度估计，这种时空整合是非常必要的。然而，这样做会降低光流估计的空

间和时间分辨率。尤其是当时空整合区域包含几个运动成分（如运动边缘）时，估计准确度将会恶化。此外，基于能量的光流技术还存在高计算负载的问题。因为该类方法涉及大量的滤波器，这些滤波器是主要的计算消耗。然而，可以预期，随着相应硬件的发展，在不久的将来，滤波将不再是一个主要的限制因素，所有这些技术都可以在帧率速度下加以实现。

（4）基于相位的方法。

1990 年，加拿大多伦多大学计算机科学系的 Fleet 和 Jepson 在从本地相位信息方面研究分量图像速度的过程中，首次从概念上提出了相位信息用于光流计算的问题。因为速度是根据带通滤波器输出的相位特性确定的，所以称为相位方法。他们根据与带通速度调谐滤波器输出中的等相位轮廓相垂直的瞬时运动来定义分速度。带通滤波器按照尺度、速度和定向来分离输入信号。

基于相位的光流场技术的综合性能较好，速度估计比较准确，且具有较高的空间分辨率，对图像序列的适用范围也比较宽。但存在的问题是：第一，基于相位的模型虽然有一定的生物合理性，但其计算复杂性较高，不适合实时处理；第二，尽管相位技术用两帧图像就可计算光流，但要获得足够的估计准确度，就必须有一定的整合时间，这个延迟将会降低边缘处运动估计的时间分辨率；第三，基于相位的方法对输入图像序列中的时间混叠比较敏感。

昆明理工大学的胡觉晖等在《改进的光流法用于车辆识别与跟踪》一文中介绍了用光流场法进行车辆检测的方法：首先利用帧间差分获得运动区域，采用梯度阈值获取二值图像，图像如图 3-49 所示；然后提取运动区域目标特征点来计算光流向量，光流向量图像如图 3-50 所示。

（a）原始图像

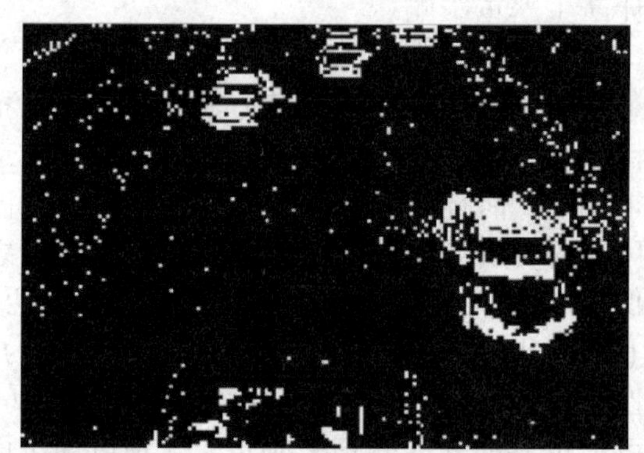

（b）差分二值图像

图 3-49　原始图像与差分二值图像

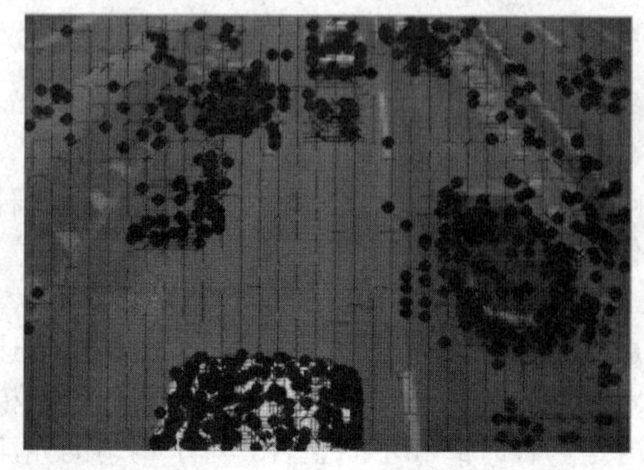

图 3-50　光流向量图像

对于外部环境的干扰，如阴影、风动、树叶摆动等造成的干扰，通过对光流向量分段标注，设置感兴趣区域，并根据光流向量的大小和方向，设置一定的阈值，对于光流向量小于设定阈值长度和不在某一方向的不进行标注，可以得到较好的光流向量。

3）*背景差分法*

背景差分法是将图像中所得到的一帧作为背景图像（参考图像），用当前帧图像与背景图像做差分，如果能够选取干净的背景图像，就能够比较准确地分割出前景运动目标。在基于背景差分法的目标检测中，背景图像的建模和模拟的准确程度，直接影响到检测的效果。不论任何目标检测算法，都要尽可能地满足任何图像场景的处理要求。但是由于场景的复杂性、不可预知性及各种环境干扰和噪声的存在，如光照的突然变化、实际背景图像中有些物体的波动、摄像机的抖动、运动物体进出场景对原场景的影响等，使背景的建模和模拟变得比较困难。

背景差分法实现起来较为简单，算法复杂度低，能够达到实时的要求。用理想方法获取背景图像，在实际应用中是不实际的。特别在交通监控系统中，视频图像都是露天环境中获取的，而露天环境下白昼光线变化、天气变化、道路场景变化、景物变化等都会造成背景的变化。因此，背景差分法的主要问题是背景的构建和更新，好的背景图像更新方法将大大提高背景差分法的效率，这是背景差分法的关键所在。背景建立和更新的方法很多，下面介绍几种常用的方法。

（1）基于单个高斯模型的背景构建。

该方法假定连续视频帧中每个像素点均是独立的，并且其灰度值遵循高斯分布，随着新的视频帧到来，要更新每个像素点所遵循的相应高斯分布中的参数，其中均值和方差定义为

$$\mu_n(x,y)=(1-\alpha)\mu_{n-1}(x,y)+\alpha f_n(x,y) \tag{3-61}$$

$$\sigma_n^2(x,y)=(1-\alpha)\sigma_{n-1}^2(x,y)+\alpha\left[f_n(x,y)-\mu_n(x,y)\right]^2 \tag{3-62}$$

式中：$f_n(x,y)$ 为第 n 帧图像坐标 (x,y) 处像素灰度值；$\mu_n(x,y)$ 和 $\sigma_n^2(x,y)$ 为第 n 帧图像坐标 (x,y) 处像素灰度值的均值和方差；α 为参数更新率，$0<\alpha<1$，是一个经验值，决定背景更新的快慢。当 α 很小时，背景更新缓慢，反之更新较快。当 $|f_n(x,y)-\mu_n(x,y)|>k\sigma_n(x,y)$ 时，该像素为前景运动目标点，否则就属于背景。

（2）基于混合高斯模型的背景构建。

混合高斯模型使用多个（基本为3～5个）高斯模型来共同描述一个像素点的像素值分布，每个像素点的灰度值分布都由多个高斯分布根据权值混合表示。通常选择第一幅图像每点的像素值作为该点对应混合高斯分布的均值，并给每个高斯模型赋予一个较大的方差和较小的权值。当新的图像到来时，要对各个像素点的混合高斯模型的参数进行更新，从每一点的多个高斯分布中选择一个或几个作为背景模型，其他均表示前景模型，如果当前值与背景模型匹配，则把该点判定为背景，否则判定为前景。当找到与当前值匹配的高斯模型之后，要根据当前值更新与之对应的高斯模型的参数，包括均值、方差和权值。

（3）基于卡尔曼（Kalman）滤波器的背景构建。

使用卡尔曼滤波器来对背景进行不断的更新，一阶 Kalman 滤波器的背景更新公式为

$$B_{k+1}(p)=B_k(p)+g^*\left(I_k(p)-B_k(p)\right) \tag{3-63}$$

式中：g 为增益因子，有

$$g=\alpha_1-M_k(p)+\alpha_2 M_k(p) \tag{3-64}$$

如果

$$|I_k(p)-B_k(p)|>s_k(p)\rightarrow M_k(p)=1 \tag{3-65}$$

$$|I_k(p)-B_k(p)|\leqslant s_k(p)\rightarrow M_k(p)=0 \tag{3-66}$$

式中：$I(p)$为当前帧图像中 p 点的像素值；$B(p)$为背景图像中 p 点的像素值，$M(p)$为运动目标的二值图像中 p 点的像素值，如果 p 点属于运动目标，则像素值为 1，否则为 0；$s(p)$为像素点

p 的阈值，将运动目标分离出来；α_1、α_2 为权值系数，决定了序列背景图像的自适应性，α_2 必须足够小，才能从背景序列图像中有效地分割出运动目标，α_1 必须大于或等于 $10\alpha_2$，但如果 α_1 太大，越来越多的运动变化将存储于序列背景图像，将会丧失算法的去噪作用。式中的 $s_k(p)$ 可由自适应阈值选取方法得到。

（4）基于核函数密度估计的背景模型构建。

基于核函数密度估计的背景模型构建方法与以上背景构建方法不同，该方法无需事先假定背景模型函数，也无需估计模型参数和对参数进行优化。它是目前比较常用的能处理复杂背景的基于核函数密度估计的背景模型构建方法，选用的核函数为高斯函数。假定 X_1，…，X_N 为一像素点的 N 个连续的采样值，在 t 时刻得到该点像素值为 X_t 的概率可用核函数的密度估计来计算，即

$$p(X_t)=\frac{1}{N}\sum_{i=1}^{N}K_h(X_t-X_i) \tag{3-67}$$

$$K_h(X_t-X_i)=\varphi(X_t-X_i,\sum_i) \tag{3-68}$$

式中：K_h 是窗口宽度为 h 的核函数；N 是样本的个数；φ 是高斯函数；$\sum_i$ 是数学操作符，表示 $\sigma_i^2 I$，σ 和 I 分别表示方差和像素当前灰度值。

核估计首先需要得到待估计量的一个训练样本集，最简单的是直接将视频序列中的像素值作为样本。但是视频序列中可能包含运动目标，这样做势必会将属于运动目标的像素作为背景来计算，就会产生误差。因此，可以将视频序列中相邻两帧的差分作为样本

$$S_t(x,y)=\begin{cases}I_t(x,y) & |I_t(x,y)-I_{t-1}(x,y)|\leqslant T\\ S_{t-1}(x,y) & |I_t(x,y)-I_{t-1}(x,y)|>T\end{cases} \tag{3-69}$$

式中：S 为背景样本；I 为视频帧图像；T 为阈值，如果两帧图像的差小于某一阈值则视为背景样本，否则不参与运算。假定取得 M 个背景样本，核函数为高斯函数的背景估计为

$$p\left(I_t(x,y)\right)=\frac{1}{M}\sum_{j=1}^{M}\frac{1}{\sqrt{2\pi h^2}}\mathrm{e}^{\frac{(I_t-S_t)^2}{2h^2}} \tag{3-70}$$

根据 $p\left(I_t(x,y)\right)$，利用下式来判断某一像素是否属于运动目标

$$M_t(x,y)=\begin{cases}1 & p\left(I_t(x,y)\right)<T_p\\ 0 & p\left(I_t(x,y)\right)>T_p\end{cases} \tag{3-71}$$

$M_t(x,y)$ 为 0，则说明该点 p 属于背景点，为运动目标。为了使背景不断更新，背景样本需不断更新，背景样本的更新可使用队列先进先出的形式，并且不断使用核密度函数估计公式来不断更新背景。

2. 基于模型的目标检测方法

基于模型的目标检测方法与前述基于非模型的目标检测方法相比，其优点在于能够获得对图像内容的理解。例如，针对车辆检测来说，可以得到车辆的形状、属性，还可以分析车辆和驾驶员的行为。对于非模型的方法而言，只是将处理得到的待检测图像中的运动块看作一组像素的集合，但缺点是有可能把误分割形成的像素集合也检测为一个对象。而基于模型的方法将这些像素看作是三维世界中物体在二维图像平面上的投影，经过与预先建立的模型在图像同一位置的投影相匹配，从而达到目标检测的目的。

建立合适的目标模型是应用这种方法去获得对图像内容理解的前提条件，以车辆检测为例，预先建立的模型通常包括摄像机模型和车辆模型。摄像机模型描述了摄像机与交通场景之间的空间几何特征，包括摄像头与水平面倾斜的角度、光心的空间位置、焦距等信息；车辆模型则描述了车辆的先验知识（车辆属性及特征）。车辆模型的建立可采用 3D CAD（三维计算机辅助设计）模型、线框模型或者特征模型的方法。

基于摄像机模型和车辆模型的车辆检测方法的工作步骤大致如下：

（1）求出感兴趣区域（region of interest，ROI）的中心 (x, y) 和运动方向 A，利用摄像机模型将中心点反投影到真实三维世界坐标 (x, y, z)。

（2）将 (x, y, z) 和 A 作为车辆模型在真实世界的位置参数，再利用摄像机模型将车辆模型投影到图像平面上，产生投影结果，将投影结果与原 ROI 按一定的准则进行匹配。

（3）依次将所有的车辆模型投影到图像平面，找到匹配结果最好的模型，若匹配度大于一个阈值，基本就可以认为 ROI 对应匹配度最好的模型。

由于模型匹配的固定性，系统必须为每一类车辆都设定一个模板。这就存在一个问题，因为即使是属于同一类的车辆仍可能有不同的特征模型。同时模板方法通常都是假设车辆的亮度特征变化不大，但是实际情况中，环境光照、阴影和车辆重叠以及车身和车窗的光反射都可能造成同一类型车辆的特征差异很大。同时，建立摄像机模型时需要测量详细的摄像机与交通场景之间的空间几何特征，这使得这种方法在实际应用中存在很大的局限性。另外，模型法稳健性也不够高，当摄像机由于外力原因产生微小角度变化时，就可能造成检测失败，且对遮挡情况下的车辆也会发生误检。

为了解决这些问题，有人提出利用 Adaboost、支持向量机（support vector machine，SVM）、神经网络等机器学习方法对多幅车辆位置已经手工标定的图像进行训练，将得到的车辆分类器作为车辆特征模型，然后利用滑动窗口技术搜索图像，使用训练好的分类器对每个滑动窗口进行识别，检测滑动窗口内是否存在车辆。基于学习模型的检测无需摄像机模型，可直接在图像中检测目标，这样不仅适用于运动目标的检测，而且能够检测到静止目标。并且，其鲁棒性好、不易受到干扰、检测位置准确，且与识别相结合，可以直接得到目标类型。它的缺点是检测速度慢，难以满足实时性要求，通常与其他方法共同使用。此外，利用可变模型分割和识别目标也是解决目标外形差异较大而产生问题的一种可行方法。

南京理工大学的胡铟在其《基于模型的车辆检测与跟踪》一文中提出了基于投影的曲线模型匹配方法，针对摄像机抖动下的目标进行鲁棒跟踪。文中利用投影的完整度、匹配点相对于模型的偏移量期望和方差的加权和作为相似性度量来进行跟踪。其采用的车辆模型如图 3–51 所示。图中模型的阴影部分表示模型的线宽。模型 1 对于大多数车辆都适用，矩形代表车辆的外形轮廓，矩形中的上面一条横线表示车窗的位置，下面的横线代表车辆尾部的保险杠。模型 2 适用于卡车和大客车。模型 3 适用于油罐车。

模型匹配是在利用 Sobel 算子得到的梯度边缘图像中进行的。搜索到 ROI 之后，在 ROI 内采用模型由大到小进行搜索匹配。首先确定模型的初始大小，按比例逐渐缩小模型进行搜索匹配，若模型匹配的相似度超过预先设定的阈值，则认为检测到车辆。

视频检测器是一种非接触式检测技术，它可以实现基于视频图像的车辆检测和车型识别。视频检测器可以模仿人类的视觉功能，在由视频摄像头得到的视频数据中提取图像，通过对图像进行分析处理，实现交通信息采集和事故检测。视频检测技术的核心是图像处理和模式识别技术。视频检测器具有无线、可一次检测多参数和检测范围较大的特点，使用灵活，有很好的应用前景。

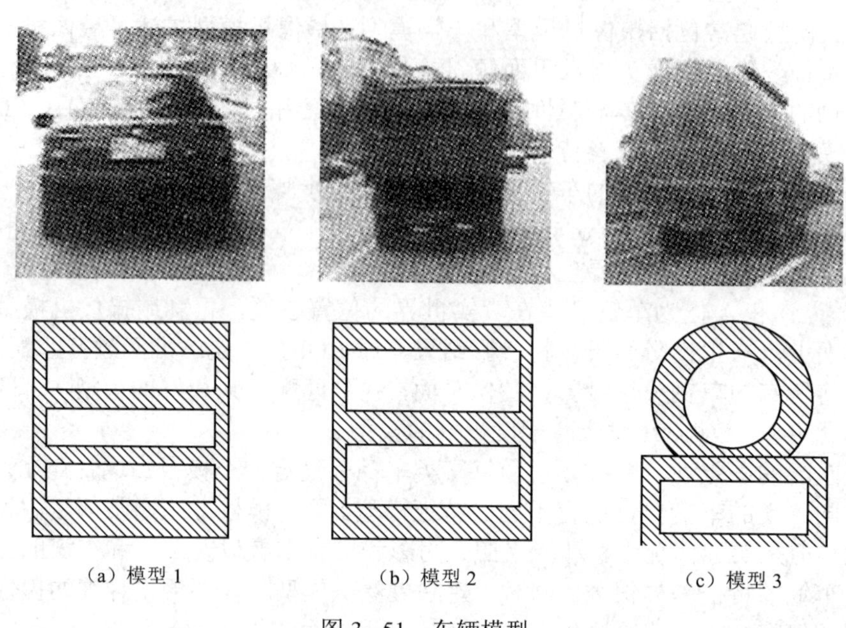

（a）模型 1　　（b）模型 2　　（c）模型 3

图 3-51　车辆模型

视频交通检测系统通常由电子摄像机、图像处理机和显示器等部分组成。摄像机对道路的一定区域范围摄像，图像经传输线路送入图像处理机，处理机对图像信号进行模数转换、格式转换等，再由微处理器处理图像背景，实时识别车辆的存在，判别车型，由此进一步推导其他交通控制参数。图像处理机还可以根据需要给监控系统的主控机、报警器等设备提供信号，控制中心可根据这些信号确定控制方式，向执行机构发出控制命令。

视频检测器的基本原理是：检测器先对摄像机采集到的图像序列进行分析处理，通过一定的目标检测算法截取出运动目标，然后提取出运动目标的相关信息，进行智能识别。该过程的核心是运动目标检测和相关交通信息提取。

运动目标检测方法主要如下。

（1）帧间差分法：由摄像机在很短的时间间隔内连续拍摄两幅图像，并对两幅数字图像进行分析比较，如果两幅图像的差异超过一定的阈值，则表明有车辆运行。

（2）背景差分法：采用一定的背景生成算法，计算出没有运动车辆时的图像作为背景，再用采集到的图像减去背景图像，从而得到含有运动车辆的前景图像。交通信息的提取通过对运动目标的几何形状和目标所在区域灰度值的统计和分析来实现。

在图像处理系统中，背景处理是一个复杂而棘手的问题，图像处理程序必须考虑到对多种干扰因素补偿，如不同路面对光的反射、阴影等。

由于图像处理方法是在摄像机摄取图像的基础上实现识别和检测的，因此不仅具有多点布设、无线检测的能力，而且还能获得车流密度、排队规模以及常规检测器很难测到的停车次数和车辆尺寸等重要交通参数。另外检测系统装卸方便，不须破坏路面，不影响交通，在很多场合可以代替现有的环形线圈检测器。视频车辆检测系统在现代交通控制系统中占有很重要的地位，是未来智能运输系统发展的基础。但目前的问题是图像处理的实时性较差，而且车辆的检测精度受整个系统软、硬件的限制。尽管如此，随着图像信号处理技术的进步和微电子技术的发展，视频车辆检测技术又将得到不断的提高和更加广泛的应用。

3.3　新型交通检测技术工作原理

3.3.1　基于 GPS 浮动车的检测技术

1. GPS 浮动车工作原理

GPS 浮动车检测系统由车载设备、差分台、中继站和交通控制中心构成。其中车载设备包括：① GPS 接收机/接收天线；② DGPS 差分修正信号接收天线；③ 无线通信发射接收装置；④ 车载控制器和数据处理器。控制中心包括：① 控制中心服务器；② 数据存储装置/数据库；③ 数据分析控制系统；④ GIS 和无线通信收发装置。

GPS 浮动车的工作原理是根据装备车载全球定位系统的浮动车在其行驶过程中定期记录的车辆位置、方向和速度信息，应用地图匹配、路径推测等相关的计算模型和算法进行处理，使浮动车位置数据和城市道路在时间和空间上关联起来，最终得到浮动车所经过道路的车辆行驶速度以及道路的行车旅行时间等交通拥堵信息。如果在城市中部署足够数量的浮动车，并将这些浮动车的位置数据通过无线通信系统定期、实时地传输到一个信息处理中心，由信息中心综合处理，就可以获得整个城市动态、实时的交通拥堵信息。

2. GPS 定位原理

GPS 由三个独立的部分组成。

空间部分：21 颗工作卫星，3 颗备用卫星；

地面支撑系统：1 个主控站，3 个注入站，5 个监测站；

用户设备部分：接收 GPS 卫星发射信号，以获得必要的导航和定位信息，经数据处理，完成导航和定位工作。

GPS 定位的基本原理为：卫星不断地发射自身的星历参数和时间信息，GPS 信号接收机接收到信号后，根据三角公式计算可以得到接收机的位置，三颗卫星可进行 2D 定位（经度、纬度），四颗卫星则可进行 3D 定位（经度、纬度及高度）。通过接收机不断地更新接收信息，就可以计算出移动方向和速度。由于目前全球有 24 颗 GPS 导航卫星分布在 6 条轨道上，任意时刻在水平线以上最少有 4 颗卫星，最多有 11 颗卫星，所以 GPS 定位可以得到很好的保证。GPS 信号接收机的作用则是捕获卫星信号，对信号进行放大、处理，实时计算出接收机的 3D 位置与速度。

按定位方式，GPS 定位分为单点定位和差分定位。单点定位就是根据一台接收机的观测数据来确定接收机位置的方式，它只能采用伪距观测量，可用于车船等的概略导航定位。差分定位将一台接收机置于基准站上，另一台或几台接收机置于载体（称为流动站）上，基准站和流动站同时接收同一时间、同一 GPS 卫星发射的信号，基准站所获得的观测值与已知位置信息进行比较，得到 GPS 差分改正值。然后将这个改正值通过无线电数据链电台及时传递给共视卫星的流动站，精化其 GPS 观测值，从而得到经差分改正后流动站较准确的实时位置。

利用 GPS 可以确定车辆位置和速度，因此在交通检测方面使用愈发普及。用 GPS 技术进行的交通调查具有的优点是不需要维持管理费用，调查结果容易数据化，调查位置的精度较高。但这种调查方法的缺点是存在调查的盲区，全样调查困难，难以普及。

由于浮动车是具有流动性的，从整体上来说又是全天候工作的，因此浮动车技术能够采集到 24 h 的较多路段的交通信息，覆盖范围广，实时性高。近年来，随着车载 GPS、GIS 和无线通信技术的广泛应用，建设浮动车交通信息采集系统所需要的资金和时间都因此而大大减少，同时浮动车数量越来越多，因此，浮动车交通信息采集技术将得到更为广泛的应用。

3. 基于 GPS 定位的交通参数估计

GPS 自动车辆定位技术可以提供 2～5 m 的定位精度，基于该技术的交通流状态估计方法是：在车辆上配置 GPS 接收装置，以一定的采样间隔记录车辆的三维位置坐标和时间数据，这些数据传入计算机后与地理信息系统（GIS）的电子地图相结合，经过重叠分析计算出车辆的瞬时车速及其通过特定路段的行程速度和行程时间。若在给定的时段有足够多辆车经过特定路段，根据不同算法可以得到该路段的区间平均速度，进而利用流量一速度模型估计交通流量。目前提出的基于 GPS 定位对交通参数的估计方法已有多种，选取其中有代表性的方法阐述如下。

（1）利用多元回归。

通过多元回归建立 GPS 车辆速度及其相关特征数据与路段平均速度的关系模型，以估计交通参数。通过多次实验，可应用回归分析建立 GPS 车辆平均速度、车道数、道路限速值、路段交通信号灯个数等相关数据与真实路段平均速度之间的关系模型，估计路段平均速度。实验表明，交通量的变化对该方法的路段平均速度估计无明显影响，但不同的路段划分对模型的建立及参数估计精度有较大影响。

（2）利用速度分析和模糊推理。

在对一辆装配 GPS 的车辆进行速度分析和模糊推理策略的基础上，使用车辆定位数据估计路段平均速度，根据事先确定的隶属函数对该车辆的最大连续加速度和平均行驶速度模糊化，由模糊推理规则推理出相应模糊输出。如果模糊推理的结果适中，则该车辆的平均速度可作为路段平均速度估计值；反之，利用输出隶属函数对输出反模糊化，根据反模糊化结果对车辆的平均速度进行修正，作为路段交通参数。在交通参数的估计中，建立精确的数学模型较困难。

（3）利用神经网络方法。

采用神经网络方法进行交通参数估计，可以装配 GPS 的公交车速度、车道数、路段限速值、交通信号灯数量、路段公交车站数量和总的乘客数为网络输入变量，路段平均速度作为网络输出变量。通过实际数据测试，模型计算结果的精度大于 70%。

（4）利用极大似然估计法。

通过对安装 GPS 定位系统的车辆信息采用统计分析中的极大似然估计法来估计各路段交通流量：某一时间段内，将研究路段的 N 次观测所得到的带有 GPS 装置的车辆数作为观测样本值，该路段车流量作为待估计的参数，带有 GPS 装置的车辆数与路段总车辆数的比例作为待估计参数的加权因子，该因子可以是定值也可以是根据不同路段改变的可变量，通过构造一个适当的统计量，用极大似然法和统计量的观测值来估计未知参数。该方法计算简单，但只能估计流量，且针对不同路段的加权因子确定较困难。

虽然基于 GPS 自动车辆定位技术的各种参数估计方法，在处理数据方面存在较大差异，但都要求在道路网络中具有足够多的安装 GPS 的浮动车辆来保证参数估计的精度和可靠性。如果在某个时间段内，仅有一辆或少数几辆浮动车提供了运行特征数据，则据此估计的交通流状态将会有较低的可靠性。相反，如果在某个时间段内能够获得全部车辆的运行特征数据，则估计出的交通流状态具有较高的可靠性。根据对交通仿真模型的分析表明，在高速公路上，浮动车覆盖率应大于 3%。同时也有实验表明，车流中至少需要 3%的浮动车，以保证估计误差小于 5%；在高峰期，要有 12%的浮动车才能保证得到可靠的估计结果。

4. GPS 浮动车信息系统

GPS 浮动车信息系统由浮动车数据采集系统、浮动车信息处理系统和动态交通信息发布系统三部分组成，其系统总体结构框架及信息分析处理过程分别如图 3-52、图 3-53 所示。

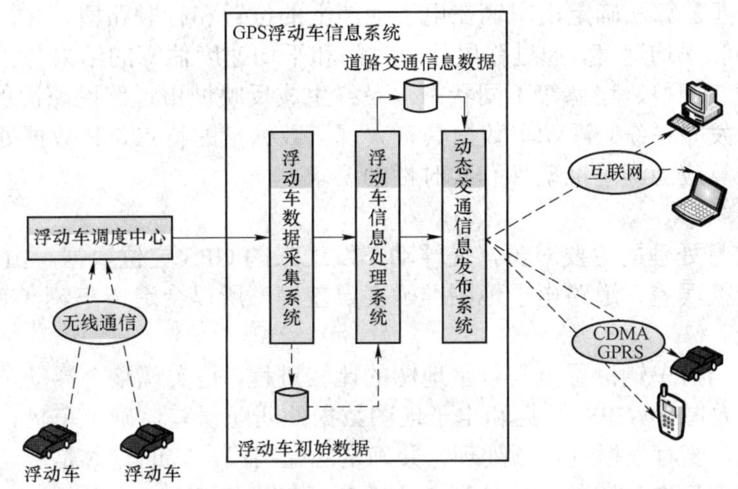

图 3-52　系统总体结构框架

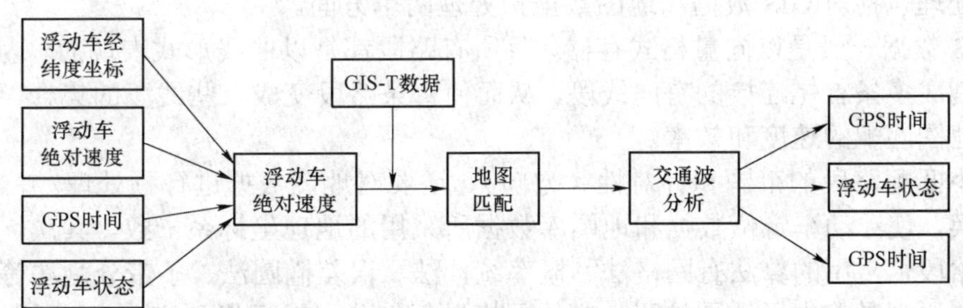

图 3-53　信息分析处理过程

系统负责通过 GPS 获取浮动车的实时定位数据，并进行相应的数据格式转换，其所采集的数据一般包括时间、位置坐标、瞬时速度、行驶方向、回传时间、运行状态及其他内容，可为建立移动交通流检测系统提供有效的、系统性的交通流运行数据。系统在设计时需综合考虑以下参数：浮动车覆盖率、采集频率和传输频率等。

每个时间间隔内通过横断面的浮动车数量基本满足

$$N_{\mathrm{p}} = P(Qt_{\mathrm{a}} / 60) \tag{3-72}$$

式中：N_{p} 为检测断面在时间间隔 t_{a} 内的浮动车数量；P 为浮动车覆盖率；Q 为 t_{a} 时间内通过断面的车流量；t_{a} 为检测时间间隔。

应用移动交通流检测技术的关键之一，就是选择合理的采样样本的大小。一般情况下，在高速公路上只要浮动车覆盖率为 3%，在城市道路上覆盖率为 5%，即可达到较好效果。实际上，如果要实现满足基于浮动车信息采集技术的交通流参数估计需求，不仅要有合理的浮动车比例，还要有合理的采样周期、数据上传处理周期等。原则上，浮动车覆盖率降低，采集间隔应该缩小；相反，则增大。上传数据时间间隔长，易造成路径曲线不连贯，可以运用一些改进的匹配和搜索估计算法来尽可能地减小其对实时性的影响。一般取采集间隔为 1 min，数据上传至中心的周期为 5 min。

5. GPS 浮动车信息处理系统

采用地图匹配方法将浮动车采集到的车辆数据与数字电子地图数据库中的道路信息进行比较，通过一定的匹配算法确定出车辆在电子地图上的位置和行驶路段，并在地图匹配基础上估算路段旅行时间和平均速度，通过路段旅行时间和平均速度估算的结果与预先设定的阈值比较，判断路段畅通、拥挤、堵塞等不同状态，最终生成反映城市道路网路况的实时交通信息，并提交给交通信息发布系统。浮动车数据具有大规模数据量的特点，其数据处理的关键步骤是地图匹配和航迹推算应当满足准确性和实时性的要求。

1）地图匹配

GPS 浮动车信息处理的主要对象，是浮动车发送来的 GPS 定位数据。由于存在着 GPS 定位误差、坐标系转换误差、道路电子地图准确度误差等，所以会造成车辆 GPS 定位点偏离车辆行驶道路的情况。

地图匹配是指当前车辆位置点与数字地图的比较过程，是实现整个浮动车信息处理系统功能的关键。其目的是减小 GPS 数据和电子地图数据的匹配误差，确定车辆在地图道路网络中的准确位置。为此，要对数据进行预处理，并确定匹配路段。它的输入是浮动车所采集的原始 GPS 数据，输出是车辆在道路的可能位置，主要包括以下步骤。

（1）数据预处理。

数据预处理包括对 GIS 数据和地图数据预处理两个方面。

由于 GIS 数据一般是以向量格式存储，且所有路段都是以曲线形式表现的。为此，先将路段曲线预分割成多条首尾连接的有向线段，从而使每条路段变成一些线段的集合，这样可以大大提高后续地图匹配的速度和效率。

为了缩小匹配路段的范围和针对性（方向），还要对地图数据进行预处理。首先，进行地理坐标系转换，使浮动车定位数据和地图库数据所采用的地理坐标系一致。其次，通过一定算法确定候选路段，常用的算法有网格法、概率统计法、误差椭圆法、条带分割法等。例如网格法，该方法的原理是将电子地图按照一定的网格进行划分，然后找到 GPS 点所在网格，该网格所包含的路段就是候选路段。

（2）匹配路段确定。

目前，车辆定位导航系统采用的算法有 GPS 航迹匹配法、模糊逻辑法、A*算法、双向搜索法等。这些方法在 GPS 定位和导航中都有非常广泛的应用。但由于浮动车数量大、匹配速度要求高，采用上述单一的传统算法都难以满足浮动车地图匹配的要求。可以采用分类模型的算法，通过建立一个道路网格拓扑结构，针对道路的实际情况，设计不同的道路匹配算法，如图 3-54 所示。

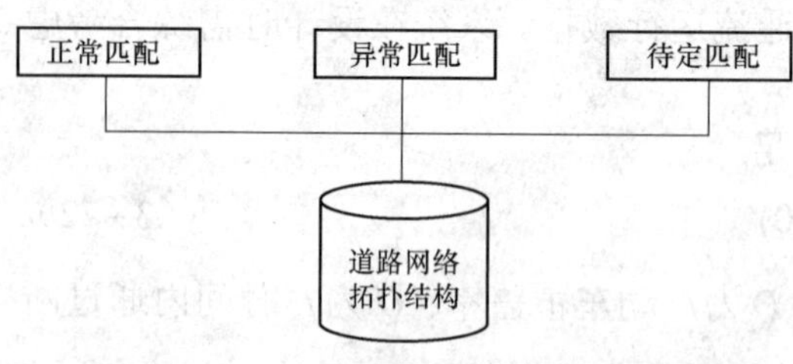

图 3-54　浮动车数据地图匹配分类模型

正常匹配道路模型是整个地图匹配模型的入口，实现正常情况下与待匹配道路的匹配，并对其进行排序，检查是否有道路符合道路匹配的条件，如果有，则匹配成功；否则进入下一个匹配模型。

但由于各种误差，如双向车道的反方向车辆，若采用上述道路匹配模型得到的道路可能包含反方向的道路，这样会给后续的延时匹配造成干扰。异常匹配道路模型，就是解决以上问题的匹配模型。

对于大型城市的复杂道路，如主辅路、立交桥等，道路与道路之间的距离近，角度差小，有时投影到平面上几乎是重合的。在这样的路网环境下，通过单一时刻 GPS 数据往往无法确定车辆的确切位置，这时就需要通过相同车辆多个时刻的 GPS 数据来联合判断车辆的行驶轨迹，待定匹配模型就是解决这类问题的一个迭代模型。在设计以上模型的基础上，可以采用最小距离算法实现地图匹配。原理是通过计算 GPS 点到各个候选路段的距离，选择距离最小的那条路段作为匹配路段，GPS 点到该路段的投影即为匹配点。

面对大城市复杂的路网特性，如何选择智能化的浮动车数据地图匹配算法，使其既能满足大数据量 GPS 数据实时计算的速度性能要求，又能获得较高的匹配准确度。这是基于 GPS 的浮动车交通信息采集技术中的关键问题之一。

2）航迹推算

航迹推算是车辆 GPS 定位数据地图匹配处理后，对浮动车数据匹配结果的后续处理。它是利用浮动车在不同道路上连续运动的轨迹点搜寻车辆正确行驶路径的技术。经过路径推测的计算，浮动车数据就可以和城市道路关联起来，由车辆定位点信息得到车辆在城市道路上的行驶状态，从而反映出车辆正在行驶道路上的交通情况。

浮动车数据在路径推测处理后，生成了每辆车的车辆行驶路线数据，可以反映车辆正在行驶道路上的交通情况。再进行综合的道路交通路况信息计算后，可获得城市的实时交通路况信息。

3）道路路况信息处理

经过地图匹配和行车路线推测之后，系统需要根据所有浮动车的行车路线计算其道路旅行的时间，以便将车辆信息与道路交通信息进行对应，并通过融合其他的交通信息，计算出城市道路网络当前实时的交通路况信息。

由于每一辆浮动车提供的数据只能反映其独自行驶路线的交通路况，而一条道路同一时间可能有多辆浮动车行驶，因此需要将这些车辆反映的路况信息进行融合，以便获取给定道路全面准确的交通路况信息。

（1）建立交通流模型。

由于采集的信息中包含大量车辆，可能会产生一些错误和干扰信息，为了保证所采集的信息尽可能有效，必须对样本进行必要的筛选。首先，将这些数据按照车辆 ID 进行区分，由于每个浮动车的 ID 在系统中是唯一的，所以根据车辆 ID 将数据进行分类是有效的。其次，设定一个阈值，当路段上某车辆的 GPS 数据点数突破一定阈值时，如速度高于阈值，就认为是干扰数据，该车辆的数据将被剔除。最后，将符合条件筛选出的浮动车辆的 GPS 数据作为交通流样本模型，并以此样本模型计算每辆独立车辆的行程时间和平均速度。

（2）交通流参数估算。

交通流参数估算，是在计算出了独立车辆的行程时间和平均速度基础上，确定浮动车的样本数，并从中采样进行交通流分析。样本数越大，估算结果的可靠性越高，但同时估算速度和效率也就越低。

① 平均速度估算。平均速度可以用两种方法来计算，即时间平均速度和空间平均速度。时间平均速度是指道路某一断面车速分布的平均值，即断面上所有车辆点速度的算术平均值。空间平均速度是指在给定路段上同一瞬时车速分布的评价值。

② 行程时间计算。行程时间计算的方法有两种：第一种是直接测量法，把观测路段分成小段，计算浮动车在每一小段的行程时间，然后把这些行程时间相加，得到总的行程时间；第二种是间接测量法，根据上面计算出来的路段平均速度，用路段长度除以路段平均速度，得到行程时间。

③ 交通流量估计。交通流量估计是指在单位时间内，通过道路某一地点、某一断面或某一

条道路的车辆数。一般交通流量和空间平均速度具有一定的关系，可以根据上面计算的空间平均速度估计交通流量数据。

当独立车辆数目小于最小浮动车样本数时，继续采用以上方法计算交通流参数势必造成很大误差，此时应使用单个 GPS 浮动车的数据进行估计。

6. 动态交通信息发布系统

该系统通过互联网、GPRS 或 CDMA 网络等方式，向交通管理者和出行者提供实时直观的交通状态信息。

3.3.2 单辆探测车的路段行程时间估计

在计算路段的行程车速/时间时，每两个相邻 GPS 数据点之间的交通行为通常简单假设为匀速行驶。这种假设在特定情况下将带来一定的偏差，尤其是在有信号灯控制的交叉口附近。

利用匀速假设的车速估计算法对 158 个实测数据进行精度验证，结果表明：71%的数据与路段行程车速实测值之差在 10 km/h 之内。对于匹配路径长的路段，91%的数据与路段行程车速实测值之差在 10 km/h 之内。对于匹配路径短的路段，51%的数据与路段行程车速实测值之差在 10 km/h 之内。26 个转弯数据，对于匹配路径长的路段，该路段 24 个数据绝对误差在 10 km/h 以内，占 92%。对于匹配路径短的路段，该算法 13 个数据绝对误差在 10 km/h 以内，占 50%。2 个调头数据，对于匹配路径长的路段，原算法 2 个数据绝对误差在 10 km/h 以内。对于匹配路径短的路段，该路段 2 个数据绝对误差也均在 10 km/h 以内。

在两个相邻定位点跨越交叉口情况下，为了进一步改进算法，采用了路段瞬时车速为权值分配路段行程车速。

令路段 1 为交叉口之前的路段，路段 2 为通过交叉口以后的路段，设

$$\begin{cases} \dfrac{L_1}{V_{T1}} + \dfrac{L_2}{V_{T2}} = T_2 - T_1 \\ \dfrac{V_{T1}}{V_{T2}} = \dfrac{V_{S1}}{V_{S2}} \end{cases} \tag{3-73}$$

则有

$$\begin{cases} V_{T1} = \dfrac{V_{S2} \times L_1 + V_{S1} \times L_2}{V_{S2}(T_2 - T_1)} \\ V_{T2} = \dfrac{V_{S2} \times L_1 + V_{S1} \times L_2}{V_{S1}(T_2 - T_1)} \end{cases} \tag{3-74}$$

式中：V_{S1}、V_{S2} 分别表示路段 1 瞬时车速和路段 2 瞬时车速；V_{T1}、V_{T2} 分别表示路段 1 行程车速和路段 2 行程车速；L_1、L_2 分别表示路段 1 匹配长度和路段 2 匹配长度；T_1、T_2 分别表示前后两个检测点的时刻。

适用条件：$V_{S1} \neq 0$ 且 $V_{S2} \neq 0$。

当路段行程车速估计值远远大于或小于路段瞬时车速值（如 20 km/h），此时只取两者差值的一半加上路段瞬时车速作为路段行程车速，用算式表示为

$$\begin{cases} V_{T1} = \dfrac{V_{S2} \times L_1 + V_{S1} \times L_2}{V_{S2}(T_2 - T_1)}, V_{T2} = \dfrac{V_{S2} \times L_1 + V_{S1} \times L_2}{V_{S1}(T_2 - T_1)} & \max\left(|V_{T1} - V_{S1}|, |V_{T2} - V_{S2}|\right) < 20 \\ V_{T1} = V_{S1} + \dfrac{V_{T1} - V_{S1}}{2}, \quad V_{T2} = V_{S2} + \dfrac{V_{T2} - V_{S2}}{2} & |V_{T1} - V_{S1}| \geqslant 20 \text{ 或 } |V_{T2} - V_{S2}| \geqslant 20 \end{cases} \tag{3-75}$$

采用相同的 158 个路段数据计算结果与原算法相比，对于匹配路径长的路段，该算法绝对误差小于等于原算法绝对误差的占 61%；对于匹配路径短的路段，该算法绝对误差小于等于原算法绝对误差的占 59%。在路段车流稳定的情况下，该算法精度很高。与原算法相似，匹配路径长的路段的行程车速估计精度远远大于匹配路径短的路段的行程车速估计精度，再次证明 GPS 定位点的位置对单对相邻定位数据的路段行程车速估计精度存在较大的影响。共有 26 个转弯数据，对于匹配路径长的路段，该算法 12 个数据绝对误差小于等于原算法绝对误差，占 48%；2 个调头数据，1 个绝对误差小于原算法绝对误差。对于匹配路径短的路段，16 个数据绝对误差小于等于原算法绝对误差，占 69%；2 个调头数据，2 个绝对误差均小于原算法绝对误差。

在两个以上的路段上具有多个定位点的情况下，可通过如下方法推算目标路段的行程车速值（参见图 3–55）。

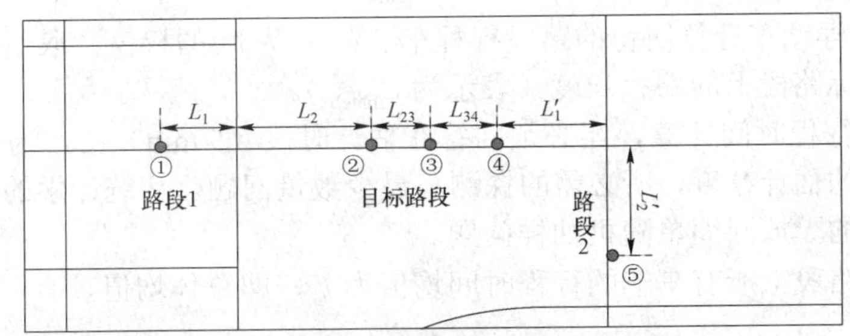

图 3–55　多路段情况下探测车行程时间估计的说明示例

假设单辆浮动车从①号定位点，途经②号、③号、④号点到达⑤号定位点。其中，②号、③号、④号点定位在目标路段上，①号、⑤号点分别定位在前端路段 1 和后端路段 2 上。由①号和②号定位点、④号和⑤号定位点组成的两对跨越交叉口的相邻 GPS 定位点分别推算出目标路段的行程车速值 V_{ta} 和 V_{tb}。合并目标路段上的多个定位点，取两端的②号和④号点计算得到路段行程车速值 V_{tc}。

取 V_{ta}、V_{tb} 和 V_{tc} 的加权平均值为单辆浮动车目标路段的行程车速 V_t。对行程车速值 V_{ta} 和 V_{tb} 的权值分配主要从两方面进行考虑：一是多对相邻定位点之间的权值分配，该部分权值与该相邻定位点数据有效匹配到目标路段上的路径长度 (L_2, L_1') 成正比；二是单对相邻定位点匹配到前后两个路段上的权值分配，其值为有效匹配到目标路段上的路径长度与该对相邻定位点之间的匹配路径总长度的商 ($L_2/(L_1+L_2)$, $L_1'/(L_1'+L_2')$)。由于②号和④号点均匹配在目标路段上，因此 V_{tc} 的权值取值为该对定位点有效匹配到目标路段上的路径长度 ($L_{23}+L_{34}$)。计算公式如下

$$V_t=\frac{V_{ta}\times w_a+V_{tb}\times w_b+V_{tc}\times w_c}{w_a+w_b+w_c} \tag{3–76}$$

$$w_a=L_2\times\frac{L_2}{L_1+L_2}=\frac{L_2^2}{L_1+L_2} \tag{3–77}$$

$$w_b=L_1'\times\frac{L_1'}{L_1'+L_2'}=\frac{L_1'^2}{L_1'+L_2'} \tag{3–78}$$

$$w_c=L_{23}+L_{34} \tag{3–79}$$

式中：w_a、w_b、w_c 分别表示 V_{ta}、V_{tb} 和 V_{tc} 的权值。

在通过实测数据对单辆浮动车行程车速计算结果检验中表明：68%的数据与路段行程车速实测值之差的绝对值小于等于 5 km/h，25%的数据与路段行程车速实测值之差的绝对值在 5～10 km/h 之间，6%的数据与路段行程车速实测值之差的绝对值在 10～15 km/h 之间，其他的数

据占 1%。数据证明：在大采样间隔情况下，针对单辆浮动车的定位数据采用该算法，计算所得的路段行程车速精度能够满足一般交通信息发布方式需求，如城市道路车速分级显示。

3.3.3 路段平均行程车速的计算

假设当前时段内共有 n 辆浮动车匹配到该路段上，那么路段平均行程车速的计算公式为

$$\overline{V}_t = \frac{\sum_{i=1}^{n} w_i V_{ti}}{\sum_{i=1}^{n} w_i} \tag{3-80}$$

$$w_i = L_{\text{match}}^{i} \tag{3-81}$$

式中：V_{ti} 为第 i 辆浮动车计算所得的路段行程车速；w_i 为 V_{ti} 的权值，取值为该辆浮动车定位数据有效匹配到目标路段上的路径长度（表示为 L_{match}^{i}）。

进行路段平均行程时间计算，还必须回答在估计时段（5 min）内，为使估计路段交通流总体信息达到一定的估计精度，所必需的探测车最少数量问题。从统计学的角度来看，问题可以转化为有限总体的无放回简单随机抽样问题。

估计时段内，路段上所有车辆的行程时间均值为 $\overline{T}$，即总体均值，有

$$\overline{T} = \frac{1}{N}\sum_{i=1}^{N} T_i \tag{3-82}$$

式中：N 为估计时段内路段上的所有车辆总数；T_i 为第 i 辆车的行程时间。

假设在估计时段内，路段上有 n 辆探测车，它们的行程时间 t_i （i=1, 2,⋯, n）为样本，样本均值 $\overline{t}$ 为

$$\overline{t} = \frac{1}{n}\sum_{i=1}^{n} t_i \tag{3-83}$$

依据抽样理论，通常用样本均值估计总体均值 $\overline{T}$，而且样本均值 $\overline{t}$ 是总体均值 $\overline{T}$ 的无偏估计，即有

$$E(\overline{t}) = \overline{T} \tag{3-84}$$

估计的误差为 $\overline{t} - \overline{T}$，一般考虑均方误差

$$\text{MSE} = E(\overline{t} - \overline{T})^2 = E\left[\overline{t} - E(\overline{t})\right]^2 + E\left[E(\overline{t}) - \overline{T}\right]^2 = D(\overline{t}) \tag{3-85}$$

由此可知，$\overline{t}$ 对 $\overline{T}$ 估计的误差取决于它的方差或标准差。设在置信度 $1-\alpha$ 下，要求绝对误差限 d，即满足

$$p(\left|\overline{t} - \overline{T}\right| \leqslant d) = 1-\alpha \tag{3-86}$$

当样本量 n 充分大时，满足中心极限定理，有

$$\frac{\overline{t} - \overline{T}}{\sqrt{D(\overline{t})}} \sim \text{N}(0, 1)$$

根据正态分布的性质，有

$$p\left(\frac{\overline{t} - \overline{T}}{\sqrt{D(\overline{t})}}\right) \leqslant Z_{\alpha/2} = 1-\alpha \tag{3-87}$$

依有限总体的无放回简单随机抽样，可知估计 $\bar{t}$ 的方差 $D(\bar{t})$ 为

$$D(\bar{t})=\frac{N-n}{nN}\sigma^2=\frac{1-f}{n}\sigma^2 \tag{3-88}$$

式中：$f=n/N$ 为抽样比；$1-f$ 为有限总体修正系数；σ 为总体标准差。

联合以上 4 个式子，得到

$$n=\frac{(Z_{\alpha/2}\sigma/d)^2}{1+(Z_{\alpha/2}\sigma/d)^2/N} \tag{3-89}$$

如果容许误差以相对误差 r 的形式给出，则得到

$$n=\frac{\left(Z_{\alpha/2}\sigma/(r\bar{T})\right)^2}{1+\left(Z_{\alpha/2}\sigma/(r\bar{T})\right)^2/N}=\frac{(Z_{\alpha/2}CV_t/r)^2}{1+(Z_{\alpha/2}CV_t/r)^2/N} \tag{3-90}$$

式中：$Z_{\alpha/2}$ 为置信水平 $1-\alpha$ 下的双侧标准正态分布值；CV_t 为行程时间的变异系数。

令 $n_0=(Z_{\alpha/2}\sigma/d)^2$ 或 $n_0=\left(Z_{\alpha/2}\sigma/(r\bar{T})\right)^2$（事实上 n_0 恰恰是已有研究成果给出的路段最小样本量），则式（3–90）简化为

$$n=\frac{n_0}{1+n_0/N} \tag{3-91}$$

从而有

$$\frac{n}{n_0}=\frac{1}{1+n_0/N}<1 \tag{3-92}$$

可以看出，已有探测车最小样本量是偏大的，并且当 N 越来越大时，两者的差距越来越小。若 $n_0 \ll N$，则有 $n\approx n_0$。

上面的推导是基于大样本量情况。对于样本量较小时，最小样本量公式中用 $t_{\alpha/2,\,n-1}$ 代替 $Z_{\alpha/2}$，有

$$n=\frac{(t_{\alpha/2,\,n-1}\sigma/d)^2}{1+(t_{\alpha/2,\,n-1}\sigma/d)^2/N}=\frac{\left(t_{\alpha/2,\,n-1}\sigma/(r\bar{T})\right)^2}{1+\left(t_{\alpha/2,\,n-1}\sigma/(r\bar{T})\right)^2/N}=\frac{(t_{\alpha/2,\,n-1}CV_t/r)^2}{1+(t_{\alpha/2,\,n-1}CV_t/r)^2/N} \tag{3-93}$$

式中：$t_{\alpha/2,n-1}$ 为置信水平 $1-\alpha$ 下，自由度为 $n-1$ 的 t 分布值。

显然，最小样本量 n 的确定是一个逐步迭代计算的过程，具体的计算步骤如下（下面以 α=0.05 为例）：

由于 $n>30$ 时，$t_{0.025}\approx 2$，则采用近似公式

$$n=\frac{(2\sigma/d)^2}{1+(2\sigma/d)^2/N} \text{ 或 } n=\frac{\left(2\sigma/(r\bar{T})\right)^2}{1+\left(2\sigma/(r\bar{T})\right)^2/N} \text{ 或 } n=\frac{(2CV_t/r)^2}{1+(2CV_t/r)^2/N}$$

当计算出的 $n>30$ 时，则直接以该 n 值为最小样本量，估算结束；否则，以计算出的 n 值查 t 分布表，代入前面的最小样本量公式计算 n 值，再以新计算的 n 值查 t 分布表，再代入前面的最小样本量公式重新计算 n 值；依此循环，直到相邻两次计算得到的 n 值相同或相差很小为止，并以最后计算得到的 n 值为最小样本量。如果计算得到的 $n<5$，则取 n–5，重复上述过程，得到最后的最小样本量。

图 3–56 给出了相同置信水平下的 $t_{\alpha/2,\,n-1}$ 与 $Z_{\alpha/2}$ 的差别。显然，$t_{\alpha/2,\,n-1}$ 随着样本量 n 的变化而变化，而 $Z_{\alpha/2}$ 不随样本量的变化而变化；在 n–2 时，两者的差值达到最大，并且随着样本量 n 的增加，其差距越来越小。一般认为，当样本量大于 30 时，采用标准正态分布代替 t 分布。

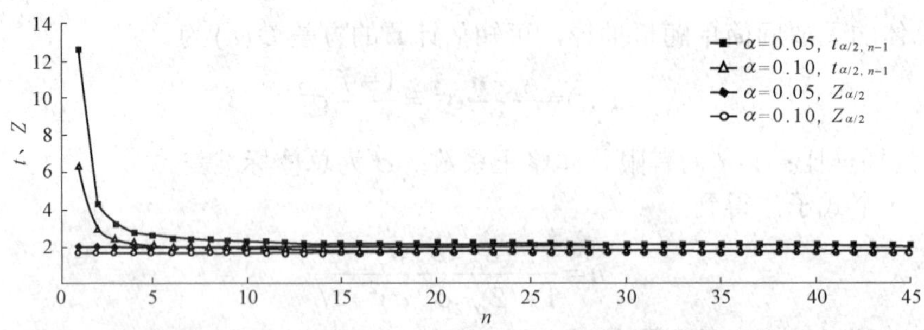

图 3-56 FCD 数据统计检验中 t、Z 与样本量 n 的关系

N 为总体数量，近似用估计时段内的路段车流量来估计。总体标准差 σ 和行程时间的变异系数 CV_t 可以通过历史数据得到。误差限 d 和相对误差 r 根据研究的目的来确定。

3.3.4 基于手机定位的检测技术

1. 系统构成

基于手机的交通信息采集系统的系统构成分为物理结构、软件结构，下面简要介绍其物理结构、软件结构、工作流程及其功能。

1）系统物理结构

基于手机的交通信息采集系统主要由以下几个部分组成：手机端、移动通信网络、交通监控中心和用户端。系统物理结构如图 3-57 所示。

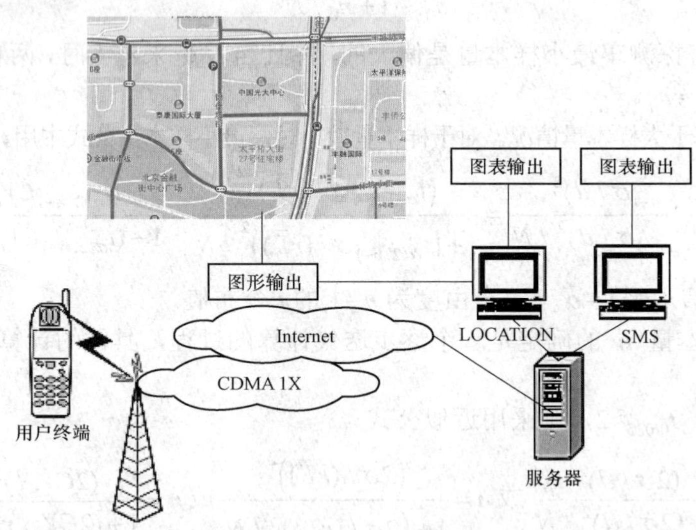

图 3-57 系统物理结构

（1）手机端。

此系统中的交通检测设备是手机。利用手机短信息功能和手机定位功能采集用户的出行信息，并将采集到的信息通过移动通信网络传送到交通控制中心的服务器上。此信息中包括手机 ID、嵌入式手机菜单的内容、位置坐标和时间信息。手机作为交通信息采集设备的同时，由于手机具有移动通信功能，故用户手机也是信息发布渠道之一，可以向手机用户发布实时的交通信息。

（2）移动通信网络。

移动通信网络是实现基于手机的交通信息系统的保证，是系统数据传输的枢纽，起着信息传递和信息交换的作用。基站接收手机发送的短信和位置电波信号，然后移动通信网络的短信功能模块和定位功能模块对信号进行处理，并将短信和手机位置发送给交通控制中心。同时，它可作为交通控制中心发布实时交通信息的手段，将处理后的交通信息发送到用户端。基于手机的交通信息采集系统的无线通信功能是实现数据采集实时性和体现交通信息意义的主要保证。对于车载导航用户而言，高频率的数据传输和信息通信需要较高的实时性和优先级。在高频、小数据量、实时的数据传输中，移动通信网络具有突出的优势。

（3）交通监控中心。

交通监控中心是基于手机的交通信息采集系统的中枢，是实现交通信息采集的关键。将手机采集到的交通信息，先发送至交通监控中心的信息收集服务器上；信息服务器对信息进行初步处理，去除手机用户的真实号码并分配与手机一一对应的 ID，并将 ID、手机位置坐标、时间和其他调查内容传送至核心服务器上；核心服务器再次对信息进行处理，完成地图匹配工作，存储到数据库中，并将匹配后的数据（ID、位置所属路段、时间和其他调查内容）传送至数据处理服务器上；数据处理服务器对接收到的信息进行预处理及数据挖掘，得到实时的路段平均车速、路段交通量、路段交通密度以及用户出行 OD 矩阵，再结合 GIS 对道路交通信息进行可视化表达，并将处理后的数据传送至信息发布服务器上；信息发布服务器将所得实时交通数据发布给用户端。监控中心在存储与处理数据的同时，由于掌握了手机用户出行的实时定位数据，因此，系统同时具有实时监控的功能。另外，手机用户终端可以同时接收交通监控中心发送的动态路况信息，并可以根据交通控制中心发布的调度信息，实现对手机用户出行的综合调度。

（4）用户端。

用户端是实时交通数据的接收端或受用者，主要包括动态信息显示板、无线广播台、手机用户、Internet、交通规划和交通管理与控制部门等。

由此系统采集并处理得到实时交通数据用于协助交通规划和交通管理与控制部门制定适合的交通规划方案，管理及调控城市交通运行，并引导即将出行或出行中的用户选择最佳出行方式和出行路线，最终实现交通需求和交通供给的平衡，缓解甚至避免城市交通拥堵。

2）系统软件结构

基于手机的交通信息采集系统的软件结构如图 3-58 所示。

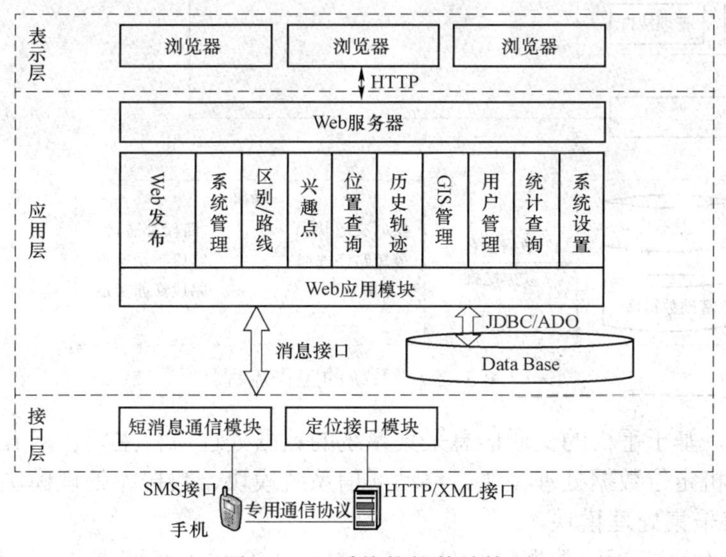

图 3-58　系统的软件结构

基于手机的交通信息采集系统的系统软件设计采用分层结构，总体分为三层：表示层、应用层和接口层。各层模块之间通过数据库、Web 服务和消息通信来实现数据共享。

（1）表示层，也称系统接入层，直接面向最终用户，采用 Web 浏览器方式的界面，浏览器与 Web 服务器之间的通信协议为 HTTP。

（2）应用层包含 Web 服务器、数据库和 Web 应用模块。

（3）接口层主要是面向终端的信息收发模块，终端定位。

表示层、应用层和接口层通过特有的接口实现信息通信。

定位终端：采用支持 GPSOne 功能的 CDMA 手机。

接收服务器：须提供一个固定的公网 IP 地址，接收 CDMA 手机发回的数据。

须通过 Intranet 与 Web 服务器相连，能与之进行数据通信。

应用服务器：同时提供 Web 服务和数据库服务，进行数据的分析处理。

客户端：通过 Intranet 连接到应用服务器。

3）系统工作流程

基于手机的交通信息采集系统的工作流程如图 3-59 所示。

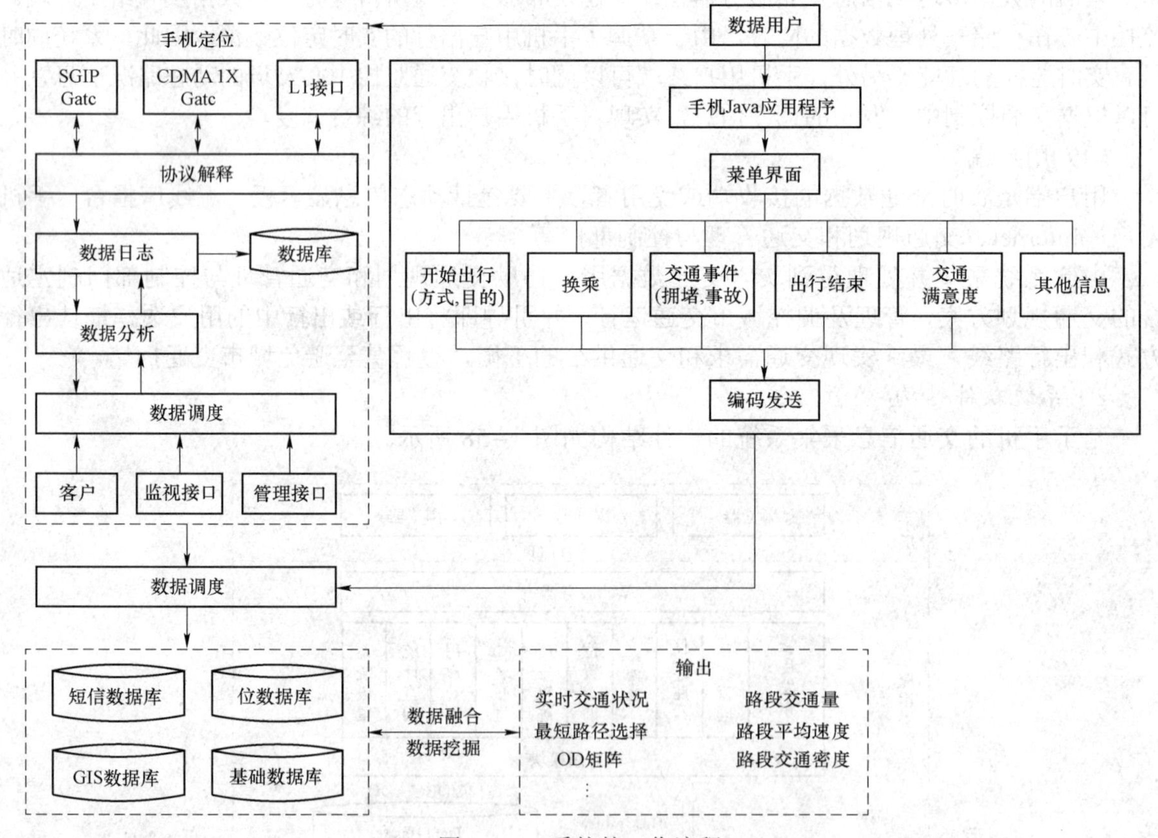

图 3-59 系统的工作流程

在图 3-59 中，基于手机的交通信息采集系统的数据处理流程主要包括五个模块：手机短信采集处理模块、手机定位数据处理模块、移动通信系统模块、数据库处理模块和数据输出模块。

（1）手机短信采集处理模块。

该模块功能是对手机短信数据进行处理，包括进入交通出行调查菜单、填写调查内容和发送信息三个部分。

本书利用 Java 语言开发手机嵌入式菜单，对用户出行情况进行调查。由于是对手机用户实时的出行情况调查，根据调查目的，菜单内容包括开始出行、出行方式、出行目的、出行小区、到达小区、换乘情况、途中交通事件、出行结束。

（2）手机定位数据处理模块。

本书采用 MT 方式对用户手机进行定位。当用户的手机处于开机状态，手机定位就会执行，采集手机的位置坐标和时间数据。如果手机有 GPS 功能，很容易利用 GPS 确定其位置所在：如果 GPS 定位功能无法工作，立刻切换到利用移动通信网络的 Cell–ID、AFLT 或其他定位方式实现手机位置定位。根据实际情况，定位间隔时间可以调整，可以是 5 s、10 s 或更多。每一次定位都会采集到手机的位置坐标和定位时间，并通过移动通信网络发送至交通控制中心服务器上。

（3）移动通信系统模块。

该模块具有数据链接作用，其功能是实现手机短信息和定位数据的传递。

（4）数据库处理模块。

手机短信息采集到的用户出行信息和手机定位采集到的位置和时间数据分别发送到控制中心服务器上的短信数据库（SMS DB）和定位数据库（Location DB），经过数据采集服务器的初步处理后，去除手机用户的真实号码并分配与各手机一一对应的 ID。结合基础数据库（Basic DB）和地理信息系统数据库（GIS DB）处理手机实时位置变化数据，利用地图匹配技术将手机实时位置点匹配到手机用户所行驶的路段上。这时的数据包括 ID、所在路段的位置、定位时间和利用手机菜单调查到的内容等，将此数据传送至数据处理服务器，处理后得到路段平均速度、路段交通量、路段交通密度、用户出行 OD 等待发布的交通数据。

（5）数据输出模块。

该模块的功能是实现数据的发布。

此模块将数据处理模块处理得到的交通数据，如路段平均速度、路段交通量等，发布至手机用户、可变情报板、无线广播台以及交通规划和交通管理与控制部门等。

从系统功能来看，基于手机的交通信息采集系统集 SMS、定位、通信、信息服务等多种功能于一体，承担了数据采集、数据处理、信息发布这一个完整的功能体系。

从系统作用来看，基于手机的交通信息采集系统是一个更加高效的、完整的系统，可以满足现行的城市交通管理和规划工作需求，以及城市交通智能化的信息需求。同时，基于手机的交通信息采集系统为手机技术提供了一个良好的应用扩展平台。

2. 基于移动通信网络的手机定位技术

移动通信网络的手机定位是通过检测手机和多个固定装置收发信机之间传播信号的特征参数（如电波场强、传播时间或时间差等）来估计出手机的几何位置，提供手机的位置坐标信息及定位精度估计、时间等辅助信息。

1）手机定位技术

目前基于移动通信网络的定位技术主要包括 Cell–ID、TDOA、A–GPS 和 AFLT。

（1）Cell–ID 定位技术。

基于 Cell–ID 的定位技术实现简单，不需要移动台提供任何定位测量信息，也无需对现有网络进行改动，只需要在网络侧增加简单的定位流程处理即可，目前这种定位技术已经在各移动网络中广泛使用。

该技术又称起源蜂窝小区（cell of origin）定位技术。每个小区都有自己特定的小区标识号

（Cell-ID），当进入某一小区时，移动终端要在当前小区进行注册，系统的数据中就会有相应的小区 ID 标识。系统根据采集到的移动终端所处小区的标识号来确定移动终端用户的位置。基于 Cell-ID 的定位方法中，移动用户的位置由其服务基站的位置信息确定。位置信息可以是小区 ID、服务区域 ID 或与服务小区有关的位置坐标。由于该技术根据移动台所处的 Cell-ID 来确定用户的位置，因此它的定位精度取决于蜂窝小区的半径大小，从几百米到几十千米不等。在农村地区，小区的覆盖范围很大，所以定位精度很差。在城区，小区覆盖范围较小，定位精度最大可提高为几百米。与其他技术相比，基于 Cell-ID 的定位方法精度最低，当需要精度较高的定位服务时，Cell-ID 就无法满足要求了。但是由于该技术投资较低，因此可以让移动运营商迅速进入定位市场。在今后的 3G 网络中，该技术将会与其他高精度的定位技术并存，以满足用户不同需求的定位业务。

（2）TDOA 定位技术。

TDOA（time difference of arrival）是一种应用于移动网络下的定位方式。在 GSM 网络中也有类似的定位方法，称为 EOTD（enhanced observed time difference）。TDOA 定位方法的基本原理是：移动台测量不同基站的下行导频信号，得到不同基站下行导频的 TOA（time of arrival），即所谓的导频相位测量。移动终端对基站进行监听并测量出信号到达两个基站的时间差，每两个基站得到一个测量值，根据该测量结果并结合基站的坐标，采用合适的位置估计算法，就能够计算出移动台的位置。实际的位置估计算法需要考虑 3 个或 3 个以上基站定位的情况，因此算法要复杂很多。一般而言，移动台测量的基站数目越多，测量精度越高，定位性能改善越明显。使用这种方法，需要移动台所测量的基站同时发出下行导频信号。因此，网络中的所有基站必须实现时间同步。一般可通过在基站安装 GPS 接收机或连接到时间同步网来实现基站的同步。

TDOA 的定位精度相比 Cell-ID 定位方法要高，但它的精度受到环境的影响。

在郊区和农村可以将移动台定位在 10～20 m 范围内；在城区由于高大建筑物较多，电波传播环境不好，信号很难直接从基站到达移动台，一般要经过折射或反射，下行导频信号的 TOA 也就出现了误差，因此定位精度会受到影响，定位范围为 100～200 m。一般情况 TDOA 定位响应时间在 3～6 s 之间。另外，TDOA 的方法存在局限：移动手机必须观察到最少 3 个基站信号，这个条件在基站密度稀疏的区域很难得到满足，同时当手机位于某个基站附近时，可能接收不到邻近基站的导频信号，这些对定位都有影响。

（3）A-GPS 定位技术。

A-GPS 技术是一种结合了网络基站信息和 GPS 信息对移动台进行定位的技术，可以在 2 G/2.5 G 和 3 G 网络中使用。该技术需要在用户端增加 GPS 接收机模块，同时要在移动网络上加设定位服务器、差分 GPS 基准站等设备。如果要提高该方案在室内等 GPS 信号屏蔽地区的定位有效性，还需要增添位置测量单元。

A-GPS 定位方式实现步骤如下：网络收到 GPS 辅助信息；网络将辅助信息发送到手机；手机得到 GPS 信息，计算并得出自身精确位置；手机将位置信息发送到核心网。A-GPS 解决方案的优势主要在其定位精度上。在室外等空旷地区，其精度在正常的 GPS 工作环境下，可达 5 m 左右，堪称目前定位精度最高的一种定位技术。该技术的另一优点为：首次捕获 GPS 信号的时间一般仅需几秒，不像 GPS 的首次捕获时间可能要 2～3 min。

（4）AFLT 定位技术。

AFLT（advanced forward link triangulation，前向链路三角定位法）是 CDMA 独有的技术，在定位操作时，手机/终端同时监听多个基站的导频信息，利用码片时延来确定到附近基站的距离，最后用三角定位法算出具体位置。AFLT 是由 Qualcomm/Snaptrack 利用 CDMA 全网同步、可以准确方便地测量相对时延、信号强度高的特点开发的，将扇区天线位置作为参考点进行定位计算。AFLT 解决了 A-GPS 在一些环境中（如高楼间、室内、地下等）可能仍不可用的问题。

以上定位技术中，基于 GSM 移动网络的有 Cell-ID 和 TDOA 定位技术。AFLT 定位是 CDMA 网络独有的技术。同时，为了提高定位服务质量，CDMA 推出了基于 CDMA 网络的 GPSOne 定位服务。

GPSOne 是美国高通公司为基于位置业务开发的定位技术，采用 Client/Server 方式。它将无线辅助 A-GPS 和高级前向链路 AFLT 三角定位法两种定位技术有机结合，实现高精度、高可用性和较高速度定位，称为混合定位技术（hybrid）。在这两种定位技术均无法使用的环境中，GPSOne 会自动切换到 Cell-ID 扇区定位方式，确保定位成功率。

通过各性能指标综合对比，采用 GPSOne 定位服务实现对手机的定位更加具有优势。下面是 GPSOne 定位的详细流程。

基于 GPSOne 定位技术实现移动通信网络对用户手机的定位包括两种方式：

① 应用服务器端发起对手机终端的定位请求（MT 方式）。

MT 方式是指定位监控管理系统侧配置专门的通信服务器（如控制中心服务器）和定位系统交互，对手机终端（MS）周期性发起的定位请求。在 MT 方式中，定位监控管理系统处于主动地位，有利于定位监控管理系统掌握手机用户的所在位置情况。

② 手机终端定位主动发起定位请求及应答（MO 方式）。

MO 方式是指是由安装在手机上的 BREW（binary runtime environment for wireless，无线二进制运行环境）程序定时请求自己的位置信息并通过 BREW 网关传送到本系统侧的通信服务器的方式。MO 方式有利于手机用户主动掌握用户的实时位置情况。

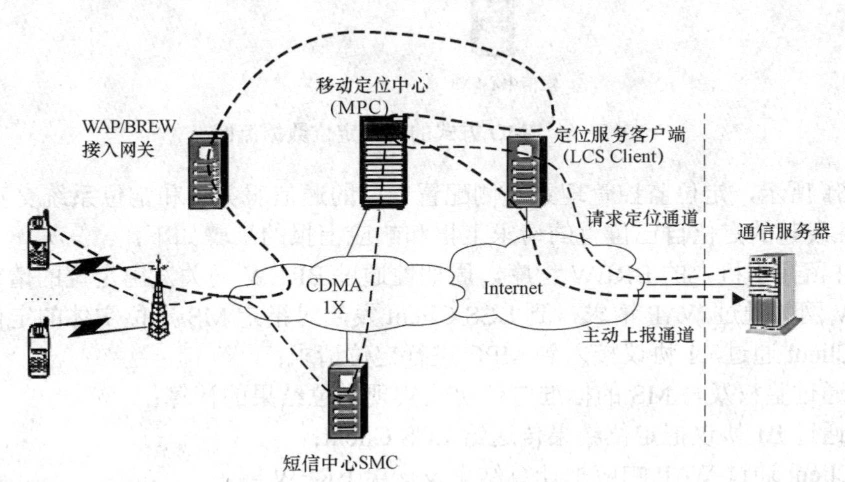

图 3-60　MT 方式的终端定位数据流图

如图 3-60 所示，定位监控管理系统侧配置专门的通信服务器和定位系统交互，对通信服务器发起的定位某手机终端（MS）的处理步骤如下：

① 通信服务器通过 TCP 连接与 LCS Client 互通，发出要求定位 MS 的请求；

② LCS Client 通过 L1 协议实现与 MPC 的定位请求；

③ 对 MS MT 方式的请求，MPC 通过短信中心给被定位的终端发短信，通知其自动定位；

④ MS 解析短信后会开始主动定位的处理流程；

⑤ MS 通过默认接入的 WAP 网关发起定位需求；

⑥ WAP 网关通过 WAP 请求，到 LCS Client 发起对 MS 定位实体的定位请求；

⑦ LCS Client 通过 L1 协议接入到 MPC 进行定位请求；

⑧ MPC 通过鉴权及与 MS 的标准定位协议实现定位结果的计算；

⑨ MPC 通过 L1 协议把定位结果传送给 LCS Client；

⑩ LCS Client 通过 TCP 连接把定位结果传送给应用系统侧的通信服务器。

MO 方式比较简单，是由安装在手机上的 BREW 程序定时请求自己的位置信息并通过 BREW 网关传送到本系统侧的通信服务器，如图 3-61 所示。

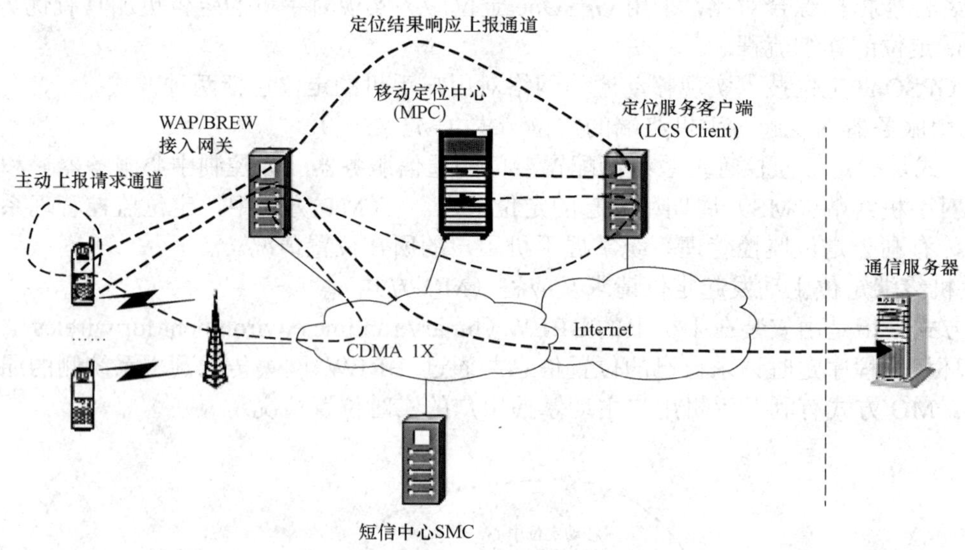

图 3-61 MO 方式的终端定位数据流图

如图 3-61 所示，定位监控管理系统侧配置专门的通信服务器和定位系统交互，对手机终端 MS 周期性发起的定位自己位置的请求上报和响应上报的步骤如下：

① 通过驻留在手机上的 BREW 程序，周期性通过 BREW 网关发出定位的请求；

② BREW 网关通过 WAP 请求，到 LCS Client 发起对指定 MS 定位实体的定位请求；

③ LCS Client 通过 L1 协议接入到 MPC 进行定位请求；

④ MPC 通过鉴权及与 MS 的标准定位协议实现定位结果的计算；

⑤ MPC 通过 L1 协议把定位结果传送给 LCS Client；

⑥ LCS Client 通过 WAP 响应把计算结果发送给 BREW 网关；

⑦ BREW 网关通过 BREW 协议下载到 MS；

⑧ MS 通过 BREW 网关上载定位信息并通过预先设置的定位监控管理系统 TCP 地址（IP 地址＋Port 号）发送定位结果到本系统通信服务器。

从通信技术角度出发，两者的定位原理基本相同，然而 MT 方式的定位与 MO 方式的定位相比：

① 减少了手机与通信服务器的交互，同时也相应地减少了系统流量的计费；

② 针对手机具备通用的程序，不需要为每种型号的手机开发专用的 BREW 终端程序。

2）定位数据的采集

利用移动通信网络提供的手机定位服务实现手机用户的实时跟踪与定位，由此完成手机用户出行信息的采集。将利用手机定位功能采集到的用户出行信息通过移动通信网络传送并储存到交通控制中心服务器的手机定位数据库中。此定位数据库中包含手机 ID、定位时间、手机位置经纬度坐标、回传间隔时间、定位半径等。

电子地图匹配技术是一种基于软件技术的定位修正方法，其基本思想是将定位轨迹与数字地图中的道路网信息联系起来，并由此确定相对地图的位置。由于手机定位技术存在一些固有缺陷，定位系统不可避免地会将手机定位位置偏离实际地点。因此，电子地图匹配的主要作用就是把手机定位数据同数字化地图所提供的道路位置信息相比较，通过适当的匹配过程确定出手机最有可能的所在路段以及手机在该路段上最大可能位置。

地图匹配既不完全与组合导航相同，也不同于单纯手机定位。应用地图匹配有两个前提：

① 用于匹配的数字地图精度较高；

② 假设被定位的手机用户在道路上行驶。

当上述条件满足时，可以把定位数据同数字地图的道路网数据比较，通过适当程序，判定手机最有可能所在的路段以及其在该路段中最有可能的位置。在手机定位系统中，通常需要将定位结果在地图上显示出来，以实现定位数据与数字地图的匹配。目前，我国地图绘制采取的是 BJ–54 坐标系，而原始定位数据通常是 WGS–84 坐标系下的坐标。因此，首先需要对定位信息进行坐标转换，再将转换后的坐标与地图坐标进行匹配，完成对手机用户的跟踪和定位。

（1）路段平均速度估计。

旅行时间和路段平均速度是评价路段交通运行状况、拥挤水平的重要指标。

由于手机短信功能采集到的手机用户出行信息包含了手机 ID 和用户出行方式，同时手机定位技术的每一采样数据中也包含了手机 ID，故集成数据库中每一采样数据中都包含了与用户 ID 对应的出行方式，如图 3–62 所示。

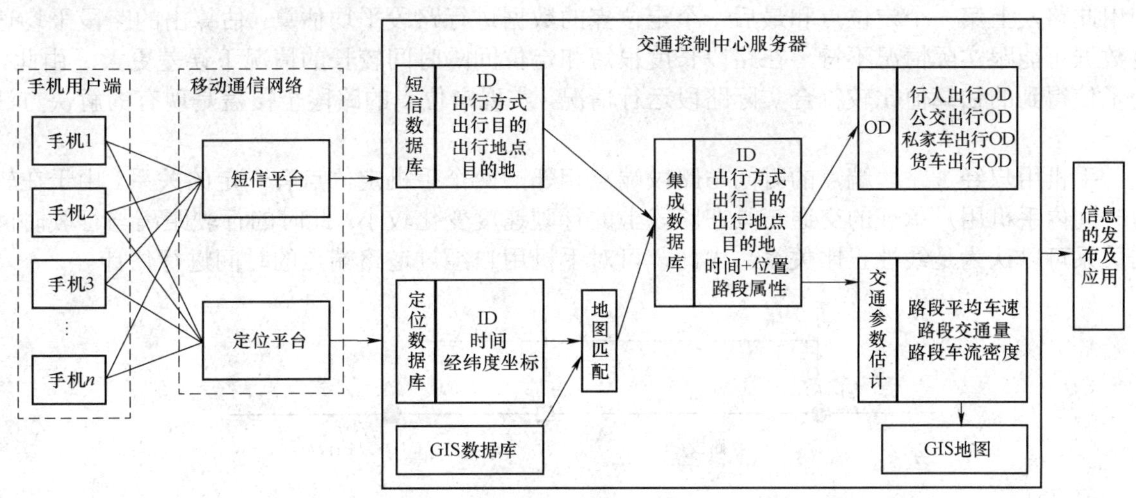

图 3–62 数据流图

由于手机定位数据是按照设定的间隔时间陆续上传到手机定位数据库中，所以手机定位数据采样是不连续的。

如图 3–63 所示，假设手机 j 在路段 i 上的离散时间续列 $l_{ij}t_m$ 是离散点采样数据的集合，L_i 为路段 i 的长度，$l_{ij}t_1$ 代表手机用户行驶在该路段上的第一定位的时间，$l_{ij}t_n$ 代表手机用户行驶在该路段上的最后一次定位的时间。

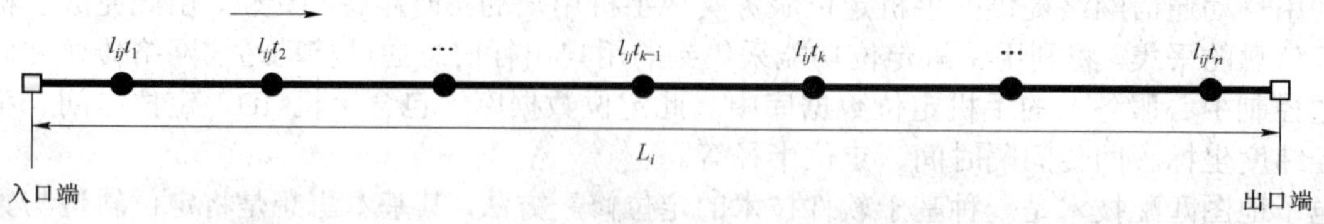

图 3-63 路段上手机定位点的分布

同时，在实际出行中，手机用户所行驶的路段并非都是直线，每条路段可能由多种道路线性连接而成。路段中的两个道路线连接点为节点，两节点间的距离 $l_{i,k}$ 是已知的，故路段长度 L_i 为路段中各节点间距离的和（如图 3-64 所示），即

$$L_i = \sum_{k=1}^{n} l_{i,k} \tag{3-94}$$

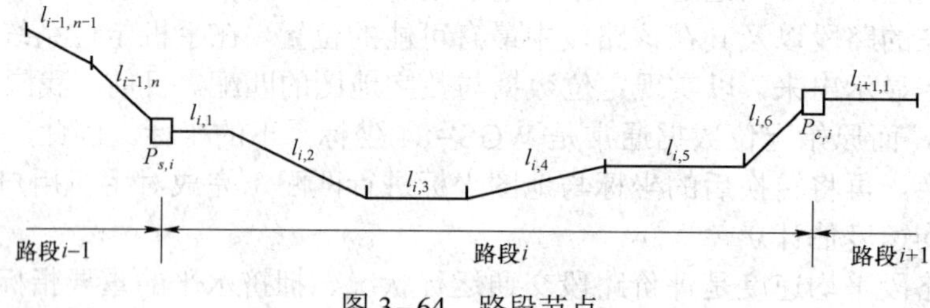

图 3-64 路段节点

通常，在手机用户经过某路段时的第一个定位点和最后一个定位点恰好是此路段的入口端点和出口的端点的概率非常小，正如图 3-64 所示，手机定位点没有完全覆盖此路段。如果只利用此路段上第一个定位点和最后一个定位点的数据进行路段平均估算，估算出的路段平均速度数据可能跟实际情况不符，在路段长度很短和定位间隔时间较长的情况下误差更大。由此，为了使得到的估算值比较符合实际路段运行情况，实现定位点的路段全覆盖是现有的解决方法之一。

手机用户经过路段端点的时间与路段端点相邻的两个手机定位点有一定的关系。由于在较短时间内手机用户承载的交通工具在路段上的行驶速度变化较小，此时的行驶距离与行驶时间的关系可以认为是线性正比关系。由此，可对手机用户经过道路端点的时间进行估计。

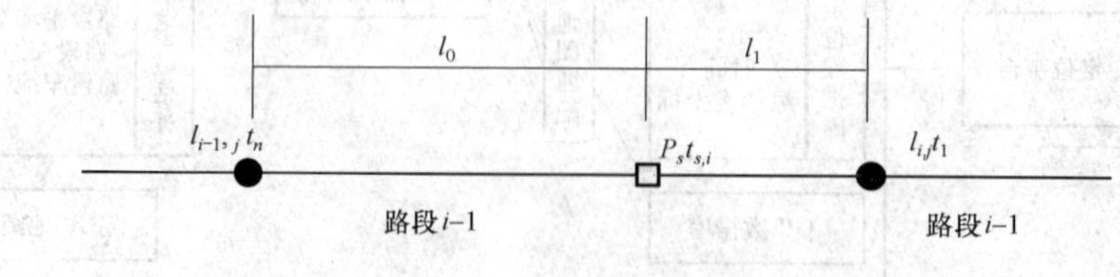

图 3-65 路段端点时间估计

在图 3-65 中，$l_{i-1,j}t_n$ 为路段 i−1 上最后定位时间点，$l_{i,j}t_1$ 为路段 i 上第一个定位时间点，$t_{s,i}$ 为手机用户经过路段 i 端点 P_s 的时间，l_0 为路段 i−1 上最后一个定位点与 P_s 的距离，l_1 为路段 i 上第一个定位点与 P_s 的距离。它们有以下关系

$$\frac{t_{s,i}-t_n}{l_0}=\frac{t_1-t_{s,i}}{l_1} \tag{3-95}$$

有

$$t_{s,i}=\frac{t_1 l_0 - t_n l_1}{l_0+l_1} \tag{3-96}$$

手机 j 在路段 i 端点 $P_{s,i}$ 的瞬时速度 v_s 是一个在较小范围内变化的值，在此区间内，其行驶距离与行驶时间的关系可以认为是线性正比关系，即其在端点附近的速度是连续的线性变化。即

$$\frac{v_{t_{s,i}}-v_{t_{n,i-1}}}{l_0}=\frac{v_{t_{1,i}}-v_{t_{s,i}}}{l_1} \tag{3-97}$$

有

$$v_{t_{s,i}}=\frac{v_{t_{1,i}} l_0 + v_{t_{n,i-1}} l_1}{l_0+l_1} \tag{3-98}$$

同理，实现对手机用户经过路段出口端点 $P_{e,i}$ 时的时间 $t_{e,i}$ 和速度 $v_{t_{e,i}}$ 的估算。据此，由路段长度 L_i 与手机用户在此路段的行驶时间得到路段平均速度

$$\overline{v}_{ij}=\frac{L_i}{t_{s,i}-t_{e,i}} \tag{3-99}$$

（2）交通量和交通密度估计。

交通量 Q、行驶速度 V、交通密度 K 是表征交通流特性的三个基本参数。在正常交通流的状况下，交通量 Q、交通密度 K 和路段平均速度 $\overline{v}$ 有以下关系

$$Q=K\overline{v} \tag{3-100}$$

流量、速度、密度三者之间的关系可以在二维空间中表示，如图 3-66 所示。交通量是指单位时间内通过道路或某一断面的交通实体数，亦称交通流量。交通密度与交通量不同，它表示道路空间上交通实体的密集程度，可用数学式表达为

$$K=\frac{N}{L} \tag{3-101}$$

式中：N——路段内的交通实体换算成的标准车辆数（辆）；L——路段长度（km）。且已知路段平均速度与交通密度有以下关系

$$\overline{v}=v_{\mathrm{f}}-\frac{v_{\mathrm{f}}}{K_{\mathrm{j}}}K=v_{\mathrm{f}}\left(1-\frac{K}{K_{\mathrm{j}}}\right) \tag{3-102}$$

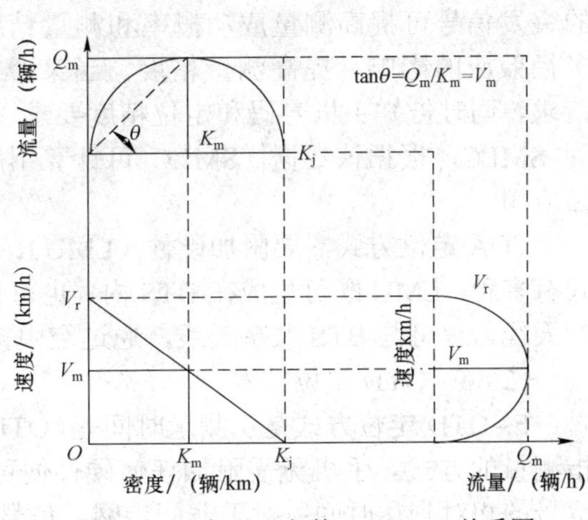

图 3-66 交通三参数 Q、V、K 关系图

式中：v_{f}——道路上车辆运行的畅行速度；K_{j}——阻塞密度。

综上，在已知路段平均速度的情况下，即可得出路段交通量与交通密度的值，实现对路段交通量和交通密度的估计。

手机定位系统按照提供服务的方式可以分为两种：自有手机定位系统与公用手机定位服务。公用手机定位服务一般由移动运营商来提供。有的定位系统是为某个企业和政府部门自己使用的定位系统，主要用于对人员、事件、案件、物品和车辆等的定位。这种定位方式广泛地

用于公安执法、城管部件定位、物流货物和车辆定位、长途车定位、紧急救援定位等。自有手机定位系统具有更加灵活、更易于控制的优势。定位系统往往与政府或企业内部网相连，提供与自身业务更加紧密相关的基于位置的服务，例如人员考勤、货物和事件定位，并可以利用系统的智能分析工具对其进行基于地理位置的分析和统计。这些都是公用手机定位服务无法实现的。

手机定位技术是利用移动通信网络和移动通信设备进行手机定位的，只要能够实现双向通信的移动通信系统都可作为这种定位系统的通信基础，如国内移动运营商较多采用的 GSM 系统、CDMA 系统等。

GSM 手机定位方式通常可分为基于网络方式和基于终端方式两种。从技术上可分为到达时间（TOA）、增强测量时间差（E-OTD）和 GPS 辅助（A-GPS）3 种方式。

（1）TOA 定位技术。

TOA 定位方式可在现有的任何手机上实现，手机无需做任何改动。

具体实现步骤：

① 要定位的手机发出一已知信号，三个或多于三个 LMU 同时接收该信号，已知信号是手机执行异步切换时发出的接入突发信号；

② 各 LMU 得到信号到达时的绝对 GPS 时间后，可得到相对时间差（RTD）；

③ 根据前两步的信息，SMLC 进行两两比较，计算突发信号到达时间差（TDOA），得出精确位置，并回到应用中。要通过三角计算得出手机精确位置，必须知道另外两个参数：LMU 的地理位置和各 LMU 之间的时间偏移量。例如各 LMU 必须提供绝对 GPS 时间，或在已知位置的地点放置参考 LMU 可得到实际时间差（RTD）参数。

LMU 用接入突发信号确定 TOA。当定位请求发出时，LMU 被选定，且配置正确的频率，以便接收接入突发信号。此时，手机在业务信道（可能会处于跳频方式）上，以特定功率发送 70 个接入脉冲（时长 320 ms）。各 LMU 通过多种方式实现和改善 TOA 的测量结果。利用收到的突发信号可提高测量成功概率和测量精度。采用分集技术（如天线分集和跳频），可降低多径效应的影响，提高测量精度。当某个应用需要知晓手机位置时，该应用向 SMLC 发出请求，同时告知手机号码和定位精度要求。被测量的 TOA 参数及其误差值一同被采集并发送到 SMLC，根据该数据，SMLC 可计算用所需要的手机位置，再将位置信息和误差范围发送回应用。

TOA 定位方式需要附加硬件（LMU），以达到精确计算突发信号到达时间的目的。实现方式有多种：LMU 既可集成在 BTS 内，也可作为单独设备。LMU 作为单独设备时，既可有单独的天线，也可与 BTS 共享天线，通过空中接口实现网络间通信。

（2）E-OTD 定位技术。

E-OTD 定位方式是从测量时间差（OTD）发展而来的，OTD 指测量所得的时间量，E-OTD 指测量的方式。手机无需附加任何硬件便可得到测量结果。对于同步网，手机测量几个 BTS 信号的相对到达时间；对于非同步网，信号同时还需要被一个位置已知的 LMU 接收。确定了 BTS 到手机的信号传输时间，即可确定 BTS 与手机之间的几何距离，然后再根据此距离进行计算，最终确定手机的位置。

实现步骤如下：

① 手机收到各基站发来的信号，得到 TOA 参数，LMU 得到 RTD 参数；

② 手机将 TOA 和 RTD 参数传送到 GSM 网；

③ OTD 测量需要用同步、标准且模拟的脉冲。当 BTS 发送的帧未被同步时，网络需要测量 BTS 之间的 RTD。为了进行精确的三角测量，OTD 测量和 RTD 测量（非同步 BTS 时）均

需要 3 个 BTS。获得 OTD 参数后，手机位置既可在网络中计算，也可在终端计算（要求手机具备各种必要信息）。前者称为手机辅助方式，后者称为手机自主方式。

通过手机或网络中的位置计算功能模块，实现位置计算。

（3）A–GPS 定位技术。

GPS 辅助定位方式实现步骤如下：GSM 网收到 GPS 辅助信息；GSM 网将辅助信息发送到手机；手机得到 GPS 信息，计算并得出自身精确位置；手机将位置信息发送到 GSM 网。

该方式有手机辅助方式和手机自主方式两种。

① 手机辅助 GPS 定位方式。

这种解决方案是将传统 GPS 接收器的大部分功能转移到网络处理器上实现。该方式需要天线、RF 单元和数据处理器等设备。GSM 网向手机发送一串极短的辅助信息，包括时间、可视卫星清单、卫星信号多普勒参数和码相位搜索窗口。这些参数有助于内置 GPS 模块减少 GPS 信号获得时间。辅助数据来自经手机 GPS 模块处理后产生的伪距离数据，且可持续数分钟。收到这些伪距离数据后，相应的网络处理器或定位服务器能大致估算出手机的位置。GSM 网增加必要的修正后，可提高定位精度。

② 手机自主 GPS 定位方式。

这种手机包含一个全功能的 GPS 接收器，具有前一种方式中手机的所有功能，再加上卫星位置和手机位置计算功能。运算开始时，需要的数据比手机辅助方式要多，这些数据能够持续 4 h 以上或根据需要进行更新，通常包括时间、参考位置、卫星星历和时间校验参数等。如果某些应用需要更高的精度，则必须持续（间隔约 30 s）向手机发差分 GPS（DGPS）信号。DGPS 信号在非常宽的地域范围有效，以一个参考接收器为中心可服务于较宽的地域范围。最终位置信息由手机本身计算得到，若需要，此定位信息可发送到其他任何应用中。

3. 基于手机定位的交通参数估计

手机定位功能已应用于多个领域，如紧急情况下的呼叫定位、ITS 中的车辆定位等。已有研究表明，手机定位数据可以利用于交通参数估计中。分析表明，定位信息的采样频率、定位精度和手机覆盖率达到一定要求时，可以将手机定位数据用于实时动态交通参数的估计，并可以取得较高的估计精度。

（1）定位频率。

手机定位频率可应用于交通参数估计中，使用采样频率为 30 s 的手机定位数据即可实现实时交通参数估计。

（2）定位精度。

美国 CAPITAL 运行测试研究了定位精度与交通参数估计的关系，该测试发现，手机定位的误差可以达到 100 m 之内；并随着基站提供信息的增加，定位精度将进一步提高。目前，GPS/蜂窝网混合定位的 GPSOne 的定位精度已经达到 5～50 m。

（3）手机覆盖率。

使用手机定位信息可通过手机覆盖率估计交通参数，仿真实验表明，装配车载手机车辆的覆盖率为 0.8 时，交通参数估计误差明显低于 0.4。

同时，法国 INRETS 使用交通流离散事件仿真，以决定实时交通参数估计对最小车载手机样本量的要求。仿真结果表明，若车辆的定位误差为 150 m，在简单路网环境下，当高速公路上的交通流中拥有车载手机车辆的覆盖率为 5%以上时，行程时间的估计误差可以达到 10%以内。装配手机定位系统的车辆越多，采样数量就越大，参数估计精度也更高。

随着我国移动通信网络覆盖率的增加、手机定位技术的发展，移动网络运营商提供的手机定位精度、定位频率将有所提高，可以达到高速公路管理所需的精确性和实时性要求。在此条件下，使用先进的计算机技术和数据处理技术可以实现采集信息的快速处理，从而实现交通参数的实时估计。

与道路断面检测法相比，手机定位技术检测法的优点在于：可以利用现有蜂窝网络的设备基础实现全天候、较大范围的道路交通参数检测，而不必在道路上安装昂贵的交通信息检测装置，可大大降低检测成本。

基于手机定位技术的交通流状态估计方法是：将具有车载手机的车辆作为交通信息检测单元，应用无线定位技术结合地图匹配技术，在信息中心实现这些车辆的实时定位，同时监测车辆在路网上的行驶状态。然后运用信息融合技术将其转化成信息检测单元所在路段的交通流量、速度和密度等参数，得到整个交通网络状态的分析，进而为有效进行高速公路管理提供决策依据。

早在 20 世纪 80 年代，发达国家就开始了利用无线技术进行信息检测的研究和试验，典型的如欧洲 Euro Scout、美国芝加哥地区的 ADVANCE 和韩国的 KORTIC 等，但是这些工作限于无线定位及通信技术方面的不够成熟而没有得到很好的结果。直到 20 世纪 90 年代，随着无线通信技术的长足发展，国际上这方面的工作才逐渐丰满。例如，美国华盛顿开展了 CAPITAL 项目，澳大利亚悉尼科技大学将手机车辆定位与 GPS 车辆定位进行了比较研究，法国交通研究机构 INRETS 也在 2000 年利用手机定位技术进行了交通流离散事件研究，新加坡道路交通局则利用 1 000 辆出租车作为信息检测车以获得简单的实时交通信息。

思考题

1. 地点车速和区间车速调查各有哪些方法？
2. 交通流自动检测器包括哪些？各自有何优缺点？
3. 传统交通检测技术有哪些？新型交通检测技术有哪些？它们有何差别？
4. RFID 技术在哪些领域得到了应用？你认为还可以利用 RFID 的领域和工业有哪些？
5. WiFi 在人们生活中的应用与日俱增，你认为在交通领域中有哪些方面可以利用 WiFi？设想 WiFi 如何在交通参数检测与统计中得到更深层次的应用。

本章参考文献

[1] 饭田恭敬. 交通工程学. 邵春福，杨海，史其信，等译. 北京：人民交通出版社，1994.
[2] 严宝杰. 交通调查与分析. 北京：人民交通出版社，1994.
[3] 邵春福. 交通规划原理. 北京：中国铁道出版社，2004.
[4] 袁振洲，魏丽英，谷远利. 道路交通管理与控制. 北京：人民交通出版社，2007.
[5] 陆化普. 城市交通现代化管理. 北京：人民交通出版社，1999.
[6] 刘志勇. 智能运输系统. 北京：人民交通出版社，2003.
[7] 何平. 道路交通管理新编. 成都：西南交通大学出版社，2006.
[8] 富立，范耀祖. 车辆定位导航系统. 北京：中国铁道出版社，2004.
[9] 刘伟铭. 高速公路系统控制方法. 北京：人民交通出版社，1998.

第2篇　技术篇

第4章　交通信息预处理技术

检测器采集到的原始数据都会存在一定质量问题，在数据应用之前要对原始数据进行整理，称为数据预处理。数据预处理可以改进原始数据的质量，提高数据融合后的精度。本章主要介绍交通数据预处理的两个主要步骤，分别为交通故障数据的识别和交通数据的处理。

4.1　交通故障数据识别技术

4.1.1　交通数据的问题分析

1. 产生原因

数据的质量对于道路交通诱导、交通管理与控制服务的有效性具有不可忽视的作用。道路交通系统采集到的交通流数据来源于检测器，虽然检测器技术日新月异地进步和发展，但是由于检测器硬件故障、噪声干扰和通信线路故障、自身性能等原因，以及道路交通系统是一个受出行方式、出行习惯，气象、环境因素及交通发展状况等因素影响的复杂的系统，具有高度随机性和不确定性，这些因素都有可能造成检测器采集到的数据不能真实反映道路交通状态，将这类数据称为交通故障数据。

通过对检测器获得的动态交通数据进行分析可知，出现交通故障数据的原因主要有两类：一是由于检测器或传输线路出现故障而引起的，这类故障通常表现为数据丢失或数据失真；二是由于道路中的突发交通事件对交通状况产生干扰，使交通流出现异常的波动。

因此，对交通数据的预处理可按以下两个步骤实施：首先，检验异源数据的合法性，排除数据采集过程中产生的误差；其次，采取一定的方法对丢失数据或错误数据进行修复或补充。

2. 常见数据问题

常见的交通数据问题包括不规则时间点数据、异常数据、缺失数据和冗余数据等。

（1）不规则时间点数据。

正常情况下，大多数据交通检测器会遵循一定的时间间隔进行数据的采集和传输，而在实际运行中，由于检测设备故障、通信网络异常、交通信息中心的软硬件问题等原因，导致数据中心记录的采集数据并不是固定周期，或记录的数据顺序发生变化。如浮动车检测器以 5 min 的间隔上传数据，而数据中心实际收到的数据间隔却小于或大于 5 min。不规则时间点数据会影响到数据的实时性。

（2）异常数据。

异常数据是指客观标准不能解释为合理的，明显偏离测量总体的个别测量值。异常交通数据可能是检测器和传输线路故障造成的，也可能与车辆未按交通管制行驶等原因有关。异常数据会影响到数据的准确性。

（3）缺失数据。

缺失数据主要表现为检测器没有采集到数据、检测器采集到但传输终端未能获得的数据、获得的单条数据的记录（时间字段、车牌字段、流量字段、速度字段、占有率字段等）存在缺失或不完整。缺失数据可以分为直接缺失和间接缺失。直接缺失往往是由检测器或网络故障等客观原因引起的，而间接缺失则是未能通过不规则时间点和异常数据检测而舍弃的数据。表 4-1 以环形线圈检测器为例介绍了其数据直接缺失的典型原因和时空特点。缺失数据会影响到数据的完整性。

表 4-1　环形线圈检测器直接缺失数据的典型原因与时空特点分析

<table>
<tr><th colspan="2" rowspan="2">典型原因</th><th colspan="2">特点分析</th></tr>
<tr><th>空间性质</th><th>时间性质</th></tr>
<tr><td colspan="2">频繁的施工建设破坏了检测设备</td><td>同一地点或同一路径上的连续几个地点</td><td>时间相当长（如几个月，取决于施工建设的类型）</td></tr>
<tr><td rowspan="3">检测器故障</td><td>检测器扫描频繁不稳定，无法正常检测车辆</td><td rowspan="3">一个或几个孤立的地点</td><td rowspan="3">时间可能较短，也可能较长（如几分钟到几周）</td></tr>
<tr><td>车辆过度密集造成检测器无法工作</td></tr>
<tr><td>检测器连续工作，出现间歇性工作故障</td></tr>
<tr><td colspan="2">检测器和数据中心间通信中断</td><td>一个或几个孤立的地点</td><td>时间较短（如少于几分钟）</td></tr>
<tr><td colspan="2">数据存储系统故障（硬件或软件失灵）</td><td>所有地点</td><td>时间较短（如几小时到少于一天）</td></tr>
</table>

（4）冗余数据。

冗余数据是指数据中心得到的数据同时指向某一交通目标，并且数据有相同或相似的时空或数值。交通冗余数据可分为单检测器冗余和多检测器冗余。单检测器冗余主要指检测器检测到的数据集的记录在某些交通参数上的值相等或足够相似，即一条数据被多次记录或重复上传。多检测器冗余通常是因为检测器分布不合理造成采集到的交通数据相互重叠。冗余数据会影响到数据的有效性。

针对交通数据存在的问题，需要通过数据处理方法进行检查和校正。原则上，交通数据的检查和校正应遵循以下步骤：

① 数据检查。给予一定的判定规则，检查各类检测器获得的数据是否存在问题，如利用阈值法识别异常交通数据。

② 数据重构。对不规则时间点数据、异常数据和缺失数据进行处理，一般情况下是通过合适的数据对问题数据进行代替，如利用历史平均法对异常数据进行修正。

③ 数据校正。对重构后数据的有效性和一致性重新检查，如果存在问题，则返回到步骤②，直到满意为止。

4.1.2　故障数据的识别方法

根据交通流故障数据的产生原因，故障数据可以分为以下 3 类：缺失数据、异常交通状况数据和错误数据。在通常情况下，由于检测器或传输线路出现故障而导致的数据故障是比较容易识别的，而对于由交通事件引起的数据故障的识别相对比较困难。

缺失数据是指在应该采集到交通数据的时刻，无法获得全部或部分交通数据的情况；异常交通状况数据是指在交通事件影响下，数据的变化趋势长期偏离正常状态的交通数据。不是错误数据，可反映真实的交通流运行情况，但会影响对错误数据的评价和其他交通模型对修正后数据的运用方式；错误数据，是指在某个单独采样间隔中发生了不符合常理突变的交通数据，通常是由于检测器、传输线路故障，以及车辆未按交通管制行驶等原因造成。交通故障数据识别方法主要有统计判别法、物理判别法、阈值法和交通机理分析法。

1. 统计判别法

给定一个置信概率，并确定一个置信区间，如超过此区间可认为不属于随机误差范围，将其视为异常数据，包括拉依达准则和狄克逊准则。

1）拉依达准则

如果检测数据的总体 X 服从正态分布时，则有

$$P(|x-\mu|>3\sigma)\leqslant 0.003 \tag{4-1}$$

在实验数据中，出现大于 $\mu-3\sigma$ 或小于 $\mu-3\sigma$ 数据的概率很小。若测量次数有限，测量误差大于 3σ 即可判定数据为错误数据。

拉依达准则的计算方法分为 5 步，首先获取一组服从正态分布的交通检测数据。

第一步：计算均值

$$\bar{X}=\sum_{i=1}^{n}X_i/n \tag{4-2}$$

第二步：计算残差

$$V_i=X_i-\bar{X} \tag{4-3}$$

第三步：计算标准差

$$\sigma=\sqrt{\frac{1}{n-1}\sum_{i=1}^{n}V_i^2} \tag{4-4}$$

第四步：判断某个测量值，若

$$|V_i|=|X_i-\bar{X}|>3\sigma \tag{4-5}$$

则认为属于不合理值，剔除。

第五步：剔除该数据后，重新计算平均值和标准差再次判断，直至剩余数据中不含有大误差的值。

2）狄克逊准则

适用于小样本，通过极差比判定。认为异常数据应该是最大数据和最小数据，将数据按大小排列，检验最大数据和最小数据是否为异常数据。计算方法主要为：

第一步：将服从正态分布的检测数据 x_i 按值的大小排列 $X(1)\leqslant X(2)\leqslant\cdots\leqslant X(n)$。

第二步：按以下公式计算 r_{ij}、r_{ij}' 值，再与表中 $D(\alpha,n)$ 进行比较。若 $r_{ij}>r_{ij}'$，$r_{ij}'>D(\alpha,n)$，则判断为异常值。

r_{ij} 公式		n	$R(\alpha,n)$	
$X(1)$可疑时	$X(n)$可疑时		α=0.01	α=0.05
$r_{10}=\frac{x(2)-x(1)}{x(n)-x(1)}$	$r'_{10}=\frac{x(n)-x(n-1)}{x(n)-x(1)}$	3	0.988	0.941
		4	0.889	0.765
		5	0.780	0.642
		6	0.698	0.560
		7	0.637	0.507
$r_{11}=\frac{x(2)-x(1)}{x(n-1)-x(1)}$	$r'_{11}=\frac{x(n)-x(n-1)}{x(n)-x(2)}$	8	0.683	0.554
		9	0.635	0.512
		10	0.597	0.477
$r_{21}=\frac{x(3)-x(1)}{x(n-1)-x(1)}$	$r'_{21}=\frac{x(n)-x(n-2)}{x(n)-x(2)}$	11	0.679	0.576
		12	0.642	0.546
		13	0.615	0.521
$r_{22}=\frac{x(3)-x(1)}{x(n-2)-x(1)}$	$r'_{22}=\frac{x(n)-x(n-2)}{x(n)-x(3)}$	14	0.641	0.546
		15	0.616	0.525
		16	0.595	0.507
		17	0.577	0.490
		18	0.561	0.475
		19	0.547	0.462
		20	0.535	0.450
		21	0.524	0.440
		22	0.514	0.430
		23	0.505	0.421
		24	0.497	0.413
		25	0.489	0.406
		26	0.486	0.399
		27	0.475	0.393
		28	0.469	0.387
		28	0.463	0.381
		30	0.457	0.376

n	$D(\alpha,n)$		n	$D(\alpha,n)$	
	α=0.01	α=0.05		α=0.01	α=0.05
3	0.994	0.970	10	0.635	0.530
4	0.926	0.829	11	0.709	0.619
5	0.821	0.710	12	0.660	0.583
6	0.740	0.628	13	0.638	0.557
7	0.680	0.569	14	0.670	0.586
8	0.717	0.608	15	0.647	0.565
9	0.672	0.564	16	0.627	0.546

续表

n	D(α,n)		n	D(α,n)	
	α=0.01	α=0.05		α=0.01	α=0.05
17	0.610	0.529	24	0.526	0.451
18	0.594	0.514	25	0.517	0.443
19	0.580	0.501	26	0.510	0.436
20	0.567	0.489	27	0.502	0.429
21	0.555	0.478	28	0.495	0.423
22	0.544	0.468	28	0.489	0.417
23	0.535	0.459	30	0.483	0.412

2. 物理判别法

物理判别法主要分为断面交通流检测数据判别和路段行程时间检测数据判别两类。

1）断面交通流检测数据判别

断面交通流检测数据判别，不满足以下 3 种情况之一为异常数据。

（1）车辆以一定速度通过检测器，此时交通流量＞0，车速＞0，占有率＞0；

（2）没有车辆通过检测器，此时交通流量=0，车速=0，占有率=0；

（3）有车辆停止在检测器上一段时间，交通流量=0，车速=0，占有率=100%。

2）路段行程时间检测数据判别

行程时间的最小值定义为在自由流状态下，车辆以最大合理速度行驶通过特定路段所用的时间；行程时间的最大值则因道路的等级、控制类型、道路交通状态而不同。

高速公路行程时间的合理范围为

$$\frac{l}{f_v v_m} \leqslant t_p \leqslant \frac{l}{v_b + \varepsilon} \tag{4-6}$$

式中：t_p 为行程时间，s；l 为路段长度，m；v_m 为路段规定的限制速度，m/s；f_v 为修正系数；v_b 为当路段的下游发生阻塞时，沿此路段行驶的平均行程速度，m/s；ε 为大于 0 的一个极小实数，以免当 $v_b = 0$ 时，算法溢出。

城市主干道行程时间的合理范围为

$$\frac{l}{f_v v_m} \leqslant t_p \leqslant \frac{l}{l_q c} + t_{max} \tag{4-7}$$

式中：t_p 为行程时间，s；l 为路段长度，m；f_v 为修正系数；v_m 为路段规定的限制速度，m/s；l_q 为排队中车辆的平均长度，即排队长度与排队车辆数之比，需通过实地调查得到；c 为道路通行能力，辆/s；t_{max} 为红灯信号时间，s，对于有信号控制路段，取值为最大红灯时长，对于无信号控制路段，可根据实地观测车辆在交叉口的延误时间确定该指标。

3. 阈值法

阈值法是一种应用比较广泛的方法，是综合分析道路的设计规范和检测器自身工作原理对采集的交通参数给定合理的阈值，将采集到的数据与上下阈值进行对比，判断数据是否合理，如果超过阈值则认为该数据是异常数据。比如一条路段的占有率最大值为 100%，最小值为 0；流量最大值为 2 000 辆/h，最小值为 0 等。这种算法是对检测器采集的数据进行独立检验，适合实时在线计算。下面列出了固定交通检测器数据的合理范围。

1）流量

由于受到道路最大通行能力的限制，所以路段和交叉口存在允许的最大交通流量。因此当检测到的交通流量超过允许的最大值，则认为该数据为异常数据。定义交通流量 q_d 有效范围是

$$0 < q_d < f_c c T \tag{4-8}$$

式中：q_d 为交通流量，辆；f_c 为交通流量的修正系数，一般为 1.3～1.5；c 为道路通行能力，辆/h；T 为检测器采集数据的时间间隔，h。

2）时间占有率

根据时间占有率的定义，即车辆占用检测器的时间与检测器全部工作时间的比值，对于固定交通检测器检测到的占有率 O_d，其值一般满足下列条件

$$\begin{cases} 0 \leqslant O_d \leqslant 100\% \\ 0 \leqslant O_d \leqslant 3\,600TS \end{cases} \tag{4-9}$$

式中：T 为检测的时间间隔，h；S 为检测器的扫描频率，即每秒脉冲次数。

3）地点平均速度

实际中道路对车速也有一定的限制，对于固定交通检测器的速度参数 v_d，其取值范围一般位于如下区间

$$0 \leqslant v_d < f_v v_m \tag{4-10}$$

式中：f_v 为修正系数，一般取 1.3～1.5；v_m 为路段规定的限制速度，km/h，不同等级道路的限制速度随道路等级的不同而不同。

以北京市为例，由城市道路工程设计规范建议标准速度下快速路的理论通行能力推荐值可知，若快速路的通行能力为 2 100 辆/（h • 车道），即 70 辆/（2 min • 车道）。根据阈值法计算可得，该路段流量的阈值可以设定为 80 辆/(2 min • 车道)，时间占有率的有效范围为[0, 100%]。城市道路工程设计规范建议标准速度下快速路的理论通行能力推荐值如表 4-2 所示。

表 4-2　快速路的理论通行能力推荐值

设计车速/（km/h）	60	80	100
基本通行能力/［辆/（h • 车道）］	1 800	2 100	2 200

4）平均有效车辆长度

对于固定检测器检测得到的车辆长度，一般应满足式（4-11）和式（4-12）

$$l_{\mathrm{ave}} = 1\,000 \times V \times \frac{O}{Q} \tag{4-11}$$

$$l_{\mathrm{ave}} \in \left[l_{\mathrm{ave,\,min}}, l_{\mathrm{ave,\,max}} \right] \tag{4-12}$$

式中：l_{ave} 为平均有效车辆长度，m，根据经验，l_{ave} 取值范围为[2, 22]；V 为平均车速，km/h；O 为占有率，%；Q 为流量，pcu/h。

5）道路拥挤长度

道路拥挤长度是指车辆以低于拥挤状态时的临界速度（$v < v'$）连续行驶过的距离。一般情况下拥挤长度不应该超过路段的长度。但由于在路段长度测量中存在误差，因此，l_c 的合理范围为

$$0 \leqslant l_c \leqslant l + \varepsilon_1 \tag{4-13}$$

式中：l_c 为道路拥挤长度，m；l 为路段长度，m；ε_1 为路段长度测量所产生的最大误差，m。

阈值法的特点是计算简单，适合在线计算，但异常数据的识别率比较低，且落在阈值规定区域内的点并不一定是正确数据。

4. 交通机理分析法

通过阈值法可以识别出交通参数不在给定范围内的异常数据，而落在上下阈值规定区域的点并不一定是正确数据，比如当数据为 0 时，就不能正确判断数据的合理性，交通机理法正好可以解决这类问题。基于交通流机理法的异常数据判断，以交通流理论为基础，判断采集到的交通流参数之间的关系是否符合既有规律，对两个甚至多个参数进行同时考察。根据交通流机理法确定的判定规则主要有交通流参数的一致性检验、流量和占有率的关系模型、流量和速度关系模型、行程时间和拥挤长度关系模型（如可根据图 4–1 的流量–密度–速度基本图进行异常数据的判断）。如果检测器获得的数据不能满足这些规则中的一个或几个，则这些数据可能是异常值。

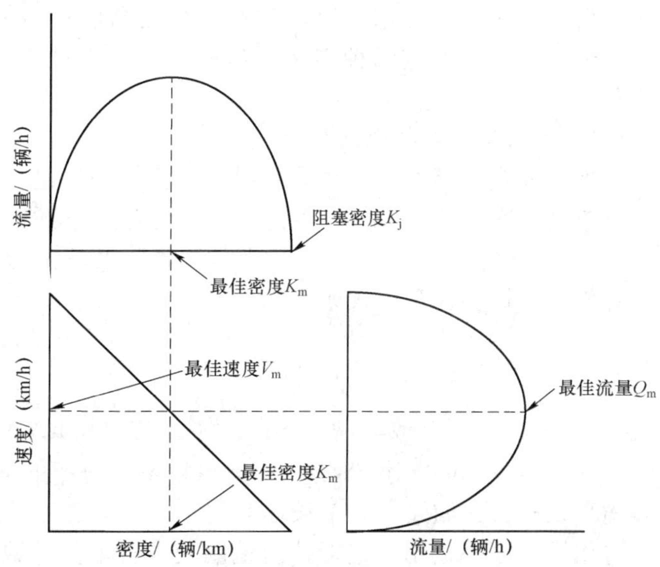

图 4–1　流量–密度–速度基本图

（1）交通流参数的一致性检验。

若交通数据的流量为 0，地点车速为 0，时间占有率大于 0 且小于 95%时，可归类为异常数据样本；若交通数据的流量不为 0，地点车速为 0，可归类为异常数据样本；若交通数据的流量为 0，地点车速不为 0，可归类为异常数据样本；若交通数据的流量大于 q，地点车速不为 0，时间占有率为 0，可归类为异常数据样本，q 的取值大小与实际道路车流量及检测器有关，通常取 5 辆/（min·车道）。

（2）流量和占有率关系模型。

$$aO_d^2 + bO_d - k_s\sigma_s \leqslant q_d \leqslant aO_d^2 + bO_d + k_s\sigma_s \tag{4-14}$$

式中：a 和 b 为模型参数，由历史数据回归分析得到；O_d 为时间占有率；σ_s 为流量的标准偏差，pcu；k_s 为标准偏差的修正系数；q_d 为交通流量，pcu。

（3）流量和速度关系模型。

$$\frac{1}{a\left(1-\dfrac{q_d}{c}\right)} + \frac{fb}{1-\dfrac{q_d}{\lambda S}} - k_v\sigma_v \leqslant \frac{1}{v_d} \leqslant \frac{1}{a\left(1-\dfrac{q_d}{c}\right)} + \frac{fb}{1-\dfrac{q_d}{\lambda S}} + k_v\sigma_v \tag{4-15}$$

式中：a 和 b 为模型参数；c 为道路通行能力，pcu/h；f 为每公里道路信号交叉口数；λ 为绿信比；S 为饱和流率，pcu/h；v_d 为车辆速度，km/h；σ_v 为速度的标准差，km/h；k_v 为标准偏差的修正系数；q_d 为交通流量，pcu。

（4）行程时间和拥挤长度关系模型。

$$\frac{l}{a_1\dfrac{N_1 l_c}{c} + a_2\dfrac{l-l_c}{v_m} + a_3} - k_a\sigma_a \leqslant \frac{1}{t_p} \leqslant \frac{l}{a_1\dfrac{N_1 l_c}{c} + a_2\dfrac{l-l_c}{v_m} + a_3} + k_a\sigma_a \tag{4-16}$$

式中：a_1、a_2、a_3为模型参数；N_1为车道数；l为路段长度，m；l_c为道路拥挤长度，m；c为道路通行能力，pcu/h；v_m为路段规定的限制速度，km/h；t_p为行程时间，h；σ_a为行程时间的标准差，h；k_a为标准偏差的修正系数。

交通流机理法算法简单，适合在线数据处理，但该方法的规则制定非常关键，且交通参数的关系难以确定。

阈值法与交通流机理法相结合也是异常数据处理的常用方法之一，首先采用阈值法剔除不合理数据，然后用交通流机理法对剩余数据进行相关检验。该组合方法使得异常数据剔除率大大提高，但由于这两种方法都是只针对某一时刻单个点的数据检验，所以仍会有异常数据被漏掉。

1）平均有效车辆长度估计

平均有效车辆长度估计是利用交通流相关理论，通过速度、流量和占有率等参数的关系，计算车辆平均有效长度的一种方法。平均有效车辆长度可以在实际调查中获得，因此可以确定其有效长度区间，若计算的平均有效车辆长度超出有效区间，则认为该组数据为异常数据。平均有效车辆长度计算公式如下

$$l_{\text{ave}} = 10 \times \frac{v \cdot o}{q} \tag{4-17}$$

式中：l_{ave}为平均有效车辆长度；v为速度，km/h；o为占有率；q为流量，辆/（h·车道）。

式（4-17）可以用于对速度、流量以及占有率的估计，由流量、速度、占有率根据式（4-17）得出平均车长，如果平均车长在区间［5, 12］之外时，归类为异常数据。同时由式（4-17）可以看出该方法不适用于速度、流量以及占有率任一数据为0的情况。

2）置信距离检验法

对于同一断面对检测器检测到的同一参数可应用置信距离检验法（也称为“决策距离比较法”）进行异常数据处理。置信距离检验法将多个检测器的决策值按照一致性融合的思路，先求“决策距离”及最大检测器连接组，再求最优融合解，并得出最终结果。

假定检测器i的测量值的概率分布由高斯概率分布函数描述

$$P_i(x) = \frac{1}{\sqrt{a}\sigma_i} \exp\left[\frac{-1}{2\sigma_i^{\,2}}(x - x_i)^2\right] \tag{4-18}$$

式中：a为模型参数；x_i为检测器i的测量值；$\sigma_i^{\,2}$为对应的方差。

现有两个检测器i和j，概率分布为$P_i(x)$和$P_j(x)$，两者的检测方差不同，即$\sigma_i^{\,2} \neq \sigma_j^{\,2}$，$x_i$和$x_j$表示检测器$i$和$j$的测量值，定义条件概率$P_{ij}$形式如下

$$P_{ij} = P_i(x_j \mid x_i) \tag{4-19}$$

类似的，定义P_{ji}

$$P_{ji} = P_j(x_i \mid x_j) \tag{4-20}$$

$P_{ij} = P_i(x_j \mid x_i)$表示基于检测器$i$的测量值$x_i$下的监测器$j$的测量值的概率精度；$P_{ji} = P_j(x_i \mid x_j)$表示基于检测器$j$的测量值$x_j$下的检测器$i$的测量值的概率精度。它们的大小分别表示两检测器之间的相互支持度，即若$P_{ij} > P_{ji}$，表示检测器i对检测器j强支持，检测器j对检测器i弱支持。

因为多检测器得到的数据有不确定性存在，必须在不同检测器中找到一定的关系，如果检测器获得的数据互相接近，就可以把它们融合在一起。基于以上分析，定义决策距离d_{ij}和d_{ji}作

为检测其数据是否可以用于融合的判断标准

$$d_{ij} = 2\int P_i(x \mid x_i) P_i(x_i)\mathrm{d}x \tag{4-21}$$

$$d_{ji} = 2\int P_j(x \mid x_i) P_j(x_j)\mathrm{d}x \tag{4-22}$$

通过决策距离可以衡量各检测器之间的互支持度，但由于检测器的决策值是由其概率来描述的，需要给出在测量值 x_i 下随机变量 x 的条件概率 $P_i(x \mid x_i)$，这在工程中往往是不可能的。可以根据经验，将任意两个检测器之间的决策距离 d_{ij} 和 d_{ji} 采用式（4–23）描述

$$d_{ij} = 2\left|\left(u_i - \frac{1}{2}\right)(u_j - u_i)\right| \tag{4-23}$$

$$d_{ji} = 2\left|\left(u_j - \frac{1}{2}\right)(u_i - u_j)\right| \tag{4-24}$$

式中：u_i 和 u_j 分别为检测器 i 和 j 的独立决策值。

据此，可以得到 m 个检测器的决策距离矩阵 $\boldsymbol{D}$

$$\boldsymbol{D} = \begin{bmatrix} d_{11} & \dots & d_{1m} \\ \vdots & & \vdots \\ d_{m1} & \dots & d_{mm} \end{bmatrix} \tag{4-25}$$

通过对每个决策距离 d_{ij} 的评价，可以进一步得到关系矩阵 $\boldsymbol{R}$

$$\boldsymbol{R} = \begin{bmatrix} r_{11} & r_{12} & \cdots & r_{1m} \\ r_{21} & r_{22} & \cdots & r_{2m} \\ \vdots & \vdots & & \vdots \\ r_{m1} & r_{m2} & \cdots & r_{mm} \end{bmatrix} \tag{4-26}$$

式中：r_{ij} 的值表示决策距离 d_{ij} 的值是否满足预期要求，满足为 1，不满足为 0，即

$$r_{ij} = \begin{cases} 0 & i = j \text{ 或 } d_{ij} > r \\ 1 & d_{ij} < r \end{cases} \tag{4-27}$$

式中：r 为根据经验确定的阈值，用它与决策距离 d_{ij} 做比较以确定 r_{ij} 的值。

关系矩阵 $\boldsymbol{R}$ 可以用有向图表示，以所选的检测器作为节点，如果 $r_{ij} = 1$，那么，画一个从节点 i 到节点 j 的箭头。完整的有向图是表示所有被使用的检测器之间关系的直观图形。

对于检测器 i 和检测器 j，共存在三种关系：① $r_{ij} = r_{ji} = 0$，表明检测器 i 和检测器 j 相互独立；② $r_{ij} = 1$，r_{ji}=0，表明检测器 i 对检测器 j 强支持，检测器 j 对检测器 i 弱支持；③ $r_{ij} = r_{ji} = 1$，表明检测器 i 与检测器 j 相互强支持。由此便可以确定有向图的最大检测器连接组，融合其中的检测器数据将得到较精确的估计值。所有与最大检测器连接组相互独立的检测器被剔除，所有被最大检测器连接组弱支持的检测器被怀疑。确定了检测器连接组之后，就可以采用各种最优融合方法合并这些检测器的测量数据，以达到对被测对象全面一致的估计，置信距离检验法主要用来判断来自同一断面的多检测器信息是否可以融合，排除较大的误差值，以提高融合后数据的精度。

3）有序样本聚类

聚类算法的基本思想是将类似的值组织成群，称为“聚类”。如果值落在聚类几何之外则被视为孤立点，如可以把一天的交通流量曲线、占有率曲线和速度曲线分成许多小的具有相同

交通特性的时间段，然后在这些小的时间段中根据交通特点来定位异常的交通数据。

由于交通数据按时间采集是有序的，因而对于交通数据的聚类算法是有序样品的聚类分析，也称为分割法。分割法按照不同的分割规则可分为多种，下面介绍最优分割法。

将有序样本$X_1, X_2, \cdots, X_n$分割成k段，称为对该有序样品的k分割，表示为$S_n(k \mid a_1, a_2, \cdots, a_{k-1})$。第一段包含的样品为$X_1, X_2, \cdots, X_{a_1}$，其平均值为

$$X(1, a_1) = \sum_{i=1}^{a_1} X_i / a_1 \tag{4-28}$$

第二段为$X_{a_1+1}, X_{a_1+2}, \cdots, X_{a_2}$，其平均值为

$$X(a_1+1, a_2) = \sum_{i=a_1+1}^{a_2} X_i / (a_2 - a_1) \tag{4-29}$$

第k段为$X_{a_{k-1}+1}, X_{a_{k-1}+2}, \cdots, X_n$，其平均值为

$$X(a_{k-1}+1, n) = \sum_{i=a_{k-1}+1}^{n} X_i / (n - a_{k-1}) \tag{4-30}$$

如果$X(i, j)$为样品$X_i, X_{i+1}, \cdots, X_j$的平均值，$V(i, j)$为样品对$X(i, j)$的离差平方和（称为变差），则有

$$X(i, j) = \sum_{c=i}^{j} X_c / (j - i + 1) \tag{4-31}$$

$$V(i, j) = \sum_{c=i}^{j} \left[X_c - X(i, j)\right]^2 \tag{4-32}$$

设一样品序列有n个因子，进行k分割，那么分割方法有多种，总数为C_{n-1}^{k-1}。

在所有的k分割中，使总变差达到最小的分割称为最优k分割。其中，总变差为

$$V_{总} = V(1, a_1) + V(a_1+1, a_2) + \cdots + V(a_{k-1}+1, n) \tag{4-33}$$

经过有序样本聚类后，流量、占有率、速度曲线分别被分成若干个类，类与类之间的分界点恰恰是可能异常值的所在位置，因为它们与相邻点的特性有较大差别。当然，这些分界点也有可能是交通事件发生点，所以需要结合相应的事件检测信息来确定这些可疑点是否为异常数据。

4.1.3 故障数据的修复方法

1. 不规则时间点数据修复方法

不规则时间点数据会对数据的时间点判断造成障碍，影响后续数据的同步应用，所以须进行正确的时间点修复。

不规则时间点数据是通过将所采集到的原始数据样本中的事件记录值字段与正常情况下采集时间点进行对比完成识别。

$$\frac{T_{t-s}}{T} = n \tag{4-34}$$

式中：T_{t-s}为s检测器在t时刻的时间记录值；T为检测器采集周期。

若n为整数，则原始样本为规则时间点数据；反之，则为不规则时间点数据。不规则时间

点具体表现为，样本采集时间左偏于正常周期时刻，或者右偏于正常周期时刻。

假设 ΔT 为检测器采集周期，T_{p-s} 是 T_{t-s} 时刻相距最近的正常采集周期时间点，则 T_{t-s} 满足

$$T_{p-s}-\Delta T < T_{t-s} < T_{p-s}+\Delta T \tag{4-35}$$

当 $T_{t-s}\in(T_{p-s}-\Delta T, T_{p-s})$ 时，T_{t-s} 为左偏时间点；当 $T_{t-s}\in(T_{p-s}, T_{p-s}+\Delta T)$ 时，T_{t-s} 为右偏时间点。

设 ΔT_{d} 为容许左（右）偏最大值，当 T_{t-s} 满足式（4–36）时

$$\left|T_{t-s}-T_{p-s}\right| \leqslant \Delta T_{\mathrm{d}} \tag{4-36}$$

则认为该时间点在容许偏离的范围，将时间点记录值改为 T_{p-s}；反之，则该样本不予使用，视为丢失数据。

其中，ΔT_{d} 是由用户期望保留原始数据的比例及原始样本事件记录值总体分布确定的。设数据使用者保留原始数据的比例期望为 P，以一天的原始样本事件记录值为例，其中数据采集周期为 T，则一天的样本数量为 n，对于容许左（右）偏最大值的计算可以采取从 0 开始，以 b 为步长，依次递增的方式连续取值到 ΔT_{d}，直至满足式（4–37）

$$\frac{\sum_{p=1}^{n}\theta\left(\left|T_{t-s}-T_{p-s}\right| \leqslant \Delta T_{\mathrm{d}}\right)}{n} \geqslant P \tag{4-37}$$

式中：$n=\dfrac{86\,400}{T}$；$\theta(*)$ 为在 T_{p-s} 时刻满足在 ΔT_{d} 偏差范围内的原始样本数目。

2. 异常数据修复方法

异常数据处理时应尽可能地保留原始数据的特征，最大限度地降低误判率。在剔除异常数据时要慎重，最好能分析出明确的理论或技术原因，因为某些异常数据是交通拥堵、交通事故等特殊状况的正确反映，对交通状态分析有较大影响。在一组检测数据中，异常值应当占很小的部分，如果识别的异常数据较多则可能是由于检测系统的工作不正常，此时测量的数据是不可信的，应重新安排检测工作。

异常数据的处理方法主要有特征字段类型与格式检验、阈值法、交通流机理法、置信距离检验法、有序样本聚类、数据滤波、阈值法和交通流机理法的结合运用等。

各种检测器采集的交通数据中的异常值也可能是由采集过程中的大量的、微小的、不可控制的随机性因素或短时间交通波动造成的，这类异常交通数据也被称为噪声数据，该类数据在交通采集中是难以避免的。数据滤波处理的目的就是在保留原始数据变化规律的同时，去除数据中的随机成分。数据滤波的常用方法包括限幅滤波法、中位值滤波法、算术平均滤波法、递推平均滤波法、中位值平均滤波法、消抖滤波法等。

（1）限幅滤波法。

根据经验判断，确定两次采样允许的最大偏差值（设为 A），每次检测到新值时进行判断：如果本次值与上次值之差小于或等于 A，则本次值有效；如果本次值与上次值之差大于 A，则本次值无效，放弃本次值，并用上次值代替本次值。

优点：能够有效克服因偶然因素引起的脉冲干扰；

缺点：无法抑制周期性的干扰，平滑度差。

（2）中位值滤波法。

连续采样 N（N 取奇数）次，把 N 次采样值按大小排列，取中间值为本次有效值。

优点：能有效克服因偶然因素引起的波动干扰；

缺点：对流量、速度等快速变化的参数不适用。

（3）算术平均滤波法。

连续取 N 个采样值进行算术平均运算。N 值较大时，数据平滑度较高，但敏感度较低；N 值较小时，数据平滑度较低，但灵敏度较高。

优点：适用于对一般具有随机干扰的数据进行滤波，这样数据的特点是在某一数值范围附近上下波动；

缺点：对于测量速度较慢或要求数据计算速度较快的实施控制不适用，比较浪费随机存取存储器（random access memory，RAM）。

（4）递推平均滤波法（滑动平均滤波法）。

把 N 个连续采样值看成一个队列，队列的长度固定为 N，每次采样到一个新数据放入队尾，并去掉原来队首的一个数据（先进先出原则）。把队列中的 N 个数据进行算术平均运算，就可获得新的滤波结果。

优点：对于周期性干扰有良好的抑制作用，平滑度高，适用于高频振荡的系统；

缺点：灵敏度低，对偶然出现的脉冲性干扰的抑制作用较差，不易消除由于脉冲干扰所引起的采样值偏差，不适用于脉冲干扰比较严重的场合，比较浪费 RAM。

（5）中位值平均滤波法（防脉冲干扰平均滤波法）。

相当于“中位值滤波法”+“算术平均滤波法”。连续采样 N 个数据，去掉一个最大值和一个最小值，然后计算 $N-2$ 个数据的算术平均值。

优点：融合了两种滤波法的优点，可消除由于偶然出现的脉冲性干扰所引起的采样偏差；

缺点：测量速度比较慢，比较浪费 RAM。

（6）消抖滤波法。

设置一个滤波计数器，将每次采样值与当前有效值比较，如果采样值等于当前有效值，则计算器清零；如果采样值不等于当前有效值，则计算器加上 1，并判断计数器是否大于或等于上限 N（溢出），如果计算器溢出，则将本次值替换当前有效值并清空计算器。

优点：对于变化缓慢的被测参数有较好的滤波效果；

缺点：对于快速变化的参数不适用，如果在计算器溢出的那一次采样到的值恰好是干扰值，则会将干扰值当作有效值导入系统。

对于判定的不规则时间点数据和异常数据，一般可采取以下两种处理方法：一是将其删除，这种方法适用于可以得到大量实测数据而有少量问题数据的情况；二是对数据进行修补，根据数据之间的相关性，如相邻检测器数据、历史监测数据等，将数据处理成没有偶然因素影响时本该表现的数值或近似值，这种处理方法的基本原理和算法与缺失数据的处理是相同的。

3. 缺失数据识别方法

缺失数据可能造成交通流信息不能被完全提取，使得后续交通流数据分析与深层次的数据挖掘更加复杂，容易导致研究目标最终结果的偏移。

对缺失数据的识别可以通过对一定时间段内的数据进行扫描，如果在该时间段内没有得到数据或数据不完整，则可判断数据缺失。对于缺失数据可以直接忽略，也可以通过一定的方法进行修补。忽略缺失数据一般只有在缺失数据数量较少，且实测数据对于交通状态的描述比较可靠的情形下才会选择。

在应用过程中对缺失数据的修补需要遵循以下两条原则：一是基础数据完整性原则。采集到的原始数据保存时不应做修改或调整，以便于数据补齐保证足够的未经修改过的基础数据，且补齐数据与基础数据应分别存储；二是补齐流程的真实性原则，做好整个补齐操作流程的文档记载工作，将有助于增强补齐工作的透明度以便于取舍。

缺失数据的修补主要考虑两个重要因素，即用于修正的数据来源和修正方法。主要划分为基于时间序列的数据修补、基于历史数据的数据修补、基于空间位置的数据修补和基于时空相关性的数据修补。在对缺失数据的修补过程中，应针对不同的数据缺失类型及缺失程度，选择合适的数据修补方法。

1）基于时间序列的数据修补

交通数据是按一定时间顺序连续采集的，从本质上来说属于时间序列数据。因此，时间序列法适合于交通缺失数据的修补。时间序列法将当前采集的交通变量看作时间序列，并结合历史数据对丢失的数据进行预测估计。时间序列法主要包括移动平均法、加权移动平均法、线性内插法、自适应指数平滑法和相关分析法。

（1）移动平均法。

移动平均法，认为各时期的历史数据对未来的数据影响是相同的，用一定间隔的历史数据的平均值填充缺失数据。

$$S_t = \frac{\sum_{i=t-1}^{t-n} X_i}{n} \tag{4-38}$$

式中：S_t 为 t 时刻丢失样本中的待修补数据；X_i 为 $t-1$～$t-n$ 时刻采集的有效数据。

（2）加权移动平均法。

加权移动平均法认为各时期的历史数据对缺失数据的影响不相同，离预测期越近的采样时刻，数据的影响越大，应在移动平均中赋予更大的权重。

$$S_t = \frac{\sum_{i=t-1}^{t-n} w_i X_i}{\sum_{i=1}^{n} w_i} \tag{4-39}$$

式中：S_t 为 t 时刻丢失样本中的待修补数据；X_i 为 $t-1$～$t-n$ 时刻采集的有效数据；w_i 为权重值，一般取 n=5，w_{t-1}=5，$w_{t-2}=4$，$w_{t-3}=3$，$w_{t-4}=2$，$w_{t-5}=1$。

（3）线性内插法。

该方法是根据交通状态随时间存在渐变过程这一原理，认为 t 时刻的交通流状态介于已知的 $t-1$ 时刻和 $t+1$ 时刻的交通状态之间。所以当时间间隔较短，交通数据变化较小时，可以通过前后两个时刻数据对缺失数据进行估计。

$$Y_t = \frac{x_{t-1} + x_{t+1}}{2} \tag{4-40}$$

式中：Y_t 为 t 时刻下的交通流参数估计值；x_{t-1} 和 x_{t+1} 分别是检测器在 $t-1$ 和 $t+1$ 时刻采集的实际交通数据。

该方法由于使用到 $t+1$ 时刻的数据，所以只能在离线状态下使用。

（4）自适应指数平滑法。

指数平滑法是一种特殊的加权移动平均法，对离预测期近的历史数据基于较大的权重，离预期远的历史数据给予较小的权重，权重由近到远按指数规律递减。

一次指数平滑法的基本公式是

$$Y_t = y_t = ax_{t-1} + (1-a)y_{t-1} \tag{4-41}$$

式中：x_{t-1} 与 y_{t-1} 为 $t-1$ 时刻的实测值与预测值；y_t 为 t 时刻的平滑值；Y_t 为 t 时刻的预测值；a 为平滑系数，又称加权因子，取值范围为[0, 1]。

与传统指数平滑模型进行预测时 a 值预先根据经验给定不同，对于交通变化过程往往采用动态权重因子 a。

假设在 t 时刻指数平滑预测误差 e_t 为

$$e_t = x_t - Y_t \tag{4-42}$$

式中：x_t 为 t 时刻的实测值，Y_t 为 t 时刻的预测值。

取加权平均，即综合了所有误差，记为 E_t

$$E_t = \beta e_t + \beta(1-\beta)e_{t-1} + \beta(1-\beta)^2 e_{t-2} + \cdots + \beta(1-\beta)^{t-1} e_1 \tag{4-43}$$

其递推形式为

$$E_{t+1} = \beta e_{t+1} + (1-\beta)E_t \tag{4-44}$$

同时，t 时刻绝对平滑误差为

$$M_t = \beta\sum_{j=0}^{t-1}(1-\beta)^j \left|e_{t-j}\right| \tag{4-45}$$

自适应参数 a 的求取步骤如下。

① 模型初始值。

由于经过多次平滑递推计算，初始值 β 对预测产生的影响将会越来越小，因此只需取经验值（0.1 或 0.2）即可；初值 Y_1 和 Y_2 一般取 x_1；相应的 e_1 和 E_1 取为 0；初值 M_1 一般为经验值 $0.1x_1$。

② 求综合预测误差：

$$E_t = \beta e_t + (1-\beta)E_{t-1} \qquad t = 2,3,4\cdots \tag{4-46}$$

③ 求绝对平滑误差：

$$M_t = \beta\left|e_t\right| + (1-\beta)M_{t-1} \qquad t = 2,3,4\cdots \tag{4-47}$$

④ 得到自适应权重参数：

$$a_t = \left|E_t\right| / M \qquad t = 2,3,4\cdots \tag{4-48}$$

求出自适应平滑参数后，就可以用动态的 a_t 代替恒定的 a。从而得到自适应指数平滑预测模型：

$$Y_{t+1} = y_{t+1} = a_t x_t + (1-a_t)y_t = y_t + a_t e_t \tag{4-49}$$

（5）相关分析法。

以上四种方法并没有实时动态地分析时间间隔内，历史数据与当前缺失数据的相关关系，而是根据经验赋予了一定的权重，这将造成修补精度较低。相关分析法是测量时间序列中数据之间的相关关系的方法，并根据相关关系填补缺失数据。相关关系的大小用自相关系数来表示。自相关系数取值在 −1、0、1 之间，−1 表示完全负相关，1 表示正相关，0 表示不相关。

设 $x_1, x_2, \cdots, x_i, \cdots, x_n$ 是一个时间序列，共有 n 个观测值，把它们组成 $n-1$ 对数据，(x_1, x_2)，(x_2, x_3)，…，(x_i, x_{i+1})，…，(x_{n-1}, x_n)，一阶自相关系数用 r_1 表示

$$r_1=\frac{\sum_{i=1}^{n-1}\left(x_i-\overline{x}_i\right)\left(x_{i+1}-\overline{x}_{i+1}\right)}{\sqrt{\sum_{i=1}^{n-1}\left(x_i-\overline{x}_i\right)^2\sum_{i=1}^{n-1}\left(x_{i+1}-\overline{x}_{i+1}\right)^2}} \tag{4-50}$$

同理，把这个时间序列组成 $n-k$ 对数据，其 k 阶自相关系数 r_k 为

$$r_k=\frac{\sum_{i=1}^{n-k}\left(x_i-\overline{x}_i\right)\left(x_{i+k}-\overline{x}_{i+k}\right)}{\sqrt{\sum_{i=1}^{n-k}\left(x_i-\overline{x}_i\right)^2\sum_{i=1}^{n-k}\left(x_{i+k}-\overline{x}_{i+k}\right)^2}} \tag{4-51}$$

由自相关分析理论可知，在区间 $\left[-\frac{1.96}{\sqrt{n}},+\frac{1.96}{\sqrt{n}}\right]$ 之间的自相关系数与 0 无显著差别，即在这种情况下，时间序列中各观测值之间的自相关性非常弱。因此，应根据数据个数 n 选取自相关系数 $\frac{1.96}{\sqrt{n}}$ 时的 k 值，由此确定与 t 时刻数据有紧密相关关系的点，即 t 的前 k 个时刻和后 k 个时刻的数据。那么 t 时刻丢失的数据就可以由前后的 $2k$ 个数据来估计。估计公式为

$$q(t)=\frac{r_1\left[q(t-1)+q(t+1)\right]+r_2\left[q(t-2)+q(t+2)\right]+\cdots+r_k\left[q(t-k)+q(t+k)\right]}{2(r_1+r_2+\cdots+r_k)} \tag{4-52}$$

基于时间序列的数据修补方法，算法建模简单，没有复杂的参数计算，对历史数据的依赖性较小。因此算法的计算速度快，并且不用存储大量历史数据，很适合计算机编程计算；但是该方法精度较低，仅限于短时间内缺失数据的修补。

2）基于历史数据的数据修补

交通数据存在时间相关性，即历史同期的交通数据呈现出相似规律，如城市交通量在相同周期的同一时间段的相似性较为明显。因此可以采用同检测期的有相似规律的历史同期数据对缺失数据进行补充。

其一般性的表达式如下

$$\widehat{x_i}=x_{i,\mathrm{h}} \tag{4-53}$$

式中：$\widehat{x_i}$ 为缺失数据的估计值；$x_{i,\mathrm{h}}$ 为历史数据。

而在实际的应用中会基于采集数据的特征采用不同的形式，如采用历史趋势数据与实测数据的加权估计值 $y^{(k)}(t)$ 补充缺失数据，$y^{(k)}t$ 的计算如下

$$y^{(k)}(t)=ay(t)+(1-a)y^{(k-1)}(t) \tag{4-54}$$

式中：$y^{(k-1)}(t)$ 为第 $k-1$ 天 t 时段的历史趋势值；$y(t)$ 为实测数据；a 为加权系数，一般取 $0\leqslant a\leqslant 1$，反映了不同时期当前时段数据在历史趋势数据中的作用，a 越大，实测数据对修补后的数据影响越大，反之亦然。

此类方法十分简单，能够解决基于时间序列预测方法对于连续缺失数据处理能力不足的问题。但是它也存在一些缺陷，如不能反映交通数据的自然波动特性，特别是交通状况发生变化时，基于历史数据的数据修补将大大降低估计精度。

3）基于空间位置的数据修补

交通数据在空间上存在相似特性，如某一定点检测器与其检测位置的不同车道之间、上下

游之间的检测器采集数据存在一定的相关关系，因此可以利用这一特性对缺失数据进行修补。对于移动检测技术，由于得到的数据在空间上相关性差，所以其缺失数据一般不采用基于空间位置的数据修补。

基于空间位置的数据修补方法主要有相邻车道数据的回归估计和相邻检测器数据的回归估计。

（1）相邻车道数据的回归估计。

假设道路断面的 n' 车道的交通流数据缺失，而同一断面的其他相邻车道的数据均已采集得到，则 n' 车道 t 时刻的流量估计

$$q'_{t,n'} = \alpha q_{t,n} + \beta \tag{4-55}$$

式中：$q'_{t,n'}$ 为 t 时刻 n' 车道的交通流量估计值；$\alpha q_{t,n}$ 为 t 时刻 n 车道的实际采集交通流参数，其中 n 车道是与 n' 车道关联度最高的车道；α、β 是由车道 n 和 n' 的历史交通流量数据回归计算得到的。

n' 车道的速度、占有率采用相似的方式进行估计。

（2）相邻检测器数据的回归估计。

相邻检测器数据的回归估计是利用一个道路断面的检测器采集到的交通流数据来估计另一个相邻道路断面检测器的缺失数据，建立的相应的回归估计模型如下

$$Y_{t,d'} = \alpha x_{t,d} + \beta \tag{4-56}$$

式中：$Y_{t,d'}$ 为 t 时刻 d' 检测器所采集的交通流数据的估计值（流量、速度或时间占有率）；$x_{t,d}$ 为 t 时刻 d 检测器所采集的实际交通流数据，其中 d 检测器是 d' 检测器上游或下游交通流数据相关度最高的检测器；α、β 是由车道 d 和 d' 的历史交通流量数据回归计算得到的。

基于空间位置的数据修补能够避免采用历史数据进行修补时不能反映实际交通状态的缺点，提高了补充数据的实时变化特性。

表 4–3 以环形线圈检测器为例，对以上三种缺失数据修补方法进行了综合比较。

表 4–3　环形线圈检测器缺失数据修补方法比较

补缺方法		数据来源	数据相关性	使用限制条件	方法优先
基于时间序列		同检测器时间序列数据	较高	存在有效的历史时间序列数据	较优先
基于历史数据		同检测器历史同期数据	较高	历史数据库	较优先
基于空间位置	相邻车道数据回归估计	同检测器相邻车道数据	高	存在有效的相邻车道数据	优先
	相邻检测器数据回归估计	相邻检测器同期数据	高	存在有效的相邻检测器数据	优先

4）基于时空相关性的数据修补

检测器采集的交通数据在时间和空间上存在相关特性，这种特性主要表现在交通流参数之间存在数学上的相关关系。利用这种关系，就可以用已知的检测数据来估计缺失的检测器数据。

考虑一元回归中自变量的变化对结果会造成很大的影响，因此采用二元回归作为缺失数据预测的主要方法。此外，考虑到交通流的随机变化大，作为预测的检测器也可能出现数据缺失的情况，基于中值的鲁棒特性，建立缺失数据的回归预测模型如下

$$\widehat{X_i}(j,m,n) = a_0 + a_1 X_i(m) + a_2 X_i(n) \tag{4-57}$$

$$\widehat{X_i}(j) = \text{median}\left(\widehat{X_i}(j,m,n)\right) \tag{4-58}$$

式中：$\widehat{X_i}(j,m,n)$ 为与 j 位置相关的检测器 m 和 n 对 j 位置数据的预测值；a_0、a_1、a_2 为回归系数；$X_i(m)$、$X_i(n)$ 为 m 和 n 位置的实际检测流量；$\widehat{X_i}(j)$ 为缺失检测器 j 的预测值；median（*）为中值函数，即取所有数据的中间值。

该缺失数据修补方法通过建立多个检测器之间的相关关系，得到预测数据的多个回归方程，再利用这多个回归方程得到预测值的中值作为最终的恢复数据。采用中值鲁棒特性建立的模型，可以避免检测器损坏对预测结果产生的影响，大大提高了算法的抗干扰能力。

5）组合模型

对于缺失数据的处理，可以采用多种方法，而每种方法都有各自的优点和缺陷，为了充分发挥各种修补方法的优势，可以组合应用不同的方法，但权重的选择成为组合模型的关键。

设对同一个缺失数据对象，可以采用 m 种修补方法，各方法的修补结果为 $Y = y_1, y_2, \cdots, y_m$，其中，$y_i$ 为第 i 种模型的修补值。根据 m 种方法的修补结果可建立组合模型的形式为 $y^* = \sum_{i=1}^{m} p_i^* y_i$，其中 $\sum_{i=1}^{m} p_i^* = 1$，$p_i^* \geqslant 0$；y^* 为组合模型的最优修补值，p_i^* 为第 i 种模型在组合模型的最优权重。

数据矩阵 $\boldsymbol{A} = (a_{ij})_{n \times s}$ 的行表示时间，列表示属性；a_{kl} 表示缺失数据。p_i^* 的求解模型为

$$\min E(p) = \sum_{\substack{j=1 \\ j \neq k}}^{n} \left[\sum_{i=1}^{m} (p_i y_{ij} - x_j) \right]^2 \tag{4-59}$$

$$\begin{cases} pe^{\mathrm{T}} = 1 \\ p \geqslant 0 \end{cases} \tag{4-60}$$

式中：n 为 $\boldsymbol{A}$ 的行数；m 为不同模型数；y_{ij} 为第 i 种模型对 a_{jl} 的预测值；$x_j = a_{jl}$。

$$e = (1,1,\cdots,1),\ p = (P_1, P_2, \cdots, P_m) \tag{4-61}$$

等价模型为

$$\max F(p) \quad 0 \leqslant p \leqslant e \tag{4-62}$$

式中：$F(p) = -Ep - \lambda g^2(p)$；$g(p) = 1 - pe^{\mathrm{T}}$；$\lambda > 0$，充分大。

最优权可以通过遗传算法求得。

实践表明，组合方法在大多数情况下比使用单一算法更精确，但因需要利用各单一算法的估计结果，计算复杂，所以在精度要求不是很高的情况下，一般不采用该方法。

以上的 5 种方法是对常用缺失数据处理方法的概括。缺失数据的处理方法较多，但大多是基于采用最近似的值替换缺失值的原理，其他方法还包括神经网络、k–最邻近分类、粗糙集法等。

4. 冗余数据识别方法

由于检测器调试不正确、同一路段检测器布设过多等原因，检测器输出的数据极易存在信息冗余的问题。冗余数据造成交通数据量的大幅增加，不利于关键信息的突显，对后续的数据融合和交通状态分析产生的影响较大，因此，有必要对冗余数据进行约简处理。

对于多检测器的冗余处理常在数据融合过程中进行，如可以采用粗糙集法实现对多检测器交通冗余数据的属性约简和值约简。以下主要介绍王晓原等提出的单检测器冗余数据的处理方

法——等级分组法。

1）等级分组法基本定义

设数据集合 $X=\{x_1,x_2,\cdots,x_n\}$，交通参数向量 $\boldsymbol{F}=\{F_1,F_2,\cdots,F_p\}$，$F_k$ 表示数据第 k 个交通参数；对于任意记录 $x_i=\{x_{i1},x_{i2},\cdots,x_{ip}\}$，其中 $1\leqslant i\leqslant n$；x_{ip} 表示 x_i 第 p 维的值；为叙述方便，将日期、时间等也记为一交通参数，用 W_k 表示交通参数 F_k 的权值，代表交通参数在对象中的重要程度，称为交通参数的权重，权重向量 $\boldsymbol{W}=\{W_1,W_2,\cdots,W_p\}$。

定义 1 T_{ik} 是第 i 个操作用户为交通参数 F_k 所指定的等级（从 1 开始，使用连续正整数表示等级，1 表示最高等级，数值越大，等级越低）；T_k 表示第 k 个交通参数的最终统一等级，$k\in\{1,2,\cdots,p\}$，$i\in\{1,2,\cdots,N\}$，交通参数的最终统一等级 T_k 表示为

$$T_k=\sum_{i=1}^{N}\frac{T_{ik}}{N} \tag{4-63}$$

定义 2 采用 RC（Rank-Centroid）转换方法，交通参数 F_k 的权重可以表示为

$$W_k(\mathrm{RC})=\frac{1}{T}\sum_{i=T_k}^{T}\frac{1}{t} \tag{4-64}$$

式中：T_k 表示 F_k 最终统一等级；T 表示最低等级（即数值最大的等级）；$k\in\{1,2,\cdots,p\}$。

如果任意两参数的最终统一等级不相同，那么 $T=p$；如果存在两个或两个以上的交通参数，它们的最终统一等级相同，则式（4-64）应变成

$$W_k=\frac{W_k(\mathrm{RC})}{W'} \tag{4-65}$$

定义 3 对任意记录 x_i 和 x_j，它们的第 k 维参数为 x_{ik} 和 x_{jk}，x_{ik} 和 x_{jk} 的相似度表示为

$$\mathrm{SimField}(x_{ik},x_{jk})=\frac{\sum_{i=1}^{q}\max\{\mathrm{score}(a,x_{jk})\}}{|x_{ik}|} \tag{4-66}$$

式中：$\mathrm{score}(a,x_{jk})$ 表示 x_{ik} 中的数字 a 与 x_{jk} 中的每个数字匹配的值，$0\leqslant\mathrm{score}(a,x_{jk})\leqslant1$；$|x_{ik}|$ 表示 x_{ik} 的长度；q 表示 x_{ik} 的数字的数量。

定义 4 给定两条记录 x_i 和 x_j，则 x_i 和 x_j 的记录相似度表示为

$$\mathrm{SimRecord}(x_i,x_j)=\sum_{i=1}^{p}\mathrm{SimField}(x_{ik},x_{jk})W_k \tag{4-67}$$

定义 5 X_a 代表原始数据集实际的重复记录集合，X_b 代表识别出来的重复记录集合，查准率是正确识别出来的重复记录占识别出作为重复记录的比率，则查准率表示为

$$\mathrm{XScanAccuracy}=\frac{|X_\mathrm{a}\cap X_\mathrm{b}|}{|X_\mathrm{b}|} \tag{4-68}$$

查全率是正确识别出来的重复记录占数据集中实际的重复记录比率，则查全率表示为

$$\mathrm{ScanCompleteX}=\frac{|X_\mathrm{a}\cap X_\mathrm{b}|}{|X_\mathrm{a}|} \tag{4-69}$$

2）等级分组法基本思想

（1）等级法计算权值。

采用 RC 等级转换法计算各交通参数的权重。等级法是一种计算各记录参数权重的方法，

其基本思想是：首先各用户根据实际经验为各个交通参数指定等级，即最重要参数的等级指定为 1，第二重要的参数等级指定为 2，以此类推；然后根据定义 1 中式（4–63）计算各参数的最终统一等级；最后根据定义 2 式（4–64）计算它们相应的权重。表 4–4 为交通参数等级表。

表 4–4　交通参数等级

交通参数	用户指定等级						等级
	U_1	U_2	…	U_i	…	U_N	
F_1	T_{11}	T_{21}	…	T_{i1}	…	T_{N1}	T_1
F_2	T_{12}	T_{22}	…	T_{i2}	…	T_{N2}	T_2
⋮	⋮	⋮		⋮		⋮	⋮
F_p	T_{1p}	T_{2p}	…	T_{ip}	…	T_{Np}	T_p

（2）数据分组。

不断被检测到的交通数据构成了海量数据库，为提高冗余数据的识别效率，需对大数据集做一定处理。根据分组思想，把大的数据集分割成很多不相交的小数据集，然后在各个小数据集中查找冗余数据，为提高识别精度，实行多趟查找。基本思想为：

① 首先选择能明显区别记录特征的交通参数，把大数据集分割成很多个不相交的小数据集。不同领域数据集大小的判断标准不同，就交通检测器同一天检测记录的条数而言，由于采样间隔（如 30 s、2 min、5 min 等）不同，得到的数据记录条数也不同。采样间隔越短，记录条数越多，数据集越大，反之亦然。另外，采集间隔相同时，采集时间长度不同，数据集的大小不同，时间长度越大，数据集越大，反之亦然。例如，数据库中有若干天的数据，可取日期作为分割依据，把大数据集分割成数个不相交的集合。

② 分割后，若某些数据集仍然十分庞大，则选择另外关键参数，对这些数据集再次分割。如每天有 24 个小时，构成的数据集仍然较大，则对这些数据集进行二次分割，取时间段，把比较大的数据集再次分割成数个小数据集。

③ 若有些数据集仍很大，可重复第一步，直到数据集分割比较合理为止。另外，引入多趟查找技术，即把数据集划分为合理的小数据集并查找冗余记录，这一轮结束后，再选定另外关键参数或关键参数某些位，重新对数据集进行划分，并查找相似重复记录，根据实际情况决定是否进行下一轮划分查找，直至结果满意。

然后对冗余数据进行约简。冗余数据的约简常采用两种方法：当记录完全重复时，删除多余重复记录，只保留一条记录；当记录相似时，对流量、速度、占有率等交通参数取平均值，最终只含一条约简后的记录。

对于等级分组法的冗余数据处理，采用等级法计算各交通参数的权重，对不同的参数使用不同的权重，从而提高了单检测器冗余数据的识别精度；采用分组法，有效地解决了大数据量的冗余数据识别问题，分组后在各个小数据集中进行冗余数据的识别，降低了时间复杂度。

4.2　交通数据的处理技术

数据融合方法有不同的分类方式。根据数据融合的基本功能可以将其分成相关处理技术（如最大似然法等）、估计理论（如卡尔曼滤波法等）、识别技术（如 Dempster-Shafer 证据理论等)；根据应用目的不同，将数据融合方法分为直接对数据源操作（如加权平均法)，利用对象的统计特性对概率模型进行操作（如卡尔曼滤波法等)，基于推理模型对置信度、隶属度等进行操作（如 Dempster-Shafer 证据理论等)；也可以根据数学原理的不同，划分为概率统计法、逻辑推理法、人工智能法三类。本节主要依据数学原理不同的划分方法进行介绍，对应的具体融合方法和原理见表 4–5。

表 4–5 交通数据融合的分类与主要方法

分类	融合方法	原理
概率统计法	加权平均法	将来自不同交通检测技术的冗余信息进行加权，得到加权值即为融合结果
	卡尔曼滤波法	利用线性系统的状态预测方程进行数据的融合
	贝叶斯估计法	将各种交通检测技术提供的不确定信息表示为概率，利用贝叶斯条件概率公式对其进行融合处理
逻辑推理法	Dempster-Shafer 证据理论	利用证据理论的基本概率函数和证据合成规则进行多源交通数据的融合
	模糊逻辑法	建立模糊命题和隶属函数，利用模糊关系对获取的多源交通数据进行推理融合
人工智能法	支持向量机	通过非线性映射，并寻求最优划分或回归线性超平面，从而解决多种数据融合问题
	遗传算法	基于生物遗传理论的随机搜索与优化的方法，通过遗传操作进行数据融合
	人工神经网络	通过对输出信息进行学习，确定权值的分配从而完成信息的获取与融合

4.2.1 概率统计融合方法

概率统计法有很长的历史和丰富的理论支撑，已形成了系统的理论体系，它成功地处理了许多与不确定性有关的问题，是最早应用于数据融合的方法之一。概率统计法是交通数据融合的经典方法，具有易于理解、计算量小等优点，但是需要较多的先验知识，因此使用条件较为严格。

1. 加权平均法

加权平均法是一种简单、直观的融合多检测器底层数据的方法，利用由一组检测器提供的冗余信息进行加权平均计算，并将加权平均值作为数据融合值。其基本过程如下：

设用 n 个检测器对某个交通参数进行测算，第 i 个检测器输出的数据为 X_i，$i=1,2,\cdots,n$, 对每个检测器的输出测量值进行加权平均，加权系数为 w_i，得到的加权平均融合结果为

$$\bar{X}=\sum_{i=1}^{n}w_iX_i \tag{4-70}$$

$$\sum_{i=1}^{n}w_i=1 \tag{4-71}$$

应用该方法必须先对数据采集系统和检测器进行详细分析，以确定正确的权值。确定权值的常用方法有：根据测量次数确定，根据数据精度参数确定，根据经验确定。

2. 卡尔曼滤波法

卡尔曼滤波法用测量模型的统计特性递推决定统计意义下的最优融合数据估计，可用于时时融合动态的低层次冗余多源数据。如果数据系统具有线性的动力学模型，且系统噪声和交通检测器噪声是高斯分布白噪声模型，则卡尔曼滤波为融合数据提供唯一的统计意义下的最优估

计，卡尔曼滤波的递推特性使得系统数据处理不需要大量的数据存储和计算。卡尔曼滤波应用的关键是：① 确定状态变量；② 建立状态方程和观测方程；③ 滤波求解。

常见的卡尔曼滤波法主要有协方差卡尔曼滤波、信息滤波、推广卡尔曼滤波，还有基于矩阵因式分解的滤波方法、状态与偏差分离的滤波方法、并行滤波和分散滤波、基于矩阵因式分解的平滑方法、自适应滤波方法等。

卡尔曼滤波器中最基本的应用是标量卡尔曼滤波。所谓标量卡尔曼滤波，就是在线性最小均方误差准则下的一维随机信号最优递归型估计器。其具体的计算过程描述如下：

假设待估随机信号的数学模型是一个由白噪声序列$\{\omega(\tau)\}$驱动的一阶自递归过程，其动态方程为

$$x(\tau)=ax(\tau-1)+\omega(\tau-1) \tag{4-72}$$

式中：参数$a<1$；$x(\tau)$为时刻τ的信号值；$\omega(\tau-1)$为过程噪声或动态噪声。

信号量测过程的数学模型，可用如下的量测方程给出

$$y(\tau)=cx(\tau)+v(\tau) \tag{4-73}$$

式中：$y(\tau)$为τ时刻对$x(\tau)$进行测量所得到的信号测量样值；$v(\tau)$为此时在测量过程中引入的量测噪声；c为量测参数，是一个由测量系统和测量方法所确定的不随时间变化的常数。

一维随机信号的递归估计器的表达式可以表示为

$$\hat{x}(\tau)=a(\tau)\hat{x}(\tau-1)+b(\tau)y(\tau) \tag{4-74}$$

在信号数学模型为式（4–72）、测量过程的数学模型为式（4–73）的条件下，式（4–74）中表述的递归型估计器在τ时刻对信号$x(\tau)$的估计误差为

$$e(\tau)=x(\tau)-\hat{x}(\tau) \tag{4-75}$$

均方估计误差为

$$P(\tau)=E\left[x(\tau)-\hat{x}(\tau)\right]^2 \tag{4-76}$$

将式（4–74）代入式（4–76），可得

$$P(\tau)=E\left[x(\tau)-a(\tau)\hat{x}(\tau-1)-b(\tau)y(\tau)\right]^2 \tag{4-77}$$

令$P(\tau)$对$a(\tau)$和$b(\tau)$的偏导数为零，即

$$\frac{\partial P(\tau)}{\partial a(\tau)}=-2E\left\{\left[x(\tau)-a(\tau)\hat{x}(\tau-1)-b(\tau)y(\tau)\right]\hat{x}(\tau-1)\right\}=0 \tag{4-78}$$

$$\frac{\partial P(\tau)}{\partial b(\tau)}=-2E\left\{\left[x(\tau)-a(\tau)\hat{x}(\tau-1)-b(\tau)y(\tau)\right]y(\tau)\right\}=0 \tag{4-79}$$

由式（4–78）、式（4–79）经过推导，可以得到

$$a(\tau)=a\left[1-cb(\tau)\right] \tag{4-80}$$

$$b(\tau)=\frac{c\left[a^2P(\tau-1)+\sigma_\omega{}^2\right]}{\sigma_v{}^2+c^2\sigma_\omega{}^2+c^2a^2P(\tau-1)} \tag{4-81}$$

即为最优解。

因此，标量卡尔曼滤波的递推算法可以总结如下。

（1）滤波估计方程：

$$\hat{x}(\tau)=a\hat{x}(\tau-1)+b(\tau)[y(\tau)-ac\hat{x}(\tau-1)] \tag{4-82}$$

（2）滤波增益方程：

$$b(\tau)=\frac{cP_1(\tau)}{c^2P_1(\tau)+\sigma_\upsilon^2} \tag{4-83}$$

式中：$P_1(\tau)=a^2P(\tau-1)+\sigma_\omega^2$

（3）均方滤波误差方程：

$$P(\tau)=P_1(\tau)-cb(\tau)P_1(\tau) \tag{4-84}$$

卡尔曼滤波算法是用递推算法计算的，不需要知道全部过去的值，且用状态方程描述状态变量的动态变化规律，因此卡尔曼滤波法适用于非平稳过程。

3. 贝叶斯估计法

贝叶斯估计法适用于具有高斯噪声的不确定信息处理，是融合静态环境中多检测器底层数据的一种常用方法，主要用来进行决策层融合。在数据融合时，将多检测器提供的各种不确定性信息表示为概率，利用概率论中的贝叶斯条件概率公式进行处理。当检测器组的观测坐标一致时，可以用直接法对检测器测量数据进行融合。在大多数情况下，多检测器从不同的坐标结构框架对同一交通参数进行采集，这时检测器测量数据的融合要采用间接的贝叶斯估计。

1）贝叶斯法则

贝叶斯估计法是英国学者贝叶斯（Thomas Bayes）于 1763 年提出的。贝叶斯法则的基本原理是：假设在新的观测样本或试验之前，对未知参数的统计信息总有一定的了解，可以用一定的分布概括，称为关于参数的先验分布。当获得新的样本数据或信息后，调整对参数的估计，从而随着新的观测值的加入，从给定假设的先验概率给出后验概率，可表示为

$$P(E_i\mid A_j)=\frac{P(A_j\mid E_i)P(E_i)}{P(A_j)} \tag{4-85}$$

式中：$E_i(i=1,2,\cdots,n)$ 为假设的事件空间；$A_j(j=1,2,\cdots,m)$ 为观测值组成的事件空间；$P(E_i)$ 为先验概率，即不同观测情况下观测到事件 E_i 的概率总和；$P(A_j)$ 为归一化常数，$P(A_j)=\sum_{i=1}^{m}P(A_j\mid E_i)$；$P(A_j\mid E_i)$ 为在假设事件 E_i 发生的情况下，获得观测值 A_i 的概率。

2）贝叶斯原理

使用贝叶斯估计进行数据融合主要分为以下三步：

（1）检测器 $1,2,\cdots,m$ 得到某观测对象的观测值，关于观测对象有 n 个可能的假设事件，这 n 个假设事件必须相互独立，并且构成一个完备集。

（2）每一个检测器都会根据自己的观测值得到一个判决，选择一个关于观测对象的假设事件。根据检测器 k 已建立的分类算法，已知实际发生事件为 E_r 的条件下，判断为事件 E_d 的概率为 $P_k(E_d\mid E_r)$，$k=1,2,\cdots,m$。对于每个检测器而言，所有的 $P_k(E_d\mid E_r)$ 构成一个 $n\times n$ 的矩阵，所以对于 m 个检测器，共有 m 个这样的矩阵。

（3）根据式（4−85）融合各检测器得出的判断，得到一个新的联合概率

$$P(E_r\mid E_{d1},E_{d2},\cdots,E_{dk},\cdots,E_{dm})=\frac{P(E_{d1},E_{d2},\cdots,E_{dk},\cdots,E_{dm}\mid E_r)}{P(E_{d1},E_{d2},\cdots,E_{dk},\cdots,E_{dm})} \tag{4-86}$$

式中：$E_{dk}(k=1,2,\cdots,m)$ 为第 k 个检测器的判断结果。

由于个假设相互独立，所以得式（4−87）

$$P(E_{d1}, E_{d2}, \cdots, E_{dk}, \cdots, E_{dm}|E_r) = \prod_{i=1}^{n} P(E_{dk} \mid E_r) \quad k = 1, 2, \cdots, m \tag{4-87}$$

一旦得到了联合概率分布 $P(E_r|E_{d1}, E_{d2}, \cdots, E_{dk}, \cdots, E_{dm})$，就要根据这个分布函数对各种候选事件进行评价，找出最优的选择。选择最优的方法很多，下列是假设事件是离散情况下最常用的方法：

（1）极大似然概率（maximum likelihood）假设

$$\hat{O}_{\mathrm{ML}} = \arg\max_{r} P(E_{d1}, E_{d2}, \cdots, E_{dk}, \cdots, E_{dm} \mid E_r) \tag{4-88}$$

（2）极大后验概率（maximum aposteriori）假设

$$\hat{O}_{\mathrm{MAP}} = \arg\max_{r} P(E_r \mid E_{d1}, E_{d2}, \cdots, E_{dk}, \cdots, E_{dm}) \tag{4-89}$$

（3）极小误差平方（minimum mean square error）假设

$$\hat{O}_{\mathrm{MMSE}} = \arg\max_{\hat{y}} E_{P(y|x)} \left\{ (\hat{y} - y) \bullet (\hat{y} - y)^{\mathrm{T}} \right\} \tag{4-90}$$

式中：$\hat{O}$ 为得到的最优选择。

贝叶斯估计的缺点是对先验概率比较敏感，而要找到一个合适的先验分布并不容易，并且要求所有假设的事件相互独立。在实际情况中，绝大多数情况难以满足该条件，比如在交通量检测中，“有车”和“无车”两个假设事件是互斥的，并不相互独立。

4.2.2　逻辑推理融合方法

1. Dempster-Shafer 证据理论

Dempster-Shafer 证据理论（简称 D–S 理论）是由 A.P.Dempster 提出，并由 G.Shafer 进一步发展起来的一种不确定性推理方法。D–S 理论是目前数据融合中比较常用的一种方法，它实际上是广义的贝叶斯方法。

D–S 理论根据人的推理模式，采用概率区间和不确定区间决定的多证据假设的似然函数来进行推理。各检测器检测到的信息提取的特征参数构成了该理论中的证据，利用这些证据构造相应的基本概率分布函数，对于所有的命题赋予一个信任度。基本概率分布函数及其相应的辨识框架合称为一个证据体。因此，每个检测器就相当于一个证据体。D–S 理论的数据融合实际上就是在同归辨识框架下，用 Dempster 合并规则将各个证据体合并成一个新的证据体的过程。该过程可以用图 4–2 描述。

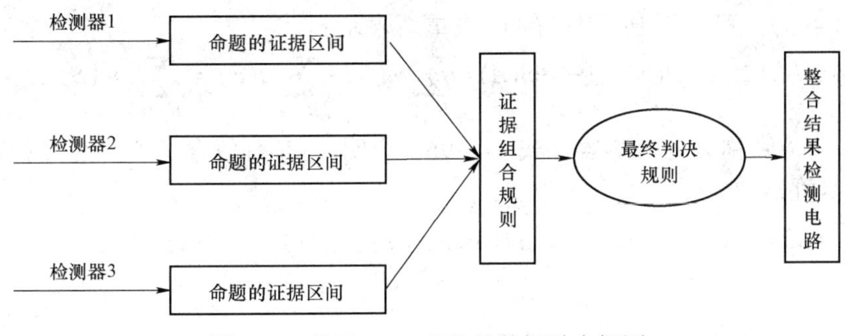

图 4–2　基于 D–S 理论的数据融合框图

1）基本概率分配函数

在 D–S 理论中，一个样本空间称为一个辨识框架，用Θ表示。Θ由一个完备且互不兼容的集合组成

$$\Theta=\{\theta_1,\theta_2,\cdots,\theta_n\} \tag{4-91}$$

式中：θ_i称为Θ的一个单子，$1\leqslant i\leqslant N$。

Θ中的所有子集构成的幂集记为2^Θ。当Θ中的元素个数为N时，其幂集2^Θ的元素个数为2^N，其中每一个元素都对应于一个关于θ取值情况的命题A。

$$2^\Theta=\{\{\theta_1\},\{\theta_2\},\cdots,\{\theta_N\},\{\theta_1,\theta_2\},\cdots,\{\theta_1,\theta_2,\cdots,\theta_N\}\} \tag{4-92}$$

其中只包含一个单子的命题称为基元命题。

设函数$m:2^\Theta\to[0,1]$，且满足下列条件的映射：① 不可能事件的基本概率是 0，即$m(\varnothing)=0$；② 2^Θ中全部元素的基本概率之和为 1，即$\sum m(A)=1$。则称m是2^Θ上的概率分配函数，$m(A)$称为A的基本概率数（basic probability number），表示对A本身的信任大小。

条件①表明了对于空命题不产生任何信任度；条件②表明虽然可以给一个命题赋予任意大小的信度值，但要求给所有命题赋予的信度数的和（总信度）等于 1。

2）命题的信任函数 Bel

对于任意的命题集，D–S 理论还提出了信度函数的概念

$$\mathrm{Bel}(A)=\sum_{B\subseteq A}m(B)(\forall A\subseteq\Theta) \tag{4-93}$$

即A的信度函数为A中的每个子集的信度值之和。由信度函数的概念，可以得到

$$\begin{cases}\mathrm{Bel}(\varnothing)=0\\ \mathrm{Bel}(\Theta)=1\end{cases} \tag{4-94}$$

对于一个命题A的信任度仅用信度函数来描述是不够的，因为$\mathrm{Bel}(A)$不能反映出怀疑A的程度，即信任A的非为真的程度。所以为了全面描述对A的信任度，还必须引入对A的怀疑程度的量。

3）命题的似真度函数 pl

$\forall A\in H$，定义$\mathrm{Dou}(A)=\mathrm{Bel}(\bar{A})$

$$\mathrm{pl}(A)=1-\mathrm{Bel}(\bar{A}) \tag{4-95}$$

则称 Dou 为 Bel 的怀疑函数；pl 为 Bel 的似真函数；$\mathrm{Dou}(A)$称为A的怀疑度；$\mathrm{pl}(A)$为A的似真度。

根据式（4–93），可以用 Bel 对应的m来重新表示 pl

$$\forall A\subseteq H,\mathrm{pl}(A)=1-\mathrm{Bel}(\bar{A})=\sum_{B\subset\Theta}m(B)-\sum_{B\subset A}m(B)=\sum_{A\cap B\neq\varnothing}m(B) \tag{4-96}$$

若$A\cap B\neq\varnothing$，则称A与B相容。式（4–96）说明，$\mathrm{pl}(A)$包含了所有与A相容的那些（命题）几何的基本可信数。

由于$A\cap\bar{A}=\varnothing$，$A\cup\bar{A}\subset H$，因此有$\mathrm{Bel}(A)+\mathrm{Bel}(\bar{A})\leqslant\sum_{x\subset\Theta}m(x)=1$

即

$$\mathrm{Bel}(A)\leqslant 1-\mathrm{Bel}(\bar{A})=\mathrm{pl}(A) \tag{4-97}$$

实际上，$[\mathrm{Bel}(A), \mathrm{pl}(A)]$表示了对 A 的不确定区间，也称为概率的上下限。$[0, \mathrm{Bel}(A)]$是完全可信的区间，表示对命题“A 为真”的支持程度。$[0, \mathrm{pl}(A)]$是对命题“A 为真”的不怀疑程度，表示证据不能否定“A 为真”的程度。显然 $\mathrm{pl}(A)-\mathrm{Bel}(A)$ 区间越大，未知程度就越高。

4）合成规则

如果将命题看作识别框架$\varTheta$上的元素，对于$\forall m(A)>0$，称 A 为信度函数 Bel 的焦元。设 Bel_1 和 Bel_2 是同一识别框架$\varTheta$上的两个信度函数，m_1 和 m_2 分别是其对应的基本可信度分配，焦元分别为$A_1, A_2, \cdots, A_k$和$B_1, B_2, \cdots, B_L$。Bel_1 和 Bel_2 的联合作用就是将$m_1(A_i)m_2(B_j)$确切地分配到$A_i \cap B_j$上。

给定$A \subset \varTheta$，若有$A_i \cap B_j = A$，那么$m_1(A_i)m_2(B_j)$就是确切地分配到 A 上的部分信度，而分配到 A 上的总信度为 $\sum\limits_{A_i \cap B_j = A} m_1(A_i)m_2(B_j)$。但是当$A=\varnothing$时，将有部分信度 $\sum\limits_{A_i \cap B_j = \varnothing} m_1(A_i)m_2(B_j)$ 分配到空集，这显然是不合理。为此，可在每一信度上乘一系数$\dfrac{1}{1-\sum\limits_{A_i \cap B_{ii} = \varnothing} m_1(A_i)m_2(B_j)}$，使信度满足 1 的要求。至此实际已给出了两个信度合成法则

$$m(A) = m \oplus m_i = \frac{\sum\limits_{A_i \cap B_{ii} = \varnothing} m_1(A_i)m_2(B_j)}{1-\sum\limits_{A_i \cap B_{ii} = \varnothing} m_1(A_i)m_2(B_j)} \tag{4-98}$$

对于多个信度的合成（融合），令$m_1, m_2, \cdots, m_n$分别表示 n 个信息的信度分配，如果它们是由独立的信息推得的，则融合后的信度函数$m = m_1 \oplus m_2 \oplus \cdots \oplus m_n$可表示为

$$m(A) = \frac{\sum\limits_{\cap A_i = A} \prod\limits_{i=1}^{n} m_i(A_i)}{1-\sum\limits_{\cap A_i = A} \prod\limits_{i=1}^{n} m_i(A_i)} \tag{4-99}$$

将各个检测器采集的信息作为证据，每个检测器提供一组命题，对应决策$x_1, \cdots, x_i, \cdots, x_m$，并建立一个相应的信度函数，这样，多检测器信息综合实质上就成为在同一识别框架下，将不同的证据体合并成一个新的证据体的过程。

如果数据融合系统的决策目标集由一些互补相容的目标构成，即前述的$\varTheta$，当检测器对环境实施观测时，每个检测器的信息均能在目标集上得到一组信度，当系统有 N 个检测器时，便有 N 组信度，这些信度是决策的依据。

运用 D–S 理论进行多检测器信息融合的一般过程是：

（1）分别计算各检测器的基本概率分布函数、可信函数和似真度函数；

（2）利用合并规则，求得所有检测器联合作用下的基本概率分布函数、可信函数和似真度函数；

（3）在一定决策规则下，选择具有最大支持度的目标。

D–S 理论的优点主要有：满足比贝叶斯估计更弱的条件，即不需要知道先验概率，并具有直接表达“不确定”和“不知道”的能力，并能够有效地解决不同来源中的冲突数据。

D–S 理论的局限性主要体现在：要求证据必须是独立的，而这在实际应用中不易满足；证据合成规则没有非常坚固的理论支持，其合理性和有效性还存在较大的争议；计算上存在着潜

在的组合爆炸的问题。

2. 模糊逻辑法

模糊理论以模糊集合为基础，首先将模糊不确定的事物量化为可被计算机识别的信息，采用隶属函数表示信息的不确定性，利用模糊变换进行处理。根据已有的知识和经验以 if–then 的形式建立规则库，然后运用推理机将现有的状态与规则库里的规则进行匹配，确定规则的可信度，而后应用模糊变量描述实际的变量，最后通过解模糊将模糊变量转变为实际变量。模糊逻辑通过建立的模糊命题（即各检测器提供的数据）和模糊隶属函数，利用多值逻辑推理，根据各种模糊演算对各种命题进行合并，从而实现多源数据的融合。

1）模糊集理论

模糊集合是带有隶属度的元素集合。在论域U上的一个模糊集A可以用单位区间$[0,1]$上取值的隶属度函数μ_A表示，即

$$\mu_A \to U \mid [0,1] \tag{4-100}$$

对于任意$u \in U$称为$\mu_A(u)$对于A的隶属度。

显然，当μ_A的值取为 0 或 1 时，μ_A便退化为一个普通集合的特征函数，A便退化为一个普通集合。

隶属函数μ_A可根据具体情况选取，如正态函数、三角函数、梯形函数、S 形函数等。

模糊集合最基本的运算是并、交、补三种。设A、B为论域上的模糊集合

$$\begin{aligned} A &= \{a_1, a_2, \cdots, a_m\} \\ B &= \{b_1, b_2, \cdots, b_n\} \end{aligned} \tag{4-101}$$

记A与B的并集为$A \cup B$，A与B的交集为$A \cap B$，A的补集为$\dot{A}$，它们分别定义如下

$$\begin{gathered} \mu_{(A \cup B)}(x) = \max\left(\mu_A(x), \mu_B(x)\right) \quad 任意\, x \in U \\ \mu_{(A \cup B)}(x) = \min\left(\mu_A(x), \mu_B(x)\right) \quad 任意\, x \in U \\ \mu_{\dot{A}}(x) = 1 - \mu_A(x) \quad 任意\, x \in U \end{gathered} \tag{4-102}$$

A和B上的模糊关系定义为笛卡尔积$A \times B$的一个模糊子集。若用隶属函数来表示模糊子集，模糊关系可用矩阵$\boldsymbol{R}_{A \times B}$表示

$$\boldsymbol{R}_{A \times B} = \begin{bmatrix} \mu_{11} & \cdots & \mu_{1n} \\ \vdots & & \vdots \\ \mu_{m1} & \cdots & \mu_{mn} \end{bmatrix} \tag{4-103}$$

式中：$\mu_{i,j}$表示了二元组(a_i, b_j)隶属于该组模糊关系的隶属度，满足$0 \leqslant \mu_{i,j} \leqslant 1$。

2）模糊关系函数的融合

以两个模糊关系函数为例进行讨论。考虑两个模糊关系函数$\mu(x,y)$和$\eta(x,y)$，融合结果将是两个输入的函数，即

$$f\left(\mu(x,y), \eta(x,y)\right) = \varPhi(x,y) \tag{4-104}$$

由于$0 \leqslant \mu$，$\eta \leqslant 1$，将f用泰勒级数表示，并忽略高价项得到

$$\varPhi = c_{00} + c_{10}\mu + c_{01}\eta \tag{4-105}$$

由于希望输出只与两个输入有关，故忽略常数，并归一化输出得到

$$\varPhi = \alpha\mu + \beta\eta, \ \alpha + \beta = 1 \tag{4-106}$$

当从一个检测器获得了某个目标的一些信息，可能还希望得到该目标的其他附加知识，该附加知识使用该检测器可能无法测到，而另一种检测器能够提供该信息。也就是说，这两种检测器中的哪一种都能提供彼此不能提供的必要信息，在这种情况下，不是除去那些只被一种检测器未证实的信息，而是增加信息，这称为知识源证实理论。

为应用知识源证实理论，应使 (x, y) 尽可能接近其最大值，这可通过使 $1-\Phi$ 最小来实现

$$\min\left[\iint_{\Theta}(1-\Phi)^2\,\mathrm{d}x\mathrm{d}y\right] \tag{4-107}$$

假设两个检测器 S_1 和 S_2，如果 S_2 的意见与 S_1 的信任函数一致，则可以说 S_2 的意见使 S_1 的信任增强；反之，如果 S_2 的意见与 S_1 的信任产生矛盾，则 S_2 的意见使 S_1 撤销它的信任。在两种情况之间是一个连续过程，需要做出选择究竟如何处理，该规则称为信任增强/撤销原理。表示为

$$\begin{gathered}\min\left[\iint_{\Theta}\nabla(\alpha\mu-\beta\eta)^2\,\mathrm{d}x\mathrm{d}y\right]\\ \nabla=(\partial_l\partial_x,\partial_l\partial_y)\end{gathered} \tag{4-108}$$

由以上 3 个约束条件可以得到

$$\nabla^2\alpha+A_1\alpha_x+A_2\alpha_y+A_3\alpha=C \tag{4-109}$$

式中：$A_1=\dfrac{2(\mu_x+\eta_x)}{\mu+\eta}$；$A_2=\dfrac{2(\mu_y+\eta_y)}{\mu+\eta}$；$A_3=\dfrac{\nabla^2\mu+\nabla^2\eta}{\mu+\eta}-\dfrac{(\mu-\eta)^2}{\lambda^2(\mu+\eta)^2}$。

由式（4-109）可解出最终融合函数为

$$\begin{gathered}C=\frac{(\eta-1)(\mu-\eta)}{\lambda^2(\mu+\eta)^2}+\frac{\nabla^2\eta}{\mu+\eta}\\ \Phi(x,y)=\alpha(x,y)\mu(x,y)+\big(1-\alpha(x,y)\big)\eta(x,y)\end{gathered} \tag{4-110}$$

模糊逻辑适用于静态环境，可以解决信息或决策冲突问题，具有信息损失小、易于实现等优点，但是模糊规则不易建立，隶属函数难以确定。

4.2.3　人工智能融合方法

人工智能融合方法主要有支持向量机、遗传算法、人工神经网络、粗糙集法、小波分析理论、专家系统等。该类多源数据融合方法的优点是对观测对象的先验知识要求不高或无要求，有较强的自适应能力；缺点是运算量大，规则的学习时间长且建立困难，因而不容易实现。人工智能融合方法在很多领域得到了较好的应用，如遗传算法用于消除局部极值和噪声的影响，粗糙集法用于处理不确定信息，人工神经网络用于识别数据，小波分析用于处理信号的局部特征信息。

1. 支持向量机

支持向量机（support vector machine，SVM）通过训练学习确定的非线性映射将多检测器的多个信息映射到一个高维特征空间中，并在高维特征空间进行线性回归，从而取得原空间非线性回归的结果，实现多源数据的融合。

SVM 方法的基本思想是以结构风险最小化（structural risk minimization，SRM）为理论基

础，通过某种特定的非线性映射把样本空间映射到一个高维乃至无穷维的特征空间（Hilbert 空间），并在特征空间中寻求最优划分或回归线性超平面，把此平面作为分类决策面，从而解决样本空间中的高度非线性分类和回归等问题。

在线性可分的情况下，SVM 就是建立一个超平面，使得可分的两类数据到该平面的距离最大，通常该平面为最优分类超平面。对于非线性问题，SVM 首先把模式空间（训练样本所在空间）映射到更高维的特征空间，并在特征空间中寻找最优超平面（该超平面在原模式空间中实际对应着非线性的分类面）。SVM 通过具有特殊性质的核函数巧妙地避免了直接在高维空间中处理问题。SVM 方法的主要构成如下。

1）线性最优分类超平面

SVM 是从线性可分情况下的最优分类面发展而来的，基本思想可用图 4-3 来说明。对于一维空间中的点、二维空间中的直线、三维空间中的平面，以及高维空间中的超平面，图中实心点和空心点代表两类样本，为它们之间的分类超平面，分别为过各类中离分类面最近的样本且平行于分类面的超平面，它们之间的距离叫作分类间隔。

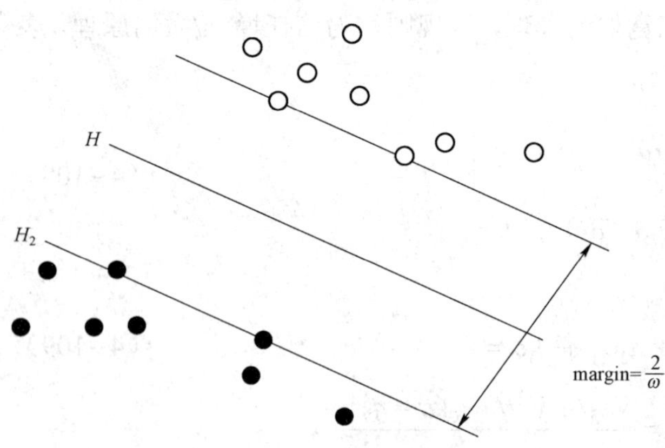

图 4-3　最优分类面示意图

所谓最优分类面要求分类面不但能将两类正确分开，而且使分类间隔最大。将两类正确分开是为了保证训练错误率为 0，也就是经验风险最小（为 0）。使分类间隔最大实际上就是推广性的界中的置信范围最小，从而使真实风险最小。推广到高维空间，最优分类线就成为最优分类面。

假设两类线性可分的训练数据样本$\{(x_1, y_1), (x_2, y_2), \cdots, (x_N, y_N)\}$，$x_i \in R^d$（$d$代表样本$x_i$的长度），$y_i \in \{-1, +1\}$，$i = 1, 2, \cdots, N$。其线性判别函数的一般表达式是$f(x) = \omega x + b$，该函数对应的分类面$H$为

$$\omega x + b = 0 \tag{4-111}$$

使得

$$\begin{cases} \omega x_i + b \geqslant 1, & y_i = 1 \\ \omega x_i + b \leqslant -1, & y_i = -1 \end{cases} \tag{4-112}$$

现在将判别函数进行归一化，使得对线性可分的样本集(x_i, y_i)，$i = 1, 2, \cdots, N$，满足

$$y_i(\omega x + b) - 1 \geqslant 0, i = 1, 2, \cdots, N \tag{4-113}$$

根据最优分类超平面的定义，分类间隔可表示为

$$\rho = \min_{\{x_i, y_i = 1\}} \frac{|\omega x_i + b|}{\omega} + \min_{\{x_i, y_i = 1\}} \frac{|\omega x_j + b|}{\omega} = \frac{2}{\omega} \tag{4-114}$$

要使分类间隔$\frac{2}{\omega}$最大，等于使$\frac{\omega^2}{2}$或者$\frac{\omega}{2}$最小。这样线性 SVM 的最优化分类面问题可以表示成如下的约束优化问题。

$$\min \Phi(\omega) = \frac{1}{2}\omega^2 \tag{4-115}$$

约束条件为式（4–115）。

其最优解可通过拉格朗日函数得到

$$L(\omega,b,a)=\frac{1}{2}\omega^2-\sum_{i=1}^{N}a_i\left[y_i(\omega x_i+b)-1\right] \tag{4-116}$$

式中：a_i 为拉格朗日乘子，$a_i \geqslant 0$。

对 ω、b、a 分别求导，有

$$\begin{cases}\dfrac{\partial L}{\partial \omega}=0 \Rightarrow \omega=\sum\limits_{i=1}^{N}a_i y_i x_i \\ \dfrac{\partial L}{\partial b}=0 \Rightarrow \sum\limits_{i=1}^{N}a_i y_i=0 \\ \dfrac{\partial L}{\partial a}=0 \Rightarrow a_i\left[y_i(\omega x_i+b)-1\right]=0\end{cases} \tag{4-117}$$

解上述问题得到的最优分类函数为

$$f(x)=\operatorname{sgn}\left\{\sum_{sv}a_i^* y_i(x_i,x)+b^*\right\} \tag{4-118}$$

2）广义的最优分类面

当有少数样本使得原来线性可分的问题变成不可分问题，从而影响了分类器的性能时，可以在条件中加入一个松弛因子 ξ，即

$$y_i(\omega x+b)\geqslant 1-\xi_i,\ i=1,2,\cdots,n \tag{4-119}$$

将同标函数改为求 $\frac{1}{2}\omega^2+c\sum\limits_{i=1}^{n}\xi_i$ 的最小值。其中，c 为惩罚函数，c 越大表示对错误分类的惩罚越大，其最优分类面的对偶问题与线性可分的情况几乎完全相同，只是拉格朗日乘子的约束条件为 $0\leqslant a_i \leqslant c$。

对于非线性问题，做非线性映射 Φ: $R^d \to H$，将输入空间的样本映射到高维（可能是无穷维）的特征空间 H 中，当在特征空间 H 中构造最优超平面时，训练算法仅使用空间中的点积，即 $\phi(x_i)\bullet\phi(x_j)$，而没有单独的 $\phi(x_i)$ 出现。因此，如果能够找到一个函数 K，使得

$$K(x_i \bullet x_j)=\phi(x_i)\bullet\phi(x_j) \tag{4-120}$$

这样在高维空间实际上只需进行内积运算，而这种内积运算是可以用原空间中的函数实现的，甚至没有必要知道变换中的形式。根据泛函的有关理论，只要一种核函数 $K(x_i \bullet x_j)$ 满足 Mercer 条件（即任何半正定的函数都可以作为核函数），它就对应某一变换空间中的内积。因此，在最优超平面中采用适当的内积函数 $K(x_i \bullet x_j)$，就可以实现某一非线性变换后的线性分类，而计算复杂度却没有增加。此时目标函数变为

$$Q(a)=\sum_{i=1}^{n}a_i-\frac{1}{2}\sum_{i,j=1}^{n}a_i a_j y_i y_j K(x_i \bullet x_j) \tag{4-121}$$

使得

$$\begin{cases}0\leqslant a_i \leqslant c \\ \sum\limits_{i=1}^{N}a_i y_i=0\end{cases} \tag{4-122}$$

由此可构造在输入空间中的非线性决策函数

$$y=\mathrm{sgn}\left\{\sum_{i=1}^{N}a_iy_iK(x,x_i)+b\right\} \tag{4-123}$$

概括地说，SVM 就是通过某种事先选择的非线性映射将输入向量映射到一个高维特征空间，在这个特征空间中构造最优分类超平面。在形式上，SVM 分类函数类似于一个神经网络，输出是中间节点的线性组合，每个中间节点对应于一个支持向量，如图 4-4 所示，在 SVM 中，构造的复杂程度取决于支持向量的数目，而不是特征空间的维数。

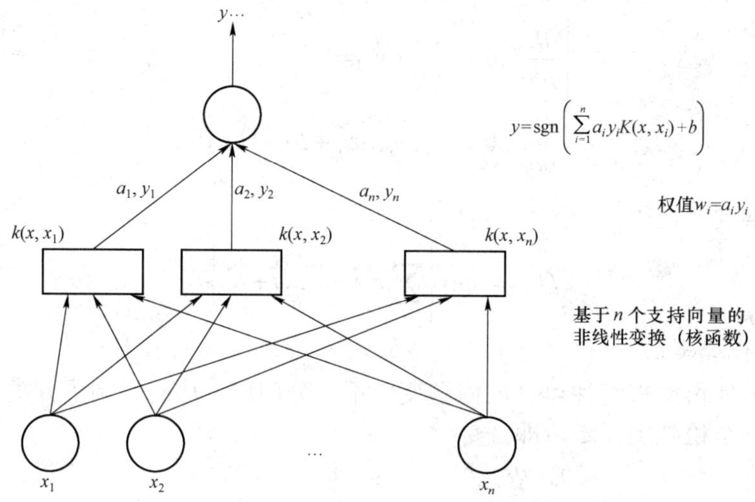

图 4-4　SVM 示意图

3）核函数

SVM 的特点之一在于核函数的引入。低维空间向量集通常难以划分，解决的方法是将它们映射到一个高维空间，但这个办法带来的困难就是计算复杂度的增大，而核函数正好巧妙地解决了这个问题。在 SVM 理论中，采用不同的核函数构成不同的 SVM，这样也形成了不同的算法。目前研究的核函数主要有以下几种形式。

（1）线性函数：

$$K(x,x_i)=x,x_i \tag{4-124}$$

（2）多项式函数：

$$K(x,x_i)=[x,x_i+1]^d \tag{4-125}$$

（3）高斯径向基核函数（radial basis function，RBF）：

$$K(x,x_i)=\exp\left\{-\frac{|x-x_i|^2}{\sigma^2}\right\} \tag{4-126}$$

（4）神经网络核函数（sigmod）：

$$K(x,x_i)=\tanh[\upsilon x,x_i+a] \tag{4-127}$$

式中：d为多项式的阶数；σ为 RBF 函数的宽度参数；υ、a为常数。

由这四种核函数可以构造出线性 SVM、多项式 SVM、RBFSVM 和感知 SVM。满足 Mercer 条件的核函数很多，这样又带来另外一个问题，即 SVM 的核函数如何选择。目前没有明确的标准来知道核函数的选择。在模型不确定的情况下，RBF 核函数是一个不错的选择。

SVM 具有以下优点：

（1）基于统计学习理论中结构风险最小化原则和 VC 维（Vapnik-Chervonenkis Dimension）理论，具有良好的泛化能力，即由有限的训练样本得到小的误差能够保证使独立的测试集仍保持小的误差。

（2）求解问题对应的是一个凸优化问题，因此局部最优解一定是全局最优解。

（3）核函数的成功应用，将非线性问题转化为线性问题求解。

（4）分类间隔的最大化，使得该算法具有较好的鲁棒性。

由于 SVM 自身的突出优势，因此被越来越多的研究人员作为强有力的学习工具，以解决模式识别、回归估计等难题。

2. 遗传算法

遗传算法（genetic algorithm，GA）是基于生物遗传理论的原理发展起来的一种广为应用的、高效的随机搜索与优化的方法。该算法模拟了自然界遗传和生物进化中发生的繁殖、交配和变异现象，根据“适者生存，优胜劣汰”的自然法则，搜索到较优的个体。选择、交叉、变异是遗传算法的三个重要操作算子，它们构成了所谓的遗传操作。

遗传算法通过各个检测器信息之间的关系近似最优地确定选择、交叉、变异算子的参数，使算法在信息源的可靠性、信息的冗余度/互补性以及进行融合的分级结构不确定的情况下，以近似最优的方式对多源数据进行融合。

1）选择、交叉和变异

（1）选择算子。

为了将已有群体变为下一个群体，遗传算法仿效“自然选择，适者生存”的原则，从当前群体中选择优良个体进行复制，选择依据是个体适应度的大小，适应度大的个体接受复制，使之繁殖，适应度小的个体予以删除，使之死亡。选择算子的操作方法主要有比例选择、最优保存策略等。

① 比例选择。

最常用和最基本的选择算子是比例选择算子。所谓比例选择（proportional model）是指个体被选中并遗传到下一代群体中的概率与该个体的适应度大小成正比。

设群体大小为 M，个体 i 的适应度为 F_i，则个体 i 被选中的概率 P_{is} 为

$$P_{is} = \frac{F_i}{\sum_{i=1}^{M} F_i},\ i = 1, 2, \cdots, M \tag{4-128}$$

② 最优保存策略。

使用最优保存策略进化模型（elitist model）来进行优胜劣汰操作，即当前群体中适应度最高的个体不参与交叉运算和变异运算，而是用它来替换掉本代群体中经过交叉、变异等遗传操作后所产生的适应度最低的个体。

选择算子还包括其他的方法，如确定式采样选择（deterministic sampling）、期望值选择（expected value model）、无回放余数随机选择（remainder stochastic sampling with replacement）、排序选择（rank-based model）、随机联赛选择（stochastic tournament model）等。

（2）交叉算子。

交叉操作使遗传基因发生重组，在遗传算法中起核心作用。通过按变异概率随机反转某位基因的二进制字复值，即由“1”变为“0”或由“0”变为“1”。交叉算子的设计和实现与所研究的问题密切相关，一般要求它既不要太多地破坏个体编码串中表示优良性状的优良模式，又要能够有效地产生一些较好的新个体模式。另外，交叉操作数的设计要和编码设计统一考虑。

遗传算法中，在交叉运算之前还必须先对群体中的个体进行配对，对于占主流地位的二值编码而言，各种交叉算子都包括两个基本内容：

① 由选择操作形成的配对库（mating pool）中，对个体随机配对并按预先设定的交叉概率来决定每对是否需要进行交叉操作；

② 设定配对个体的交叉点（cross site），并对这些点前后的配对个体的部分结构（或基因）进行相互交换。

适合于二进制编码个体或浮点数编码个体的交叉运算主要有：

① 单点交叉（one-point crossover）。单点交叉又称为简单交叉，它是指在个体编码串中只随机设置一个交叉点，然后在该点相互交换两个配对个体的部分染色体。

② 双点交叉（two-point crossover）。双点交叉是指在个体编码串中随机设置了两个交叉点，然后再进行部分基因交换。

③ 多点交叉（multi-point crossover）。多点交叉有时又被称为广义交叉（generalized crossover），是指在个体编码串中随机设置了多个交叉点，然后进行基因交换。

另外，还有均匀交叉（uniform crossover）、算数交叉（arithmetic crossover）等交叉算子。

（3）变异算子。

变异操作能对群体中的个体串的某些基因座的基因值做变动，以保证遗传过程的随机扰动性。变异算子通过选择复制产生的新一代群体，性能明显得到了改善，但不能产生新的个体。为了产生新的个体，交叉模仿自然界性繁殖的基因重组过程，对群体中的个体串的某些基因座的基因值做变动，随机地选择一个个体，并按一定的概率随机地改变字符串中某一位或某几位字符的值，将原有的优良基因遗传给下一代，并生成包含更复杂基因结构的新个体。

一般来说，变异算子操作首先在群体中所有个体的码串范围内随机地明确基因座，然后，以事先设定的变异概率 P_m 来对这些基因座的基因值进行变异。

变异算子主要有以下形式：

① 基本位变异（simple mutation）。基本位变异操作是指对个体编码串以变异概率 P_m 随机指定的某一位或几位基因座上的基因值做变异运算。

② 均匀变异（uniform mutation）。均匀变异操作是指分别用符合某一范围均匀分布的随机数，以某一较小的概率来替换个体编码串中各个基因座上的原有基因值。

③ 逆转算子（inversion operator）。逆转算子也称倒位算子，是指颠倒个体编码串中随机指定的两个基因座之间的基因排列顺序，从而形成一个新的染色体。

④ 自适应变异算子（adapitive mutation operator）。自适应变异算子与基本位变异算子的操作内容类似，唯一不同的是交叉概率不是固定不变，而是随群体中个体的多样性程度而自适应调整。

2）编码方式

由于遗传算法的进化过程是建立在编码机制上的，编码对于算法性能（如搜索能力和种群多样性等）的影响很大。常见的遗传算法编码方式有二进制编码和实数编码两种。就二进制编码和实数编码比较而言，一般实数编码比二进制编码在变异操作上能够保持更好的种群多样性，但操作比较复杂；二进制编码比实数编码搜索能力强。

遗传算法有很多种具体的实现过程，以下介绍标准的遗传算法的具体步骤（见图 4-5）：

第一步，选择编码策略，把参数集合转换成染色体结构空间；

第二步，定义适应函数，便于计算适应值；

第三步，确定遗传策略，包括群体大小，选择、交叉、变异方法以及交叉概率、变异概率等遗传参数；

第四步，随机产生初始群体；

第五步，计算群体中的个体或染色体解码后的适应值；

第六步，按照遗传策略，运用选择、交叉和变异算子作用于群体，形成下一代群体；

第七步，判断群体性能是否满足某一指标，或者是否已完成预定的迭代次数，不能满足则返回第五步，或者修改遗传策略再返回第六步。

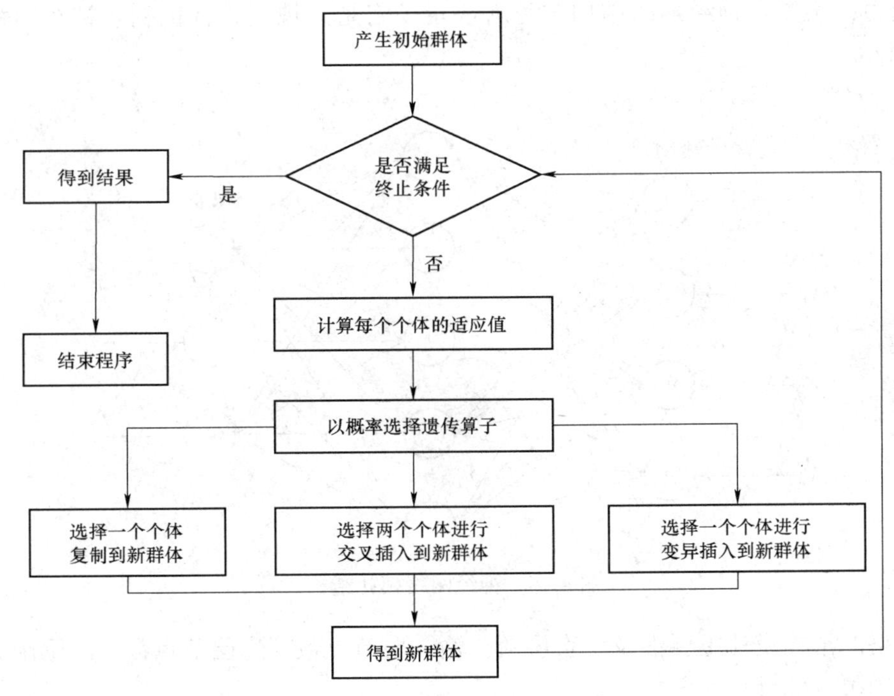

图 4-5　遗传算法的具体步骤

遗传算法的特点有：

（1）自组织、自适应和学习性（智能性）的进化算法消除了算法设计中的一个最大障碍，即需要事先描述问题的全部特点，并要说明针对问题的不同特点算法应采取的措施，因此它可用来解决复杂的非结构化问题，具有很强的鲁棒性；

（2）直接处理的对象是参数的编码集而不是问题参数本身；

（3）搜索过程中使用的是基于目标函数值的评价信息，搜索过程既不受优化函数连续性的约束，也没有优化函数必须可导的要求；

（4）具有显著的隐并行性。进化算法按并行方式搜索一个种群数目的点，而不是单点。它的并行性表现在两个方面：一是进化算法是内在并行的；二是进化算法的内涵并行性。

3. 人工神经网络

人工神经网络和数据融合的某些相似性，决定了人工神经网络是多源数据融合的主要方法之一。第一，融合模型中数据处理单元和神经网络的对应结构相似；第二，数据融合模型的全并行结构和神经网络的跨层连接相似；第三，数据融合模型层内环路和前向神经网络中的反馈网络相似；第四，数据融合模型中的层间环路与神经网络中高层对低层反馈机制相似。

人工神经网络是由大量的处理单元（即人工神经元）广泛互联而成的网络，它试图以一定的程度和方式，模拟人脑的细胞结构、神经结构和思维特征，来获得近似于人类的思维能力，特别适用于很难用常规方法表达的信息处理过程。人工神经网络的应用过程由两个阶段组成——学习期和工作期。学习期也称为设计期，通过对样本的学习，逐渐调整神经元之间的连接权值，直到实现预定的精度为止，这一阶段往往需要较长的时间。在工作期内，网络的权值不再发生变化，在给定输入的情况下，网络按照其内部机制快速计算出指定变量的结果。

人工神经网络有两个显著的性能特点：第一，神经网络是自适应的和可以被训练的，有自我修改能力；第二，神经网络结构本身就决定了它是大规模并行机制。神经网络拓扑结构如图 4-6 所示。

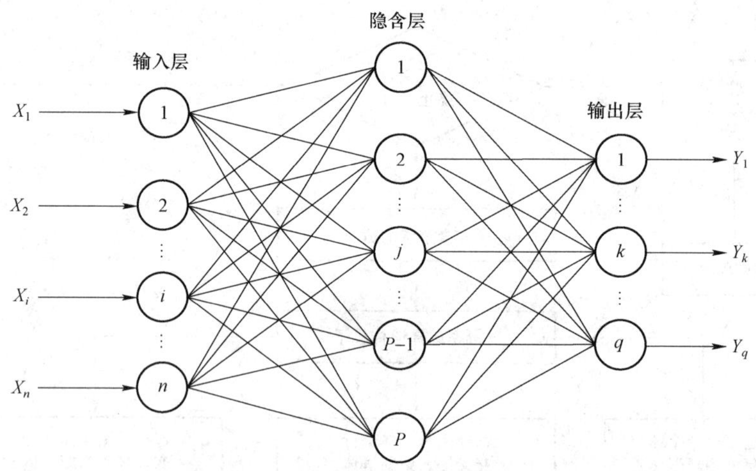

图 4-6　神经网络拓扑结构

神经网络的结构设计主要涉及网络层数、输入层节点数、隐层节点数、激励函数确定，现将主要参数确定方法进行简要说明。

（1）网络层数。已有的理论分析表明，隐层数最多两层。只有当要学习不连续函数时，才需要两个隐层；具有单隐层的神经网络能映射一切连续函数。

（2）输入层节点数。在数据融合构造中，以同一断面检测同一种交通参数的检测器的检测值作为输入，则神经网络的输入层节点数根据检测器的数目而定。

（3）隐层节点数。对于多层前馈神经网络来说，隐层神经元个数的确定是成败的关键。如果数量太小，则网络所能获得的用以解决问题的信息太少；若数据太多，不仅增加训练时间，难以在人们所能接受的时间内完成训练，而且可能出现“过大吻合”的问题。

（4）激励函数确定。激励函数是神经元核心所在，它决定神经元的运动功能。选好激励函数及其参数极为重要，不同激励函数，或者带有不同参数的同一类激励函数，表示的运动过程也不一样，目前常用的是 Sigmoid 函数。

$$f(x)=\frac{1}{1+e^{-x}} \tag{4-129}$$

人工神经网络中，以采用误差反向传播算法的多层感知器（简称 BP 神经网络）应用最为广泛。

BP 算法的基本思想是：学习过程由信号正向传播与误差逆向传播两个过程组成。正向传播时，模式作用于输入层，经隐层处理后，传向输出层。若输出层未能得到期望的输出，则转入误差逆向传播阶段，将输入误差按照 δ 法则，通过隐层向输入层逐层返回，并“分担”给各层的所有单元，从而获得各层单元的参考误差或称误差信号，以作为修改各单元权值的依据。这种信号正向传播与误差逆向传播的各层权矩阵的修改过程，是周而复始地进行的。权值不断修改的过程，也就是网络学习的过程。此过程一直进行到网络输出的误差逐渐减小到可接受的程度或达到设定的学习次数为止。

多层神经网络的 δ 法则：

$$\text{对输出层，}\quad \delta_{kj}=(y'_{kj}-y_{kj})f_j(\text{net}_{kj})\left(1-f_j(\text{net}_{kj})\right) \tag{4-130}$$

$$\text{对隐含层，}\quad \delta_{kj}=f_j(\text{net}_{kj})\left(1-f_j(\text{net}_{kj})\right)\sum_l \delta_{kl}\omega_{lj} \tag{4-131}$$

BP 神经网络的数据融合主要应用于交通参数的预测、不完备交通参数信息融合等。BP 神经网络在多源数据融合中主要有以下优点：

（1）神经网络的信息统一存储，其检测器信息采用统一的样式，知识库更容易进行建立和后期管理；

（2）神经网络处理信息的过程具有很强的容错性，当系统结构中某一部分失效时，仍然可以输出可靠信息；

（3）神经网络以其强大的自学习和自组织能力，在不断变化的环境中仍然适用；

（4）神经网络信息处理速度快，可以在短时间内处理大量的实时信息，满足快速实时的要求。

然而，BP 神经网络算法也存在寻找全局最优解时较为困难，在求解过程中往往会陷入局部最优解，训练耗时大等缺点。

4.2.4 交通数据融合方法比较

不同的融合方法有不同的适用性，应根据常用的应用领域、应用环境和融合层次等进行选择。对交通数据融合方法性能和特征对比总结见表 4–6 和表 4–7。

表 4–6 多源交通数据融合方法性能对比

算法	优点	缺点	典型应用领域
加权平均法	简单、直观	权值难以确定，精度低	多检测器底层数据融合
卡尔曼滤波法	处理多维非平稳随机过程的估计问题，数据存储量小，时效性强	需要给出初始状态等先验信息，要求系统噪声是高斯白噪声	基于空间相关性的交通参数融合
贝叶斯估计	直观性好，易于理解	要求给出先验概率和概率独立假设，无法区分不确定和不知道信息	车辆类型识别、交通事件的识别
Dempster-Shafer 证据理论	不需要给出先验概率，能区分不确定和不知道信息	证据必须是独立的，计算具有潜在的组合爆炸问题	路况信息的准确获取、交通事件的识别、交通诱导方案、紧急事件救援方案

续表

算法	优点	缺点	典型应用领域
模糊逻辑	可解决信息或决策冲突问题，缺乏自主学习和自适应能力	需要主观定义模糊隶属函数，算法原理的直观性不强	交通事件的识别、交通运行状态评估、交通诱导方案、紧急事件救援方案
支持向量机	得到的局部最优解即是全局最优解，线性求解，较好的鲁棒性	对大规模训练样本难以实施，解决多分类问题困难	交通流预测、交通事件的识别、交通状态分类
遗传算法	能解决复杂的非结构化问题，鲁棒性强，具有潜在的并行性	编程实现复杂，算法搜索速度较慢，对初始种群选择有依赖性	智能信号控制、车辆导航、交通运行状态评估与预测
人工神经网络	具有良好的容错性和自适应性，具有自学习和并行处理能力	需要足够的训练样本，寻找全局最优解较为困难	车辆定位、交通事件的识别、交通诱导方案

表 4–7　多源交通数据融合方法特征对比

算法	运行环境	信息表示	融合技术	融合层次
加权平均法	动态	原始数据	平均加权	数据级
卡尔曼滤波法	动态	概率分布	系统模型滤波	数据级
贝叶斯估计	静态	概率分布	贝叶斯估计	特征级、决策级
Dempster-Shafer 证据理论	静态	命题	逻辑推理	特征级、决策级
模糊逻辑	静态	命题	逻辑推理	特征级、决策级
支持向量机	动态、静态	支持向量	线性回归	数据级、特征级、决策级
遗传算法	动态、静态	参数编码集	遗传操作	数据级、特征级、决策级
人工神经网络	动态、静态	神经元输入	神经元网络	数据级、特征级、决策级

思考题

1. 什么是交通信息？交通信息的分类有哪些？
2. 交通信息的作用有哪些方面？
3. 常见的交通信息采集方式有哪些？
4. 简述环形感应线圈采集技术采集车速的工作原理。
5. 简述 GPS 浮动车法采集技术的基本工作步骤。
6. 交通检测故障数据产生的原因有哪些方面？
7. 交通检测数据的预处理分为哪几个步骤？
8. 交通检测故障数据的识别方法有哪些？
9. 交通检测故障数据的修复方法有哪些？
10. 简述统计判别法的步骤。
11. 简述历史数据估计法的步骤。

本章参考文献

[1] 董珂洋. 交通信息采集方法研究[D]. 重庆：重庆交通大学，2009.

[2] 唐洁. 交通信息对出行者路径选择行为影响研究[D]. 上海：上海交通大学，2010.

[3] 柴干，朱苍晖，过秀成. 高速公路交通动态数据检测技术应用研究[J]. 公路交通技术，2008（5）：128-131.

[4] 徐加伟. 基于低功耗蓝牙无线通讯技术的交通数据检测方法研究[D]. 哈尔滨：哈尔滨工业大学，2013.

[5] 马庆禄. 基于混沌理论的交通状态预测研究[D]. 重庆：重庆大学，2012.

[6] 秦玲，郭艳梅，吴鹏，等. 断面交通检测数据检验及预处理关键技术研究[J]. 公路交通科技，2006（11）：40-42，47.

第 5 章　交通信息数据挖掘技术

要便捷、完整地访问历史数据，数据仓库（data warehouse）无疑已经成为一个非常流行的解决方案。可是，如果没有相应的数据挖掘应用，数据仓库的价值也不能完全转化为组织拥有的资本。数据挖掘技术已经成为企业最具竞争力的工具之一，它是大多数公司在全球市场环境中提升竞争力所不可或缺的一个组成部分。本章主要介绍交通信息数据挖掘的基本内容和常用交通信息数据挖掘方法。

5.1　数据挖掘概述

5.1.1　概述

1. 概念

知识发现（knowledge discovery from database，KDD）或数据挖掘（data mining，DM）是计算机与人工智能领域的一个新兴、交叉、边缘学科。KDD 是从海量数据中提取新颖、可信、有效、最终可以被用户所理解的模式的提取过程。DM 是 KDD 的关键步骤或处理阶段。KDD 的定义可描述为：在实际中，针对客观存在的具有不确定性、不完全性、海量性的量的、质的、复杂形态的知识源，挖掘其中潜在、未知、用户感兴趣的、最终可被用户理解的模式。许多研究者也对数据挖掘技术在交通流领域的运用展开研究，加快了交通流信息化的进程，也使用户能充分利用数据挖掘的结果，科学有效地进行决策分析。如今数据挖掘可以嵌入到已有智能交通系统中形成一个新的模块，并与智能交通系统中的各种要素产生良性互动，最终实现改善交通拥堵现状的目的。

数据挖掘是一个从大型数据库、数据仓库和数据集市中提取以前未知的、正确的和易于理解的信息，并使用这些信息做出战略上的和业务上的决策的过程。数据挖掘的概念可以描述为如图 5–1 所示的形式。

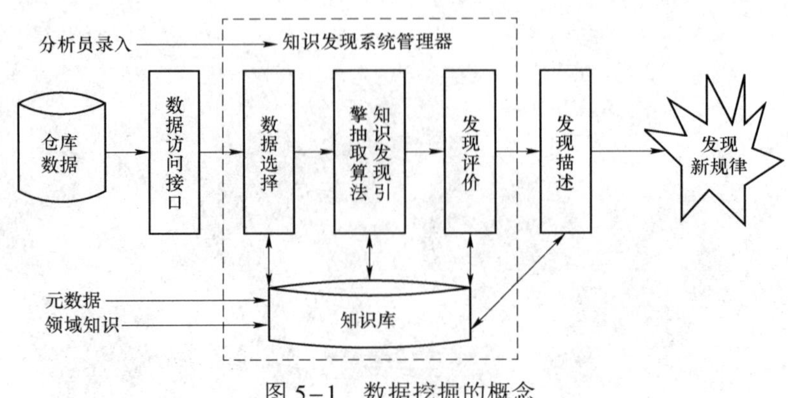

图 5–1　数据挖掘的概念

其特点主要是以下几个方面：

第一，对比于单向的数据建模，数据挖掘是一个过程，一个以海量数据为背景，进行循序渐进发现探索的过程。它需要对业务有清晰的认识并以数据理解分析为目标，进而可以准确地对数据进行处理准备，利用相关算法模型以建立所需要的模型，并对方案模型进行评价分析，最后确认方案实施的有效性。

第二，数据挖掘综合了各种分析的方法。一方面，数据挖掘能通过回归分析和特征分析等方法，深入探索数据中不被发现、容易忽略的一些规律，实现发现以目标为驱动的数据分析；另一方面，数据挖掘充分利用数据库系统所提供的结构化查询语言，使对多维度数据的在线分析处理成为可能，验证人们对信息的预先假设，实现验证驱动型的数据分析。

第三，数据挖掘能够解析海量数据。庞大的数据库系统搭配以丰富的数据建模算法，使得数据挖掘具有分析和处理海量数据的能力。

数据挖掘的最终目的是为决策提供有效支持。理论的研究是为了指导实践，脱离现实问题的数据挖掘是没有存在意义的。将数据挖掘运用到交通流分析中，可以发现隐藏在数据背后的交通流量趋势，为用户提供很好的决策作用。

2. 数据挖掘的过程

数据挖掘的一般过程是由数据准备（data preparation）、模式发现（pattern discovery）、结果表达和解释（result visualization and interpretation）等几大部分构成，其流程如图 5–2 所示。

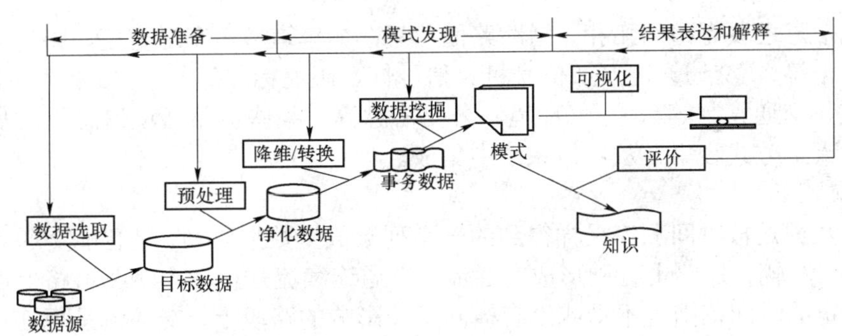

图 5–2　数据挖掘流程图

（1）数据准备阶段用于为后续的模式发现提供高质量的输入数据。主要包括数据净化（data cleaning）、数据集成（data integration）、数据变换（data transformation）和数据归约（data reduction）。数据净化是清除数据源中不正确、不完整、不一致或其他方面不符合要求的数据；数据集成是将多个数据源的数据进行统一的存储；数据变换是对数据进行转换，使其满足分析要求；数据归约是通过削减或降低数据维数来提高挖掘算法的效率和质量。数据准备也就是数据预处理，是数据挖掘的瓶颈问题之一。

（2）模式发现阶段是数据挖掘过程的核心阶段。首要工作是确定挖掘的任务，然后根据挖掘的任务选择合适的挖掘算法，例如关联规则（association rule）、聚类（cluster）、分类（classification）等。通过对历史数据的分析，结合用户需求、数据特点等因素全面考虑后，得到供决策使用的各种模式与规则，从该任务的众多算法中选择合适算法进行实际的挖掘操作，得出挖掘结果，即相应的模式。这是数据挖掘研究中最核心、难度最大的领域。

（3）结果表达和解释阶段关注于规则和模式的可视化（visualizaiton）表示，即如何将挖掘出来的模式与规则以一种直观、容易理解的方式呈现给用户。数据挖掘得到的模式可能出现不理想甚至不满足用户要求的情况，因此需要对挖掘结果进行评估。对于无关模式或模式中存在的冗余，将其删除；对于不满足要求的模式，重新选择数据，重新进行数据准备和模式发现工作，直到符合用户要求。最后得到的数据挖掘结果应解释为用户可以理解的形式，例如对其进行可视化操作，使其一目了然。

5.1.2 交通信息数据的分类及其特征

1. 交通信息数据的分类

随着交通事业的飞速发展，日益积累的海量交通信息逐渐成为各种智能交通应用系统的宝贵资源，交通信息数据来源广泛、形式多样，主要包括智能交通系统的管理控制数据、静态的道路环境数据，以及动态的道路交通数据等。

1）智能交通管理控制数据

智能交通管理控制系统记录了大量交通管理控制信息，如电子警察系统将交通违法车辆的违法行为过程用图像等数据信息记录下来，为交警部门提供车辆交通违法信息，包括车辆违法地点、违法日期、违法时间、违法类型、违法参数、违法车辆全景图像序列、违法车辆牌照图像；交通事故接处警系统提供报警时间、报警地点、报警电话号码以及相关的交通事故信息；交通信号控制系统提供与路口有关的运行状态、色步递进信息，还有车辆管理信息、驾驶员管理信息（简称车管驾管信息）等。

2）道路环境数据

道路环境信息主要有路网拓扑、道路路面信息（如车道数、车道宽度、路口渠划、道路通行能力设计数据等）、交通设施（如信号机、信号灯、限速标志等）、异常事件（如施工信息、临时封闭措施、交通管制等）、天气环境、公交信息等，某些道路环境信息无法从现有系统中得到，须通过人工方式收集或从其他系统中集成。

3）道路交通数据

道路交通数据是按时间顺序采样得到的一系列数值型数据序列，是智能交通系统管理和控制的主要对象。车辆在道路上行驶形成交通流，交通连续流是机动车辆在道路上连续行驶形成的车流。在一定的时间范围内不受或没有横向交叉影响的路段上，交通流呈现连续流状态。比较典型的是无上下匝道的高架道路段、越江隧道、高速公路等路段上，在没有异常干扰情况下的交通流就是典型的连续流；机动车辆在交叉路口的交通信号灯控制下，红灯停止，绿灯通行，交通流则呈现非连续状态。

根据不同的信息采集技术，道路交通数据分为道路断面交通数据和道路路段交通数据。

（1）道路断面交通数据。

道路断面交通数据是用安装在固定地点的交通检测设备检测移动的车辆，获得的是检测设备设置点的交通数据信息，一般得到交通流量、速度及占有率等交通数据。基于磁频技术的感应线圈检测器具有测量精度高、适应性较强、故障率低及价格优等优点，是当前主流的固定型交通信息采集技术。

（2）道路路段交通数据。

道路路段交通数据运用安装有车载设备（如 GPS）车辆的移动位置获取交通数据信息，移动检测设备记录车辆的移动信息，通过车辆的移动信息可计算路段内的交通信息。如基于 GPS 的移动定位技术可获得车辆的经纬度坐标和速度方向，通过计算可提供车辆的瞬时速度、行程时间、平均速度等交通信息。最新研究通过检测两个道路断面的车辆牌照来统计路段交通流数据的方法，目前正在上海等城市推广使用。其具体的方法是记录路段的两个断面的车流信息（包括流量、速度、通过车辆的牌照信息），在中心对路段的两个断面的车辆牌照信息进行比对分析，并利用车辆通过断面的精确时间，计算出车辆通过断面的平均速度。该方法比车载 GPS 设备获取的信息更多、更准确，是将来采集道路路段交通数据信息的重要手段之一。

用于描述交通状态的交通参数分为宏观参数和微观参数。其中宏观参数用于描述交通流作为一个整体表现出来的运行状态特征，主要包括交通流量、速度、交通密度、占有率、排队长度；微观参数用于描述交通流中彼此相关的车辆之间的运行状态特征，包括车头时距和车头间距。

2. 交通信息数据的特征

智能交通的目的就是通过分析交通信息，不断优化系统的控制策略，调整各类交通参与者的行为，来实现交通系统的优化运行。因此，交通信息的分析与控制策略的制订是系统的关键。从信息分析的角度来看，作为智能交通系统核心资源的交通信息，主要具有如下几方面特征。

（1）交通信息来源广泛、种类繁多、表现形式多样、信息量巨大。因此，信息的存储、组织、表示、查询优化等成为亟待解决的问题。针对传统的基于统计学的经典分析方法难以处理非数值型或非结构化的数据，传统的基于数据库的决策支持系统难以支持日益膨胀的海量信息分析的现状，引入以数据仓库（data warehouse，DW）、联机分析处理（on line analytical processing，OLAP）、数据挖掘（data mining，DM）和基于智能计算等为代表的新一代分析技术不失为应对挑战的有效途径。在此，数据仓库为不同结构的海量数据提供统一的存储与分析平台；联机分析实现在不同时间跨度、不同粒度的数据分析与趋势预测；数据挖掘与知识发现等能提炼出隐藏在大量信息背后的规律与知识，从而使“数据丰富、知识贫乏”的现状得到根本改变。

（2）信息具有很强的时空相关性。如车流量数据，只有在与一定的时刻及路口相关联时才有意义；否则，难以被理解与利用。交通信息的时空相关性一方面为交通控制、预测、研究等提供强大的支持；另一方面，对信息处理技术提出了新的要求。现代信息处理技术中的时间序列分析、空间数据挖掘等对这类数据具有很强的适应性，能对其变化趋势进行较为精确的预测，为实时交通控制提供参考。

（3）信息具有明显的主题相关性。交通信息按照主题可划分为交通流信息、交通信号控制信息、交通事故信息、交通违法信息、公交调度信息、停车场信息等。各主题内部还可细分，按照不同的主题，可以把信息分类以便优化处理。根据数据仓库的定义，数据仓库是一个面向主题的、集成的、时变的、非易失的数据集合，支持管理部门的决策过程。可见，用数据仓库技术来处理交通信息的分析与辅助决策具有不可比拟的优势。

（4）信息具有生命特性。与生物类似，智能交通系统中的信息存在自繁衍、自进化、消亡这三大生命体的基本特征。信息从采集、融合、加工、应用到最后被扬弃的过程，体现了生物进化中遗传、变异、选择和进化的思想。因此，可以借鉴生物进化论、智能计算中的遗传算法、神经网络等进行相关研究。

5.1.3 交通信息数据挖掘主要研究领域

利用数据挖掘技术分析具有复杂时空关系的道路交通数据集，需要根据道路交通信息的特点以及智能交通系统新的数据挖掘应用需求，设计适合的数据挖掘分析方法和新的道路交通数据挖掘模型，为智能交通系统的道路交通管理、控制及诱导提供决策支持信息。以下是目前智能交通数据挖掘技术研究中的几个关键方面。

1. 交通流量预测

及时、准确地预测道路交通流量是智能交通系统实现动态交通管理的重要前提。由于道路交通的变化过程是一个实时、非线性、高维、非平稳随机过程，随着统计时段的缩短，交通流变化的随机性和不确定性越来越强。交通流短时变化不仅与本路段过去几个时段的道路交通情况有关，还受上下游的道路交通情况及天气变化、交通事故和交通环境等因素的影响，这些因素都给交通流量预测带来一定的难度。交通流量预测要解决的问题就是如何从带有随机性和不确定性的交通流变化中，根据来自各种道路交通信息采集设备的道路交通数据，结合其他影响因素，进行数据的系统分析，找出其中的规律性，建立相应的预测方法和模型。研究者已经提出了很多交通流量预测模型，但这些方法主要是针对高速公路和路段流量预测。十字路口是城市交通的重要组成部分，其交通情况复杂，加上中国现阶段在十字路口行人、非机动车、机动车混行（即典型的混合交通，这也是和西方发达国家差别最大的地方之一），干扰因素多，交通流量的波动性相对路段上的流量序列波动性要大。十字路口的交通通行能力不足，已成为交通网络的瓶颈。因此，当前十字路口短时交通流量预测的研究是智能交通数据分析中的一个关键问题。

2. 交通拥堵分析

随着社会经济的发展，现有的道路交通设施已经不能满足交通增长的需要，交通拥堵已经成为各大中城市面临的共同问题。为了减少交通拥堵带来的损失，建立道路交通拥堵预警和报警系统是非常必要的。各交通信息采集点采集的道路交通数据随着时间的推移，已经形成了海量的道路交通数据库。针对大规模交通数据，设计更高效的数据挖掘算法对交通拥堵事件进行分析，成为建立交通拥堵预警和报警系统的关键技术之一。

3. 交通分布模式分析

交通区域划分将整个道路交通网络划分为不同的子区域，通过协调子区域内各路口的交通信号配时方案，对子区域内运行的交通流进行宏观的管理和控制，进而优化整个道路网络的交通流。然而，道路交通区域的划分随着交通流量高峰期、平峰期、低谷期的变化而随时发生相应变化。目前的系统中子区域的划分多为人为划分，人为划定子区域的方法不能根据交通流的变化实时改变子区域的划分，不具备自学习和自组织功能，必然导致交通方案调整的滞后。因此，采用有效的方法自动快速获取道路网络上交通流的空间分布模式，根据交通流的空间分布特性，合理划分路网交通子区域是当前智能交通数据挖掘研究的又一个关键问题。这对于道路网络交通流的管理和控制，增加路网通行能力，缓解交通拥堵等具有重要应用价值。

4. 道路交通安全分析

城市道路交通数据挖掘涵盖的范围广泛，目前阶段，研究者将主要的精力放在城市道路交通数据特别是车辆通行数据的挖掘上，主要的焦点是大众最为关心的拥堵事件的检测和短时间交通流预测等方面。实际上，道路交通数据挖掘还包括道路交通安全相关的数据挖掘，如交通事故的数据挖掘、道路交通犯罪的数据挖掘等内容。这两部分内容的数据因为管理体制的关系，目前分散在各区县公安分局、各保险公司，并且其中大部分数据属于保密数据，不对外公开。由于目前的保险条例，对不需要责任认定的、损失在一定范围内的交通事故，可以不需要交警介入，因而相当一部分交通事故数据即使是公安局也是没有的，分散在大大小小的保险公司。如果能够收集到这部分数据，将对构建安全、畅通的交通有积极的意义。

道路交通数据挖掘作为一种先进的数据分析处理方法，必将在智能交通系统的应用中发挥更重要的作用。最有效地表现交通数据和分析结果复杂结构和模式的方法是运用图表、树、立方体、链表等各种可视化工具，这种直观的结构和模式促进了模式理解和规律发现。因此，将各种交通数据挖掘算法应用于智能交通系统的设计和开发中，构建一个基于数据挖掘的智能交通系统，为交通管理提供一个有效指导工具，是当前智能交通系统研究的一项重要内容。

5.2　常用交通信息数据挖掘方法

交通信息数据挖掘方法同广义的数据挖掘方法一样，种类繁多，各种思路的出发点也不尽相同，这里限于篇幅限制，仅介绍几种交通信息数据分析中比较成熟、常用的数据挖掘方法。

5.2.1　分类分析

依据分类知识发现采用的分类模型不同，分类的主要方法包括基于决策树模型的数据分类、基于统计模型的数据分类和基于神经网络模型的数据分类。

1）基于决策树模型的数据分类

决策树算法是分类发现算法中最常见的一种方法。这种方法在对数据进行处理的过程中，将数据按树状结构分成若干分支形成决策树，每个分支包含数据元组的类别归属共性，从每个分支中提取有用信息，形成规则。

决策树算法包括很多种不同的算法，主要分为 3 类：

（1）基于统计学理论的方法，以 CART 为代表。这类算法对非终端节点来说，有两个分支。

（2）基于信息理论的方法，以 ID3 算法为代表。此类算法中，非终端节点的分支由样本类别个数决定。

（3）以 AID、CHAIN 为代表的算法。在此算法中，非终端节点的分支数在两个至样本类别个数范围内分布。

2）基于统计模型的数据分类——贝叶斯分类

贝叶斯分类是统计学分类方法，它可以预测类成员关系的可能性，如给定样本属于一个特定类的概率。最常见的贝叶斯分类方法有两种，一种是朴素贝叶斯分类，另一种是贝叶斯信息网络分类。

3）基于神经网络模型的数据分类

神经网络作为一种非线性自适应动力学系统，是解决分类问题行之有效的方法之一。神经网络以大量简单的节点通过复杂的相互连接后，并行运行实现其功能，系统的知识存储于网络结构和各单元之间的连接权中。神经网络分类模型虽然具有大规模并行分析、自适应性、自组织性及容错性等诸多优点，但在实际应用中，神经网络分类模型一般很难取得好的分类效果。原因为：神经网络分类效果的好坏很大程度上依赖于选取的训练样本，即样本空间的不确定性；实际分类问题中，各属性之间存在较大的交互性，即搜索空间存在不确定性。

4）K 最临近数据分类

最临近分类基于类比学习，训练样本用 n 维数值属性描述。每个样本代表 n 维空间的一个点，这样所有的训练样本都存在 n 维模式空间中。给定一个未知样本，K 最临近分类法搜索模型空间，找出最接近未知样本的 k 个训练样本。这 k 个训练样本是未知样本的 k 个“近邻”。“临近性”用欧几里得距离定义，其中两个点 $p(a_i)$ 和 $Y=(y_1,y_2,\cdots,y_n)$ 的欧几里得距离为 $d(X,Y)=\sqrt{\sum_{i=1}^{n}(x_i-y_i)^2}$。未知样本被分配到 k 个最临近者中最公共的类，当 $k=1$ 时，未知样本被指定到模式空间与之最临近的训练样本的类中。

最临近分类是基于要求的最懒散的学习方法，它存放所有的训练样本，并且直到新的样本需要分类时才建立分类。当给定的待分类的样本在进行分类时，可能由于存放的训练样本数据庞大，而导致很高的计算开销，分类计算的速度将被减缓。同时，还可能由于数据中存放许多不相关的属性，而引起临近分类计算工作量的增大，混乱度加大。

5）基于案例推理的数据分类

基于案例推理（case-based reasoning）的分类法是基于要求的，不像最临近分类法将训练样本作为欧式空间的点存放，案例推理存放的样本或案例是复杂的符号描述。当给定一个待分类的新案例时，基于案例的推理首先检查是否存在一个同样的训练案例。如果找到一个，则返回附在该案例上的解；如果找不到同样的案例，则基于案例的推理将搜索具有类似于新案例成分的训练案例。

基于案例推理的数据分类的难点是如何找到一个好的相似性度量，评估新案例与标准案例的相似度。

1. 决策树算法

1）决策树概述

决策树算法是以一组样本数据集（一个样本数据也可以称为实例）为基础的一种归纳学习算法，它着眼于从一组无次序、无规则的样本数据中推理出决策树表示形式的分类规则。决策树是一个可以自动对数据进行分类的树形结构，是树形结构的知识表示，可以直接转换为分类规则。它能被看作基于树形的预测模型，树的根结点是整个数据集合空间，每个分结点对应一个分裂问题。它是对某个单一变量的测试，该测试将数据集合空间分割成两个或更多数据块，每个叶结点是带有分类结果的数据分割。决策树也可解释为一种特殊形式的规则集，其特征是规则的层次组织关系。决策树算法主要针对“以离散型变量作为属性类型进行分类”的学习方法。对于连续型变量，必须被离散化才能被学习和分类。

基于决策树的学习算法一个最大优点就在于在学习过程中不需要了解很多的背景知识，只从样本数据集提供的信息就能够产生一棵决策树，通过树结点的分叉判断可以使某一分类问题仅与主要的树结点对应的变量属性取值相关，即不需要全部变量取值来判别对应的分类。

2）决策树算法基本原理

一棵决策树的内部结点是属性或者是属性的集合，而叶结点就是学习划分的类别或结论，内部结点的属性称为测试属性或分裂属性。

当通过一组样本数据集的学习产生了一棵决策树之后，就可以对一组新的位置数据进行分类。使用决策树对数据进行分类的时候，采用自顶向下的递归方法，对决策树内部结点进行属性值的判断比较并根据不同的属性值决定走向哪一条分支，在叶结点处就得到了新数据的类别或结论。

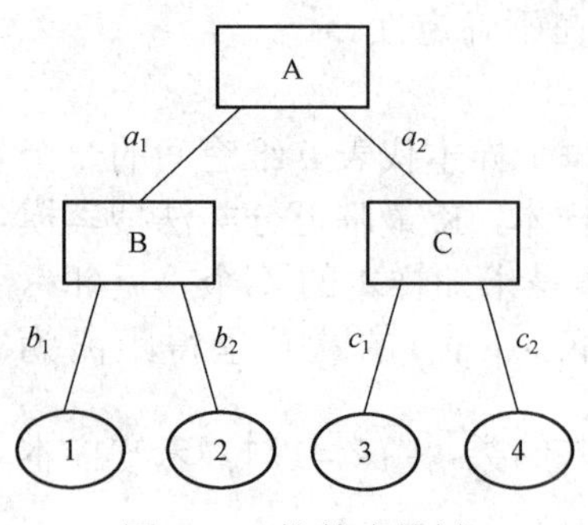

图 5–3　简单决策树

从上面的描述可以看出从根结点到叶结点的一条路径对应着一条合取规则，而整棵决策树对应着一组合取规则。

例如，图 5–3 为一简单决策树，其中 A、B、C 表示属性名，a_1、a_2、b_1、b_2、c_1、c_2 分别表示属性 A、B、C 的取值。

当属性 A 的取值为 a_1，属性 B 的取值为 b_2 时，它属于第 2 类。

根据决策树的内部结点的各种不同属性，可以将决策树分为以下几种：

（1）当决策树的每一个内部结点都只包含一个属性时，称为单变量决策树；当决策树存在包含多个变量的内部结点时，称为多变量决策树。

（2）根据测试属性的不同属性值的个数，可能使得每一个内部结点有两个或者多个分支，如果每一个内部结点只有两个分支则称之为二叉决策树。

（3）分类结果可能是两类也可能是多类，二叉决策树的分类结果只能有两类，故也称之为布尔决策树。

3）信息熵

Shannon 在 1948 年提出并发展了信息论的观点，主张用数学方法度量和研究信息，提出了以下的一些概念。决策树算法是以信息熵为基础的，这些概念将有助于理解后续的算法。

（1）自信息量：在收到 a_i 之前，接收者对信息源发出 a_i 的不确定性定义为信息符号 a_i 的自信息量 $I(a_i)=\log_2 p(a_i)$，其中 $p(a_i)$ 是取值为 a_i 的概率。自信息量反映了接收 a_i 的不确定性，自信息量越大，不确定越大。

（2）信息熵：自信息量只能反映符号的不确定性，而信息熵可以用来度量整个信息源 X 整体的不确定性。

$$\begin{aligned}H(X)&=[p(a_1)\log_2 p(a_1)]+\cdots+[p(a_n)\log_2 p(a_n)]\\&=\sum_{i=1}^{n}p(a_i)\log_2 p(a_i)\end{aligned}\tag{5-1}$$

式中：n 是信息源 X 所有可能的符号数；a_i 是可能取到的值；$p(a_i)$ 是取值为 a_i 的概率；信息熵是各个自信息量的期望。

（3）条件熵：如果信息源 X 与随机变量 Y 不是相互独立的，接收者收到信息 Y，那么用条件熵 $H(X|Y)$ 来度量收信者在收到随机变量 Y 之后，对随机变量 X 仍然存在不确定。X 对应信息源符号 a_i（$i=1,2,\cdots,n$），Y 对应信息源符号 b_j（j=1, 2, …, S），$p(a_i|b_j)$ 为当 Y 为 b_j 时 X 为 a_i 的概率，则有

$$\begin{aligned}H(X|Y)&=\sum_{j=1}^{S}p(b_j)H(X|b_j)\\&=\sum_{j=1}^{S}p(b_j)\left[-\sum_{i=1}^{n}p(a_i|b_j)\log_2 p(a_i|b_j)\right]\\&=\sum_{j=1}^{S}\sum_{i=1}^{n}p(b_j)p(a_i|b_j)\log_2 p(a_i|b_j)\\&=\sum_{j=1}^{S}\sum_{i=1}^{n}p(a_i,b_j)\log_2 p(a_i|b_j)\end{aligned}\tag{5-2}$$

即条件熵是各种不同条件下的信息熵期望。

（4）平均互信息量：用来表示信号 Y 所能提供的关于 X 的信息量的大小，用下式表示

$$I(X|Y)=H(X)-H(X|Y)\tag{5-3}$$

4）ID3 算法

Quinlan 于 1979 年提出的以信息熵的下降速度作为选取测试属性的标准，是各种决策树算法中使用最广泛的一种算法。

基本思想：设样本数据集为 X，目的是要把样本数据集分成 n 类。设属于第 i 类的样本数据个数为 C_i，X 中总的样本数据个数是 $|X|$，则一个样本数据属于第 i 类的概率 $P(C_i)\approx C_i/|X|$。此时决策树对划分 C 的不确定程度（即信息熵）为

$$H(X,C)=H(X)=-\sum_{i=1}^{n}p(C_i)\log_2 p(C_i) \tag{5-4}$$

若选择属性 a（设属性 a 有 m 个不同的取值）进行测试，其不确定程度（即条件熵）为

$$\begin{aligned}H(X\mid a)&=-\sum_{i=1}^{n}\sum_{j=1}^{m}p(C_i\mid a=a_j)\log_2 p(C_i\mid a=a_j)\\&=-\sum_{i=1}^{n}\sum_{j=1}^{m}p(a=a_j)p(C_i\mid a=a_j)\log_2 p(C_i\mid a=a_j)\\&=-\sum_{i=1}^{n}p(C_i\mid a=a_j)\log_2 p(C_i\mid a=a_j)\sum_{j=1}^{m}p(a=a_j)\end{aligned} \tag{5-5}$$

则属性 a 对于分类提供的信息量为

$$I(X,a)=H(X)-H(X\mid a) \tag{5-6}$$

式中：$I(X,a)$ 表示选择了属性 a 作为分类属性之后信息熵的下降程度，亦即不确定性下降的程度，所以应该选择使得 $I(X,a)$ 最大的属性作为分类属性，这样得到的决策树的确定性最大。

ID3 算法的步骤如下：

（1）选出整个数据集 X 的规模为 W 的随机子集 X_1。

（2）以 $I(X,a)=H(X)-H(X|a)$ 的值最大，即 $H(X|a)$ 的值最小为标准，选取每次的测试属性，形成当前窗口的决策树。

（3）顺序扫描所有样本数据，找出当前决策树的例外，如果没有例外则结束。

（4）组合当前窗口的一些样本数据与某些在（3）中找到的例外形成新的窗口，转（2）。

5）C4.5 算法

C4.5 算法（信息比值算法）是由 Quinlan 扩充 ID3 算法提出来的，在 ID3 基础上增加了对连续属性、属性值空缺情况的处理，对决策树剪枝也有了较成熟的方法。

基本思想：与 ID3 算法不同，C4.5 算法挑选具有最高信息熵的属性作为测试属性。对样本集 T，假设变量 a 有 n 个属性，属性取值 a_1, a_2, …, a_k，对应 a 取值 a_i 出现的样本个数分别为 n_i，若 n 是样本的总数，则应用 $n_1+n_2+\cdots+n_k=n$。Quinlan 利用属性 a 的熵值 $H(X,a)$ 来定义为了获取样本关于属性 a 的信息所需要付出的代价，即

$$H(X\mid a)=-\sum_{i=1}^{k}p(a_i)\log_2 p(a_i)\approx-\sum_{i=1}^{k}\frac{n_i}{n}\log_2\frac{n_i}{n} \tag{5-7}$$

信息增益率定位为平均互信息与获取 a 信息所付出代价的比值，即

$$E(X,a)=\frac{I(X,a)}{H(X\mid a)} \tag{5-8}$$

即信息增益率是单位代价所取得的信息量，是一种相对的信息量不确定度量。以信息增益率作为测试属性的选择标准，是选择 $E(X,a)$ 最大的属性 a 作为测试属性。

C5.0 是 C4.5 的一个商业版本，现在已被广泛应用于许多数据挖掘软件包中，例如 Clementine 和 RuleQuest。

6）决策树构造方法

总体上看，决策树方法是利用信息论中的信息增益寻找示例数据库中具有最大信息量的属性字段，建立决策树的一个节点，再根据该属性字段的不同取值建立树的分支：在每个分支集中重复建立树的下一个节点和分支的过程。决策树的根节点是整个数据集合空间，每个分节点

是对一个单一变量的测试，该测试将数据集合空间分割成两块或更多块。每个叶节点是属于单一类别的记录。

决策树分为分类树和回归树两种，分类树对离散变量做决策树，回归树对连续变量做决策树。树的质量取决于分类精度和树的大小。一般来说，决策树的构造主要由两个阶段组成：

（1）建树阶段，选取部分受训数据建立决策树，决策树是按广度优先建立直到每个叶节点包括相同的类标记为止。

（2）调整阶段，用剩余数据检验决策树，如果所建立的决策树不能正确回答所研究的问题，用户要对决策树进行调整（剪枝和增加节点）直到建立一棵正确的决策树。

这样在决策树每个内部节点处进行属性值的比较，在叶节点得到结论。从根节点到叶节点的一条路径就对应着一条规则，整棵决策树就对应着一组析取表达式规则。

决策树技术之所以能够被广泛地应用，主要得益于以下几点：

（1）决策树可以生成可理解的规则。数据挖掘产生模式的可理解度是判别数据挖掘算法的主要指标之一，相比于一些数据挖掘算法，决策树算法产生的规则比较容易理解，并且决策树模型的建立过程也很直观。

（2）决策树在进行分类时所需的计算量不大。

（3）决策树既支持离散数据也支持连续数据。

（4）决策树的输出包含属性的排序。生成决策树时，按照最大信息增益选择测试属性，因此决策树中可以大致判断属性的相对重要性。

决策树技术也存在着一定的不足。例如训练一棵决策树的耗费很大，在类标签过多的情况下分类容易出错等。

7）*决策树构造方法描述*

决策树构造的输入是一组带有类别标记的例子，构造的结果是一棵二叉树或多叉树。二叉树的内部节点（非叶节点）一般表示为一个逻辑判断，形式为 $a_i=v_i$，其中 a_i 是属性，v_i 是该属性的某个属性值，树的边是逻辑判断的分支结果。多叉树的内部节点是属性，边是该属性的所有取值，有几个属性值，该节点下就有几条边。树的叶节点都是类别标记。

构造决策树的方法是采用自上而下的递归构造。以多叉树为例，其构造思路是：如果训练例子集合中的所有例子是同类的，则将之作为叶节点，节点内容即该类别标记；否则，根据某种策略选择一个属性，按照属性的各个取值，把例子集合划分为若干子集，使每个子集上的所有例子在该属性上具有同样的属性值；然后再依次递归处理各个子集。这种思路实际上就是“分而治之”（divide and conquer）的道理。二叉树同理，差别仅在于要选择一个好的逻辑判断。

构造决策树的一般步骤包括：数据准备、数据预处理、构造决策树、决策树检验。

通过递归分割的过程构建决策树的过程大致如下：

（1）寻找初始分类，把整个训练集作为产生决策树的集合，该训练集的每个记录必须是已经分好类的。寻找初始分类即决定将哪个属性域（field）作为目前最好的分类指标。一般的做法是穷尽所有的属性域，对每个属性域分类的好坏做出量化，计算出最好的一个分类。重复直至每个叶节点内的记录都属于同一类。

（2）数据的修剪剪枝（pruning）是一种克服噪声的技术，同时它也能使决策树得到简化而变得更容易理解。分为两种剪枝策略：向前剪枝（forward pruning）和向后剪枝（backward pruning）。向前剪枝方法是在生成树的同时决定是继续对不纯的训练子集进行划分还是停止。向后剪枝方法是一种两阶段法：拟合一化简（fitting and simplifying）。首先生成与训练数据完全拟合的一棵决策树，然后从树的叶子开始剪枝，逐步向根的方向剪。剪枝时要用到一个调优数据集合（tuning set 或 adjusting set），如果存在某个叶子剪去后能使在调优集上的准确度或其他测度不降低（不会变得更坏），则剪去该叶子，否则停止。理论上讲，向后剪枝优于向前剪枝，但计算复杂度大。剪枝过程中一般要涉及一些统计参数或阈值，如停止阈值。值得注意的是，剪枝并不是对所有的数据集都好，就像最小树并不是最好（具有最大的预测率）的树。当数据稀疏时，要防止过分剪枝（over pruning）。从某种意义上讲，剪枝也是一种偏向（bias），对有些数据效果好而对有些数据则效果差。

构造好的决策树的关键就在于如何选择好的逻辑判断或属性。对于同样一组例子，可以有很多决策树能符合这组例子。一般情况下，从概率的角度，树越小则树的预测能力越强。要构造尽可能小的决策树，关键在于选择恰当的逻辑判断或属性。由于构造最小的树是一个非定常多项式时间复杂性类（non-deterministic polynomial，NP）难题，因此只能采取用启发式策略选择好的逻辑判断或属性。

类似决策树这种分类技术还有很多，这些算法能够在智能交通的事故事件检测、异常交通特征在线识别，以及交通状态预测等问题发挥很好的作用。尤其在大数据背景下，很多需要数据抽样、小样本分析的研究主题，将能够在全样本、海量数据规模下进行处理和运算，使得分类算法对现实问题的表达能力进一步提高。

2. 贝叶斯分类算法

贝叶斯分类是统计学分类方法，可以预测类成员关系的可能性，如给定样本属于一个特定类的概率。最常用的贝叶斯分类方法有两种，一种是朴素贝叶斯分类，另一种是贝叶斯信念网络分类。

1）朴素贝叶斯分类

朴素贝叶斯分类是一个简单、有效而且在实际应用中很成功的分类方法，其性能可以与神经网络、决策树分类相比，在某些场合优于其他分类方法。朴素贝叶斯分类的工作过程如下：

（1）每个数据样本用一个 n 维特征向量 $\boldsymbol{X}=\{x_1, x_2, \cdots, x_n\}$ 表示，分别描述对 n 个属性 $A_1, A_2, \cdots, A_n$ 样本的 n 个度量。

（2）假设有 m 个类 $C(C_1, C_2, \cdots, C_m)$。给定一个位置的数据样本 X（即没有类标号），分类法将预测 X 属于具有最高后验概率（条件 X 下）的类。朴素贝叶斯分类将未知的样本分配给类 C_i，当且仅当 $P(C_i \mid X) > P(C_j \mid X)$，$1 \leqslant j \leqslant m$，$j \neq i$，这样，最大化 $P(C_i \mid X)$，$P(C_i \mid X) = \dfrac{P(X \mid C_i)P(C_i)}{P(X)}$，其中 $P(C_i \mid X)$ 称为最大后验假定。

（3）由于 $P(X)$ 对于所有类为常数，只需要 $P(X \mid C_i)P(C_i)$ 最大即可。如果类的先验概率未知，则通常假定这些类是等概率的，即 $P(C_1) = P(C_2) = \cdots = P(C_m)$，并据此只对 $P(C_i \mid X)$ 最大化，就可以保证 $P(X \mid C_i)P(C_i)$ 最大化。

（4）给定具有许多属性的数据集，计算 $P(X \mid C_i)$ 的开销可能非常大。为降低计算 $P(X \mid C_i)$ 的开销，可以做类条件独立的朴素假定。给定样本的类标号，假定属性值相互条件独立，即在属性间不存在依赖关系。计算公式为

$$P(X|C_i) = \prod_{k=1}^{n} p(x_k|C_i) \tag{5-9}$$

式中：概率 $p(x_1|C_i), p(x_2|C_i), \cdots, p(x_n|C_i)$ 可以由训练样本计算出来。

与其他分类算法相比，朴素贝叶斯分类具有最小的出错率，然而实践中并非如此。原因在

于朴素贝叶斯分类是建立在类条件独立假定基础上的，在实际应用中，这一假定往往不能够得到满足。多数情况是朴素贝叶斯分类建立在近似的类条件独立的基础上，又因为实际当中往往缺乏可用的概率数据，所以，朴素贝叶斯分类在实际中的效果并不是非常理想。

2）贝叶斯信念网络分类

朴素贝叶斯分类假定类条件独立，即给定样本的类标号属性的值相互条件独立，这一假定简化了计算；然而在实践中，变量之间的依赖可能存在。贝叶斯信念网络（Bayesian belief network）说明联合条件概率分布允许在变量的子集间定义类条件的独立性。

贝叶斯信念网络是一个带有概率注释的有向无环图。这种概率图模型能表示变量之间的联合概率分布（物理的或贝叶斯的），分析变量之间的相互关系，利用贝叶斯定理揭示学习和统计推断功能，实现预测、分类、聚类、因果分析等数据采掘任务。

不过贝叶斯信念网络的计算量较大，在用某些其他方法也可以解决的问题求解中显得效率较低。先验概率密度的确定虽然已经有一些办法，但对具体问题要合理确定许多变量的先验概率仍然是一个比较困难的问题。此外，贝叶斯信念网络需要多种假设为前提，如何判定某个实际问题是否满足这些假设，没有现成的规则，这给实际应用带来困难。以上这些都是需要进一步研究的问题。

5.2.2 聚类分析

1. 聚类分析的概念

城市交通大数据常用的另一类数据挖掘技术就是聚类分析。所谓聚类是指把整个数据分成不同的组，并使组与组之间的差距尽可能大，组内数据的差距尽可能小。与分类不同，在开始聚集之前用户并不知道要把数据分成几组，也不知道分组的具体标准，聚类分析时数据集合的特征是未知的。聚类根据一定的聚类规则，将具有某种相同特征的数据聚集在一起，这一过程也称为无监督学习。而分类，用户则知道数据可分为几类，将要处理的数据按照分类分成不同的类别，也称为有监督学习。

从机器学习的角度来看，簇相当于隐藏模式。聚类是搜索簇的无监督学习过程。与分类不同，无监督学习不依赖预先定义的类或带类标记的训练实例，需要由聚类学习算法自动确定标记，而分类学习的实例或数据对象有类别标记。聚类是观察式学习，而不是示例式学习。

以实际应用的角度来看，聚类分析是数据挖掘的主要任务之一。而且聚类能够作为一个独立的工具获得数据的分布状况，观察每一簇数据的特征，集中对特定的聚簇集合做进一步的分析。聚类分析还可以作为其他算法（如分类和定性归纳算法）的预处理步骤。

常用的聚类方法主要包括：划分方法（K-means、K-medoid等）、层次聚类方法（BIRCH、CURE等）、基于密度的方法、基于网格的方法，以及基于模型的方法。

聚类分析是研究数据间逻辑上或物理上的相互关系的技术，它通过一定的规则将数据集划分为在性质上相似的数据点构成的若干个类。聚类分析的结果不仅可以解释数据间的内在联系与区别，同时也为进一步的数据分析与知识发现，如数据间的关联规则、分类模式以及数据的变化趋势等提供了重要依据。

在数据挖掘领域，研究工作已经集中在怎样为大型数据库进行有效和实际的聚类分析寻找合适的方法。研究主题集中在聚类方法的可伸缩性、对聚类复杂形状和类型数据的有效性、高位聚类分析技术以及针对大型数据库中混合数据的聚类方法。具体地说，数据挖掘对聚类的特殊要求如下：

（1）可伸缩性：许多聚类方法在小于1 000个数据对象的小数据集合上工作得很好；但是，一个大规模数据库可能包含几百万个对象，在这样的大数据集合样本上进行聚类可能导致较大偏差。

（2）处理不同类型属性的能力：许多聚类方法只能聚类数值类型的数据；但是，在数据挖掘领域，数据类型是多样的。

（3）用于决定输入参数的领域知识最少：许多聚类方法在聚类分析中要求用户输入一定的参数，例如希望产生类的数目，而且聚类结果对于输入参数十分敏感。参数通常很难确定，特别是对于包含高维对象的数据集来说，更是如此。要求用户输入参数不仅加重了用户的负担，也使得聚类的质量难以控制。

（4）发现任意形状的聚类：许多聚类方法基于欧氏距离来决定聚类。基于这样的距离度量的算法趋向于发现具有相似尺度和密度的球状簇。

（5）处理噪声数据的能力：绝大多数的现实世界中的数据都包含了孤立点、空缺、未知数据或错误的数据。有些聚类方法对于这样的数据较为敏感，可能导致低质量的聚类结果。

（6）对于输入数据的顺序不敏感：有些聚类方法对于输入数据的顺序是敏感的。例如，同一个数据集合，当以不同的顺序提交给同一个方法时，可能生成差别很大的聚类结果。

（7）处理高维数据的能力：一个数据库或者数据仓库可能包含若干维或者属性。许多聚类方法擅长处理低维的数据，可能只涉及二维到三维。在高维空间中聚类数据对象是非常有挑战性的，特别是这样的数据可能非常稀疏，而且高度偏斜。

（8）基于约束的聚类：现实世界中的应用可能需要在各种约束条件下进行聚类。要找到既满足特定的约束，又具有良好聚类特性的数据分组是一项具有挑战性的任务。

（9）聚类结果的可解释性和可用性：用户希望聚类结果是可解释的、可理解的、可用的。也就是说，聚类可能需要和特定的语义解释和应用相联系。

2. 聚类分析中的数据类型

传统的聚类分析方法几乎都是以数值型数据作为研究的。但是在现实中，数据挖掘的对象与种类复杂多样，这就需要聚类算法不仅能够处理数值型属性数据，同时也可以处理其他非数值型的数据类型，以适应不同的需要。通常来讲，在数据挖掘中出现的数据记录属性类型有：二元型、比例标度型、标称型、序数型、区间标度型变量等基本的数据类型，以及由它们的组合产生的属于混合类型的属性变量。

1）二元型、比例标度型变量

二元型变量仅有两个状态，即 0 和 1，它们分别表示某个事件的两个独立的状态。例如，描述一台机器是否正常工作的变量 or not，1 表示正常工作，0 表示不工作。假设用处理区间变量的方式去处理二元变量，可能会产生错误的聚类结果，所以要用不同的方式来计算其相似度。一种方法是关于给定的数据对象类计算相似度矩阵的。若假设全部二元数据有一样的权值，将得到一张 2 行 2 列的可能性结果，如表 5–1 所列。在表中，q 是有关记录 i 和 j 值都为 1 的变量的个数，r 是有关记录 i 值为 1 而记录 j 值为 0 的变量的个数，s 是有关记录 i 值为 0 而记录 j 值为 1 的变量的个数，t 是有关记录 i 和 j 值都为 0 的变量的个数。变量的总数为 p，$p=q+s+r+t$。

表 5–1　二元变量的可能性

对象 j / 对象 i	1	0	Sum
1	q	r	$q+r$
0	s	t	$s+t$
Sum	$q+s$	$r+t$	$q+r+s+t$

对称二元变量：若其两个状态是相同权值的，即有相同的价值，则称二元变量为对称的二元变量。关于对称的二元变量相似度定义为恒定相似度。恒定的相似度中，评估两个记录 i 和 j 之间相似度的最常用的系数即为简单匹配系数

$$d(i,j)=\frac{r+s}{q+r+s+t} \tag{5-10}$$

不对称二元变量：若其两个状态不是相同权值的，即没有相同的价值，则该二元变量为不对称二元变量。通常来讲，会对其输出结果进行比较，一般将出现概率比较小的结果设定为 1，将另一种结果设定为 0。若将两个不对称的二元变量都取值为 1 的状况（称之为正确匹配）确定为比两个取值都为 0 的状况（称之为负匹配）更加可信，那么这样的二元变量通常确定为似乎仅有一个状态。类似这样的相似度，称它为非恒定相似度。就非恒定相似度来讲，最有名的评价系数是 Jaccard 系数。在其处理过程中，负匹配个数 t 被设定为是次要的，可以被省略。

$$d(i,j)=\frac{r+s}{q+r+s} \tag{5-11}$$

比例标度型变量：在非线性的标度中选取正的度量值 E，如指数标度，符合如下的公式

$$E=Ae^{Bt} \text{ 或 } E=Ae^{-Bt} \tag{5-12}$$

式（5-12）中的 A 和 B 是正的常数，如细菌数目的增长或者放射性元素的衰变等。用比例标度型变量计算记录之间的相似度，一般有三种方法：

（1）选用类似处理区间标度变量的方式。不过，此类做法并非一个好的选择，因为标度可能已经改变了。

（2）将比例标度型变量做对数变换，例如记录 i 的 f 变量的值 x_{if} 被转换为 y_{if}。转换后 y_{if} 值的处理是基于距离度量方式的。

$$y_{if}=\log_2 x_{if} \tag{5-13}$$

（3）将 x_{if} 看作连续的序数型数据，将其秩作为区间标度的值对待。

2）标称型变量

标称型变量是在二元型变量基础上的扩展，一般存在 2 个以上的状态值。例如，字符串 Color 就是一个标称型的变量，它的几个取值为橙色、红色、紫色、黄色和绿色等。

如果设某标称型变量可能的取值个数为 m，则这些可能的状态取值可以用字符、字符串或一组整数序列（$1, 2, \cdots, m$）来表示。两对象记录 i 和 j 之间的相似度，可以用如下公式来计算

$$d(i,j)=\frac{p-m}{p} \tag{5-14}$$

式中：字符 m 是可能状态的数目，也就是对 i 和 j 取值相同的变量的个数，而字符 p 是全部变量的总个数。可以用赋值的方法增加 m 权重的作用，另一种方法是将 m 赋以各种状态去得到较大或较小的权值。

3）序数型变量

离散的序数型变量是与标称型变量相类似的，不同的是序数型变量的 m 种状态的排列是有顺序意义的排列。连续的序数型变量属于一个无法获知标度的连续数据对象的集合，即有必要知道数值的相对顺序，但实际的大小却不是很重要。可将区间标度型变量的取值空间划分为有限个不同的区间，同时对其离散化，这样就可以得到序数型变量。序数型变量的值域空间可以向秩的空间映射。例如，若某个变量 f 有 m_f 个状态，那么有序的状态序列确定了一个排列

$1,\cdots,m_f$ 。在计算数据记录之间的相似度时，序数型变量的处理方式与区间标度型变量的处理方式是极为类似的。设 f 是用来描述 n 个记录的一组序数型变量，那么 f 的相似度计算如下：

（1）第 i 个记录的 f 值为 x_{if} ，变量 f 有 m_f 个有序的不同状态，对应于序列 $1,\cdots,m_f$ ，则其相应的秩 r_{if} 代替 x_{if} ， $r_{if}\in\{1,\cdots,m_f\}$ 。

（2）既然各个序数型变量有不同数目状态的组合，且需要将每个变量的值域映射到区间[0, 1.0]上，那么各个变量都有相同的权值。可以用 z_{if} 代替 r_{if} 来表示

$$z_{if}=\frac{r_{if}-1}{m_f-1} \tag{5-15}$$

（3）相似度的计算可以用任意距离度量方式，如采用 z_{if} 代替第 i 个对象的 f 值。

4）区间标度型变量

区间标度型变量是连续变量，是用来粗略估计线性标度的。经典的示例是关于重量和高度，以及经度和纬度坐标，等等。如果要将数据或记录划分为不同类别，需要确立差异度或相似度的测度来衡量同一类别中记录相似性，以及不同类别记录之间的差异性；同时，还要涉及记录的各个属性是否使用的是不一样的度量方式和单位。这些处理都将直接或者间接导致不同的聚类分析效果，所以需要在计算记录之间的相似度之前对记录数据标准化。

对于一个数据集，有 n 个记录的 m 维度（属性）数据集。这里有两种标准化方法。

平均绝对误差 s_f ：

$$s_f=\frac{1}{n}\sum_{i=1}^{n}\left|x_{ip}-m_p\right| \tag{5-16}$$

式中： x_{ip} 为第 i 个数据记录在属性 p 上的取值； m 为属性 p 上的平均值，即

$$m_p=\frac{1}{n}\sum_{i=1}^{n}x_{ip} \tag{5-17}$$

标准化度量取值 z_p ：

$$z_p=\frac{x_{ip}-m_p}{s_f} \tag{5-18}$$

平均绝对误差 s_f 较标准差 σ 关于孤立点具有较好的稳定性。关于平均绝对偏差的计算，属性值和平均值的偏差 $\left|x_{ip}-m_p\right|$ 是没有进行平方的，这样一来，定义程度上减小了孤立点的影响。

将数据记录的每项经过标准化处理以后，测量其属性值的相似度，一般来讲为记录间的距离的计算。对于 n 维向量 $\boldsymbol{x}_i$ 和 $\boldsymbol{x}_j$ ，存在如下的距离函数：

欧几里得（Euclid）距离：

$$D(\boldsymbol{x}_i,\boldsymbol{x}_j)=\left\|\boldsymbol{x}_i-\boldsymbol{x}_j\right\|=\sqrt{\sum_{i=1}^{n}(\boldsymbol{x}_i-\boldsymbol{x}_j)^2} \tag{5-19}$$

曼哈坦（Manhattan）距离：

$$D(\boldsymbol{x}_i,\boldsymbol{x}_j)=\sum_{i=1}^{n}\left|\boldsymbol{x}_{ik}-\boldsymbol{x}_{jk}\right| \tag{5-20}$$

闵可夫斯基（Minkowski）距离：

$$D(\boldsymbol{x}_i,\boldsymbol{x}_j)=\left[\sum_{k=1}^{n}(\boldsymbol{x}_{ik}-\boldsymbol{x}_{jk})^m\right]^{\frac{1}{m}} \tag{5-21}$$

当 m=2 时，闵式距离 D_2 设定为欧氏距离；当 m=1 时，闵式距离 D_1 设定为曼哈坦距离。

通常，距离度量存在如下数学要求：

① $d(i,j)>0$：距离要为正数

② $d(i,j)=0$：一个记录与本身的距离为 0。

③ $d(i,j)=d(j,i)$：距离函数具有对称性。

④ $d(i,j)<d(i,h)+d(h,j)$：记录 i 到记录 j 的直接距离小于到其他记录 h 的距离（三角不等式）。

5）混合类型变量

在现实中，许多真实的数据库中记录的类型通常是由混合类型的数据构成的。通常情况下，一个数据库中的数据可能包含以上所述各种变量类型的组合。

描述混合类型变量记录之间的相似度的方法：

第一种方法是将所有的数据按类型进行分组，针对不同类型的数据进行各自的聚类分析。如果这些分析产生相互兼容的结果，则此方法是可行的。不过在实际应用中，这类情况基本不可能发生。

第二种方法是将所有的数据一起处理，而后只完成一次聚类分析。通常这种方式将不同类型的数据记录组合存储在独自相似度矩阵中，把所有的有意义的数据映射到共同的值域区间[0, 1.0]上。

如果数据集中有 p 个不同类型的变量，将记录 i 和 j 之间的相似度 $d(i,j)$ 定义为

$$d(i,j)=\frac{\sum_{f=1}^{p}\delta_{ij}^{f}d_{ij}^{f}}{\sum_{f=1}^{p}\delta_{ij}^{f}} \tag{5-22}$$

式中：如果 x_{if} 或 x_{jf} 不存在（即记录 i 或记录 j 没有变量 f 的度量值），亦或 $x_{if}=x_{jf}=0$，且变量 f 为不对称的二元变量，则指示项 δ_{ij}^{f}=0；否则，δ_{ij}^{f}=1。变量 f 对 i 和 j 之间相似度的计算方法与其具体数据类型相关：

① 变量 f 是二元变量或标称变量：如果 $x_{if}=x_{jf}$，则 $d_{ij}^{f}=0$；否则，$d_{ij}^{f}=1$。

② 变量 f 是区间标度变量

$$d_{ij}^{f}=\frac{\left|x_{if}-x_{jf}\right|}{\max x_{hf}-\min x_{hf}} \tag{5-23}$$

式中：h 为遍取变量 f 的全部非空缺对象记录。

③ 变量 f 是序数型或者比例标度型变量：计算秩 r_{if} 和 $z_{if}=\dfrac{r_{if}-1}{m_f-1}$。

④ 将 z_{if} 定义为区间标度型变量的值。

同样，在描述记录中的变量为不同类型时，也可以计算记录之间的相似度。

3. K-means 算法

K-means 算法即 K 均值算法。假设要将 N 个对象分成 K 类，在 K-means 算法中，首先

随机地选择 K 个对象代表 K 个类的中心，依据距离最小原则将其他对象分配到各个类中。在完成首次对象的分配后，以每一个类中所有对象的各属性均值作为该类的新中心，进行对象的再分配。重复该过程直到没有变化为止，即可得到最终的 K 个类。

（1）K-means 聚类算法的聚类过程。

给定 N 个数据点的集合 A，$A=\{A_1,A_2,\cdots,A_N\}$，聚类划分的目标是从集合 A 中找到 K 个聚类 B，$B=\{B_1,B_2,\cdots,B_K\}$，使每一个点 A_i 被分配到唯一的一个聚类 B_j。其中，i=1, 2, ⋯, N；j=1, 2, ⋯, K。

（2）K-means 算法的基本思想。

一个包含 N 个数据的对象，要生成 K 个类，首先随机选取 K 个对象，每个对象为 1 个类的初始平均值或者中心，然后通过欧几里得距离度量计算离每个聚类中心距离，把其余数据归到离它最近的类。对调整后的新簇使用平均法计算新的聚类中心，重复进行计算。如果聚类中心没有任何变化，算法结束，最后所有的数据对象存放在相应的 B_j 中。

对象间计算相似度比较常用的方法是距离度量。这些方法一般依赖于欧氏距离。d 维样本空间 D 中的任意两个数据元素 x、y，在数值属性条件下，可以方便地计算出两者之间的距离。假设 D 中的两个数据元素 $x_i=(x_{i_1},x_{i_2},\cdots,x_{i_d})$ 和 $x_j=(x_{j_1},x_{j_2},\cdots,x_{j_d})$，平方误差准则定义如下

$$E=\sum_{i=1}^{k}\sum_{x\in B_j}\left|x-\overline{x}_i\right|^2 \tag{5-24}$$

式中：E 是数据库中所有对象平方误差的总和；x 是集合中的数据点；$\overline{x}_i$ 是类 B_j 的平均值。

（3）K-means 算法的输入和输出。

输入：结果类个数 K，包含 N 个对象的数据集合。

输出：K 个类集合。

（4）K-means 算法的步骤。

① 随机选取 K 个对象 $A_j\in B$ 作为初始类中心；

② 把每个数据分配到离类中心距离最近的类中；

③ 计算新类的平均值，并重复②，直到平均值不再改变为止。

K-means 聚类算法的每一个聚类可以仅由该类的中心向量和点数表示，实现方便，内存使用率低。其算法简单、易于解释，且时间复杂度和数据集大小呈线性关系。当数据集较大时，K-means 算法的执行效率比较低，对大数据集的扩展性比较差。

4. K-medoid 算法

K-medoid 算法即 K 中心点算法。假设有 N 个对象需要分成 K 类，K-medoid 算法是采用数据集中任意数据点作为 K 个类的中心，并且按照一定的标准使聚类的质量达到最好的 K 个对象。在 K-medoid 算法中，首先选择任意 K 个对象代表 K 个类的中心，根据距离最小原则将其他对象分配到各个类中。然后选取每个类中接近类中心的一个对象表示新的 K 个类中心，反复迭代运算，得到最终聚类结果。

聚类质量是否改善，可采用交换成本函数进行评估。该函数定义如下

$$\Delta E=E_2-E_1 \tag{5-25}$$

式中：ΔE 代表均方差的变化，如果该值为负值，则代表聚类质量得到了改善，就替换原聚类中心；E_2 代表替换后所有数据对象与相应聚类中心的均方差之和；E_1 代表替换前所有数据对象与相应聚类中心的均方差之和。

（1）K−medoid 算法的输入和输出。

输入：结果类个数 K，包含 N 个对象的数据集合。

输出：K 个类的集合。

（2）K−medoid 算法的步骤。

① 随机选取 K 个对象 $A_j \in B$ 作为初始类中心；

② 把每个数据分配到离类中心距离最近的类中；

③ 计算新类的任意对象与原类中心对象的交换成本 ΔE，若 ΔE 为负值则交换两个对象并跳转②，若 ΔE 为正值则重复③，若 ΔE 为 0 则得到聚类最终结果。

PAM（partitioning around medoid，围绕中心点的划分）算法、CLARA（clustering large application，聚类大型应用）算法及 CLARANS（clustering large application based on randomized search，基于随机搜索的聚类大型应用）算法等，都是常见的 K−medoid 算法。

PAM 算法是一种典型的 K−medoid 算法。该算法的聚类过程是：首先随机选取 K 个对象作为 K 个类的代表 medoid，并将其他对象分配到与其距离最近的 medoid 所代表的类中。然后按照一定的质量检验标准选择一个 medoid 对象和另一个非 medoid 对象进行交换，使得聚类的质量得到最大限度的提高。重复上述对象交换过程，直到质量无法提高为止，并将此时的 K 个 medoid 作为最终的 K 个 medoid，进行非 medoid 对象的分配，形成最终的聚类。

CLARA 算法是 Kaufman 与 Rousseeuw 为处理大数据而开发的。该算法从数据集的样本中即实际数据的一小部分中发现代表对象，然后用 PAM 方法找出样本的中心点。如果随机抽取的样本不包含 K 个最佳中心点之一，那么 CLARA 算法将永远不能找到最佳聚类。因为 CLARA 算法的有效性取决于样本的大小。为了更好地近似，CLARA 算法抽取多个样本并将最好的聚类作为输出。

CLARANS 算法将抽样技术与 PAM 方法结合起来。其与 CLARA 算法的区别是，CLARA 算法在搜索的每个阶段有一个固定的样本，而 CLARANS 算法在任何时候都不局限于任何样本。CLARANS 算法首先随机抽取样本并选取 K 个对象节点作为初始中心，采用 PAM 方法在中心点附近找寻代价最小的解时检查当前节点的所有近邻，当前节点被代价降低最多的近邻取代。如果发现一个更好的近邻，CLARANS 算法就会移到该节点，重新开始迭代。当找到最大邻居数并得到局部最小解时，将局部最小解输出。

聚类分析是交通领域不可或缺的一项重要技术，尤其对于海量离散时间序列数据集，例如交通事故、长时间大面积拥堵等问题，都是需要在多年历史数据的离散样本中进行聚类获得特征集，然后再定义事件或拥堵类型。数据分类和聚类分析这一对孪生应用，在城市交通大数据时代不仅能够为连续型数据集和离散型数据集分别带来更加细致、多样的单项数据区间域，更能够实现多源、多维数据的多元整合和解析，为全样本数据分析和挖掘注入新的活力。

5.2.3　关联分析

1. 关联分析概述

关联分析由 R. Agrawal 于 1993 年提出，是 KDD 研究的重要内容，侧重于确定数据中不同领域之间的联系，找出满足给定支持度和可信度阈值的多个域之间的依赖关系。例如现在条形码技术的发展已经使得超级市场能够收集存储数量巨大的销售数据，一条这样的数据记录通常都包括与某个客户相关的交易日期、交易中所购物品项目等。通过对以往的大量交易数据进行分析就能够获得有关客户购买模式的有用信息，从而提高商业决策的质量。在交易数据项目之间开采关联规则的问题是 R. Agrawal 等人首先引入的，其中有一个关联规则的例子就是“90%

的客户在购买面包和黄油的同时也会购买牛奶”，其直观的意义是，客户在购买某些东西的时候有多大的倾向也会购买另外一些东西，找出所有类似这样的规则，对于确定市场策略是很有价值的。

关联规则的其他应用还包括附加邮递、目录设计、追加销售、仓储规划以及基于购买模式对客户进行划分等。

关联规则的挖掘是数据挖掘一项重要的任务。其目的就是从事务数据库、关系数据库中发现项目集或属性之间的相关性、关联关系、因果关系。

关联规则的主要概念：

D 是一个事务数据库，其中每一个事务 T 由一些项目构成，并且都有一个唯一的标识（TID）。

项目的集合简称项目集，含有 k 个项目的项目集称为 k_项目集。

项目集 X 的支持度（support）是指在事务数据库 D 中包含项目集 X 的事务占整个事务的比例，记为 $\sup(X)$，看作是项目集 X 在总事务中出现的频率，一般定义为 $\sup(X)=P(X)\approx\frac{X\text{出现次数}}{\text{事务总数}T}$。支持度应用于发现频率出现较大的项目集，体现“项目集相对总事务所占的比重”。

可信度（confidence）是指在事务数据库 D 中，同时含项目集 X 和 Y 的事务与含项目集 X 的事务的比，即 $\sup(X\cup Y)/\sup(X)$，看作是项目集 X 出现使项目 Y 也出现，这一事件在总事务中出现的频率，一般定义为

$$\mathrm{Conf}(Y|X)=P(Y|X)=\frac{P(YX)}{P(X)}\approx\frac{XY\text{出现次数}/\text{事务总数}T}{X\text{出现次数}/\text{事务总数}T}=\frac{\sup(XY)}{\sup(X)}=\frac{XY\text{出现次数}}{X\text{出现次数}}$$

可信度应用于在出现频率较大的项目集中发现频率较大的关联规则，体现“项目集在另一项目集影响下相对总事务所占的比重”。

项目集中长度为 k 的子集称为 k 项目子集。如果一个项目集不是任何其他项目集的子集，则称此项目集为极大项目集。如果项目集的支持度大于用户指定的最小支持度（min_sup），则称此项目集为频繁项目集（frequent item set）或大项集（large item set）。

关联规则可形式化表示为 $X\Rightarrow Y$，它的含义是 $X\cup Y$ 的支持度 $\sup(X\cup Y)$ 大于用户指定的最小支持度，且可信度大于用户指定的最小可信度。关联规则挖掘就是在事务数据库 D 中找出满足用户指定的最小支持度和最小可信度的所有关联规则。

2. Apriori 关联规则算法

Apriori 算法是一种以概率为基础的挖掘布尔型关联规则频繁项集的算法。该算法利用由少到多、从简单到复杂的循序渐进方式，搜索数据库的项目相关关系，并利用概率的表示形成关联规则。Apriori 算法的实现是基于关联分析的一种逆单调特性，这种特性也被称作 Apriori 属性。Apriori 算法可大致分为两步：

（1）链接（类矩阵运算）。即通过将两个符合特定条件的 k 项频繁集做链接运算，从而寻找 k+1 项频繁集，而这些频繁集是发现关联规则的基础。

（2）剪枝（去掉那些没必要的中间结果）。在判断一个项目集是否为频繁集时，如果采用对数据库进行扫描计算的方法，当频繁集很大的时候，计算是低效率的，所谓剪枝就是通过引入一些经验性或经数学证明的判定条件，来免除一部分不必要的计算步骤，提高算法效率。

（1）概率基本性质。

① 任何一个数 C，如果 A 与 B 同时出现的概率 $P(AB)>C$，则 $P(A)>C$。

② 任何一个数 C，如果 A 出现的概率 $P(A)<C$，则 $P(AB)<C$。

（2）Apriori 特性。

如果一个拥有 k 个项目的项目集 I 不满足最小支持度，根据定义，项目集 I 不是一个频繁集；如果往 I 中加入任意一个新的项目得到一个拥有 k+1 个项目的项目集 I'，则 I' 必定也不是频繁集。

Apriori 算法的主要思想是利用“在给定的事务数据库 D 中任意频繁项集的子集都是频繁项集，任意弱项集的超集都是弱项集”这一原理对事务数据库进行多次扫描，从而找到全部的频繁集。

（3）算法过程。

① 制定最小支持度及最小置信度。

② Apriori 算法使用了候选项集的概念，首先扫描数据库产生候选项目集，若候选项目集的支持度大于或等于最小支持度，则该候选项集合为频繁项目集。

③ 在 Apriori 算法的过程中，首先由数据库读入所有的事务数据，得出候选 1_项集 C_1 及相应的支持度数据，通过将每个 1_项集的支持度与最小支持度比较，得出频繁 1_项集 L_1，然后将这些频繁 1_项集两两进行连接，产生 2_项集 C_2。

④ 然后再次扫描数据库得到候选 2_项集 C_2 的支持度，将 2_项集的支持度与最小支持度比较，确定频繁 2_项集。类似的，利用这些频繁 2_项集 L_2 产生候选 3_项集确定频繁 3_项集。以此类推。

⑤ 反复扫描数据库，与最小支持度比较，产生更高项的频繁项集合，再结合产生下一级候选项集，直到不再结合产生出新的候选项集为止。

（4）Apriori 算法存在的缺陷。

① 由频繁 k_项集进行自连接生成的候选频繁 k_项集数量巨大。在验证候选频繁 k_项集的时候需要对整个数据库进行扫描，非常耗时。

② 由于 Apriori 算法需要反复对数据库进行扫描，当存在长度较大的频繁集时会增加扫描数据库的次数，而当数据库容量非常大时，又会增加每次扫描数据库的时间。因此，对 Apriori 算法改进的一个重要的方向是如何降低耗时、提高效率，使其能够应用在大数据集上。

3. 关联分析技术方法

灰色关联分析（grey relational analysis，GRA）是基于灰色系统理论的一种分析方法，研究对象是“部分信息已知、部分信息未知”的“小样本”“贫信息”不确定性系统。灰色关联分析的基本思想是根据序列曲线几何形状的相似程度来判断其联系是否紧密，曲线越接近，相应序列之间关联度就越大，反之就越小。

灰色关联分析法的具体计算步骤如下：

（1）设序列 $X_0=[X_0(1), X_0(2), \cdots, X_0(k), \cdots, X_0(m)]$ 和 $X_i= [X_i(1), X_i(2), \cdots, X_i(k), \cdots, X_i(m)]$ 分别为系统的参考数列和比较数列。其中，i=1, 2, ⋯, m。

（2）无量纲化处理。较为常用的有初值化变换、均值化变换、极差变换，以及效果测度变换。对于较稳定的社会经济系统数列做动态序列的关联度分析时，多采用初值化变换，其具体计算公式为

$$X_i=\left(\frac{X_i'(1)}{X'},\frac{X_i'(2)}{X_i'(1)},\cdots,\frac{X_i'(m)}{X_i'(1)}\right) \tag{5-26}$$

（3）求灰色关联系数 $\gamma\big(X_0(k), X_i(k)\big)$。计算公式为

$$\gamma\big(X_0(k), X_i(k)\big) = \frac{X_{\min} + \zeta X_{\max}}{\varDelta_{0i} + \zeta X_{\max}} \tag{5-27}$$

式中：$X_{\min} = \min\limits_i \min\limits_k \left|X_0(k) - X_i(k)\right|$；$X_{\max} = \max\limits_i \max\limits_k \left|X_0(k) - X_i(k)\right|$；$\varDelta_{0i}(k) = |X_0(k) - X_i(k)|$。$\zeta \in [0,1]$ 为分辨率系数，一般按最少信息原理取为 0.5，即 $\zeta = 0.5$。

（4）求关联度 $\gamma(X_0, X_i)$。聚集灰色关联系数 $\gamma\big(X_0(k), X_i(k)\big)$，$k$=1, 2,⋯, m 的值，得到灰色关联度计算公式如下

$$\gamma(X_0, X_i) = \frac{1}{m}\sum_{k}^{m} \gamma\big(X_0(k), X_i(k)\big) \tag{5-28}$$

这样，便可求得灰色关联度 $R = \gamma(X_0, X_i)$，根据比较数列与参考数列是关联度 R 的大小，判断各因子对交通噪声的影响大小，关联度大则意味着该因子的影响较大，为主要影响因子，关联度小则意味着该因子的影响较小，为次要因子。

交通领域应用案例如下。

以南方某城市 2002—2009 年的交通噪声为例，探讨灰色关联分析法在城市交通噪声影响因素分析中的应用。交通噪声数据来源于该城市四个交通噪声固定监测站的平均值，为真实体现该城市交通噪声状况，在噪声普查的基础上，利用平均值法对噪声监测数据进行优化设定。其步骤如下：

（1）建立数据序列。机动车辆数、道路行车线长度、行驶机动车辆密度等因素直接影响城市交通噪声，而 GDP、常住人口等因素作为体现城市特征的主要指标，一定程度上也反映了城市交通噪声水平。选用常住人口、GDP、机动车辆数、道路行车线长度、行驶机动车辆密度这五个因素，通过建立数据序列，利用灰色关联分析法分析五个因素与城市交通噪声之间的关系。其中，常住人口、GDP、机动车辆数、道路行车线长度、行驶机动车辆密度五个因素作为影响交通噪声的比较数列，即 $X_i = (X_i(1), X_i(2), \cdots, X_i(k), \cdots, X_i(m))$；城市交通噪声设为参考数列，即 $X_0 = (X_0(1), X_0(2), \cdots, X_0(k), \cdots, X_0(m))$。2002—2009 年这五个因素的基础数据序列见表 5-2。

表 5-2　2002—2009 年五个因素的基础数据序列

年份	2002	2003	2004	2005	2006	2007	2008	2009
交通噪声/dB(A)	70.42	71.46	71.07	70.23	69.91	70.08	70.08	70.55
常住人口/人	441 637	448 495	465 333	484 300	513 400	538 100	549 200	542 200
GDP/亿元	548	636	822	922	1 137	1 502	1 735	1 693
机动车辆数/辆	122 345	130 472	141 258	152 542	162 874	174 520	182 765	189 863
道路行车线长度/km	341	345.2	362.1	368.2	383.6	400.8	404.4	413.1
行驶机动车辆密度/km	358.8	378	390.1	414.3	424.6	435	452	460

利用式（5-28）对这五个因素的基础数据进行初值化处理后，实现了数据的无量纲化，结果见表 5-3。

表 5-3　各因素数据初值化处理结果

年份	2002	2003	2004	2005	2006	2007	2008	2009
交通噪声/dB(A)	1	1.015	1.009	0.997	0.993	0.995	1.005	1.002
常住人口/人	1	1.016	1.054	1.097	1.162	1.218	1.244	1.228
GDP/亿元	1	1.161	1.5	1.682	2.075	2.741	3.166	3.089
机动车辆数/辆	1	1.066	1.155	1.247 7	1.331	1.426	1.494	1.552
道路行车线长度/km	1	1.012	1.062	1.08	1.125	1.175	1.186	1.211
行驶机动车辆密度/km	1	1.054	1.087	1.155	1.183	1.212	1.26	1.282

（2）计算灰色关联系数及关联度。令 $\zeta=0.5$，利用 DPS 统计分析软件计算经初值化的数据，得 $X_{\min}=0$，$X_{\max}=2.161$。则关联系数 $\gamma(X_0,X_i)=\dfrac{0+0.5\times2.161}{\varDelta_{0i}(k)+0.5\times2.161}$。将各关联系数代入式（5-28），可得到关联度分别为：$\gamma_1=0.902$，$\gamma_2=0.586$，$\gamma_3=0.810$，$\gamma_4=0.915$，$\gamma_5=0.882$。对关联度进行排序 $\gamma_4>\gamma_1>\gamma_5>\gamma_3>\gamma_2$。其中 γ_1、γ_4、γ_5 的关联度均大于 0.880。

关联序列表明，道路行车线长度和常住人口对城市交通噪声的关联度最大，关联度分别为 0.915 和 0.902，表明道路行车线长度和常住人口与城市交通噪声具有很大的关联性。总体而言，道路行车线越长，会稀释交通流量，使交通噪声变低，对城市交通噪声的影响为正极性影响；常住人口增加则会导致交通噪声的增加，呈现明显的负极性。

行驶机动车辆密度和机动车辆数对城市交通噪声的关联度分别为 0.882 和 0.810，表明行驶机动车辆密度和机动车辆数与城市交通噪声有较大的关联性。一般情况下，行驶机动车辆密度和机动车辆数越高，交通噪声也会相应增加。

相对于其他四个因素，GDP 与城市交通噪声的关联度较小，仅为 0.586。GDP 对城市交通噪声的影响没有明显的正负极性。一般而言，GDP 增加后，政府对城市道路建设的投入也会相对加大，势必会改善城市交通状况，进而减少城市交通噪声污染；但 GDP 的增加也会导致城市机动车辆的增加，机动车辆的增加势必又会导致交通噪声污染加剧。各种因素导致 GDP 这一因素对城市交通噪声的影响变得较小。

思考题

1. 简述假设驱动与发现驱动的区别与联系。
2. 简述数据挖掘的过程。
3. 请给常见的数据挖掘算法进行分类，并列举相应的算法与典型应用。
4. 试比较 Logit 模型与 Probit 模型。
5. 简述交通信息数据的特征。
6. 目前交通信息数据挖掘研究的主要方向有哪些？
7. 目前交通信息数据挖掘存在的主要问题有哪些？
8. 试选择一个城市，用灰色关联分析法进行城市交通噪声影响因素分析。

本章参考文献

[1] 谢嘉孟，彭宏，周兵，等. 基于数据挖掘技术的智能交通信息分析与决策研究[J]. 公路，2004（4）：154－158.

[2] 郭骅，周吉. 数据挖掘在智慧交通领域的应用[J]. 现代商贸工业，2013（12）：152－153.

[3] 李瑶. 数据挖掘技术在交通事故分析中的应用[J]. 电子设计工程，2009，17（2）：77－78.

[4] 覃明贵. 城市道路交通数据挖掘研究与应用[D]. 上海：复旦大学，2010.

[5] 闫伟，刘云岗，王桂华，等. 基于数据挖掘的交通流预测模型[J]. 系统工程理论与实践，2010（7）：171－176.

[6] 方烈. 分类方法在交通数据挖掘的应用研究[D]. 上海：上海交通大学，2007.

[7] 张小利，陈莉. 数据挖掘在智能交通系统中的应用[J]. 西北大学学报（自然科学版），2005（6）：25－28.

[8] 刘世平. 数据挖掘技术及应用[M]. 北京：高等教育出版社，2010.

[9] 毛国君. 数据挖掘原理与算法[M]. 北京：清华大学出版社，2005.

第 6 章　交通大数据与云计算技术

随着城市的迅速发展，交通拥堵、交通污染日益严重，交通事故频发，这些都是各城市亟待解决的问题。交通行业对于大数据技术的普及推广始于 2011 年，经过几年的发展，大数据技术已在智能交通领域深入人心。智能交通成为改善城市交通的关键所在。为此，及时、准确获取交通数据并构建交通数据处理模型是建设智能交通的前提，而这一难题可以通过大数据技术得到解决。随着手机网络、全球定位系统（global positioning system，GPS）/北斗车载导航、车联网、交通物联网的发展，人、车、路等交通要素信息都能够实现实时采集，城市交通大数据来源日益丰富。在日益成熟的物联网和云计算平台技术支持下，通过城市交通大数据的采集、传输、存储、挖掘和分析等，有望实现城市交通一体化，即在一个平台上实现交通行政监管、交通企业运营、交通市民服务的集成和优化。

6.1　交通大数据技术

6.1.1　概述

1. 定义

大数据（big data）是指需要新处理模式才能具有更强的决策力、洞察力和流程优化能力的海量、高增长率和多样化的信息资产。它是继云计算、物联网之后 IT 产业又一次颠覆性的技术变革，对国家治理模式，企业决策、组织和业务流程，以及个人生活方式都将产生巨大的影响。

大数据技术是指从各种各样类型的数据中快速获得有价值信息的能力。利用大数据技术，有助于了解城市交通拥堵问题中人的出行规律和原因，实现交通和生活的和谐，提高城市的宜居性，为政府精准管理提供基于数据证据的综合决策。城市交通大数据技术的研究，对我国智慧城市的发展具有战略性意义。交通大数据具有种类繁多、异质性、时空尺度跨越大、动态多变、高度随机性、局部性和有限生命周期等特征，如何有效地集成交通大数据，满足高时效性和知识牵引等城市交通智慧化需求，是各大中城市所面临的前所未有的发展机遇和挑战。

在交通领域，数据主要包括以下几种。

（1）交通流数据。

交通流数据的获取方式包含传统固定检测器获取、移动检测器获取。

传统固定检测器获取的交通流数据为智能交通系统的传统应用提供了基础数据支撑。其主要检测手段包含感应线圈、微波雷达、地磁等。以北京为例，基于微波雷达、超声波、感应线圈、视频监控等检测器，北京市公安局公安交通管理局建立了交通信息采集、处理、发布系统，以及北京市道路交通流预测预报系统等。

通过固定检测器与移动检测器的数据融合，可获取更加准确的交通流数据。其主要检测手段包含：安装有 GPS 的出租车、私家车、公交车。以北京为例，北京市公安局公安交通管理局开展了“北京市道路交通流综合分析与数据质量评价体系研究”的项目，对固定检测器、移动检测器等获取的多源数据进行研究，优化交通数据质量。同时，通过移动检测器可以获得瞬时速度、时间、平均速度等参数。

（2）位置数据。

先进的移动通信技术拓展了交通移动检测的应用范围，由传统的交通流数据获取推广到位置数据的获取，使得基于位置的服务成为可能。基于公交智能卡的数据，实现出行者出行行为的分析，为公交基础设施建设和运营服务管理提供支持。基于出租车车载终端的数据，研究出行距离、出行时间和道路偏好对驾驶员路径选择的影响，进而实现路径的预测。应用智能手机，可实现出行轨迹、出行方式、出行范围、出行总量等的获取。此外，车联网的出现大大提高了城市交通信息综合获取的水平，丰富了交通数据来源和发布途径海量位置数据的处理和分析，为交通出行行为分析、公交系统优化、车辆优先控制等提供了支撑。

（3）非结构化视频数据。

非结构化视频数据可用于宏观态势监控，通过建设高空高清视频监控系统，掌控多交叉口或较大区域的交通宏观态势。一方面，通过视频处理模块，提供交通流特征参数及其他参数；另一方面，依据卡口系统、电子警察系统等，还可应用于车辆类型识别、交通状态识别等。

（4）多源的互联网、政务网数据。

互联网、政务网为智能交通系统提供了广泛的数据来源与发布途径。以社交网络为代表的互联网可为智能交通系统提供交通事件的视频等数据。另外，互联网也可成为交警现场执法、公交系统优化等的重要数据来源。政务网为城市决策者和管理者提供了安全稳定的信息交互平台。通过政务网，可为智能交通系统接入城市路网结构、气象变化、特大活动、突发事件、应急救援等数据。

2. 特点

交通大数据一般具有如下特点：

（1）数量大，规模大。交通系统是一个复杂的系统，涉及人、车、线路、环境等。城市交通各类数据的汇集，以及气象、环境等数据的导入，直接形成了数据量巨大的交通数据，其中主要包括交通领域直接产生的数据、公众互动交通状况数据、相关行业数据和重大社会经济活动关联数据三大类。交通大数据具有较大的覆盖范围，比如手机数据、车辆的定位数据、道路的流量数据和天气状况数据等。

（2）种类多。交通大数据包括物理空间的数据，比如车辆移动的路径、位置数据、车辆状态数据、摄像头视频数据、天气数据以及路网数据等，也包括与人类社会息息相关的移动数据，比如手机基站数据、交通智能卡数据等。还可能包括网络空间数据，比如论坛、新闻、微博及微信等众包数据。城市交通领域的道路交通、公共交通、对外交通，以及政治、经济、社会、人文等其他领域和行业数据的结构化、非结构化和半结构化，促使交通大数据具有种类多样性。

（3）价值密度低。数据总量虽然很大，但对于具体应用而言，挖掘有用的数据有可能像大海捞针一般。比如为分析交通事故，只有与事故相关的天气、车辆、人员及视频数据才是有用的，而其他不相关的大量数据需要被过滤掉。

（4）处理快速。交通数据具有强实时性特征，无论是交通基础设施的运行状态，还是交通服务对象和交通运载工具，每时每刻都在产生大量的数据。同时也需要快速处理、分析和挖掘，并给出反馈。例如交通实时动态路况，一方面大量的视频数据、位置数据、车流量数据等不断产生，急需实时处理计算；另一方面还需要根据历史数据，对将要发生的情况进行实时预测，并反馈给出行者。

（5）时空移动性。任何交通事件都具有地域和时域特征。为了全面深入理解交通大数据，需要从时间和空间两个维度分析其动态演化特性。

（6）多维结构特征。如一段公路上，既有交通流量属性，也有路面介质信息，还有路基结构等不同结构特征。

（7）社会关联性。人类社会大量的移动轨迹同时存在于信息空间和物理世界，使得信息空间、物理世界和人类社会三元空间之间有机连接互动，同时体现在城市发展、个体流动规律，以及人群生活与城市交通发展的深层交互上。

3. 类型

一般而言，大数据要做的是融合汇聚，将不同来源尤其是不同领域的数据集进行整合，需要打破数据本身已有的分类。对于交通大数据可以从某种角度进行划分，便于更好地分析、理解和应用。

（1）按照数据与交通管理和交通信息服务的关联度划分。

交通大数据可以分为交通直接产生的数据、公众互动交通状况数据、相关行业数据和重大社会经济活动关联数据。如表 6–1 所示，这些数据能够反映出总体和局部的交通状况。

表 6–1　交通大数据分类

数据类型	数据采集技术手段及方式方法
交通直接产生的数据	线圈、摄像头、车载 GPS 等
公众互动交通状况数据	网络、微博、微信、论坛、广播电台等
相关行业数据	气象、环境、人口、规划、移动通信等
重大社会经济活动关联数据	媒体、网络等

（2）按照结构类型划分。

交通大数据可以分为结构化数据、非结构化数据和半结构化数据。

结构化数据是指数据记录通过确定的数据属性集定义，同一个数据集中的数据记录具有相同的模式。结构化数据具有数据模式规范清晰、数据处理方便等特点。结构化数据通常以关系型数据库或格式记录文件的形式保存，如传统的智能交通信息采集、加工过的数据、线圈等传感器产生的数据。一般来说，比特尺度下的结构化数据具有固定的比特流格式，各字段的比特长度和含义是固定的。

非结构化数据是指数据记录一般无法用确定的数据属性集定义。在同一个数据集中各数据记录不要求具有明显的、统一的数据模式。非结构化数据能够提供非常自由的信息表达方式，但数据处理复杂。非结构化数据通常以原始文件或非关系型数据库的形式保存，例如摄像头采集的视频、公众发布在微博上的图片或是微信上的语音信息等。

半结构化数据是指数据记录在形式上具有确定的属性集定义，但同一个数据集中的不同数据可以具有不同的模式，即不同的属性集。半结构化数据具有较好的数据模式扩展性，但需要数据提供方额外提供数据间关联性描述。半结构化数据通常可以用扩散标记语言或其他用标记语言描述数据记录的文件保存，例如在超文本标记语言文件中以“table”标签形式保存的数据或资源描述框架格式的本体库文件等。

（3）按数据流形式划分。

交通大数据可以分为（传感器）数据流、数据文件、数据库记录、在线文字和图片、音视频流等。

数据流是指各类交通设施或传感器以数据流的形式持续不断产生的具有确定格式的数据，其特点就是已经产生的数据无法再现，除了数据处理算法在内存中保存的一部分外，无法重复获取之前的数据记录，对数据的获取和访问存在先后顺序。

数据文件是指以文件的形式在介质上持久保存的数据，又分记录文件和无记录文件。其特点是可以反复获取，并可以根据需要随机访问，没有先后顺序的要求。

数据库记录是指在关系型数据库系统或非关系型数据库系统中，以“数据记录”的形式保存的数据，其特点是用户不用自己维护数据记录的存取，为数据的处理和计算提供了便捷。

在线文字和图片是指存在于互联网上的，需要通过特定的网络协议才能获取到的数据。其特点是以文件形式存在，通过数据流方式可以反复获取（假定服务器端的文件未被删除）。

音视频流是指经过数字化的并能够通过某种方法还原的音频或视频信息。其特点与数据流类似，但属于非结构化数据，往往需要非常复杂的方法才能从中提取所需要的信息。

（4）按照数据产生和变化的频率划分。

交通大数据可以分为基础数据、实时数据、历史数据、统计数据等。

基础数据是指静态的、规范化的描述城市交通基本元素的数据，其特点是数据定义和数据产生后基本不会发生变化，例如道路名称、匝道口编号等。

实时数据是指随着交通活动实时产生的，反映交通运行情况的数据。其特点是数据会不断地产生和变化，例如线圈数据、温湿度气象数据、微博和微信上的公众互动交通状况等。这类数据对判断短时交通拥堵等具有重要的作用。

历史数据是指实时数据按一定的时间周期归档后产生的数据。其特点是新数据产生和变化的周期性明显，这类数据可以用来预测未来交通状况的变化趋势。

统计数据是指系统根据一定算法或根据使用者的主观需求，经过计算后所产生的数据。其特点是新数据的产生和变化周期性不明显，例如拥堵指数、路段平均车速、客流量随时间变化趋势等。这类数据可以为公众出行服务，对管理部门决策提供支持。有时可以用高频、中频、低频来划分这些数据，基础数据属于低频数据，统计数据和历史数据属于中频数据，实时数据属于高频数据。

4. 主要获取方式

交通上的大数据主要从以下几个途径获得：

（1）用户出行一卡通。以北京为例，交管局有一个终端系统，可以详细统计出每天进出地铁的人数和坐公交车的人数。虽然有一小部分人坐公交不用一卡通，但交管局依然可以根据使用一卡通的人数按一定比例计算出大概的人数。当然，这里还有一个没有爆发的点是 NFC 的近场支付，如果中国未来可以像日本那样达成全民的 NFC 支付，那么未来交管局获得的市民出行的数据将更加完善。

（2）运输车辆进行全面监控。目前《道路运输车辆动态监督管理办法》已于 2016 年 7 月 1 日起执行，其中最大亮点就是运输车辆的车联网系统，将所有运输车辆都与北斗卫星连接，国家可以实时监控这些运输车辆的路线。

（3）车联网。由于车联网的逐渐普及，可以更好地掌握车辆出行的数据，再根据比例可以模拟出大概数据。

（4）路网监控。国家在道路监控上的投入可谓不菲，重庆高速公路视频监控数据每天就达到 50 TB，获得的船舶位置数据、航速数据每天达 5 500 万条。在广州，综合处理服务平台每日新增城市交通运营数据记录超过 12 亿条，每天数据量达到 150～300 GB。通过视频监控，交通部门能够弥补上其他信息的不足。

（5）与百度的战略合作。百度将自己的地图生态开放给交通部门，为其增加数据的来源渠道。百度地图的日请求次数有 70 亿次（包括手机 App 地图、导航等），拥有大量的用户出行数据，进而可以制作百度迁徙图。而交通部门可以根据百度提供的数据来提高数据的准确性，做好相应的决策。

此外，还有诸如物流公司的物流信息平台，以及船联网等可以获取数据的方式，这里不再一一介绍。

5. 面临问题

大数据对于智能交通的意义，不仅在于可以解决跨越行政区域的限制，实现数据信息的共享；还对车辆安全、交通资源配置以及利用大数据的快速性和可预测性提升交通预测的水平也有极大的帮助。不过，大数据虽然支撑着智能交通的前行，但其发展道路上难免要历经磨难，从目前来看主要存在以下五个问题：

（1）海量设备管理问题。

随着系统规模扩大，前端设备点位增加，设备故障点也呈几何级数增长。以电子警察系统为例，目前一、二线城市基本都实现了电警设备在重点路口、路段的全覆盖，建设规模均有上千台摄像机及相应的控制设备，由于质量问题使前端设备实际完好率较低。

（2）统一标准和技术规范问题。

在缺乏标准的条件下，许多地区的智能交通系统自成体系，缺乏应有的衔接和配合，标准互不统一。即便在城市内部，道路上的传感器标准也非常混乱，直接妨碍了交通数据的获取，从而无法进行交通流的分析和预测。

（3）系统可靠性与稳定性问题。

智能交通系统复杂度和整合程度越来越高，而系统的稳定性却没有同步提高。以某地级市为例，智能交通系统由近 200 台服务器和 2 000 多台前端设备组成，包括信号控制、交通流量采集、交通诱导、电子警察、卡口等子系统，数据要和省级交管平台、区县级交管子平台、公安业务集成平台等系统相连。这么多复杂的数据对系统的稳定性造成了极大的压力。

（4）数据源的质量问题。

智能交通系统应用需要高质量的数据源，而目前设备长时间运行的性能得不到保证，数据质量不高限制了智能交通系统业务高水平的扩展应用。目前，难以自行判断数据质量，从而使得交通诱导和信号控制系统不能发挥预期效用，从而影响了整体智能交通系统的投资价值。

（5）信息安全问题。

由于智能交通系统兼具交通工具带来的移动特性和通信传输所使用的无线通信两方面的特点，也就集成了无线网和移动网两大类型网络的安全问题。当前针对的研究还只是偏重于其功能的实现，忽略了其信息安全问题。无论是从信息的收集、传输还是处理，智能交通都存在严重的信息泄露、伪造、网络攻击等安全问题，亟须受到人们的关注和重视。

6.1.2 交通大数据体系框架

大数据环境下的交通信息化管理和服务，对数据的处理、分析和应用提出了更高的要求。基于大数据基础理论，在智能交通这个特定领域内，研究相适合的理念、理论、技术、应用等，需要构建一套系统的交通大数据体系框架。交通大数据的研究，为提升现有数据的应用开发水平带来了新的机遇，而大数据技术本身，也对进一步提高交通管理效率和公众服务水平提供了坚实的基础。

交通大数据给智能交通系统带来了变革，主要体现在基本概念、面临问题和建模方法等 3 个方面。面向上述变革，研究大数据驱动的智能交通系统具有重要的意义，体系构架如图 6-1 所示。

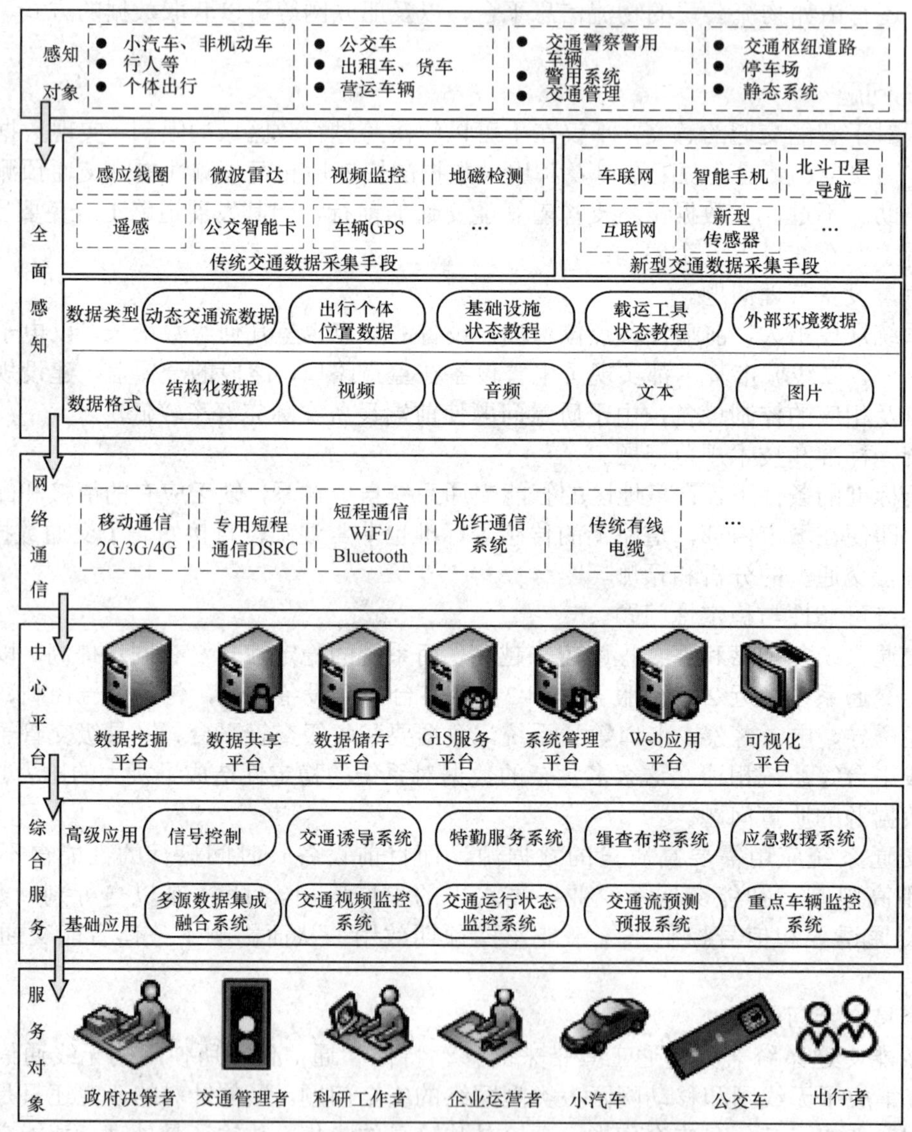

图 6-1　大数据驱动的智能交通系统体系构架

1. 感知对象

大数据驱动的智能交通系统具有海量的监控对象。智能交通系统的感知对象从人、车、路、环境四个方面展开，包括个体出行、营运车辆、交通管理和静态系统等。

2. 全面感知

大数据驱动的智能交通系统具有多样的检测手段和丰富的数据来源。针对城市交通数据源的分布情况和智能交通系统的数据需求，以固定检测和移动检测构成的传统交通信息采集系统为依托，拓展交通数据源的类型和数量，增加新型交通数据采集方式的使用，实现城市交通及相关系统的全面感知。全面感知体现在多样的数据格式和数据类型上。

3. 网络通信

大数据驱动的智能交通系统具有快速的网络通信。针对交通大数据的实时传输要求，建立有线通信、长距离和短距离无线通信构成的互联互通信道，实现数据源、智能交通系统、服务对象的数据交互。智能交通专网作为数据交互的中心，与互联网、政务网、公安网等连接，网络接口具备合乎规范的网闸，以保障网络通信的安全运行。

4. 中心平台

大数据驱动的智能交通系统具有高效的数据处理、存储、共享与应用。中心平台承担了智能交通系统的数据挖掘、数据存储、数据共享等功能。数据挖掘以信息论、控制论、系统论为基础，应用交通流理论、交通网络分析、交通工程学等交通基础理论，或建立数据模型描述机理，或应用模式匹配推断结论。构建智能交通云的体系架构，以云计算、云存储、云共享等新兴技术解决数据处理速度、数据存储空间、数据共享效率的问题。

5. 综合服务

大数据驱动的智能交通系统具备优质的综合服务。综合服务是智能交通系统的主要目的，包括基础应用和高级应用。基础应用体现了“感知现在和预测未来”特征，实现多源数据的集成管理，从个体车辆、路段和交通网络等方面进行交通状态的视频监控和量化分析，并对交通态势进行短期和长时间序列的分析和研判。高级应用体现了“面向服务”特征，基于基础应用分析，实施交通控制与诱导，指导特勤任务、稽查布控等警务工作，并为应急救援等城市综合管理提供决策支撑，通过共享发布优化综合服务质量。

6. 服务对象

大数据驱动的智能交通系统具备广泛的服务对象。根据智能交通系统的需求分析，服务对象主要包括政府决策者、交通管理者、企业运营者、科研工作者、个体出行者等。

了解真实需求，认识问题本质。在应用大数据技术之前，为了获得用户需求，需要人工获取一定样本的调查问卷。根据数据抽样方法分析需求，这就如同盲人摸象，很难全面掌握真实的需求。另外，对于用户需求和交通难题的认识，很多时候需要对多维数据进行全面分析。单一度的采样数据难以精确、及时反映需求变化。大数据的出现，可以掌握不同时间、空间及不同用户的需求。既能满足整体需求，也能提供某些特征用户的需求定制化。例如，通过积累公共交通车辆数据、乘客手机位置数据、城市智能卡数据等，可以估算出各个区域之间不同时间段的客流情况和出行方式，提供数据处理、挖掘的方法及手段。如何在大数据背景下处理海量时空数据，并且从中挖掘出对交通出行、城市规划有益的知识信息，从而提供多种基于时空信息的服务是智能交通发展的重点研究领域。现今已经广泛应用于互联网的大数据架构也可以移植应用到智能交通中（但各环节中的具体处理策略、算法设计和性能优化需要根据交通应用来量身实施）。

6.1.3　交通大数据处理平台

1. Hadoop 平台

“大数据”本身是个内涵和外延极其丰富的概念，并不局限于某种具体的技术、方法或系统，但人们在实际积累数据、组织数据、查询数据和分析数据时，实在的系统、方法、模式更加能够使交通行业得到较好的提升。目前，大数据的处理主要是基于 MapReduce 的分布式数据文件储存和计算。本节就分布式储存、分布式计算和本地计算进行简单的原理介绍和说明，并对 Hadoop 系统和其他系统进行介绍。

Hadoop 是一个由 Apache 基金会开发的分布式系统基础架构，允许用户在不了解分布式底层细节的情况下，开发分布式应用程序。Hadoop 主要由分布式文件系统（Hadoop Distributed File System，HDFS）和 MapReduce 计算框架两部分组成，Hadoop 平台如图 6–2 所示。

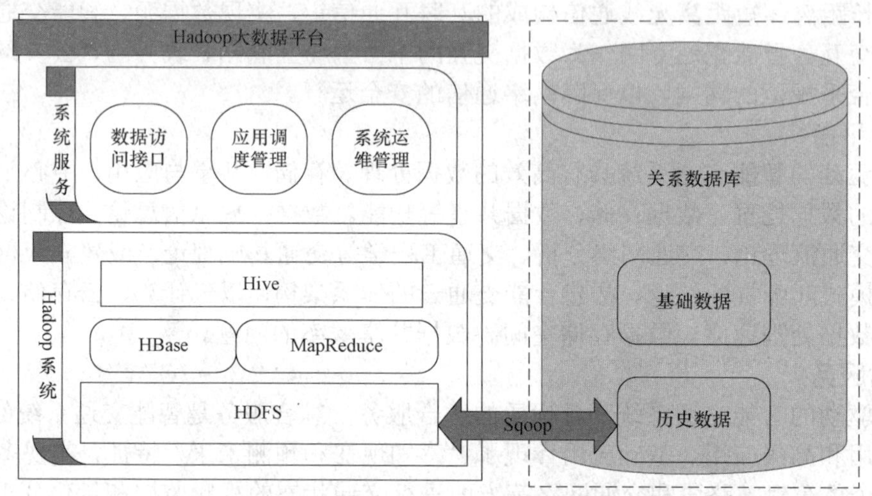

图 6–2　Hadoop 平台

1）分布式储存

大数据一般采用分布式的储存方式存储数据，交通大数据也不例外。其采用冗余储存的方式保证数据的可靠性，基于 Hadoop 的分布式文件系统（HDFS）信息存储方式是现在主流的数据存储机构。通过构建基于 HDFS 的云存储服务系统，解决智能交通大量的数据存储难题，降低实施分布式文件系统成本。Hadoop 分布式文件系统是开源云计算软件平台 Hadoop 框架的底层实现部分，具有高传输率、高容错性等特点，可以以流的形式访问文件系统中的数据，从而解决访问速度的安全性问题。HDFS 逻辑构架如图 6–3 所示，三类节点 NameNode、DataNode、Client 之间的通信都是建立在 TCP/IP 的基础之上的。Client 执行读或写操作时首先在本机临时

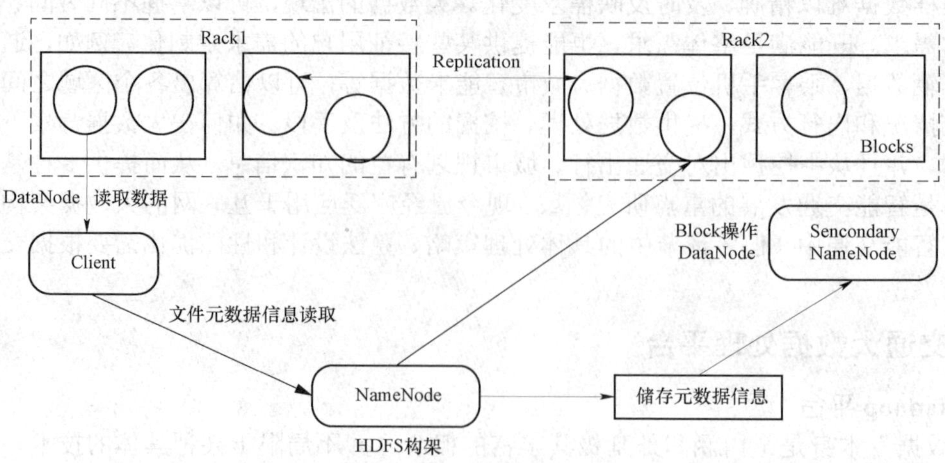

图 6–3　HDFS 逻辑构架图

文件夹中缓存数据，当缓冲数据块达到设定的 Block 值（默认 64 MB），Client 通知 NameNode，NameNode 响应 Client 的 RPC 请求，将新文件名插入到分布式文件系统结构层次中，并在 DataNode 中找到存放该数据的 Block，同时将该 DataNode 及对应的数据块信息告诉 Client，Client 便将数据块写入指定的数据节点。HDFS 有高容错性的特点，可以部署在低廉的（low-cost）硬件上，并且能提供高传输率（high throughput）来访问应用程序的数据。

2）分布式计算

交通大数据的计算能力可以对数量巨大、复杂、无序的交通数据进行分析处理。分布式计算能力（MapReduce）是一个用于大量处理数据的编程模型，它简化了复杂的数据处理计算过程，将数据处理过程分为 Map 阶段和 Reduce 阶段，其执行逻辑模型如图 6–4 所示。MapReduce 通过把数据集的大规模操作分散到网络节点上实现可靠性。每个节点都会周期性地把完成的工作和状态的更新传报告回来，如果一个节点表现出沉默状态超过了预定的时间，主节点会标记这个节点状态，并把分配给这个节点的任务转移到别的节点上。可见，MapReduce 对于数据划分的角度构建计算模型具有很好的反馈容错能力。

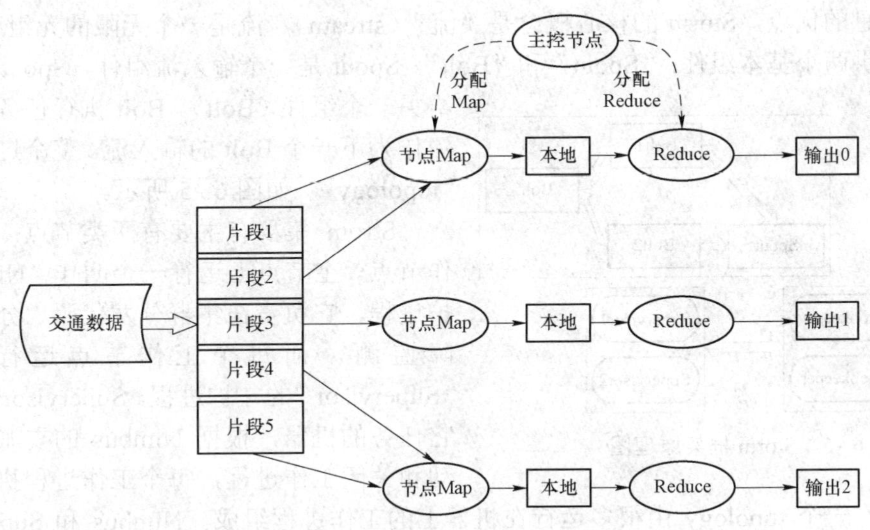

图 6–4　MapReduce 执行逻辑模型

MapReduce 是一种并行处理模型，主要有两个处理步骤：Map 和 Reduce。工作流程如下。

Map 端处理流程如下：

（1）计算框架先将要处理的数据进行分片，方便 Map 任务处理。

（2）分片完毕后，多台机器就可以同时进行 Map 工作。Map 对每条记录的处理结果以〈key，value〉的形式输出中间结果，Map 输出的结果会暂时放在一个环形内存缓冲区中，当该缓冲区快要溢出时，会在本地文件系统中创建一个溢出文件，将该缓冲区中的数据写入这个文件。

（3）写入磁盘之前，线程根据 Reduce 任务个数生成相同数量的分区。当 Map 任务输出记录时，会产生溢出文件，这时需将这些文件合并。文件不断排序归并后，最后生成一个已分区且有序的数据文件。最后将相应分区中的数据拷贝给相应的 Reduce 任务。

Reduce 端处理流程如下：

（1）Reduce 会接收到不同 Map 任务传来的数据，如果 Reduce 端接收的数据量相当小，则直接存储在内存中；如果数据量超过了该缓冲区大小的一定比例，则对数据合并后溢写到磁盘中。

（2）随着溢写文件的增多，后台线程会将它们合并成一个更大的有序的文件，然后交给 Reduce 函数处理，Reduce 函数安装用户定义的业务逻辑对数据进行处理并输出结果。

Hadoop 在本质上是一个批处理系统。数据被引入 Hadoop 文件系统（HDFS）并分发到各个节点进行处理。最后将处理结果汇总，生成的结果文件存放在 HDFS 上。

随着大数据时代的来临，各种应对大数据处理的解决方案应时代而生。2006 年，雅虎创建了一个用于管理、存储和分析大量数据的分布式计算平台 Hadoop，它作为一个批处理系统具有吞吐量大、自动容错等优点，目前在海量数据处理方面已得到了广泛应用。但是，Hadoop 本身存在的缺点是不能有效适应实时数据处理需求，为了克服该局限性，一些实时处理平台如 Storm、S4 等随之产生了，它们在处理不间断的流式数据方面有较大的优势，下面将介绍和分析目前比较流行的大数据处理平台。

2. Storm

Storm 是 Twitter 开源的分布式实时计算系统，Storm 具有高容错性、水平扩展性好、快速、可靠处理消息的优点。Storm 的核心概念是“流”（stream），流是一个无限的元组序列。Strom 为流转换提供两个基本组件：“Spout”和“Bolt”。Spout 是一个输入流组件，Spout 将数据传递给另一个组件（Bolt）。Bolt 执行任务并创建新的流作为下一个 Bolt 的输入流。整个过程就是一个“topology”，如图 6–5 所示。

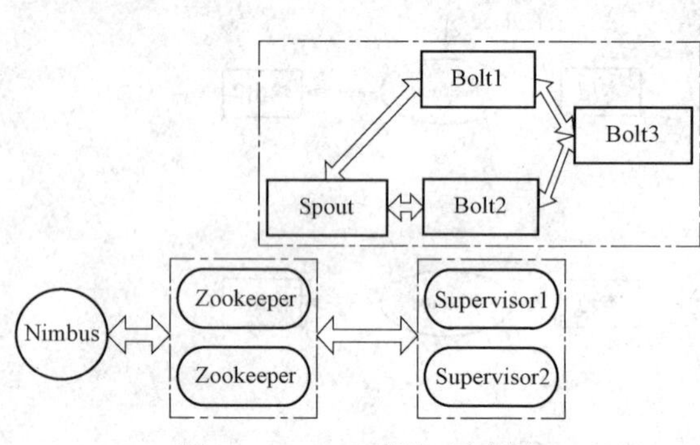

图 6–5　Storm 框架原理图

Strom 集群有主要有两类节点：主节点和工作节点。主节点上运行一个叫作“Nimbus”的守护进程，它负责在集群分发代码、分配任务和故障监测。而每个工作节点运行一个叫作“Supervisor”的守护进程。Supervisor 监听分配给它任务的机器，根据 Nimbus 的委派在必要时启动和关闭工作进程，每个工作进程执行 topology 的一个子集，一个 topology 由很多运行在机器上的工作进程组成。Nimbus 和 Supervisor 之间所有的协调工作是通过一个 Zookeeper 集群、Nimbus 的守护进程和 Supervisor 守护进程的状态维持在 Zookeeper 中或保存在本地磁盘上的。这意味着 Nimbus 或 Supervisor 进程“杀掉”，而不需要做备份，这种设计结构使得 Storm 集群具有很高的稳定性。

3. S4

S4（simple scalable streaming system）是 Yahoo 的一个开源流计算平台，它是一个通用的、分布式的、可扩展性良好、具有分区容错能力、支持插件的分布式流计算平台。S4 将流的处理分为多个流事件 PE（process element），每个 PE 唯一处理一种流事件。S4 将用户定制的 PE 放在名为 PEC（processing element container）的容器中。PEC 加上通信处理模块就形成了逻辑主机 PN（processing node）。PN 负责监听事件，PEC 接收源 event，event 经一系列 PE 处理后，在通信层（communication layer）的协助下分发事件或输出事件处理结果。

在分发事件的过程中，S4 会通过 hash 函数，将事件路由到目标 PN 上，这个 hash 函数作用于事件的所有已知属性值上。通信层有集群管理、故障恢复到备用节点、逻辑节点到物理节点映射的作用。同时通信层还使用一个插件式的架构来选择网络协议，使用 Zookeeper 在 S4 集群节点之间做一致性协作，S4 PN 结构如图 6–6 所示。

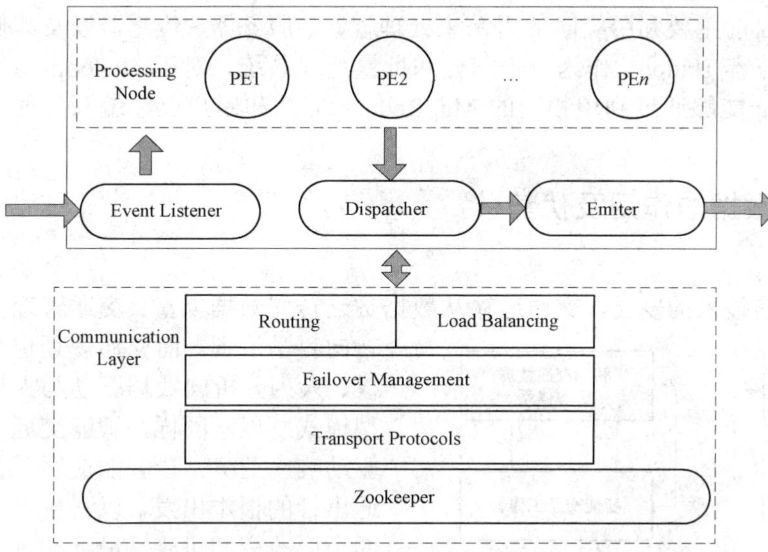

图 6-6　S4 PN 结构图

4. HStreaming

HStreaming 是一个构建于 Hadoop 之上的实时分析平台，HStreaming 为 Hadoop 提供复杂事件处理中间件，为实时低延迟的 Hadoop 应用程序提供解决方案。HStreaming 提供支持使用高层语言开发流分析程序的组件。平台使用流增强版本的 Apache Pig 对数据流进行加载、处理、存储和管理。平台支持两种不同数据的处理方式：常规的基于文件的批处理方式和基于流处理方式。Pig 会自动从数据的输入源和相应的子任务调度方式来推断数据处理方式（流或批处理）。HStreaming 提供了一个名叫 HStream 的负载存储功能函数。HStream 函数能从 TCP、UDP 或 HTTP 流中加载数据，并将处理完的数据以 HTTP 数据流格式进行传输，或者以 Amazon S3 对象的形式存储。用户可以设置一次处理流数据的批量大小。数据经由 MapReduce 计算框架处理后，会将结果、图表、参数传递给 VisStream（图表生成组件）生成图表。HStreaming 结构如图 6-7 所示。

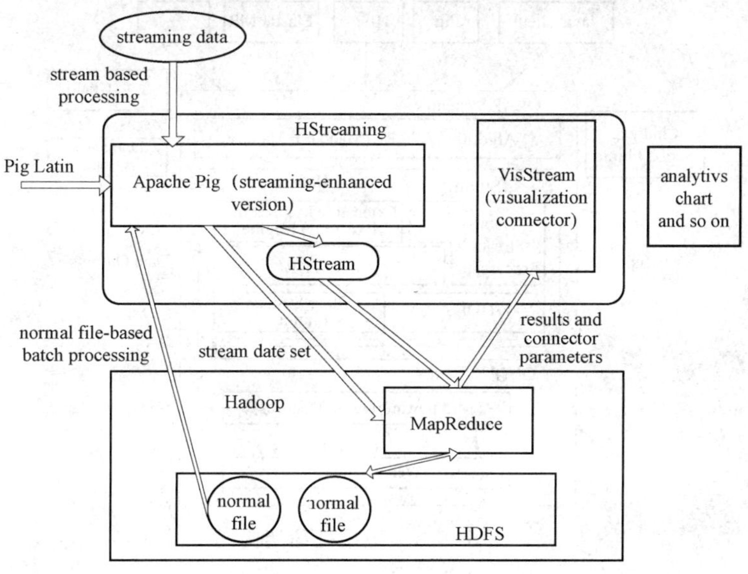

图 6-7　HStreaming 结构图

HStreaming 目前主要利用实时的引擎来处理视频、服务器、传感器以及其他机器上生成的数据流，并完全兼容 Hadoop 作为一个归档和批量处理系统。对于 Hadoop 用户，不用做任何改变，HStreaming 能够通过利用相同的 MapReduce 算法和用户已经编写好的 Pig 脚本进行流处理。

6.1.4 交通大数据的作用及优势

1. 作用

随着信息通信技术的发展，交通运输从数据贫乏转向数据丰富。交通管理正在从经验治理转向科学治理。而交通规划也从单纯的经验建模、人为分析向数据驱动与人机智慧迭代的新型模式发展。同样，智能交通需要实现以数据驱动响应业务，让智能交通工作者只需要从交通出行的根本出发，以科技手段引导人们出行的全面改变和进步，最终通过这种改变促使业务管理发生改变，实现以信息化、智能化引领综合交通运输发展，如图 6-8 所示。

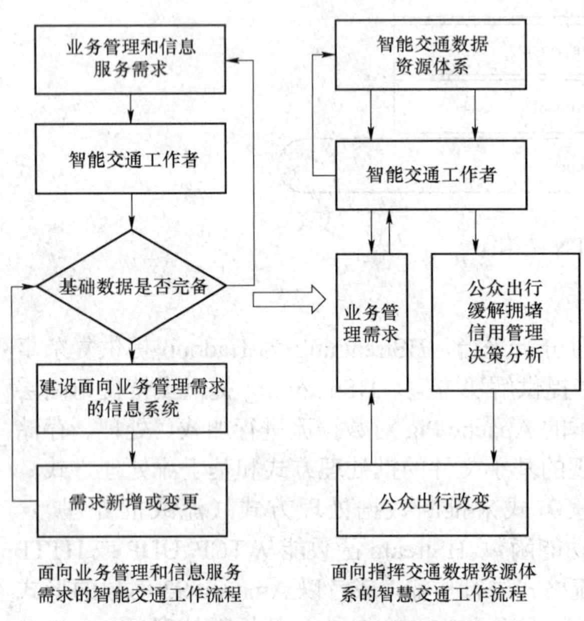

图 6-8 智能交通系统体系流程构架

提供数据处理、挖掘的方法及手段，如何在大数据背景下处理海量时空数据，并且从中挖掘出对交通出行、城市规划有益的知识信息，从而提供多种基于时空信息的服务是智能交通发展的重点研究领域。现今已经广泛应用于互联网的大数据架构也可以移植应用到智能交通中，如图 6-9 所示，但各环节中的具体处理策略、算法设计和性能优化需要根据交通应用来量身实施。

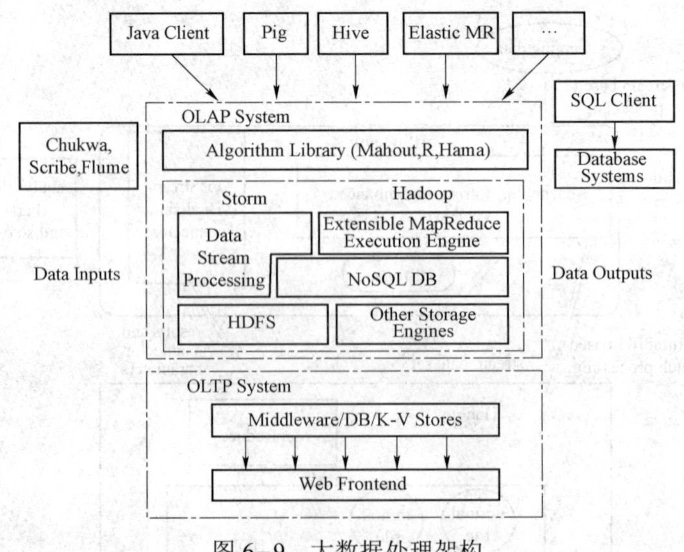

图 6-9 大数据处理架构

提供预测及辅助决策，交通大数据分析可为交通管理、决策、规划和运营、服务以及主动安全防范提供更加有效的支持。通过对客流特征的分析，可以优化交通规划，并且随着需求的变化而适时调整。例如公交车站台及线路设置、物流仓储设置、地铁区间车调度等。通过大数据分析，能够准确预知实时动态的交通路况，从而引导有效避开拥堵。通过历史数据，推测不同天气状况、不同路段、不同时段交通事故发生的概率，进而对通行车辆进行预警。大数据技术为解决交通难题提供了有效的智能化途径。

快速反馈与迭代，实现闭环控制，通过实时的数据分析，结合历史经验，提升交通控制智能化水平。例如，通过实时获取道路运行状态、车流信息以及历史状况，有效控制交通信号灯，提高道路通行率，避免出行者的时间浪费，缓解交通拥堵。

提供创新应用与服务，大数据的魅力在于跨界互联。将原本看似不相关的数据关联起来产生新的运营模式和应用价值。交通大数据的处理分析，在有效提升智能交通的同时，也可以为公共安全、车联网应用、社会管理、土地利用、广告营销、电商交通等提供新的管理理念、模式和手段。

（1）提高交通运行效率。

大数据技术能促进提高交通运营效率、道路网的通行能力、设施效率和调控交通需求分析。交通的改善所涉及工程量较大，而大数据的大体积特性有助于解决这种困境。例如，根据美国洛杉矶研究所的研究，通过组织优化公交车辆和线路安排，在车辆运营效率增加的情况下，减少 46%的车辆运输就可以提供相同或更好的运输服务。伦敦市利用大数据来减少交通拥堵时间，提高运转效率。当车辆即将进入拥堵地段，传感器可告知驾驶员最佳解决方案，这大大减少了行车的经济成本。大数据的实时性，使处于静态闲置的数据被处理和需要利用时，即可被智能化利用，使交通运行更加合理。大数据技术具有较高预测能力，可降低误报和漏报的概率，随时针对交通的动态性给予实时监控。因此，在驾驶者无法预知交通拥堵的可能性时，大数据也可帮助用户预先了解。例如，在驾驶者出发前，大数据管理系统会依据前方路线中导致交通拥堵的天气因素，判断避开拥堵的备用路线，并通过智能手机告知驾驶者。

（2）提高交通安全水平。

主动安全和应急救援系统的广泛应用有效改善交通安全状况，而大数据技术的实时性和可预测性则有助于提高交通安全系统的数据处理能力。在驾驶员自动检测方面，驾驶员疲劳视频检测、酒精检测器等车载装置将实时检测驾车者是否处于警觉状态，行为、身体与精神状态是否正常。同时，联合路边探测器检查车辆运行轨迹，大数据技术快速整合各个传感器数据，构建安全模型后综合分析车辆行驶安全性，从而可以有效降低交通事故的可能性。在应急救援方面，大数据以其快速的反应时间和综合的决策模型，为应急决策指挥提供辅助，提高应急救援能力，减少人员伤亡和财产损失。

（3）提供环境监测方式。

大数据技术在减轻道路交通堵塞与降低汽车运输对环境的影响等方面有重要的作用。通过建立区域交通排放的监测及预测模型，共享交通运行与环境数据，建立交通运行与环境数据共享试验系统，大数据技术可有效分析交通对环境的影响。同时，分析历史数据，大数据技术能提供降低交通延误和减少排放的交通信号智能化控制的决策依据，建立低排放交通信号控制原型系统与车辆排放环境影响仿真系统。

2. 优势

社会经济的快速发展促使城市机动车辆的数量大幅增加，城镇化的加速打破了城市道路系统的均衡状态，传统的交通系统难以满足当前复杂的交通需求，交通堵塞成为棘手问题。此时，用大数据技术可促进交通管理模式的变革。大数据技术的主要特点及其对传统交通的改变集中在以下方面：

（1）跨越行政区域限制。

行政区域的划分是为了有效统治和管理，而将一个国家划分不同行政区域，这个划分在促进各个行政区域自治的同时，也导致各个地方政府追求各自辖区利益的最大化，而对地方政府之间边界区的交通基础设施建设、过境交通线路等漠不关心。交通大数据的虚拟性，有利于其信息跨越区域管理，只要多方共同遵照相关的信息共享原则，就能在已有的行政区域下解决跨域管理问题。

（2）信息集成优势和组合效率。

我国大部分城市的各类交通运输管理主体分散在不同主管部门，呈现出条块分割的现象。涉及交通的相关部门超过 10 个，每个部门都有自己的信息化系统，但这些数据信息只存在于垂直业务和单一应用中，与邻近业务系统缺乏互通联动。这种分散造成交通管理的碎片化，如交通信息分散、信息内容单一等问题。大数据有助于建立综合性立体的交通信息体系，通过将不同范围、不同区域、不同领域的“数据仓库”加以综合，构建公共交通信息集成利用模式，发挥整体性交通功能，这样才能发现新价值，带来新机会。例如将气象、交通、保险部门的数据结合起来，可高效率地研究交通领域防灾减灾；IC 卡数据结合抽样调查，能更快捷、更精确测得城市交通流分布状况。

（3）配置交通资源。

传统的交通管理主要依靠人工的方式进行规划和管理，难以实现交通的动态化管理。通过对大数据的分析处理，可以辅助交通管理制定出较好的统筹与协调解决方案。一方面根据大数据结果确定多模式地面公交网络高效配置和客流组织方案，以及多层次地面公交主干网络各个交通部门运营的人力和物力；另一方面可提升道路交通资源的合理绿波通行控制以及交通信号自适应控制。

（4）提升交通预测水平。

用传统的思维来改善交通拥堵，一般是加大基础设施投入，即加宽道路、增加道路里程来提高交通通行能力，但这种做法不仅会受到土地资源的限制，而且规划的方案是否能满足远景需要也有待商榷。在对各个部门的数据进行准确提炼和构建合适的交通预测模型后，可以有效模拟交通未来运行状态，验证技术方案的可行性。而在实时交通预测领域，大数据的快速信息处理能力，对于车辆碰撞、车辆换道、驾驶员行为状态检测等实时预测也有非常高的可靠性。

6.1.5 城市交通大数据

1. 主要研究内容

城市交通大数据的研究内容主要包括以下方面。

1）时效约束的大数据多尺度汇聚计算和动态图谱

交通大数据存在多源、异质、局部性、时空关联、异步性、信息稀疏性和并发性等特点，而城市交通系统存在着对大数据汇聚处理的高时效性以及对“大而信息稀疏”的交通大数据领域的知识牵引要求。现有的数据融合、计算理论与方法难以满足高时效性的大数据处理和基于数据的知识构建与转换等需求，亟须提出时效约束的大数据多尺度汇聚计算和动态图谱的交通大数据处理新理论与新方法。

2）高维空间的隐性知识序贯挖掘与演化模型

交通主体、行为、态势、路网拓扑和环境形成了高维生态系统闭空间，相互之间存在着高度非线性、随机性和动态的耦合关系。交通态势及其演化是交通系统的宏观体现，具有约束条件下的动态性、序贯性、自组织、随机性等特点，交通态势机理解释对解决城市交通的难题非常重要。传统的交通理论难以发现隐含在如此高维空间的知识，对交通出行规律及其时空演化、大面积交通拥堵演变规律、环境与交通行为等进行综合知识和数据支撑的解释与评价，高维空间的隐性知识序贯挖掘与演化将为此提供坚实的理论与技术支撑。

3）交通态势的预测机理与调控策略

交通态势是城市交通系统运行状态的反映，受到交通需求、网络拓扑、多交通子系统、环境、管理和调控策略等众多因素的相互影响与作用。由于城市交通态势具有时变性、不确定性、非马氏性以及影响因素之间的相关性等特点，是一个超维的复杂巨系统，其调控与预测是世界性的难题，目前尚缺乏相关的理论与方法。交通态势的预测机理与调控策略的研究，将创建复杂交通巨系统的预测及其控制的新理论与途径。

2. 相关处理技术

在城市交通蓬勃发展的过程中，其数据采集量必然成倍增长，形成海量、动态、实时的交通大数据。因此，以大数据处理技术为支撑的城市交通信息服务将成为未来智能交通发展的增长点。城市交通所涉及的大数据技术，总结起来大致包括如下内容。

1）基于 Hadoop 框架的 MapReduce 模式技术

Hadoop 是一个能够对大量数据进行分布式处理的软件框架，而 MapReduce 是 Hadoop 的核心计算模型，它将复杂地运行于大规模集群上的并行计算过程高度地抽象到了两个函数。Hadoop 实现了一个分布式文件系统（HDFS），HDFS 有着高容错性的特点，用来部署在低廉的硬件上。而且它能提供高传输率来访问应用程序的数据，适合那些有着超大数据集的应用程序。

2）数据仓库技术

数据仓库是决策支持系统（DSS）和联机分析应用数据源的结构化数据环境，研究和解决从数据库中获取信息等问题。数据仓库的特征在于面向主体、集成性、稳定性和时变性。其主要功能是将组织通过资讯系统的联机交易处理（OLTP）经年累月所累积的大量资料、数据仓库理论所特有的资料存储架构进行系统的分析整理，以利于各种分析方法，如线上分析处理（OLAP）、数据挖掘（data mining）的进行，进而支持决策支持系统、主管资讯系统（EIS）等系统的创建，帮助决策者快速、有效地从大量数据资料中分析出有价值的信息，以利于决策拟定及快速回应外在环境变动，帮助构建商业智能。

3）中央数据登记簿技术

中央数据登记簿系统是平台数据统一管理、综合交通信息服务的基础，包括与交通信息有关的数据表示和交互以及交通信息服务、适合于综合交通环境的数据字典和消息模板、交通数据项定义规则、注册和管理机制等。

4）平台 GIS-T 应用技术

平台 GIS-T 应用技术是交通地理信息系统的支撑技术，可为交通信息服务提供高效的信息查询功能、海量的存储功能，包括出租车、公交车、综合交通视频信息等数据；提供具有优秀用户体验的 WebGIS 引擎，让用户享受基于浏览器的交通信息服务。

5）基于非序列性数据操作技术

基于非序列性数据操作技术包括虚拟化环境以及流数据处理技术，通过网络将大量服务器的内存空间统合在一起，使之形成一个超大型的虚拟内存，然后在其上进行数据配置，可实现对现有设备资源的最大使用效率，同时实现对即时性数据的反馈能力。

6）视频大数据处理技术

视频大数据处理技术将目前各个专用性的视频监控系统有机地整合在一起，实现视频资源统一接入、统一转码、统一分发、统一管理和统一运营的“五统一”目标。它可整合包括交通视频、站台视频、客运站视频、高速公路视频、社会治安视频、车载视频等在内的多种视频资源，提高整体视频监控的效率，且基于视频监控基础设施之上创造更多增值性的应用，从而实现视频监控系统的最大化效用。

7）大数据预处理及标准化处理技术

大数据预处理技术是将接入平台的数据根据具体的业务规则进行进一步的处理，包括对接入的数据进行有效性的检验、大数据清洗等。大数据标准化处理技术从数据库中取出经过清洗后的数据，根据业务规则将外部系统的数据格式转化为平台定义的标准格式。

8）大数据融合处理技术

大数据融合处理技术是指采用多源交通信息融合方法，结合特征融合技术（识别/分类、神经网络、贝叶斯网络等）、目标机动信息处理技术（自适应噪声模型等）及多目标跟踪的信息融合技术，提高信息系统的顽健性及可靠性。多源交通大数据信息融合分为3级：第一级是数据级融合，它只完成数据的预处理和简单关联；第二级是特征级融合，就是根据现有数据的特征预测交通参数；第三级是状态级融合，根据当前交通流信息判断交通状态。交通流信息融合的基本过程包括多源信息提取、信息预处理、融合处理以及目标参数获取和状态估计。

9）实时数据分发订阅技术

海量交通大数据具有数据量大、更新频繁、时效性高等特点，往往需要来自于其他系统的实时数据来支持其业务逻辑。比如浮动车辆的 GPS 数据、目前城市道路的路况分析和收费站排队监控分析、省级运政卫星定位联网监控系统的上报、营运车辆安全监管系统等监控分析系统需要向外单位共享的数据。

10）大数据挖掘技术

多源交通大数据挖掘是一个多步骤的过程，可以分为问题定义、数据准备、数据分析、模式评估等基本阶段。其挖掘模型如图 6-10 所示。

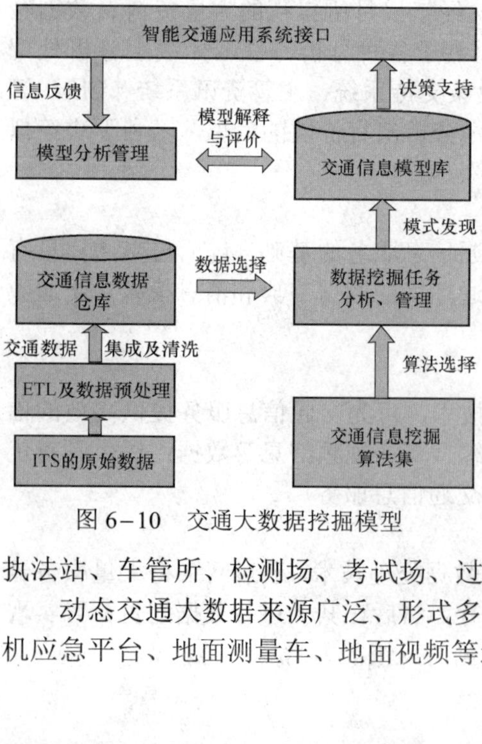

图 6-10　交通大数据挖掘模型

3. 智能应用系统

1）采集内容

城市交通大数据可分为静态大数据与动态大数据。

静态交通大数据主要包括城市交通的基础空间数据（地表模型、高清正射影像等）、城市及周边基础地理信息（城市路网、交叉口布局、城市基础交通实施信息）、道路交通网络基础信息（道路等级、长度、收费信息）、道路交通客运信息（客运班线、客动票务、市区公交信息、车站线路辐射图、客运企业信息、交通换乘点等）、航班信息、列车信息、水运信息（船次、起终码点、开船时间等）、停车场信息（停车场位置、名称、总泊位数、开闭状态、空闲泊位数等）、交通管理信息（警区界限、安全界限、警力分布、交通岗位、执法站、车管所、检测场、考试场、过境检查站）以及交通抽样调查数据等。

动态交通大数据来源广泛、形式多样，主要包括通过卫星遥感、航空摄影测量，低空无人机应急平台、地面测量车、地面视频等遥感手段获取的数据以及地面智能交通系统中，通过视频、手机、公交卡、地感线圈等传感设备和移动终端采集的人、车、路等交通要素的数据。从人可以采集到的数据有驾驶行为数据、付费行为数据和出行行为数据，从车采集到的数据有车辆信息数据、车辆实时位置数据、公交车运营数据、出租车运营数据、众包路况数据，关于路的数据有卫星影像数据、航空摄影数据和道路基础设施数据。

2）交通大数据云计算支撑平台

城市交通大数据和相关业务的服务采用云计算技术来实现，其总体架构如图 6-11 所示。采用云计算技术来支撑一体化交通大数据，按需提供自助管理虚拟基础架构汇集成高效池，以服务的形式提供资源。云计算支撑平台包括数据中心物理资源管理、数据中心逻辑资源、数据中心运营平台和维护。

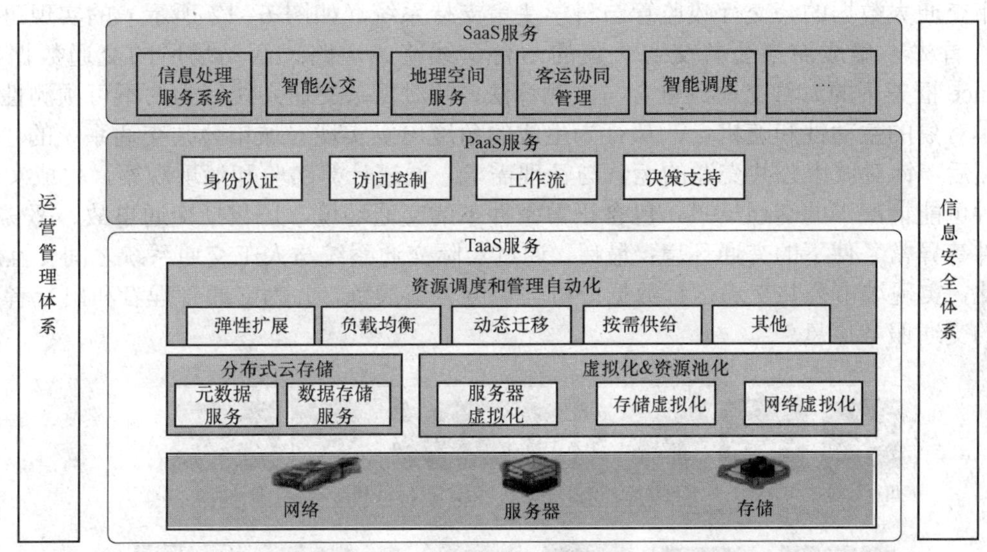

图 6-11　城市交通大数据云计算支撑平台总体架构

城市交通大数据云计算支撑平台包含多个子系统，各系统提供稳定的信息、管理、监控服务。为了支持智能交通 7×24 h 的稳定、高效服务，可引入云计算虚拟化平台。利用虚拟化技术将应用系统与物理机进行分离，减少因物理环境导致的系统中断服务，在不影响用户的情况下对物理资源进行删除、升级或改变。

3）交通大数据的智能应用系统

交通大数据的智能应用系统是基于交通大数据中心、交通云计算支撑平台来搭建的智能应用系统，采用“中心数据存储和处理”和“本地服务应用”的模式，从海量的交通数据中抓取实时数据，分析挖掘历史数据，基于历史数据对未来情况做出预测，为智能交通提供决策性建议。

交通大数据智能应用系统可分别为政府、企业、公众提供智能交通信息服务。系统可为政府部门提供交通行政监管支持，主要提供精细地理信息服务、交通管理服务、应急响应服务、路边车位监管服务、公共交通监管服务等；为公众搭建基于手机应用的交通信息服务，通过交通信息服务也可采集公众日常出行行为的数据，主要有精细地理信息服务、精准实时路况服务、精准交通信息服务、实时车辆信息服务、交通诱导信息服务、停车诱导信息服务等；为企业提供交通信息增值服务，主要有精细地理信息服务、公交车公司车辆调度及辅助决策、商业数据分析等。不同用户可共享行业数据、计算资源、个性化情报分析结果，在数据采集共享、大规模数据实时处理和分析、企业突发事件处置应对方面具有十分突出的优势，从而大大节约了系统资源和成本，提升了工作效率。

系统所采用的技术主要包括基于决策树—支持向量机（DTM–SVM）的多源异构交通信息融合技术、基于 SOA 的交通信息基础数据服务设计、ZigBee 无线传感器网络技术、基于移动互联网的交通信息应用服务设计、基于机器学习的行程时间预测、基于位置服务（LBS）的行人交通信息服务技术等。

4）城市交通大数据智能系统的典型应用

笔者和广州市交通委员会及下属公司等单位的专家，多年来保持密切的产学研合作，一起提出了城市交通大数据智能系统相关的典型应用解决方案，大致介绍如下。

（1）城市交通大数据的公交行政监管与科学决策。

城市交通大数据的公交行政监管与科学决策支持系统（如图 6–12 所示）的实现可分为 3 个步骤：首先，集成城市公共交通采集的站台、线路、道路、活动场所的交通数据，研发 MapReduce 框架下的海量交通流融合与预测算法，针对复杂交通系统行为的不可预测性，充分考虑简单对象的主动性和随机性，从行为生成的角度出发实现对城市公共交通系统的“等价”描述；然后，针对城市公共交通的运营与管理需求，通过计算实验和涌现观察，生成实时、未来和各种可能情况下的交通场景，包含正常条件下的交通环境，还包括交通事故、恶劣天气、突发事件等异常条件下的交通环境；最后，通过实际交通系统与人工交通系统之间交互运行和过程演化，实现城市公共交通运行数据分析与调度方案演练，并为交通管理者和出行者提供基于位置的交通服务信息。

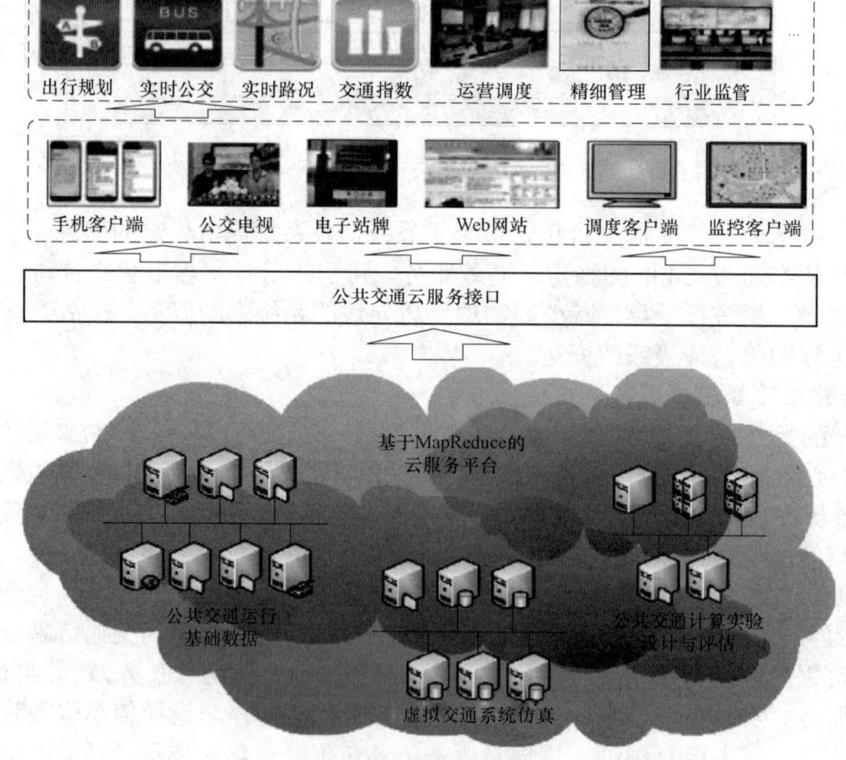

图 6–12　城市交通大数据的公交行政监管与科学决策支持系统

大数据可以辅助公共交通规划制定决策。传统的方式需要投入大量人力进行 OD 调查和数据收集。目前的一卡通可让数据更为全面地展现在决策人员面前，流量数据全部可以精确掌握，同时再利用车辆拥堵时间、拥堵路段的大数据分析，公交车的线路调整、增加与减少换乘站的决策就会更加有依据。

① 城市公共交通云计算服务平台体系。

城市公共交通云计算服务平台采用 4 层结构，分别为应用层、平台层、统一资源层和物理层。云计算服务平台使得公共交通管理成为了一个开放式的可扩展系统。新的交通管理方案可以很快得到实施，而无需对现场的硬件设备进行更新换代。控制中心通过交通管理云提供的服务，不断对交通控制代理的运行进行优化，使系统性能得到提升，实现多个城市的交通控制系统连接交通管理云，实现数据集中、数据共享和服务共享。

② 基于海量交通检测数据的融合与预测。

城市交通大数据和相关的业务服务采用云计算技术来实现，其总体架构如图 6–13 所示。采用云计算技术来支撑一体化交通大数据，按需提供自助管理虚拟基础架构汇集成高效池，以服务的形式提供资源。云计算支撑平台包括数据中心物理资源管理、数据中心逻辑资源、数据中心运营平台和维护。

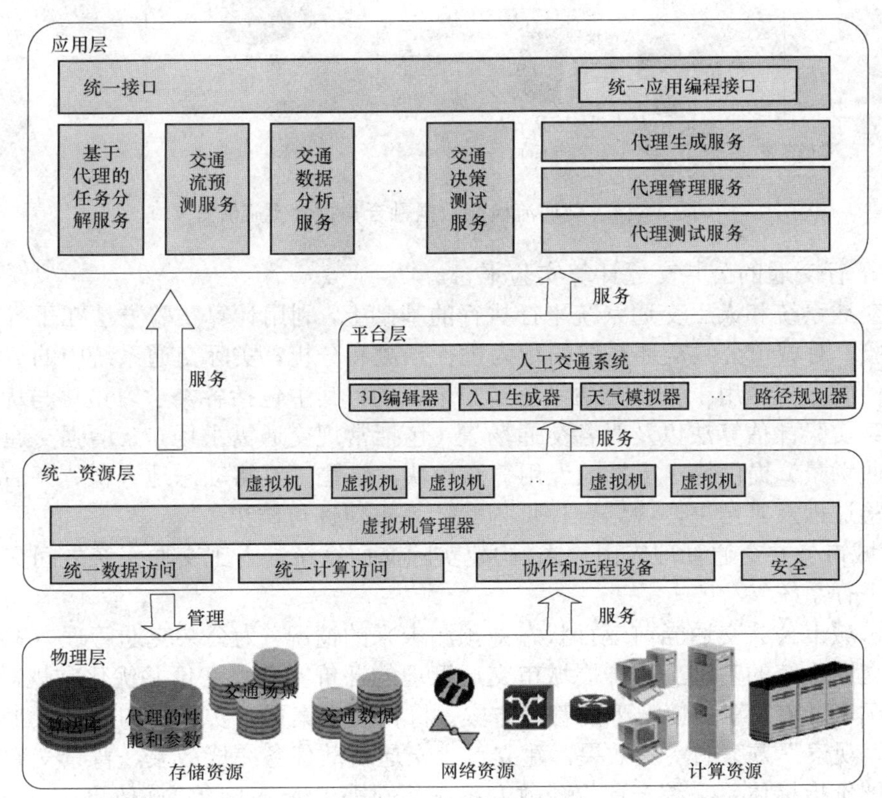

图 6–13　平行交通系统的云计算总体架构

在进行交通流预测时，需要根据交通流检测数据建立合理的交通流模型。采用混合高斯模型，并用期望最大化（EM）算法对模型的参数进行学习求解。在 MapReduce 架构下将 EM 算法进行并行处理，通过云计算平台来实现算法的分布式运行，满足海量交通数据的处理要求，提升模型参数学习的速度。实施流程如图 6–14 所示，首先基于 MapReduce 模型来实现交通流预测，研究分布式模型学习方法，建立相应的数据处理算法，加速模型参数的学习过程，进而进行模型合并，得到各个路口的交通流预测模型，产生最终的预测结果。

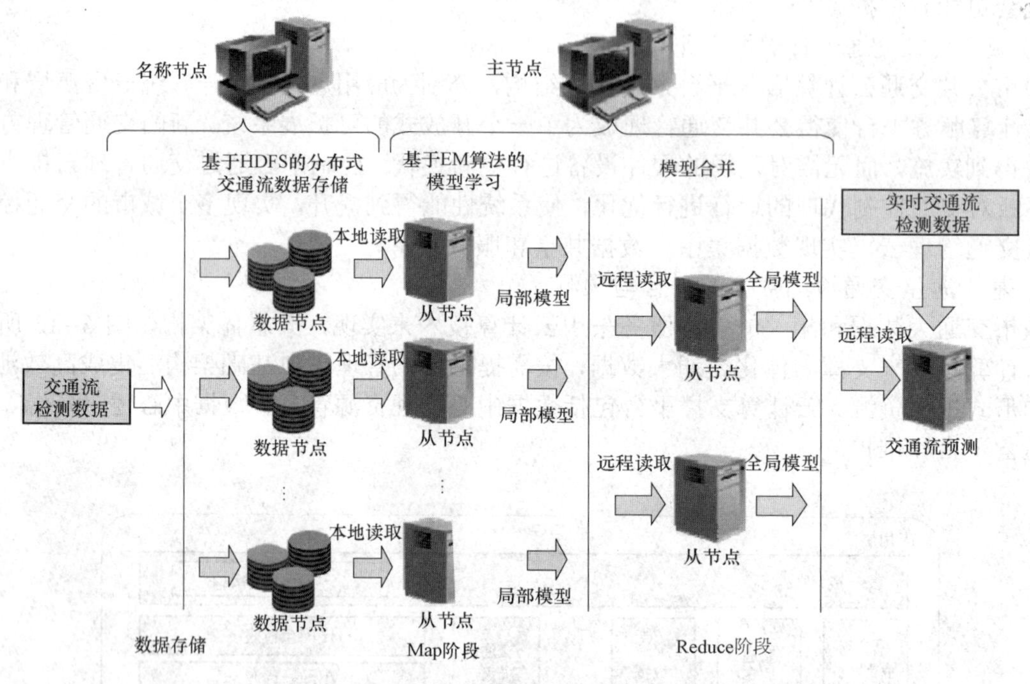

图 6-14　交通流检测数据融合与预测实施流程

③ 基于平行交通的公共交通计算实验平台。

在实际交通系统和人工交通系统平行执行的基础上，利用计算实验方法在平行交通系统上进行各种实验，对城市公共交通系统的行为进行预测和分析。实际交通系统中的算法分析工具以模块和组件的形式应用于平行交通系统实验平台中，其中包括各类学习策略与优化算法、定性与定量计算实验评估算法以及对各交通场景（包括常规交通需求场景、增强交通需求场景和突发事件交通场景）提供特定支持的专用算法模块，这些工具将动态地分析、评估和优化公共交通计算实验过程及其结果，并结合评价指标体系更新评价结果。

④ 针对城市公共交通管理应用需求，构建实际交通系统与人工交通系统之间交互运行和过程演化的“平行系统”。

评估分析城市公共交通当前运行状态并预测未来的情况，为公共交通管理方案提供演练环境。在平行交通系统的基础上，开展城市交通管理的评价实验，评价并优化常规需求情况下、增强需求情况下、突发事件情况下的管理方案。将管理方案置于实际的和各种人工的交通场景之中，涌现“观察”方案的实施效果，建立包含交通疏散任务完成效果、背景交通影响程度等要素的综合评价指标体系，综合评价疏散方案在不同需求情况下的实施效果。

⑤ 综合利用传统媒体和移动互联网媒体，为用户提供基于位置的公共交通服务信息。

通过手机客户端、公交电视、电子站牌、Web 网站、调度客户端、监控客户端等形式为公交乘客、公交企业管理者、政府行业管理人员提供出行服务、运营调度、企业管理、行业监管等不同层次的服务，影响或改变城市公交状态。

（2）城市交通大数据的公交精细化调度与管理。

将 GPS 定位技术、3G 通信技术、地理信息系统（GIS）技术等结合对车辆进行监控，基于此实施的公交车智能调度策略，提高了公交车的利用率，同时也在不断减轻城市道路的拥堵负担。

城市交通大数据的公交精细化调度与管理系统将公交要素标识标签、公交车载信息中心（车载 RSU）等物联网设备大规模部署于公交车、公交站台等场所，采集公交车辆状态信息、站点信息、行驶信息、客流信息，并通过建设公交大数据处理分析平台，基于大数据技术对上述采集数据进行分析，通过数据的集成、计算，形成各类数据应用，为公交企业、公众出行者、政府管理部门提供公交调度服务、公交个性化信息服务以及公交行业监管服务，彻底解决公交站点智能维护、公交“飞站”、车距监管、精准报站、发班与客流匹配等公交运营和监管难题，最终提升城市公交服务水平。基于城市交通大数据的公交精细化调度与管理系统如图 6-15 所示，包括 3 个层面。

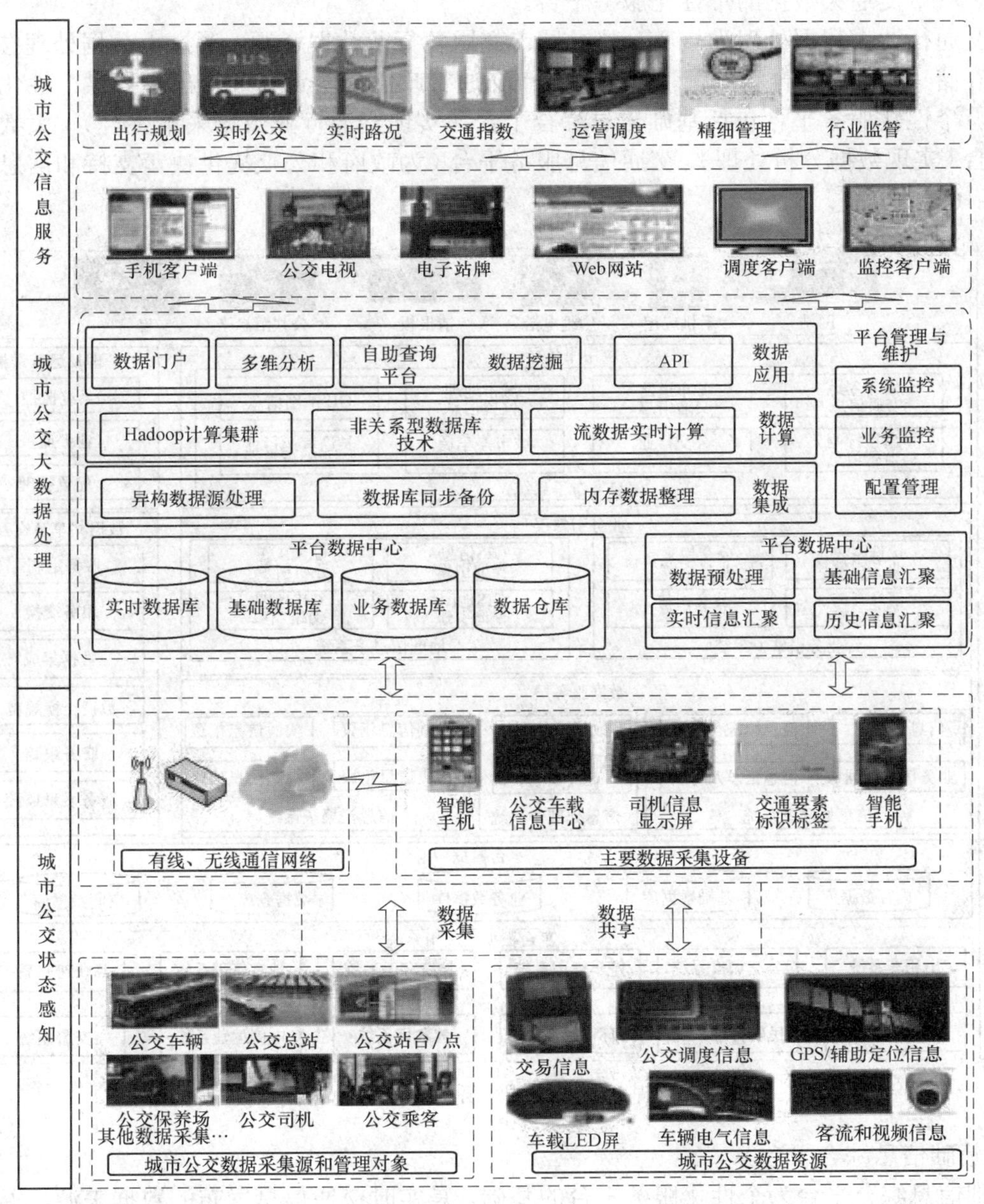

图 6-15　基于城市交通大数据的公交精细化调度与管理系统

城市公交状态感知层：采用基于物联网技术的交通要素标识标签、公交车载信息中心、司机信息显示屏以及智能手机等设备，通过对公交各要素的电子化标识、数据采集和数据共享，实现对城市公交状态智能感知。同时，接收来自城市公交信息服务层提供的各类信息。

城市公交大数据处理层：接收来自城市公交状态感知层采集的城市公交数据，基于大数据技术进行大数据分析，通过数据的集成、计算，形成各类数据应用，为城市公交信息服务层提供数据服务。

城市公交信息服务层：可通过手机客户端、公交电视、电子站牌、Web 网站、调度客户端、监控客户端等形式为公交乘客、公交企业管理者、政府行业管理人员提供出行服务、运营调度、企业管理、行业监管等不同层次的服务，影响或改变城市公交状态。

（3）城市交通大数据的个性化服务平台。

以交通行业大数据处理为核心，整合城市交通各行业数据资源，通过大数据处理技术，实现数据存储、清洗、融合和挖掘，最终为城市交通行政部门决策和公众出行提供个性化的支持和服务。个性化服务平台包括基础信息综合平台（实现交通行业数据采集整合）、大数据智能处理平台（实现数据分析处理）、交通信息服务平台（为政府和公众提供决策支持和信息服务），如图 6-16 所示。

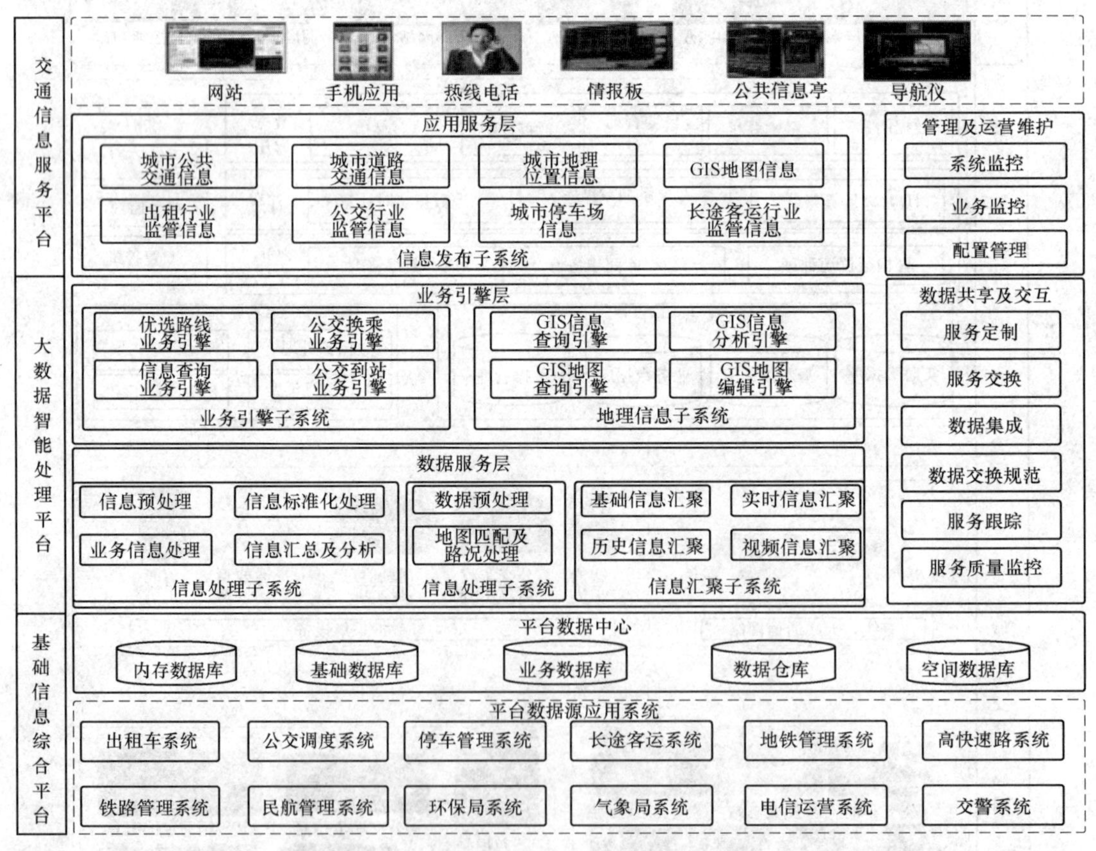

图 6-16 基于城市交通大数据的个性化服务平台

① 基础信息综合平台。

基础信息综合平台为个性化服务平台的基础，是实时交通信息发布的数据来源，主要功能是交通信息数据的收集和处理。将各个子系统中的交通数据按照一定的编码规则和既定格式采集起来，将其转换为可用的综合交通信息。基础信息综合平台是整个智能交通信息组织过程中的信息枢纽，是实时交通信息发布的数据来源，进行交通信息数据的收集和处理，并为外部数据接入和对外数据分发提供数据规范和标准接口。

基础信息综合平台将来自不同系统的数据进行处理后，汇入数据管理层，数据管理层关注与其他层次的交互，担当事务监控器、消息系统及其他角色，存储着持久数据。选用业界高性能的数据库来提供数据存储、数据存取访问、数据访问控制、数据共享等服务。处理以上各层之间的数据通信问题，包括对各层之间的数据进行相互传输。主要包含浮动车信息采集系统、智能交通监控调度系统、出租车综合管理系统、停车场行业管理系统、客运联网售票系统、资源整合系统、仿真基础数据采集系统等。不同的检测技术适合于不同的采集环境，因此仿真基础数据采集处理包括视频交通流检测系统、微波检测系统、移动式地磁检测系统三大模块。

② 大数据智能处理平台。

大数据处理是结合交通系统的实际情况，研究综合交通模型体系，制定综合交通信息的数据规范和接口规范，并在此基础上研究和验证综合交通大数据的接入和融合技术、大数据处理和多维度挖掘技术以及大数据的安全和有效管理技术，从而最终建设完成市区综合交通信息中心，并为交通信息服务、交通行业管理部门的智能决策等提供支持。

③ 交通信息服务平台。

交通信息服务平台是利用基础平台和数据智能处理平台提供的经整合处理后的交通信息，为公众出行提供个性化交通信息服务的发布平台。结合笔者和合作单位多年的交通信息服务实践，交通信息服务平台将通过移动互联网（手机应用）、传统网站、电话热线、电子站牌、交通情报板（诱导屏）、广播电视、公共信息亭、导航仪等多种媒介为公众提供免费或增值服务，该平台还将为不同发布渠道提供软件配套支持。

基于移动互联网的信息服务：利用 4G 网络等移动互联宽带技术，一方面可以通过其采集用户位置信息提供丰富位置服务；另一方面使手机终端能快捷访问交通信息服务，包括交通视频、图像等多媒体信息，提供的软件功能包括路况信息、停车服务、实时公交、出行规划、地铁信息、铁路航班、客运信息、的士查询、驾培信息、交通资讯等。

基于传统互联网的信息服务：对交通信息进行采集、分析、挖掘、发布，打造全方位、一站式的交通信息服务发布平台，为用户提供包括实时路况、交通视频、实时公交、出租车空车分布、网上汽车票查询预订、停车场动态信息、航班动态信息、列车动态信息、地铁信息以及交通咨询在内的出行前与出行途中的全程交通信息服务，使用户足不出户即可了解城市交通动态，科学规划出行方案。

电子站牌：公交站台电子站牌为乘坐公交出行的用户提供交通相关信息，如公交车辆到站信息。

交通情报板：利用停车诱导屏等情报板为出行者提供停车诱导服务。

广播电视：通过广播电视节目为用户播报综合交通服务信息，如实时路况、航班动态等信息。

公共信息亭：信息亭终端采用触摸屏方式接受用户的交互式操作，提供与 Web 网站类似的综合交通信息服务。主要用户是旅游出行人员和通过公共交通系统（如公路、铁路和航空）出行的人员。

真三维动态导航与智能预警服务：在智能交通导航中，将以真三维导航（高分辨率真实影像替代虚拟场景）替代传统二维虚拟导航。三维导航地图不是在二维导航地图上的 3D 显示，而是在获取三维空间数据后，利用信息通信技术处理三维空间数据，包容其他地理信息，可以突破常规二维表示对形式的束缚，更好地洞察和理解现实世界。真三维智能交通中，根据实地采集的实景资料，对色彩、材质、灯光等细节进行处理，逼真地在导航仪上动态地再现三维道路实景。针对交通事故多发区域，比如十字路口或者拐弯区域，通过高清影像与几何模型结合运算，计算出大车拐弯的死角范围，并搜集车身长度和性能进行评价，将评价结果及时反馈给驾驶员，将导航过程中经常发生危险的区域在真三维实景导航中显示并警示，有利于驾驶员安全驾驶，减少交通事故发生。

（4）其他应用实例。

① 交通基础设施数据提取及实时更新。

利用快速更新的遥感影像来提取城市道路变化，并及时自动更新交通大数据中心的数据库，可实现路网数据的实时更新，为用户提供更准确的道路信息。过程如下：

通过高分辨率影像提取道路的路面、绿化带、环岛、大车拐弯死角带等要素，通过航空影像和斜视影像，可以提取道路的路灯、井盖、路牌等信息；

利用道路两旁行道树、植被指数、形状指数和数学形态学知识来自动、半自动地提取道路线，并通过 GIS 进行道路面积的快速计算；

采用面向对象的遥感影像的分类方法，对遥感影像进行分割，降低噪声干扰，并得到同质对象；

通过尺度选择及转换，构建影像对象层次，充分认识不同道路特征，建立道路知识库，进行道路信息提取。

② 基于行车大数据的驾驶行为分析与预警。

将收到的数据分组分类处理，可实现对移动车辆全天候的实时监控、报警、指挥与调度功能。通过电子地图匹配 GPS/中国北斗卫星导航系统采集的车辆经纬度、时间等信息，实时监测车辆的运行位置和状态，并在 GIS 上显示车辆轨迹，进行车辆的跟踪；通过自动记录、统计、分析车辆的历史运行数据，辅助管理人员制定管理决策。将海量行车数据及驾驶行为数据导入一些统计分析手段，可以有效对驾驶行为进行数据建模，通过驾驶员的出行习惯，从路线到行为，为该驾驶员提供一套评估，而此人的评估会被送往交通管理部门以及运输企业等地方，从而应用到各类行业中，如新车车主驾驶行为纠正系统、车主行车行为自诊断系统等。

结合交通大数据，可以预测出群体出行的态势，对其可能出行的时间、出行路线、出行方式等进行预测，从而为城市车辆调度提供决策帮助。反过来看，这些预测的群体出行行为数据也将为个人出行提供更加精确的服务，帮助个人决策，让个人出行尽量以最短的时间、最短的路线抵达目的地。

6.2 云 计 算

6.2.1 概述

1. 定义

云计算（cloud computing）概念的直接起源是 Amazon EC2（elastic compute cloud）产品和 Google 分布式计算项目，云计算是分布式处理（distributed computing）、并行处理（parallel computing）和网格计算（grid computing）的发展，云计算是通过网络将庞大的计算处理程序自动分拆成无数个较小的子程序，再交由多台服务器所组成的庞大系统，经计算分析之后将处理结果回传给用户。

云计算比较普遍的定义为：云计算是分布式处理、并行处理和网格计算的发展，或者说是这些计算科学概念的商业实现。通过云计算技术，网络服务提供者可以在数秒之内，处理数以千万计甚至亿计的信息，达到和“超级计算机”同样强大的网络服务。云计算可以理解成一个数据中心，这个数据中心的计算机可以自动地管理和动态地分配、部署、配置、重新配置以及回收资源，也可以自动安装软件和应用。云计算的构成包括硬件、软件和服务。软件包括管理计算机自动化的软件以及被管理的软件；服务是指云计算中心的搭建和以后的运行和维护。云计算中心向它的用户提供的是软件和应用的虚拟计算机，这个虚拟计算机有可能对应一台物理机，也有可能多个虚拟机对应一台物理机。最终用户通过网络连接到虚拟机，相当于用户拥有了一台已装好需要使用软件的服务器。用户拥有一定的权限，还可以安装其他云计算中心不提供的软件。

2. 发展历程

云计算要追溯到 1959 年 6 月，Christopher Strachey 发表虚拟化论文，虚拟化是今天云计算基础架构的基石。随后，在 1961 年，John McCarthy 提出计算力和通过公用事业销售计算机应用的思想。1984 年，Sun 公司的联合创始人 John Gage 说出了“网络就是计算机”的名言，用于描述分布式计算技术带来的新世界，今天的云计算正在将这一理念变成现实。1997 年，南加州大学教授 Ramnath K.Chellappa 提出云计算的第一个学术定义，认为计算的边界可以不是技术局限，而是经济合理性。1999 年，Marc Andreessen 创建 Loud Cloud，这是第一个商业化的 IaaS 平台。2004 年，Google 发布 MapReduce 论文。Hadoop 就是 Google 集群系统的一个开源项目总称，主要由 HDFS、MapReduce 和 HBase 组成，其中 HDFS 是 Google File System（GFS）的开源实现；MapReduce 是 Google MapReduce 的开源实现；HBase 是 Google Big Table 的开源实现。2004 年，Doug Cutting 和 Mike Cafarella 实现了 Hadoop 分布式文件系统（HDFS）和 MapReduce，Hadoop 成为了非常优秀的分布式系统基础架构。2007 年 3 月，戴尔成立数据中心解决方案部门，先后为全球 5 大云计算平台中的三个（包括 Windows Azure、Facebook 和 Ask.com）提供云基础架构。2008 年 1 月，Salesforce.com 推出了随需应变平台 DevForce。Force.com 平台是世界上第一个平台即服务的应用。2009 年 7 月，中国首个企业云计算平台诞生（中化企业云计算平台）。2010 年 4 月，英特尔在 IDF 上提出互联计算，图谋用 X86 架构统一嵌入式、物联网和云计算领域。2010 年，微软宣布其 90%员工将从事云计算及相关工作。

3. 类型

人们熟悉的三大云计算服务模式——IaaS（将基础设施作为服务）、PaaS（将平台作为服务）和 SaaS（将软件作为服务），在云计算提出之前就已经存在，现在只是重新包装并打上云计算的标签。IaaS 将硬件设备等基础资源封装成服务供用户使用，让用户自己搭建自己的业务平台，如亚马逊的 AWS（Amazon Web Services）。PaaS 通过提供用户应用程序的运行环境，让用户能够在这个平台上快速搭建自己的应用，如 Google App Engine 和 Microsoft Windows Azure。SaaS 把应用或者软件封装为服务，用户可以通过任何网络设备使用这个程序，如 Google 的 Gmail 和 Salesforce 公司的 CRM（client relationship management）服务，允许大量的用户同时在线并提供云端存储、处理等服务。

云服务按照服务的类别可以分为三种，即公共云、私有云和混合云。公共云是由第三方（供应商）提供的云服务，它们在公司防火墙之外，由云提供商完全承载和管理。私有云是在企业内提供的云服务，这些云在公司防火墙之内，由企业管理。混合云，顾名思义就是公共云和私有云的混合。

云计算按应用模式可以分成 IaaS（infrastructure as a service，将基础设施作为服务）、PaaS（platform as a service，将平台作为服务）和 SaaS（software as a service，将软件作为服务），如图 6–17 所示。IaaS 就是给使用者提供最简单的计算存储和网络等能力，让用户自己搭建自己的业务平台，如亚马逊的 AWS。PaaS 是在云计算平台之上抽象出一些比较简单易用的接口和能力，让用户能够在这个平台上快速搭建自己的应用，如 Salesforce.com 的 Force.com。SaaS 是把应用或者软件作为服务传送给用户，用户可以通过任何网络设备使用这个程序，如 Google 的 Gmail。Gmail 邮件服务拥有上百万用户同时在线，这充分显示云计算能力。对 Google 来说，Gmail 上用户所有信息、数据、邮件内容等，都可以存储在这个庞大的网络上，而非传统 PC 的硬盘中，用户可以随时随地通过任何一台计算机来访问数据。

图 6–17　云计算交互模式

4. 特点及优势

基于云计算的智能交通系统的最大优势之一是规模效应。目前的交通系统，由于通信系统和发布系统采用的一般都是独立的专用系统，成本较高，整个系统相对封闭，影响了智能交通系统的普及。采用云计算模式以后，一些中小城市只需要租用相应的服务即可，这样大大降低了智能交通系统的门槛，有利于智能交通系统的普及。随着更多用户的加入，进一步减少系统的建设成本，而成本的减少会带来更多的用户。通过这种良性循环，加快智能交通系统的普及，从而实现规模效应。

基于云计算的智能交通系统还可以实现开放效应。目前的交通系统一般都是采用专用设备，构筑在专用的系统上，信息的发布多采用单向传播，缺乏互动性。采用云计算以后，系统可以提供互联网服务，不仅仅向交通管理部门提供服务，也可以向社会公众提供服务，从而使智能交通系统从一个相对封闭的系统变成开放的系统。基于云计算的智能交通系统还可以实现创新效应。传统的交通系统建设，首先确定应用方向，然后确定收集信息的种类，所以传统交通系统的信息种类受限于系统的应用目的，信息来源封闭，种类单一。采用云计算以后，其低成本和规模效应促进了系统的普及范围，这大大地扩展了信息来源。各种信息构建在统一的平台之上，充分共享、融合、加工以后，可创新出更丰富的智能交通的具体应用。

5. 平台

大数据在智能交通领域应用的问题主要集中在面对多样、封闭的运行环境，交通数据收集管理，保证数据的质量和快速应用上面。交通云平台的应用将有效解决这些问题。交通云平台主要包括五方面的内容：城市交通信息数据系统、城市交通综合监测和预警系统、城市交通碳排放实时监测系统、公交都市管理系统、公众出行信息服务系统。

（1）城市交通信息数据系统：基于大数据应用技术的交通行业信息共享交换中心，将成为城市交通信息的枢纽。

（2）城市交通综合监测和预警系统：对城市交通中可能发生的大面积交通瘫痪做出有效的预判，也可引导公众出行，为公众提供全面、及时的出行信息，真正达到绿色交通的出行要求。

（3）城市交通碳排放实时监测系统：是一个实时碳排放监测系统，可以实现全市的实时监测。

（4）公交都市管理系统：包括客流区域的监测、公交走廊的监测、公交安全监测与评价体系以及投资效益分析。公交管理部门可通过适时调整公交运力、运量，合理配置公交资源，使公交出行更加便捷、顺畅。

（5）公众出行信息服务系统：政府及相关管理部门可通过该系统，以多种媒体形式，向公众发布信息。

6.2.2　交通云

1. 规划

目前，部分城市交通信息服务系统的基础建设已初步形成，但普遍面临着整合利用交通信息来服务于交通管理和出行者的问题。如何对海量的交通信息进行处理、分析、挖掘和利用，是交通信息服务的关键问题。在智能交通项目中引入云计算，通过虚拟化等技术，整合服务器、存储、网络等硬件资源，优化系统资源配置比例，实现应用的灵活性，提升资源利用率，降低总能耗及运维成本。交通云是一个整合的、先进的、安全的、自动化的、易扩展的、服务于交通行业的开放性平台。交通云的应用框架如图 6–18 所示。

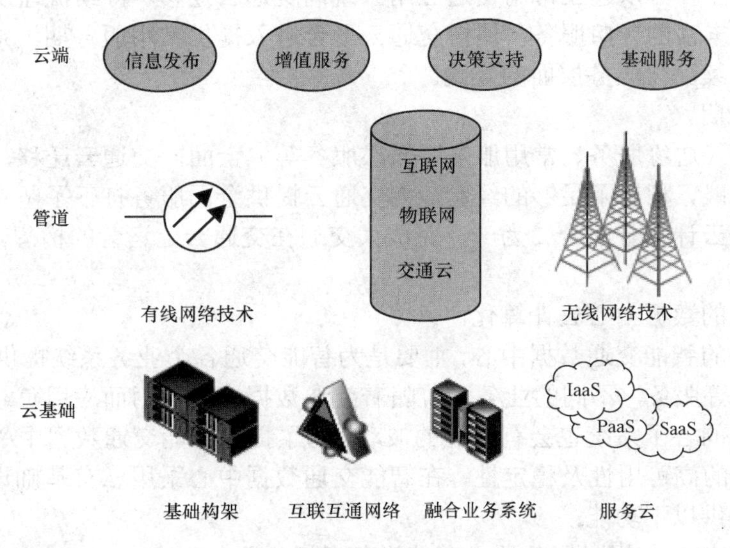

图 6–18　交通云应用框架

交通云应该是一个整合的、先进的、安全的、自动化的、易扩展的、服务于交通行业的开放性平台。具体体现在：

（1）整合现有资源，并能够针对未来的交通行业发展扩展整合将来所需的各种硬件、软件、数据。

（2）动态满足 ITS 中各应用系统，针对交通行业的需求基础设施建设、交通信息发布、交通企业增值服务、交通指挥提供决策支持及交通仿真模拟等，交通云要能够全面提供开发系统资源平台需求，能够快速满足突发系统需求。

（3）提供极具弹性的扩展能力需求，以满足将来不断增大的交通应用需求。

（4）交通云作为行业云，它的发展轨迹应在技术上从易到难、业务上从边缘逐渐到核心的一个发展过程，以数据中心的云存储化开始，逐渐向外扩展应用服务。交通云应该是对交通管理单位、交通运营企业和广大市民服务的，所以，未来的交通云应该具有混合云的特点。对保密性安全要求高、处理速度快、弹性发展力度强的对内应用（交通管理单位），可以用私有云的模式实现。而对外的信息发布（大众出行、物流企业、交通信息服务企业等）、出行指导等对外应用可以用公共云的模式实现。

2. 步骤实施

结合公共云与私有云的特点应用，建议交通云分四步实施：

（1）初期。

可以考虑数据中心基础架构实现云计算化，同时梳理业务系统中等级低、边缘化的应用向基础设施迁移。

（2）发展期稳步扩展。

建设公共信息服务平台向交通云上迁移，通过标准接口对外提供基础交通数据，同时，提供 GIS-T（基于交通的地理信息系统）的服务，运营商和增值服务开发商可以通过 GIS-T 和公共信息服务平台提供的开放接口进行二次开发，向公众提供丰富的交通出行服务和诱导服务。

（3）成熟期。

以优化提升为主，可以建立常用交通应用系统向交通云迁移，持续梳理及扩展交通云基础设施的规模，提供丰富的接口服务，使得交通云平台进入提供常用服务期，并针对整个交通云平台的全面应用继续深化业务层面的实践。

（4）全面应用期。

针对交通服务（边缘服务、常用服务、核心服务等）全面向交通云迁移，并通过前三个阶段的分步实施和实践，积累了足够的经验，为交通云提供全面服务打下了坚实的基础。本阶段就是将交通业务和云计算全面合二为一，完成大交通在交通云上运营的构想。

3. 发展策略

（1）智能交通的数据中心云计算化。

交通云专网中的智能交通数据中心，主要是为智能交通各个业务系统提供数据接收、存储、处理、交换、分析等服务，不同的业务系统随着交通数据流的压力而应用负载波动大，智能交通数据交换平台中的各子系统也会有相应的波动，为了提高智能交通数据中心的硬件资源利用率，并且保障系统的高可用性及稳定性，在智能交通数据中心采用私有基础设施云平台，交通私有云平台主要提供以下功能：

① 基础架构虚拟化，提供服务器、存储设备虚拟化服务；

② 虚拟架构查看及监控，查看虚拟资源使用状况及远程控制（远程启动、远程关闭等）；

③ 统计和计量；

④ SLA（service level agreement，服务品质协议）服务，如可靠性、负载均衡、弹性扩容、数据备份等。

（2）智能交通的公共信息服务平台、地理信息系统云计算化（公共云）。

智能交通业务系统中，有一部分互动信息系统、公众发布系统及交通地理信息系统运行在 Internet 上，是以公众出行信息需求为中心，整合各类位置及交通信息资源和服务，形成统一的交通信息来源，为公众提供多种形式的、便捷的、实时的出行信息服务。该系统还为企业提供相关服务接口，补充公众间以及与企业、交通相关部门、政府的互动方式，以更好地服务于大众用户。

公众出行信息系统主要是提供常规信息、基础信息、出行信息等动态查询服务以及智能出行分析服务。该服务不但要直接为大众用户所使用，也为运营企业提供服务。

基于交通的地理信息系统（GIS-T）也可以作为主要服务通过公共云平台，向广大的市民提供交通常用信息、地理基础信息、出行地理信息导航等智能导航服务。该服务直接为大众市民所用，也同时为交通运营企业对针对 GIS–T 的二次开发提供丰富的接口调用服务。

所有在 Internet 上的应用都属于公共云计算平台，智能交通把信息查询服务以及智能分析服务作为一个平台服务提供给其他用户使用，不但可以将服务访问接口标准化，也可以随负载压力动态调整 IT 资源，提高资源利用率以及保障系统高可用性及稳定性。交通公共云平台主要提供以下功能：

① 提供基于平台的（PaaS）服务；

② 资源服务部署，申请、分配、动态调整、释放资源；

③ SLA 服务，如可靠性、负载均衡、弹性扩容、数据备份等；

④ 其他软件应用服务（SaaS），如地理信息服务、信息发布服务、互动信息服务、出行诱导服务等。

4. 智能交通管理对云计算的需求

针对智能交通建设的发展目标及服务对象，智能交通管理存在以下需求：

（1）掌控实时交通信息的需求。

由于城市交通信息量巨大，一个覆盖城市全部交通的信息系统需同时处理、存储、传输几百万甚至上千万基本交通元的数据信息，当前一般信息系统软硬件的处理速度和管理效能都难以满足此项需求，考虑建设成本的因素，发展实时交通信息系统对所有交通管理部门都是一项巨大的挑战。通过云计算方法等新兴技术，将所有的信息采集单位变为信息发送、处理、传输集成单元，运用云计算技术把昂贵的中心计算机改变为分布式的计算系统，将为此类系统的建设提供可行性。

（2）实施交通管理措施的需求。

交通管理部门政策措施的出台涉及对现有交通信息的采集以及信息的挖掘分析，如通过检测方式获取路网交通流量信息及拥堵情况，根据分析交通流信息，通过交通诱导设施对现有出行需求进行引导，均衡路网流量；交通控制系统通过分布在城市中各路口的检测器，对区域内路网各进口道的流量及占有率进行分析，制定区域交通配时方案。上述应用均涉及大量交通数据的处理分析与及时发布，云计算系统的高速处理优势在交通管理措施的制定上能够得到很好的应用。

（3）预测交通运行动态的需求。

制定有效的交通管理方案，需根据现有的交通运行情况对一定时间内的交通发展进行预测。交通预测计算的数据量大，信息实时处理要求高，同时在不同时段的计算需求量差异较大，如采购一般服务器与小型机难以实现对区域路网的动态交通数据的处理，且经济性不佳。云计算方式根据计算需求，实时调用不同数量的计算单元进行高效计算，成为对交通进行动态预测的有效途径。

（4）具备良好的扩展性的需求。

随着智能交通管理系统的快速发展，其下的各类子系统通常根据管理及服务需求分阶段进行开发，考虑到智能交通管理系统中各类资源、软件、硬件的共享调用，系统需具备良好的扩展性，提高资源利用率，节约开发成本。通过全面整合与共享交通行业信息资源，实现智能交通管理系统高效运行，确保智能交通相关子系统的信息处理、决策分析和信息服务建立在全面、准确、及时的信息资源基础之上。

云计算技术具备的海量交通信息处理功能、众多用户的实时信息服务、动态的负载平衡能力、良好的扩展性与软件冗余机制，都使得云计算与智能交通具备天然的契合之处。云计算作为一项新兴的、颠覆性的技术，一经推出便在计算机、网络产业引起广泛响应。将云计算技术引入交通领域为交通管理服务，已成为一项必然的发展趋势。

6.2.3 云交通管理系统的技术架构

1. 系统定义

云交通管理系统（基于云计算的智能交通管理系统）应该是一个整合的、先进的、安全的、自动化的、易扩展的、服务于全体交通参与者与交通管理部门的开放性平台。具体体现在：

（1）现有交通资源的有效整合，提供极具弹性的扩展能力需求，并能够针对未来的交通管理需求扩展整合将来所需的各种硬件、软件、数据、网络。

（2）动态满足 ITS 中各应用系统，针对交通管理基础设施建设、交通信息发布、交通企业增值服务、交通指挥提供决策支持及交通仿真模拟等，能够全面提供各类平台需求，快速满足突发系统需求。

（3）海量交通数据的快速处理，可提供全面的路况服务，实现对城市道路交通状况、交通流信息的全面监测，能够在交通高峰期处理及分析大量的实时监测的数据，并对信息进行快速发布。

（4）数据稳定性高。具备硬件和软件冗余机制，以保障交通业务的连续性和灾难恢复，保障交通运输的高安全、高时效和高准确性。

2. 应用技术架构

在云计算的发展演进过程中，分布式架构和虚拟化架构是云计算的两大技术方向，结合云交通管理的发展目标，存在两类技术的融合应用需求。

（1）分布式架构。

根据其架构特性，该架构集中应用于海量交通信息的存储与分析。以 Google 为代表的互联网公司在并行处理、分布式计算和网格计算技术的基础上，根据互联网发展的需要不断完善，提出了一套新的分布式计算架构。这种架构对传统的存储模型和计算模型进行若干改进，使新的分布式架构更适合于互联网应用，可扩展能力更强，支持海量数据的存储和处理，同时可以保证很高的数据安全性、可用性及较高的吞吐能力。

（2）虚拟化架构。

该架构适用于交通管理（指挥中心）平台的建设，虚拟化技术可以简单地理解为在同一个硬件系统上可以同时运行多个软件系统（包括操作系统和应用软件），不同的软件系统由一个调度器来调度底层的硬件资源，从而实现多个系统同时分享同一个硬件资源。虚拟化服务器技术的前提是服务器的性能非常强大，在支撑其应用的同时还有充足的余量，因此将该服务器虚拟成多台虚拟机支撑多个 I/O 量不大的交通管理应用。

分布式架构与虚拟化架构，按照其技术特点在云交通智能管理系统中均存在应用，具体比较见表 6–2。

表 6–2 分布式架构与虚拟化架构的比较

内容	分布式架构	虚拟化架构
服务器类型	同构的通用服务器（包括硬件和软件配置）	主要支持 X86 硬件架构，但每个节点的处理能力、软件系统都可以不同；同时也适用于整合不同的硬件架构
资源整合手段	聚合资源：将普通的资源能力“聚合”起来，提供强大的存储和计算能力	分裂资源：将处理和存储能力较强的资源“分裂”为更小的“计算和存储”单元，实现对更小粒度资源的充分利用
调度程度	计算任务层次	“虚拟机”资源层次
存储架构	利用每个节点的存储空间构成分布式存储（如 GFS）	一般利用共享的高性能存储（如 SAN）

续表

内容	分布式架构	虚拟化架构
计算架构	新型的计算结构，对服务器的应用和系统的支持能力很弱，需要基于新的编程架构开发新的应用	不改变传统的计算架构，原有应用系统几乎不做改动就可以继续运行在虚拟化架构上，应用部署速度和可靠性提高
服务提供	在分布式架构上提供 IaaS、PaaS、SaaS 服务，主要面向互联网企业和应用开发者	同样支持 IaaS、PaaS、SaaS 服务，包括为企业提供新型的 IT 服务（内部云服务）
应用理念	通过分布式技术构建海量存储和高性能计算能力，在成本上比使用高端设备具有更大的优势	主要以软件的方式来充分利用服务器和存储资源，间接地带来成本的降低
主要应用	主要用于海量数据的交通存储和计算需求	试用于交通管理中心平台的建设，主要用于对传统的 IT 资源进行整合，提高资源利用率

对云交通管理计算中心来说既会面临用一台高性能设备支撑多个小规模应用的需求，也会面临用多台设备分布式处理海量数据的需求，因此在云交通管理的分层体系中虚拟化和分布式技术需要兼顾使用。

在交通指挥中心系统建设中可应用基于虚拟化技术的 IaaS 服务，用以克服数据中心空间紧张、服务器利用率低或者利用率不均衡；充分利用当前 X86 架构服务器，避免资源浪费。XEN、KVM、VMWare 等虚拟化技术比较成熟，建设周期较短。

在海量交通数据的采集、处理中可充分发挥分布式架构的 PaaS 服务的作用，用以降低服务器成本，提升 IT 管理效率，降低管理员工作量，避免 IT 基础架构对各类交通业务需求反应不够灵敏，不能有效地调配系统资源适应业务需求等问题，云交通管理技术框架如图 6-19 所示。

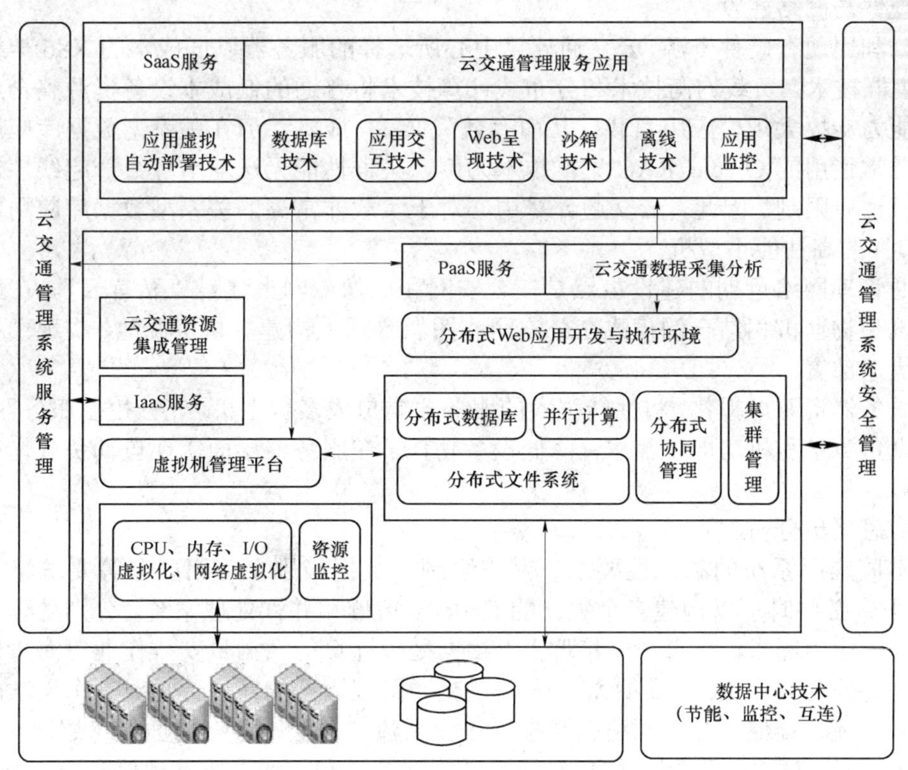

图 6-19　云交通管理技术框架

3. 云交通管理系统应用展望

基于云计算技术的智能交通管理系统建设思路如下。

（1）建设原则。

云交通管理系统建设是一项具有创新性、复杂性的系统工程，要按照信息技术及交通管理工作的发展规律合理规划、有序推进。在建设中应把握好以下几个原则：

① 处理好继承与发展的关系。要正确理解云计算等技术的本质特征，不能将云交通管理计算中心建设与已有公安信息化建设规划及取得的成果割裂开来，必须充分利用现有的信息化设备、数据和应用等资源，立足于解决当前信息化建设面临的瓶颈问题，在更高层次上进行提升发展。

② 始终坚持需求先导的理念。能否满足应用需要，在应用中能否发挥成效，是信息化建设成败的关键标准。因此，要充分发挥业务部门的主导作用，以应用为出发点，将信息化应用的成熟需求与云计算技术紧密结合。

③ 私有云与公有云相结合。一方面，云计算系统应包括建设基于公安专网的“私有云”及利用社会部门信息资源的“公有云”两个方向，积极推进“混合云”建设，最终实现数据资源按需共享。另一方面，建设要循序渐进，遵循从基础建设到完善应用，从行业到公共，从私有云向公有云方向发展，确保云交通系统的安全性和稳定性。

④ 统一规划与分步实施相结合。鉴于此项工作是一项投资较大、建设周期较长的系统工程，必须在建设初期，广泛调研论证，结合自身需求，制定一个科学的建设规划。在具体建设中，要分步骤组织实施，同步推进应用，不可片面追求建设速度，在推进成熟应用的同时可适当进行前沿探索。

（2）硬件与网络建设。

为充分利用现有硬件资源，云交通计算中心所选择的服务器以低成本的 X86 架构服务器为主，通过集群技术、负载均衡技术和分布式计算技术将普通的低成本设备资源整合成强大的系统和服务能力支撑大规模应用负载，从而有效降低 IT 成本。但在关系型数据库应用方面，以公安系统通常使用的 Oracle RAC 集群技术为例，集群性能无法随节点数一起线性递增，而且节点的数量也有限制。因此，云交通计算中心对于负载非常高的关系型数据库应用需要适当选择 RISC 芯片的高性能小型机。

云交通管理网络近期的建设重点是在公安网和图像专网上建设“私有云”。在此基础上，采用虚拟机和物理机相结合的模式在公安网和图像专网上构建主机资源池，实现主机资源的集中管理和快速部署。

实现服务器资源虚拟化，将性能强大的服务器虚拟成多台主机，充分挖掘服务器性能资源，有效减少设备数量和机房面积需求，降低设备功耗，在服务器层面实现自动负载均衡和资源在线迁移扩展。

（3）信息采集分析。

针对不同应用系统的独立性要求、网络限制、数据级别、应用区分等要求，云交通管理 PaaS 支持平台必要时可以构建多个独立的 Hadoop 集群和并行处理系统，分别处理不同的数据以满足不同的应用需求，在每一个集群上，根据处理计算的数据量安排作业对海量原始数据按照需求进行不同的 MapReduce 计算。为满足交通管理服务的需要，需对三个层次的交通信息进行采集、处理、存储：道路网络信息层次、交通流信息层次、社会面信息层次。

① 道路网络信息。道路网络信息包括基础路网信息和交通组织管理信息两部分。基础路网信息包括各类道路、路口及道路周边建筑设施的地理及属性信息。交通组织管理信息则包括电

子警察、监控卡口、信号控制设施、标志、诱导屏、管理辖区、交通管制等地理信息，并包括交通设施的点位布局、工作状态、数据内容等设备属性信息。

② 交通流信息。通过集成视频、微波、RFID 设备、出租车 GPS、视频监控、路口信号控制设施中的流量检测线圈等各类设备采集的交通流信息，自动分析交通流速度、占有率、视频中的车辆运行状态、停车信息，掌握通过节点的交通流情况，得到包括路网中各路段的交通流量、车速，以及根据上述参数计算得到的局部路网、路段饱和度、服务水平信息，通过分布式处理方法将各类信息采集源进行整合。

③ 社会面信息。通过采集集成、共享城市各类交通参与者的需求信息、出行信息、停车信息，以及相关政府部门、社会机构、交通运输企业、停车场站的交通管理业务信息（已进入公安网），凭借云交通管理系统进行信息采集、传输、处理，快速准确掌握各类交通元素的运行情况，消除“信息壁垒”和“信息孤岛”，提升各业务部门的信息交互水平，强化管理决策和信息服务能力，达到运营高效化、决策快速化、服务公众化的建设目的。

6.2.4　云交通管理的应用

云交通管理系统 SaaS 层由共享服务构件层和云交通管理应用系统层两部分组成（见图 6-20）。主要的共享基础服务构件包括：统一用户管理服务，PGIS 查询服务，统一消息服务，关系数据库通用查询服务，数据抽取集成服务，基本数据分析统计服务，数据关联查询服务，数据挖掘服务等。云应用系统层则可分为以下几项。

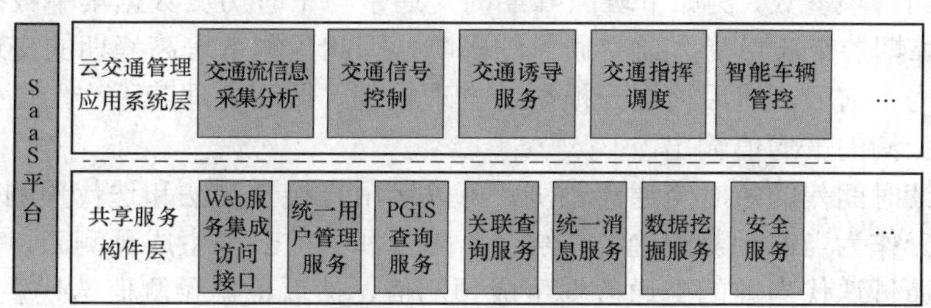

图 6-20　云交通管理系统 SaaS 层架构

1）基于 GPS 的浮动车交通信息云

浮动车通常是指具有无线通信装置和定位系统的车辆。浮动车系统一般由 3 个部分组成：车载设备、无线通信网络和数据处理中心。浮动车将采集到的时间和行车位置等具体信息通过无线通信网络上传给数据处理中心进行存储以及预处理，然后根据相关的算法模型将数据匹配到地图上，计算或预测出车辆的里程数、行驶时间以及行车速度等道路参数。

传统的交通数据信息采集技术，如固定型交通检测设备检测技术，主要包括红外线检测、磁感应线圈、超声波测量技术、微波检测等固定检测技术。它不仅在信息采集方面存在检测范围小、实时性差、检测准确率低等缺点，而且检测设备昂贵且不易维修。

基于 GPS 的浮动车交通信息采集技术是一种新的低成本的交通信息采集方式。通过记录车辆在路网上运行的时间、速度、坐标等状态信息，得到路段的区间运行速度和行程时间信息，改善了传统交通检测设备的实时性差、投入高、数据精确率低等缺点。它既可以有效地显示车辆的现行速度，保证了数据采集的准确率和精度，更可以降低成本，对传统交通信息采集技术进行了有益补充。

高速信息网络将计算机、服务器、虚拟机和车载 GPS 装置连接起来构建成云计算的基础设施。它特有的信息交易体制可以吸引更多的车辆成为交通信息采集的提供者，使获取的 GPS 信息能够更加全面地反映道路交通状况，而车载 GPS 的定位精度和计算能力可以为数据处理中心提供更高质量的定位信息，减轻数据中心的计算压力和复杂程度。云计算机制和强大的计算能力能够使其深度感知交通状况，通过对采集数据信息的处理和反馈，为海量个体提供个性动态导航服务。图 6–21 显示了云计算技术在交通 GPS 浮动车信息处理和服务中的应用。

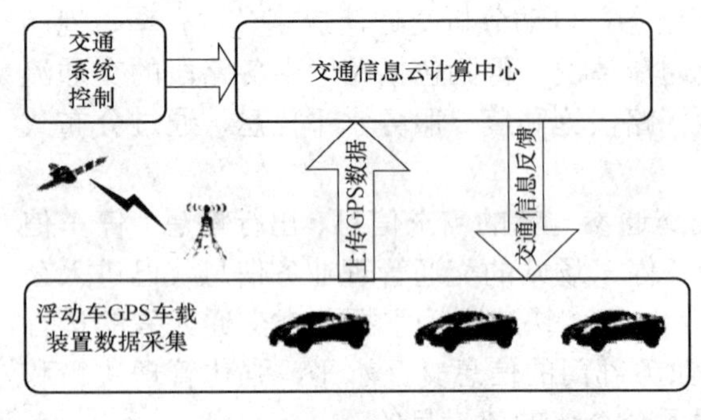

图 6–21　交通 GPS 浮动车信息处理和服务

2）基于云模型的短时交通流预测

交通流预测是指在时刻 t，通过对云计算数据中心数据的分析，再由云计算服务平台通过对交通的拥堵情况、路面的行驶状态以及车辆的实时行驶速度进行统一的综合处理，预测出下一个决策时刻 $t+\Delta t$ 以至以后若干时刻的交通流。一般将时刻 t 到下一个决策时刻 $t+\Delta t$ 之间的时间间隔不超过 15 min 的交通流预测称为短时交通流预测。

云模型是用自然语言值表示的某个定性概念与其定量表示之间的不确定性转换模型。云的数字特征可以用期望值、熵和超熵这 3 个数值来表示，即采用基于正态分布的数字特征，它把模糊性和随机性结合在一起，构成定性与定量之间的映射。以当前采集的交通量为例，给定推理机制中云模型的各项参数，例如下班高峰期的交通量与平时历史数据集中数据的平均量差异较大，但下班高峰期的交通量受之前交通量的影响，因此预测下班高峰期的交通量应该以下午以前的交通量作为当前云，然后根据云模型的推理机制，循环处理若干次，直到得到足够的云滴，最终以所有云滴的平均值输出。

若要实现连续时间差的短时交通流预测，可以运用直接预测法和迭代预测法进行实现。直接预测法用当前云作为当前预测的趋势，结合历史云和当前云来生成预测云，对未来值进行预测。迭代预测法通过迭代当前的交通数据生成预测值，然后根据预测值迭代生成当前云。

3）最优路径诱导服务

交通诱导服务是云计算技术在智能交通中的另一个重要应用。该服务以交通数据为基础，云计算数据中心在对人、车、路等综合交通影响因素的处理分析和融合，快速判断出路况后，通过广播、电子地图、实时手机短信、车载终端等媒介将信息发布给广大的道路使用者，为其提供最优路径引导信息和各类实时交通信息帮助服务，便于驾驶员提前改变行车路线，避开交通拥堵、事故路段，提高通行效率和安全。

由于交通行为的诱导高度依赖于交通信息数据，因此对发布的交通信息具有高效性、准确性和及时性的要求，交通信息云计算将信息采集与信息服务结合在一起，以及高效的数据处理能力和准确的交通预测，为交通行为的诱导提供了信息计算的基础。

根据已获得的路网交通流信息，凭借云计算机制和强大计算能力深度感知交通，为海量个体提供个性动态导航服务，实现基于路网流量平衡的控制性路径诱导，使得数以十万计的个性化动态路径诱导和停车诱导成为可能。通过高速无线网络可伸缩地将计算能力有效地分配给复杂的地图匹配、车辆行驶路径推测、路况信息计算等工作，减少路网中的无效交通，减轻交通拥堵程度，同时实现对动态交通的有效疏散。

4）基于交通云计算的物流监控与跟踪系统

随着互联网贸易的日渐普及，跨地区的物品配送量急剧上升，使物流运输成为这一贸易趋势的主要运输方式之一。对于每一个快件或包裹，都有一个唯一的条码与之对应，在整个运输过程中主要通过条码来识别和管理快件。基于交通云计算的物流监控与跟踪系统可以对原有的系统层次进行改进，改进后的系统由标签数据采集、通信系统和管理中心系统组成，通过射频标签技术对快件或包裹的条码信息进行标签读写器识别、读取解码，得到数据后，经由通信系统传输至管理中心系统，管理中心系统对采集到的信息进行存储和控制，从而使用户可以可视化地监控和管理物流过程。如图 6–22 所示，将四层系统优化为两层。

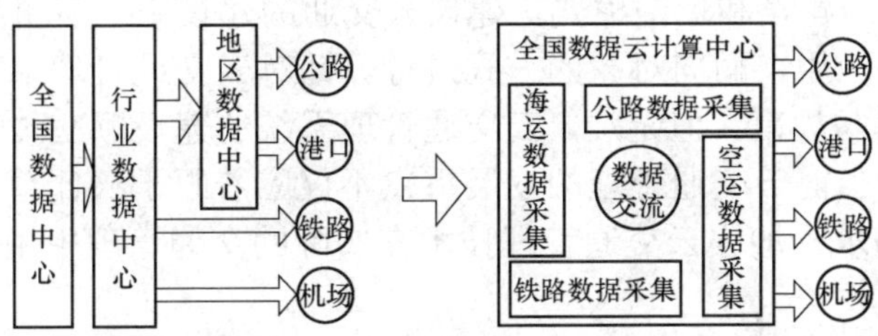

图 6–22　系统层次优化

采用了云计算的集中模式后，途经各个地区的公路、铁路、海运及空运数据通过相应数据采集中心都被集中整合到统一的云计算数据中心下，可以让多个系统共享云计算数据中心的数据，实现信息的共享、传递和融合，从而进行统一的物流规划、组织、管理和调配。

5）基于云计算的路网交通流信息采集分析

利用云交通管理平台的强大计算能力，对当前海量交通信息数据进行整合计算，获取实时路网交通流与交通事件信息。以南京市为例，计划将 8 000 辆出租车 GPS 定位信息、1 060 路交通视频信息、42 处微波流量检测信息、518 个断面 RFID+视频交通流检测、信号机线圈等信息进行融合，通过运用历史数据回溯、聚类分析、多元回归等分析技术，进行深度数据挖掘，进行交通仿真分析，预测交通变化的发展趋势，模拟评价交通组织方案，提供可视化辅助决策信息。

6）基于云计算的交通信号控制

由于交通信号控制系统对于交通流检测信息的高时效性要求，一方面将之前各类采集方式融合所得的路网交通流融合信息作为区域交通流运行背景信息。另一方面利用现有的各类被动交通流检测方式（线圈、微波、视频等）和 GPS、RFID、GID 等主动信息采集方式，直接通过前端设备实现对路口各流向交通流自适应控制。所有的汇集信息由云交通管理计算中心集中处理，形成实时、精确的区域交通控制方案，统一调控联网信号机，实现基于云计算的智能交通信号控制。

7）基于云计算的交通管理指挥调度

依托信息采集系统与 PGIS 服务，实现警力报备系统和各种勤务机制的对接，准确直观地将执勤警力、联动协作单位的实时空间分布以及通信方式展示在平台上，为指挥人员在诸如恶劣天气条件下、发生重特大道路交通事故、重大拥堵等情况下，实施点对点、点对面、点对线扁平精确指挥，自动实现有线无线的智能化调度。落实精细化交通管理，使各级指挥部门和交巡警大中队适时准确掌握辖区每条道路不同时段的交通警情状况、发生事故的危险状态、重点违法行为类型，提高了警力投放和事故预防措施的针对性、科学性。

8）基于云计算的智能车辆管控

利用 GPS、北斗、视频卡口以及 RFID 技术，对大量的六类客车（长途客车、乡村公交、旅游客车、校车、单位班车、出租车）、三类货车（槽罐车、危化品运输车、渣土车）等重点车辆进行实时定位和轨迹跟踪，实时掌握重点车辆的速度、营运时间、行驶路线等运行状态，对违规通行车辆进行自动报警，根据记录信息，系统对驾驶人、营运单位进行警示。同时，拓展现有检测手段的车辆治安防控功能，与现有卡口检测系统相互补充：在管理上将电子警察、视频监控、卡口、测速仪等数据集成整合；在应用上达到分类使用、全警共享，实现轨迹刻画精细化、区间测速精确化，提升路面车辆管理水平。

智能交通系统是一项庞大复杂的系统工程，涉及城市交通运行管理的多个领域。由于云计算将改变现有 IT 系统的建设和运维模式，建议云交通的建设由政府引导、企业参与、院所支持，以面向需求、面向应用、面向对象的方式进行。针对云交通管理中存在的挑战，还有待于云技术相关标准的成熟与规范。但无疑，云交通管理系统的建设顺应技术发展趋势，必将带来交通管理模式的创新，当前云交通管理的发展重点不仅应着眼于云计算硬件平台的建设，更应注重拓展服务与管理需求，加强云交通管理技术在实际的交通管理中由点及面逐步推广。

6.3 深度学习技术

深度学习（deep learning）的概念源于人工神经网络的研究，通过组合低层特征形成更加抽象的高层表示（属性类别或特征），以发现数据的分布式特征表示。深度学习可通过学习一种深层非线性网络结构，实现复杂函数逼近，表征输入数据分布式表示，并展现了强大的从少数样本集中学习数据集本质特征的能力。

6.3.1 概述

1. 概念

在深度学习中，深度指在学习函数中非线性操作组成的层次的数目。早在 1969 年，Minsky 和 Papert 在所著的《感知机》中指出：单层感知机即浅层结构，不能实现“异或”功能，即不能解决线性不可分问题；而多层感知机即深度结构，可以求解线性不可分问题。深度学习结构将低等级特征组合或者变换得到更高等级形式的特征，并从中学习具有层次结构的特征，这种特有的结构允许系统在多层次的抽象中自动学习并能够拟合复杂的函数。因为无监督自动学习数据中隐藏的高等级特征的能力，会随着数据规模的扩大和机器学习方法应用范围的增大而变得越来越重要，深度学习也会被越来越多的研究者重视。

深度学习又称为深度结构学习（deep structured learning）或层次特征学习（hierarchical feature learning），是一系列多层网络结构模型的总称，也是机器学习的一部分。深度学习的概念源于人工神经网络的研究，其动机在于建立模拟人脑皮层细胞对外界信息进行分析学习的过程。深度学习只是一种思想，这些模型的本质就在于：通过使用多层非线性处理单元来模拟数据中的高层抽象特征。可以说只要满足这一本质的模型都可以称为深度学习模型。这些模型的思想都是一致的，都是通过层层的非线性网络结构来实现对复杂函数的表达，应用到图像数据中，就是从大量样本中学习到数据的本质特征。

2. 浅层学习和深度学习

按机器学习模型的层次结构来划分，20 世纪 80 年代至今，机器学习的发展可以说经历了两个阶段：浅层学习（shallow learning）和深度学习（deep learning）。

大多数传统的机器学习和信号处理技术，都采用浅层学习。例如高斯混合模型（GMMs）、线性或非线性动力系统、条件随机场（CRFs）、最大熵（MaxEnt）模型、支持向量机（SVMs）、

Logistic 回归、核回归、多层感知机（MLPs）等都是浅层结构。这些结构通常包含一层或两层的非线性特征变换，可以看成是具有一层隐含层或者没有隐含层的结构。浅层结构在解决一些简单的或者受限的问题中显示出了有效性，但由于其有限的建模和表征能力，在处理更为复杂的实际应用时，如人的语音、自然的声音和语言、自然图像和视觉场景这些自然信号时非常困难。

深度学习是一种含有多个隐含层结构的网络，由于每一个隐含层可以对上一层的输出进行非线性变换，因此深度学习拥有比浅层学习网络更为优异的表达能力。深度学习主要优点在于，它能用更加简单的方式来表示比传统浅层网络大得多的函数集合，而多层的优势是可以利用较少的参数来表示复杂的函数关系。要表达结构复杂的函数 $\log(\cos(\exp(\sin^3(x))))$，用传统的单层结构很难简洁地表示，而用多隐含层的深层结构，可以用较少的参数表示较为复杂的函数，用多层的简单结构 $\sin(x)$、x^3、e^x、$\cos(x)$、$\log(x)$ 来表示上述复杂函数容易很多。多层结构表示复杂函数示意图如 6–23 所示。

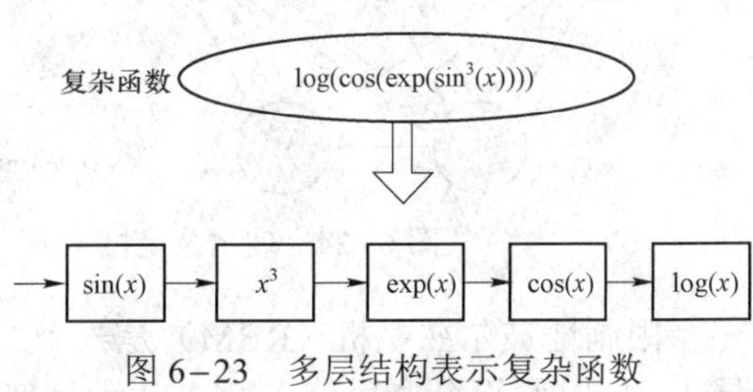

图 6–23　多层结构表示复杂函数

深度学习训练过程中，每一层隐含层需要使用非线性的激活函数，这是因为多层的线性函数组合在一起本质上也还是线性函数。因此，如果激活函数使用线性函数，相比于单隐含层的网络，并没有增加表达能力。当处理对象是图像时，通过使用深度网络可以学习到“部分—整体”的分解关系。例如，第一层可以学习如何将图像中的像素组合在一起来检测边缘，第二层可以将边缘组合起来检测更长的轮廓或者简单的“目标部件”。在更深的层次上，可以将这些轮廓进一步组合起来以检测更为复杂的特征。

深度学习的实质，是通过构建具有多隐含层的学习模型和通过海量的训练数据，来学习更为有用的特征，从而提升分类或预测的正确性，因此，“深度模型”是手段，“特征学习”是目的。

6.3.2　深度学习结构

深度学习的结构有很多种，它们中的大多数是一些原始结构的分支。由于它们不是在同一数据集上实现的，并且有不同的适用范围和条件，因此并不总是可以比较多种结构性能的好坏。深度学习是一个快速发展的领域，新的体系、结构、算法日新月异。深度网络是一种有至少一个隐含层的网络，与浅层网络相类似，深度网络也能为复杂的非线性系统建模，但多层次的结构为模型提供了更高层的抽象，因而提高了模型的表达能力。

根据机器学习结构及技术应用的方式，深度学习结构可以分为：生成性深度结构、区分性深度结构和混合型结构。生成性深度结构，用于描述数据的高阶相关特性，或其观测数据和相应类别的联合概率分布。许多深层网络可以通过从网络中采样有效地生成样本，例如 RBM、DBN、DBM，从而生成模型。其中，基于能量的模型最为常见，如深度玻尔兹曼机（Deep Boltzmann Machine，DBM）、深度信念网络（DBN），既可以对先验概率进行估计也可以估计后验概率。区分性深度结构，提供了分类的区分性能，通常描述数据的后验分布。如卷积神经网络（CNN），是基于最小化预处理数据的要求产生的。混合型结构的学习过程包含生成性部分和区分性部分，其目标是区分性的，利用生成性结构的输出是为了易于优化。

1. 限制性玻尔兹曼机（RBM）

限制性玻尔兹曼机（restricted Boltzmann machine，RBM）是由 Hinton 和 Sejnowski 于 1986

年提出的一种生成式随机神经网络，它是由一组可视层和一组隐含层组成的马尔可夫随机场（Markov random field，MRF），是由玻尔兹曼机（BM）加入约束条件得到的。

玻尔兹曼机是一种典型的基于能量理论的模型，在网络结构方面与 Hopfield 神经网络类似，如图 6-24 所示。

如果对玻尔兹曼机加以约束条件，令其自身不与自身连接，则得到一个可见节点与可见节点或者隐含节点与隐含节点之间没有连接的有向无环图，即限制性玻尔兹曼机（RBM），如图 6-25 所示。

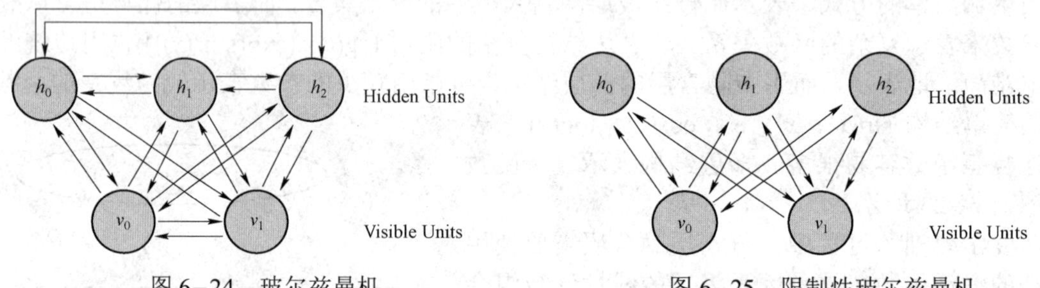

图 6-24　玻尔兹曼机　　　　图 6-25　限制性玻尔兹曼机

限制性玻尔兹曼机（RBM）是一个二部图，一层是可视层，即输入数据层 v，一层是隐含层 h。同时假设全概率分布 $p(v, h)$ 满足玻尔兹曼分布。所以在已知 v 的情况下，由于同一层节点之间是不相连的，所以隐含层节点是条件独立的，即 $p(h|v)=p(h_1|v),\cdots,p(h_n|v)$。则限制性玻尔兹曼机（RBM）的能量函数可定义为

$$E(v,h;\theta)=-\sum_{ij}w_{ij}v_i h_j-\sum_i b_i v_i-\sum_j a_j h_j \tag{6-1}$$

其中，$\theta=\{w,a,b\}$ 为参数集合，w 为连接可视层和隐含层之间的权重，a 和 b 分别是可视层和隐含层的偏置向量。则 RBM 在状态 θ 下的概率为

$$p_\theta(v,h)=\frac{1}{Z(\theta)}\exp\left(-E(v,h;\theta)\right)=\frac{1}{Z(\theta)}\prod_{ij}\mathrm{e}^{w_{ij}v_i h_j}\prod_i \mathrm{e}^{b_i v_i}\prod_j \mathrm{e}^{a_j h_j} \tag{6-2}$$

其中，$Z(\theta)=\sum_{h,v}\exp\left(-E(v,h;\theta)\right)$，$Z(\theta)$ 为归一化因子，即配分函数。可视节点的条件概率为

$$p(h|v)=\prod_j p(h_j|v)p(h_j=1|v)=\frac{1}{1+\exp\left(-\sum_i w_{ij}v_i-a_j\right)} \tag{6-3}$$

得到隐含层 h 之后，即可以通过 $p(v|h)$ 得到可视层隐藏节点的条件概率为

$$p(v|h)=\prod_i p(v_i|h)p(v_i=1|h)=\frac{1}{1+\exp\left(-\sum_j w_{ij}h_j-b_i\right)} \tag{6-4}$$

RBM 网络参数的训练过程可以看成是最大数似然下的模型估计，同时也等价于模型能量最小化的优化问题。式（6-1）为 RBM 可见变量 v 和隐藏变量 h 的联合配置能量函数，通过最大化观测数据的似然函数 $p(v)$，$p(v)$ 可由式（6-2）对 h 求边缘分布得到

$$p(v)=\frac{1}{Z(\theta)}\sum_h \exp[v^{\mathrm{T}}wh+a^{\mathrm{T}}h+b^{\mathrm{T}}v] \tag{6-5}$$

通过最大化 $p(v)$ 来得到 RBM 的参数，而最大化 $p(v)$ 等同于最大化 $L(\theta)=\lg(p(v))$，其中 $L(\theta)=\frac{1}{N}\sum_{n=1}^{N}\lg p_\theta(v^{(n)})$。为了求解 RBM 参数，可以采用随机梯度下降（stochastic gradient descent，SGD）来最大化 $L(\theta)$，首先需要求得 $L(\theta)$ 对 w_{ij} 的导数为

$$\frac{\partial L(\theta)}{\partial w_{ij}}=\frac{1}{N}\sum_{n=1}^{N}\frac{\partial}{\partial w_{ij}}\lg\left(\sum_h \exp[v^{(n)}wh+a^{\mathrm{T}}h+b^{\mathrm{T}}v^{(n)}]\right)-\frac{\partial}{\partial w_{ij}}\lg Z(\theta) \tag{6-6}$$

经过简化可以得到

$$\frac{\partial L(\theta)}{\partial w_{ij}}=E_{p_{\text{data}}}[v_i h_j]-E_{p_\theta}[v_i h_j] \tag{6-7}$$

式（6–7）中后一项等于 $\sum_{v,h} v_i h_j p(v,h)$，由于前一项相对比较好计算，只需要求 v_ih_j 在全部样本数据上的平均值即可，而后一项计算量比较大，可以说基本上是不可解的，因为涉及 v、h 的全部 $2^{|v|+|h|}$ 种组合。

为了解决式（6–7）后一项的计算问题，Hinton 等人提出了一种高效的学习算法来加速采样过程，即对比分歧（contrastive divergence，CD）算法，其基本思想如图 6–26 所示。

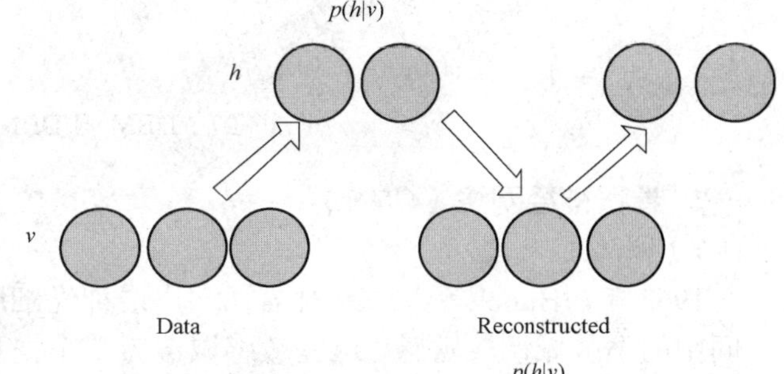

图 6–26　对比分歧算法

CD 算法最早是用于训练“专家积（product of experts）”问题，该算法在梯度下降时使用 Gibbs 采样完成权值的更新，与训练前馈型神经网络的反向传播算法类似。最简单的，对于一个样本的单步对比分歧（CD–1）算法过程如下：

（1）随机取一个训练样本 v，计算隐层单元 h 的概率，并从该概率分布中采样得到一个隐层单元激活向量的样本；

（2）计算 v 和 h 的外积，称为“正梯度（positive gradient）”；

（3）从隐层单元 h 采样得到一个重构的可见层单元的激活向量样本 v'，再从 v' 采样得到一个隐层单元的激活向量样本 h'；

（4）计算 v' 和 h' 的外积，称为“负梯度（negative gradient）”；

（5）根据正梯度与负梯度的差并以一定的学习率 ε 更新权值 $w_{i,j}$

$$\Delta w_{i,j}=\varepsilon(vh^{\mathrm{T}}-v'h'^{\mathrm{T}}) \tag{6-8}$$

当具有多个样本时刻采用多步对比分歧（CD–k）算法来完成，其原理是一样的。

下面给出 RBM 的权重学习算法的整个过程：

（1）随机取一个样本数据，把可视层的状态设置为该样本数据。随机初始化 W。

（2）根据式（6–3）来更新隐藏变量的状态，亦即 h_j 以 P（h_j=1|v）的概率设置为状态 1，否则为 0。然后对于每个边 v_ih_j，计算 $P_{\text{data}}(v_ih_j)=v_i*h_j$（注意：$v_i$ 和 h_j 的状态都是取{0, 1}）。

（3）根据 h 的状态和式（6–4）来重构 v_1，并且根据 v_1 和式（6–3）来求得 h_1，计算 $P_{\text{model}}(v^1{}_ih^1{}_j)=v^1{}_i*h^1{}_j$。

（4）更新边 v_ih_j 的权重 W_{ij} 为 $W_{ij}=W_{ij}+L*[P_{\text{data}}(v_ih_j)=P_{\text{model}}(v^1{}_ih^1{}_j)]$。

（5）取下一个数据样本，重复（1）～（4）的步骤。

（6）以上过程迭代 k 次。

通过叠加多个 RBM 还可以得到另外一种深度学习模型，即深度玻尔兹曼机（Deep Boltzmann Machine，DBM）。DBN 与 DBM 的区别就在于，DBN 在靠近最后一层使用 BP 网络，而在其他部分都是使用 RBM。图 6–27 所示为 DBN 与 DBM 的网络结构图。DBN 与 DBM 模型在训练上都是采用无监督贪婪逐层预训练算法。

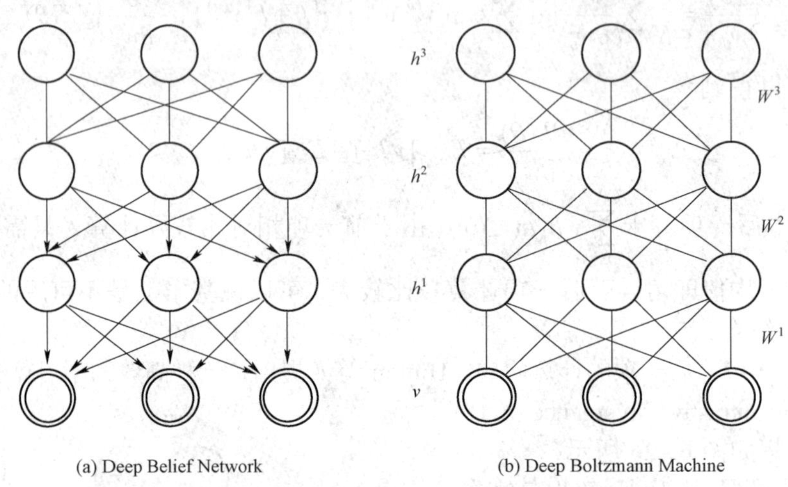

图 6–27　DBM 与 DBN 的网络结构图

2. 卷积神经网络（CNN）

1）概述

1962 年，Hubel 等人通过对猫视觉皮层神经细胞的研究，发现视觉皮层的神经细胞对输入空间中的小区域比较敏感，这些敏感域覆盖整个视觉区域，从而提出了感受野（receptive field）的概念。这些敏感区域局部地存在于输入空间中，非常适合用来提取图像中的局部空间相关性。后来，Fukushima 基于局部感受野提出了神经认知机（neocognition），通过局部连接的层次化网络结构模型来转化图像。该模型被认为是卷积神经网络的第一个实现网络。基于此模型，LeCun 等人提出了基于误差梯度反向传播的卷积神经网络，并成功应用于手写体数字识别等领域，取得了不错的效果。

在多层网络结构模型中，卷积神经网络（CNN）可以说是第一个能真正成功训练的多层网络，相比于一般的 BP 网络，它利用卷积和 pooling 操作有效地减少了需要学习的参数个数，使网络的训练更加有效。且与深度信念网络（DBN）不同，它属于区分性训练算法。在 CNN 中，每一个图像块作为多层结构网络的可视层输入，经过一层卷积层和一层 pooling 层，最后提取到图像的特征向量表示。这种模型能够获取到对平移、缩放和旋转不变的观测样本的显著特征。

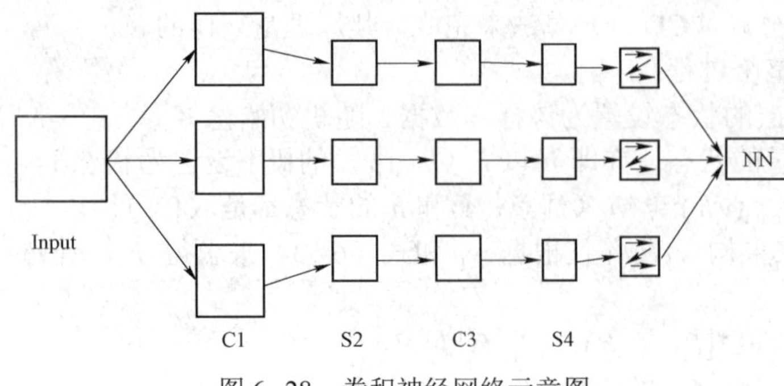

图 6–28　卷积神经网络示意图

卷积神经网络是一个由多个层次组成的可训练的多层架构。每层的输入与输出由多个特征映射子层组成，如图 6–28 所示。

这种网络架构的每个阶段一般包括两层：特征提取层（卷积层）和

特征映射层（pooling 层）。一般地，C 层为特征提取层，即卷积层。在该层中通过一组滤波器和非线性层变换，提取出图像的局部特征。其中每个神经元都是与前一层的局部感受区相连，这样既减少了连接的数目，又符合生物学理论。因为人脑的每一个神经元对外界的感受是局部的，而且图像的空间联系也是局部的，每个神经元感受不同的局部区域，最后在高层将这些局部信息综合起来就得到全局的信息。

为了减少需要训练的权值个数，同时还引入了另一种优化方法——权值共享。权值共享就是在每一个局部区域的参数都相同，也就是说使用同一个卷积核去卷积该图像区域，这样就可以大大减少需要学习的权值个数。

S 层是特征映射层，即 pooling 层。经过卷积层得到的特征其实就可以输入分类器进行训练，但是此时的特征向量不仅维数很大，容易造成计算过拟合，而且还存在许多冗余信息。所以为了解决这一问题，通常在这层的不同位置需要对特征进行汇聚统计，这一降采样操作就叫做池化（pooling）。其实这样操作也符合图像的局部相关性原理，一个图像区域有用的特征极有可能在另一个区域同样适用。一般在许多文献里用得最多的有最大值汇聚、平均值汇聚等。

通过组合多层 C 层和 S 层便形成了新的一种深度学习模型，即深度卷积网络（deep convolutional network，DCN）。可能有些深度卷积网络中会有几层全连接层，该层的神经元一般是全连接的，和传统的神经网络一致。如图 6-29 所示为一般的深度卷积网络结构图。

在图 6-29 中，该 DCN 一共由 4 个卷积层、3 个最大值汇聚层（max pooling）和 2 个全连接层叠加而成。这种深度卷积网络已经被应用到许多研究领域，包括数字识别、大规模的图像识别、人脸关键点检测等。

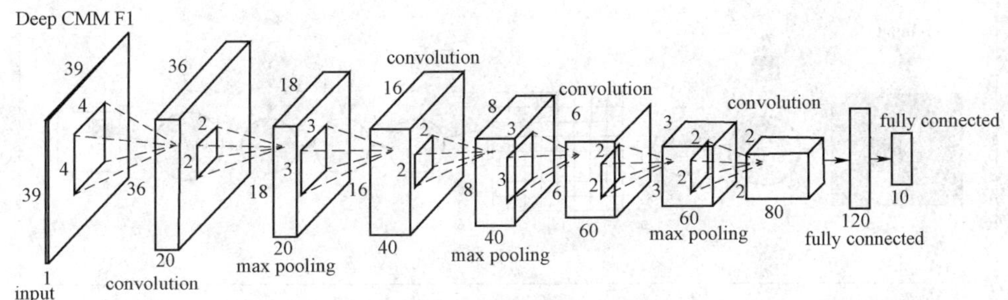

图 6-29　一般深度卷积网络结构图

卷积网络整个训练过程是有监督的，其需要期望输出向量来对整个网络进行有导师训练。并且在每一层之间都不需要精确的数学表达式来进行显式的特征抽取，而是根据已知的模式或规则对其进行训练，得到输入样本的一个内在表示。整个过程实质上是一个从输入到输出的映射过程。

卷积神经网络是第一个真正训练多层网络结构的学习算法，受视觉系统结构启示，当具有相同参数的神经元应用于前一层的不同位置时，一种变换不变特征就可以获取了。该网络可以直接输入原始图像，避免了对图像进行复杂的前期预处理，因而得到了广泛的应用。

卷积神经网络主要采用了三种结构思想：局部感受野、权值共享和向下采样。卷积神经网络是一种非全连接的神经网络结构，包含了两种特殊的结构层：卷积层和次采样层。卷积的数学定义为

$$(f*g)(x)=\int f(u)g(x-u)\mathrm{d}u \tag{6-9}$$

假设 h^k 为考查层的第 k 个特征平面，与前一层连接的权重矩阵为 W^k，偏置项为 b^k，对于非线性正切函数，可以得到特征映射为

$$h_{ij}^k = \tanh\left((W^j * x)_{ij} + b^k\right) \tag{6-10}$$

其中，i 和 j 为该神经元在该特征平面的坐标。

卷积神经网络是一个多层结构的神经网络，每层由多个平面组成，每个平面又由多个独立神经元组成。典型的卷积神经网络结构如图 6-30 所示，该网络是一种非全连接的神经网络结构，包含了两种特殊的结构层：卷积层和次采样层。卷积和次采样过程如图 6-31 所示。卷积层由多个特征平面构成，卷积神经网络抽取特征的任务由卷积层完成。同一特征平面包含多个神经元，由于卷积神经网络使用了权值共享，因此这些神经元使用相同的权重进行连接。每个神经元定义了相应的局部感受野，只接收从其局部感受野传输的信号，如图 6-32 所示。

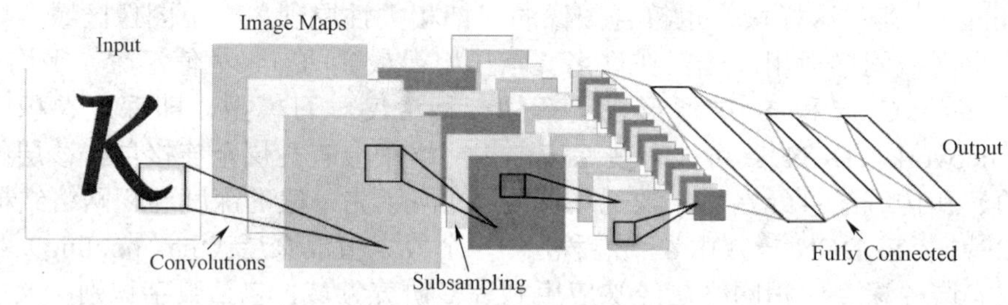

图 6-30　典型的卷积神经网络结构

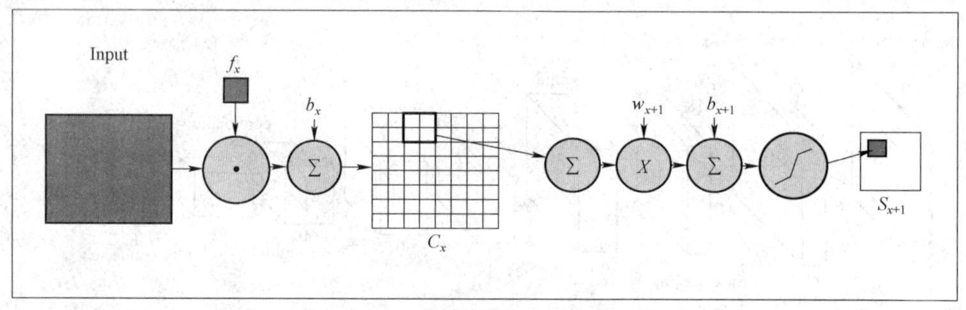

图 6-31　卷积和次采样过程

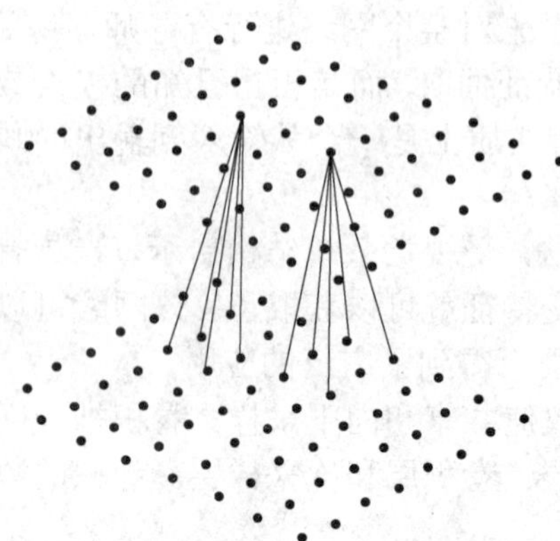

图 6-32　卷积层的局部感受野

同一特征平面上神经元的局部感受野具有相同的大小。每个卷积层后面紧跟一个向下采样层，由于数据经过卷积后维数会上升，若不断进行卷积，会不可避免地陷入维数灾难。次采样层与卷积层类似，每个特征平面上的神经元也共享连接权重，且每个神经元仅接收自己感受野中的数据。次采样层中的特征平面与卷积层中的特征平面一一对应，该层中的神经元对其感受野中的数据进行采样（取大、取小、取平均值等），因此向下采样层的特征平面上的神经元的个数往往会减半。

2）优点

卷积神经网络较一般的神经网络有如下一些优势：

（1）局部连接。

卷积网络的局部连接思想来源于局部感受野的启发。研究人员对猫的视觉皮层细胞研究发现，视觉皮层的神经元细胞对外界信息是局部接收的，即这些神经元只响应特定的某些区域的刺激。因此采用这种方法既符合生物学理论，又能有效简化网络的复杂度，同时经过许多实验表明，这种操作对图像问题是非常适用的。

（2）权值共享。

图像中经常会有位移等因素的影响而造成其问题的复杂度，而权值共享的提出正能很好地解决图像因位移而产生的影响。同时权值共享减少了网络需要训练的参数个数，起到简化网络模型的作用。在某些特定区域，一般简单的权值共享使用的是一样的值，还有使用软权值共享（soft weight-sharing），即权值按照某种线性的分布函数来决定。

（3）池化。

在图像中会存在一种称为“静态性”的现象，即在一个图像区域中有用的特征极有可能会在另一个区域适用。所以对于大的图像来说，在卷积层之后提取的特征会有极大可能是冗余的，因此为了降低特征维度，就可以在一定区域范围内进行汇聚统计。这种汇聚统计操作，一般取平均值或最大值，不仅有效减少了特征维度，同时对图像的比例缩放具有良好的适应性。

卷积网络通过局部连接、权值共享和池化等操作，不仅有效地降低了网络模型的复杂度，结合了图像的空域信息和层间联系，同时也更符合生物神经网络，使之对图像中的旋转、位移、比例缩放等变换具有良好的适应性。

正由于卷积网络的巨大优势使得研究者们一直对其有着很高的研究热情，并将 CNN 应用到了多种机器学习问题中，包括人脸识别、文档分析和语音识别等。

6.3.3　基于卷积神经网络的行人检测

所使用的卷积神经网络拓扑结构如图 6–33 所示，使用 C 表示卷积层，S 表示次采样层。输入层为 64×64（像素，下同）的图像，C1 层每个像素与输入层的 9×9 的感受野相连接，感受野在输入图像中滑动移动遍历，由 64–9+1 可得 C1 层特征图像大小为 56×56。由于权值共享，每个特征平面的权值相等，C1 层总共 6 个特征平面，从输入层中提取了 6 个特征。S2 层为次采样层，采样尺度为 2，也就是说该层每个像素与 C1 层中 2×2 的区域相连，每个区域不重叠。该层的特征平面数仍然为 6，特征平面大小为 28×28。卷积层 C3 由 12 个特征平面构成，由 28–9+1 可以得出每个特征平面大小为 20×20。特征图中每个神经元与 S2 层中每个特征映射中 9×9 的领域相连接。次采样层 S4 由 12 个 5×5 的特征平面构成，每个神经元与 C3 层中 4×4 的领域相连。最后的输出层为两个单元，分别代表行人和非行人。每个单元与前一层的 300 维向量全连接，该向量是对上一层的 12 个特征映射进行拉伸求得。

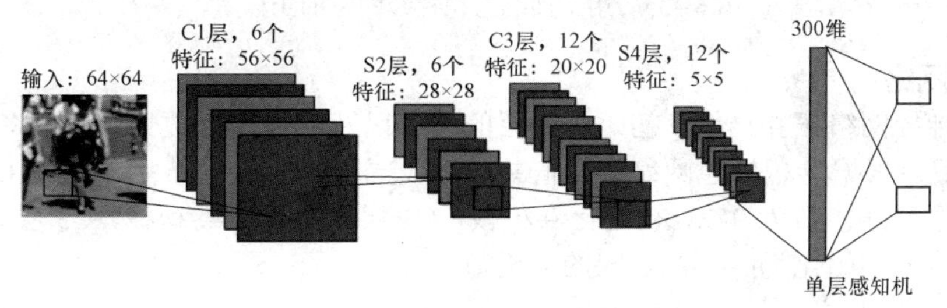

图 6–33　卷积神经网络拓扑结构

卷积神经网络的训练流程图如图 6–34 所示，主要由正向传播与反向传播交替进行。数据由输入层传入隐藏层，经过隐藏层处理后传入输出层，由输出层将结果输出的过程被称为正向传播。正向传播结束后，需要对比正向传播的输出与正确结果的误差，用这个误差来描述这次网络的状态。反向传播是将误差传递给前一层的过程，前一层的每个单元根据误差情况更新自己的权值。

在训练网络之前，需要找到合适且数量足够的正负样本，本书使用的训练样本来源于 NICTA 行人数据库，该数据库是目前规模较大的静态行人数据库，由训练集和测试集构成，且每张样本图像的大小均为 64×80。其中训练集中包含了 42 344 张包含行人的正样本图像，200 000 张不包含行人的负样本图像；测试集中包含了 5 878 张包含行人的正样本图像，37 343 张不包含行人的负样本图像。本书从 NICTA 行人数据库中选取了 30 000 张正样本图像和 30 000 张负样本图像，取每张样本中心 64×64 的矩形区域作为卷积神经网络的输入数据。图 6-35 为选取的部分行人图像。

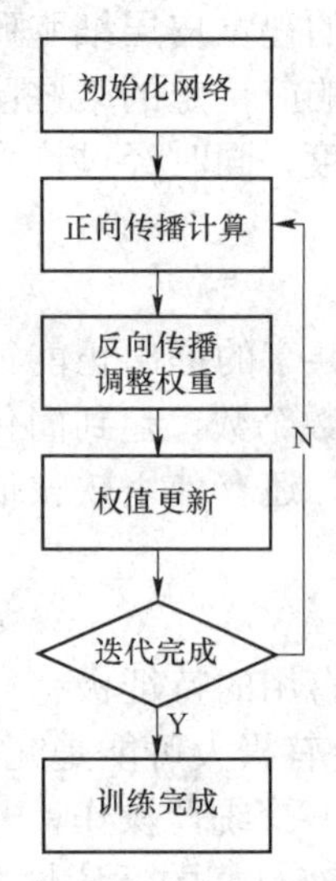

图 6-34　卷积神经网络训练流程

图 6-35　用于训练卷积神经网络的正样本

1. 初始化网络

根据卷积神经网络拓扑结构，初始化每层的大小以及特征平面数目；接着将所有的偏置项初始化为 0；然后根据卷积神经网络的权值共享以及局部感受野的特点，求出 C1 层中的连接数为 486，C3 层的连接数为 972；初始化卷积核，C1 层共有 6 个卷积核，C3 层共有 72 个卷积核，每个卷积核的初始化为[-1, 1]之间的随机数。

2. 正向传播计算

在正向传播的计算过程中，输入层、卷积层、次采样层和输出层的计算方式各不相同。其中输入层只有一个输出向量，该向量为与样本图片大小相同的矩阵，本书中尺寸大小为 64×64。

在卷积层中，上一层的特征映射被一个可以学习的卷积核进行卷积，如式（6–11）所示，然后通过一个激活函数得到输出映射，每一个输出映射可能是组合卷积多个输入映射的值。同一卷积层中每一个映射都有相同大小的卷积核，本书在两个卷积层中都使用了 9×9 大小的卷积核，卷积过程如图 6–36 所示。为了简单起见，图 6–36 中使用的卷积核大小为 2×2，上一层特征映射的大小为 4×4，使用该卷积核在上一层的特征映射上以 1 的步长进行滑动卷积，得到一个 3×3 的特征映射。本书所实现的卷积神经网络中，卷积层中的一个映射与上一层中所有的映射都相关联，如图 6–33 中 S2 和 C3，实际上 C3 层共有 6×12 个卷积核，卷积层的每一个特征映射是不同的卷积核在前一层所有映射上做卷积并将对应元素累加后加一个偏置，再求 sigmoid 后得到的。

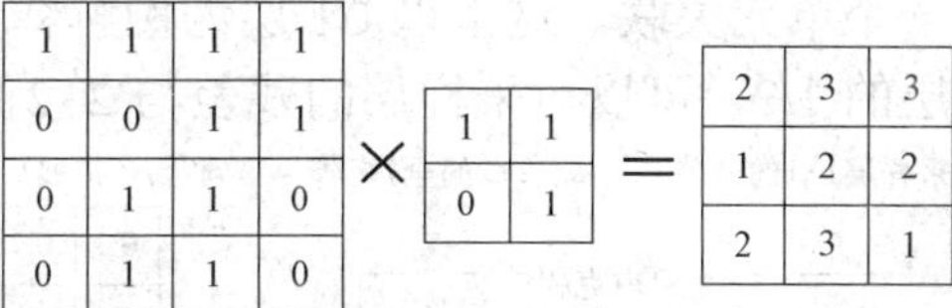

图 6–36　卷积过程

$$x_j^l = f\left(\sum_{i\in M_j} x_i^{l-1} k_{ij}^l + b_j^l\right) \tag{6-11}$$

式中：l 代表层数，k 代表卷积核，M_j 代表输入层的感受野，b 代表偏置。

次采样层是对上一层映射做采样处理，本书所使用的采样方式是对上一层映射的相邻小区域进行聚合统计，统计方式可以是求该区域的最大值，也可以是求该区域的均值。本书采用的是求均值的方法，两个次采样层的采样尺度分别为 2×2 以及 4×4，仍然使用卷积的方式进行计算，与卷积层的区别为次采样层不对重叠区域进行卷积，且卷积核的值固定不变。次采样过程如图 6–37 所示，由于卷积操作的默认步长为 1，会对重叠的窗口进行采样，将结果以步长 2 进行读取并输出，消除重叠窗口的采样数据。

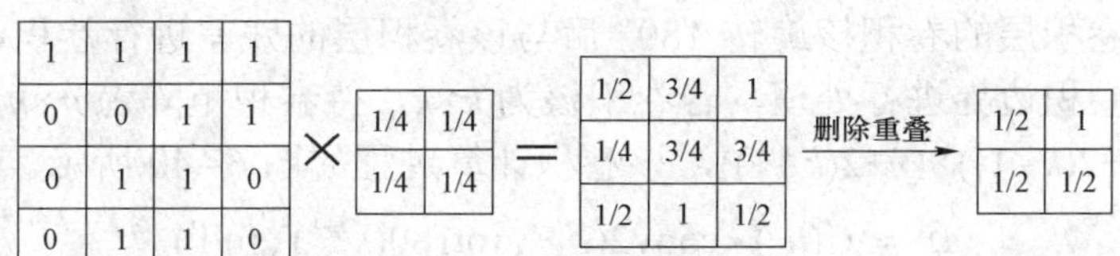

图 6–37　次采样过程

将输入图像经过两次卷积和次采样后，拉伸为一个 300 维的向量。

该卷积神经网络最后一层为输出层，输出两个节点。输出层的两个节点与前一层进行全连接，其值使用式（6–12）求得

$$Y = \text{sigmoid}(W * X + B) \tag{6-12}$$

式中：W 为该层与上一层全连接的连接权重；X 为输入值；B 为偏置项。

3. 反向传播调整权重

卷积神经网络通过最小化残差调整权值和偏置，但是由于权值共享，卷积神经网络计算残差十分困难。

同传统的 BP 神经网络一样，卷积神经网络的输出层残差与中间层残差的计算方式不同，输出层残差是输出值与标签值的误差值，而中间层残差来源于下一层的残差加权和。输出层残差的计算如式（6–13）所示，其中 $h_{W,b}(x)$ 为卷积神经网络的输出值。

$$\delta_i^{(n_l)} = \frac{\partial}{\partial z_i^{(n_l)}} \frac{1}{2} \left\| y - h_{W,b}(x) \right\|^2 = -(y_i - a_i^{(n_l)}) \bullet f'(z_i^{(n_l)}) \tag{6-13}$$

如果当前层为下一层次采样层的卷积层，并且已经得到该次采样层的残差，可以由此计算出卷积层的残差。从图 6-33 中可以看出，卷积层和次采样层的映射数目相同，C3 中某个映射每 16 个单元与 S4 中相应映射的一个单元关联，C1 中某个映射每 4 个单元与 S2 中相应映射的一个单元关联。这里以 C1 层为例解释该层残差计算过程，从前文可知 S2 中映射的大小为 C1 层的 1/2，可以对采样层的残差与 2×2 的全 1 矩阵进行克罗内克积进行扩充，使得采样层的残差维度与上一层输出映射的维度一致。接着使用 C1 层的输出值与扩展后的残差进行卷积，得到卷积层的残差。

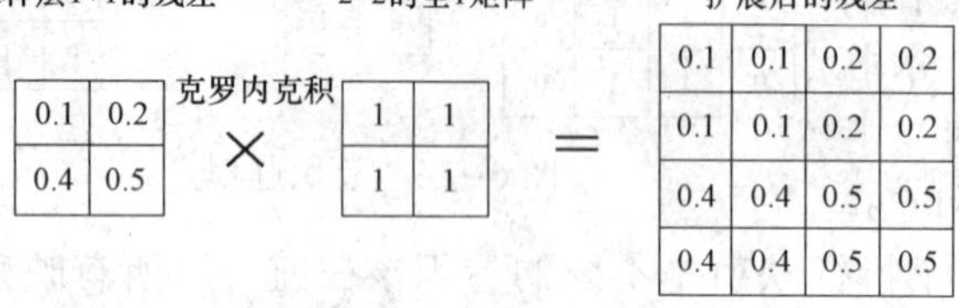

图 6-38　残差扩展过程

假设次采样层 l+1 大小为 2×2，采样尺度为 2，则卷积层 l 的残差扩展过程如图 6-38 所示。

利用卷积计算卷积层的残差如图 6-39 所示。

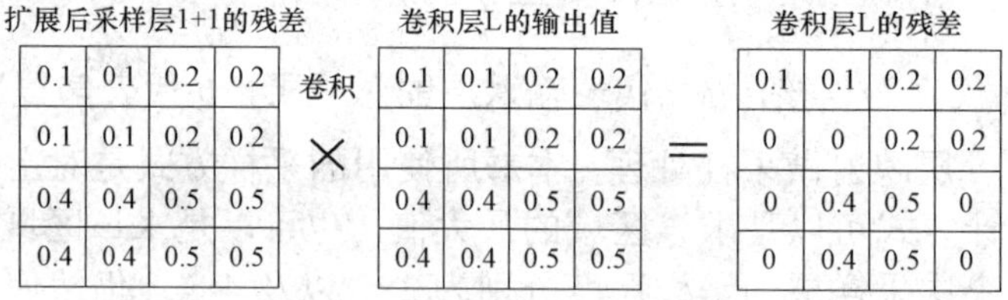

图 6-39　利用卷积计算卷积层残差

如果当前层为下一层连接卷积层的次采样层，可以通过次采样层的残差计算得出当前层的残差。由于次采样层到卷积层的连接包含了权重和偏置参数，需要找出两层之间相对应的加权和，本书将下一层卷积层的卷积核旋转 180° 后与该卷积层的残差进行卷积，如式（6-14）所示。另外还需要对卷积边界进行处理，若卷积核为 $k\times k$，待卷积矩阵为 $n\times n$，需要以 $n\times n$ 原矩阵为中心扩展到 $(n+2(k-1))\times(n+2(k-1))$，该卷积计算过程如图 6-40 所示。

$$\delta_i^l = f'(u_i^l)\bullet \mathrm{conv2}(\delta_i^{l+1}, \mathrm{rot180}(k_i^{l+1})', \mathrm{full}') \tag{6-14}$$

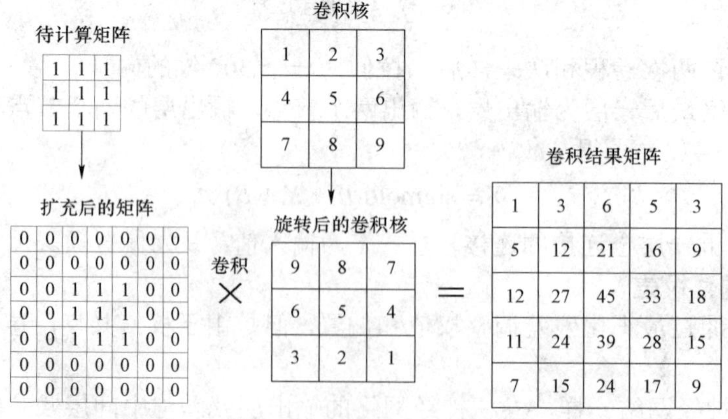

图 6-40　采样层残差计算

4. 卷积神经网络的参数调节

卷积神经网络的输入样本分辨率大小、每层特征数目、迭代次数的改变都会对最后的分类效果产生影响。按照批次训练神经网络，每一批包含 50 个样本数，也就是说每训练 50 个样本调整一次权重；训练样本为 10 000 张图像，其中正负样本各占 5 000；测试样本为 2 000 张图像，正负样本各占 1 000。这些样本均来自 NICTA 行人数据库。

1）不同像素对分类结果的影响

采用不同分辨率的样本做训练，测试对分类结果的影响。迭代次数为 10 次，实现结果如表 6–3 所示。

表 6–3　不同分辨率样本分类实验结果

像素	100×100	84×84	64×64	32×32	28×28
平均准确率/%	95.0	90.4	93.0	90.45	75.2
训练时间/s	8 431.1	5 032.45	2 041.35	216.5	154.3
测试时间/s	13.11	12.31	11.32	11.3	9.4

从表 6–3 中实验结果可以看出，随着训练样本分辨率的下降，分类识别率总体上呈下降趋势。由于在相同的参数下，图像分辨率越大，通过卷积和采样得到的特征数目越多，处理时间越长。

2）不同网络结构对分类结果的影响

使用不同的网络结构，也会对分类效果产生影响。本书共设置了 5 种不同的网络，具体参数如表 6–4 所示；输入样本为 64×64 像素，迭代 10 次的分类结果如表 6–5 所示。

表 6–4　不同网络结构参数设置

网络	C1	S2	C3	S4
Net1	5	2	5	2
Net2	5	2	9	2
Net3	9	2	9	2
Net4	9	2	9	4
Net5	9	4	9	2

表 6–5　不同结构卷积神经网络实验结果

网络	Net1	Net2	Net3	Net4	Net5
平均准确率/%	83.55	61.00	80.85	94.70	93.40
训练时间/s	710.50	1 972.4	2 041.35	2 079.21	823.98
测试时间/s	5.38	10.38	10.33	10.20	3.98

从表 6–5 的实验结果可以看出，使用 Net4 网络的检测准确率最高，也就是本书所使用的网络结果，C1 卷积核大小为 9×9，S2 采样区域为 2 像素，C3 卷积核大小为 9×9，S4 采样区域为 4 像素，最后全连接层卷积核为 5×5。

3）不同迭代次数对分类结果的影响

使用 32×32 输入 5 000 张正样本和 5 000 张负样本训练，测试样本各 1 000 张。

表 6–6　不同迭代次数实验结果

迭代次数	1	10	30	50	100	200
平均准确率/%	50.00	90.45	94.60	95.1	96.05	96.75
训练时间/s	21.08	216.50	699.59	1 052.14	2 152.3	4 304.2
测试时间/s	1.53	1.68	1.63	1.63	1.80	1.76

从表 6–6 给出的实验结果中可以看出，迭代次数越高，平均准确率会得到相应的提升。但是，训练时间也会增大，且迭代在上升到一定次数后对检测准确率的提升会减小。

综合以上实验结果，本书发现最适合的参数为使用 Net4 结构，训练样本大小为 64×64，迭代次数 50 次。因此，本书使用以上参数，60 000 张训练样本，训练了一个用于行人检测的卷积神经网络。

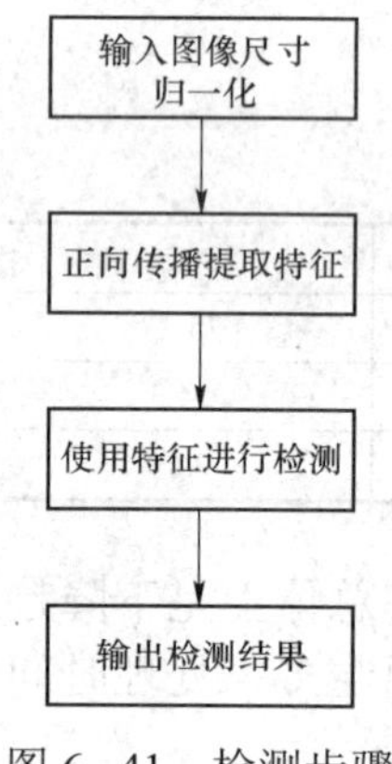

图 6–41　检测步骤

本章前面的部分已经训练好一个用于行人目标检测的卷积神经网络模型，下面将使用该模型进行行人目标检测。用于检测的输入图像为第 3 章得出的疑似行人存在窗口，具体检测步骤如图 6–41 所示。

本书训练的卷积神经网络输入图像尺寸大小为 64×64，通过第 3 章获取的疑似存在行人窗口尺寸大小不一，需要将所有的窗口尺寸调整为 64×64。本书使用了双三次插值法进行图像缩放调整，该算法比占主导地位的双线性滤波算法保留更好的细节质量。特征提取过程与训练时正向传播过程类似，S4 总共有 12 个 5×5 的特征映射，本书将这些特征映射拉伸成一个 300 维的向量，该向量为样本图像的特征。使用式（6–15）进行计算，输出检测结果，最终检测结果如图 6–42 所示。

$$y=\mathrm{sigmoid}\,(W*V+B) \tag{6–15}$$

式中：W 为训练所得权重项；V 为特征向量；B 为偏置项。

图 6–42　最终检测结果

深度学习已成功应用于多种模式分类问题。这一领域虽处于发展初期，但它的发展无疑会对机器学习和人工智能系统产生影响。同时它仍存在某些不适合处理的特定任务，譬如语言辨识，生成性预训练提取的特征仅能描述潜在的语音变化，不会包含足够的不同语言间的区分性信息；虹膜识别等每类样本仅含单个样本的模式分类问题，也是不能很好完成的任务。

深度学习目前仍有大量工作需要研究。模型方面是否有其他更为有效且有理论依据的深度模型学习算法，探索新的特征提取模型是值得深入研究的内容。此外有效的可并行训练算法也是值得研究的一个方向。当前基于最小批处理的随机梯度优化算法很难在多计算机中进行并行训练。通常办法是利用图形处理单元加速学习过程，然而单个机器 GPU 对大规模数据识别或相似任务数据集并不适用。在深度学习应用拓展方面，如何充分合理地利用深度学习在增强传统学习算法的性能仍是目前各领域的研究重点。

思考题

1. 简述交通大数据的定义、特点和主要获取方式。

2. 简述交通大数据体系框架。
3. 交通大数据的作用和优势有哪些？
4. 简述云计算的定义、类型、特点与优势。
5. 云交通管理的应用有哪些？
6. 简述限制性玻尔兹曼机和卷积神经网络的基本过程。
7. 卷积神经网络可以应用到哪些交通问题当中？

本章参考文献

[1] 陆化普，孙智源，屈闻聪. 大数据及其在城市智能交通系统中的应用综述[J]. 交通运输系统工程与信息，2015，15（5）：45–52.

[2] 张红，王晓明，曹洁，等. 基于大数据的智能交通体系架构[J]. 兰州理工大学学报，2015，41（2）：118–121.

[3] 姬倩倩，温浩宇. 公共交通大数据平台架构研究[J]. 电子科技，2015，28（2）：127–130.

[4] 陈美. 大数据在公共交通中的应用[J]. 图书与情报，2012（6）：28–34.

[5] 林闯，苏文博，孟坤，等. 云计算安全：架构、机制与模型评价[J]. 计算机学报，2013，36（9）：1765–1784.

[6] 唐小淋，林培群，徐建闽. 基于云计算和 WSN 的车联网体系架构及关键技术研究[J]. 交通信息与安全，2011（5）：112–117.

[7] 石建军，李晓莉. 交通信息云计算及其应用研究[J]. 交通运输系统工程与信息，2011（1）：183–188.

[8] 钱哨，张云鹏，黄少波. 智能交通云：基于云计算的智能交通系统[J]. 计算机与现代化，2010（11）：172–175.

[9] 周飞燕，金林鹏，董军. 卷积神经网络研究综述[J]. 计算机学报，2017，40（6）：1229–1251.

[10] 樊雅琴，王炳皓，王伟，等. 深度学习国内研究综述[J]. 中国远程教育，2015（6）：27–33.

[11] 刘建伟，刘媛，罗雄麟. 深度学习研究进展[J]. 计算机应用研究，2014，31（7）：1921–1930，1942.

第 7 章　交通事件自动检测技术

交通事件自动检测技术融合了目前较为先进的人工智能、机器学习和图像处理技术，综合处理和分析来自道路监控摄像机的视频图像，对道路交通事件以及过程进行实时检测、报警、记录、传输、统计，同时检测和统计道路交通流参数。本章主要介绍交通事件自动检测技术的概念、检测原理和经典 AID 算法。

7.1　概　　述

交通事件对高速公路的影响不仅表现在事件本身的人员伤亡、货物损失和设备损坏，高速公路事件还会导致局部车道阻塞，造成瓶颈，使局部或整个路段的通行能力下降，从而引起行车延误和二次事故的发生，严重影响高速公路的整体通行能力和运营效率。有关资料表明，我国事故发生率居全世界之首，近几年每年交通事件所造成的间接经济损失是直接损失的 10～15 倍。交通事件的现场堵塞造成的经济损失，按最保守的方法计算，每年要达到 300 亿元。为了预防和减少交通事故，及时有效地进行事故救援和处理，有效减少由于交通事故产生的交通延误及避免二次事故的发生，就必须准确、快速地对交通异常和交通事件进行检测。

7.1.1　交通事件

目前国内外对交通事件的定义还没有一个统一的提法，定义的内容和表述的方式都不尽相同。凡在高速公路或城市道路上发生交通事故、车辆抛锚、车辆上货物散落等都可以称为交通事件。从系统的观点看，交通事件是指在某一时期导致或将要导致交通行为模式发生改变的事件；从管理人员的角度看，需要他们注意的突发情况都是事件；从驾驶员的角度看，任何导致自己不方便或延迟的都是事件。从交通事件发生的主体上可以看出，它必须包括以下四个主体部分：

（1）人，人是构成交通事件的主体。

（2）车，运行中的车辆，或至少有一方为运行中的车辆，包括机动车和非机动车。车辆是构成交通事件的重要条件，如果没有车辆，仅为行人与行人之间的相撞或冲突则不能称为交通事件。

（3）路，国家实施行政管辖的道路，这是构成交通事件的空间条件。

（4）后果，指由于违规或其他非法行为造成人员伤亡或财产损失的结果，没有造成人员伤亡或财产损失的一般不能称为交通事件。

在交通系统中，事件一般分为可预测的和不可预测的两类。可预测类是指由大型活动（体育比赛等）、道路修筑和路面养护等引起的事件；不可预测类是指交通事故、车辆抛锚、货物散落、不正当驾驶和突发的自然灾害等。

对于可预测类的交通事件，驾驶员可以预先制订合理的出行计划来降低其影响，但对突发事件引起的延误，驾驶员无法事先采取躲避措施。这类事件的影响不仅限于交通拥挤，还会引起二次事故。当交通拥挤时，车辆走走停停会引发更多的小事故及汽车抛锚等。这样就增加了事件的数量，并延长了清除事件的时间。因此这种突发性的事件对人员和货物运输方面的影响更大。

交通事件也可根据其对道路造成的影响程度分为一般性交通事件和特大交通事件。一般性交通事件按其诱因有三种情况：一是由于交通需求过大引起的；二是路面凹陷、路面积水等未造成人员伤亡及财产损失，但影响到后续车辆并造成局部通行能力降低；三是由道路养护、限速标志、可变情报板分布、天气等客观原因造成局部通行能力降低。特大交通事件是由于道路上的偶然事件造成某一路段通行能力急剧下降甚至完全无法通过，往往此类交通事件都会造成极其严重的人员伤亡和财产损失，道路拥挤不堪且很难自行恢复。

交通事件表征参数：交通事件发生时间、交通事件持续时间、交通事件发生位置、交通事件规模。

7.1.2　交通拥挤

所谓交通拥挤，是指交通需求（一定时间内想要通过道路的车辆数）超过道路的交通容量时，超过部分的交通滞留在道路的交通现象。交通拥挤的根本原因是交通供求关系不平衡。交通拥挤的实质是交通需求超过了道路通行能力。交通拥挤的特点是交通密度增大（一般双车道密度大于 50 辆/km 时，认为出现拥挤），空间平均速度下降（≤60 km/h），交通流量减少（双车道流量小于 3 000 辆/h）。当高速公路的某路段发生拥挤时，该路段形成一个瓶颈，上游交通无法通过瓶颈，在瓶颈处形成排队序列，这个排队冲击波逐步向上游传播，严重时会导致整个道路系统的崩溃。

根据交通事件发生原因的不同，道路上的交通拥挤分为两种类型：常发性拥挤和偶发性拥挤。

1. 常发性交通拥挤

常发性交通拥挤是指交通需求大于道路上固定瓶颈处的通行能力时发生的交通拥挤现象，通常用来描述在某些特定位置和某些特定时间反复出现的交通拥挤。出现常发性交通拥挤的原因主要是道路上存在固定的交通瓶颈（几何因素）和较大的交通需求（运行因素），具体表现形式包括以下五种情况：

（1）道路几何缺陷：车道减少、交织路段短、道路横断面窄、标志短缺、视线不良、互通式立交设计不规范等都是引起几何瓶颈的主要原因。当交通瓶颈上游的交通需求超过瓶颈处的通行能力时，就会产生交通拥挤，并在瓶颈路段上游形成排队现象。

（2）高峰期的大交通流量：高速公路上交通流的变化存在时间上的差异，一般存在着两个高峰时期，即上午 9:00—11:00 出现的早高峰和下午 3:00—5:00 出现的晚高峰。在这两个时段，高速公路上的交通流量非常大，很容易超过道路的通行能力，发生交通拥挤。

（3）不受限制的入口匝道：匝道上的车辆进入高速公路时，将产生增加通行能力的需求，在高速公路上很容易产生交通拥挤，并导致瓶颈路段上游车辆出现排队现象。这种情况还由于匝道车辆汇入高速公路时产生的干扰而进一步变得复杂。

（4）出口匝道排队：高速公路上的拥挤，有时是由于出口匝道上车辆排队引起的。当出口匝道上的需求超过了汇出区的通行能力，或超过了匝道下流的一个交叉路口通过交通的能力，或匝道本身缺乏存贮停车的能力时，最终导致排队一直排到高速公路上，引发交通拥挤。

（5）收费站收费：高速公路或其匝道上的拥挤经常是由车辆在收费站停下来交费引起的。目前收费方式主要采取人工收费或半自动收费（如磁卡收费），效率低。对于封闭式磁卡收费系统，其出口每车道通行能力只有 180～225 辆/h。由于收费车道数不可能建得很多，当交通需求大于收费站处的通行能力时，特别容易在收费站的入口形成排队，有时会排队几公里。因而，收费站是最容易出现常发性拥挤的地方之一。

常发性拥挤从不拥挤到拥挤一般有一个较长的时间过程，在拥挤发生前后交通流的三个基本参数（流量、速度和占有率）的变化是渐进的。

流量：在某一特定时间段内通过某一点检测断面的行驶车辆数，单位为辆/h；

速度：在某一特定时间段内沿道路行驶一定长度各车辆速度的算术平均值，单位为 km/h；

占有率：为车辆占有长度总和与路段长度的比值。在路段上采用直接的方法来测量车辆长度的总和是行不通的，但可以通过时间量测来计算该值，其计算是检测器被占有的时间比上观察总时间再换算为百分数。

为了能在同一窗口中显示出这三个参数的变化过程，需经适当的比例变换，结果如图 7–1 所示。速度下降比较明显，占有率出现比较大的上升，而流量持续上升，最终达到通路的通行能力。

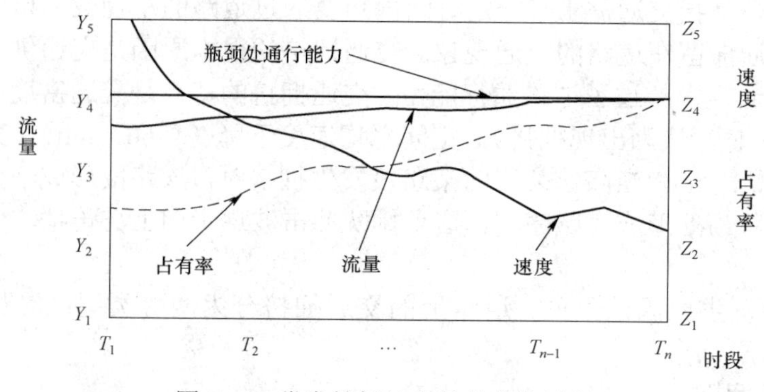

图 7–1　常发性拥挤参数的变化过程

下面以检测站 1 和检测站 2 之间的路段为例，对引发常发性交通拥挤条件进行分析，图 7–2 给出该路段累计交通需求与通行能力的变化关系。$D(t)$ 表示累计通行能力（累积离去车辆数是关于时间 t 的函数），$A(t)$ 代表累计交通需求（累积到达车辆数是关于时间 t 的函数），只要交通需求 v 小于或等于该道路的通行能力 C_1 时，就不会发生拥挤。当到达的车流量开始

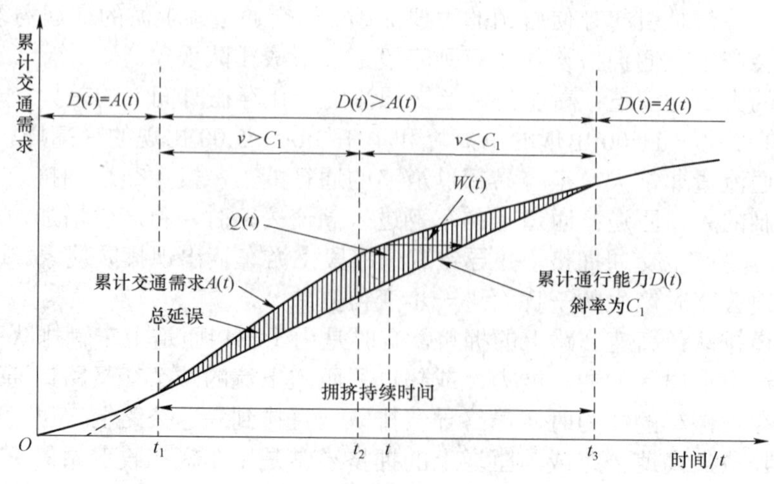

图 7–2　路段累计交通需求与通行能力的变化关系

超过道路瓶颈处的通行能力时（即 t_1 时刻），瓶颈就开始制约交通流的正常运行，车辆开始在上游形成排队；当到达的车流量小于离去车流量时，排队车辆开始消散（即 t_2 时刻），直到所有排队车辆通过瓶颈后才恢复自由流运行状态（即 $A(t)=D(t)$）。如果拥挤持续时间大于交通需求超过通行能力的时间，即使交通需求超过道路的通行能力比较小，也能导致较长时间的严重拥挤。

2. 偶发性交通拥挤

偶发性交通拥挤是指交通需求大于道路上临时瓶颈处通行能力时产生的交通拥挤现象，用来描述由诸如事故、特殊天气等突发交通事件造成的道路实际通行能力下降而引起的交通拥挤。引起偶发性拥挤的原因包括以下几种情况：

（1）交通事故：除了比较严重的碰撞、侧翻外，交通事故通常也包含车辆抛锚、驾驶员“引颈观望”、货物散落等随机发生的事件。调查表明，交通事故对道路通行能力有显著的影响，在单方向三车道的高速公路上，车辆滑向路肩的一次事故减少通行能力约 33%，一个车道阻塞减少通行能力约 50%，而两个车道阻塞则会减少通行能力约 79%。

（2）不利的天气：恶劣的气象条件也会引起道路通行能力的下降，影响最大的是大雪，它会导致多条车道的长时间关闭，一般恶劣天气能够使道路的通行能力下降 10%～20%或者更多。虽然天气条件的变化（如下雨、下雪、雾、强烈的阳光或其他）能够影响道路的通行能力，但还没有人对这种影响的程度进行过定量的研究。

（3）道路养护活动：对道路的路面及其附属设施进行的周期性养护是一种有计划、可预知的交通事件，这种活动也会在一定时期内造成道路通行能力的下降。

偶发性拥挤是由于突发交通事件造成道路通行能力短时下降并低于当时的交通需求而引起的拥挤，因而交通拥挤发生前后，交通流三个基本参数的变化是突变的。经过类似的变换，偶发性拥挤条件下交通流三个基本参数的变化过程如图 7-3 所示。其中 t_1 是交通拥挤发生的时刻，t_2 是交通拥挤对交通流产生的影响在其上游相邻检测站中体现出来的时刻。从图中可以看出速度出现迅速下降，占有率的上升也很快，流量持续下降，一直降低到瓶颈处的通行能力以下。

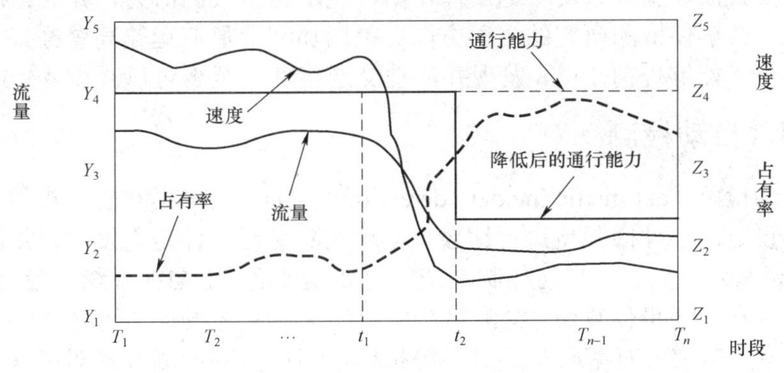

图 7-3　偶发性拥挤参数的变化过程

偶发性拥挤造成的延误与其持续时间有密切联系。图 7-4 给出了偶发性交通拥挤发生过程中交通需求与通行能力的动态模型图。当偶发性拥挤发生时（即 t_1 时刻），车道阻塞导致车辆在拥挤发生点的上游形成排队，经过拥挤识别、拥挤性质判定和拥挤清除（三者之和为拥挤持续时间）后，交通流才能恢复正常（即 t_2 点），$A(t)$、$C(t)$ 和 $D(t)$ 所围的面积即代表拥挤引起的总延误。

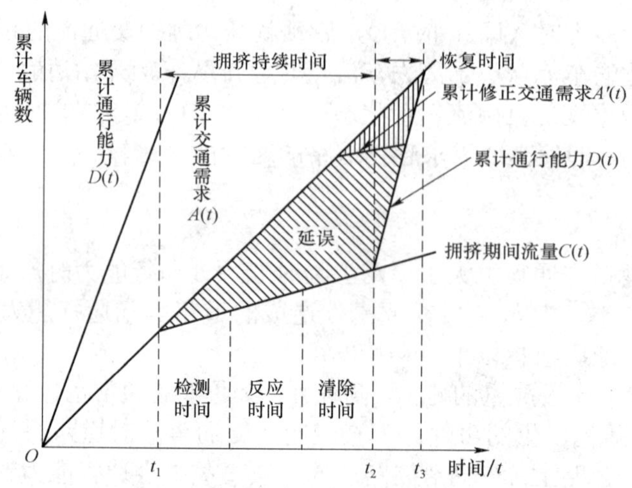

图 7-4　偶发性交通拥挤发生过程中交通需求与通行能力的动态模型图

根据以上分析，可以很容易判别出交通拥挤的类型，即如果识别出的交通拥挤前后交通流三个基本参数变化值在某个特定范围内，则可以判定该交通拥挤为常发性交通拥挤；当变化值超过了设定的范围，说明此时交通状态呈现突变性变化，则可认为发生了偶发性拥挤。从流量曲线上也可以看出常发性拥挤和偶发性拥挤的区别：偶发性拥挤发生时，拥挤地点附近的交通量会大大低于此路段实际通行能力，即 $v \ll C_1$；而常发性拥挤通常发生于高峰期的瓶颈路段，此时交通量会接近于道路的通行能力，即 $v \approx C_1$。

常发性拥挤可以预测，它往往是在道路某路段处周期性地发生，这样就可以通过多次观察来预测其发生的时间和地点。

偶发性拥挤不可以预测，它需要通过事件检测来判断，事件检测技术可分为非自动检测技术和自动检测技术。道路使用者使用紧急电话亭、公路巡逻队、电视监视等属于非自动检测技术，它要求当时当地有目击者。而基于交通流参数变化来检测交通事件的自动检测技术可以不需现场目击者，全天候、全程、实时地发挥作用，展示出巨大的潜力，并成为研究的一项非常重要的内容，是交通事件检测研究的主要方向。美国加利福尼亚运输局曾经报告，即使在非高峰的自由流条件下，能够提前 1 min 发现并清理交通事件，至少可以减少 4～5 min 的延误。

7.1.3　交通事件自动检测

交通事件自动检测（automatic incident detection，AID）是根据实时采集的数据信息，由一组复杂的算法与设定的事件门限值进行比较，自动判断交通事件是否发生，并估计事件对交通流的影响，它是高速公路交通管理与控制系统的重要功能之一。AID 系统一般有两个组成部分：实时交通信息采集和交通事件算法。检测算法所用的交通流参数决定了交通信息采集的手段和方式，如使用流量、车道占有率和车头时距等指标，环形线圈检测方式即可满足要求；而使用速度和密度的算法则要求至少使用双线圈的检测方式。不同的检测方式成本也不同。

交通事件自动检测按照不同分类依据可以分为不同类型，主要有以下两种分类。

1. 间接检测法和直接检测法

交通事件自动检测（AID）按照数据来源可以分为间接检测法和直接检测法两类。

间接法是根据固定检测器或者浮动车的车载设备实时采集的交通流数据信息占有率、速度和流量，由算法自动判断是否发生交通事件。算法的主要依据是事件发生时，高、快速公路上出现偶发性拥挤，由于事件造成道路容量暂时下降而引起的拥挤，从而反映拥挤前后的交通流参数变化是不连续的，并且前后的差值随事件的严重性而增大，检测到这一偶发性拥挤，就能判断事件的发生。相对而言，它具有成本低、不受天气和时间限制等特点，并且数据来源方式多，如现有高、快速路上的线圈检测器、微波检测器等。

直接法是指通过视频数据使用图像处理技术来发现停驶车辆的一类方法。这类方法实际上是通过视频检测器“看到”发生了交通事件，而不是通过交通事件的影响来检测到它的存在，所以该方法所测范围仅限于视频检测器所拍到的范围。从潜在的意义上看，在检测速度方面远远胜于“间接法”，在交通量较低的情况下也能有良好的检测效果，但需要更密集地设置检测站摄像机，需要较高的资金投入才能保证合理的检测可靠性，而且气象条件对其影响也较大。

基于交通流参数变化的间接检测方法，因其经济方便而成为目前发展中国家和大多数发达国家 AID 研究的主要方法。常用的间接检测方法包括模式识别方法和统计方法。在模式识别方法中又以加利福尼亚算法系列和麦克马斯特算法应用最广。近年以人工神经网络为手段的检测方法也很多见。统计方法中主要有指数平滑法、标准正态分布法、贝叶斯算法和自回归移动平均方法。

2. 单截面法和多截面法

交通事件自动检测法（AID）按检测截面数可以分为单截面法和多截面法两类。在拥有较小交通量时，适于采用单截面法，此时事件发生时相邻检测器的交通参数变化较小，车辆对道路的占有率也小；在拥有较大交通量时，适于采用双截面法，检测需通过两个相邻检测面的交通流数据进行判断；当检测器安装密度大时，单截面法和双截面法差别不大，但当路段超过 500 m 时，适宜采用双截面法。

7.2　交通事件自动检测原理

在交通事件发生之前，高速公路上的车流以比较确定的速度行驶，此时流量和占有率的数值也比较平稳。在事件发生之后，由于道路通行能力的突然下降而导致事发地点上游出现排队，流量和车流速度下降，占有率上升。因此，在高速公路或其部分重要路段设置有一定数量交通检测器的情况下，通过分析实时交通数据，可以识别出事件和非事件条件下的交通模式，从而实现检测到所发生的交通事件的目的。

7.2.1　单参数检测

1. 基于区间平均速度的拥挤检测

基于区间平均速度的拥挤检测是把高速公路分成若干个区间，分别计算每个区间的平均速度，如果此区间的平均速度低于某个值就认为发生了拥挤，否则交通流为正常。平均速度等级划分表见表 7–1。

表 7–1　平均速度等级划分表

平均速度	区间状态
$v \geqslant 40$ km/h	该区间正常
20 km/h $\leqslant v < 40$ km/h	该区间拥挤
$v < 20$ km/h	该区间严重拥挤

2. 基于占有率的拥挤检测

基于占有率的拥挤检测算法方法是利用交通量与占有率之间的关系进行拥挤判断。它根据交通调查确定出流量与占有率的关系图，并把图分成检测器数据异常区、交通正常区和拥挤区三个区间，如图 7–5 所示。占有率数据超越基准线 C_1 或 C_2 即可判断为拥挤。其中 C_1 表示交通流量与占有率的线性关系，这是因为在非拥挤交通流区域，车流具有稳定的空间平均速度（且较高）。C_2 是临界占有率区域，但 A 区是车间距较密的稳定车流，不应判断为拥挤。

C_1 和 C_2 具体的阈值随道路线型、坡度、检测器安装的车道与出入口的相对位置等情况而改变，可根据实际情况标定。

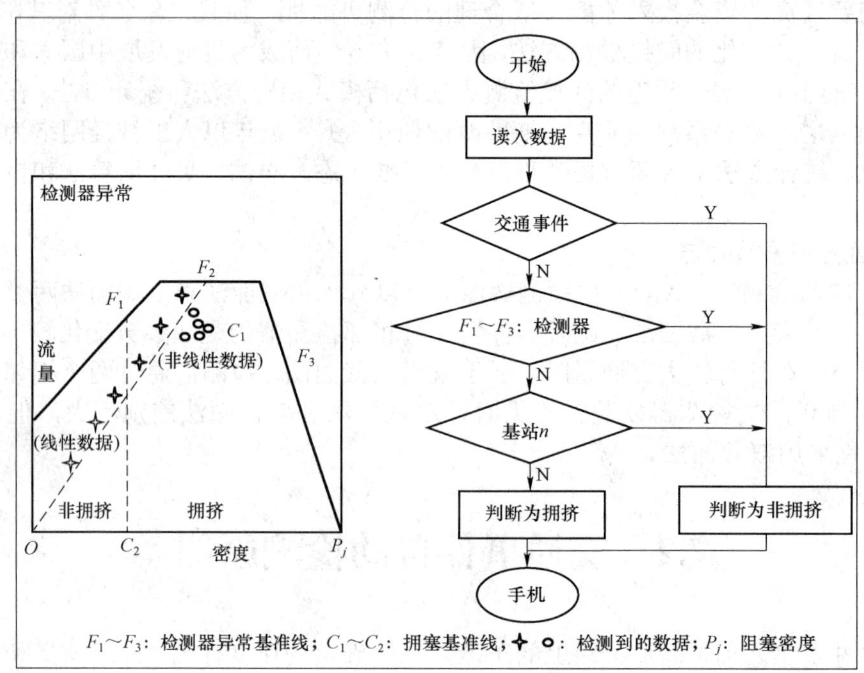

图 7–5　基于占有率的拥挤判断算法

7.2.2　复合参数检测

复合参数检测一般以检测交通拥堵指数为代表，交通拥堵指数是集交通拥堵空间范围、持续时间、严重程度为一体的综合性数值，交通管理者及交通参与者可以通过交通拥堵指数，得到全路网或者区域路网的交通状态，以便及时采取有效措施，减少拥堵的发生。

下面以北京的道路交通运行指标体系为例，说明道路交通拥堵指数的计算方法：

（1）以 15 min 为统计间隔，得到道路网中各路段的平均行程速度。

（2）根据路段平均行程速度等级划分，判断各路段所处运行等级，如表 7–2 所示。

表 7–2　路段运行等级划分表　　单位：km/h

路段	等级				
	1	2	3	4	5
快速路	＞65	(50, 65]	(35, 50]	(20, 35]	≤20
主干路	＞45	(35, 45]	(25, 35]	(15, 25]	≤15

续表

路段	等级				
	1	2	3	4	5
次干路	＞35	(25, 35]	(15, 25]	(10, 15]	≤10
支路	＞35	(25, 35]	(15, 25]	(10, 15]	≤10

（3）统计各等级道路中处于第 5 级运行水平的路段里程比例。

（4）利用车公里数（VKT）加权，计算区域（总体）路网拥堵里程比例，如表 7–3、表 7–4 所示。

表 7–3　车公里数（VKT）比例推荐值（工作日）

	快速路	主干路	次干路	支路	合计
高峰时段	0.19	0.43	0.15	0.23	1.00
全日平均	0.20	0.41	0.16	0.23	1.00

表 7–4　车公里数（VKT）比例推荐值（周末）

	快速路	主干路	次干路	支路	合计
全日平均	0.20	0.41	0.16	0.23	1.00

（5）基于 15 min 交通拥堵指数与拥堵里程比例的线性转换关系，得到 15 min 交通拥堵指数；假设道路网严重拥堵里程比例为 $a\%$，则道路网交通拥堵指数 E 为

$$E=\begin{cases}\dfrac{a}{2} & (0\leqslant a\leqslant 4)\\ 2+\dfrac{a-4}{2} & (4<a\leqslant 8)\\ 4+\dfrac{(a-8)\times 2}{3} & (8<a\leqslant 11)\\ 6+\dfrac{(a-11)\times 2}{3} & (11<a\leqslant 14)\\ 8+\dfrac{a-14}{5} & (14<a<24)\\ 10 & (a\geqslant 24)\end{cases} \tag{7–1}$$

（6）将早晚高峰时段内 15 min 交通拥堵指数取算数平均值，得到工作日交通拥堵指数，将 6:00—22:00 时段内 15 min 交通拥堵指数取算数平均值，得到节假日交通拥堵指数，如表 7–5 所示。

表 7–5　道路网交通拥堵指数评价等级参考标准表

拥堵级别	非常畅通	畅通	轻度拥堵	中度拥堵	严重拥堵		
					一级	二级	三级
道路交通拥堵指数	[0, 2]	(2, 4]	(4, 6]	(6, 8]	(8, 9)	[9, 10]	10
道路网整体平均速度/（km/h）	＞37	(30, 37]	(25, 30]	(23, 25]	(19, 23]	(15, 19]	≤15
道路网严重拥堵里程比例/%	[0, 4]	(4, 8]	(8, 11]	(11, 14]	(14, 19)	[19, 24]	＞24

7.2.3 新型检测方法

与传统 AID 系统不同，基于手机定位的高速公路 AID 系统是以手机定位技术为交通信息采集手段的一种新型事件检测系统。该方法是利用定位技术实现对车辆的定位与跟踪，以提供车辆在道路上运行的时空关系、时速关系以及延迟时间、停车时间等“微观”信息，则可进行交通事件的自动检测。

现有的高速公路 AID 以基于路段截面交通流参数检测的 AID 算法为主，交通流参数主要包括流量、速度、占有率，收集这类信息是检测的前提，但受投资成本和管理水平的限制。当前，我国高速公路上没有安装车辆检测器，因此，现有的高速公路 AID 方法缺乏广泛应用的基础。

一个交通事件的发生必然影响其邻近路段车辆行驶的状态。如图 7-6 所示，车辆①、②和③在路段上正常行驶，若 t 时刻车辆①因发生故障而停车，受该车影响，车辆②和③的速度有不同程度的降低。在①停车点的下游，车辆行驶的自由度较高，因此②、③行驶过停车点后会加速，达到或超过减速前的速度，这种运行规律不同于没有事件状态下独立车辆的运行模式。因此，可以不依赖传统的车辆检测器，而是根据独立车辆的行驶状态，利用定位技术实现对车辆的定位与跟踪，以提供车辆在道路上运行的时空关系、时速关系以及延迟时间、停车时间等“微观”信息，则可进行交通事件的自动检测。

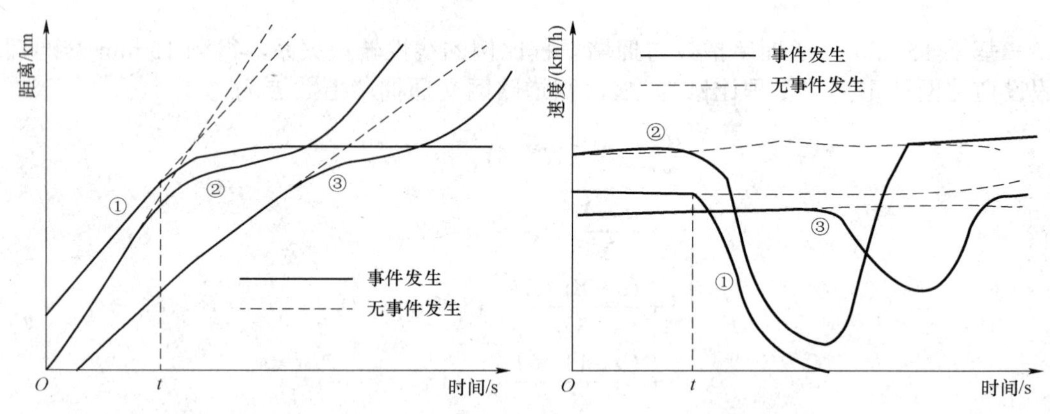

图 7-6 不同交通流状态下的独立车辆运行时空关系和时速关系

目前，能够提供车辆位置信息的定位技术主要有基于 GPS 的自动车辆定位（GPS-AVL）以及移动通信网络的手机定位技术。GPS 是一个能够实现全球、全天候的实时定位与导航系统，已在航空、航海和地面移动目标等领域内得到了成功的应用。若将该方法作为动态交通数据采集，GPS 可提供车辆的瞬时速度、行程时间、行程速度等数据。但要在高速公路路网中将它作为主流的车辆信息采集设备使用，依然存在一些问题，主要表现在以下方面。

（1）覆盖率：GPS 应用于 AID 系统，必须有专门 GPS 接收机。GPS 定位装置的成本较高，大多安装在有特殊要求的车辆上，例如定位与导航系统，要求一个高速公路路网中运行的大量普通车辆安装使用，其整个系统的硬件设备投资成本非常高，对大多数用户来说也并不是很方便。因此，这使得 GPS 的推广应用较难，从而使 GPS 在高速公路路网中的覆盖率有限。

（2）车辆数据采集的可靠性：当前 GPS 的运营商较多，加之 GPS 为一种自主定位方式，高速公路监控中心较难获得某特定路段上所有 GPS 的位置数据。因此，整合所有 GPS 数据存在较大困难；同时，GPS 卫星信号功率很弱，受地理环境因素的影响较大，GPS 定位装置的精度和可靠性具有不确定性。

与 GPS 定位技术相比，手机定位技术虽然精度不是很高，但手机的普及率高，且它不需要专有的信号接收设备，用现有的手机即可实现，如车辆的定位跟踪系统中只要对车载手机定位就可以确定车辆的位置，整个定位功能完全可以由通信网络完成，既节约了成本，系统建设、运营、维护和升级也相对简单。随着通信网络建设的不断完善，系统一般采用多层蜂窝结构，这保证手机在任何位置都能保持与相邻基站的信号传递，不会出现定位盲区。而且，随着手机定位技术研究的发展，手机定位的精度也越来越高；在基于通信网络的定位系统中，从信号特征参数的检测到定位运算的整个过程都是由通信基站和定位中心集中完成，定位的可靠程度大大提高，响应时间比较短。

因此，将手机定位用作车辆定位与跟踪手段，则可提供独立车辆的速度、加速度、行车时间等信息，也可用来估计交通流参数，如流量、平均行程时间、平均行程速度等。这为高速公路交通运行状态分析和高速公路 AID 提供数据保证。

基于手机定位的高速公路 AID 系统主要由高速公路上在路车辆及其车载手机、移动通信网络、交通控制中心、信息发布平台几个主要部分组成，如图 7-7 所示。

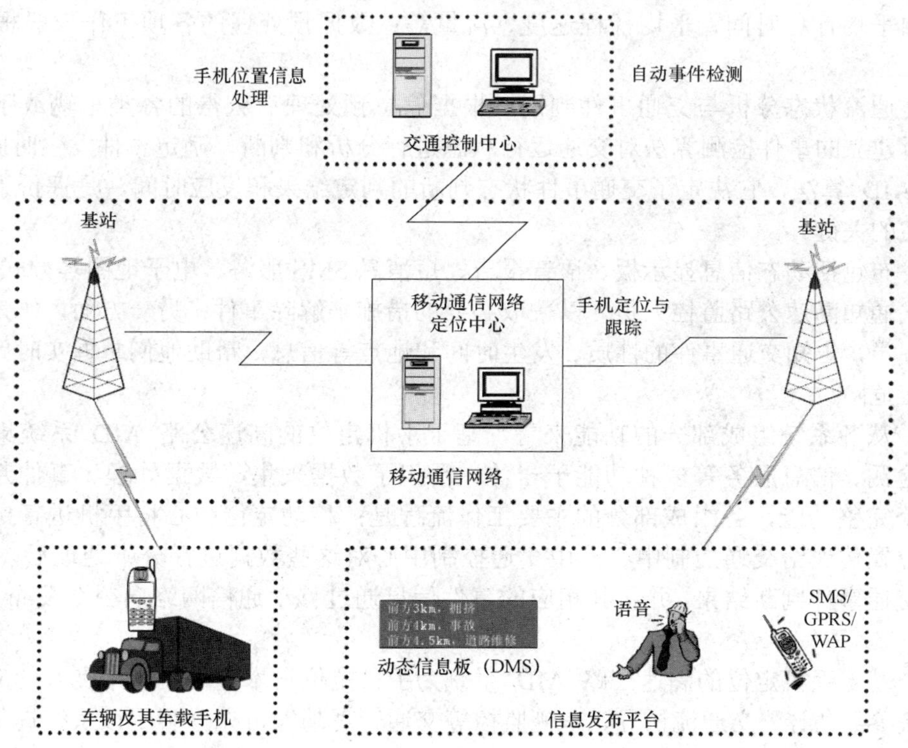

图 7-7　基于手机定位的高速公路 AID 系统框架

在该系统中，车载手机是前端车辆位置信息的采集设备，由此车辆可被定位与跟踪；同时，手机可作为车辆位置信息回传的通信途径，还可以作为向手机用户发布实时交通事件相关信息的平台，解决了传统的高速公路路网中驾驶员无法及时获得交通事件信息的问题。

一个高速、可靠、实用的移动通信网络是实现高速公路 AID 的保证，它是该系统的数据通信枢纽，起着信息传递和信息交换的作用。整个系统的操作都是建立在移动通信网络的基础上：基站接收手机发送的电波信号，然后移动通信网络定位中心（LC）的移动定位模块进行手机位置的估计，并将其位置发送给交通控制中心。因此，移动通信网络是手机定位技术应用于车辆定位与跟踪的基础；同时，它可作为交通控制中心发布事件信息的手段，将事件发生地点、时间等信息传递给信息发布平台，包括语音、数据、图像信息。

交通控制中心的中央计算机是基于手机定位的高速公路 AID 系统的中枢，是实现高速公路交通事件自动检测的关键，即事件检测层。它主要完成车载手机识别、信息预处理、交通流状态分析与交通事件判别三个功能。

（1）车载手机识别：根据移动通信网络的手机定位技术特点，高速公路沿线的手机位置会被采集到，因此，系统控制中心需要对车载手机进行识别，区别高速公路车载手机与公路沿线的手机，避免非车载手机对交通状态判别的影响。

（2）信息预处理：主要包括车载手机的位置信息处理、车载手机与车辆的匹配、交通流参数估计。车载手机的位置信息处理旨在利用良好的滤波算法对定位数据进行平滑，校正手机的位置，提高手机的位置、速度等参数的估计精度；车载手机与车辆匹配的目的是利用车辆上多部固定手机的相关性，提高车辆位置估计的精度和车辆跟踪特性分析的准确性；交通流参数估计是融合某时段内特定路段上的所有车辆，进行分析处理以获得相应的交通流参数，例如平均行程时间、平均行程速度、流量等；数据预处理的各项工作一般根据需求来选择。

（3）交通流状态分析与交通事件判别：根据信息预处理后获得的各类车辆或手机信息特征，利用所建立的事件检测算法对交通运行状态进行分析和判断，确定事件发生时间和地点。其核心是 AID 算法，它决定了交通事件状态判断的判定结果和反应时间，是评价事件检测系统性能优劣的关键。

信息发布包括动态信息显示板、语音报告、短消息 SMS 服务、电子地图等方式，一方面，以报警方式通知高速公路监控人员，以采取必要的措施来解除事件；另一方面，作为交通信息发布给驾驶员，告知交通事件的性质、发生时间和地点等信息，帮助他们掌握实时路况，降低事件的潜在危险。

因此，从各系统组成部分的功能来看，基于手机定位的高速公路 AID 系统集定位、通信、事件检测、信息服务等多种功能于一体，承担了数据采集、数据处理、事件判别、信息发布的一个完整功能，各组成部分的主要工作流程是：移动定位中心将手机进行定位，然后将手机的位置传送给交通控制中心，由交通控制中心对这些数据进行分析处理后，通过 AID 算法获得交通事件判断结果，并将其相应的事件信息通过移动通信网络向公众发布，如图 7-8 所示。

同时，基于手机定位的高速公路 AID 系统为手机定位技术提供了一个良好的应用扩展平台。交通流参数估计、交通流诱导、车辆监控等交通管理功能可充分利用该系统提供的应用接口，与本系统形成一个完整的高速公路交通监控系统。

基于手机定位的高速公路 AID 系统是以手机定位技术为基础，结合移动通信技术、计算机控制技术、信息处理技术，完成对高速公路发生的交通事件的快速、准确、可靠的检测，并提供事件发生的时间和地点。影响该系统运行性能的关键技术主要有三点：手机定位技术、电子地图匹配技术、AID 算法。

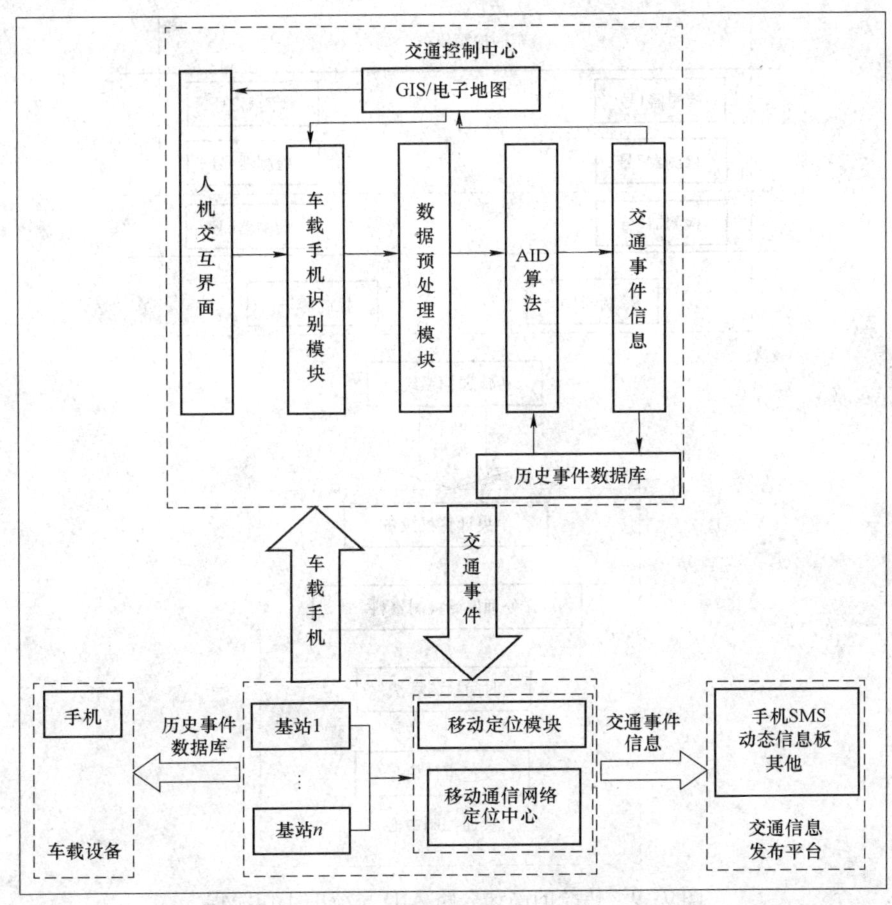

图 7-8　基于手机定位的高速公路 AID 系统的工作流程

由于环形线圈是目前使用最普遍的车辆检测器，因此，以基于环形线圈的高速公路 AID 系统为代表，将基于手机定位的高速公路 AID 系统与之进行分析比较。基于环形线圈传统的高速公路 AID 系统的工作流程如图 7-9 所示。对比图 7-8 和图 7-9，基于手机定位的 AID 系统与传统 AID 系统具有体系结构上的共同点。但这两个系统在数据采集、数据通信、数据处理等方面有明显的区别。

1. 数据采集方式的区别

环形线圈是一种固定型车辆检测器，它一般安装在某些重要交叉路口或部分道路端面以感应车辆到达信息。其设备投资成本高，铺设过程对路面的破坏程度和对交通运行影响大，维修管理比较困难，所以安装密度一般有限。

手机定位用于车辆检测，属于移动型动态交通信息采集。基于手机定位的高速公路 AID 系统不需要在路面或者车道旁附加任何的检测设备，而只需要车辆上有手机并保证开机状态，那么移动通信网络就能通过定位获悉其位置。

2. 数据特征的区别

环形线圈每隔一个采样周期向交通控制中心传输车辆通过的时间及其对应的电平波形，该信息经过处理后获得该检测器所在截面的车辆统计信息，包括流量、密度、占有率、车头时距等，虽然对实现道路交通管理与控制的大部分功能具有重要作用，但受安装密度的限制，环形线圈无法获得某些重要路段的交通参数，特别是全路网的交通参数。

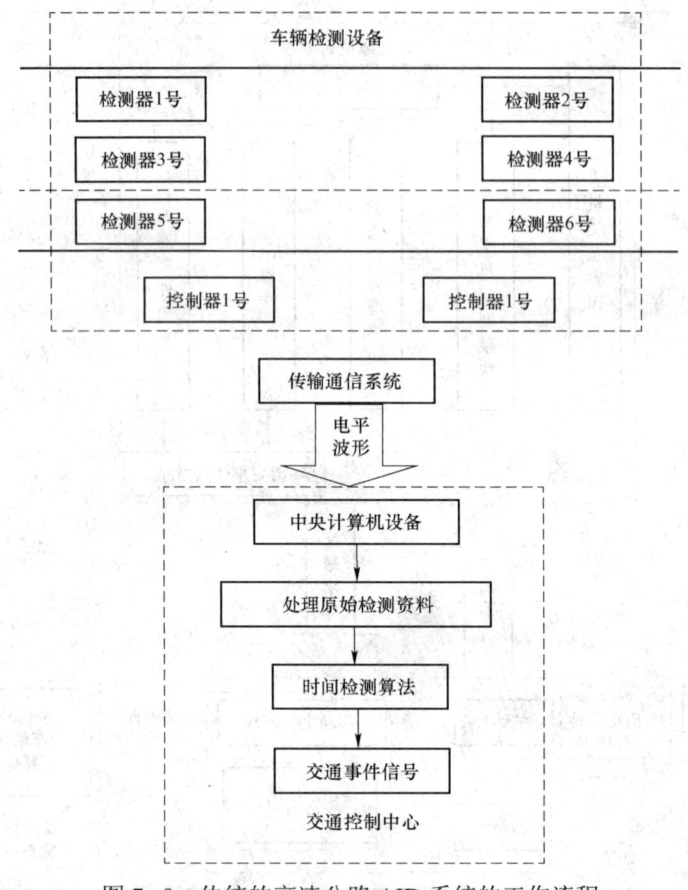

图 7-9　传统的高速公路 AID 系统的工作流程

移动通信网络的手机定位技术是一种无线定位方法，这种方法将手机作为移动台，通过检测手机和多个基站的收发机之间传递信号的特征参数（如电波强度、传播时间或时间差、入射角等）来估计出手机的几何位置，包括经度、纬度。对该信息经过处理可获得手机在路段上的离散位置点，它们蕴涵了车辆运行的时空变化和时速变化信息。对这些数据经过再加工，可以获得关心路段甚至全路网的平均行程速度、平均行程时间、流量等交通流参数，但无法估计占有率、车队长度等与车型有关的交通流信息。

3. 数据通信方式的区别

传统的高速公路 AID 系统的数据参数设备主要依靠电缆线、双绞线、光缆等方式来传递交通数据、气象数据、道路信息板等信号，一般对传输速率的要求不高，而传输的误码率要求较严格。

移动通信网络依靠无线电波的方式传递手机发射的信号，同时又将语音、数据、图像等信息发送给信息发布平台，其工作与天气条件无关，在能见度不良和不同远近距离下都可顺利完成各项任务。

4. 事件检测方法的区别

基于环形线圈的 AID 算法从分析交通流参数与交通事件之间的联系入手。该方法受线圈的安装密度影响大，在检测算法一定条件下，若检测点之间的距离增大，则事件检测率及误报率减小，检测时间增加；反之，事件检测率及误报率加大，且投资成本增加。因此该系统必须根据路段的交通流特性和车辆检测器的配置来选择合适的检测算法。

基于手机定位的事件检测方法可以建立在手机或车辆的特性参数之上，即依靠手机的定位跟踪获得手机的位置变化信息，分析某部或多部手机的特性参数来进行事件判别，也可以利用数据预处理方法获得截面交通流参数，如速度、占有率等，然后再分析这类参数与交通事件之间的映射关系，以判断路段上是否有事件发生。系统性能不仅与 AID 算法有关，还与移动通信网络的手机定位技术、电子地图匹配、数据预处理等因素有关。

7.3　经典 AID 算法

交通事件检测的关键部分是事件判断算法，关于算法的研究在 20 世纪 60 年代早期就开始了，它是伴随着美国州际高速公路的实施而出现的，经过 50 多年的发展，特别是随着交通量的增长和 ITS 的兴起，高速公路交通事件的自动检测系统越来越受到关注，而且发挥的作用也越来越大。

7.3.1　AID 算法发展历程

早期的自动检测算法对以微观参数为基础的不同的事件检测方法进行了研究，研究中事件检测所用的预先设定阈值与误报率有关，这些算法都能检测出一些事件，但误报率太高。1968 年，加利福尼亚运输局开发的事件检测算法得到最广泛的应用，被称为加利福尼亚算法，它采用车道占用率作为交通检测参数。

20 世纪 70 年代，美国联邦公路局开始组织进行先进的事件检测算法的研究。此项研究以洛杉矶和明尼阿波利斯两个城市高速公路监测系统所得的数据为基础，对 10 种高速公路事件自动检测算法进行研究比较，并开发了参数标定软件，研究表明加利福尼亚算法和指数平滑算法都能较好地进行事件检测。

20 世纪 80 年代，研究人员提出的许多算法运用了概率模型。在事件检测时并不只简单地判断是否报警，而且给出事件发生的概率。另外，在算法研究中，常将算法作为整个高速公路管理控制系统的一部分来考虑。例如，将事件检测算法与进出口匝道控制、可变限速控制和民用广播电台信息提供系统相联系。

20 世纪 90 年代，随着各种数学方法和计算机的进一步发展和成熟，高速公路事件自动检测算法开始运用各种比较成熟的新方法，例如将神经网络理论用于事件自动检测。随着智能运输系统（ITS）研究的兴起，由于采集的动态交通信息量的增加，提高了事件检测效果，有关各方对交通事件检测系统的功能更加关注，高速公路的事件检测算法研究又再一次成为热点。

7.3.2　AID 算法的分类

交通事件自动检测算法的研究主要是随着交通检测技术的发展而不断发展起来的，从最初的基于固定源数据，如线圈检测技术的算法，逐步向基于移动源数据的算法发展。然而，现有算法中，主要以基于固定源数据的算法居多，基于移动源数据的算法虽然得到了一定的研究，但仍处于初步阶段，尚未取得成熟性的研究成果。

1. 基于固定源数据的事件检测算法

该算法所使用的大多为基于路面的点数据，如交通流量、速度、占有率或它们之间的各种组合，典型的算法有比较算法、统计算法、平滑/滤波算法、交通模型算法以及人工智能算法等。表 7−6 为基于固定源数据的 AID 算法所用交通参数比较。

表 7–6　基于固定源数据的 AID 算法所用交通参数比较

算法名称		占有率	流量	速度
比较算法	基本的加州算法	✓		比较算法
	加州算法#7	✓		
	加州算法#8	✓		
	APID 算法	✓	✓	
统计算法	SND 算法	✓	✓	统计算法
	贝叶斯算法	✓		
	ARIMA 算法	✓	✓	
	HIOCC 算法	✓		
	CUSUM 算法	✓		
平滑/滤波算法	BES 算法	✓		平滑/滤波算法
	LPF 算法	✓		
交通模型算法	动态模型算法	✓	✓	交通模型算法
	McMaster 算法	✓	✓	
人工智能算法	神经网络算法	✓	✓	人工智能算法
	模糊逻辑算法	✓	✓	

基于固定源数据的 AID 算法有很多，按照不同的分类依据主要分为以下几类。

1）根据检测策略分类

如果根据检测策略来分，事件检测算法可分为模式识别和统计预测两类算法。模式识别算法的检测原理是通过一个或多个交通参数来区分异常状态和非异常状态，它不涉及交通流动态模型，实际上是一些有效的经验公式。该算法的难点是在于区域界线难以确定。典型算法主要有加利福尼亚法算法、算法 7 和 McMaster 算法。

统计预测算法建立在实时采集的数据基础上，根据采样值预测下一次采集值，将预测值与采样值相比较，判断是否有拥挤发生。该算法难点在于如何滤波、预测与选择阈值。具有代表性算法为标准正常偏差法和平滑算法。

2）根据检测截面分类

如根据检测截面来分，事件检测算法可分单截面法和双截面法。所谓单截面法是根据一个检测面的监视信息进行事件检测，而双截面法是根据两个相邻检测面的监视信息进行事件检测。在轻交通量时（我国大部分高速公路目前仍处在轻交通量），车辆对道路的占有率较小，事件发生时相邻检测器其值变化更小，不适合采用双截面算法，宜采用单截面算法。而对繁密交通（如城市高速公路、环城高速公路），宜采用双截面算法。

3）根据监视设备分类

根据监视设备可分为基于常规监视设备的算法（例如基于车辆检测器检测的信息来判断交通事件）和基于非常规监视设备的算法（例如基于 CCTV 的自动事件检测算法）。

2. 基于移动源数据的事件检测算法

典型的基于移动源数据的事件检测算法主要有 MIT 算法、ADVANCE 算法、TTI 算法、

UCB 算法、TRANSMIT 算法以及 Waterloo 算法等，上述算法所用的交通参数以及算法的性能如表 7–7 所示。

表 7–7　基于移动数据源数据的 AID 算法所用交通参数比较

算法名称		行程时间	速度	其他
MIT 算法	车头时距算法	✓		车头时距
	车道变换算法			车辆换道次数
	车辆监控算法			车道流量
ADVANCE 算法	行程时间算法	✓		
	动态测量算法	✓		行驶时间、车辆每秒的位置
TTI 算法		✓		
UCB 算法			✓	加速度
TRANSMIT 算法		✓		
Waterloo 算法		✓		
基于速度阈值的算法			✓	

7.3.3　AID 算法的评价指标

任何识别算法均不可避免地产生误报，因此需要用一些客观的评价指标来评估交通拥挤识别算法的效果。各种交通事件自动检测算法的评价，主要依靠三大指标：检测率（DR）、误报率（FAR）、平均检测时间（MTTD）。

1）检测率（detection rate，DR）

检测率是指使用某种事件检测算法时，在一定时间内，实际发生并被检测到的交通事件数与实际发生的交通事件总数的比值，为

$$DR=\frac{NDR}{DT}\times 100\% \tag{7-2}$$

式中：NDR 为实际发生并被检验到的交通事件数；DT 为实际发生的交通事件总数。

评价指标符号示意图如图 7–10 所示。

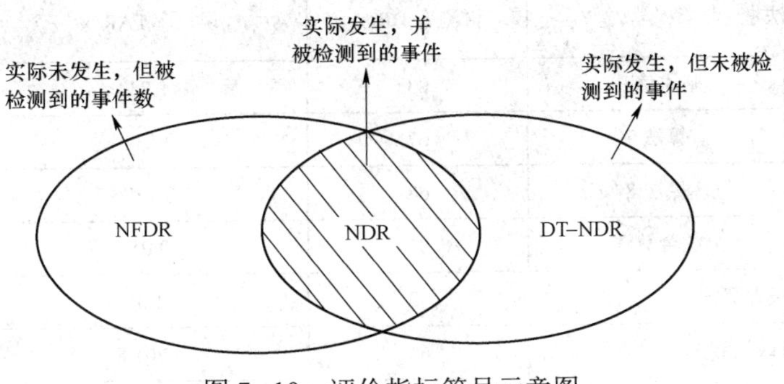

图 7–10　评价指标符号示意图

2）误报率（false alarm rate，FAR）

交通事件检测算法并不能全部检测出所有的交通事件，尤其是对车流影响并不明显的轻微交通事件。为了提高交通事件的检测率，常常会伴随更多的误报次数。

误报率是指使用某种事件检测算法时，在一定时间内，实际未发生但被检测到的交通事件数与检测到的交通事件总数的比值，为

$$\mathrm{FAR}=\frac{\mathrm{NFDR}}{\mathrm{NDR}+\mathrm{DT}-\mathrm{NDR}}\times 100\% \tag{7-3}$$

式中：NFDR 为实际未发生但被检测到的交通事件数；NDR 为实际发生并被检测到的交通事件数；DT−NDR 为实际发生但并未被检测到的交通事件数。

交通事件误报率是因需求的变动而产生的，为了降低误报率，目前采用的方法是持续性测试，即在呈报交通事件之前，须对此交通事件信号持续某一个时间段。在算法中加以持续性测试，可以有效地降低误报率。

3）平均检测时间（mean time to detection，MTTD）

平均检测时间是指由算法识别出的交通事件发生时刻与交通事件实际发生时刻的差值的算术平均值，为

$$\mathrm{MTTD}=\frac{1}{N}\sum_{i=1}^{N}T_i \tag{7-4}$$

式中：MTTD 为平均检测时间；T_i 为第 i 次事件的检测时间；N 为事件检测次数。

平均检测时间在比较交通事件检测算法时处于次要地位，由于平均检测时间的长短与算法参数的选择及门限值的高低有密切关联。当算法在线运行时，其检测时间与网络传输资料的速度以及计算机运行的速度有关，而离线测试时仅与计算机的运行速度有关，通常计算机的运行时间相当短，对检测时间几乎没有影响。

通常用事件检测率和误报率来度量事故检测算法的效能，采用平均检测时间反应算法的效率。任何一种自动事故检测算法都必须权衡 DR、FAR 和 MTTD 三个指标来进行性能评估，并且通常没有一个必然的最佳选择，因而事故检测效果评价需要均衡事件检测率、误报率和平均检测时间之间的轻重关系。

常用算法性能评价指标方面，美国加利福尼亚大学伯克利分校交通运输研究协会 2002 年 1 月公布了相关算法的性能标准，如表 7−8 所示。

表 7−8　高速公路时间检测算法技术指标比较

算法		检测率 DR/%	误报率 FAR/%	平均检测时间 MTTD/min
加利福尼亚算法	基本算法	83	1.73	0.85
	算法 7	67	0.134	2.91
	算法 8	68	0.177	3.04
	综合算法	86	0.05	2. 5
标准正态偏差算法		92	1.3	1.1
麦克马斯特改进算法		68	0.001 8	2.2
贝叶斯算法		100	0	3.9

续表

算法		检测率 DR/%	误报率 FAR/%	平均检测时间 MTTD/min
指数平滑法		92	1.87	0.7
低流量算法		49～78	当流量<400 辆/h 时，每 7 h 误报一次；当流量在 900～1 000 辆/h 时，每 2 h 误报一次	—
莫妮卡算法		不好	很好	很好
模糊集算法		很好	很好	比常规算法快 3 min
神经网络算法	多层神经网络（MLP）	89	0.01	0.96
	模糊神经网络（FNN）	89	0.012	0.9
波分析		好	好	好
基于 logit 的算法		96.3	5.3	好
低通滤波		80	0.3	4.0

由表 7–8 可以看出，各种检测算法在三个指标上难形成均较佳的效果，性能优异的算法也仅表现在单一指标上突出，未有算法达到各项指标均能最佳的效果。结合交通事件检测条件及目标的差异，可选择相应性能指标较高的算法。如在交通流量低的情况下，要求检测率高、误报率低，对平均检测时间要求不高；相反，在交通流量较大的情况下，则要求平均检测时间较短。

7.3.4　经典 AID 算法

1. 加利福尼亚算法

20 世纪 60 年代晚期，美国加利福尼亚州运输部开发了加利福尼亚算法，并得到广泛承认和应用，一般作为评价新算法的参考。该算法属双截面算法，基于事件发生时上游检测截面占有率增加和下游检测截面占有率下降这一事实。利用时刻 t 从检测站 i=1, 2, …, n 得到的平均占有率 OCC(i, t)，该算法使用下面三个条件来判断拥挤是否发生

$$\mathrm{OCCDF}=\mathrm{OCC}(i,t)-\mathrm{OCC}(i+1,t)\geqslant K_1 \tag{7-5}$$

$$\mathrm{OCCRDF}=\frac{\mathrm{OCC}(i,t)-\mathrm{OCC}(i+1,t)}{\mathrm{OCC}(i,t)}\geqslant K_2 \tag{7-6}$$

$$\mathrm{DOCCTD}=\frac{\mathrm{OCC}(i+1,t-2)-\mathrm{OCC}(i+1,t)}{\mathrm{OCC}(i+1,t-2)}\geqslant K_3 \tag{7-7}$$

式中：OCCDF 表示拥挤路段上下游占有率的差值；OCCRDF 表示拥挤路段上下游占有率的相对差值；DOCCTD 表示拥挤开始时下游占有率的相对差值；OCC(i, t) 表示第 i 个检测站 t 时刻所测得的占有率；K_1、K_2、K_3 分别表示相应条件的阈值。

如果上面三个条件都满足，判断拥挤发生，加利福尼亚算法的拥挤识别逻辑流程如图 7–11 所示。

图 7–12、图 7–13 描述了 7:00 拥挤发生后上下游占有率的差值、上下游占有率的相对差值、下游占有率的相对差值的变化情况，可以分析发现前两项指标的变化显著，下游占有率的相对差值变化不显著。

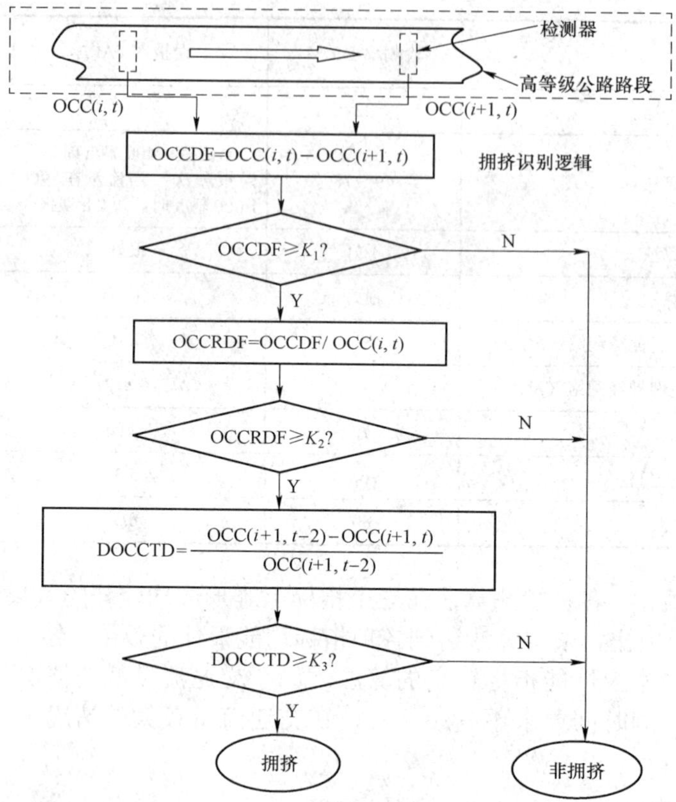

图 7-11　加利福尼亚算法的拥挤识别逻辑流程

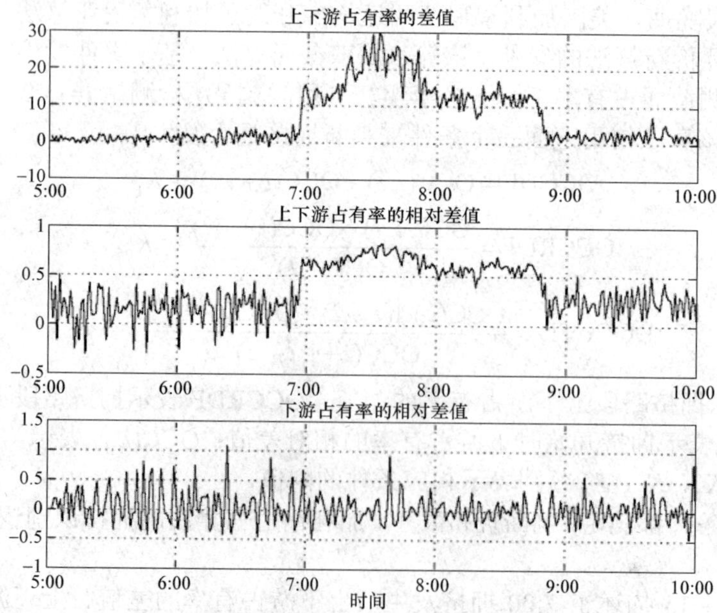

图 7-12　拥挤发生后占有率的变化波形图

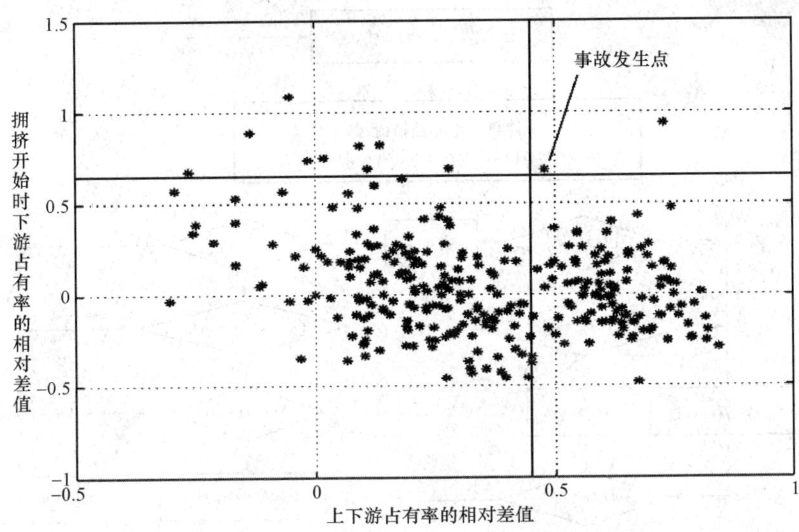

图 7−13　拥挤发生后占有率的变化散点图

在图 7−13 中，横轴表示占有率的时间变化率，纵轴表示占有率的地点变化率。图中标志着发生交通事件的点落在了右上角，准确地检测到了交通事件的发生。而在事件发生区内还有另外一个点，按照该算法的规定，标志着又有一起事件发生。而实际并非如此，这是高速公路恢复正常运行的标志。因此，这种算法存在的问题是只能检测到事件的开始，而不能预示事件的持续或结束。

为了克服基本算法的不足之处，研究人员提出了许多改进措施。其中之一是能够提示用户事件是否结束，其他的措施还可以降低误报率。许多非事件交通模式都可能引发误报，例如检测器失灵、大交通量所产生的交通流压缩波以及高速公路几何瓶颈等。其中大交通量下的交通流压缩波引发的误报最多，因而成为研究的重点。

2. McMaster 算法

由加拿大的 McMaster 大学土木工程系所开发，该算法的识别过程包括两个阶段：① 识别拥挤的存在；② 判别拥挤的类型。此算法的理论基础是描述同一检测站点测得的流量、速度和占有率之间关系的交通流突变理论。利用这个理论，实地检测得到的数据分布于流量−占有率（见图 7−14）上的四个区域内，每个区域代表一种特别的交通状态。

区域 1 为正常交通状态（非拥挤）；区域 2 表示偶发性拥挤地点上游的交通状态；区域 3 表示缓慢交通流的阻塞状态，一般意味着该监测站下游发生拥挤，存在集合瓶颈；区域 4 表示常发性拥挤地点上游处的交通状态。

该算法规定只有当检测器在三个连续的采样周期内，车速均降至阈值以下，或占有率超过阈值，或流量都在区域之外，才可判断有拥挤存在。在连续两个采样周期内，车速、流量和占有率任意两个超过各自阈值，也可以判断发生了交通拥挤。一般采样周期设为 30 s，具体的算法流程如图 7−15 所示。

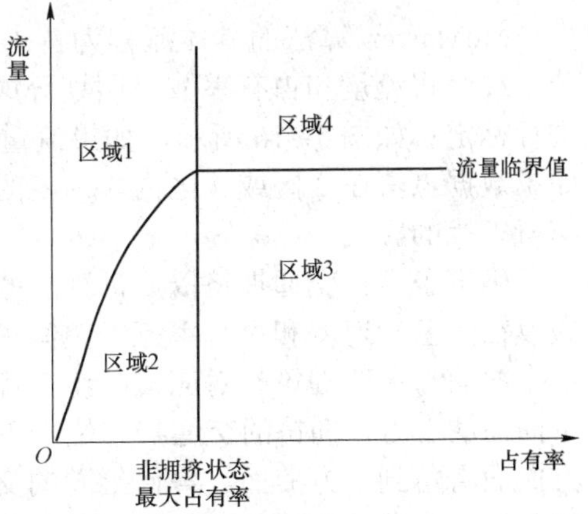

图 7−14　McMaster 算法识别原理

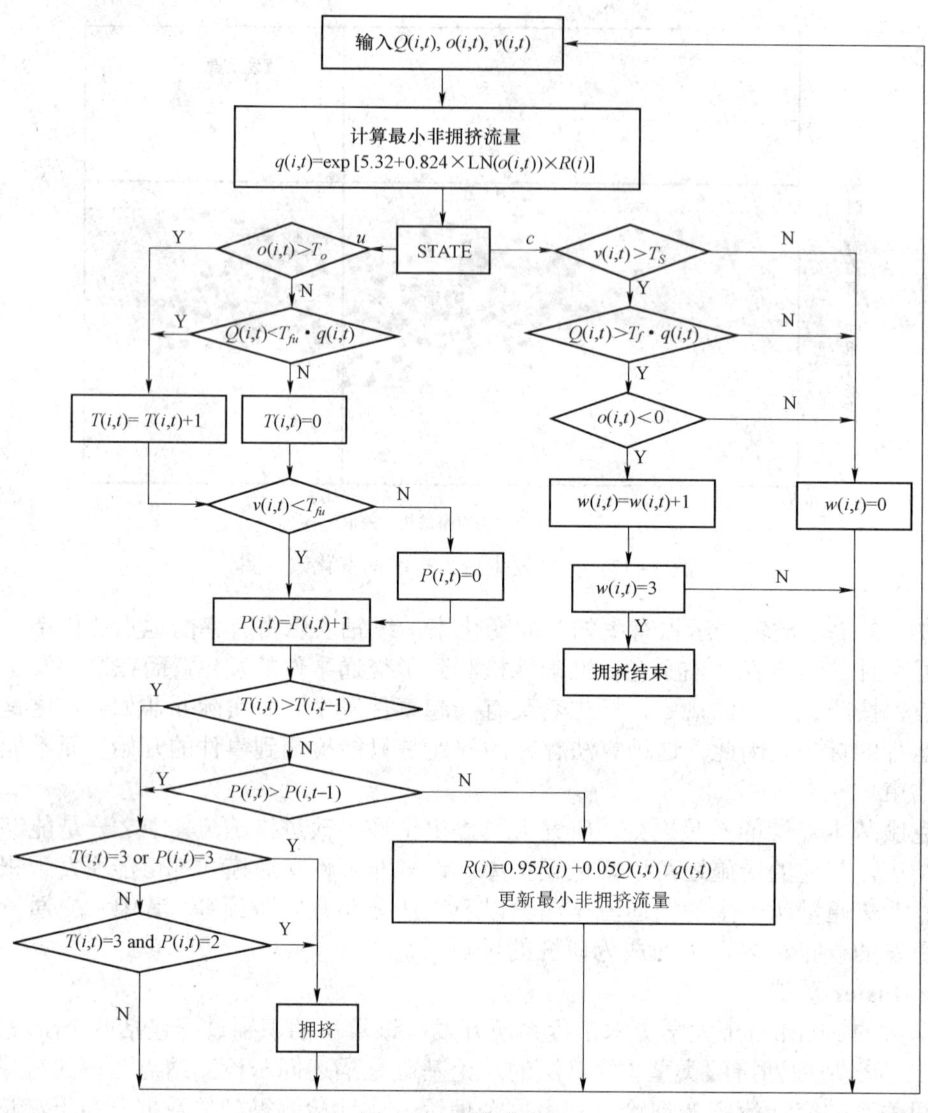

图 7–15　算法流程

McMaster 算法的具体流程为首先确定交通流是否处于拥挤状态。为了达到这个目的，用若干线段将流量和占有率散点图划分成几个不同的部分。分隔线的具体形式需要用已知的数据进行标定。如图 7–16 所示，如果流量和占有率的数据点落在 1 区内，则表明没有交通拥挤；如果数据点落在 2 区或 3 区内，则表明出现了交通拥挤。需要对拥挤进行持续性检测，以消除随机干扰的影响。

确定了存在交通拥挤以后，算法的第二个步骤是判定拥挤的性质。为了达到这个目的，其假设在流量、速度和占有率三维空间中，交通流运行在一个折叠的曲面上，如图 7–17 所示。这个曲面与突变理论相对应，设计者就是以该理论为基础设计该算法的。不拥挤的交通状态位于曲面的上方，拥挤的交通状态位于下方。关键论点是当有交通事件发生时，交通状态将从上方曲面滑落到下方曲面。事件上游的交通状态从不拥挤的 A 点通过 B 点跌落到拥挤的 D 点。但是对于常发性交通拥挤下的交通状态，则会从 A 点通过 C 点到达 D 点。即如果没有发生交通事件，则交通状态的变化缓慢的，而不是突变的。

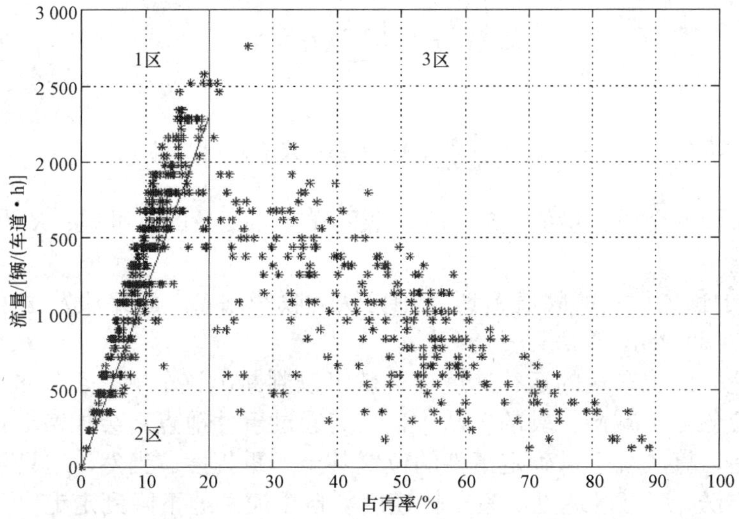

图 7–16　单车道单线圈 30 s 的流量与占有率关系图

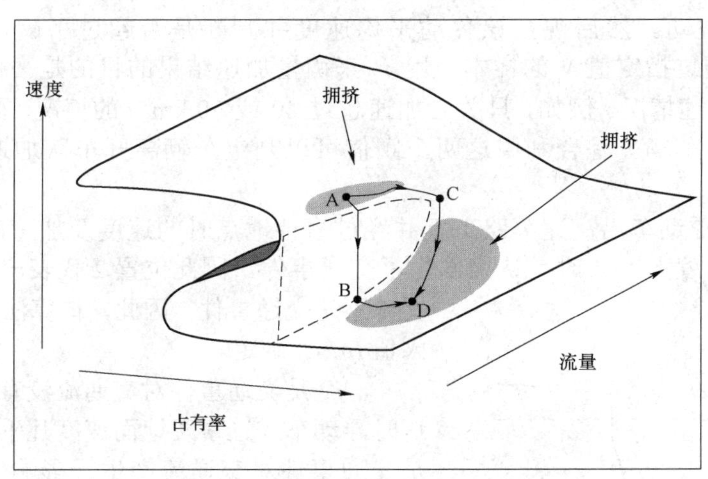

图 7–17　事故发生后速度与占有率变化

3. 其他算法

1）标准偏差算法

SND 算法由美国得克萨斯州交通协会开发于 20 世纪 70 年代，因其操作简单和良好的异常交通状态捕捉能力，目前已成为应用最为广泛的 AID 算法之一。SND 算法的基本原理为：将当前时刻之前 n 个采样间隔的交通参数的算术平均值作为当前时刻的预测值，再用正态偏差度量交通参数相对于其以前平均值的改变程度，当它超过预先设定的阈值时，则认为发生了异常交通状态。

将 SND 算法应用于基于收费数据的交通事件检测时，设收费站 1 第 t 个采样间隔交通流量的实际值为 $x_1(t)$，第 i 个采样间隔之前 n 个采样间隔交通流量的实际值分别为 $[x_1(t-n), x_1(t-n-1), \cdots, x_1(t-1)]$，则正态偏差的计算公式为

$$\mathrm{SND}(t) = \frac{X_1(t) - X(t)}{S} \geqslant K \tag{7-8}$$

$$X_1(t)=\frac{1}{n}\sum_{i=1}^{n}X(t-i) \tag{7-9}$$

$$S=\left[\frac{1}{n}\sum_{i=1}^{n}\left(X(t-i)-X_1(t)\right)^2\right]^{\frac{1}{2}} \tag{7-10}$$

式中：$X_1(t)$为当前预测交通变量值；S 为前 n 个采样交通变量的标准差；K 为门限值；SND 为标准偏差。

当 SND(t) 小于预先设定的阈值 k_1 时，则可认为收费站 1 上游路段发生了异常交通状态。

2）基于浮动车的 Petty 算法

通过跟踪高速公路上车辆的运行速度变化就可以判断出该车辆是否经过事件发生地。在事件地点上游车辆应该处于减慢行驶的车队中，当其通过事件地点后会加速到自由流速度。观察到这种速度变化后，算法就可以确定事件的位置甚至严重程度。当然，这只是利用浮动车进行事件检测的一种方法，还可以通过观察车辆速度从自由流急速下降到走走停停的状态来判断事件的发生，更为复杂的方法还会用到车速变化的模式匹配技术。

首先对速度数据进行滤波，如采用 20 个数据（时间间隔为 1 s）进行移动平均，这样可以去掉随机波动。然后观察该移动平均速度并判断是否超过了阈值 α。最后，重点观察加速后速度超过指定值 v_t 的样本。用 v_{tl} 来衡量加速结果的目的是去掉在走走停停状态下产生的较大的加速情况。例如，只关心加速超过 40 或 50 km/h 的情况，而不关心从 5 km/h 加速到 15 km/h 的车辆。综合利用这两个阈值可以判定车辆离开车队加速到自由流速度的地点。

图 7–18 代表浮动车沿高速公路下行并经过事件地点时的速度及加速度变化曲线。当加速度大于 α 而且速度大于 v_t 时，认为发生了交通事件。因此位置 2 代表一个交通事件，但位置 1 不是交通事件。因此，该算法的运行效果曲线由阈值 (α, v_t) 确定。

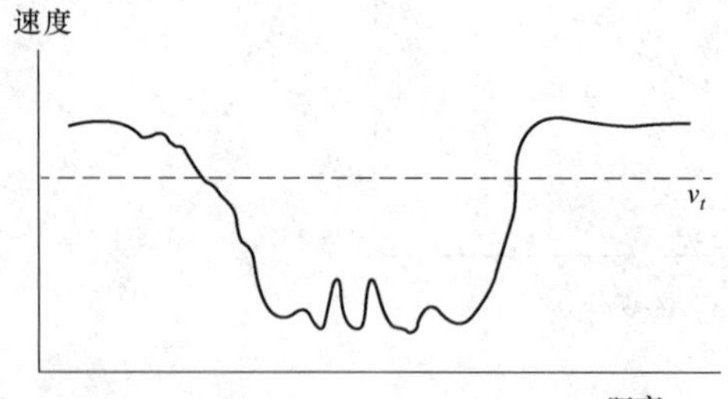

图 7–18　浮动车沿高速公路下行并经过事件地点时的速度及加速度变化曲线

一个是交通事件对交通流没有影响或影响很小，这时浮动车经过事发地而速度几乎没有下降；另一个是交通事件对交通流产生了影响但没有浮动车经过那里，这恰好与线圈相距太远而无法感受到事件影响一样。不过浮动车系统虽然会在时间上漏检一个交通事件，而线圈系统却会在时间和空间上同时漏检交通事件。如前所述，只要增加设施数量就可以解决这种问题。

浮动车的数量也是影响检测效果的关键因素，如果所有车辆都是浮动车，将不会错过任何一个可检测的交通事件；反之，如果仅仅有几辆浮动车，很容易就会错过交通事件的检测，因为浮动车的密度不够大。图 7–19 给出了浮动车数量分别为 3 或 4 时交通事件的检测率，可以发现检测率几乎翻倍，具有明显的差异。

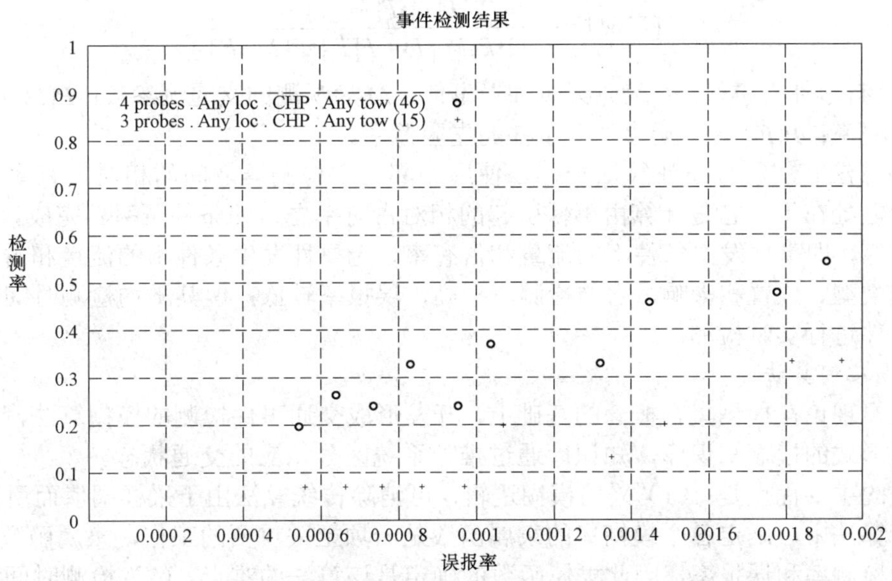

图 7-19　浮动车数量分别为 3 或 4 时交通事件的检测率

图 7-20 描述了两类不同交通事件的检测率，检测容易的交通事件检测率为 90%，检测困难的交通事件的检测率仅仅只有 40%，具有显著差异。

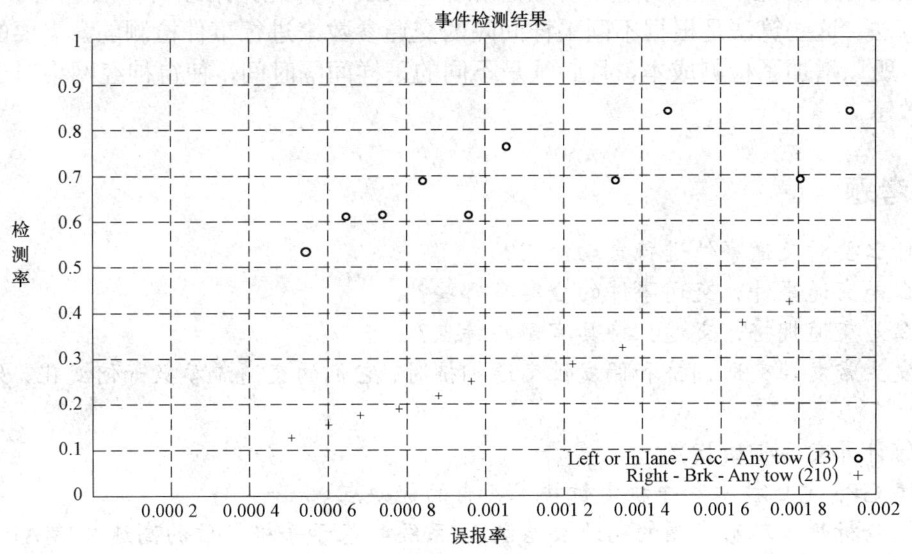

图 7-20　两类不同交通事件的检测率

3）贝叶斯算法

贝叶斯算法是采用当路段通行能力下降时，事件发生的频率和历史数据，使用贝叶斯统计技术计算由下游车道阻塞引起的交通事件的概率。

贝叶斯算法使用的是著名的贝叶斯概率分类理论，分类结果期望输出可以表示为条件概率 $P[I|M]$。给定一个有事件和无事件交通条件的先验概率，就能够使用贝叶斯定理计算出期望的

后验概率，为

$$P[I\mid M]=\frac{P[I]\cdot P[M\mid I]}{P[I]\cdot P[M\mid I]+P[F]\cdot P[M\mid F]} \tag{7-11}$$

式中：I为“有事件”事件；F为“无事件”事件；M为观测的交通流参数；$P[I]$为“有事件”事件的先验概率；$P[F]$为“无事件”事件的先验概率。

虽然该算法和加利福尼亚算法一样，使用相邻两个检测器之间的相对占有率之差作为基础，但不同之处在于，它是计算由事件引起的相对占有率之差的条件概率。完成该算法需要3个历史数据库，即事件发生条件下的流量和占有率、无事件发生条件下的流量和占有率，以及发生事件的类型、位置和影响。它的检测率很高，误报率较低；但其平均检测时间较长，不利于对交通事件进行实时检测。

4）模糊几何算法

模糊逻辑理论在模糊集合概念的基础上，开发形成交通事件检测的模糊算法，其主要思想是模糊规则形式的模糊知识库，知识库通过推理系统区分相应的交通状态。

该算法的主要优点是：（1）采用模糊逻辑，可消除传统算法由于采样阈值而引起的临界决策区。在该算法中，确定各个模糊集的隶属函数是一项至关重要的工作，隶属函数合适与否，直接影响到检测率和误报率，因此隶属函数的确定是该算法的难点。（2）检测时间短，如果隶属函数选择恰当，则检测率和误报率结果都将较为理想。

5）基于神经网络技术的交通事件检测算法概述

随着神经网络在交通运输系统中广泛的应用，我国也有很多专家对基于神经网络的交通事件检测算法进行了研究，主要有基于多层感知器（MLP）神经网络经典算法与基于MLP神经网络改进算法。这些算法是根据不同采样间隔的交通参数来进行事件检测的，需要的环形线圈检测器多，所以增加了检测成本，且必须是不同的采样间隔时间，使得神经网络对于交通事件的反应不敏感。

思考题

1. 为什么要对交通事件进行自动检测？
2. 什么是交通事件，交通事件的分类有哪些？
3. 什么是交通拥挤，交通拥挤具有哪些特点？
4. 当发生常发性交通拥挤和偶发性交通拥挤时，它们的交通流参数如何变化，如何区别这两类交通拥挤？
5. 如何计算交通拥堵指数？
6. 概述GPS定位技术和手机定位技术各自的优缺点。
7. 比较分析基于环形线圈的高速公路AID系统和基于手机定位的高速公路AID系统之间的区别。
8. AID算法常用的评价指标有哪些？
9. 加利福尼亚算法判别拥挤的原理是什么？
10. 试简述各个检测算法的优缺点。

本章参考文献

[1] 余勇. 快速路交通事件自动检测算法的研究与实现[D]. 北京：北京交通大学，2008.

[2] 陆惠丰. 交通事件自动检测和监视功能的设计和实现[D]. 上海：上海海事大学，2005.

[3] 袁振洲. 道路交通管理与控制[M]. 北京：人民交通出版社，2007.

[4] 裴玉龙. 道路交通安全[M]. 北京：人民交通出版社，2007.

[5] 贾元华. 高速公路交通事件自动检测系统结构框架[J]. 佳木斯大学学报（自然科学版），2004，22（2）：242-246.

[6] 姜桂艳，温慧敏，杨兆升. 高速公路交通事件自动检测系统与算法设计[J]. 交通运输工程学报，2001（1）：77-81.

第 8 章　智能网联汽车关键技术

智能网联汽车技术在解决交通问题，尤其是在快捷出行、安全行车、环境保护等方面已经取得了良好的效果。本章将介绍智能网络网联汽车相关关键技术，着重对智能网联汽车通信方式、无线定位方法进行介绍。

8.1　智能网联汽车概述

8.1.1　智能网联汽车概念

中国汽车工业协会（China Association of Automobile Manufacturers，CAAM）对智能网联汽车（intelligent connected vehicle，ICV）定义为：搭载先进的车载传感器、控制器、执行器等装置，并融合现代通信与网络技术，实现车与 X（人、车、路、后台等）智能信息交换共享，具备复杂的环境感知、智能决策、协同控制和执行等功能，可实现安全、舒适、节能、高效行驶，并最终可替代人来操作的新一代汽车。

智能网联汽车根据其定义主要包括 3 个关键词：感知、决策和控制。感知主要可以分为自主式感知和网联式感知，自主式感知是通过车载传感器实现对复杂环境的感知，而网联式感知则是借助现代通信和网络技术来感知环境。利用感知的复杂环境信息，进行智能化的决策，最终实现的是协同控制。

智能网联汽车主要特征是智能化和网联化。智能化方面，CAAM 根据智能化的程度把智能网联汽车分为五级，如图 8–1 所示。

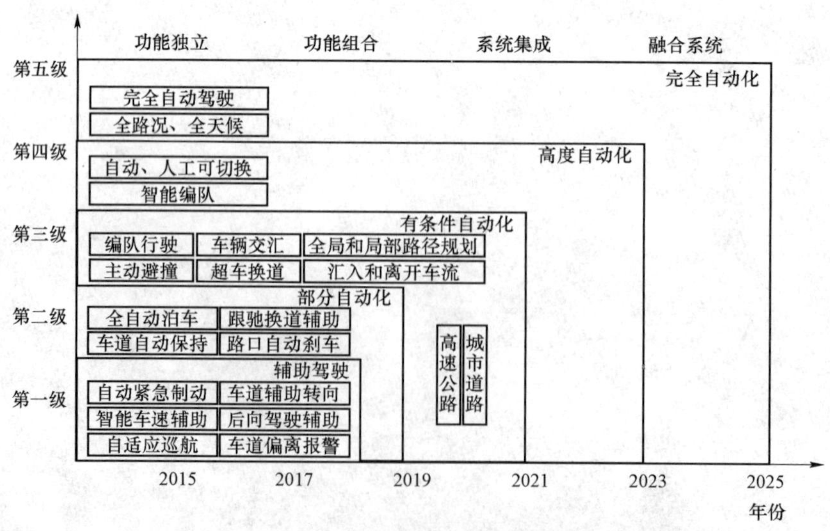

图 8–1　智能网联汽车等级

每一级相关内容包括：

第一级：辅助驾驶阶段。至少有一个或多个特殊自动控制功能，能为驾驶员提供预警或辅助。

第二级：部分自动化阶段。至少有两个原始控制功能融合在一起，完全不需要人为控制，只需监控并能实现紧急情况下的监管。

第三级：有条件自动化阶段。在某个特定的驾驶交通环境下，让驾驶员完全不用控制汽车。

第四级：高度自动化阶段。驾驶员无须一直对系统进行监控，但驾驶员必须能时刻重新掌握车辆，即半自动驾驶。目前特斯拉的自动驾驶正是处在这一级别。

第五级：完全自动化阶段。这一阶段是最高程度的自动驾驶，即车辆在整个行驶过程中，完全自动控制，全程检测交通环境，即实现无人驾驶，包括有人乘坐和无人乘坐的情况。

网联化方面，CAAM 根据网联化的程度把智能网联汽车分为网联辅助信息交互、网联协同感知以及网联协同决策和控制等三级。

8.1.2　智能网联汽车系统构成

智能网联汽车是一个多元素协调共存的系统，它以汽车为主体，搭载智能终端，由信息服务平台通过无线通信网络等手段为用户提供多样化信息服务，再辅以车载检测系统以及短程通信系统实现多车辆有序、安全行驶的目的。图 8–2 所示为智能网联汽车系统的 3 大层次构成：数据感知层、网络通信层以及应用服务层。

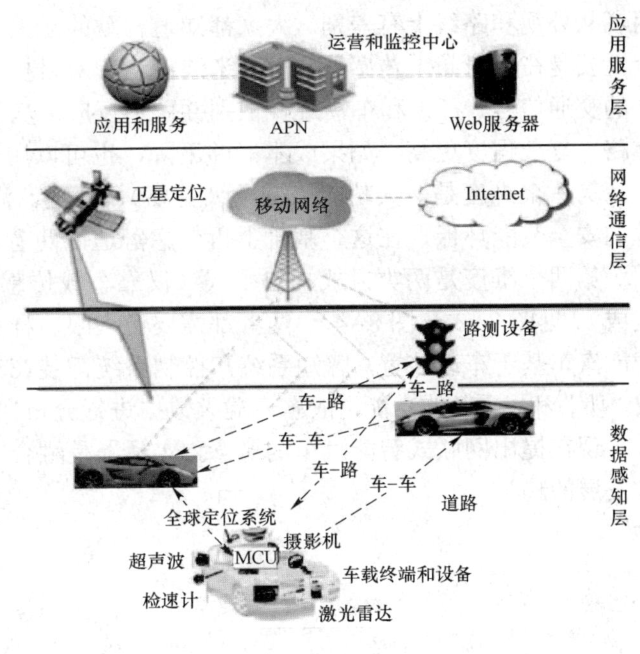

图 8–2　智能网联汽车系统构成

数据感知层的主要功能是通过感知技术、车载信息终端和路边系统设备，实现对车辆自身属性和车辆外在属性（如道路、人和环境等）静、动态信息的提取，通过轻量级车载交互网关，完成车辆相关信息的收集和处理，同时接收和执行来自上层的智能交通、增值信息服务等交互控制指令。

网络通信层分为网络接入层和网络传输控制层。网络接入层的主要功能是基于现有移动通信网络和宽带无线城域网络基础设施，实现运行系统（包括车辆信息系统、路网环境、信息采集基站系统和运行管控服务中心系统等）和运营系统（运营管控平台系统、关键服务子系统等）之间的数据传输。网络传输控制层主要通过移动无线网络和专用核心网络实现汽车信息源和数据中心之间的信息传输，提供用户终端连接和对用户终端的管理，作为承载网络提供到外部网络的接口，实现汽车各种服务、管理和服务交互过程的控制等。

应用服务层分为应用服务支撑层和应用服务开放平台。支撑层主要由各种应用服务器组成，其主要功能包括对各类信息的汇聚、转换、分析，以及根据不同的业务功能需求进行适配和事件触发。开放平台的主要功能是运用云计算平台，向政府管理部门、汽车和信息服务运营企业、个人开发者等不同类型用户提供汽车综合服务与管理，从而支持新型的服务形态和商业运营模式。

8.1.3 智能汽车、车联网和智能网联汽车

1. 智能汽车

智能汽车，是能够部分或者完全替代人驾驶的汽车，在传统汽车技术上增加了雷达、摄像头、V2X 通信、精确定位等形成传感系统，作为汽车的眼睛和耳朵感知外界；增加了更多的控制器作为汽车的大脑进行决策；通过电子稳定系统、自动变速器、电动助力转向等替代人的手脚来完成执行功能。这样使未来汽车更安全、更清洁、更智慧。

现在关于智能汽车的说法有很多，可以从四个维度来理解。

第一个维度是两个阶段：初级阶段（驾驶辅助系统 ADAS、各类自动驾驶系统）、终极阶段（完全无人驾驶）。智能汽车一定是分阶段实现的，互联网公司宣称直接跳入终极阶段的路径是不切实际的。眼下能够马上做出产品的是驾驶辅助系统、各类自动驾驶系统，这两类系统对应的标准不同，实际上有共性的挑战和难点。

第二个维度是两个领域：军用（谷歌等 IT 公司方案）、民用（国外各大汽车公司主流方案），两者从外观和路线上有差别。大家都知道谷歌的无人驾驶车很多技术来源于军用领域。各大车企主要是在车身布上传感器，以毫米波雷达和双目摄像头对周围环境进行实时监控，并对道路上的交通信号、行人和车辆进行识别并做出反应。基于军用领域的智能汽车使用环境常常没有道路，复杂程度更高，如果成本能够下降，也可以用于民用。

第三个维度是两大功能：安全（首要）、舒适。汽车作为移动工具，首先一定是解决最基本的安全节能环保，在这个基础上再考虑舒适，两者不可缺少，缺一都不能成为汽车。

第四个维度是两类方式：自主式（仅靠车载传感器）、网联式（需要通信技术，与车联网集成）（见图 8–3 和图 8–4）。两者都需要像人眼一样具有环境感知和决策的控制能力。自主式智能汽车基于车载装置，感知系统和控制系统都装在车身上；网联式智能汽车基于通信互联完成“听”和“看”的功能，依靠云端大数据进行分析决策，也就是移动互联情况下的智能汽车。

现在提出网联式智能汽车的概念，实际上是融合了自主式和网联式两类方式，也体现了技术发展的趋势。

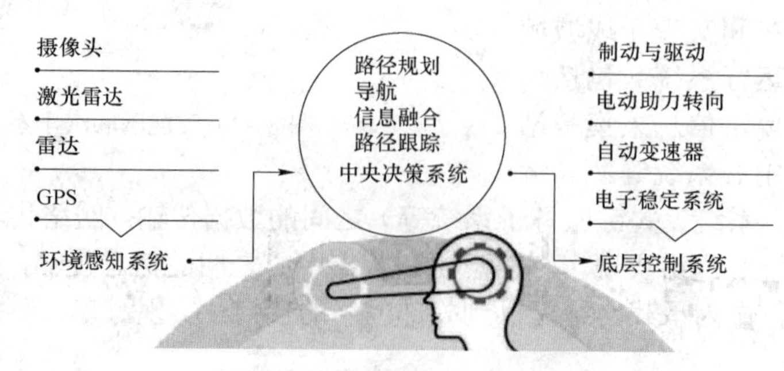

图 8–3 自主式智能汽车

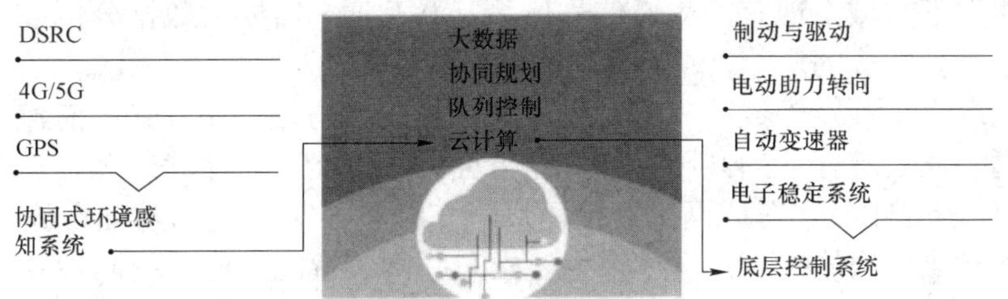

图 8-4　网联式智能汽车

2. 车联网

根据车联网产业技术创新战略联盟的定义，车联网是以车内网、车际网和车载移动互联网为基础，按照约定的通信协议和数据交互标准，在车-X（X：车、路、行人及互联网等）之间，进行无线通信和信息交换的大系统网络，是能够实现智能化交通管理、智能动态信息服务和车辆智能化控制的一体化网络，是物联网技术在交通系统领域的典型应用。

车联网不仅提供交通管理、智能通信、定位、后市场等信息服务，还能提供诸如智能安全预警、智能安全控制等服务，提高行驶安全。此外，通过动力系统优化、经济驾驶建议等还可以促进节能减排。

通常用三个维度来描述车联网，即三个“三”：三网融合、三个技术（智能终端、通信网络、信息平台）、三大功能（信息服务、结构变革、智能制造）。

车联网与智能交通系统、智能汽车等的相互关系如图 8-5 所示。如果以车联网为对象，它包括汽车电商及后服务、智能制造，此外还包括智能交通领域的协同式智能交通管理与信息服务以及智能汽车和 ADAS 辅助系统相关的协同式智能车辆控制等内容。

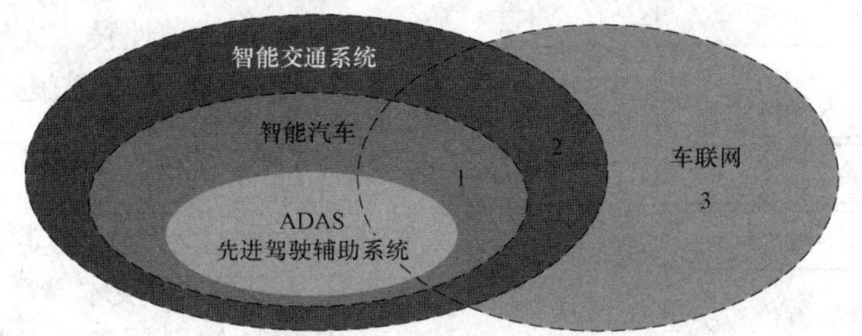

图 8-5　车联网与智能交通系统、智能汽车等的相互关系

1—智能网联汽车；2—协同式智能交通管理与信息服务；3—汽车电商及后服务、智能制造

在这样的定义下，智能网联汽车产业链不仅包括互联网 IT 企业、整车企业，还需要先进传感器厂商、汽车电子供应商等相关行业共同协作。

3. 智能网联汽车

智能网联汽车作为一个跨技术、跨产业领域的新兴体系，各行各业对其的理解和认知是有差异的，在交通行业，主要倡导的是通过智能网联汽车的普及实现智能交通，提高交通效率。

从用户方面来看，相比于其他前瞻性的科技，安全、环保、效率提升是用户对智能网联汽车最迫切的期待。待到智能网联汽车实现第五级——完全的自动化，那么路上的汽车都将实现自动驾驶，人为因素造成的交通事故将大为减少。

目前，完全的自动化在实验室阶段几乎已经 100%实现。2015 年夏天，谷歌无人驾驶汽车已经进入了上路测试阶段，但是真正的无人驾驶，是一个系统工程，不光是汽车技术本身，还需要在政府的协调下与城市现有的交通信号体系互联互通，需要大数据分析技术的支持，这不是汽车企业可以单独完成的。

由于智能网联汽车涉及领域的广泛，在行业标准制定方面，不仅需要有汽车行业本身的，还要有整个交通、通信等行业的共同标准，这方面标准的制定也不是一蹴而就的。

智能交通系统（ITS）和车联网为智能网联汽车提供了智能化的基础设施、道路及网络环境，随着汽车智能化层次的提高，反过来也要求车联网、智能交通系统同步发展。三者之间是相辅相成，互相促进发展的关系。

在复杂的交通路况下，实现自动驾驶并不难，真正难的是如何实现安全的自动驾驶。在自动化设备部署的初期，事故数量会上升，但随着人工智能、大数据，以及收集数据的传感器开始走向成熟，能够处理在测试环境中难以模拟的异常情况，事故数量会随之下降。

8.1.4 智能网联汽车关键技术

智能网联汽车关键技术包含车路设施、信息交互和基础支撑等 3 项关键技术，如图 8-6 所示。

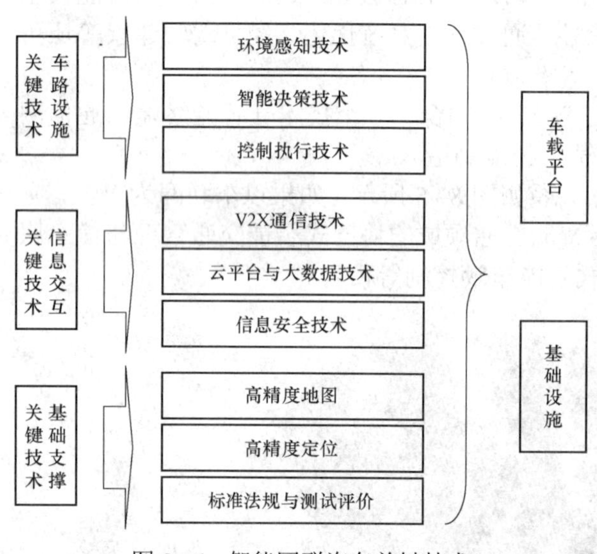

图 8-6 智能网联汽车关键技术

开展以环境感知技术、高精度定位与地图、车载终端机人机接口（HMI）产品、集成控制及执行系统为代表的关键零部件技术研究，开展以多源信息融合技术、车辆协同控制技术、通信与信息交互平台技术、电子电气架构、信息安全技术、人机交互与共驾驶技术、道路基础设施、标准法规等为代表的共性关键技术研究。

其中的关键性技术（地图技术、通信技术等）无法引用国外的先进技术，因为所面临的整体环境是不一样的，所以需要国内的厂商进行自主研发。也正因此，目前国内的众多车企以及互联网技术公司正走在这条道路上。

1. 环境感知技术

环境感知包括车况及控制系统感知、道路环境感知、车与物的感知、车辆位置感知、驾驶辅助系统感知等。车与物感知，是行车安全、防止碰撞和无人驾驶的基础，主要采用 RFID、激光、红外、视频、电磁等感应技术。道路环境感知是车辆与智能交通融合的关键技术，主要包括路面感知、交通状况感知、交通信号感知、行人感知、智能交通感知等。位置感知主要采用卫星定位技术，是车辆行车监控、在线调度、智能交通和辅助驾驶的基础技术。目前全球最重要的位置感知技术系统是 GPS，中国北斗系统也发展很快，是中国大力推广的位置感知系统。智能驾驶辅助系统是感知技术的综合运用，高级的智慧驾驶系统还可以实现无人驾驶、智能停车。

2. 智能决策技术

智能汽车在对环境进行感知计算分析后，剩余的控制包括行为决策、任务规划等都可以归纳为决策控制。智能汽车决策控制大体从侧向控制系统决策、纵向控制系统决策两个方面进行研究。集中车辆内部和外部多种信息，对车辆行驶路线、车速控制进行规划，在紧急情况下甚至危及行车安全时做出预判和决策。

全辅助驾驶技术包括车道偏离预警与保持、前方车辆探测及安全车距保持、行人检测、驾驶员行为监测、车辆运动控制与通信等。目前比较先进的是 ADAS（高级辅助驾驶系统），其运作基于不同的传感器技术，车辆上采用的主要传感器为雷达传感器，可以丈量前方车辆的速度以及两车之间的间隔，同时可以监测自身车辆的速度和间隔，并给出碰撞预警，提高驾驶安全性。

除了雷达，目前已经在中端轿车和高端轿车市场上开始应用的激光雷达受到了较为广泛的重视。激光雷达利用光探测与测量，通过准确定位激光束打在物体上的光斑获得数据并生成精确的数字高清模型，测距精度可达厘米级，激光雷达最大的优势就是精准和快速、高效作业。

3. 控制执行技术

对于智能汽车而言，研究智能技术的关键是自动规划、自动决策和各路传感器的智能化，包括数字图像处理、知识库的建立与表达、车辆侧向、纵向智能运动。侧向控制系统主要研究智能汽车的追踪能力，控制车辆快速、准确地沿着预设路径安全行驶。纵向控制系统主要研究智能汽车的速度调节能力，控制行驶速度及速度的变化率能平滑地进行调节。

借助车载雷达、GPS、惯导与中央控制系统导引车辆实现安全行驶，中央控制系统依据检测到的路况信息发送前行、加速、转向、避让、刹车等各种指令到执行机构，由执行机构完成相应操作。

4. V2X 通信技术

无线通信技术分为短距离与长距离技术。长距离通信技术用于提供即时的互联网接入，短距离通信技术为安全系统提供实时响应的保障，以及为基于位置的信息服务提供有效支持。

短距离技术有专用短程通信技术 DSRC、WiFi 等，其中 DSRC 重要性高，它包括车－路（V2R）通信和车－车（V2V）通信两种形式，可以实现在特定区域内对高速运动下移动目标的识别和双向通信。长距离有蜂窝网络、WiMAX、3G/4G 等，其中 3G/4G 技术应用最为广泛，4G（LTE）技术主要分为 FDD 和 TDD 两种模式。

无线通信技术是 V2X 通信的基础，目前常用的车－车通信和车－路通信为 DSRC 通信。DSRC 是一种高效的无线通信技术，它可以实现在特定小区域内对高速运动下的移动目标的识别和双向通信，例如车辆的车－路、车－车双向通信，实时传输图像、语音和数据信息，将车辆和道路有机连接。

车载单元简称 OBU，与路侧单元 RSU 进行通信，主要传输的数据为位置、速度、驾驶方向、车辆尺寸等信息。车－车通信同样是通过 OBU 单元进行。

当两个车辆距离较远时，两者之间的通信可以通过路侧单元 RSU 进行信息传递，通过一定范围内车与车、车与路的信息交流，就构成了一个无中心、完全自组织的多跳通信网络（Ad Hoc Network）。

5. 云平台与大数据技术

随着互联网的不断发展，大数据蕴藏的巨大价值有待开发。在车联网中，车辆将位置信息、车况信息等同时上传到云端形成海量数据，对大数据的有效利用也对车联网行业的发展起到推动作用。

车辆可以收集到很多的信息，比如由 GPS 得到当前车辆的位置信息，由雨刷传感器得到当前区域下雨与否的天气信息，由 ABS 可以判断车辆潜在的威胁，由方向盘制动和油门的情况可以判断出当前位置的交通拥挤情况，从气囊的打开与否判断车辆的潜在碰撞，同时还可以从车辆的 ECU 中得知车辆的状况等。

上述信息通过 V2X 通信上传至云端，云服务器处理大数据后可以为互联车辆提供信息服务。车辆的位置、天气情况、速度改变及潜在的危险等信息可以为车辆提供一些基于位置的服务、天气信息、交通咨询和社交服务等；由汽车的加减速情况及交通拥挤情况可以提供给驾驶员安全驾驶的信息；另外还可以提供一些社会资讯，从而带来社会效益；由潜在的碰撞判断可以提前检测交通事故，并采取报警、呼叫救护车及提醒周边车辆的行为；而从车辆的状况中可以提前检测车辆是否存在故障，也可以提供加油或者充电的资讯。

6. 信息安全技术

车联网使汽车接入网络的同时，也带来了信息安全的问题，在应用中，每辆车及其车主的信息都将随时随地连接到网络，随时随地被感知。这种暴露在公开场所中的信号很容易被窃取、干扰甚至修改，从而直接影响车联网的体系安全。因此在车联网中，信息安全设计尤为重要。下面给出了互联智能汽车常见的信息安全需求。

（1）可认证性：车联网中所有节点都应该核对收到信息的真实性。

（2）隐私保护：每个车辆的信息隐私需要得到保护。

（3）网络可靠性：个别节点遭受攻击不影响整个网络运行。

（4）不可否认性：信息发送者不能否认发送过该信息。

（5）责任归属性：权威机构有权揭露车辆节点的真实身份。

7. 高精度地图

高精度地图是相对于普通导航电子地图而言的，所谓的高精度，实际上一方面是说高精度电子地图的绝对坐标精度更高，所谓绝对坐标精度指的是地图上某个目标和真实外部世界事物之间的精度。另一方面，高精度地图所含有的道路交通信息元素更丰富和细致。

8. 高精度定位

互联汽车感知与定位系统较传统的智能汽车感知与定位系统有所不同。传统的智能汽车感知与定位系统仅对自车局部进行感知和定位，而互联汽车的感知与定位系统除了自车的感知与定位之外，还需要与其他相关车辆进行感知信息的融合，从而实现全局范围内的 V2X 感知与定位。总体结构见图 8-7。

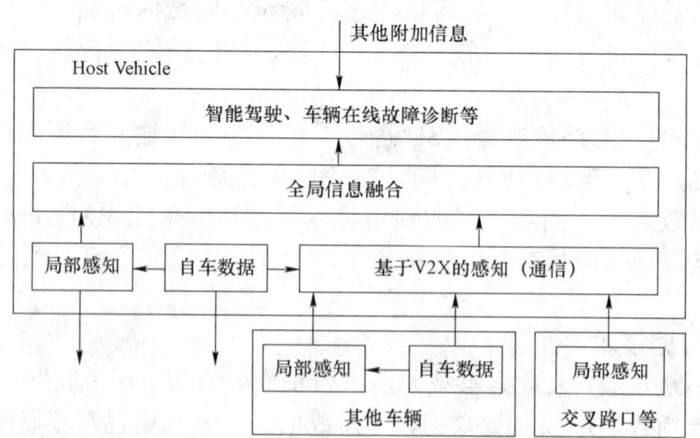

图 8-7　V2X 协同感知总体结构图

9. 标准法规与测试评价

根据车联网的系统架构，感知层、网络层和应用层三层结构都应当制定相应的标准，表 8-1 给出了互联智能汽车涉及的标准与规范。其中，应用交互层的标准目前还在制定中，还没有统一的标准出台。

表 8–1　互联智能汽车涉及的标准与规范

感知定位层	网络信息层	应用交互层
RFID（ISO/IEC）	DSRC（802.11 p）	智能交通
定位系统（JT/T 796—2016）	LTE–A（802.16 m）	车载娱乐
传感器 IEEE（2700–2014）		故障诊断

对于网络信息层，智能网联汽车领域主要存在 DSRC 与 LTE–V 两种技术标准。

专用短程通信技术（dedicated short range communication，DSRC）是基于 IEEE 802.11p 标准开发的，使得汽车间能相互通信，同时汽车也能与周围的智能交通基础设施进行通信。DSRC 是一个以 IEEE 802.11p 为基础的标准，是一种高效的无线通信技术，它可以实现小范围内图像、语音和数据实时、准确和可靠的双向传输，将车辆和道路有机连接。采用美国联邦通信委员会（FCC）在 1999 年专门为智慧交通系统（ITS）所分配的专属无线频率 5.9 GHz 频段内的 75 MHz 频谱。国际上 DSRC 标准主要有欧、美、日三大阵营，即欧洲的 ENV 系列、美国的 900 MHz 和日本的 ARIB STD–T75 标准，发展较为成熟，也是欧美等国车联网的主流技术，DSRC 技术图解如图 8–8 所示。

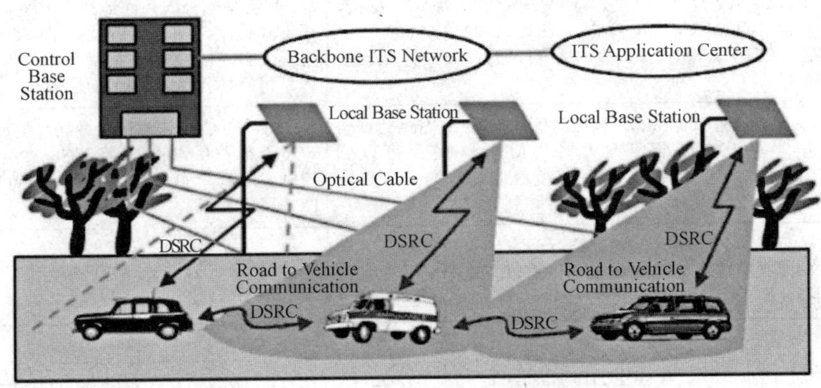

图 8–8　DSRC 技术图解

LTE–V2X：以 LTE 蜂窝网络作为 V2X 的基础。LTE–V2X 能重复使用现有的蜂巢式基础建设与频谱，营运商不需要布建专用的路侧设备（road side unit，RSU）以及提供专用频谱。LTE–V2X 主要解决交通实体之间的“共享传感”（sensor sharing）问题，可将车载探测系统（如雷达、摄像头）从数十米视距范围扩展到数百米以上非视距范围，成倍提高车载 AI 的效能，实现在相对简单的交通场景下的辅助驾驶。LTE–V2X 包括集中式（LTE–V–Cell）和分布式（LTE–V–Direct）两种技术。其中，LTE–V–Cell 以基站为分布中心，LTE–V–Direct 则是车–车之间的直接通信。LTE–V 技术图解如图 8–9 所示。

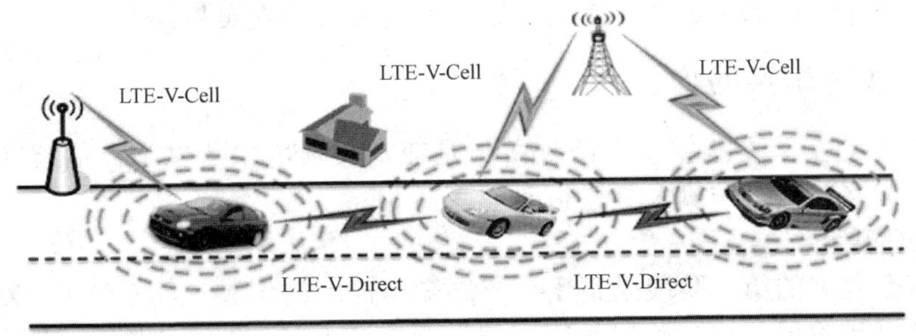

图 8–9　LTE–V 技术图解

对比小结：DSRC 经过十余年的发展，技术趋于成熟，另外标准的完备使得其在推广部署时占据先机。但相对而言 DSRC 采用的高频段穿透性不如低频信号 LTE–V，后者提供了更高带宽、更高的传输速率、更大的覆盖范围，并能重复使用现有的蜂巢式基础建设和频谱，车辆实时联网，实时通信，在现有基础设施上搭建 V2X 体系可以和智能交通管理协同。此外，LTE–V 由于其自身的基站调度特性，具有更高的安全可靠性。LTE–V 和 DSRC 技术对比如表 8–2 所示。

表 8–2　LTE–V 和 DSRC 技术对比

业务类别	DSRC	LTE–V
定义	dedicated short range communication（专用短程通信技术	LTE Vehicle，包括集中式（LTE–V–Cell）和分布式（LTE–V–Direct）
支持产商	主机厂商、汽车电子零部件厂	电信运营商、通信设备商、芯片商
代表企业	NXP（并购飞思卡尔）	华为、高通
频段	5G 段，美国、欧盟及日本使用 58～59 GHz 频段，中国存在干扰	采用运营商现有的 LTE 频谱
标准进程	2014 年 2 月，DSRC 被美国交通部确认为 V2V 标准，欧洲（CEN/TC278）、美国（ASTM E 2213–2003）、中国（GB/T 20851—2007）均有自己的 DSRC 标准体系	LTE–V 目前还在标准制定阶段，预计 Q3 会确定标准。其次是部分人片面地认为 LTE–V 技术仅仅采用了蜂窝式技术，即需要借由基站作为通信控制中心，忽视了 LTE–D2D 的发展潜力和替代作用，所以对其延迟、可靠性传输方面提出质疑
关键指标	支持车速 200 km/h，反应时间 100 ms 左右，数据传输速率平均标准速度大概 3 Mbps（最大可以到 27 Mbps），室内传输环境通信覆盖距离 300 m，室外环境下传输范围 1 km，低时延可达到 0.02 s 以下	LTE–V–Cell 传输带宽最高可扩展至 100 MHz，峰值速度上行 500 Mbps，下行 1 Gbps，用户面时延≤10 ms，控制面时延≤50 ms，支持车速 500 km/h，覆盖范围与 LTE 范围类似
应用	车载影音娱乐、车辆网络、商家广告资讯等非安全功能类应用；主动式安全全传输以及重要交通信息传播，用于主动安全类交互	车联网、远程医疗、移动视频、智能驾驶、智能交通大数据

车联网系统需要在大量不同的交通环境和路况下都能正常工作。所以，在车联网系统的试验评价方法中，体现其鲁棒性、可重复性、安全性和场景复杂性是关键。实验方法分为仿真试验、台架试验和实车试验。

互联智能汽车仿真模拟再现人、车、路、环境及控制中心之间的通信和相互间的影响情况，实现系统的评价。仿真模型主要有移动模型和驾驶员模型；仿真系统主要有交通仿真系统和网络仿真系统。目前典型的仿真工具有 PreScan 和 ITS Modeller。台架试验在仿真实验的基础上用部分实物替代仿真实验中的模型。

针对实车试验，2014 年 8 月，欧洲成功执行了 Drive C2X 的互联智能汽车实验。200 余辆汽车，超过 750 位驾驶员，在芬兰、法国、意大利、荷兰、西班牙以及德国行驶超过 150 万 km 后，为已经历时三年半的 Drive C2X 完成了结项前的最后一次实验。

8.1.5　智能网联汽车实验方法

智能网联汽车的实验方法主要有两种：一是在真实环境中测试和评估智能网联汽车的应用；二是利用智能网联汽车仿真工具进行研究。

1. 实际测试应用

智能网联汽车发展的第一阶段是基于自车感知与控制的驾驶辅助系统（ADAS），这是智能网联汽车发展的基础阶段；第二阶段是应用信息通信技术（ICT）实现车 –X 之间的信息共享与控制协同，即网联化技术的应用；第三阶段是自动驾驶和无人驾驶的实现，这是智能网联汽车发展的最终目标。

目前在全球范围内，基于 ADAS 技术的产品已经开始大规模产业化，网联化技术的应用已经进入大规模测试和产业化前期准备阶段，而自动驾驶正处于样车开发与小规模测试阶段。

1）ADAS

ADAS 技术是汽车智能化的基础性技术，也是目前已经得到大规模产业化发展的技术，主要可分为预警技术与控制技术两类。其中常见的预警技术包括前向碰撞预警（FCW）、车道偏离预警（LDW）、盲区预警（BSD）、驾驶员疲劳预警（DWS）、全景环视（TopView）和胎压监测（TPMS）等。常见的控制技术包括车道保持系统（LKS）、自动泊车辅助（APA）、自动紧急制动（AEB）、自适应巡航（ACC）等。

美国、日本、欧洲等发达国家和地区已经开始将 ADAS 系统引入了其相应的新车评价体系。美国新车评价规程（U.S.NCAP）从 2011 年起引入 LDW 与 FCW 作为测试加分项，美国公路安全保险协会（IIHS）从 2013 年起将 FCW 系统作为评价指标之一；而欧洲新车评价规程（E-NCAP）也从 2014 年起引入了 LDW/LKA 与 AEB 系统的评价。2014 年起，汽车驾驶辅助技术已经成为获取 E-NCAP 四星和五星的必要条件。同时，我国的 C-NCAP 也正在考虑将驾驶辅助系统纳入其评价体系之中。

在引入新车评价体系之外，各国也纷纷开始制定强制法规推动 ADAS 系统安装。2015 年 11 月开始，欧洲新生产的重型商用车将强制安装车道偏离预警（LDW）系统及车辆自动紧急制动（AEB）系统。2016 年 5 月起，美国各车企将被强制要求对其生产的 10%的车辆安装后视摄像头，这一比例在随后两年中将快速提升至 40%与 100%。此外，美国、日本、欧洲各国均有强制安装胎压监测系统（TPMS）的法规，我国也正在制定中。

从产业发展角度，目前 ADAS 核心技术与产品仍掌握在国外公司手中，尤其是在基础的车载传感器与执行器领域，博世、德尔福、TRW、法雷奥等企业垄断了大部分国内市场。此外，一些台资企业也有一定市场份额。近年来，国内也涌现了一批 ADAS 领域的自主企业，在某些方面与国外品牌形成了一定竞争，但总体仍有较大差距。

2）ICT

信息通信技术（ICT）与智能汽车的结合是近年来智能汽车得到快速发展的重要原因。通过现代通信与网络技术，汽车、道路、行人等交通参与者都已经不再是“孤岛”，而是成为了智能交通系统中的信息节点。

在美国、日本、欧洲等汽车发达国家和地区，基于车联网 V2I/V2V 技术的协同式辅助驾驶技术正在进行实用性技术开发和大规模试验场测试。其中最为典型的就是美国在密歇根安娜堡开展的示范测试，在美国交通部与密歇根大学等机构的支持下，Safety Pilot 项目于 2013 年完成了 3 000 辆车的示范测试，2014 年成立移动交通中心（MTC），开始进行 9 000 辆以上规模的示范测试。美国 MTC 建设的网联自动驾驶测试模拟城市（Mcity）（见图 8-10）通过此示范测试，得到了车联网技术能够减少

图 8-10　美国 MTC 建设的网联自动驾驶测试模拟城市（Mcity）

80%交通事故的结论，直接推动了美国政府宣布将强制安装车－车通信系统以提高行驶安全，预计相关强制标准将于 2020 年开始实施。同时，此示范项目的开展，确定了美国在车联网技术发展与标准制定领域的世界领导地位，对其智能汽车及相关产业发展起到了巨大推动作用。

除美国外，欧洲以及日本等国都开展了大量对车联网技术的研究与应用示范。欧盟 eCoMove 项目展示了车联网技术对于降低排放和提高通行效率的作用，综合节油效果可达到 20%；simTD 项目 2014 年起开展“荷兰—德国—奥地利”之间的跨国高速公路测试，验证基于车联网的智能安全系统。日本 Smartway 系统 2007 年开始使用，可提供导航、ETC、信息服务、驾驶辅助等多种功能，基于车路协同的驾驶安全支援系统（DSSS）2011 年开始使用，可以提供盲区碰撞预警、信号灯预警、停止线预警等多种功能。

我国清华大学、同济大学和长安汽车等高校与企业合作，在国家“863 项目”的支持下开展了车路协同技术应用研究，并进行了小规模示范测试，各汽车企业也在开展初步研究。2015 年开始，在工信部支持下，上海汽车城、中国汽车工程学会、清华大学、同济大学和上海汽车等单位开始在上海建设智能网联汽车示范区，旨在推动智能化与网联化技术的成熟与应用。相对而言，在该领域我国缺少类似美国、日本、欧洲的大型国家项目支撑，各企业间未能形成合力，发展相对较慢。美国、日本、欧洲等国在车联网技术发展的时间表、标准等方面已趋于统一，实质的战略同盟已经形成，我国已经有丧失未来话语权的趋势。

3）自动驾驶技术

“自动驾驶”（automated driving）是智能汽车发展的最终阶段。从信息获取渠道分，自动驾驶的实现方式包括“自主式”（autonomous）和“网联式”（connected）两种。根据应用对象不同，又可以划分为“军用型”方案和“民用型”方案两类。

谷歌的自动驾驶汽车始终是吸引眼球的焦点，主要得益于其高调的宣传以及谷歌公司本身的高科技形象。实际上，谷歌的自动驾驶汽车代表了军用自主式自动驾驶的技术路线，其技术源自美国国防部高级研究计划局（DARPA）。通过顶置激光雷达等复杂传感系统对周围环境做全面感知，形成高精度数字地图，再根据高精度地图进行轨迹规划与车辆自主决策及控制。其传感系统高昂的成本限制了商业化应用，同时传感器可靠性与车辆高速性能也有待验证。类似的，我国军事交通学院等单位研制的自动驾驶车辆也属于军用型方案。其优势是不依赖结构化道路，对环境进行全面感知，可在全地形条件下“找路”。

对于普通民用车辆而言，其行驶环境是相对稳定的结构化道路，道路具有车道线、路沿、路标等明显特征，利用这些特征可以降低对于环境感知系统的要求。这也是诸如奥迪、奔驰、沃尔沃等汽车企业在开发自动驾驶车辆中的基本出发点。采用较低成本传感器，充分借助 V2V/V2I 协同技术，进行有效的信息融合，实现可大规模商业化的自动驾驶，这是不同于谷歌的自动驾驶技术路线。同时，由于汽车企业本身对于车辆结构、控制系统等的掌控，其自动驾驶汽车的传感器集成度、可靠性、高速性能等往往优于 IT 企业开发的自动驾驶汽车。

2015 年 7 月，DARPA 在最新发布的无人驾驶技术标准中，已经提出了要将原谷歌安装的顶置激光雷达进行小型化，通过多个低成本的分布式激光雷达代替原技术方案，实现对车辆周边环境的感知。在福特等公司最新展示的自动驾驶车辆中，就已采用了多个小型低成本的激光雷达的技术方案。

2. 智能网联汽车仿真实验

智能网联汽车的仿真主要涉及两方面，一个是网络方面的仿真，通过建立网络设备和网络链路的统计模型模拟网络流量的传输，从而获取网络设计或优化所需要的网络性能数据，测试各种网络协议；另一个是车辆和交通方面的仿真，通过建立系统仿真模型模拟司机的驾驶行为和车辆的移动，从而获取车辆和交通路况等信息。

目前这两方面的仿真工具都已经发展得很成熟了，如典型的网络模拟器器有 NS−2、OPNET、OMNET++等，典型的交通模拟器有 EstiNet、CORSIM、VISSIM、SOMO 等。在之后的章节中，会对此进行详细介绍。

8.1.6　智能网联汽车发展现状与趋势

目前，美国、欧盟、日本等国家及地区已纷纷将智能网联汽车产业的发展提升至国家战略。美国已提出“ITS 战略计划 2015—2019”，并计划在 10 年内投入 40 亿美元支持，由硅谷和底特律两大阵营引领的智能网联汽车产业已取得一定成就。欧盟提出了“ITS 发展行动计划”“Europe 2020”“欧盟未来交通研究与创新计划”等系统规划，推动智能网联汽车产业的发展；奥迪、奔驰、宝马、大众、博世等德系车企成为智能网联汽车领域的中坚力量，在欧盟国家地区已有一批示范应用。日本提出了“世界领先 IT 国家创造宣言”，并启动“战略性创新创造 SIP 项目”计划，丰田、日产和本田等 6 家车企和电装、瑞萨电子和松下等 6 家日本零部件企业已达成协议，在自动驾驶领域展开合作。我国“中国制造 2025”将“节能与新能源汽车”作为重点发展领域，并明确智能网联汽车产业的发展目标：到 2020 年掌握智能辅助驾驶总体技术及各项关键技术，初步建立智能网联汽车自主研发体系及生产配套体系；到 2025 年掌握自动驾驶总体技术及各项关键技术，建立较完善的智能网联汽车自主研发体系、生产配套体系及产业群，基本完成汽车产业转型升级。

目前，国内智能网联汽车产业已初步发展。上汽、北汽、长安等本土企业积极与高校合作，开展自动驾驶演示；互联网企业大举进军汽车行业，涌现了百度、上汽阿里、LeSEE 汽车、Foxconn &Tencent 等企业；同时国防科大、军事交通学院等科研院所也积极开展研究，国家自然基金专项也对智能网联汽车领域的研究予以大力支持。尽管现阶段智能网联汽车产业领域的研究成果及相关展示层出不穷，但真正意义上实现自动驾驶还有很长的路，包括传感器件的不完美性、事故关注度对于可靠性的高要求、复杂路况以及法律壁垒等都将成为制约因素。因此，针对这些产业化、政策、法律法规层面遇到的实际问题，成立智能网联汽车示范区，进行关键技术测试验证并促进产业标准化建设，开展示范运营以普及公众教育，评估自动驾驶对于城市交通可持续发展的贡献，为自动驾驶政策法规的设立提供依据，其必要性已不言而喻。

1. 国外智能网联汽车发展动态

欧、美、日等发达国家经过近 10 年的国家项目支持，已基本完成了 V2X 通信及控制的大规模道路测试评价，并从国家标准法规方面提出了 ADAS 系统强制装配时间表，现已进入产业化及市场部署阶段。根据欧、美、日等有关标准法规规定，AEB（自动紧急制动）、LDW（车道偏离预警）、APA（自动泊车辅助）等高级驾驶辅助系统（ADAS）已于 2013—2017 年分阶段在所有商用车上强制装配。

目前世界各国对于智能网联汽车的支持不仅仅局限于政策研究、技术开发方面，欧、美、日等发达国家及地区更是斥资建设智能网联示范区，在示范区模拟多种道路和场景，为智能网联汽车提供实际的运行环境，测试智能网联汽车实际运行中的 V2X、无人驾驶汽车等技术，培训无人驾驶司机，抢占技术和标准的制高点，促进智能网联汽车产业化快速发展。

美国无人驾驶示范区分为两大竞争阵营，西部的硅谷 Silicon Valley（位于加利福尼亚州）和东部的底特律 Mcity（位于密歇根州），分别有两个汽车测试示范区，这四个示范区共同争夺美国 40 亿美元的无人驾驶财政补助。

（1）硅谷 Silicon Valley。

硅谷 Silicon Valley 全貌见图 8–11。

位于旧金山硅谷以北 40 英里（约 64 km）的康科德海军武器站内，是一座废弃的海军基地，占地 2 100 英亩（约 8.5 km^2）。康科德海军武器站占地 5 000 英亩（约 20 km^2），已经铺好 20 英里（约 32 km）的公路和街道，其中立交桥、隧道、铁路等城市基础设施一应俱全，并且其得天独厚的地理环境使得苹果、谷歌等互联网公司，以及梅赛德斯–奔驰、大众和日产等汽车厂商的本地研发部门都对它感兴趣。但是截至 2016 年初，只有本田与其签订合作协议，与梅赛德斯–奔驰公司一起测试其自动驾驶原型汽车讴歌 RLX。而据此前披露的消息指出，苹果公司正在与康特拉考斯特交通管理局秘密洽谈合作协议。

2014 年，谷歌租用加利福尼亚 Castle 空军基地内 60 英亩（约 0.24 km^2）土地（现 100 英亩左右，约 0.4 km^2）用来测试其无人驾驶汽车并培训无人驾驶汽车的司机。谷歌员工将这个距离总部 2.5 h 路程的地方简单地叫作“城堡”。

封闭试验场内部有类似于郊区和半城市街区的街道、支路和公路延伸，同时还有模拟工作的交通信号灯、停止符和交通环岛，甚至还有雨天模拟器。测试现场有 53 辆无人驾驶汽车，混合了雷克萨斯和甲壳虫一样的原型车，时速不超过 25 英里（约 40 km）。自谷歌宣布其无人驾驶汽车上路行驶以来，其公共道路上和封闭测试区的总行驶里程已经超过 130 万英里（约 209 万 km），累积了大量的行驶数据。

（2）底特律 Mcity。

底特律 Mcity 全貌见图 8–12。

图 8–11　硅谷 Silicon Valley 全貌

图 8–12　底特律 Mcity 全貌

Mcity 作为世界上第一座测试无人驾驶汽车、V2V/V2I 车联网技术而打造的无人驾驶试验区，刚刚成立时的关注度一直很高。Mcity 由密歇根大学交通改造研究中心（MTC）负责建立，位于密歇根州的安娜堡市，占地 32 英亩（约 12.9 万 m^2），斥资 1 000 万美元（由密歇根大学和密歇根州交通部共同出资）。目前已与福特、通用、本田、日产、丰田、德尔福等 15 家车企及零部件供应商以注资方式展开合作。

Mcity 主要包括两个测试区域：用于模拟高速公路环境的高速实验区域；用于模拟市区和近郊的低速实验区域。其中模拟市区的低速实验区包含数英里长的两车道、三车道和四车道公路，还有交叉路口、交通信号灯以及指示牌，整体布局与普通美国城镇并无他样。如图 8–13 所示。

图 8-13　Mcity 测试区域场景图

（3）AstaZero。

欧洲作为世界公认的汽车发源地，无论汽车工业还是技术储备一直名列世界前茅。而早在 2013 年 6 月，荷兰、德国和奥地利完成签署协议共同合作智能交能项目 Cooperative ITS Corridor，即联合智能交通走廊项目，旨在通过 V2X 通信技术在中控基站管理交通和路上的所有车辆。不仅如此，2014 年，瑞典也宣布建立 AstaZero 安全技术综合试验场。如图 8-14 所示。

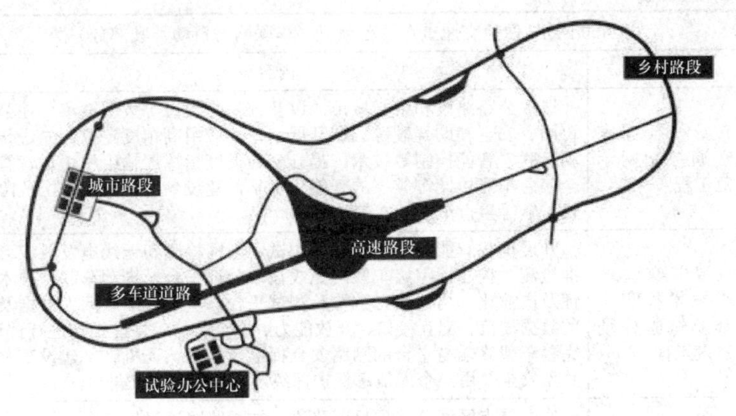

图 8-14　AstaZero 试验场简图

2014 年 8 月 21 日，瑞典 AstaZero 安全技术综合试验场正式开放，试验场由 AstaZero 集团投资 5 亿瑞典克朗（约 3.6 亿元人民币）在瑞典歌德堡市附近建立。试验场将作为一个开放的国际性平台，服务于全球的汽车制造厂商、供应商、立法机构、道路管理部门、学术以及技术机构在内的利益相关方。该试验场占地面积约 200 万 m^2，总建筑面积 25 万 m^2。四周有一条 5.7 km 长的乡村道路，设置 4 个 40 m×25 m 的活动模块用以模拟城市环境；同时还有一个直径为 240 m 的环形高速测试区，通过减速带与另一条 700 多米长的多车道道路相连。可以全景模拟城市、乡村、高速路等多种路段，并且可以供无人驾驶汽车和机器人进行测试实验。试验由瑞典科技研究所和查尔姆斯理工大学共同所有，目前已和沃尔沃、斯堪尼亚等大公司签订合作合同，据悉还有很多来自日本、韩国和德国的汽车企业对此兴趣浓厚。

2. 国内智能网联汽车技术发展现状

2015 年，国务院发布《中国制造 2025》发展战略，其中首次涉及智能网联汽车的发展。按照规划，在智能网联汽车方面，2020 年实现 V2V、V2X 之间信息化。2025 年我国将掌握自动驾驶总体技术及各项关键技术，建立较完善的自主研发体系、生产配套体系及产业群，基本完成汽车产业转型升级，实现规模化运行。

2016 年 8 月 5 日，国家发展改革委、交通运输部联合印发了《推进“互联网+”便捷交通促进智能交通发展的实施方案》（以下简称“方案”），交通运输部公路科学研究院总工程师王笑京提到这是国家第一次就智能交通发布总体框架和近期实施方案。

方案从“智能”和“网联”两个方面提出了要求。

“智能”方面，要推动高精度地图、定位导航、感知系统，以及智能决策和控制等关键技术研发，开展自动驾驶核心零部件技术自主攻关。充分利用大数据和云计算，实现智能共享和自适应学习，提高驾驶自动化水平。推广交通事故预防预警应急处理、运输工具主动与被动安全等技术。

在“网联”方面，方案提出，加大对基于下一代移动通信及下一代移动互联网交通应用技术研发支持力度，攻克面向交通安全和自动驾驶的人车路协同通信技术，基于交通专用短程通信技术和现有电子不停车收费技术实现车路信息交互；研发并利用具有自主知识产权的 LTE 开展智能汽车示范应用。示范推广车路协同技术，鼓励乘用车后装和整车厂主动安装具有电子标识、通信和主动安全功能的车载设施。“互联网+”便捷交通重点示范项目如表 8-3 所示。

表 8-3 “互联网+”便捷交通重点示范项目

“互联网+”便捷交通重点示范项目（车联网与自动驾驶部分）				
序号	类别	名称	内容说明	实施主体
1	基础设施	新一代国家交通控制网示范工程	选取公路路段和中心城市，以及依托冬奥会等大型赛事，在公交智能协同、安全辅助驾驶等领域开展示范，应用高精度定位、先进传感、移动互联、智能控制等技术，提升交通调度指挥运输组织、运营管理、安全应急车路协同等领域的智能化水平，建设冬奥会周边地区危险货物运输车辆等重点车辆动态管控平台	交通运输部、公安部牵头，各相关省市人民政府实施
2	基础设施	智能交通核心技术检测平台及试验外场建设工程	开展车载智能终端互联互通测试、入网检测和无线电发射设备型号核准检测；构建国家级车联网无线技术验证平台，推动车联网技术试验验证及产业化；构建第三方检验测试平台，实现对车联网大数据及云平台的数据规范、交互接口、开放能力、安全防护等性能指标进行评估检测；完善车载终端与平台的网络安全标准及检测认证机制，建设车联网网络数据安全及用户个人信息保护评级及软件评估认证平台	交通运输部、工业和信息化部、公安部牵头
3	功能应用	智慧公路示范工程	选取重点区域公路项目或路段，加强路网运行的全面感知能力，提升基础设施建设、管理智慧化水平，开展高速无线通信、车路协同、区域路网协同管理、出行信息服务等智能应用。及时联网发布跨区域信息及事故信息，提高公路信息服务水平和质量	交通运输部、公安部牵头
4	功能应用	基于宽带移动互联网的智能汽车与智能交通应用示范工程	开展基于宽带移动互联网的智能汽车与智能交通应用示范，促进 5G 通信、新一代信息技术与智能交通的融合创新和协同发展，推动构建产业发展新生态	工业和信息化部、交通运输部、公安部牵头，浙江省、北京市、河北省、重庆市人民政府实施
5	功能应用	城市交通信号控制系统智慧化改造	利用下一代交通感知技术、大数据处理技术、移动互联网技术，实现路口信号控制方案根据交通流状态进行动态、实时优化设置，并实现信号灯、分流标识、可变车道、潮汐车道的实时转换，提升城市交通信号控制系统智慧化程度	公安部牵头，交通运输部、各城市人民政府实施

方案被称为国家未来十年智能交通发展的战略文件。

3. 国内标准体系方案

目前"智能网联汽车发展技术路线图"和"智能网联汽车产业发展总体推进方案"的研究已完成，其中最大的亮点是将网联化专项列出。

"智能网联汽车发展技术路线图"作为"节能与新能源汽车技术路线图"的一部分，已于 2016 年 10 月 26 日在 2016 中国汽车工程学会年会暨展览会上发布。如图 8–15 所示。

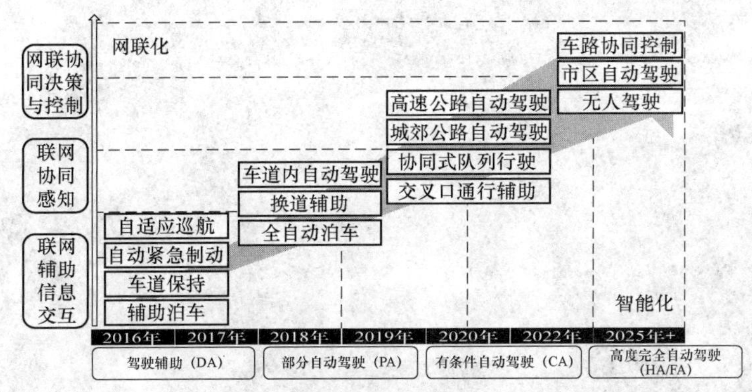

图 8–15　中国智能网联汽车发展技术路线图

除了"智能网联汽车发展技术路线图"，智能网联汽车标准体系方案也已经纳入日程。

目前工信部正组织起草智能网联汽车标准体系方案，经过行业轮讨论，已形成标准框架体系，开始征求意见，修改完善以后将对外公开发布。同时，智能网联汽车分技术委员会也在申请成立，计划把相关领域专家都吸纳进来，共同研究制定相关技术标准。智能辅助技术信息安全等具体标准制定工作也在加快推进。

据了解，该标准体系框架包括基础、通用规范、产品与技术应用、相关标准四个主要部分。其中，基础和通用规范涉及网联化共性的基础标准；产品与技术应用涉及具体的设计标准，是该框架的主干部分，包含信息采集、决策报警、车辆控制等方面的细则。而相关标准则涉及信息交互、通信协议、界面接口等。如图 8–16 所示。

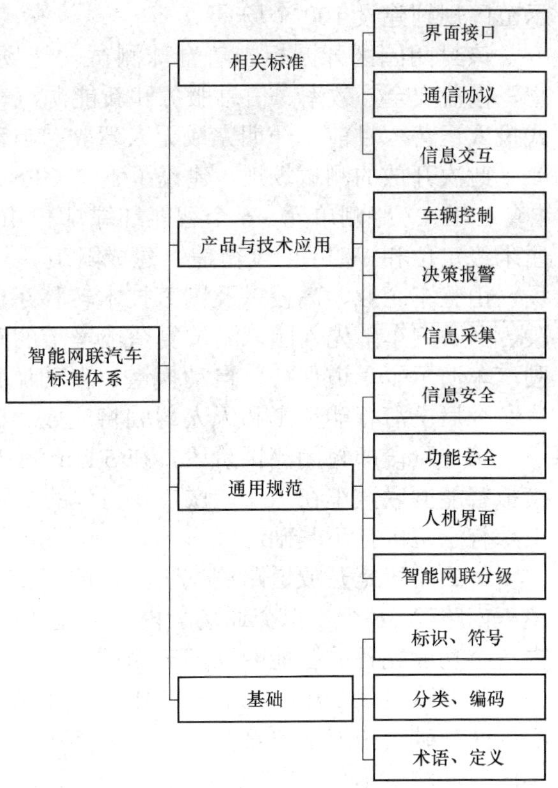

图 8–16　智能网联汽车标准体系方案

4. 国家智能网联汽车示范区（基地）建设进展动态

1）上海智能网联汽车试点示范区

国家智能网联汽车（上海）试点示范区将着力打造前瞻、共性技术研发平台等六大功能性公共服务平台，完善产业配套和服务环境，促进智能网联汽车产业集聚发展，致力于建设成为中国智能网联汽车先进技术研发、标准规范研究制订和产品技术检测认证的主要基地，智能网联汽车新技术、新产品、新业态、新模式展示发布和交流合作的主要窗口，以及相关产业创新孵化基地、人才高地、产业资本的主要集聚地。发挥上海优势，更好地服务国家战略，推动我国智能网联汽车和智慧交通产业升级，打造国际先进的智能网联汽车产业高地。如图 8–17 所示。

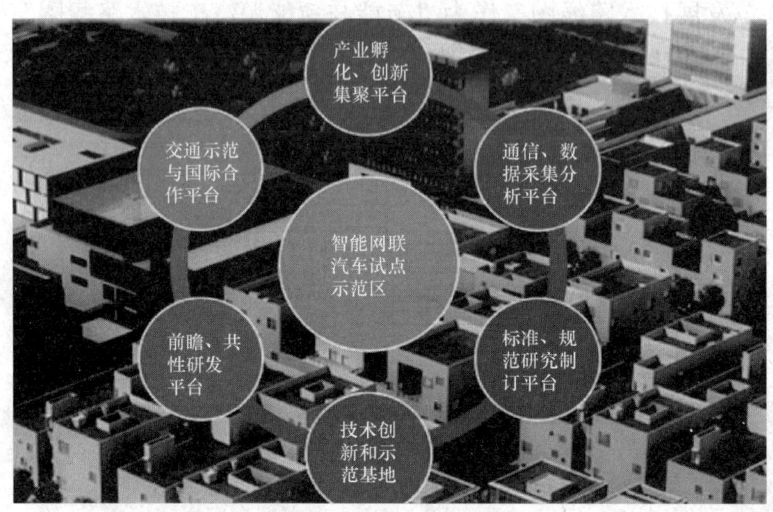

图 8–17　上海智能网联汽车试点示范区

2015 年 6 月 7 日，工信部批准上海国际汽车城承担了国内第一个智能网联汽车试点示范区，示范区规划建设 100 个场景。

该封闭园区开园标志着全球测试功能场景最多，DSRC 和 LTE–V 等 V2X 通信技术最丰富，覆盖安全、效率、信息服务和新能源汽车应用四类领域的国际领先封闭测试区（一期）正式投入运营。目前，一期完成无人驾驶、自动驾驶和 V2X 网联汽车等 29 个场景。

此次开放的测试场地，建设了 1 个 GPS 差分基站、2 座 LTE–V 通信基站、16 套 DSRC 和 4 套 LTE–V 路侧单元、6 个智能红绿灯和 40 个各类摄像头。整个园区道路实现了北斗系统的厘米级定位和 WiFi 的全覆盖，建成隧道、林荫道、丁字路口、圆形环岛等模拟交通场景。现场，由整车企业、高校以及国家技术转移东部中心、中科院等开发的 25 辆无人驾驶、自动驾驶、网联汽车率先入园，测试复杂环境下的感知、智能决策、协同控制和执行等功能。无人驾驶汽车演示了车道保持、自动换道、自动调头等。

今后上海智能汽车和无人驾驶将完成“四步走”规划：

第一阶段即封闭测试阶段，在 5 km^2 范围内布局 200 辆左右测试车辆和 15 km 封闭道路，模拟智能网联汽车在“高速城市乡村”的试跑状况，为智能网联及无人驾驶等技术应用进入城市综合示范区打下基础。

第二阶段是开放道路测试阶段，即从 2016 年 9 月到 2017 年底，在汽车城核心区博园路、墨玉南路等 36 个模拟交通场景内，实现 1 000 辆车在 27 km^2 内的 73 km 道路上实测，打造国内首个功能完备的智能网联汽车测试示范公共服务平台。

第三阶段从 2018 年到 2019 年底，开始典型城市综合示范区试验。示范区范围从汽车城核心区的基础上拓展至安亭全镇，规划 5 000 辆车在 100 km^2 范围内试跑，基本建成智能网联汽车区域性测试示范公共服务平台，初步打造智能网联汽车产业集群，成为全国区域性智能网联汽车标准化产业基地。

最后一步是到 2020 年在沪建成示范城市及交通走廊，在安亭到虹桥枢纽之间建设 2 条共享走廊，将 2 个区域连接起来形成闭环，10 000 辆车在约 500 km 的示范道路上行驶，最终建成相对独立、功能齐全的智能网联汽车测试示范公共服务平台，形成初具规模的智能网联汽车产业集群。

国家智能网联汽车（上海）试点示范区目前承担着 18 项国家重大专项和上海市级重点项目，涉及公共服务平台、数据中心、关键技术研究和标准规范制定等多个方面。为进一步发挥示范区先行先试的公共平台作用，示范区成立了智能网联汽车产业技术联合创新中心，交通运输部公路科学研究院、上汽集团、清华大学、华为等成为首批 60 家发起单位。刚刚揭牌的智能网联汽车标准规范测试与研究基地，则将成为中国智能网联汽车标准规范的承载主体，推动相关产品和技术标准走向成熟。

上海国际汽车城计划到 2020 年，打造出覆盖整个汽车城 100 km^2 的智能网联汽车综合性典型城市示范区，并探索连接与虹桥枢纽共享交通走廊。这意味着中国的智能网联和无人驾驶汽车正式进入实操阶段，此次揭牌的“智能网联汽车标准规范测试与研究基地”将成为中国智能网联汽车标准规范的承载主体，推动相关产品、技术标准走向成熟。

上海智能网联汽车试点示范区将分三期建设。一期的封闭示范区面积有 5 km^2，道路里程 20 km，包括可以发送信息的智能红绿灯、智能路灯和智能路侧设备等。二期工程将把示范区范围扩大到 27 km^2，计划 2017 年完工，届时将形成国内首个功能完备的智能网联汽车试点示范区，示范车辆可以达到 2 000 辆。相比前两期的小范围测试，三期工程将把示范区范围大幅度扩大，到 2019 年计划形成面积 90 km^2、三条高速公路覆盖的综合示范区。

作为中国首个国家智能网联汽车试点示范区，希望把它建成中国智能网联汽车技术测试、开发和演示基地，最终形成一个制定标准和规范的平台、数据分析与采集的平台、产业孵化的平台。

一期的封闭测试区，包括四类测试工况：安全类、效率类、信息服务类、新能源类。同时包括通信环境恶化测试。其中，安全类主要是弥补现有技术探测范围有限、存在探测盲区等不足之处，通过智能道路的辅助，降低自动驾驶汽车对于传感器的依赖。信息服务包括移动支付、实时导航等。新能源类包括分时租赁、充电引导等。

2016 年 6 月初步开放的全封闭区位于上海赛车场以南，封闭区的目标是立足服务测试和演示智能汽车、网联通信两大类关键技术。这一区域实行 DSRC（专用短程通信）、WiFi、LTE-V（车联网专用通信）等全网络覆盖，可以完成 30 个应用场景的演示和测试，到 2016 年 12 月实现 5 家以上主机厂，50 辆以上的测试规模。

目前在上海汽车博览公园内，一个封闭式的智能网联测试场已经搭建完成，路面、路灯红绿灯等基础设施都配置了传感器等设备，上汽荣威、MG、长安、沃尔沃等品牌已经开始测试。

在封闭测试区，可以模拟道路障碍、模拟加油站、模拟隧道中 GPS 信号被遮挡的情况、模拟停车场、模拟光线变化，以及各种标志物。在基础设施上，可以进行行人横穿马路预警、道路湿滑预警、道路施工预警、前方拥堵预警、智能停车引导等。

2）北京示范区

目前，北京已出台智能汽车与智慧交通应用示范五年行动计划（北京市 2016—2020 年行动计划），将在 2020 年底完成北京经济技术开发区范围内所有主干道路智慧路网改造，分阶段部署 1 000 辆全自动驾驶汽车实现基于开放道路、半开放道路和封闭道路的多种复杂场景下的应用示范。

计划目标是在北京落地建设以汽车和交通产业为应用领域，部署 4.5G/5G 宽带移动互联网为通信基础，以电动汽车、智能汽车为平台，以解决智能驾驶、智慧路网、车路协同、便捷停车和智慧管理等关键技术应用为牵引，协同构建安全、节能、高效、便捷的汽车服务新生活，全面建成智能汽车与智慧交通产业创新示范区。

北京的应用示范方向包括绿色用车、智慧路网、智能驾驶、便捷停车、快乐车生活、智慧管理等。示范区的最大特点是智能汽车与智慧交通同步进行。

目前，示范区封闭试验场选址已基本确定，总占地面积 1 371 亩（0.914 km^2），试验场建设工作正在紧张推进中。

3）重庆示范区

2016 年 1 月底，工信部与重庆市签署了《基于宽带移动互联网的智能汽车与智慧交通应用示范合作框架协议》。2016 年 10 月，重庆市制定了《基于宽带移动互联网的智能汽车和智慧交通应用示范项目实施方案》，该方案提出项目分两个阶段实施。

第一阶段（2016 年 6 月至 2017 年 12 月）：重点在中国汽研礼嘉园区、鱼嘴长安工业园、重庆汽车综合试验场开展模拟城市道路、多车道和高速环道封闭、半封闭场景的辅助安全驾驶，以及基于 LTE-V、DSRC 的车-车、车-路、车-人协同通信等测试评价及试验示范工作。

第二阶段（2018 年 1 月至 2019 年 12 月）：重点在两江新区的礼嘉社区环线、金渝大道—机场内环高速、绕城高速（礼嘉立交—北碚隧道—渝宜立交—黑石子互通—东环立交—人和立交—北环立交—礼嘉立交），基于 LTE-V、DSRC 的车-车、车-路、车-人等协同通信以及基于 5G 通信、高精度电子地图、北斗导航、云计算，开展城市道路、高速公路、城镇道路、乡镇道路、高架与立交桥路、桥梁、隧道等开放交通场景的半自动/自动驾驶汽车（取得上路行驶牌照资格）的测试评价，以及智慧交通典型场景试验示范工作。

重庆试点示范区的模式与上海相似，既有展示又有应用。示范的应用方向包括智能驾驶、智慧路网、绿色用车、防盗追踪、便捷停车、资源共享、大范围交通诱导和交通状态智慧管理等八大领域。

4）杭州示范区

目前已知浙江的示范场地为浙江杭州云栖小镇和桐乡乌镇，主要包括交通大数据平台及交通出行信息服务模型构建，以视频为核心的智能车载终端、智能路网设施、全自动智能停车系统、新能源汽车的技术与产品示范等。应用示范工作将以 G20 为短期目标，初步建成智能路网基础设施、5G/4G+网络通信环境和模拟仿真试验验证环境，具备基本的产品研发支撑、网络及通信基础设施测试和系统级试验验证等服务能力。

杭州试点示范区的模式偏重于展示，包括 V2X、自动驾驶、绿色出行、便捷停车等智慧交通领域的各个方面。

5）其他地区

2016 年 4 月底，在湖北武汉召开的中国中部基于宽带移动互联的智能汽车与智慧交通创新应用示范区总体方案专家评审会上传出消息，武汉将向国家申报“智能汽车与智慧交通创新应用示范区”，计划在沌口地区建设自动驾驶“智慧小镇”。

2016 年 7 月初，湖南长沙市委副书记、湖南湘江新区管委会主任虢正贵主持召开会议，专题研究部署智能驾驶测试区项目建设。湖南湘江新区智能驾驶测试区项目，包含 3 个 T 形路口、2 个十字路口、环岛、高速、城市道路、乡村道路、越野道路等多种交通道路类型，分三期进行建设，其中一期工程将建设封闭式核心区，预计 2017 年上半年完成建设。

2016 年 7 月 1 日，南方科技大学、密歇根大学、前沿科技产业管理有限公司签署合作协议，三方将在深圳联合建无人驾驶示范基地。这是深圳与密歇根州合作的重大落地项目，也是广东首个此类示范基地，投资额预计达 100 亿元。但并无证据表明，有深圳官方机构参与的迹象。

6）最具潜力的智能交通细分行业

汽车工业“十三五”规划意见对智能网联汽车发展设定了目标：积极发展智能网联汽车，具有驾驶辅助功能（1 级自动化）的智能网联汽车当年新车渗透率达到 50%，有条件自动化（2 级自动化）的汽车的当年新车渗透率达到 10%，为智能网联汽车的全面推广建立基础。

按照汽车工业“十三五”规划提出具体目标，智能网联汽车将成为未来最具发展潜力的风口行业。

智能网联汽车到 2020 年将初步实现商业化，从各大车企与互联网巨头公布的计划看，2020 年将成为无人驾驶车辆商业化元年，并从此进入爆发增长。

据美国汽车咨询公司 IHS 预测，2025 年，全球无人驾驶汽车销量将达到 23 万辆，2035 年将达到 1 180 万辆，届时无人驾驶汽车保有量将达到 5 400 万辆。其中，中国市场上的份额将达到 24%，北美市场为 29%，欧洲为 20%。

目前，这一产业在国内仍处于萌芽阶段，部分细分市场甚至尚处空白。智能网联汽车所涉及的三个核心领域——ADAS 系统（高级辅助驾驶系统）、传感器和地图导航（网联部分）将直接受益，巨大市场空间将释放。

5. 国内外智能网联汽车进展及趋势

1）国外智能网联汽车进展及趋势

随着汽车电子、网络、信息技术的快速发展，智能网联汽车已成为汽车技术发展的大势，智能网联汽车技术将引领未来汽车新一轮发展。近年来，众多互联网巨头和高科技企业也开始瞄准汽车市场，如谷歌公司的无人驾驶汽车、苹果公司的 iOS7 汽车版、沃尔沃汽车公司的“公路列车”等技术和产品，新兴的高速网络通信（CAN、GPRS/3G/4G、DSRC 等）、先进的环境感知（图像、雷达、GPS、北斗等）、大数据计算、智能控制等技术成为汽车行业普遍关注的重点。

据美国汽车咨询公司 IHS 预计，到 2035 年全球智能驾驶汽车销量将超过 1 000 万辆；麦肯锡在 2013 年发布的“展望 2025，决定未来经济的 12 大颠覆技术”中预测，智能汽车在 2025 年将创造 1.9 万亿美元的产值，排在下一代基因组学、3D 打印等之前，处于第六位。

欧、美、日等发达国家经过近 10 年的国家项目支持，已基本完成了 V2X 通信及控制的大规模道路测试评价，并从国家标准法规方面提出了 ADAS 系统强制装配时间表，现已进入产业化及市场部署阶段。

因此，福特、通用、丰田、马自达、宝马、奥迪等汽车公司从 2010 年开始已标准装配 ADAS 系统。2011 年、2012 年全球汽车 ADAS 系统市场增速达到了 57%、63%。

2）国内智能网联汽车进展及趋势

相比国外，我国一汽、上汽、长安、奇瑞等国内整车厂家虽然也在进行汽车 ADAS 技术研发及产业化应用，如将 FCW、LDW、倒车及全景系统等作为选配装备在车上，但整体来讲，我国智能汽车自主研发与国外发达国家相比实际上处于很滞后的状态，ADAS、V2X 等多处于技术研究及样机研发阶段，未进行过大规模的测试评价（见图 8–18）以及系统的标准法规认证，离产业化阶段还有相当大的差距。因此，随着国内智能网联汽车市场的迅速打开，我国将面临着被国外先进技术及产品全面占领市场的巨大危机及风险。

另外，我国在全球互联网、信息技术领域占有一席之地，未来的汽车技术、交通技术将更加注重人、车、路及社会环境的连接，以及一体化管理与控制，抓住如今智能网联汽车在全球快速发展的机遇，有助于我国汽车工业实现新的转型升级，甚至弯道超车。因此，应加快制定智能网联汽车国家战略，从顶层设计、政策环境、行业资源统筹等角度，快速形成智能网联汽车研究、开发、应用的产业环境，抢占汽车行业未来新兴市场。国内自主集中进军车联网的四大车企见图 8–19。

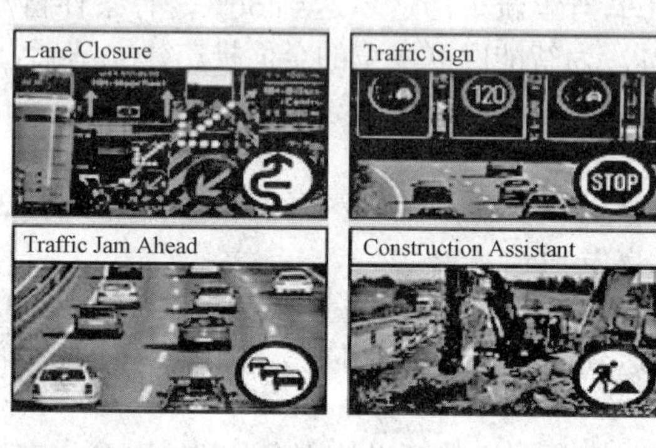

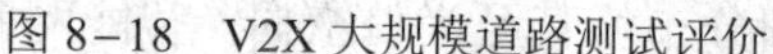
图 8–18　V2X 大规模道路测试评价

图 8–19　国内自主集中进军车联网的四大车企

“中国制造 2025”已经把智能网联汽车的发展提升到国家战略高度，未来智能网联汽车发展趋势，主要体现在以下 3 个方面：（1）车–车/车–路协同控制和驾驶辅助系统结合愈加紧密；（2）智能网联汽车感知数据向大数据的进一步扩展；（3）智能交通和车载信息产品一体化。只有在制定好产业发展战略，加大核心技术研发，加快技术标准建设，推进应用示范工程的基础上，在未来的十年时间内，我国才有机会赶超欧美发达国家。

受工业和信息化部委托，2016 年 10 月 26 日，中国汽车工程学会在上海正式发布了“节能与新能源汽车技术路线图”的内容。该路线图由 500 位相关专家历时一年完成，主要包括节能与新能源汽车总体技术路线图，以及节能汽车、纯电动和插电式混合动力汽车、燃料电池汽车、智能网联汽车、汽车制造技术、动力电池技术、汽车轻量化技术等七项专题技术路线图。

（1）智能网联汽车发展路线的总体思路。

① 近期以自主环境感知为主，推进网联信息服务为辅的部分自动驾驶（即 PA 级）应用；

② 中期重点形成网联式环境感知能力，实现可在复杂工况下的半自动驾驶（即 CA 级）；

③ 远期推动可实现 V2X 协同控制，具备高度/完全自动驾驶功能的智能化技术。

智能网联汽车的路线图包含两个方面：智能化和网联化。

智能化方面，中国的五级划分是参照了美国汽车工程师学会的 L1～L5 的划分，但是也因为中国的工况不一样，比如道路状况以及拥挤情况等，所以会有一些不同的特点。

网联化方面，也做了三级划分：网联辅助信息交互、网联协同感知以及网联协同决策和控制。

从时间节点来看，也将遵循智能化和网联化的层层递进。智能网联汽车，从现在到 2025 年是起步期，2025—2030 年是发展期，2030 年以后是高速发展期。

（2）智能网联汽车技术路线重点。

智能网联汽车技术路线重点如图 8–20 所示，开展以环境感知技术、高精度定位与地图、车载终端机人机接口（HMI）产品、集成控制及执行系统为代表的关键零部件技术研究；

开展以多源信息融合技术、车辆协同控制技术、通信与信息交互平台技术、电子电气架构、信息安全技术、人机交互与共驾驶技术、道路基础设施、标准法规等为代表的共性关键技术研究。

其中的关键性技术（地图技术、通信技术等）无法引用国外的先进技术，因为所面临的整体环境是不一样的，所以需要国内的厂商进行自主研发。也正因此，目前国内的众多车企以及互联网技术公司正走在这条道路上。

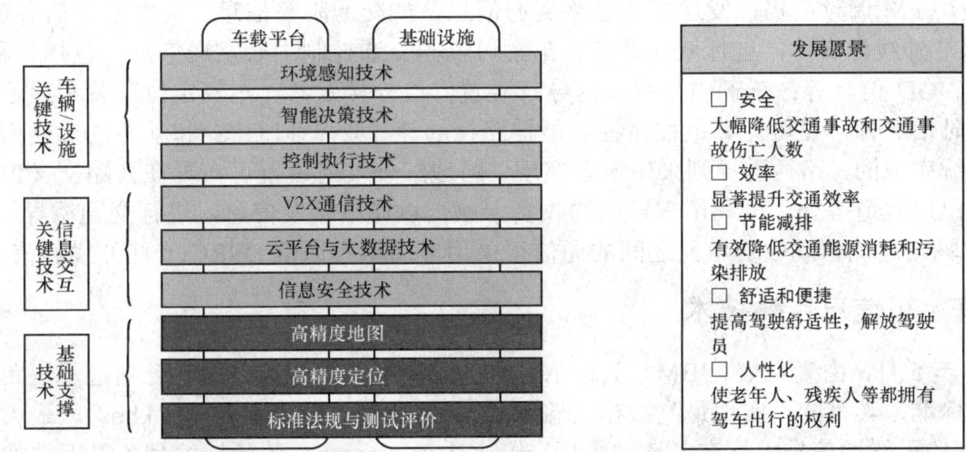

图 8–20　智能网联汽车技术路线重点

（3）未来 15 年中国自动驾驶汽车的发展遵循节奏。

至 2020 年，汽车产业规模达 3 000 万辆，驾驶辅助/部分自动驾驶车辆市场占有率达到 50%；至 2025 年，汽车产业规模达 3 500 万辆，高度自动驾驶车辆市场占有率达到约 15%；至 2030 年，汽车产业规模达 3 800 万辆，完全自动驾驶车辆市场占有率接近 10%。

从整个路线图来看，在中国实现最高级别的智能网联汽车，还需要突破各项技术以及各种政策法规的限制。但是挑战也意味着机会，车企和互联网技术公司可以发挥的空间很大。未来能否按照这个路线图一步一步实现，还需要看车企和互联网技术公司的具体表现。

8.2　智能网联汽车通信方式

智能网联汽车，可以分成两个部分，一个是智能，一个是网联。智能这方面通过一些汽车的传感器，通过实现半自动驾驶到最终自动驾驶。所谓网联汽车，也就是如何把这些车用通信的技术去感知周围的数据，然后从通信的角度去解决问题。智能网联汽车的通信方式主要包括以下 3 类。

（1）车–车间的通信（inter-vehicle communication，IVC）。

车–车之间的通信主要是利用车辆所装的传感器实现车–车之间的信息交互，协调行驶中的车辆，实现在各种行驶条件下的安全和高效。车–车间一般采用专用短程通信 DSRC，常用的车–车间通信技术包括蓝牙和车载传感器等。

（2）车–路间的通信（vehicle infrastructure communication，VIC）。

车–路之间的通信主要是利用车辆所装的无线通信设备与路边交通基础设施之间进行信息的交互，使经过基础设施的车辆实时获取所在局部路网的路况信息、服务信息等，实现车辆安全、顺畅行驶。车－车间一般采用专用短程通信 DSRC，常用的车－车间通信技术包括 RFID、红外、微波等。

（3）车（路）与指挥中心的通信。

主要是指交通控制中心与车辆间的通信，一般可采用下列方式实现：

① 有效地利用蜂窝网无线电话，实现行驶车辆与交通控制管理中心的通信。

② 使用 FM 调频广播，发送相关道路交通信息，如交通阻塞信息、突发事故信息等。

③ 以红外线为媒体，进行双向通信。车辆可以向交通控制中心发送信息，包括行程时间、排队时间、OD 信息等；车辆内装有车内导行装置、红外接发器、车辆定位装置和显示器等。除获取实时信息外，还可计算最佳路径。最佳路径的计算是基于 GPS 和动态的交通信息于车载导行系统完成的，路径诱导则采用声音实现。路边红外发射装置可布置在公路交叉口和高速公路的进出口匝道等处。可利用车辆内的收费卡座，以微波接发信息，进行交通诱导。

④ 车辆与路侧自动收费单元之间的通信可采用专用短程通信 DSRC 或红外线通信。

8.2.1 车－车信息传输技术

1998 年 5 月，由爱立信、IBM、英特尔、诺基亚和东芝等 5 家公司联合制定了短距离无线通信技术标准，其目的是实现最高数据传输率 1 Mbps（有效传输率为 721 kbps）、最大传输距离为 10 m 的无线通信技术标准，该技术标准命名为 Bluetooth。蓝牙技术具备以下技术特性。

1. 语音和数据传输

蓝牙技术定义了电路交换与分组交换的数据传输类型，能够同时支持语音与数据信息的传输。目前电话网络的语音通话属于电路交换类型，发话者与受话者之间建立起一条专门的连线。网络上的数据传输则属于分组交换类型。分组交换是将数据切割成具有地址标记的分组数据包后，通过多条共享通道发送出去。这两种传输类型都不能同时传输语音和数据信息。

蓝牙技术支持电路交换和分组交换，即能同时传输语音和数据信息。蓝牙定义了 2 种链路类型：SCO（面向连接的同步链路）和 ACL（面向无连接的异步链路）。每种链路支持 16 种不同的分组类型。SCO 数据包既可以支持数据传送，也可以支持语音传送。语音编码方式采用 PCM 或 CVSD（连续可变斜率增量调制），由用户选择。ACL 支持对称和非对称两种帧格式，ACL 和 SCO 可以同时工作，这意味着语音和数据可以同时被传送。

2. 全球通用频段

要使通信产品快速地普及，必须使通信频率位于全球各个国家开放的频段上。蓝牙技术工作在全球通用的 2.4 GHz 频段，即 ISM 频段。ISM 频段是指用于工业、科学和医学的全球公用频段，包括 902～928 MHz 和 2.4～2.484 GHz 两个频段范围，可以免费使用而不用申请。蓝牙技术采用 PLUG&PLAY 功能，可以解释成“即插即用”，即任何具有蓝牙功能的设备一旦搜寻到另一个具有蓝牙功能的设备可以立即建立连接，而用户无须进行任何设置。

ISM 频段是对所有无线电系统都开放的频段，为了避免与此频段上的其他系统或设备（如无绳电话、微波炉等）互相干扰，蓝牙系统还特别设计了快速确认和跳频的方案，以确保链路的稳定性。跳频技术是把频带分成若干个跳频信道，在一次连接中，无线电收发器按一定的伪随机编码序列快速地从一个信道跳到另一个信道，只有收发双方按这个规律通信，而其他的干扰源不会按同样的规律变频。跳频的瞬时带宽很窄，但通过扩展频谱技术可使这个窄频带扩展成宽频带，使可能产生干扰的影响降低。与其他工作在相同频段的系统相比，蓝牙跳频更快，数据包更短。因此，蓝牙系统比其他系统更稳定。

3. 低成本、低功耗和低辐射

轻、薄、小是蓝牙技术的基本目标之一。结合蓝牙技术与芯片制造技术把蓝牙系统组合在单芯片内，与许多电子元件组成蓝牙模块后，以 USB 或是 RS–232 接口与现有的设备互相连接，或是内嵌在各种信息设备内，达到低成本、低功耗和低辐射的目标。飞利浦公司的蓝牙 SiP（BGB203/4）技术方案实现了业内最高的集成水平，并符合蓝牙 1.2 版标准。该蓝牙 SiP 包含了连接所需的所有器件——射频、基带、存储器、滤波器、转换器和其他分立元件，并将这些器件都集成在一个低成本的 HVQFN 封装里，只有 49 mm^2 大小，厚度仅为 0.8 mm。

将蓝牙模块看作一个短距离通信系统，目前它的价格不算高。如果将其视为一个无线电缆，则其价格仍然不低，但是长期目标将锁定在 5 美元以下。为了能够替代一般电缆，蓝牙芯片价格必须达到这个目标，这样才具备和一般电缆差不多的价格，从而被广大普通消费者所接受，使这项技术得到普及。目前，蓝牙芯片价格降不下来既有经济原因，也有技术原因。从技术角度来看，蓝牙芯片集成了无线、基带和链路管理层功能。如果由软件实现链路管理层功能，那么芯片被简化，价格也将趋于合理。而从经济角度来看，蓝牙芯片的大批量生产无疑将摊薄成本，降低价格。目前，大规模购买的蓝牙模块平均价格已经降至 5 美元以下，国内主流蓝牙芯片的价格大约为 100 元以内。

蓝牙芯片的发射功率能够根据使用模式自动调节，正常工作时的发射功率为 1 mW，发射距离一般为 10 m。蓝牙规范定义了三种节能状态：Park、Hold 和 Sniff。这些状态既能处于低功率状态，也能处于连接状态。当传输信息量减少或无数据传输时，蓝牙设备将减少处于激活状态的时间，而进入低功率工作模式，这种模式比正常工作模式节省约 70%的发射功率。也正是由于蓝牙设备的发射功率很小，通信过程中产生的无线辐射完全符合工业标准，不会危害使用蓝牙设备的用户或进入蓝牙有效通信范围内的人群。目前蓝牙的最大发射距离通常可以达到 100 m，基本可以满足常见的短距离无线通信的需要。

4. 安全性

蓝牙系统的安全问题一直是深受关注的，因为蓝牙的移动性与开放性使得安全问题极为重要。同其他无线信号一样，蓝牙信号很容易被截取。因此，蓝牙协议提供了认证和加密，以实现链路级安全。蓝牙系统认证与加密服务由物理层提供，采用流密码加密技术，适于硬件实现，密钥由高层软件管理。如果用户有更高级别的保密要求，可以使用更高级、更有效的传输层和应用层安全机制。安全措施不仅在确保消息和文件以无线方式进行传递时的隐私方面很重要，而且在确保电子商务合同的诚实性方面也很重要。相应地，蓝牙标准也提供了灵活的安全体系结构，既能够确保访问可信任的设备和业务，而又不对其他不可信设备和服务提供访问权限。除此之外，跳频技术保密性和蓝牙有限的传输范围也使窃听变得困难。但最近国内外发生了多起用户的蓝牙手机受病毒感染的事件，需要引起足够的重视。

5. 多用途

蓝牙技术可以应用在多种电子设备上，如移动电话、无绳电话、笔记本电脑、掌上电脑、传真机、数字相机、调制解调器、打印机、投影机、局域网、免提式耳机和游戏操纵杆等；此外，开门及报警装置、家庭电子记事本或备忘录、遥控电灯、冰箱、微波炉和洗衣机等各种家用电器，同样能够安装蓝牙模块而实现组网通信。

6. 网络特性

蓝牙技术是一种点对多点的通信协议，蓝牙设备间的数据传输不仅能够点对点，也支持点对多点的方式。蓝牙组网时最多可以有 256 个蓝牙单元设备连接形成微微网，其中 1 个主节点和 7 个从节点处于工作状态，其他处于空闲模式。多个微微网可以组成发散网。换句话说，一个蓝牙设备最多可以同时连接另外 7 个蓝牙设备，周围最多可有 255 个待机的蓝牙设备（处于 standby 状态）。利用蓝牙技术可将个人身边的设备都连接起来，形成一个个人局域网。蓝牙规范公布的主要技术指标和系统参数如表 8–4 所示。

表 8–4　主要技术指标和系统参数

指标类型	系统参数
工作频段	ISM 频段，2.402～2.480 GHz
双工方式	全双工，TDD 时分双工
业务类型	支持电路交换和分组交换业务
数据速率 异步信道速率 同步信道速率	1 Mbps 非对称连接为 721 kbps，对称连接为 432.6 kbps，2.0+EDR 规范支持更高的速率 64 kbps，2.0+EDR 规范支持更高的速率
功率	美国 FCC 要求功率级小于 0 dBm（1 mW），其他国家可扩展为 100 mW
跳频频率数	79 个频点/1 MHz
跳频速率	1 600 次/s
工作模式	Park/Hold/Sniff
数据连接方式	面向连接业务 SCO，无连接业务 ACL
纠错方式	1/3FEC、ARQ 等
信道加密	采用 0 位、40 位和 60 位密钥
发射距离	一般可到 10 m，增加功率情况下可达 100 m

车载蓝牙通信系统由两部分组成，包括一个标准的车载通信系统，以及一个作为接入点的无线蓝牙通信设备。车载蓝牙通信系统应用比较广泛，图 8–21 给出了应用于加油站的实例。

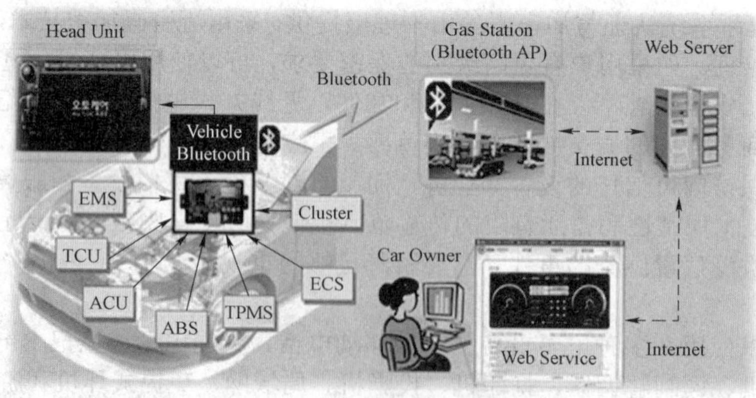

图 8–21　应用于加油站的实例

8.2.2　车–路信息传输技术

1. RFID

近年来，随着大规模集成电路、网络通信、信息安全等技术的发展，射频识别技术（radio

frequency identification，RFID）显示出巨大的发展潜力与应用空间，由于具有高速移动物体识别、多目标识别和非接触识别等特点，RFID 技术在物流、交通、电信、农牧、民航、票据、防伪、安全和医疗等领域的重大工程都得到了试点推广及应用，并取得了良好的效果。与其他识别技术相比，RFID 技术具有无需人工干预，可自动工作于各种恶劣环境，可对标签进行读写、数据加密等诸多优越性，对改善人们生活质量、提高企业效益、加强公共安全生产有着重要意义。

由于 RFID 系统具有车－路通信、自动识别、点定位、远距离检测及可视化等功能，因此在移动车辆的自动识别与管理系统方面有广阔应用市场，成为智能交通重要应用技术之一，其领域的应用包括智能停车场管理、车辆智能交通管理、车辆调度管理、港口码头车辆管理、车辆智能称重管理、智能公交管理、非法车辆稽查管理、海关车辆通关管理、机动车尾气排放控制管理等。此外，RFID 技术也广泛应用于公交卡、不停车收费、停车场管理、车辆类型及流量信息采集、高速公路车辆速度计算等方面，并取得了良好的应用成效。

RFID 系统通过车－路通信实现车辆的智能管理，可充分利用车辆数字化信源，构建“车联网”管理平台，从而培育和创建与涉车管理相关的服务功能及其服务产业。

2. 红外通信技术

红外通信是一种廉价、近距离、无线、低功耗、保密性强的通信方案，主要应用于近距离的无线数据传输，也可用于近距离无线网络接入。它的发展是从早期的 IrDA 规范（115.2 kbps）到 ASKIR（1.152 Mbps），再到最新的 FAST IR（4 Mbps），红外接口的速度不断提高，使用红外接口和计算机通信的信息设备也越来越多。自 1993 年起，由 HP、COMPAQ、Intel 等多家公司发起成立了红外数据协会（Infrared Data Association，IrDA），建立了统一的红外数据通信标准。一年以后，第一个 IrDA 的红外数据通信标准——IrDA1.0 发布，又称为 SIR（serial infra red），它是基于 HP 开发出来的一种异步的、半双工的红外通信方式。通过对串行数据脉冲和光信号脉冲编解码实现红外数据传输。IrDA1.0 的最高通信速率只有 115.2 kbps，适应于串行端口的速率。

到 1996 年，该协会发布了 IrDA 1.1 标准，即 fast infra red，简称为 FIR。FIR 采用了全新的 4 PPM 调制解调技术，其最高通信速率达到 4 Mbps，这个标准是目前运用得最普遍的标准。继 IrDA1.1 之后，IrDA 又发布了通信速率高达 16 Mbps 的 VFIR 技术（very fast infra red）。

1）红外通信技术的特点

红外通信技术适合于低成本、跨平台、点对点高速数据连接，尤其是嵌入式系统。其主要应用于设备互联、信息网关。设备互联后可完成不同设备内文件与信息的交换。信息网关负责连接信息终端和互联网。红外通信技术是目前在世界范围内被广泛使用的一种无线连接技术，有着许多显著的优点：

（1）红外通信有着丰富的带宽资源，理论上光波段所具有的可利用带宽大约是无线电射频段的 105 倍，仅在 700～1 500 nm 的红外波段就有着超过 200 THz 的可利用带宽。

（2）红外通信系统无频率使用许可问题，而微波系统的载波频率必须取得使用许可。

（3）光波抗电磁干扰，保密性好，对信息的安全传输有着重要的意义。

（4）红外通信系统通过电流直接调制发光器件的光强，并非利用高频载波方式，故系统电路设计比较简单。

IrDA 的不足在于它是一种视距传输，两个相互通信的设备之间必须对准，中间不能被其他物体阻隔，因而该技术只能用于 2 台（非多台）设备之间的连接。而蓝牙就没有此限制，且不受墙壁的阻隔。IrDA 目前的研究方向是如何解决视距传输问题及提高数据传输率。

2）红外通信技术原理

红外通信是利用 950 nm 近红外波段的红外线作为传递信息的媒体，即通信信道。发送端将基带二进制信号调制为一系列的脉冲串信号，通过红外发射管发射红外信号。接收端将接收到的光脉冲转换成电信号，再经过放大、滤波等处理后送给解调电路进行解调，还原为二进制数字信号后输出。常用的有通过脉位宽度来实现信号调制的脉宽调制（PWM）和通过脉冲串之间的时间间隔来实现信号调制的脉位调制（PPM）两种方法。

简而言之，红外通信的实质就是对二进制数字信号进行调制与解调，以便利用红外信道进行传输；红外通信接口就是针对红外信道的调制解调器。

3）红外通信技术标准

IrDA 标准主要分为两种类型，即 IrDA Data 和 IrDA Control。其中 IrDA Data 主要用于与其他设备交换数据。而 IrDA Control 则主要用于与人机接口设备（HID）通信，如键盘、鼠标等。

IrDA Data 的传输距离为 0.2～1.0 m，传输速度为 9 600 bps～16 Mbps。IrDA Control 的传输距离为 8 m，传输速度为 75 kbps。

下面主要介绍 IrDA Data。IrDA 于 1994 年发布了 IrDA1.0，简称为 SIR（serial infra red），是一种非同步、半双工红外通信方式。SIR 的实现基于 UART，是在计算机的 UART 上扩展红外编译码器和红外收发器构成的。

SIR 的传输速率取决于 UART，最高传输速率受到 UART 的限制，最高为 115.2 kbps，发射接收角度为 30°。由于基于 UART，SIR 的成本较低。

在 SIR 之后，IrDA 于 1996 年发布了 IrDA1.1，即 FIR（fast infra red），FIR 不再基于 UART，而是直接连接计算机总线，它的性能也就不受制于 UART 的性能了。FIR 的数据传输速率最高为 4 Mbps。FIR 仍然支持 SIR 的传输模式，与 SIR 向下兼容，当 FIR 设备与 SIR 设备通信时，使用 SIR 的速率和调制模式。只有通信双方都支持 FIR 的 4 Mbps 速率时，才将通信速率设定在 4 Mbps。

2001 年，IrDA 发布了最高通信速率为 16 Mbps 的 VFIR（very fast infra red）标准。VFIR 设备兼容 SIR 和 FIR 设备。

AIR（advanced infra red）是 IrDA 针对蓝牙技术的竞争发布的一个多点连接红外规范，它的优点是其传输距离和发射接收角度的改进。在 4 Mbps 通信速率下，其传输距离可以达到 4 m，在更低速率下传输距离可以达到 8 m。AIR 规范的发射接收角度为 120°。更重要的是，它支持多点连接，其他的 IrDA 规范都只支持点对点连接。

由于红外接口主要使用在便携设备，这类设备通常对功耗要求很高，为了降低设备的功耗，IrDA 发布了低功耗的 IrDA1.2 和 IrDA1.3，但同时缩短了传输距离，传输距离为 0.2～0.3 m。这两个标准分别是 SIR 和 FIR 的低功耗版本。IrDA 标准如表 8–5 所示。

表 8–5　IrDA 标准

	IrDA 1.0 SIR	IrDA 1.1 FIR	AIR	IrDA 1.2	IrDA 1.3	IrDA 1.4 VFIR
最高速率/kbps	115.2	4 000	4 000/250	115.2	4 000	16 000
通信距离/m	1	1	4/8	0.2（与低功率连接） 0.3（与标准功率连接）		1

续表

	IrDA 1.0 SIR	IrDA 1.1 FIR	AIR	IrDA 1.2	IrDA 1.3	IrDA 1.4 VFIR
发送接收角度/（°）	±15	±15	±120	±15	±15	±15
连接方式和设备数	点对点 2 个	点对点 2 个	多点对多点 10 个	点对点 2 个	点对点 2 个	点对点 2 个

4）ETC 红外通信系统的工作原理

ETC 红外通信系统是通过安装于车辆上的车载系统（on board unit，OBU）和安装在收费站车道上的基站系统（road side unit，RSU）之间进行无线红外通信和信息交换。车载系统与基站系统中都包含光学天线、红外发射机和红外接收机，以保证能够进行双向通信，完成信息交换。

车载系统与基站系统之间的通信分为上行链路和下行链路，如图 8-22 所示。当车辆进入到通信区域时，由路边感应器感知车辆，RSU 通过下行链路发出询问信号，OBU 接收到 RSU 的询问信号后，通过上行链路向 RSU 发送信息，从而完成车载系统与基站系统之间的双向通信和数据交换，基站系统获取车辆识别信息后，如汽车 ID 号、车型等信息，通过计算机系统与数据库中相应信息进行比较判断，根据不同情况来控制管理系统产生不同的操作，如计算机收费管理系统从该车的银行账号中扣除此次应交的过路费，或送出指令给其他辅助设施工作，从而实现对车辆行驶的自动收费过程。

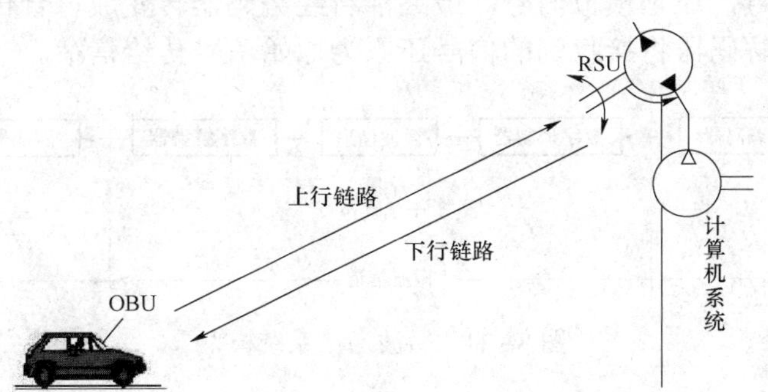

图 8-22　ETC 红外通信链路图

3. 微波技术

微波通信所使用的频段为 300 MHz～300 GHz，相应的波长为 1 m～0.1 mm。人们习惯上将微波分为分米波、厘米波、毫米波和亚毫米波等波段。通常用不同的字母代表不同的微波波段，如：S 代表 10 cm 波段，C 代表 5 cm 波段，X 代表 3 cm 波段，Ka 代表 8 mm 波段，U 代表 6 mm 波段，F 代表 3 mm 波段等。

微波传输是沿直线进行的，但地球是一个球体，地面自然是曲面，这样，微波在地面上的传播距离只能局限在视距以内，其视距传播距离取决于发射天线和接收天线的高度。设发射天线和接收天线的高度分别为 h_1 和 h_2，考虑到地球表面大气层对微波折射的影响，则视距传播距离为

$$L=4.12(\sqrt{h_1}+\sqrt{h_2}) \tag{8-1}$$

视距传播距离一般可达到 50 km 左右。当两点距离超过 50 km 时，则必须在它们之间设立相互距离小于视线距离的多个中继站，这样就构成了微波中继通信，如图 8-23 所示。

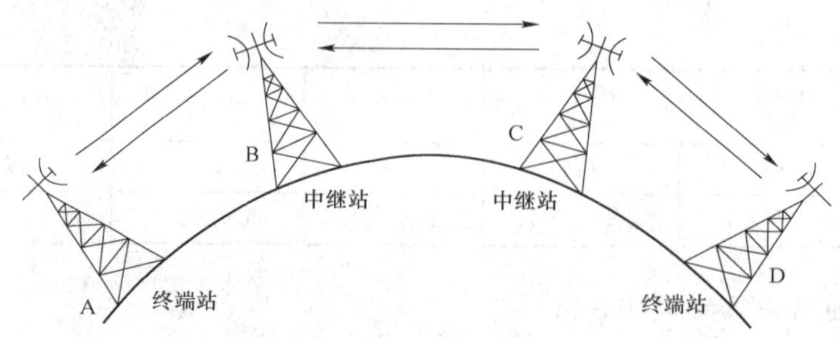

图 8-23　微波中继通信示意图

微波通信分为模拟微波通信和数字微波通信两种制式。用于传输频分多路－调频制（FDM-FM）基带信号的系统称为模拟微波通信；用于传输数字基带信号的系统称为数字微波通信。

远距离的微波中继传输一般都采用数字通信的方式。

微波通信的优点：① 抗干扰能力强，整个线路噪声不积累；② 保密性强，便于加密；③ 器件便于固态化和集成化，设备体积小，耗电少；④ 便于组成综合业务数字网（ISDN）。

微波通信的不足：① 要求传输信道带宽较宽，因而会产生频率选择性衰落；② 抗衰落技术复杂。

微波通信系统主要由发射端、微波信道和接收端三部分构成，如图 8-24 所示。不论信源提供的信号是数字信号，还是模拟信号，最终都将经编码器转变成符合传输要求的数字信号，再经微波信道传输，解码器将接收到的信号还原为原始信号传给信宿。

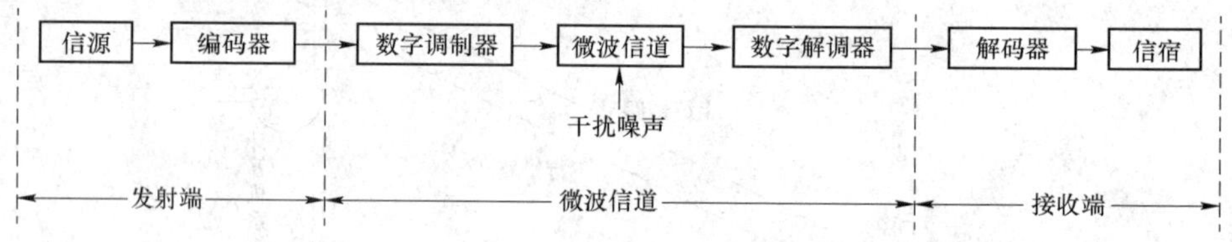

图 8-24　微波通信系统模型

发射端的信源是提供原始信号的装置，其从信源输出的信号是经过模数转换的后的数字信号。

信道编码是为了提高数字信号传输的可靠性。因为信道中不可避免地存在着噪声和干扰，可能使传输的数字信号产生误码，为了在接收端能够自动检查和纠正错误的码元，使用信道编码器，可在输入的数字系列中，按照一定的规律加入一些附加的码元，并形成新的数字系列。在接收端，根据新的数字码元系列的规律性来检查接收信号有无误码。

调制是将数字信号调制到频率较高的载频上去，以便适合无线信道传输。接收端的解调、信道解码等几个方框与发射端几个方框的功能，是一一对应的反转换。

8.2.3　车（路）-指挥中心信息传输技术

1. 光纤

光纤即光导纤维的简称。光纤通信是以光波作为信息载体，以光纤作为传输媒介的一种通信方式。光纤通信作为一门新兴技术，其近年来发展速度之快、应用面之广是通信史上罕见的，也是世界新技术革命的重要标志和未来信息社会中各种信息的主要传送工具。

光纤通信系统由以下 5 个部分组成。

（1）光发信机：光发信机是实现电/光转换的光端机。它由光源、驱动器和调制器组成。其功能是将来自于电端机的电信号对光源发出的光波进行调制，成为已调光波，然后再将已调的光信号耦合到光纤或光缆去传输。电端机就是常规的电子通信设备。

（2）光收信机：光收信机是实现光/电转换的光端机。它由光检测器和光放大器组成。其功能是将光纤或光缆传输来的光信号，经光检测器转变为电信号，然后，再将这微弱的电信号经放大电路放大到足够的电平，送到接收端的电端机去。

（3）光纤或光缆：光纤或光缆构成光的传输通路。其功能是将发信端发出的已调光信号，经过光纤或光缆的远距离传输后，耦合到收信端的光检测器上，完成传送信息任务。

（4）中继器：中继器由光检测器、光源和判决再生电路组成。它的作用有两个：一个是补偿光信号在光纤中传输时受到的衰减；另一个是对波形失真的脉冲进行整形。

（5）光纤连接器、耦合器等无源器件：由于光纤或光缆的长度受光纤拉制工艺和光缆施工条件的限制，且光纤的拉制长度也是有限度的（如 1 km）。因此一条光纤线路可能存在多根光纤相连接的问题。于是，光纤间的连接、光纤与光端机的连接及耦合，对光纤连接器、耦合器等无源器件的使用是必不可少的。光纤通信系统的组成如图 8–25 所示。

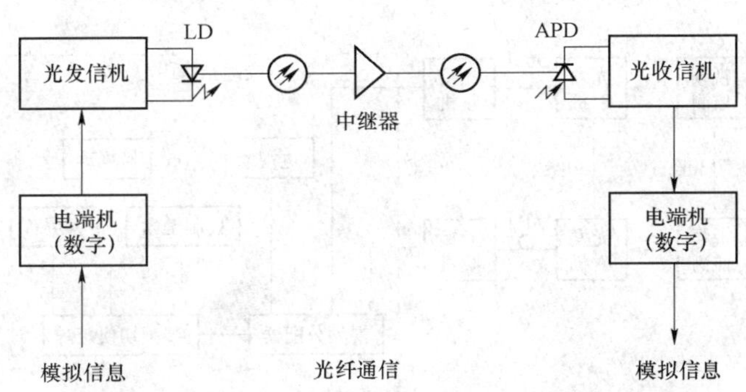

图 8–25　光纤通信系统的组成

光纤通信之所以发展迅猛，主要在于它具有以下特点：

（1）通信容量大、传输距离远；

（2）信号串扰小、保密性能好；

（3）抗电磁干扰、传输质量佳；

（4）光纤尺寸小、重量轻，便于敷设和运输；

（5）材料来源丰富，环境保护好；

（6）无辐射，难以窃听；

（7）光缆适应性强，寿命长。

随着城市智能交通系统概念的提出，监控技术的发展迫切需要高速率、大容量的传输技术。如何将实时的路面交通信息，包括图像、声音和数据高质量地传输到管理部门或指挥中心，成为公路及城市道路监控系统的关键问题。光纤通信以其高带宽、低传输损耗及不受电磁干扰等特性被广泛地应用于高速公路视频监控及地铁、轻轨等快速轨道交通工程中。尤其在车（路）与指挥中心的信息传输中，交通电视监控系统通过前端摄像设备采集重点场所和监测点的视频图像，各路视频信号及反向控制信号通过光纤传输方式传送至交通指挥中心进行信息的存储、处理和发布，使交通指挥中心的工作人员能够快速、准确、直观地获得社会治安和道路交通状况，从而能够及时掌握重点场所的治安状况和交通动态，在第一时间制定对策、进行决断并实施快速反应，有利于进一步加强安全防范和交通管理控制工作，提高交通调度指挥的效率。光纤传输技术在车（路）与指挥中心通信中的应用如图 8-26 所示，其具体工作过程如下：安装在交叉口的摄像机将拍摄的交叉口交通状况（视频信号）通过光发射机将电信号转换为光信号经光纤送至控制室，光接收机将光信号转换为电信号（视频信号），视频信号分别分配给视频切换矩阵和数字硬盘录像机。视频切换矩阵输出的视频信号分别送往控制室监视器终端。交叉口监控图像可通过视频点播系统和数字录像系统进行实时录制。数字硬盘记录系统所具备的TCP/IP 网络功能支持所在局域网内的多媒体计算机终端进行在线监控及画面浏览，局域网内授权用户既可通过客户端软件，也可通过浏览器使用硬盘录像机提供的远端控件对硬盘录像设备的实时数字图像进行监视，对历史记录进行查询、检索和回放，通过客户端软件实现对前端摄录像设备的控制。操作人员通过控制键盘下达摄像选择、云台俯仰和旋转、镜头焦距调整、光圈大小等命令。矩阵切换主机接到键盘命令后，将信号通过 RS-422 通信口送至光端机，交叉口光端机将接收到的光信号转换为电信号送至解码器，控制命令经解码器解码后送往前端设备执行相关操作。视频切换矩阵系统和视频图像数字化系统的协同运转，使实时的视频信号得以通过模拟/数字信道和局域网网络同时进行传输，帮助交通指挥人员准确掌握交通状况，提高交通调度指挥的效率。

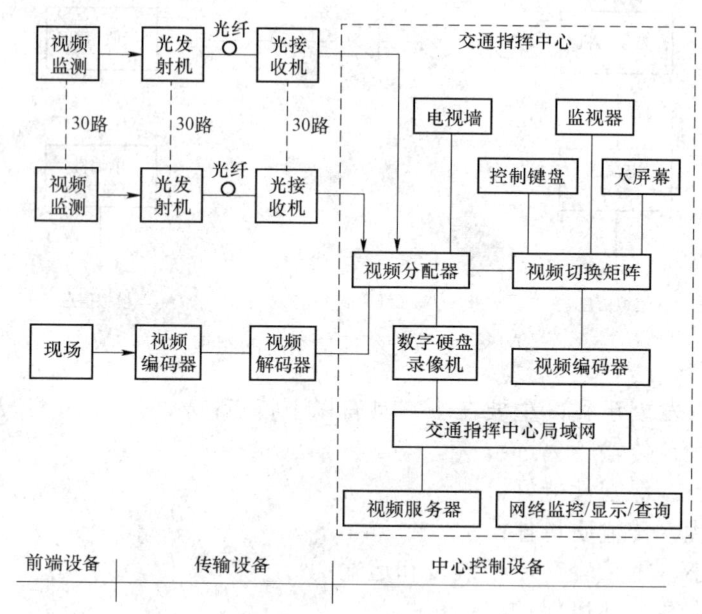

图 8-26　光纤传输技术在车（路）与指挥中心通信中的应用

2. GPRS

GPRS（general packet radio service，通用分组无线业务）是在 GSM 移动通信系统基础上发展起来的一种移动分组数据业务。GPRS 通过在 GSM 数字移动通信网络中引入分组交换的功能实体，以完成用分组方式进行的数据传输。GPRS 系统可以看作是对原有的 GSM 电路交换系统的基础上进行的业务扩充，以支持移动用户利用分组数据移动终端接入 Internet 或其他分组数据网络的需求。

以 GSM、CDMA 为主的数字蜂窝移动通信和以 Internet 为主的分组数据通信是目前信息领域增长最为迅猛的两大产业，正呈现出相互融合的趋势。GPRS 可以看作是移动通信和分组数据通信融合的第一步。移动通信在目前的话音业务继续保持发展的同时，对 IP 和高速数据业务的支持已经成为第二代移动通信系统演进的方向，而且也将成为第三代移动通信系统的主要业务特征。

GPRS 包含丰富的数据业务，如 PTP 点对点数据业务、PTMM 点对多点广播数据业务、PTMG 点对多点群呼数据业务、IPM 广播业务。这些业务已具有了一定的调度功能，再加上 GSM Phase2+中定义的话音广播及话音组呼业务，GPRS 已能完成一些调度功能。

8.3　智能网联汽车无线定位方法

智能网联汽车的技术体系由传感、决策、控制、通信定位及数据平台等组成，而实现这些功能应用都是以车辆准确定位为前提，车辆定位的精确度和实时性直接关系到智能网联汽车的实用价值和整体性能。本节将对智能网联汽车的几种无线定位方法进行简单介绍。

无线定位技术通过对无线电波的一些参数进测量，根据特定的算法来判断被测物体的位置。测量参数一般包括无线电波的传输时间、幅度、相位和到达角等。定位精度取决于测量的方法。从定位算法中是否需要测量节点间的距离来看，定位技术大致可以分为两种类型：基于测距的定位方法和基于非测距的定位方法。

8.3.1　基于测距的定位方法

1. 基于 TOA（time of arrival）信号到达时间的定位算法

在信号传播速度已知的前提下，根据信号在发送节点和接收节点之间来回传播的时间来估计出发送者和接收者之间的距离。

TOA 技术的详细基本原理是：首先确定一个无线信号，其传播速度已知，测量得到已知信号从一个节点到达另一个节点的时间，便可以计算出两点间的距离；随后再由极大似然估计法、三边测量法或其他定位算法计算节点位置。常用的无线信号有声波信号、无线射频信号和红外信号等，其中声波的传播速度较慢，相对比较理想，但声速受环境条件的影响比较大。

假设两节点的电子时钟是同步的，则计算距离 R 的公式为

$$R=(T_2-T_1)\cdot V \tag{8-2}$$

式中：V 为信号传播速度，m/s；T_1、T_1 分别为信号发送和到达时间，s。

TOA 定位算法定位精度较高，但距离精确程度很大程度上依赖于电子时钟所统计的信号传播时间，这就要求发送节点和接收节点的响应和处理的时延要精确，也就是要求时钟同步要十分精确，这就必须加大硬件投入，导致成本的提高。

2. 基于 TDOA（time difference of arrival）信号到达时间差的定位算法

TDOA 是衍生于 TOA 基础上的一种技术，它的主要优点是克服了电子时钟时间同步的问题，即不需要严格同步的电子时钟。TDOA 的原理是：发射节点依次发送两种无线信号，两种信号有不同的传播速度，如声波信号和 RF 射频信号等；接收节点测量出两种信号的到达时间，得到到达时间差，则可依照公式计算出两节点间的距离，最后通过定位算法得到节点位置。

假设有两种不同传播速度的信号，则距离 R 的计算公式为

$$R=\left|(T_4-T_3)-(T_2-T_1)\right|\cdot\frac{V_2-V_1}{V_2\cdot V_1} \tag{8-3}$$

式中：V_1 和 V_2 分别为两种信号的传播速度，m/s；T_2-T_1 和 T_4-T_3 分别为两种信号的到达时间差，s。

从式（8–3）不难看出 TDOA 的确消除了时间不同步的影响，设两节点的计时时差为 Δt，有

$$(T_4-T_3+\Delta t)-(T_2-T_1+\Delta t)=(T_4-T_3)-(T_2-T_1) \tag{8-4}$$

3. 基于 AOA（angle of arrival）信号到达角度的定位算法

AOA 是一种估算相邻节点发送出信号方向的技术，一般通过天线阵列实现，也可利用多个接收器结合。首先已知节点发射信号，未知节点通过自身的接收器得到与已知节点的方位角，也就是发送信号的入射角，则可得到已知节点与未知节点间的径向线，未知节点与两个以上的已知节点的径向线的交点即为未知节点的位置估计。如图 8–27 所示。

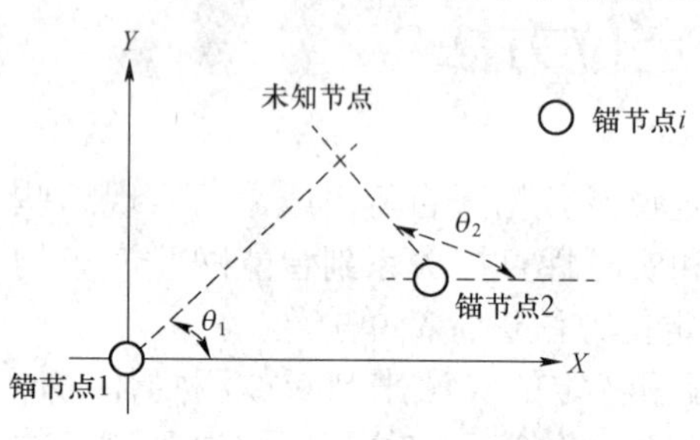

图 8–27　AOA 定位原理

当未知节点同时收到两个已知节点所发射的信号，得到的两条径向线的交点就是未知节点所在的位置。

设已知节点坐标为 (x_1, y_1)，则

$$\tan\theta_i=\frac{y_i-y}{x_i-x} \tag{8-5}$$

式中：θ_i 为未知节点得到第 i 个已知节点发射的信号到达角度。

基于 AOA 信号到达角度的定位算法相比 TOA 信号到达时间的定位算法，可以同时获得未知节点位置信息和角度信息，即相对的方位信息。但这种定位算法复杂度较高，对硬件要求也比较高，并且很容易受到外界环境因素和非视距（NLOS）因素等影响，而且 AOA 需要额外硬件支持。

4. 基于 RSSI（received signal strength indication）信号接收强度定位算法

RSSI 算法原理是根据信号强度衰减和距离的变化有一定线性关系，可以由信号传递过程中信号的衰减程度来进行距离的粗略计算。由已知的发射节点的发射信号强度，接收节点根据接收到的信号强度，得出信号传播期间的损耗，之后利用理论模型由信号传输损耗得到节点间距离，计算得到未知节点的位置。

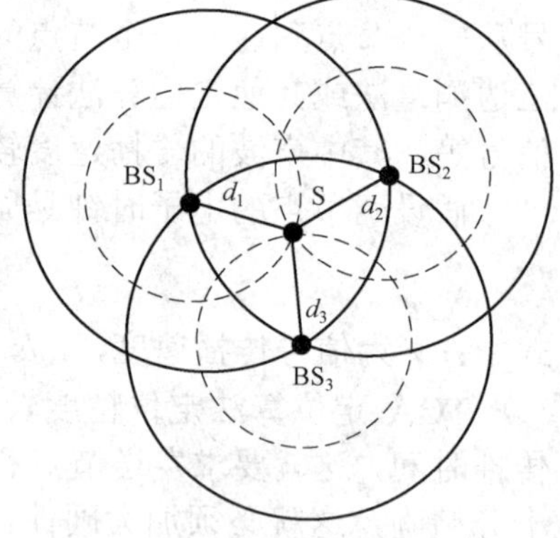

图 8–28　RSSI 算法定位原理

图 8–28 中，BS_1、BS_2、BS_3 是三个位置信息已知的节点，S 是位置信息未知的移动节点，通过信号强度可以算出点 S 到 BS_1、BS_2、BS_3 的距离分别为 d_1、d_2、d_3。通过几何关系可见，S 正位于以 BS_n 为圆心、节点间距离 d_n 为半径的三个圆上，三个圆有唯一交点，交点的位置坐标即为 S 的位置。

8.3.2　基于非测距的定位方法

1. 形心定位算法

当未知节点存在两个以上相邻已知节点时，未知节点的位置可用这些已知节点围成的几何图形的形心来估计。

已知节点 A、B、C、D、E 的坐标 (x_1, y_1)、(x_2, y_2)、(x_3, y_3)、(x_4, y_4)、(x_5, y_5)，令它们构成多边形 $ABCDE$ 的顶点，则多边形形心坐标为

$$(x, y)=((x_1+x_2+x_3+x_4+x_5)/5,(y_1+y_2+y_3+y_4+y_5)/5) \tag{8-6}$$

则形心 (x, y) 即为未知节点的估计位置。如图 8–29 所示。

形心定位算法的优势在于简单易懂，比较直观，且较为容易实现。但是，形心算法只是在理想的球形无线通信信号传播模型前提下实现的，而且只有节点分布比较均匀，定位精度才能得到提升。

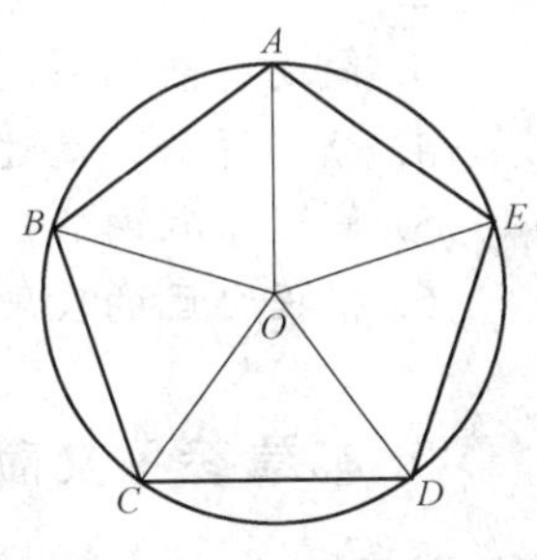

图 8–29　形心法定位原理

2. DV–Hop 算法

DV–Hop 算法开始要假设所有节点有相同的跳步距离，然后以已知节点为起点，通过路由矢量交换协议得到未知节点到已知节点的矢量距离，然后参照 GPS 定位的思想通过计算得出未知节点的坐标。

具体算法主要分为三个步骤：首先，信标节点广播数据帧分组，信息包括自身坐标和跳数，其中跳数的初始值取零，网络中接收到数据的节点只记录最小跳数的数据帧分组，且在最小跳数的基础上加一，随后转发更新过跳数的数据帧分组，这样网络中每个节点都记录了自身到各已知节点的最小跳数；其次，已知节点得到包含到其他已知节点的最小跳数和相应已知节点坐标值的数据分组，就可以计算该已知节点到网络中其他节点的平均每跳距离；最后，未知节点根据三边测量法等定位算法进行定位计算。

3. 凸规划算法

凸规划算法简化了定位算法，不直接测量网络节点间实际距离，而是将节点间无线通信连通度视作节点间的几何位置关系。“将整个网络结构转化成一个几何凸集，这样就把定位问题演变成一个解决凸约束优化问题，然后再用半定规划和线性规划方法寻找一个能计算节点坐标的全局优化解决方案”，是整个算法的核心问题。

未知节点和其他已知节点通过通信后，就可以大致确认其处于的几何区域由哪几个已知节点构成，即图 8–30 中阴影部分的几何凸集。然后通过规划法寻找出一个可以覆盖阴影部分的最小矩形区域，再计算出矩形质心，将质心坐标作为未知节点的坐标。

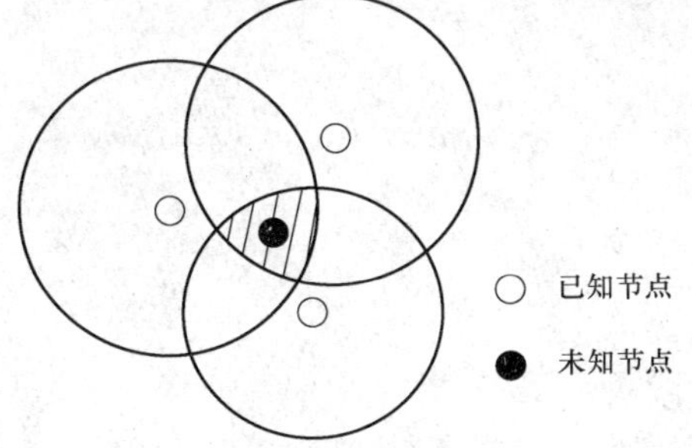

图 8–30　凸规划法定位算法原理

因为只需获取网络的连通度，所以凸规划法对节点硬件要求较低，不需要为配备高性能的测量元件而消耗过多的成本。一般的，凸规划法要求实验有较大的已知节点密度，当网络已知节点密度达到 20%左右时，算法的定位精度可达 85%。为保证网络中全部未知节点都能进入已知节点形成的公共凸集，就需要在网络边缘布置更多的已知节点，以便能得到更高的定位精度。

4. MDS–MAP 算法

MDS–MAP 算法采取多维定标技术，可以在需要测距定位和无需测距定位两种情况下使用，并能根据网络的配置实现相对和绝对两种定位，所以该算法应用范围较为广泛。

在网络连通度较高时，MDS–MAP 算法具有相对较高的定位精度。但是，如果网络连通度降低，其定位性能就会大幅下降。由此，MDS–MAP 算法对节点分布密集均匀、连通度较高、规模较大的网络系统适用性较高。

思考题

1. 简述智能网联汽车、智能汽车和车联网的区别和联系。
2. 查阅资料，简单介绍智能网联汽车应用的现状。
3. 简述智能网联汽车的体系架构和核心技术。
4. 查阅资料，简述智能网联汽车的服务功能。
5. 简述车联网的通信方式和常用的无线定位方法。
6. 根据自己的理解，简要概述智能网联汽车比传统智能汽车的先进之处。

本章参考文献

[1] 王燕科. WAVE 协议栈下的无线定位研究与实现[D]. 广州：广东工业大学，2014.

[2] 张懿，刘焰. 大数据时代下的智能网联汽车发展研究[J]. 江苏科技信息，2016（8）：7–9.

[3] 宋娟. “互联网+”背景下的智能网联汽车[J]. 软件和集成电路，2016（1）：36–37.

[4] 陈荆花，黄晓彬，李洁. 面向智能网联汽车的 V2X 通信技术探讨[J]. 物联网研究与应用，2016（5）：24–27.

[5] 李克强. 智能网联汽车现状及发展战略建议[J]. 汽车商业评论，2016（4）：170–175.

[6] 孟震. 浅谈智能网联汽车通信系统[J]. 中国公共安全，2016（1）：102–104.

[7] 徐可，徐楠. 全球视角下的智能网联汽车发展路径[J]. 中国工业评论，2015（9）：78–83.

[8] HE T, HUANG C D, BLUM D M, et al. Range-free localization schemes for large scale sensor networks. In Proceedings of the 9th annual international conference on mobile computing and networking（New York，NY.USA），ACM Press，2003：81–95.

[9] 王继春. 无线传感器网络节点定位若干问题研究[D]. 合肥：中国科学技术大学，2009.

[10] 徐亚明. 基于嵌入式的车辆无线定位技术研究[D]. 西安：陕西科技大学，2013.

第 9 章　智能网联汽车仿真技术

智能网联汽车是当今热点研究领域之一，本章通过分析智能网联汽车仿真技术，对智能网联汽车仿真系统进行了全面总结，给出了几种交通仿真器和通信仿真器的耦合方式，并重点介绍了智能网联汽车仿真中的影响因素和评价指标。最后介绍了 NS2 和 EstiNet 两类常用仿真工具的特点，并指出了它们的技术应用和发展趋势。

9.1　概　　述

伴随着智能网联汽车技术的提出和不断发展，越来越多的交通管理控制策略被提出，通过实地实验和仿真测试两种方式可以验证交通新策略的合理性和可行性。实地实验是最直接的验证渠道，在实际道路上安装相应的交通设施、租用场地和车辆、安排人员进行测试，但是需要大量的资金支持，而且也存在着一定的危险性，上述缺陷对于一项新的交通策略的测试是非常不利的。此外，城市道路交叉口作为一般情况下的研究对象系统，具有随机性高、模糊性强、结构复杂的特点，如果在现实交通环境中对其进行反复的建模与实验测试，是难以实现的，所以现今的智能网联汽车仿真研究大都采用计算机仿真技术作为主要的研究手段。与构建真实的交通系统实验场地相比，交通系统仿真具有经济、安全、可重复、易用、可控制、快速真实、可拓展等优势，可以动态、逼真地模仿交通流，方便采集交通流数据进行交通控制效果分析。

9.1.1　智能网联汽车仿真概述

智能网联汽车是车联网与智能汽车的交集，现代智能汽车电子电器系统本身就构成了一个复杂的车内网系统，而智能网联汽车是在智能汽车的基础上采用车联网技术以车内网、车际网和车云网为基础，按照约定的体系架构机器通信协议和数据交互标准，在 V2X 无线通信技术，包括车辆对车辆（V2V）通信、车辆对基础设施（V2I）通信和基础设施对车辆（I2V）通信之间进行通信和信息交换的信息物理系统。对智能网联汽车的仿真就是模拟车联网环境下智能汽车的交通行为，分析实际交通系统中的复杂交通场景，并进行重复试验和分析研究，保障和提高车路协同模式下的交通系统安全与效率。

车联网是一个基于移动自组织网络的特殊网络类型，以车辆和路侧基站作为移动节点，以多跳、自组织、无中心的自组网方式构成网络，具有车辆节点移动速度不确定、移动具有一定规律性、V2V 通信、V2I 通信的特性。通过获得视距以外的车辆信息及路况，极大地提升交通效率，改善交通安全。目前各通信公司、汽车厂家和研究机构都在对这项技术进行拓展性的研究，但在这项技术的测试实验仍存在下述问题：（1）车联网的现场实验需要大量的车辆和实验者，安装大批通信设备，成本太高；（2）现场实验的危险性很大，实验人员所处的环境过于危险；（3）另外现场实验条件无法精确控制，同时也是无法重现的。而可重复性是科学研究最重要的性质。仿真验证是信息通信网络中广为应用的理论分析和验证方法，因此利用车联网仿真工具进行研究就成为了一种极其有效的技术手段，仿真实验也被视为分析不同协议及架构、测试车联网服务的重要手段。

智能网联汽车仿真是一种直观、便捷、灵活的分析工具，它既包括对路网、车辆运动行为的描述，又包括对车间、车路、车外等进行通信的支持。其中，通过对路网和车辆行为的描述，表现出路网上车辆的运行情况，哪个地方的交通比较拥堵、哪个地方比较流畅就可以了如指掌。在车联网现有架构的基础之上，给出了一种智能网联汽车仿真系统模型，该模型搭建了集交通环境、网络环境的实时交互场景，能够有效模拟车联网运行环境，并进行相关测试验证。

9.1.2 智能网联汽车仿真系统架构

智能网联汽车仿真系统是一种直观、便捷、灵活的分析工具，它既包括对路网、智能汽车运动行为的描述，又包括对车间、车路、车外等进行通信的支持。从车联网系统架构出发，提出了智能网联汽车仿真系统的模型，并介绍分析了各个模块的功能与特点。

1. 网络结点确定

在物联网络当中使用的结点可以分为无源结点、有源结点和互联网结点三种。带有电源的结点称为有源结点，该结点受电源通断的影响而通断，如接触器辅助触点、继电器触点等。无源结点没有电源，又称干结点，如行程开关的触点。根据车联网的具体应用场景和服务需求，认为在智能网联汽车仿真当中适合采用有源结点作为智能汽车中的主体设备，采用互联网结点作为固定设施中的主体设备，如图 9-1 所示。

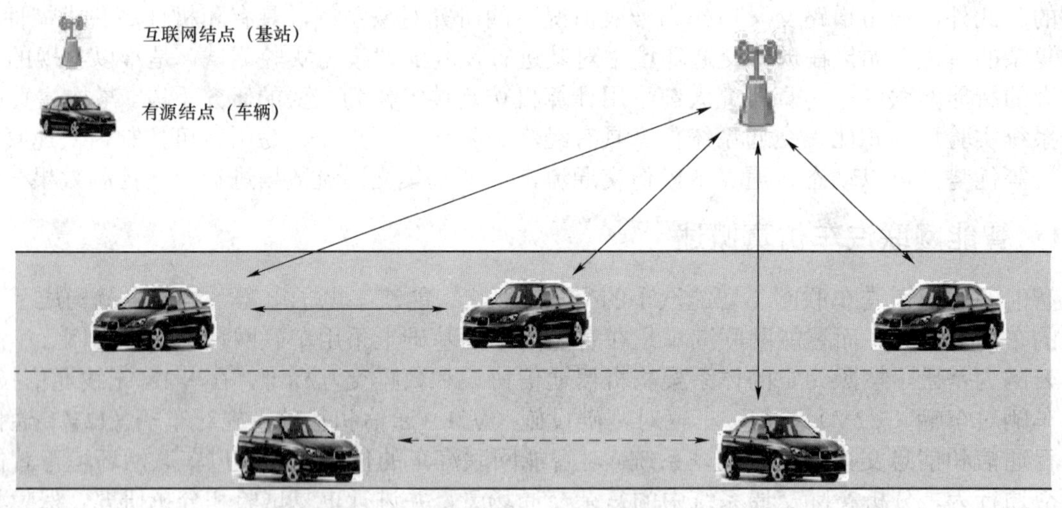

图 9-1　智能网联仿真网络结点确定

有源结点的计算能力、存储能力、联网能力等方面较无源结点都有很大的优势。并且，有源结点在移动性能支持方面比较好，主动感知的能力较强。这些特点决定在车辆当中适合采用有源结点作为主要的联网设备。互联网结点除了具备有源结点的功能外，还具备互联网接入功能、网络控制和管理功能等，其安全性和可靠性较高，存储、计算性能一般也要优于有源结点，一般可用于车联网的固定基础设施当中，如电子警察、交通信号灯等。车联网当中的车辆之间（有源结点之间）可以相互通信，车辆亦可以与路边的基础设施之间（有源结点与互联网结点之间）实现通信。

2. 智能网联的互联结构

依据物联网的网络体系结构和车联网需要提供的网络服务的信息内容，智能网联体系结构如图 9–2 所示，可以分为感知层、网络层和应用层。

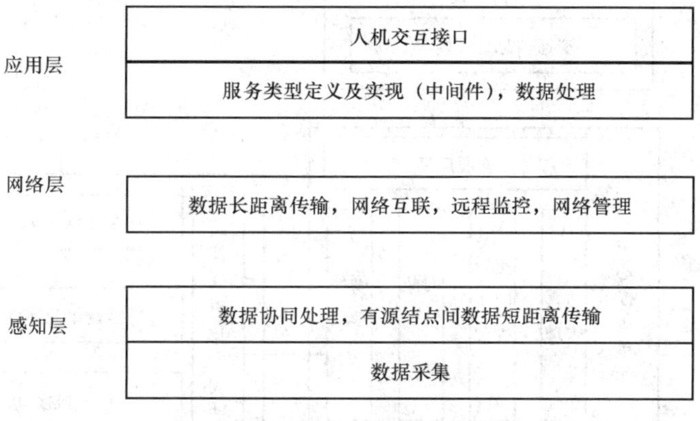

图 9–2　智能网联体系结构

1）感知层

智能网联的感知层可以分为两个子层，下子层的主要功能是对网络当中的结点进行识别、感知并采集车辆位置、行驶速度、交通路况、天气状况等相关数据；上子层的主要功能是在自组织网络范围内（有源结点之间）传输数据。感知层需要的物理设备主要有 RFID 标签和读写卡器、各种传感器（感知温度、速度、车辆状况等信息）、摄像头、GPS 等。采用 RFID 技术实现感知层数据传输。

2）网络层

智能网联的网络层的主要功能是实现 Internet 接入，完成大范围远距离的数据传输和处理分析；同时，网络层也可以实现对车联网络内结点的远程监控和管理功能。网络层主要使用的设备是互联网结点，其功能相当于传统网络当中的路由器。当然，互联网结点所具备的控制功能是传统路由器所不具备的。将车联网接入到 Internet 当中，协议转换不可避免，因为在车联网的底层所遵循的网络协议是与 TCP/IP 协议有很大差异的。

3）应用层

智能网联的应用层可以进一步划分为两个子层，下子层是应用程序层，主要功能是进行数据处理，车联网的各种相应的车载服务也在这一子层有了规定与实现，现在通常认为采用中间件技术实现车联网的各种服务是不错的选择；上子层是人机交互界面，定义与用户交互的方式和内容。应用层使用的设备主要是提供车联网服务的服务器和车用户使用的车载仪器设备等。

3. 智能网联汽车仿真系统

考虑到智能网联车的真实架构特性以及用户能够对仿真系统进行自由配置来进行有效性测试实验，以下提出了仿真系统需具备的 4 大模块：交通仿真模块、网络仿真模块、用户应用模块，以及中心控制单元，如图 9–3 所示。以下对这 4 个模块分别进行分析介绍。

1）交通仿真模块

交通仿真是能够在虚拟环境中展现交通流运行方式与特点，对交通系统进行对比分析、监督管理、优化控制的性能测试工具。交通仿真模块是一个可模拟多方式交通流的强大工具，不仅可以模拟小型车、大货车、公交车，还可以模拟地铁、动车组、自行车和路人；能够对多变的交通环境进行建模，如红绿灯以及交通事故；具备优良的交通信号机接口，能够通过良好的交互界面对不同的交通控制系统建模，并且提供能够用于二次开发的应用程序接口；最后具备优秀的评估系统，能够方便准确地输出各种交通指标，包括行驶距离、最高限速等。

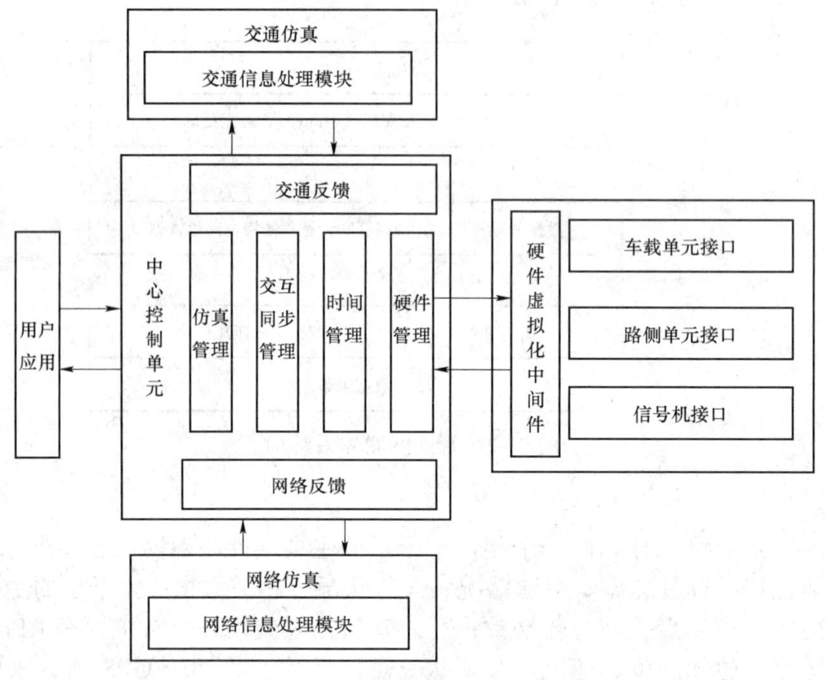

图 9-3　智能网联汽车仿真系统

2）网络仿真模块

网络仿真是一种利用数学建模和统计分析方法模拟网络行为，通过建立网络设备和网络链路的统计模型，模拟网络流量的传输，从而获取网络设计及优化所需要的网络性能数据的一种高新技术。通过网络仿真，可以提高网络系统开发的效率，降低网络建设的风险。随着网络结构、规模及应用的繁杂化、多样化，依靠经验及数学计算方法进行网络规划、设计、网络设备及协议的研发，已经显得有些狭隘，并有许多缺陷暴露出来。网络仿真技术的发展改善了这一现状，在设计阶段，仿真方法可提供一个虚拟环境来测试、验证并衡量各种方案的性能及其可行性。

网络仿真模块必须是能够通过简易的操作来搭建网络仿真环境，采用离散时间驱动机制，遵循 OSI 网络模型，可模拟大多数通信网络和协议；在开发上，该模块必须提供可用的程序接口，供其他模块方便调用，实现数据和信息的交互传递；最后，具备良好的图形界面，方便开发人员对网络性能参数进行记录和调试。

目前网络仿真工具已经发展得较为成熟，如典型的网络模拟器器有 NS2、OPNET、MNet++等。在智能网联汽车仿真中，单独用网络模拟器或交通模拟器都不太合适，因为网络模拟器能为网络协议的设计和评价提供很好的测试平台，但它很难提供车载通信中所需的车辆移动信息，而交通模拟器能提供正确的车辆移动模型，但它很难实现车载通信时所需的多层通信协议。

开放源码的 VanetMobiSim 和 SUMO（simulation of urban mobility）是两款功能强大的微观交通模拟器，它们能实现车辆跟驰模型、换道模型、路径选择、信号灯控制、路口转向等，能真实地模拟城市道路中车辆的移动。例如在单车道或是在不允许超车行为的多车道上，位于后面位置的车辆受到跟驰作用约束，只能紧跟前车行驶。而引入换道模型，在多车道的路网中，车辆的跟驰行为在受到邻道车辆影响的同时，只要超车条件满足，车辆就可以进行换道。引入路口转向模型，根据车辆当前行驶方向和下一个路段行驶方向的位置关系，确定车辆在路口的转向情况（左转、直行或右转）。这两个交通模拟器产生的输出文件可供NS2、QualNet等多种网络模拟器使用。

3）用户应用模块

用户应用模块主要用于仿真系统的使用者对系统实现何种仿真效果进行配置，例如区域路段限速、红绿灯变换测试、车流量记录、违法检测、行驶时间预测、车辆导航、车辆管理。该模块提供程序接口或者配置文件接口，用户自己按照自己的需求进行相关配置。

4）中心控制单元

中心控制单元将交通仿真模块、网络仿真模块和用户应用模块整合到一起，形成一个完整的仿真系统。中心控制单元在整个仿真流程起主导作用。

中心控制单元相当于一个中部枢纽，协调着各个模块的执行推进、信息交互，为车联网的具体引用提供一个虚拟计算环境。各个模块之间通过socket建立连接并传达信息，将交通仿真模块、网络仿真模块等软件的异构性消除，实现虚拟车辆的存活周期控制，仿真时间轴同步，V2I（vehicle to infrastructure）和V2V（vehicle to vehicle）缓存机制，车联网系统中协同区域消息（coordinated area message，CAM）的通信数据包优化。仿真过程中所使用的资源由具体服务抽象而来，并进行合适的封装，将车联网应用服务统一建模，形成相对具体稳定和一致规划的信息检索模型，排除了仿真模块的繁杂性，为上层车联网应用提供合理有效的网络信息、交通信息、配置信息提取和订阅等机制，最大程度地将仿真应用标准化、模拟效果真实化、数据信息精确化，搭建一个真正将交通仿真和网络仿真融合的车联网仿真模型。

9.1.3 智能网联汽车仿真耦合方式

交通仿真和网络仿真在智能网联交通技术出现以前，一直在各自领域独立发展。交通仿真应用于道路交通系统，是计算机技术在交通工程领域的一个重要应用，它可以动态地、逼真地仿真交通流和交通事故等各种交通现象，同时可以研究车辆、驾驶员和行人的行为特征，有效地进行交通规划、组织和管理。网络仿真通过对通信网络进行模型化，模仿通信网络的运行过程，为新的网络方案进行验证和分析提供了一个方便、高效的方式。但交通仿真所产生的车辆运动轨迹输出文件因为格式的不同并不能直接提供给网络仿真工具使用，也没有为网络仿真模块提供相应的应用接口。随着智能网联交通技术的提出以及发展，在智能网联汽车仿真中发现交通仿真和网络仿真之间是相互关联的。例如在交通仿真中当车辆检测到危险或者堵车情况时，会将警告信息发送给接近它的车辆，这就必然导致车辆移动轨迹以及网络拓扑结构的变化，而网络拓扑结构的变化又会影响网络仿真中路由协议的性能分析。因此需要将交通仿真和网络仿真之间的相互影响因素考虑到智能网联汽车仿真中。

智能网联汽车仿真系统由两部分构成，分别是通信网络仿真器和车辆移动仿真器。车联网出现之前，这两个仿真器大多数的情况下是分离的，通信网络仿真器用于网络协议的研究和应用，车辆移动仿真器专用于交通工程的研究分析，两者之间明显缺少连接和合作。智能网联汽车仿真系统与其他普通的通信网络仿真的最大不同在于车辆移动仿真器为满足相结合的特殊需求，与通信网络仿真器集成在一个仿真平台中。例如一些智能交通系统的目标是将信息和通信技术添加到车辆和交通基础设施中，以提高安全性，降低运输时间和燃料成本。因此近些年来，如何把通信网络仿真器和车辆移动仿真器联系在一起，成为智能网联汽车仿真研究的热点问题。

1. 仿真方法逻辑框架

目前，国内外对智能网联汽车技术的测试实验主要包括两种方法。

一种方法是建立大范围的外场实地实验环境，利用车辆单元、路侧单元及智能终端等协同智能体再现实际交通运行状况，实现对智能网联汽车模型方法和技术原型的测试、评价。该实验方法能够在比较真实的典型交通环境下对智能网联汽车技术进行测试，客观地对其性能进行评价。但此方法也存在一定局限性，即测试时需进行大量的实验车辆、路侧单元、信息采集传输设备、交叉口控制设备等布设与标定工作，不仅使得实验环境的部署困难、测试费用高，而且测试结果受搭建的典型实验环境影响较大。例如在进行车路间信息传输机制测试时，繁多的准备工作使得整个测试过程将过多的注意力集中于复杂的外场实验环境部署，反而忽视了对传输机制性能的测试，不仅没有充分利用联合仿真方法的优势，而且也无法完全保证实际复杂交通环境下该机制的适应性及可靠性。

另一种方法是建立集成车辆移动仿真器和通信网络仿真器的智能网联汽车仿真系统，将实际路网或虚拟路网进行拓扑化处理，每个行驶在拓扑路网中的车辆作为通信节点，根据通信协议实现车-车、车-路之间的信息传输，从仿真角度实现对智能网联汽车技术的性能测试。此种方法简单、经济，实验之前无需进行实际车载设备、路边设备等调试，适于车路协同环境下通信协议、信息传输机制等仿真分析。研究智能网联汽车仿真技术所带来的挑战之一是车辆移动模型的定义，用于在宏观和微观层面提供准确而真实的车辆运动描述。另一个挑战是能够根据车辆间通信来动态地改变车联网仿真中的车辆运动。

一般地，智能网联汽车仿真需要通信网络仿真和车辆移动仿真共同耦合完成。按照通信网络仿真器和车辆移动仿真器的耦合关系，智能网联汽车仿真方法逻辑框架大致可以分成单向链接型、双向链接型、双向耦合型。

1）单向链接

单向链接型的智能网联汽车仿真是将车辆移动仿真器和通信网络仿真器进行单向链接，两者之间只有单向的信息传递，如图 9-4 所示。

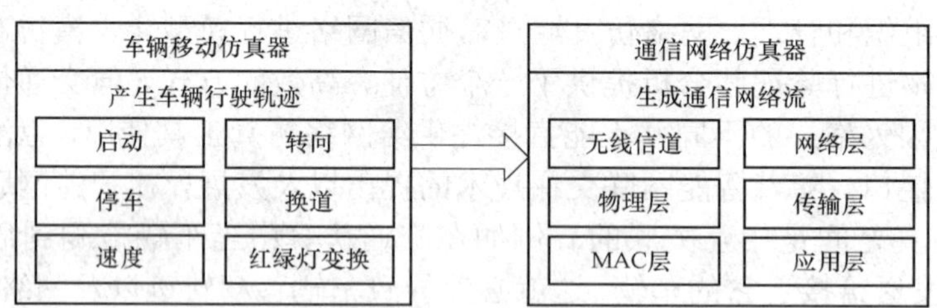

图 9-4　单向链接型框架

在仿真过程中，车辆移动仿真器创建产生车辆的行驶轨迹，并存储成车辆移动轨迹文件。通信网络仿真器通过加载车辆移动轨迹文件来驱动车辆，安排车辆节点按照移动样本文件中记录的方式移动，不能在通信网络仿真器中二次对车辆节点的移动轨迹进行更改。这种框架的仿真方法实际上是通信网络仿真器借助车辆移动仿真器产生的车辆行驶轨迹来完成仿真，缺乏信息的交互，车辆移动节点和通信网络在本质上是非连接的，不能表现车联网实际运用中车辆节点的移动会随着通信信息的传递而产生变化，而且车辆移动仿真器产生移动文件的误差在二次仿真时可能由于接口衔接的非兼容性被放大。这一方式在没有出现集成型仿真器的时候得到了广泛使用，典型的例子如 MITSIMLab/NS2、MOVE、CORSIM/QuelNet。

2）双向链接

松散闭环模式是指通信网络仿真器和车辆移动仿真器进行双向链接，利用中间件技术进行交互，如图 9-5 所示。

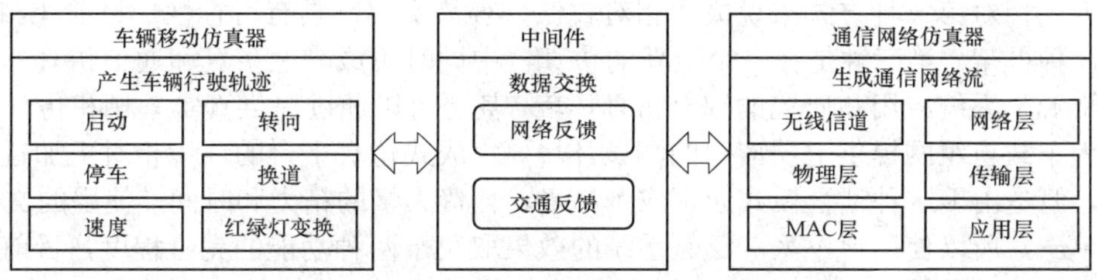

图 9-5　双向链接型框架

车辆移动仿真器负责处理路网拓扑和移动节点的信息，通信网络仿真器负责生成通信网络流，两者通过 TCP 双向链接进行互动。通信网络仿真器无法直接获取拓扑和移动节点信息，车辆移动仿真器无法直接获取通信网络信息，但它们能同时享有车辆的速度、位置信息。与单向链接型有所不同，双向链接型中通信网络仿真器会对车辆移动仿真器中车辆节点的移动产生一定的影响，改变其移动的速度、路径，是有所反馈的。在仿真过程中，车辆移动仿真器通过中间件将移动节点的位置坐标传送给通信网络仿真器，并按照一定的周期或自动请求来进行更新。在通信网络仿真器运行过程中，若通信节点收到改变其结点速度和位置的信息时（如改变行驶路线避免拥堵或加速以在绿灯期间通过交叉口），通信网络仿真器就会向车辆移动仿真器发送请求，从而改变移动节点的位置和速度。

双向链接型的仿真方法可以将任意的车辆移动仿真器和通信网络仿真器进行链接，实现交通和通信之间的信息交互，但不足之处在于它们之间的交互是通过中间件技术强行连接在一起的，两个仿真器仍是各自定义、设置、仿真的。车辆移动仿真器和通信网络仿真器之间可能存在仿真步长、定义、操作平台等同步差异，中间件需要实时转换这些信息，因此可能导致两者松散耦合，仿真性能有所降低。TraNS、CARISMA/NS2、Vein 等软件就采用了这样的中间结构。

3）双向耦合

双向耦合型的智能网联汽车仿真系统有三种不同的实现方法，如图 9-6 所示。第一种是将通信仿真功能集成到交通仿真器中，但是由于当前存在种类繁多的通信模式和网络协议，如蓝

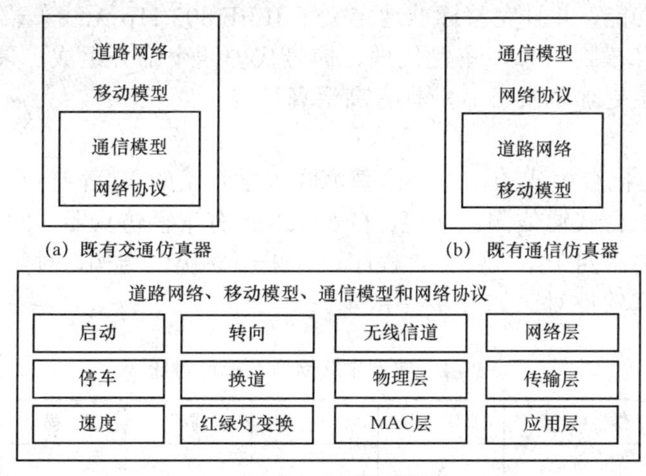

图 9-6　双向耦合型框架

牙（Bluetooth）、无线局域网 802.11（WiFi）和红外数据传输（IrDA）、ZigBee、WiMedia 等，这种方法会耗费大量的时间，目前还未出现此种耦合型的车路协同仿真系统。第二种是将道路拓扑和车辆功能集成到通信网络仿真器中，由于道路拓扑和车辆的模型较通信协议更为简单，因此这种方式相对第一种方式来说成本相对较低、容易实现，具有可行性。目前 EstiNet 软件就采取了此种框架。第三种是在一个全新的仿真器中同时集成交通仿真和通信仿真的功能，组成一个用于 ITS 系统应用和研究的综合仿真环境，甚至可以通过提供真实车辆和仿真模拟相结合的方式为车载自组网提供上层应用的测试环境。集成式仿真平台的环境相对更加直观，模型建立迅速，但是由于这种耦合模式通常成本昂贵，耗费大量的精力和时间，使用的文件格式也相对较为单一，所以使用得不太广泛。系统的效果取决于两种功能的完善程度，目前 Gorgorin 和 MOVES 采取此种框架。

2. 智能网联汽车典型仿真软件介绍及比较

智能网联交通技术作为解决智能交通运输系统问题的关键技术，已经受到了汽车开发商、学术研究机构的广泛关注。在真实路网上测试和分析车联网技术中通信模块的应用有着极大的难度，也具有一定的危险性。因此利用智能网联汽车仿真工具对这种新兴技术的研究就成了一种有效的技术手段。前文对智能网联汽车仿真平台按照通信网络仿真器和车辆移动仿真器的耦合模式进行了分类，下面介绍几个比较典型常见的智能网联汽车仿真软件。

（1）MOVE。

MOVE 是基于单向链接模式的移动模型生成器，它是由澳大利亚新南威尔士大学开发的。MOVE 主要由地图模块、移动模块、交通模块三大部分组成。它将交通仿真工具 SUMO 与通信网络仿真工具 NS2 进行单向链接，使得通信网络仿真器 NS2 可以输入由 SUMO 产生的移动样本文件转换而成的脚本文件，形成智能网联模拟环境。

（2）TraNS。

TraNS 是双向链接的、开放源代码的车联网仿真软件，由瑞士洛桑联邦理工学院开发而成。通过 TraCI 接口，TraNS 产生了一个反馈环，实现了交通仿真工具 SUMO 与通信网络仿真工具 NS2 的双向链接，具有实时交互的功能。

（3）EstiNet。

EstiNet 是由台湾交通大学开发的双向耦合模式的车联网研究仿真器，同时具备通信网络仿真和车辆移动仿真的功能，并且完整标准地定义了 IEEE 802.11p 无线车载自组织网络。EstiNet 主要由图形用户界面、模拟引擎、车辆代理、信号代理四个部分组成，采用了真正的 TCP/IP 协议栈，使得仿真结果更加真实可靠，具有高保真性。

（4）GrooveNet。

GrooveNet 是双向耦合模式的、由卡内基梅隆大学开发的车联网仿真平台，提供真实车辆和虚拟车辆相结合的混合式通信测试环境。GrooveNet 有车辆仿真器、网络仿真器、网络和设备接口、车辆操作控制器四个组成部分，程序设计采用模块化结构，对于程序的二次开发非常便利。典型车联网仿真软件对比如表 9–1 所示。

表 9–1　典型车联网仿真软件对比

仿真器	耦合模式	真实路网	多条车道	换道行为	跟驰模型	无线障碍	可视界面
MOVE	单向链接	√	√	×	√	×	√
CORSIM/QuelNet	单向链接	√	√	√	√	×	√

续表

仿真器	耦合模式	真实路网	多条车道	换道行为	跟驰模型	无线障碍	可视界面
TraNS	双向链接	√	√	×	√	×	√
CARISMA/NS2	双向链接	√	×	×	√	√	√
EstiNet	双向耦合	√	√	√	√	√	√
MOVES	双向耦合	√	×	×	√	×	√
GrooveNet	双向耦合	√	×	×	√	×	√
AutoMesh	双向耦合	√	√	×	√	√	√

根据表 9–1 可以分析得出，上文中分类的三种耦合模式的智能网联汽车仿真软件大都具有导入真实路网地图、车辆移动行驶支持跟驰模型、提供可视化界面的三个功能。但也存在一些差异，具有各自的特性。多条车道和换道行为不被所有的仿真软件所支持，因而缺乏这种功能的仿真软件中车辆的行驶路径更为单一，仅能在单一车道上行驶，不能反映现实场景下的情况，导致仿真结果的可信度不佳。

对一个通信网络仿真器而言，支持无线障碍物构建的功能是无线网络环境的必要条件。现实道路环境中也存在着一些建筑物等，由于其可以完全阻挡或者削减无线信号强度，所以在无线网络协议的执行中设置该项功能非常有必要，表 9–1 显示仅有 CARISMA/NS2、EstiNet、AutoMesh 仿真软件拥有此项功能。综合比较分析可以得出，NS2 作为链接式、EstiNet 作为耦合式智能网联汽车仿真软件的代表，兼具了导入真实路网拓扑、跟驰模型、无线障碍设置及可视化界面等多种功能，与其他的典型仿真软件相比功能齐全，是智能网联汽车仿真软件中较为适合交通通信仿真的工具，后面的章节选取这个两个软件进行深入分析。

9.1.4　智能网联汽车仿真参数

智能网联汽车仿真参数设置主要分为两个部分，一个是仿真影响因素的设置，考虑在智能网联汽车的环境下，不同影响因素设置等级对仿真效果产生的作用；另一个是性能指标的确定，根据仿真得到的基本数据，提取有关通信网络和交通网络的性能评价指标。

1. 仿真影响因素

在智能网联环境下，出行者的出行行为除受到基本交通流参数的影响之外，还会受到出行者自身经验和智能网联环境的影响。出行者根据智能网联信息选择最优路径行驶，导致路网交通流分布情况发生变化，最终影响整个路网的状态。下面对智能网联汽车仿真系统的特征影响因素进行分析，主要的特征影响因素如图 9–7 所示。

2. 通信性能评价指标

对于无线自组织的网络性能指标评价主要有丢包率、吞吐量和分组平均时延等。丢包率会影响整个网络数据传输的质量；吞吐量是网络传输性能的代表，吞吐量越大，网络性能越好；分组平均时延也是衡量网络传输数据性能的重要指标，时延越短越好。

1）丢包率

丢包率 D 定义了传输过程车载网络丢失数据的数量，通常指的是在固定时段内丢失的数据占传输过程数据总量的百分比。产生丢包率的原因很多，例如接收数据的缓冲区大小、网络拥塞、无线信号间同频干扰以及 TTL 值超过规定值等。在分析 NS3 的 Trace 文件时，以车辆 A

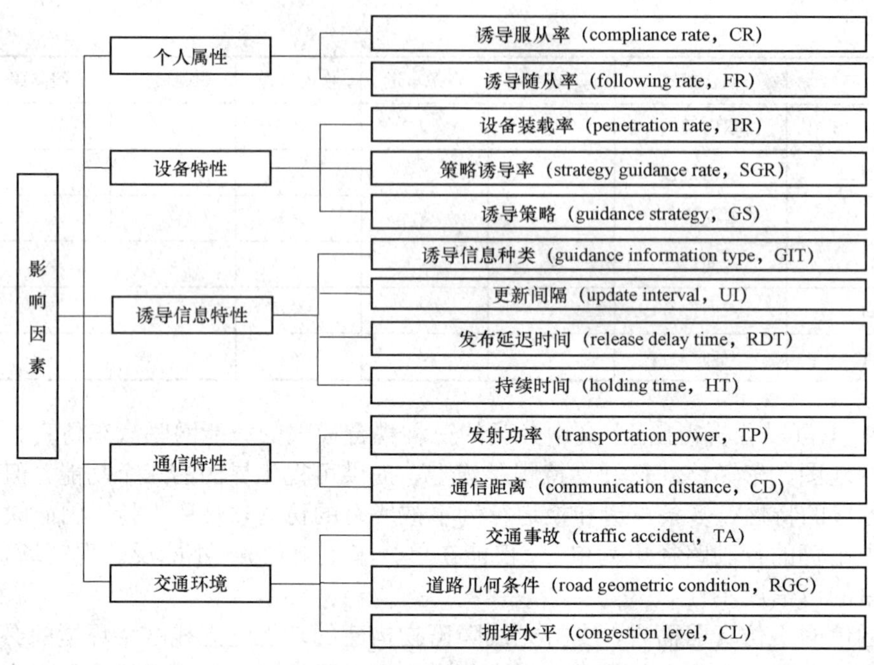

图 9-7　智能网联汽车仿真影响因素

向车辆 B 发送数据，丢失数据分组的数量与发送数据分组总量的比值来衡量丢包率的大小。计算公式为

$$D=\frac{\mathrm{SP}-\mathrm{RP}}{\mathrm{SP}} \tag{9-1}$$

式中：SP 表示车辆节点总共发送的数据数量；RP 表示车辆节点最后接收到的数据数量。

2）吞吐量

车载网络所得的吞吐量 T 是衡量整个车载网络性能一个很重要的指标，是指在不产生丢包的情况下接收数据的车辆在单位时间内可以接收的数据数量，单位 bps 或 Bps。车辆间的吞吐量与车载网络状况有很大关系，为了测试车辆传输数据的最大吞吐量，应该逐渐增大发送数据车辆的速度，然后计算接收车辆的吞吐量，直至吞吐量达到最大。在分析 NS3 的 Trace 文件时，使用式（9–2）计算吞吐量

$$T(i)_j=\frac{\mathrm{TB}(i)-\mathrm{TB}(j)}{\mathrm{RT}(i)-\mathrm{RT}(j)} \tag{9-2}$$

式中：TB(i) 是指第 i 个分组数据被车辆 B 接收时车辆 A 已经传输的数据总量；RT(i)是第 i 个包的被接收时间；$i>j$ 表示计算从第 j 个分组到第 i 个分组的吞吐量，特别的，当取 j=1 时，公式是计算平均吞吐量。

3）分组平均时延

网络的传输时延 S 定义为源车辆节点（即车辆 A）发送出一个分组数据到目的车辆节点（即车辆 B）接收到该分组数据之间的时间差，它包括传输信号在物理环境下的数据传输时延和数据在车载网络中所花费处理时延，是车载网络中整个数据传输过程所造成的时延。在车载网络中，分组的时延大小会影响传输质量好坏，要求分组平均时延不能太大。根据 Trace 文件分析，数据发送时间和数据到达时间之间有一个差值，用这个时间间隔来计算分组传输时延

$$S(i)=\mathrm{RT}(i)-\mathrm{ST}(i) \tag{9-3}$$

式中：$S(i)$ 表示第 i 个分组的分组传输时延；$RT(i)$ 表示第 i 个分组的到达时间；$ST(i)$表示第 i 个分组的发送时间。

3. 交通性能评价指标

基于车路协同的路径诱导策略评价指标体系的建立思路为：目标层→准则层→指标层。如图 9–8 所示。

本书在车路协同路径诱导的总目标指导下确立准则层，包含以下几个目标：提高系统的诱导效果；提高交通系统运行效率；减少环境污染。各准则层对应的指标层如图 9–9 所示。

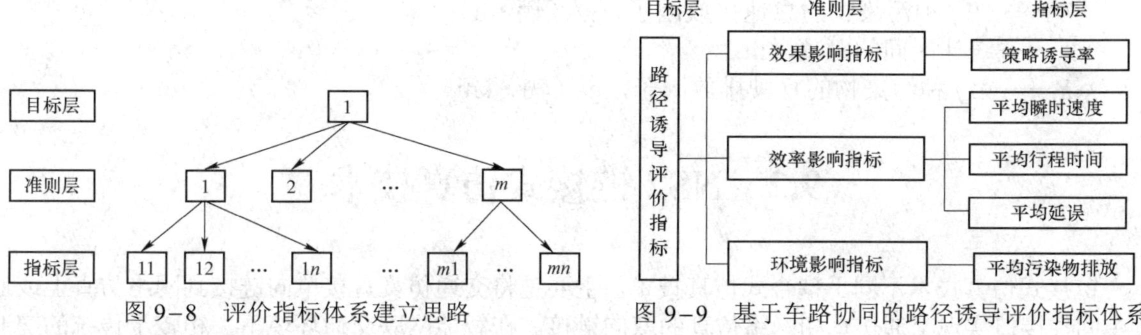

图 9–8　评价指标体系建立思路　　图 9–9　基于车路协同的路径诱导评价指标体系

1）效果影响指标

策略诱导率（strategy guidance rate，SGR）指在每一次实验条件下，由于诱导策略的实施而改变行驶路径或行驶状态的车辆与路网中所有车辆的比值，反映了诱导策略对车辆的影响范围。

2）效率影响指标

平均速度（average velocity，AV）是路网上所有车辆行驶速度的平均值，反映了路网交通的运行效率。

平均行程时间（average travelling time，ATT）是所有车辆在起讫点之间所花费的行程时间的平均值。

平均延误（average delay，AD）指所有实验车辆在起讫点之间由于道路条件、信号灯控制和拥堵带来的延误的平均值。

3）环境影响指标

平均污染物排放（average pollutant emission，APE）是所有车辆排放 HC、CO 和 NO_x 的质量之和的平均值，反映了路径诱导策略对环境的影响。一般采用的是施继红所提出的污染因子计算模型，所有仿真车型按照轻型车换算统计，污染物排放指标按照怠速和行驶中分别统计，如表 9–2 所示。

表 9–2　污染因子与车速之间的关系

污染物	怠速排放因子 E_{ij}/［g/（辆·h）］	行驶排放因子 E_j 与车速 V 的关系/（g/km）
HC	E_{i1}= 18.83	E_1=0.001 1V^2−0.14V+5.84
CO	E_{i2}= 105.03	E_2=0.006 4V^2−0.63V+29.72
NO_x	E_{i3}= 9.57	E_3=0.000 6V^2−0.06V+2.84

将车辆行驶数据分别代入上表给出的污染因子计算模型。通过坐标计算得到车速不为 0 的车辆在 0.1 s 的时间间隔内的行驶距离，将行驶速度代入行驶排放因子模型，得到行驶状态的污染物排放量。通过坐标计算得到车速为 0 的车辆在 0.1 s 的时间间隔内的行驶距离，进行迭

代后即可得到怠速状态的污染排放量。行驶状态与怠速状态的污染排放量之和即为每辆车的污染物排放，将所有驶过特定路径车辆的污染物排放量求平均值，即可得到平均污染物排放值

$$\mathrm{APE}=\sum_{i=1}^{n}\left(\frac{1}{3\,600}\sum_{j=1}^{3}T_{\mathrm{s}}\cdot E_{ij}\right)+\frac{1}{1\,000}\sum_{j=1}^{3}(L_{\mathrm{g}}\cdot E_{j})/n \tag{9-4}$$

式中：APE——车辆的平均污染物排放，g；

n——车辆数，辆；

T_{s}——车辆的怠速总时间，s；

E_{ij}——第 j 种污染物的怠速排放因子，g/（辆 • h）；

L_{g}——统计区间的距离，m；

E_j——第 j 种污染物的行驶排放因子，g/（辆 • km）。

9.2 NS2 链接式仿真技术

链接式仿真技术不同于耦合式仿真技术，主要是将交通仿真直接单向链接到网络仿真上或通过中间件接口实现交通仿真和网络仿真的双向链接。在智能网联交通环境下，相较于传统的交通仿真，网络仿真的链接就显得尤为重要。网络仿真技术是一种通过建立网络设备和网络链路的统计模型，并模拟网络流量的传输，从而获取网络设计或优化所需要的网络性能数据的仿真技术。

在新技术的研究过程中，由于各种原因，实际网络系统的实现往往是代价较高或是不现实的。在这种情况下，仿真就成了最佳可供选择的测试、评估和验证手段之一。NS2 在移动自组网仿真中的应用已得到很好的实践，因其开源、免费等特点，相对于其他商业仿真软件，更受国内外研究者们的青睐。本节以 NS2 网络仿真器为链接式通信网络仿真的代表，对智能网联汽车仿真技术进行介绍。

9.2.1 NS 仿真技术特性

NS（network simulator）是 UC Berkeley 大学开发的采用分裂对象模型的网络仿真器。由于其开源、免费等特性，NS2 作为 NS 中的普及版，被当前世界各国的网络研究者广泛使用。NS2 内核部分采用 C++语言实现，模拟场景等配置则采用 OTcl 脚本语言编写。通过 TclCL 机制实现这两种语言之间的自动连接和映射。到目前为止，NS2 所包含的模块已经非常丰富，几乎涉及了网络技术的所有方面。NS2 仿真通过不断地修改、编译、模拟，最终达到最佳效果。仿真结果可以使用 NS2 附带的分析工具如 awk、gnuplot、xgraph 等进行方便、快速的分析，并提供二维或三维的图形化统计观察方式，NS2 仿真软件如图 9–10 所示。

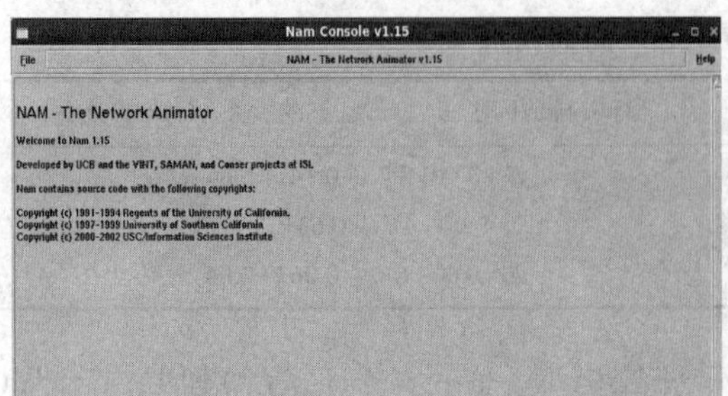

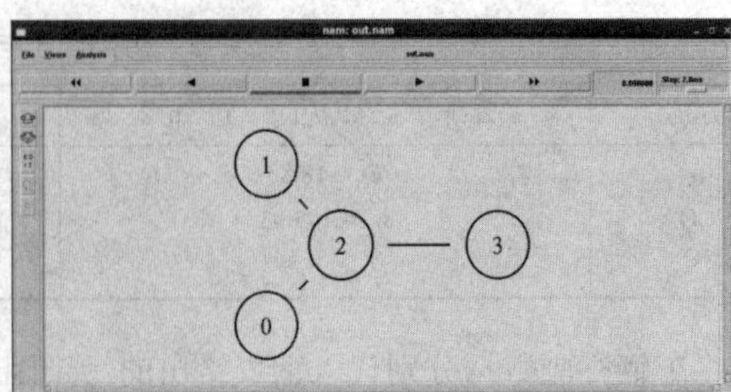

图 9–10　NS2 仿真软件

NS2 仿真模块实现了模拟器与实际网络的连接功能，包括分接代理对象、网络对象和协议仿真对象等。分接代理对象负责真实网络报文与模拟网络报文的转换。分接代理对象关联的网络对象是接收和发送实际数据的入口点。协议仿真对象实现对特定协议的仿真支持。

NS2 的模拟分为两部分：用 C++编写特定网络元素的实现；用 OTcl 编写模拟所需的脚本文件，在文件中使用这些网络元素，二者之间的结合由 NS2 负责完成。NS2 可以完成的功能包括：

（1）构建网络拓扑。NS2 中网络拓扑是由 Node 和 Link 构成，其中 Node 可被看作是对实现网络底三层设备的一个模拟，Link 可被视为是对物理传输链路的模拟。

（2）实现 RTP 协议的 Agent。NS2 中，Agent 是对某一个网络协议的模拟，NS2 预先实现了 UDP Agent 和 TCP Agent 及一些常用网络应用协议的 Agent。

（3）数据传输如 FTP、Telnet、Web、CBR 和 VBR 的模拟，以及路由队列的管理机制，诸如 DropTail、RED 和 CBQ，路由算法 Dijkstra 等。

（4）加载应用数据流 Application/Traffic。RTP Agent 本身已实现了产生数据流的工作，无须加载 Application。

如图 9−11 所示，从一个简单用户的角度来看，NS2 是面向对象的 OTcl 脚本解释器（即 Tcl），这个解释器由模拟事件调度器、网络组件对象库和网络组装（plumbing）模块库（事实上，组装模块就是基本模拟对象的成员函数）等组成。换句话说，使用 NS2 就是用 OTcl 脚本语言编写程序、设置和运行模拟网络；用 OTcl 脚本语言初始化一个事件调度器，设置网络的拓扑结构；用网络对象和它的成员函数通过使用事件调度器通知网络源什么时候启动、什么时候结束。

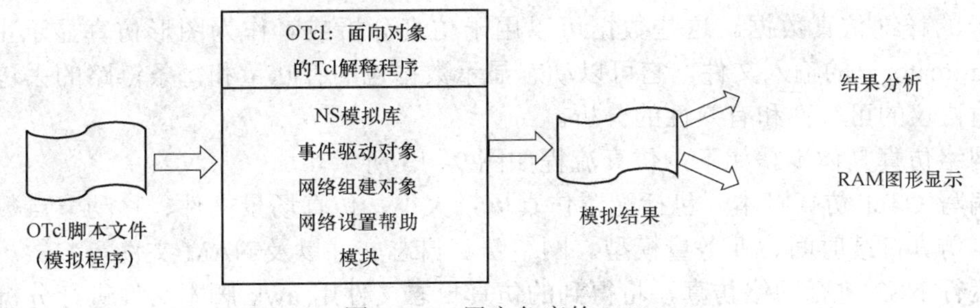

图 9−11　用户角度的 NS2

9.2.2　NS 仿真技术体系架构

对一般使用 NS2 的用户来说，可能会用 OTcl 脚本语言来撰写网络拓扑部分，而 OTcl 事实上就是架构在 Tcl 之上的通过面向对象后所延伸出来的脚本语言。事件调度器（event scheduler）和网络组件（network component）这两部分，主要是用 C++语言来完成的。NS2 是以事件驱动（event driven）的概念来进行模拟，比如说，在 1.2 s 的时候开始做 FTP 数据的传输，在 2.0 s 的时候结束传输，这是由事件调度器完成的部分。至于网络组件则是 NS2 中的诸如 Agent（TCP、UDP 等）、traffic generator（FTP、CBR 等）部分。C++在最底层表示 NS2 的核心是 C++，然后通过 TclCL 作为桥梁来沟通 OTcl 及 C++，最后搭配一个用户接口（user interface），这就构成了 NS2 本身，如图 9−12 所示。

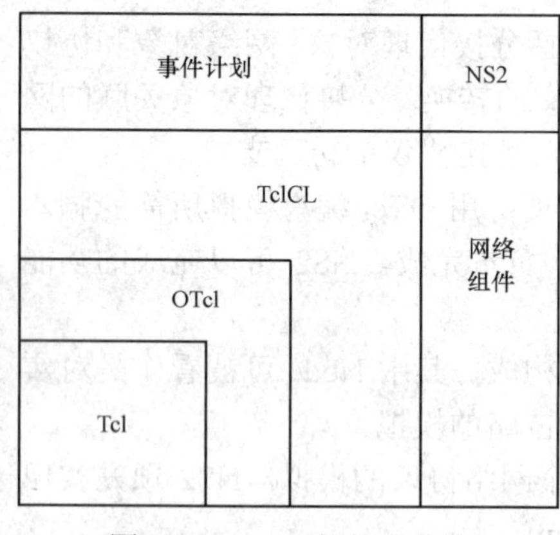

图 9–12　NS2 的基本结构

一个普通的 NS2 用户可以被想象站在图 9–12 的左下角。通过使用 OTcl 库中的模拟对象设计和运行模拟器。事件调度器和大多数的网络组件在 C++中实现并且通过 OTcl 连接（即 TclCL）使其在 OTcl 中有效。所有这些就构成了 NS2，这是一个面向对象的带有网络模拟库的 Tcl 解释器。

NS2 仿真器封装了许多功能模块，最基本的是以下几个模块。

（1）事件调度器：目前 NS2 提供了四种具有不同数据结构的调度器，分别是链表、堆、日历表和实时调度器。

（2）节点（node）：是由 TclObject 对象组成的复合组件，在 NS2 中可以表示端节点和路由器。

（3）链路（link）：由多个组件复合而成，用来连接网络节点。所有的链路都是以队列的形式来管理分组的到达、离开和丢弃。

（4）代理（agent）：负责网络层分组的产生和接收，也可以用在各个层次的协议实现中。每个 agent 连接到一个网络节点上，由该节点给它分配一个端口号。

（5）包（packet）：由头部和数据两部分组成。一般情况下，packet 只有头部，没有数据部分。

9.2.3　NS 仿真技术应用及发展

NS2 是学术领域研究无线网络应用最广泛的仿真工具。NS2 使用了称为分裂对象模型的开发机制，即核心代码用 C++语言，用户与 NS2 的交流采用 Tcl 或者 OTcl 脚本文件。当仿真完成以后，NS2 将根据脚本文件产生一个或多个基于文本的 Trace 文件。这些文件中包含输入 OTcl 脚本中要求的详细仿真数据。这些数据可以用于仿真分析或者作为图形仿真显示工具 NAM（network animator）的输入文件。它可以动态显示数据包的吞吐量和每条链路的丢包情况等，实现对路由协议的可行性和有效性的分析。

NS2 网络仿真具体步骤如下，仿真流程如图 9–13 所示。

（1）编写 OTcl 仿真脚本，包括配置仿真场景大小、仿真场景文件、移动节点数目、路由协议类型、仿真持续时间、业务量模型、网络仿真日志文件以及 NAM 文件等参数。

（2）运行 NS2 进行网络仿真，将得到的仿真日志文件用 awk 脚本文件进行分析，得到路由协议性能指标数据。

（3）将不同情况下（节点数目、节点速度等）分析得到的路由性能数据通过 gnuplot 工具进行图形化的显示，并对结果进行分析与总结。

智能网联汽车的仿真不仅是网络方面的仿真，还涉及车辆和交通方面的路况仿真，因而针对前面所分析的 NS2 的不足，可采用交通仿真器与网络仿真器联合的仿真方式。仿真时先在交通仿真器中搭建交通仿真场景，配置车辆的移动方式并设置车道数、红绿灯数、红绿灯交替时间等。生成车辆节点的移动拓扑跟踪文件 Trace.txt。然后将此拓扑文件导入网络仿真器中，再设置网络仿真场景让节点按照此拓扑文件记录的方式移动。通过这样联合搭建的仿真场景更接近现实情况，仿真结果才更可信。以同是开源、免费的 VanetMobiSim 交通仿真器为例，简要分析一下二者链接耦合后的智能网联汽车仿真。图 9–14 显示了 VanetMobiSim 交通仿真器与 NS2 网络仿真器联合使用的仿真基本流程。

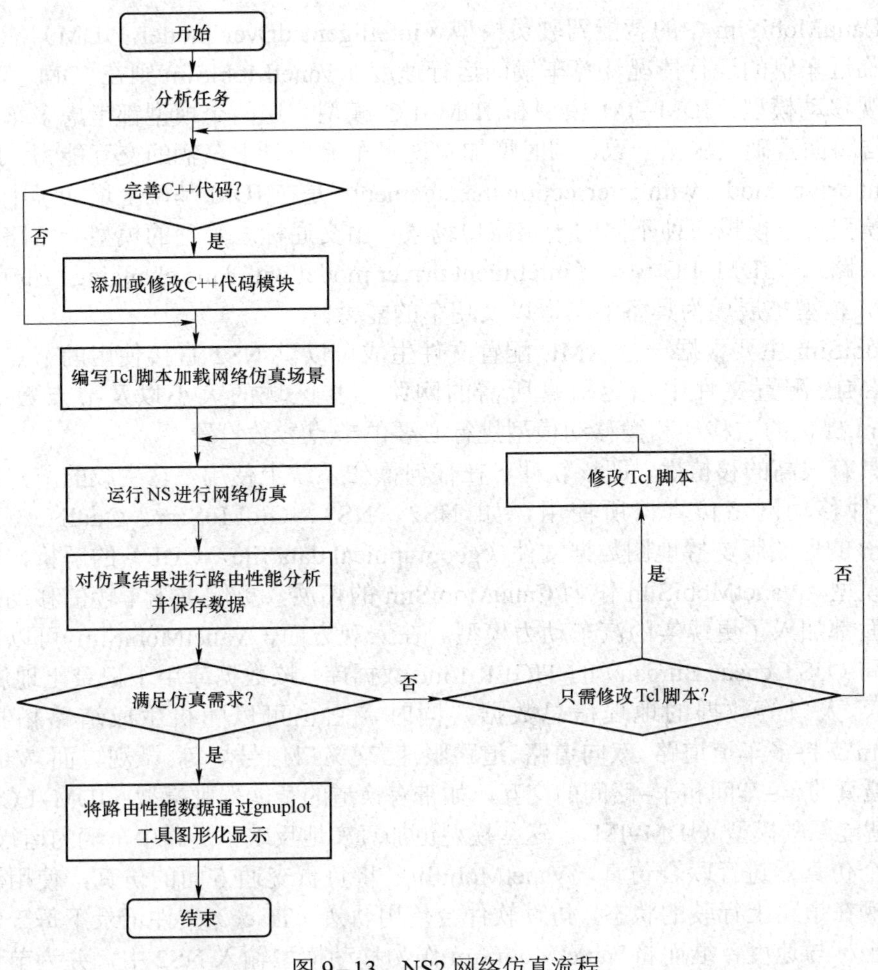

图 9-13　NS2 网络仿真流程

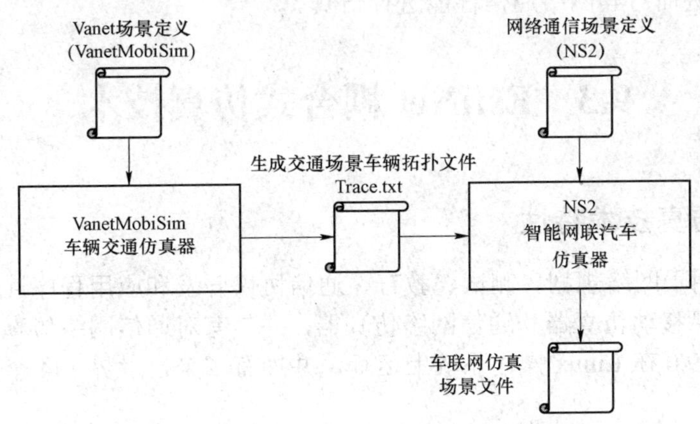

图 9-14　VanetMobiSim 与 NS2 联合仿真流程

VanetMobiSim 是针对车载移动应用交通仿真器，是对 CanuMobiSim 的一个扩展。CanuMobiSim 是基于 Java 语言开发的。它能够产生不同格式的移动跟踪文件，同时能够支持不同类型的网络仿真软件。VanetMobiSim 支持不同的宏移动模型和微移动模型，能实现车辆跟驰、换道超车、路径选择、红绿灯控制、路 El 转向等功能，可以真实地模拟城市道路中车辆的移动。CanuMobiSim 中的智能驾驶员模型（intelligent driver model，IDM）能够在单车道场景下根据临近车辆的运行情况计算车辆的运行速度。VanetMobiSim 则在 IDM 基础上增加了两个新的微观移动模型：IDM–IM 模型和 IDM–LC 模型。这两个模型都考虑多车流的相互作用，其操作与路面基础设施相一致，同时增加实现多车流场景下车辆的交互能力。IDM–IM 模型（intelligent driver model with intersection management）是在 IDM 基础上增加了十字路口管理的功能，该模型可以模拟两种不同的十字路口场景：由交通标志管理的模型十字路口和由交通灯管理的交叉路口。IDM–LC 模型（intelligent driver model with lane changing）带有换道功能，它将 IDM–IM 模型扩展成为具备多车道以及超车的能力。

VanetMobiSim 主要根据一个 XML 配置文件生成可以供 NS2 直接使用的节点运动拓扑，然后在该 XML 配置文件中指定仿真所需的网络拓扑区域的大小以及节点数等，同时对 VanetMobiSim 提供的宏移动和微移动模型进行必要的节点参数设置。

该软件具有很高的移植性，即该软件可在任何操作系统上使用。它生成的节点移动轨迹文件可以被各种移动网络仿真器所使用，如 NS2、NS3、GloMoSim、QualNet、NET 等。CanuMobiSim 的原始版支持地图数据文件（geographical data file，GDF）的解析，并提供了几个随机移动模型。VanetMobiSim 作为 CanuMobiSim 的拓展，更侧重于车辆的移动模型，在微观与宏观方面都加入了更现实的汽车动力模型。在宏观方面，VanetMobiSim 可以直接导入美国人口调查局（US Census Bureau）的 TIGER/Line 数据库，该数据库用于记录土地属性、道路、建筑、河流、人口等数据的地理信息数据，同时，它也可以随机生成道路拓扑。另外，VanetMobiSim 支持多车道道路、双向道路、道路限速、交叉口信号灯等。微观方面，VanetMobiSim 提供了更加逼真的车–车间和车–路间的交互，如带有换道的智能驾驶模型（IDM–LC）及带有交叉口管理的智能驾驶模型（IDM–IM）。这些模型更加真实地反映了道路中车辆的运行状况。

将这两个仿真器进行联合仿真，VanetMobiSim 将负责交通方面的仿真，使用该软件逼真地模拟出车辆在道路上行驶的状态，仿真软件会使用轨迹（Trace）文件记录下每一辆车在每一时刻的位置坐标与速度，继而将 VanetMobiSim 作为移动模型输入 NS2 中，并为节点设置无线通信设备及协议，进而对其网络通信性能进行仿真。

9.3 EstiNet 耦合式仿真技术

9.3.1 EstiNet 仿真技术特性

EstiNet 9.0 是用于网络规划、测试、教育、通信协议开发和应用程序性能评估的世界知名软件。它整合了车辆移动仿真器和通信网络仿真器，并具有对通信网络仿真进行评价测试的功能。目前，EstiNet 9.0 在 Linux 操作系统上运行，并拥有了来自世界 144 个国家的、超过 2 万名的注册用户。

EstiNet 是由台湾交通大学开发的一款高保真交通–通信模拟仿真软件，其前身是 Harvard 网络仿真器，后经台湾交通大学加入了车辆移动仿真部分进而研发出了 NCTUns 仿真器。EstiNet 9.0 在 NCTUns 的基础上添加了许多新的重要功能，在通信网络仿真方面加入了如开源网络模拟、IEEE 802.11n 网络模拟、最新的 IEEE 802.11p/1609 VANET 网络模拟等。在车辆移动仿真方面，EstiNet 9.0 也新增了真实的目标导向型、配置了车载自组网的车辆的仿真模拟，并提升了仿真的稳定性，为使用者提供了更加可靠的技术支持。总之，EstiNet 9.0 交通–通信仿真软件是一个高质量、可靠的车联网仿真平台，为研究云计算和通信模块对交通状态的影响提供了有效的研究途径。

EstiNet 9.0 采用模块式和开放的系统结构从而支持远程仿真和并行仿真。下面分别介绍 EstiNet 9.0 的几个重要特性。

1. 高保真性

EstiNet 9.0 通过使用一种新型的内核重进模拟方法，直接使用真实的 Linux TCP/IP 协议栈。此外，该软件在通信网络的设置和应用程序的使用中采用了和现实中完全相同的 IP 网络。最重要的是 EstiNet 9.0 对现实生活中的许多重要通信网络和通信协议做出了模拟，例如 IEEE 802.11p/1609 VANET 网络模拟、V2V 和 V2I 智能交通无线网络系统等。以上三点保证了 EstiNet 9.0 生成可靠、真实的仿真结果，具有很好的高保真性。

2. 仿真界面的整合化和可视化

EstiNet 9.0 提供了一个交通 – 通信仿真集成的、专业的可视化图形用户界面。这个图形用户界面可以快速地完成网络拓扑的确定、配置协议/节点参数、播放仿真记录和数据封包传输跟踪的功能。整个车联网的仿真操作在人性化的图形用户界面都可以很容易地、直观地、迅速地完成。

3. 模块化的体系结构

模块化的体系结构被 EstiNet 9.0 仿真软件所采用，通过使用一组仿真引擎所提供的模块化应用程序接口，研究人员可以很容易地实现将新研制的协议集成到模拟引擎中去。EstiNet 9.0 使用简单易于理解的语法描述仿真实验的参数设置和协议配置，并将上述描述结果由图形用户界面存储在一系列的文件中。当需要仿真时，图形用户界面自动将这些文件传输到模拟引擎进行仿真执行。但当需要测试新的仿真实验的参数设置和协议配置时，又可以直接绕过图形用户界面，将仿真文件直接接入仿真引擎进行仿真。采用图形用户界面和仿真引擎这两个模块对仿真体系进行管理，大大节省了研究的时间，加快了研究的进度。

9.3.2 EstiNet 仿真技术体系架构

EstiNet 9.0 紧密结合了交通仿真和现有的通信网络仿真，并提供了一个快速的双向链接，以便信息能迅速在两类仿真器间形成反馈回路。目前，EstiNet 仿真软件是智能交通系统中车联网仿真实现的重要平台。

EstiNet 采用的是基于 Agent 的智能网联汽车仿真方法。Agent 技术研究源于人工智能领域，从 20 世纪 80 年代末开始，Agent 技术开始与其他领域进行融合，得到更广泛的应用。一般认为，Agent 是一个动态环境中的具有高自治能力的智能体，目标是接收另一个智能体的委托并为其提供服务或帮助，能够在任务驱动下采取学习、通信、社交的手段进行感知、适应外在环境的变化并做出反应。

Agent 系统是多个 Agent 组成的集合，它的目标是将大而复杂的系统建设成小的、彼此互相通信和协调的、易于管理的系统。它的研究涉及知识、目标、技能、规划以及如何使 Agent 采取协调行动解决问题等。研究者主要研究系统之间的交互通信、协调合作、冲突消解等方面，强调多个系统之间的紧密群体合作，而非个体能力的自治和发挥，主要说明如何分析、设计和集成多个构成相互协作的系统。DVM、MICE 等分布式问题求解系统、合同网、多级协商、基于知识的协商等冲突消解等问题是这一阶段的典型代表。

Agent 系统用于解决车路协同诱导仿真的优势，归纳起来，主要有以下几点：

（1）在一个系统中，每个 Agent 具有独立性和自主性，能够解决给定的子问题，自主地推理和规划并选择适当的策略，并以特定的方式影响环境。

（2）Agent 系统支持分布式应用，所以具有良好的模块性、易于扩展性和设计灵活简单，克服了建设一个庞大的仿真系统所造成的管理和扩展的困难，能有效降低车路协同诱导仿真系统的总成本。

（3）在 Agent 系统的实现过程中，不追求单个庞大复杂的体系，而是按面向对象的方法构造多层次、多元化的 Agent，其结果降低了系统的复杂性，也降低了各个 Agent 问题求解的复杂性。

（4）采用 Agent 技术，车路协同诱导仿真系统具有很强的鲁棒性和可靠性。当单个 Agent 不能正常工作时，仿真系统不会出现整体性能显著下降和系统崩溃。

（5）在同一个系统中各 Agent 异构，因此针对不同的对象主体，构建不同精度和智能的车辆 Agent、信号 Agent、路侧单元 Agent，能充分表达主体的性质。

在 EstiNet 中，主要介绍 EstiNet 仿真平台的体系架构和各个模块之间的联系。该软件主要包括五个模块：图形用户界面（GUI）、仿真引擎（SE）、车辆代理（CA）、信号代理（SA）和路侧单元代理（RSUA），其中 CA、SA、RSUA 共同称为 EstiNet 中的智能体。

1）图形用户界面（GUI）

图形用户界面（GUI）为用户提供了一个可视化环境，便于构造所需的道路网络。例如，路网的构建和链接仅仅需要鼠标点击几处即可完成。此外，通信网络的协议配置和系统参数设定也可以容易地利用鼠标完成。之后，图形用户界面（GUI）将自动生成交通和通信仿真子系统的配置文件，便于仿真引擎调用进行仿真，极大地节约了时间。仿真结束后，该模块可以对数据封包的传输和车辆的运动过程进行回放，有助于用户检查网络协议设置和车辆运动的正确性。

2）仿真引擎（SE）

仿真引擎（SE）是整个仿真体系架构的中心，通过整合所有仿真文件实现交通–通信的仿真，主要负责模拟车辆移动层和通信协议层。当仿真开始后，仿真引擎将其他三大模块的各种场景配置文件、参数设定文件、系统推进文件等一一读入，建立对应的信息数据库，然后对各项仿真推进事件进行安排，按照预先设定的策略推进仿真步骤的开展，记录有关结果文件和仿真数据。

3）车辆代理（CA）

车辆代理（CA）主要包括信息接口、控制逻辑、数据库三大部分。其中控制逻辑用于控制每辆车的驾驶行为，是车辆行驶的决策者。数据库存储道路的位置和走向信息，并读取车辆属性文件，决定不同类型车辆的限速、最大加/减速度等参数。信息接口用来连接通信网络与仿真引擎交换车辆的基本信息，主要使用 TCP/IP 通信信道。在车联网的仿真实验中，车辆代理经过合理设置还能与其他车辆、交通基础设置进行信息的交换，做出更加智能的驾驶决策。

4）信号代理（SA）

信号代理（SA）管理路网中交叉口每一个交通信号灯的信号运行状态。EstiNet 支持 2 种信号控制模块，分别为预设点模块和车辆代理模块，由于前者不能实现信息流的交互，所以本研究采用了车辆代理进行控制。在仿真过程中，车辆代理中的信号控制逻辑控制信号灯的相位改变，并调用信息接口更新仿真引擎中记录的信号灯数据。

5）路侧单元代理（RSUA）

路侧单元代理（RSUA）放置在交叉口进口道，通过车路无线通信获得一定范围内前往交叉口方向移动车辆的信息，包括车流量、车辆 ID、车辆速度等，并在信号灯灯色即将变换时，将这些信息通过无线广播发送给信号代理，用于产生交叉口下个用于运行的自适应信号配时方案。

图 9–15 展示了 EstiNet 仿真软件的体系架构以及各个模块之间的关系，呈现了 EstiNet 软件的运行流程，解释了 EstiNet 如何实现无线车路通信的仿真场景。

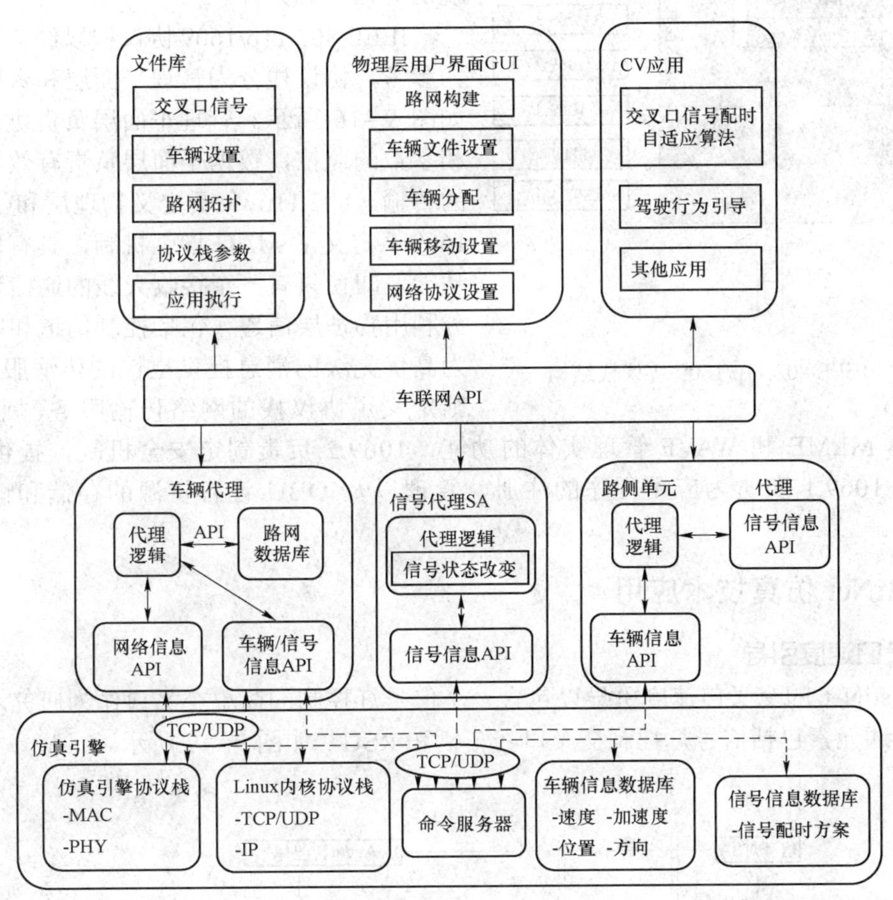

图 9–15　EstiNet 体系架构

EstiNet 软件建模中所涉及的关键技术主要包含智能体 API 编程以及车–车、车–路通信等。

1）智能体 API 编程

EstiNet 中具有众多模块，如 Car Agent、RSU Agent 和 Signal Agent 模块。研究者可根据自身研究需求对其进行 API 编程，EstiNet 为使用者提供了这些模块的多个开发接口，实现对车辆、交叉口、路侧单元等行为控制。

2）车–车/车–路通信

车–车、车–路通信技术负责将智能车载技术和智能路侧系统联系起来，成为一个相互联系的整体。

EstiNet 软件为此添加了无线接入（wireless access in the vehicular environment，WAVE）协议，又称 IEEE 802.11p/1609 协议栈。该协议相比 DSRC 协议有很大的传输性能优势，传输距离最大可达 1 000 m，传输速率达 27 Mbps。

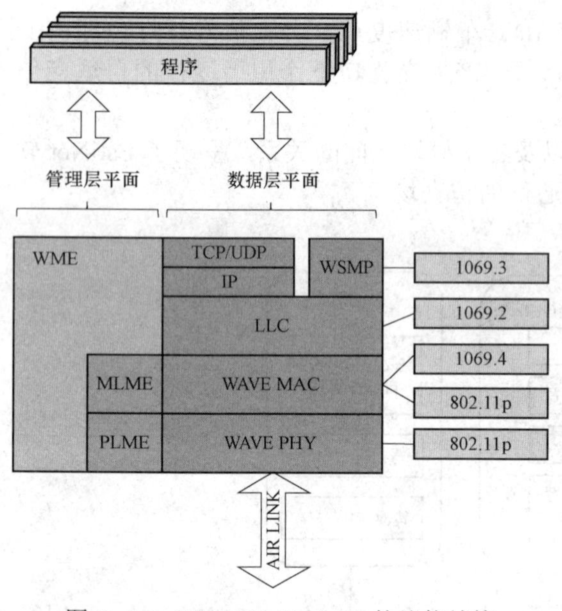

图 9-16　IEEE 802.11p/1609 协议栈结构

IEEE 802.11p/1609 协议栈将网络节点分成两种类型：路侧单元（road side unit，RSU）和车载单元（on board unit，OBU）。RSU 一般为固定在路侧和交叉口附近的无线通信基站，OBU 一般为装载有通信设备的车辆，两者构成了车路协同环境的通信基础条件。

IEEE 802.11p/1609 协议栈以经典的 OSI 模型为参考，协议栈分为管理平面层和数据平面层，如图 9-16 所示。管理平面层负责协议栈的行为和参数的监控，数据平面层负责有效数据及信息的传输。802.11p 负责定义物理层和 MAC 层；1609.4 定义了 MAC 增强机制，具有多信道协同功能，即使只有一个接收天线的通信设备也能充分利用物理层信道（包括控制信道和服务信道）为高优先级的消息提供更快的传输服务；1069.3 则定义了协议栈的网络传输服务，规定了 MAC 层管理实体 MLME 和 WAVE 管理实体的功能；1069.2 负责制定安全机制，提供加密、认证等服务；1069.1 负责为应用程序的注册、管理以及 OBU 设备资源的存储和读取提供标注化接口。

9.3.3　EstiNet 仿真技术应用

1. 交叉口速度引导

基于 EstiNet 的交叉口速度引导以包含一个信号灯控制的简单交叉口作为研究对象。案例中的基本交通元素包括信号灯控制交叉口、车辆和 RSU，如图 9-17 所示。

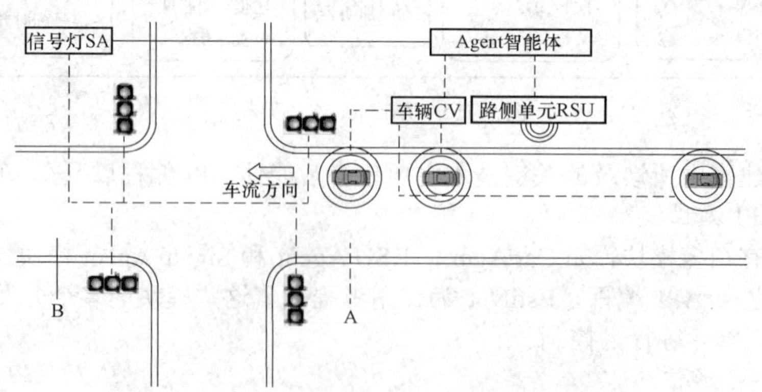

图 9-17　基于车路协同的交叉口速度引导案例

1）车辆设置

按照是否安装车载通信设备，车辆分为 CV 和 Non-CV。CV 具备接收信息和决策分析能力，能够根据 RSU 发送的信号配时信息和实时状态来进行车速决策，实现交叉口速度引导。

Non−CV 不具备接收信息和决策分析能力，只能根据驾驶员固有的行驶习惯进行速度决策。

实验路网、车辆和通信参数等基本属性设置如表 9−3 所示。

表 9−3　交叉口速度引导仿真基本属性设置

基本属性	属性值	基本属性	属性值
仿真时间	1 000 s	车道数	2 个
车辆放置数量	50 辆	车道宽度	3.5 m
车辆类型	轻型车	路网长宽	2 000 m×1 000 m
车辆最大速度	18 m/s	交叉口数量	1 个
车辆最大加速度	2.5 m/s^2	路段数量	3 个
车辆最大减速度	4 m/s^2	MAC 通信协议	IEEE 802.11p

2）RSU 设置

RSU 放置于图 9−17 中的交叉口上游，并将所接收到的信息发送至装有通信设备的车辆。本场景中的 RSU 用于将信号配时的实时信息记录下来，并以广播的方式发送给通信范围以内的车辆。

3）变量等级设置

选择设备装载率、发射功率、初始车头间距和实验环境四个变量作为影响因素，定义如下：

设备装载率（market penetration rate，MPR）指所有装载通信设备的车辆占所有车辆的比例。

发射功率（transmit power，TP）指 RSU 向车辆广播信息时的发射功率（单位 dB）。

初始车头间距（initial space headway，ISH）指在仿真初始状态时的车头间距，反映了交通需求的状况。

实验环境（experimental environment，EE）包括城市和乡村。在不同的实验环境中，衰减因子（fading factor，FF）和路径损失因子（path loss factor，PLF）有所不同：在城市环境中，FF=2，PLF=2；在乡村环境中，FF=8，PLF=5。

实验的影响因素取值如表 9−4 所示。

表 9−4　基于车路协同的交叉口速度引导仿真实验影响因素取值

影响因素	取值
设备装载率 MPR/%	0，25，50，75，100
发射功率 TP/dB	9，10，11，12，13
初始车头间距 ISH/m	100，150
实验环境 EE	城市，乡村

4）速度引导算法逻辑框图

速度引导算法逻辑框图如图 9−18 所示。

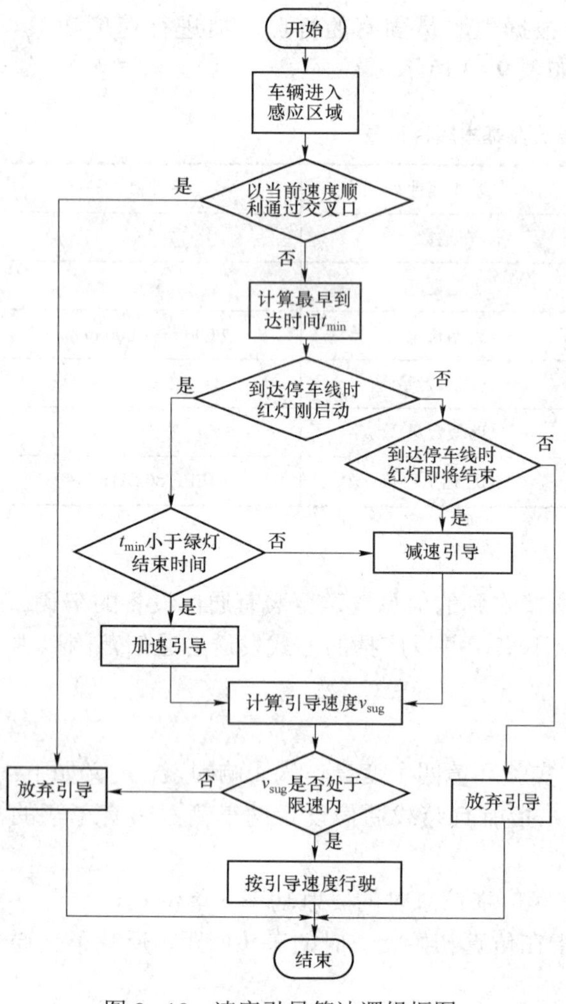

图 9–18　速度引导算法逻辑框图

经过仿真实验，在交叉口速度引导策略环境下，平均停车次数（SV）、平均停车时间（AST）、平均延误（AD）和平均污染物排放（APE）均有所改善。具体如图 9–19 所示。

由图 9–19 可知，有、无使用引导策略条件下的评价指标存在明显差异。从图中可以直观地看出，使用速度引导策略后平均停车次数减少了 28.83%，平均停车时间减少了 27.10%，平均延误减少了 10.86%，平均污染物排放减少了 7.62%。

2. 基于简单路网的路径诱导

基于 EstiNet 的简单路网的路径诱导以包含 3 条路径的简单路网情景作为研究对象，验证基于车路协同的路径诱导策略对路网交通流的影响，实现 EstiNet 仿真技术在路径诱导方面的应用。

根据各通信单元的物理特性、逻辑结构和功能特点完成场景的建立。案例中的基本交通元素包括路网、车辆、RSU、Central_RSU 和流量检测器。

如图 9–20 所示，所有的车辆从点 A 开始行驶，其目标位置为点 D，车辆从起点行驶到终点有三条路径。各路径的基本参数如表 9–5 所示。所有路段均为双向双车道，禁止车辆换道。

若车辆没有装载通信设备则会选择初始路径路径 1；当道路上发生事故时，事故车会立即发布事故信息，若车辆接收到事故信息，则会根据收到的阻抗信息比较路径 2 和路径 3 的阻抗大小，选择阻抗更小的路径行驶；若事故解除，车辆不再收到故障信息，则会比较路径 1、路径 2 和路径 3 的阻抗大小，选择阻抗最小的路径行驶。

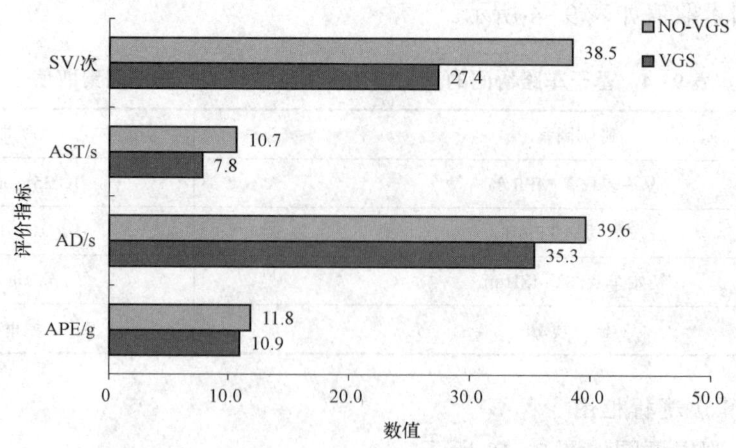

图 9–19　使用交叉口速度引导策略的指标改善示意图

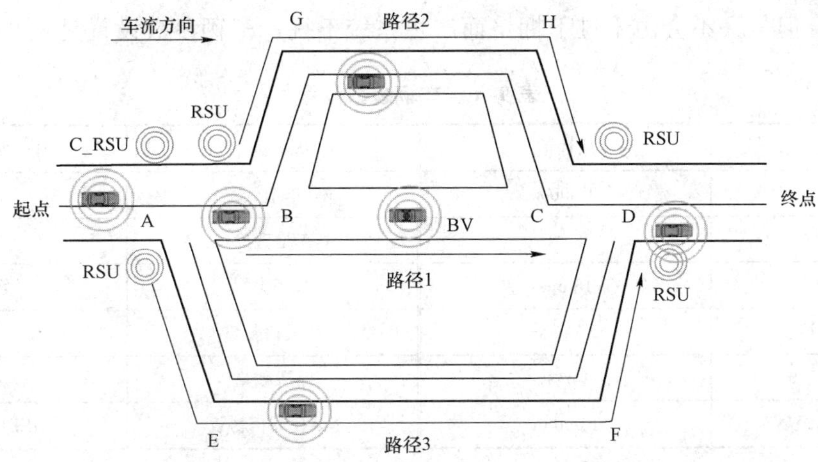

图 9-20　基于车路协同的路径诱导场景

表 9-5　各路径的基本参数

路径编号	路径结点	经过的交叉口	路径长度/m	车道宽度/m	限速/（m/s）
1	A-B-C-D	A，B，C，D	1 198	3.5	18
2	A-B-G-H-C-D	A，B，C，D	1 401		
3	A-E-F-D	A，D	1 495		

1）适用于车路协同环境的阻抗函数

案例将改进的 BPR 函数作为车路协同环境下的阻抗函数，经典的 BPR 函数将流量作为阻抗的影响因素，在可行性和现实性上具有重要的意义，但 BPR 函数也忽略了某些重要情景。例如，在实际情况中，某条路段由于发生事故可能导致该路段交通完全瘫痪，交通瘫痪路段的流量 x_i=0。而由 BPR 函数得到 $L(i)=L_i^0$=min$L(i)$，这违背了实际情况。

在车路协同环境下，装载有诱导设备的车辆可利用车-车通信和车-路通信技术实现交通信息的共享。因此，为了防止某路段发生事故而 $L(i)$ 仍为最小值的情况出现，引入事故变量 y_i。y_i 代表路段 i 是否出现交通瘫痪，若该条路径交通瘫痪，则 y_i=1，否则 y_i=0。此时阻抗函数则适用于具有监测和共享流量信息和交通事故信息的车路协同环境，阻抗函数为

$$L(i)=L_i^0[1+\alpha(x_i/C_i)^{\beta}]+\lambda y_i \tag{9-5}$$

式中：λ 为待定参数，代表事故对交通影响程度；C_i 为路段 i 的实际通行能力，单位 pcu/h；α、β 为模型待定参数，建议取值分别为 0.15、4。若该条路段完全瘫痪，则 $\lambda\to+\infty$。

2）车辆设置

案例中包括两种类型的车辆，分别为事故车辆和行驶车辆。事故车辆（broken vehicle，BV）是一种特殊车辆，事故车辆由于故障使得所在路段完全瘫痪，形成拥堵。事故车辆从事故一开始就会将故障信息通过 802.11p 协议发送出去，直至故障结束，事故车辆又变成行驶车辆往点 D 方向行驶。

按照是否安装车载通信设备，行驶车辆分为具备车路协同能力车辆（connected vehicle，CV）与不具备车路协同能力车辆（non-connected vehicle，Non-CV）。

考虑到车辆之间的距离太小会对仿真造成干扰，车辆的距离太大则会使道路阻抗的变化甚微。因此，将车辆初始车头间距随机布设在 50～100 m。在这种条件下，车辆的行驶会对道路

阻抗产生影响，但是又不会由于过于拥挤而产生系统干扰，车辆参数设置见表 9–6。

表 9–6 车辆参数设置

基本属性	属性值	基本属性	属性值
仿真时间	1 000 s	车道数	2 个
车辆数量	5 辆	车道宽度	3.5 m
车辆最大速度	18 m/s	车辆类型	轻型车
车辆最大加速度	2.5 m/s^2	交叉口数量	4 个
车辆最大减速度	4 m/s^2	路段数量	12 个
通信节点传输距离	1 000 m	MAC 通信协议	IEEE 802.11p

3）RSU 设置

RSU 的主要功能：① 采集不同流向的流量；② 接收并转发信息。RSU 利用放置在路段的流量检测器采集断面流量数据。在 EstiNet 软件中，需要在 user.cfg 文档中输入流量检测器所在交叉口的编号和方向，以及正方形采集区域的四个顶点坐标，如图 9–21 所示。

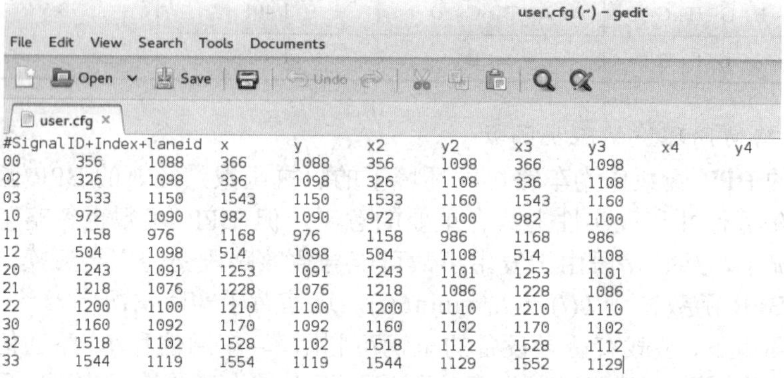

user.cfg (~) - gedit

File Edit View Search Tools Documents

Open Save Undo

user.cfg

```
#SignalID+Index+laneid x        y       x2      y2      x3      y3      x4      y4
00      356     1088    366     1088    356     1098    366     1098
02      326     1098    336     1098    326     1108    336     1108
03      1533    1150    1543    1150    1533    1160    1543    1160
10      972     1090    982     1090    972     1100    982     1100
11      1158    976     1168    976     1158    986     1168    986
12      504     1098    514     1098    504     1108    514     1108
20      1243    1091    1253    1091    1243    1101    1253    1101
21      1218    1076    1228    1076    1218    1086    1228    1086
22      1200    1100    1210    1100    1200    1110    1210    1110
30      1160    1092    1170    1092    1160    1102    1170    1102
32      1518    1102    1528    1102    1518    1112    1528    1112
33      1544    1119    1554    1119    1544    1129    1552    1129
```

图 9–21 流量检测器属性设置

4）变量等级设置

根据 Doan 和 Lee 等人对车辆诱导策略的研究结论，选择设备装载率、拥堵水平和车辆随从率三个变量作为影响因素，研究不同条件下的基于车路协同的路径诱导策略对交通流的影响。影响因素的定义如下：

设备装载率（market penetration rate，MPR）指所有装载通信设备的车辆占所有车辆的比例。

拥堵水平（congestion level，CL）指路段拥挤程度，以故障车导致的拥堵时长为衡量标准。在本书中，CL 分为Ⅰ级、Ⅱ级和Ⅲ级（对应的拥堵时长分别为 180 s、240 s 和 300 s）。

车辆随从率（following rate，FR）指车路协同环境中，未装载诱导设备车辆中由于受到前面车辆的行驶路径或行驶状态改变影响，而改变自身行驶路线的车辆与所有未装载诱导设备车辆的比值。除受前面车辆影响，车辆随从率也与出行者对路网实时交通状况的主观感知与以往驾驶经验有关。

实验的影响因素取值如表 9–7 所示。

表 9–7　基于车路协同的路径诱导案例影响因素取值

影响因素	取值
设备装载率 MPR/%	0，20，40，60，80，100
拥堵水平等级 CL	Ⅰ，Ⅱ，Ⅲ
车辆随从率 FR/%	0，10，20，40

5）路径诱导策略效果分析

有、无使用路径诱导策略的评价指标对比如图 9–22 所示。

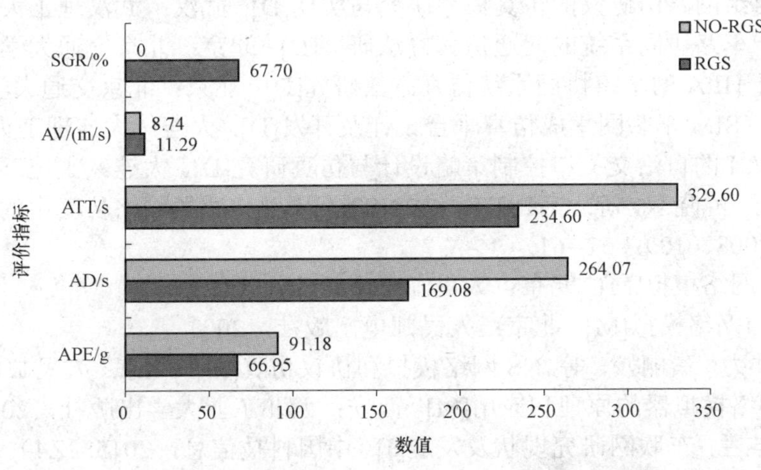

图 9–22　使用路径诱导策略的指标改善示意图

由图 9–22 可知，在有、无使用路径诱导策略时的评价指标存在明显差异。从图中可以直观地看出，使用路径诱导策略后的 SGR 总体达到 67.70%，AV 增加了 29.17%，ATT 减少了 28.82%，AD 减少了 35.97%，APE 减少了 26.57%。

思考题

1. 智能网联汽车仿真的含义是什么？
2. 车联网仿真系统主要包括几个模块？各自有什么作用？
3. 智能网联汽车仿真有哪几种耦合方式？它们之间的区别是什么？
4. NS 链接式仿真可以与哪些交通仿真器进行链接？分别形成了什么耦合方式？
5. EstiNet 进行智能网联汽车仿真时需要哪几个模式？每个模式下需要完成什么工作？

本章参考文献

[1] 蒋卫恒. 基于协作的无线窃听信道安全通信与功率分配[D]. 重庆：重庆大学，2015.
[2] 张家铭. 车路协同仿真系统测试及其验证方法研究[D]. 北京：北京交通大学，2014.
[3] 聂硕. 车间通信场景中的信息流与交通流作用关系的仿真研究[D]. 北京：北京交通大学，2013.

[4] 王腾飞. 基于 NS2 的车载自组织网络仿真技术研究[D]. 武汉：武汉理工大学，2013.
[5] 况晓辉，赵刚，郭勇. 网络模拟器 NS2 中仿真功能的问题分析及改进[J]. 系统仿真学报，2009（2）：115–119，124.
[6] 赵宁. 基于 NS2 的无线传感器网络联合路由协议研究[D]. 武汉：武汉理工大学，2009.
[7] 丁亚林，朱云生，王斌. 车路协同仿真与实验系统软件开发[J]. 科技视界，2015(4)：204–205.
[8] 崔琳娜，吴克寿. 车路协同仿真场景设计与实现[J]. 厦门理工学院学报，2015（1）：57–62.
[9] 程航，谢侃，陆川. 面向车联网仿真系统技术研究[J]. 无线互联科技，2015（8）：142–144.
[10] 冯玮，范业仙，林峰. NS2 在车载自组网仿真中应用研究[J]. 韶关学院学报，2015（8）：27–31.
[11] 杨帅. 城市场景车载自组网仿真平台及路由协议研究[D]. 大连：大连海事大学，2014.
[12] 彭枫. 车载自组网路由协议的仿真模型研究与实现[D]. 武汉：武汉理工大学，2011.
[13] 柴琳果. 基于车路协同系统的交通仿真方法研究[D]. 北京：北京交通大学，2012.
[14] 李四辉. 基于 HLA 的车路协同系统仿真方法研究[D]. 北京：北京交通大学，2012.
[15] 史国旺. iVIS–SIM 车联网集成仿真平台设计及开发[D]. 大连：大连理工大学，2013.
[16] 魏欣. 基于 V2I 的自治交叉口控制策略设计与仿真研究[D]. 大连：大连理工大学，2014.
[17] 石为人，黄河，鲜晓东，等. OMNET++与 NS2 在无线传感器网络仿真中的比较研究[J]. 计算机科学，2008（10）：57–61.
[18] 于斌. NS2 与网络模拟[M]. 北京：人民邮电出版社，2007.
[19] 徐雷鸣. NS 与网络模拟[M]. 北京：人民邮电出版社，2003.
[20] 黄化吉，冯穗力，秦丽姣，等. NS 网络模拟和协议仿真[M]. 北京：人民邮电出版社，2010.
[21] 王辉. NS2 网络模拟器的原理和应用[M]. 西安：西北工业大学出版社，2008.
[22] 奎丽萍，罗桂兰. 车联网研究现状及发展[J]. 中国科技信息，2015（Z4）：118–120.
[23] 张亚萍，刘华，李碧钰，等. 智能网联汽车技术与标准发展研究[J]. 上海汽车，2015（8）：55–59.
[24] 霍一丁. 智能交通车载通信的性能研究与仿真分析[D]. 北京：北京邮电大学，2013.

第3篇 应用篇

第10章 交通物联网技术在ITS中的应用

10.1 交通物联网国内外研究现状

近年来，中国国民经济快速发展，国家城市化进程加快，城市建设取得巨大进步，城市人口急剧增长，进入城市打工的人也越来越多。因此，随着社会经济和城市建设的不断发展，城市的交通面临着严峻的考验，目前城市交通问题已经成为我国乃至全世界大型城市的主要问题，例如北京、上海等大型的、经济发展繁荣的现代化都市。交通运输作为国民经济发展的基础，如果交通供给远小于交通需求，那么交通问题极有可能会阻碍大型现代化都市的快速发展。城市交通问题不仅仅是我国城市发展中亟待解决的问题，也是全世界大城市面临的问题，是一个世界性的难题。交通问题已经引起国内外学者的广泛关注，大家做了大量的研究，提出了许多新的理论和措施，并且积累了丰富的经验。目前大多数学者认为通过高新技术，构建现代化的管理体系，尽可能提高城市交通设施的利用率，建立基于信息化城市的交通新秩序是解决城市交通问题的有效手段。

近年来，物联网技术迅速发展，其技术体系涵盖了现代多种最新技术，成为了当前的研究热点。物联网可以看作是互联网的延伸和拓展，是继计算机、互联网和移动通信后信息产业的又一次革命。它紧密结合 RFID、计算机、通信、云计算以及无线传感器网络等一系列信息技术，是正在迅速发展并获得广泛应用的一门综合性学科。从目前来看，物联网研究、开发仍处于起步阶段，物联网概念也比较模糊，但各个国家和地区都想抓住这个机遇，正在出台政策，抓紧时间进行战略布局，试图将物联网应用于各个领域，并且取得了不错的结果。其中，智能交通领域就是最重要的一部分，如何将物联网技术与智能交通相结合去解决交通问题是当前的重点研究课题之一。交通物联网在国内外得到了广泛关注，各个国家和地区开展了大量工作。

10.1.1 交通物联网国外研究现状

1. 美国

国外一些国家政府对物联网的发展非常重视，如在美国，物联网相关技术体系的发展研究已经上升至国家战略层面。“智慧地球”作为伴随物联网深入发展而提出的一个理念，是时任总统奥巴马所代表的美国对物联网的认识和对物联网未来发展的憧憬。除此之外，美国在智能电网、云计算等方面的物联网应用已经取得建设性成果，电子传感器等相关产业快速发展，在物联网基础设施、关键技术、架构标准等领域已有领先优势。

美国在智能交通方面的物联网应用也已经研究了很长时间。早在 2003 年，美国联邦公路局、美国国家公路与运输协会（American Association of State Highway and Transportation Officials，AASHTO）、各州运输部、汽车工业联盟等组成的特殊联合机构提出了车路协同系统

(vehicle infrastructure integration，VII)，旨在提高交通效率和安全性。

VII 基于道路设施，利用信息与通信技术实现汽车与道路设施集成的目的，从而可有效减少路口碰撞、变换车道碰撞和追尾等交通事件的发生。除此之外，VII 还提供实时交通信息服务和收费服务。VII 计划主要包括智能车辆先导（IVI）计划、车辆安全通信（VSC）计划、增强型数字地图（EDMap）计划等，并且通过美国通信委员会（FCC）为车路通信专门分配了 5.9 GHz 的专用短程通信（DSRC）频段，为驾驶员提供安全辅助控制。

2009 年，美国交通部（United States Department of Transportation，USDOT）将 VII 更名为 IntelliDrive。为了实现更安全、更智能、更环保的驾驶，更加强调了交通安全的重要性。IntelliDrive 通过开发和集成各种车载、路侧设备以及通信技术，一方面在驾驶者没有做出及时反应时，车辆可自动做出响应避免碰撞，另一方面为驾驶者提供其所需的交通信息，使其在驾驶过程中能够做出更为合理的决策，从而为美国道路交通提供了更好的安全性能和驾驶效率。同时，它也可为运输系统管理者、车辆运营商提供其所需的交通信息，以便在效率、运输成本、安全方面做出动态的决策，实现高效的客运和货运。

对于 IntelliDrive 的长期规划，充分考虑利用物联网、互联网等技术进一步扩展其应用功能，并且从 2009 年就已经启动。2010—2014 年为第一阶段，目标是建立一个全国范围的、多种交通方式联运的地面交通系统，构建一个交通网络环境，使得车辆、基础设施和公众便携式设备之间能够相互通信，从而最大化实现交通安全性、移动性和环保性。该阶段的研究重点是实时交通数据的采集和管理、动态移动应用（dynamic mobility application）。实时交通数据采集和管理研究项目希望构建一个开发环境来支持对实时交通数据的采集、管理、集成和应用，而实时交通数据包括安全状况、环境因素、拥堵信息、运输成本等。实时交通数据源头不仅可以是交通管理中心、车辆定位系统、移动设备、IntelliDrive 应用等，还可以是收费站、停车场和车站等。这些数据经过处理后得到交通拥堵、天气、速度限制、封闭道路等信息，然后将这些信息传送给各个车辆。该研究项目在提高物流效率、公众信息服务能力以及整个交通系统的效率方面都发挥着重要作用。动态移动应用研究重心在于对实时交通数据的应用方面，通过无线技术充分利用采集的数据结合公共部门管理者去开发有价值的多模式应用程序。

2. 日本

日本是最早开始研究智能交通的国家之一。在 1996 年，日本警察厅、邮政省（现已改为总务省）、建设省和运输省（两省现已改为国土交通省）等多个组织机构共同推动研发了世界上第一个基于实时道路信息及诱导方式的交通信息通信系统（VICS），旨在缓解城市交通拥堵，提高车辆的运行效率。该系统的交通信息主要来自交通管理者（公安委员会、警察厅）和道路管理者（道路公团等），即通过布设在道路上的红外、微波、视频等传感器或其他装置来采集车流量、车速、路段的拥堵程度、交通事故等交通信息，然后再通过无线或有线方式将交通信息传送给 VICS 中心，VICS 中心会将这些交通信息进行分析和处理，并将处理后的交通信息（例如交通流量、路段的拥堵程度、交通事故、道路施工等）通过广播电台、路侧信标等方式向外发布。除此之外，该系统也会将道路交通信息、预计行驶时间、诱导信息等发送至装有 VICS 的车辆上，便于驾驶员了解路况并做出更加合理的出行决策。

1997 年，日本开始研发智能型公路系统（advanced cruise-assist highway system，AHS）。AHS 可以掌握道路交通及路面情况，向驾驶者发出警报，并让控制中心按需提供紧急处理支持。AHS 主要作用有预告前方可能出现的突发意外、预告可能出现的急弯、发布偏离行车线警告、发布十字路口防撞警告、发布右转车辆防撞警告、发布行人防撞警告、报告路面最新状况，如积雪、淹水、破坏等。

2007 年，Smartway 计划由日本政府和民间 23 家知名企业一起提出，旨在促进道路基础设施、交通运输、旅游和先进安全汽车等方面的发展。Smartway 计划将现有的各种 ITS 功能（例如 ETC、网络支付、VICS 等）与车载单元 OBU 相结合作为发展的重点，希望通过二者结合实现道路与车辆的双向连接，进而缓解交通拥堵，减少交通事故。

安装在车辆内的车载单元 OBU 具有数据处理和通信功能，能提供应用程序运行的环境，是车辆与车辆、车辆与其他实体进行通信的接口，并具有定位等功能。分布于公路沿线、交叉点和任何需要即时通信地方的路边单元 RSU 通过 DSRC 无线链路实现与 OBU 以及与其他远离 Internet 服务的网络实体通信。Smartway 示范系统基于统一与协调一致的行动方针向用户提供辅助安全驾驶信息服务、静止图像信息服务、浮动车信息采集服务、道路汇集援助服务、停车场电子付费服务、宽带互联网连接服务等。

日本政府颁布的多项政策都在推动着日本交通物联网的发展。2006 年，日本“新 IT 改革战略”被制定，将推进车路协同系统作为重点，希望构建世界上最安全的道路交通环境。2009 年，日本“i-Japan 战略 2015”又被提出，一方面希望实现交通电子政务，另一方面希望通过物联网技术缓解交通拥堵，提高物流效率和减少 CO_2 的排放。2010 年，日本提出了“新 IT 战略”，提倡绿色出行，将通过利用车辆探测技术来保证交通的畅通作为短期目标，提高物流效率，利用公共汽车优先系统和公共汽车定位系统等来增强公共交通系统使用的便利性，从而提高其使用率。

3. 欧盟

2003 年 9 月，eSafety 被列入欧盟计划，其目标是充分利用先进的信息与通信技术（information and communication technology，ICT），加快道路安全系统的研发与集成应用，为道路交通提供全面的安全解决方案。在现有的自主式车载安全装置基础上，充分考虑车与路之间的通信，旨在通过车-车、车-路之间的通信去获取更加全面的道路环境信息，基于此可以更有效地评估潜在危险，并对车载安全系统进行优化。在欧盟的第 6 框架计划中（FP6），有与 eSafety 相关的 77 项研发项目被启动，其中 SAFESPOT、CVIS、PreVENT、COOPERS、I-way、Car2Car 等都是比较有代表性的。eSafety 把研究安全问题作为重点，更加强调体系框架和标准、交通通信标准化、综合运输协同等技术的研究，推动综合交通运输系统与安全技术的实用化。

2004 年，ITS 整体体系框架的研究（FRAME 计划）在欧洲开始开展，该项目将各国的体系框架统一，在统一的体系框架下实现 ITS 开发国家之间、城市部门之间的协同开发，形成技术标准，为用户提供全方位、无缝连接的交通信息服务。

欧洲交通物联网系统方面的发展特点及趋势如图 10-1 所示。

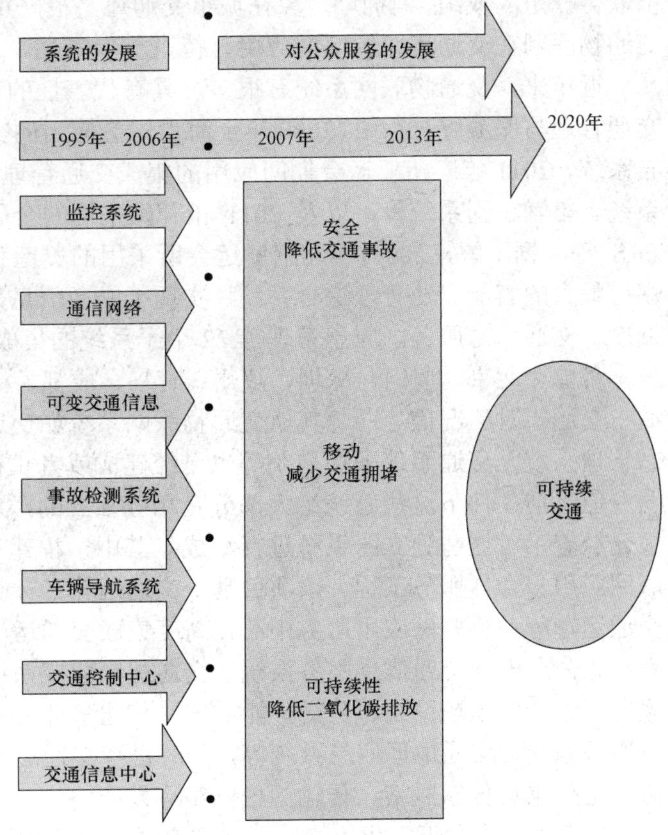

图 10-1　欧洲交通物联网系统方面的发展特点及趋势

2006 年，欧盟提出合作性车路基础设施一体化系统（CVIS），并把开发和测试车辆与车辆之间的通信、车辆与附近的路边基础设施之间通信所需的技术作为重点内容，希望提高旅客和货物的移动性以及道路交通运输系统的效率。

2006 年 1 月开始的 SAFESPOT 综合项目，通过研发安全距离助手来避免交通事故。安全距离助手通过提前检测车辆旁的潜在信息，扩展司机在时间和空间上对周围环境的感知能力来提高道路交通的安全性，是一个基于车与车（V2V）和车与基础设施（V2I）通信的智能协作系统。2006 年 2 月开始的智能道路安全协作系统（COOPERS），通过实现车辆与高速公路道路基础设施之间不间断的双向无线通信来提高交通的安全性。

欧洲通过利用 CVIS、COOPERS、SAFESPOT 系统以及其他无线通信系统来实现车与道路基础设施以及车与车之间的通信，从而提高交通效率和安全性。

2007 年，欧洲 EasyWay 计划开始启动，直到 2013 年才结束，共持续了 7 年，其主要目的是促进欧洲交通物联网的发展，主要应用服务有旅行者信息服务、交通管理服务以及货运和物流服务等。新的综合性框架在 EasyWay 之前的发展基础上又被提出，通过改善现有的基础设施和系统、填补网络覆盖缺口和确保走廊服务的连续性来提高服务水平。

10.1.2 交通物联网国内研究现状

城市交通管理、交通信息采集与服务、不停车收费和智能化公交等方面都是中国交通物联网研究的重点。从目前来看，虽然在交通电子政务、物流运输、智能交通和交通信息服务方面都取得一定的成绩，但拥堵现象在城市交通还是很严重，人们对交通信息的需求也没有被满足，交通物联网在交通运输领域的应用有待进一步研究。

近年来，交通物联网系统有很多，具有代表性的有 2008 年北京奥运会所采用的奥运智能交通管理与服务综合系统、2010 年上海世博会应用的交通综合信息平台和道路交通信息采集发布系统、2011 年广州亚运会期间应用的集成交通管理指挥系统 GZ-ITMS、交通闭路电视监控系统、车牌识别系统等，以及 2011 年开始采用的全国铁路网计算机联网售票和旅客服务系统 TRS 等。据了解，2008 年北京奥运会所采用的奥运智能交通管理与服务综合系统是中国国内规模最大的智能交通管理综合系统，实现了交通信息采集与处理、交通信号控制、交通指挥与调度、交通信息服务、应急管理等 22 个子系统的集成。

目前，北京、厦门、深圳、郑州、青岛、成都、杭州等城市都已建成了基于浮动车技术的城市交通实时路况信息网，其他交通物联网系统如交通综合信息平台、交通诱导系统、车辆动态管理系统、交通事件采集系统等也已经建成或者正在构建。

但当前条件下这些系统绝大部分是相互独立的，为了促进资源和信息的共享，国内许多地区已经着手对这些独立的系统进行集成。其中，福建省早在 2011 年就开始了交通运输行业物联网应用整合与服务工程。该项目基于交通运输云计算平台，依据公众用户的出行需求，构建交通运输行业物联网应用服务中心，高度集成交通运政管理系统、营运车辆卫星定位安全服务系统、公众出行交通信息服务系统、交通视频监控系统、道路运输车辆运营管理系统、全球眼系统、智能停车场系统、公交智能系统、交通事件采集系统、车载信息服务系统、主动交通信息服务系统、交通地理信息系统等，同时进行交通运输行业物联网应用标准体系建设，推进基础设施（采集传感网络、传输通信网络、发布终端）的平台建设。

国家在“十二五”期间就特别注重交通信息化建设，一直在向着“智慧交通”的目标推进，利用交通物联网技术可感知与可交互的特点，促进交通管理的精细化、行业服务的全面化、出行体验的人性化，推动安全、畅通、便捷、高效、绿色的交通运输业发展，实现交通运输业从传统产业向现代服务业的转型，进一步带动信息制造业和信息服务业的升级。我国将围绕交通运输领域的创新需求，构建产学研用相结合的交通科技创新联盟平台，立足国情，运用新技术手段，推动具有中国特色的新一代物联网系统发展。

10.1.3 国内外交通物联网发展的异同点

通过对国内外交通物联网研究应用现状的分析，可以看出国内外交通物联网发展的异同点主要体现在三个方面：安全性、环保性、移动性。

1. 安全性

国外对人、车、路等各种交通要素内在联系的分析和研究是非常注重的，希望通过物联网技术将人、车、路等交通各要素集成，实现车与车、车与道路基础设施、车与人之间的相互通信，进而提前预知危险和提前做出事故警告或者事故避免处理，从而提高交通安全。

例如，美国的 IntelliDrive 项目、欧洲的 CVIS、COOPERS、SAFESPOT 系统以及日本的 AHS 项目等，都是通过利用车路协同技术来解决交通安全问题。

2. 环保性

国外一些发达国家比中国更早意识到交通环保的重要性，并明确提出了相关措施，例如美国和欧洲在交通发展规划中明确设定了减少 CO_2 排放量的目标，在大力研发新能源之外，也很重视对已有的道路基础设施和信息系统的集成和优化。欧盟提倡通过多种交通运输方式联运使得运输模式更加高效节能。

3. 移动性

移动性指的是交通运输效率方面，在这方面国内外采取的措施大致相同，主要包括通过向出行者和运输管理者提供实时交通信息来提高移动性、通过构建综合的交通运输系统来提高交通运输效率。但国外相较于国内相关技术发展更迅速，并且已经取得了不错的成绩。而中国由于城市交通拥堵比较突出，影响了公众出行，所以中国的研究更注重城市交通管理、交通信息采集与服务、不停车收费和智能化公交等方面来提高交通的移动性。另外，中国也希望通过交通信息的共享和各种交通方式的有效衔接，进而发展综合交通运输来提高交通运输效率。

从以上三个方面可以看出，由于交通物联网发展程度的差异，国内外的发展重心不完全相同，国外交通物联网的发展重心更侧重于交通安全和环保这两个方面，而中国交通物联网的发展重心主要在于提供顺畅、便捷的人性化交通运输服务上。随着经济和技术水平的不断发展，我国的交通物联网发展迅速，在保证提供顺畅便捷的交通服务的同时，也要求提高交通环保性和安全性。无论如何，国内外交通物联网发展重心就是充分利用新兴信息技术建立集人、车（船）、路、货、环境于一体的自主采集与服务模型。

10.1.4 交通物联网发展趋势

智能交通插上物联网的翅膀，赋予参与交通的各类物体智能，实现人和交通对象的沟通对话，让智能交通朝着“智慧交通”的方向发展。交通物联网是将先进的无线网络通信技术、信息感知技术、传感网技术、海量数据处理融合技术、信息共享和发布技术等联合应用于整个交通运输体系，实现人、车、路和环境的实时互通，从而构建一种实时的、准确的、智能化的交通管理、控制和服务平台。交通物联网的发展方向主要体现在以下六个方面：

（1）实现交通基础设施的可视、可控化技术，交通参与对象的可测、可互联技术，构建与交通基础设施网络相对应的信息感知、数据提取应用和监管监测服务体系。

（2）实现智能化的数学模型实时模拟交通运输系统状态，让多种运输方式协同运行与效能提升，应对中国综合运输体系构建对应的运输信息、感知、运输效率保障与监管服务。

（3）实现在城市公交与出行信息服务等方面的系统优化和功能重造，深入结合智能交通发展及城市居民需求，让人们充分享受智能交通带来的便利服务。增强交通数据处理和挖掘能力，通过多种途径向社会发布交通信息，实现主动诱导交通的功能。

（4）实现让每一位交通运输参与者便捷获取交通运输信息，公平、公开地享受同质化、一体化的公共交通服务。提高公共交通服务水平，建立完善的公交信息服务系统。增加信息来源，实现地铁、公交、出租车等多渠道信息的整合与共享。

（5）结合中国国情和各地不同应用需求，在交通信号协调控制、车路协同、航运智能化管理、管控与安全保障等智能交通前沿技术方面，形成具有自主知识产权的科学合理的交通管制措施、完善的基础设施和先进的 ITS 应用系统协调运作等核心技术，取得实践效果并协调发展，为实现智慧交通下的人、车、路协调、一体化奠定基础。

（6）积极探索智能交通的商业模式和产业发展机制。深化交通运输领域的智能交通应用，大力推动物联网在 ETC、RFID、物流运输和综合交通信息服务等领域大规模建设与应用，争取获得产业化成果。

通常情况下，交通物联网会包含海量的传感器节点，其中不仅包括采样数据是数值型的 GPS 传感器、压力传感器和温度传感器等，还有许多采样值是多媒体数据的传感器节点，如交通摄像头传感器等，这些传感器按照一定的频率不停地采集数据。交通物联网系统为了满足对数据的在线处理、离线处理、溯源处理和复杂数据分析的需要，不仅需要存储这些传感器实时采集的数据，还需要存储采集的历史数据。可见，交通物联网的发展首先面临的是海量的、异构数据的存储、传输和分析问题，想要将交通物联网广泛应用，必须构建一个功能强大的业务服务平台。而云计算正是为了解决平台问题而出现的一种全新的、完整的体系架构，它使得物联网在互联网基础之上的延伸和发展能够得以实现。云计算对于交通物联网的海量数据处理起到了重要的支撑作用。因此，交通物联网未来的发展与应用将与云计算技术的发展和应用密切相关，从这个角度来看，交通物联网未来的发展可概括为以下方面。

1）充分利用车路协同技术来提高交通安全水平

交通安全是交通运输行业一个重要组成部分，通过交通物联网技术提高交通安全必将是未来交通物联网发展的一个重要内容。从国内外交通物联网的研究历程不难看出，各国都在大力发展车路协同系统，希望能够充分利用先进的信息与通信技术，通过车与车、车与路之间信息的交互与共享，有效地评估潜在危险、提高道路交通安全和缓解交通拥堵，是交通物联网发展的技术热点，对提高道路交通的安全具有十分重要的作用。

2）加快交通物联网与云计算的结合，构建交通运输云，建立综合开放的交通运输信息系统

交通运输云旨在深度整合交通运输行业信息、业务资源和现有的交通物联网系统，为政府部门、企业、公众用户提供覆盖人、车（船）、路、货、环境等全方位的应用服务，即为公众

出行提供无缝连接的运输服务与出行者在任意地点、时间、设备上都可以得到准确的信息服务，为交通物流提供全方位的应用服务支持，同时搭建交通运输行业物联网应用整合与服务平台集成开发环境，为开发人员提供应用开发平台以培养和促进更多的创新、开发更多商业应用，从而带来商业效益。

交通运输云将促进现有交通物联网系统的普及和集成，推进综合运输体系，更好地为公众提供信息服务。目前的交通物联网系统在通信系统和发布系统采用的多是独立的专用系统，成本较高，整个系统相对封闭，影响了系统的普及。采用云计算模式构建交通运输云对于一些中小城市而言只需要租用相应的服务即可，有利于交通物联网系统的普及。交通运输云有利于集成现有的相对独立的交通物联网系统如 ETC、车路协同系统等，深度整合交通运输行业各种运输方式的信息，实现信息资源的共享共用，使得各种运输方式之间能够顺畅衔接，为全社会提供准确及时、安全可靠、方便适用的综合运输信息服务。在提升政府交通管理水平方面，交通运输云使大范围的包括交通基础设施、运载工具和道路运行环境在内的交通信息获取和交互成为可能，有助于构建一个动态的道路监管体系对路网实现动态调度管理和灾难应急处理。交通运输云将有利于现有的交通物联网系统的普及和集成，如 ETC 系统在交通运输云基础性应用中可搭建一个全国统一的跨省市联网电子收费结算体系。

3）建立一个统一的交通物联网标准体系和适宜的交通物联网运营模式

交通物联网的高度综合性和整合性决定了标准化是其建设过程中的重要技术基础。标准体系建设主要包括交通物联网标准体系和交通物联网云平台技术规范及数据元格式等核心标准草案的编制与推广，从而引导和规范行业的健康发展，并通过标准化促进交通物联网系统在全国范围的应用示范和推广。

同时，交通物联网系统能否实现应用推广及可持续性发展的关键因素之一还在于是否有一个成功的运营模式。平台运营主要是为了形成一个产业链上下游合作共赢的良性运营模式，形成围绕信息服务多实体共生、多方共赢的局面，支撑交通物联网应用工程的可持续建设和服务，LBS 应用服务、VICS 系统等成功案例可以给予人们良好的借鉴意义。

10.2　交通物联网的应用

10.2.1　物联网在交通运输中的作用

1. 货物跟踪

物联网借助互联网、RFID 等无线数据通信技术，实现了单个商品的识别和追踪。基于这些特性，将其应用到物流的各个环节，保证商品的生产、运输、仓储、销售及消费全过程的安全和实效，具有广阔的发展前景。

基于物联网的支持，电子标签承载的信息可以实时获取，从而可清楚地了解到产品的具体位置，进行自动追踪。对制造商而言，原材料供应管理和产品销售管理是管理的核心，物联网的应用使得产品的动态跟踪运送和信息的获取更加方便，对不合格的产品及时召回，降低产品的退货率，提高自己的服务水平，同时也提高了消费者对产品的依赖度。另外，制造商与消费者信息交流的增进使其对市场需求做出更快的反应，在市场信息的捕捉方面就夺得了先机，从而有计划地组织生产，调配内部员工和生产资料，降低甚至避免因牛鞭效应带来的投资风险。

2. 降低运输风险

对运输商而言，电子产品代码 EPC 可以自动获取数据，进行获取分类，降低取货、送货成本。并且，EPC 电子标签中编码的唯一性和仿造的难度可以用来鉴别货物的真伪。由于其读取范围较广，可实现自动通关和运输路线的追踪，从而保证了产品在运输途中的安全。即使在运输途中出现问题，也可以准确地定位，做出及时的补救，使损失尽可能降到最低。这就大大提高了运输商送货的可能性和效率，从而提高了服务质量。

3. 降低成本

运输商通过 EPC 可以提供新信息增值服务，从而提高收益率，维护其资产安全。不仅如此，利用 RFID 技术对高速移动物体识别的特点，可以对运输服务进行快速有效的定位和统计，方便对车辆的管理和控制。具体应用方向包括公共交通票证、不停车收费、车辆管理及铁路机车、车辆、相关措施管理等。基于 RFID 技术，可以为实现交通的信息化和智能化提供技术保障。实际上，基于 RFID 技术的军事车辆管理、园区车辆管理及高速公路不停车收费等应用已经在开展。

10.2.2 基于物联网的智能交通体系结构

智能交通是将先进的信息技术、数据通信传输技术、电子控制技术、传感器技术以及计算机处理技术等有效综合运用于整个运输系统，从而建立起的一种在大范围内、全方位发挥作用的实时、准确、高效的运输综合管理系统，使得人、车、路和环境密切配合、相互协调，极大地提高交通运输效率、保障交通安全、缓解交通问题、改善环境质量和提高能源利用率。近年来，国内外许多学者、机构和企业一直在研究智能交通，智能交通得到迅速发展并被广泛应用。与此同时，智能交通系统所存在的问题也日益显现，物联网的出现为智能交通的发展提供了一个新方向。

虽然智能交通在很多大中城市中都有了应用，涉及高速公路不停车和联网收费、城市道路多路径识别、城市公交优先等领域，相关的智能交通系统也开发了不少，且各有其优缺点。但总体来说，目前的智能交通系统预测准确度、反应灵敏度和系统的适应能力都还有待提高，交通信息采集不准、信息反馈不及时、城市交通环境复杂易变始终制约着智能交通系统的发展。

智能交通是物联网的重要应用领域，许多的专家也很看好物联网和 ITS 的结合。智能交通与物联网之间有许多共同点，二者在很多技术上其实是互通的。物联网的引入将会给智能交通领域带来变革，将有助于智能交通系统突破发展瓶颈，进入快速发展的新时期。结合物联网技术发展的特点，考虑将物联网与智能交通系统融合为一体，以物联网作为智能交通系统的基础，构建新的智能交通系统体系结构如图 10-2 所示。

基于物联网的智能交通体系结构主要包括三层：物联层、互联层、智能应用层。这三层分别对应着物联网的三层架构：感知层、网络层、应用层。

物联层包括前端数据采集和处理两部分，主要是借助物联网中各种先进的交通信息采集技术获取各交通要素的信息，并将其进行处理，上传给互联层。

互联层包括业务系统和网络传输两部分，一方面在现有的网络基础之上负责数据的传输与汇聚，另一方面实现各个业务系统的互联互通和数据共享。

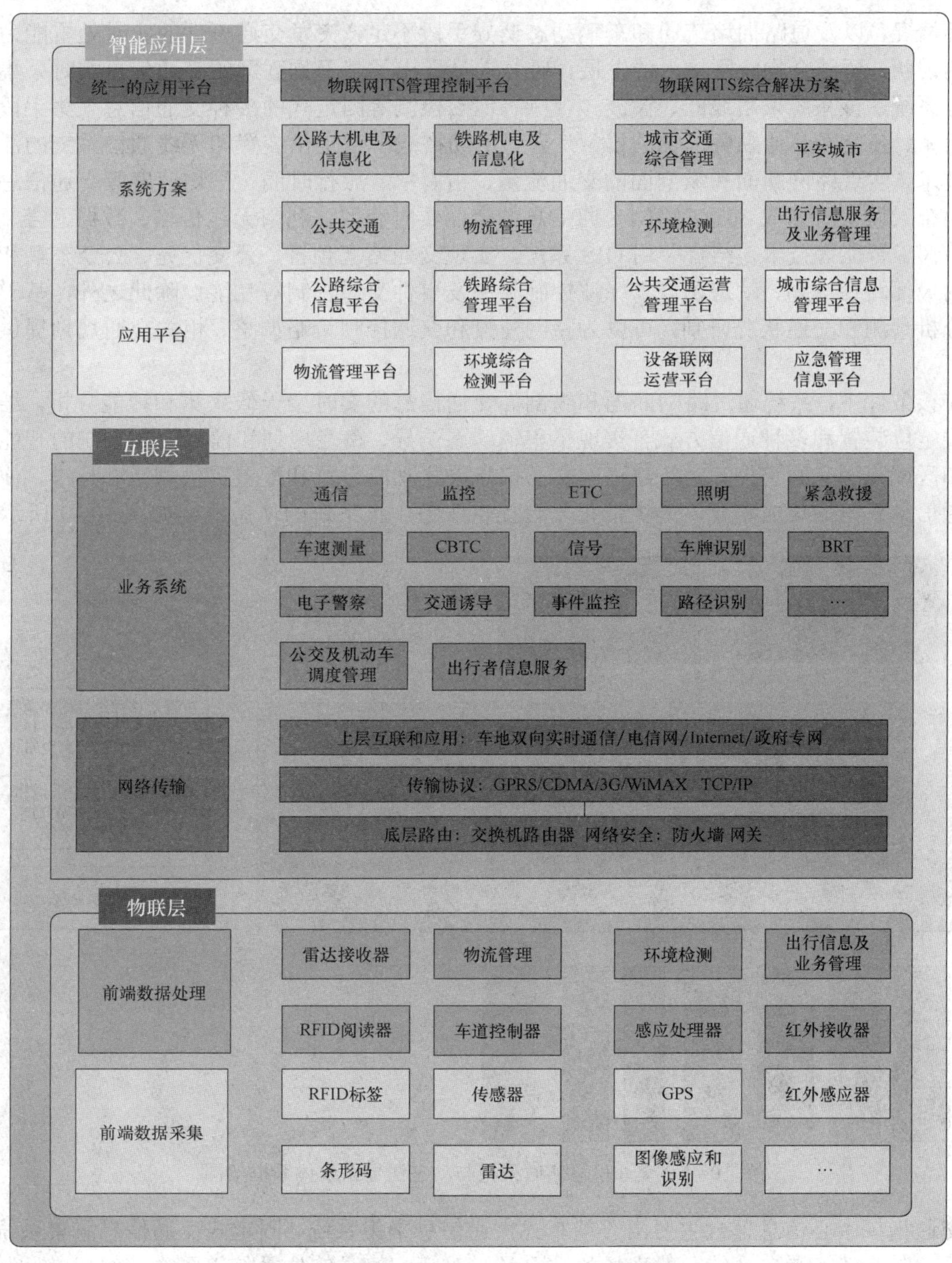

图 10-2　基于物联网的智能交通体系结构

智能应用层是基于系统采集的各类信息，结合实际的交通需求开发、优化各类应用，提高各类应用的智能化程度，进而营造一个良好的交通环境。

10.2.3　交通信息实时采集与动态诱导系统

针对目前交通信息采集手段单一，数据收集方式落后，缺乏全天候实时提供现场信息能力的实际情况，以及道路拥堵疏通和车辆动态诱导手段不足，突发交通事件的实时处置能力有待提升的现状，再结合物联网技术的发展，研究人员提出了基于物联网的交通信息实时采集与动态诱导系统，该系统采用线圈、微波、视频、地磁检测等固定式的多种交通信息采集手段，结合出租车、公交及其他勤务车辆的日常运营，借助搭载车载定位装置和无线通信系统的浮动车检测技术，实现路网断面和纵剖面的交通流量、占有率、旅行时间、平均速度等交通信息要素的全面全天候实时获取。通过路网交通信息的全面实时获取，利用无线传输、数据融合、数学建模、人工智能等技术，结合警用 GIS 系统，实现交通堵塞预警、公交优先、公众车辆和特殊车辆的最优路径规划、动态诱导、绿波控制和突发事件交通管制等功能。除此之外，基于路网流量分析预测和交通状况研判，可以为路网建设和交通控制策略调整、相关交通规划提供辅助决策。

在该条件下，系统通过路网断面和纵剖面交通信息的实时全天候采集和智能分析，结合车载无线定位装置和多种通信方式，实现了车辆动态诱导、路径规划和信号控制系统的智能绿波控制和区域路网交通管控，为新建路网交通信息采集功能设置和配置提供规范和标准，便于整个交通信息系统的集成整合，为大情报平台提供服务。该系统的体系框架如图 10-3 所示。

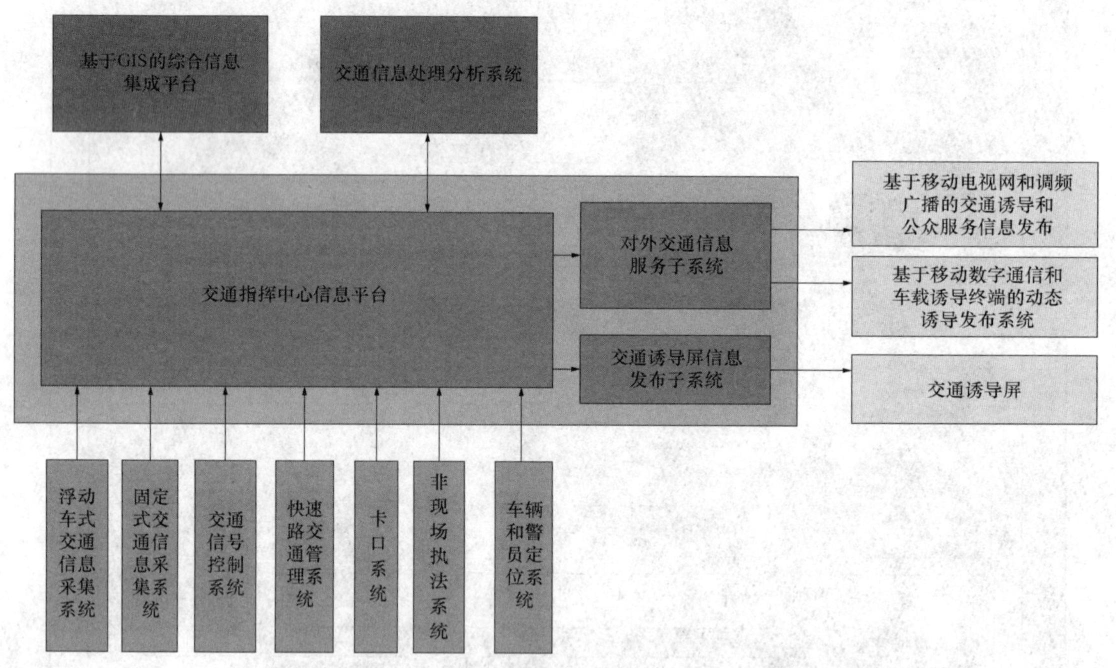

图 10-3　交通信息实时采集与动态诱导系统体系框架图

交通指挥中心信息平台主要由浮动车式交通信息采集系统、固定式交通信息采集系统、交通信号控制系统、卡口系统、非现场执法系统、车辆和警员定位系统等子系统组成，并与 GIS 数据信息平台实现无缝对接，借助智能分析系统对各种交通数据流进行情报化分析处理，然后对外提供公共交通信息服务和交通诱导信息服务。在动态交通信息诱导系统中，交通指挥中心信息平台主要负责交通信息汇聚融合、智能处置、情报分析提取和信息分发，为指挥决策和交通信息发布服务，为区县级交通指挥分中心提供数据支持。交通指挥中心信息平台主要可以完成浮动车式交通信息采集系统、固定式交通信息采集系统、车辆和警员定位系统等 7 个系统信息的汇集和标准化处理；完成对汇集交通信息的质量管理，对道路交通状态信息的判别和评估，并在信息平台内进一步加工处理，形成统一的交通状态信息；实现对外交通信息服务子系统、交通诱导屏信息发布子系统、交通信息处理分析系统间的交通信息共享和反馈；交通指挥中心信息平台的建设应立足物联网整体情报大平台的需求，设计应满足远期海量终端接入和平台间的数据交换及按需共享的要求。

1. 交通信号实时采集系统

目前，交通信息采集方式有许多，且相关的信息采集技术也较为成熟，如线圈检测、红外检测、视频检测等，但是各个采集系统相互独立，检测的范围有限，数据共享与交互存在困难，无法实现车辆的全面感知。因此，基于交通物联网，研究人员希望能够实现不同信号采集系统的互联与互通。

车辆信息采集方式主要有两种：固定式采集和浮动车信息采集。

1）固定式采集

通过安装地磁检测器、环形线圈、微波检测器、视频检测器、超声波检测器、电子标签阅读器等检测设备，从正面或侧面对道路断面的机动车信息进行检测，如图 10-4 所示。

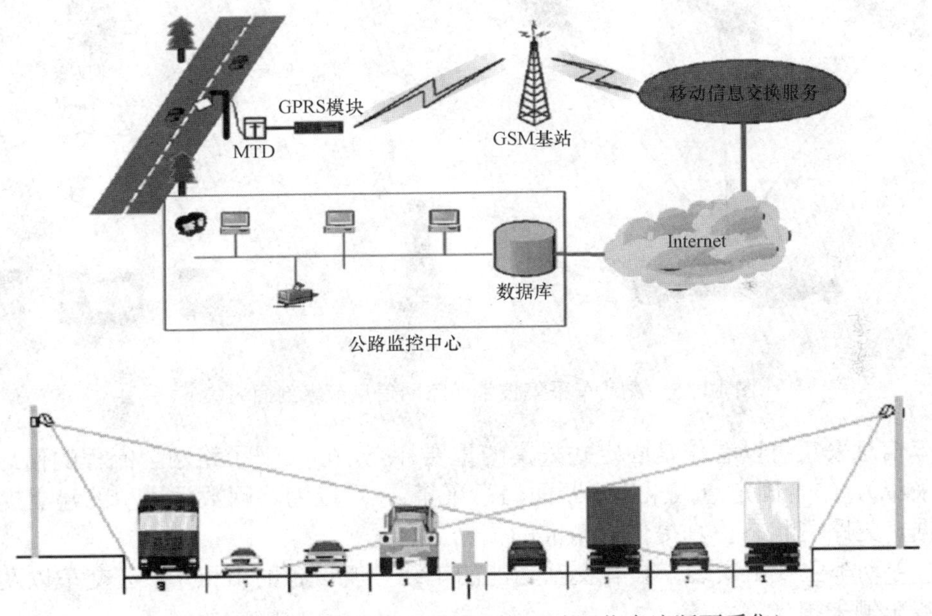

图 10-4　固定式交通信息采集设备（路网信息流断面采集）

其中，路口及卡口等处大多采用视频和环形线圈检测设备，但这两种方式也存在自身的不足，即视频检测在天气状态不好的情况下检测效果不能达到要求，线圈检测只能感知车辆通过情况，对具体车辆信息等无法感知。基于这种情况，为了能够全天候实时采集交通信息，必须将多种信息采集技术相结合使用，先通过多传感器采集信息，然后对多源数据进行数据融合、结构化描述等数据预处理，为进一步的情报分析提供标准数据格式。

2）浮动车信息采集

浮动车通常是指具有定位和无线通信装置的车辆，如图 10-5 所示。浮动车系统一般由 3 个部分组成：车载设备、无线通信网络和数据处理中心。浮动车将采集所得的位置和时间数据上传给数据处理中心，由数据处理中心对数据进行存储、预处理，然后利用相关模型算法将数据匹配到电子地图上，同时计算或预测车辆行驶速度、旅行时间等参数，对路网和车辆实现“可视化”管控。

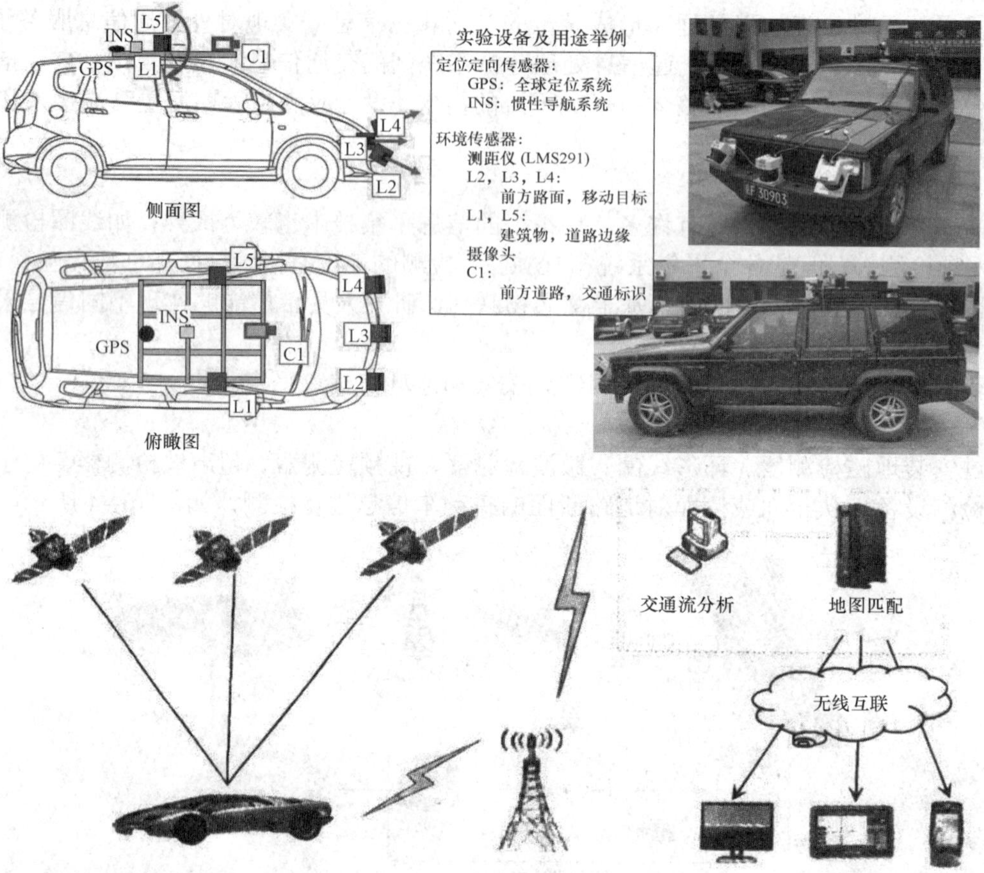

INS
L5
C1
GPS
L1
L4
L3
L2
侧面图
实验设备及用途举例
定位定向传感器：
GPS：全球定位系统
INS：惯性导航系统
环境传感器：
测距仪 (LMS291)
L2，L3，L4：
前方路面，移动目标
L1，L5：
建筑物，道路边缘
摄像头
C1：
前方道路，交通标识
L5
L4
INS
GPS
L3
C1
L2
L1
俯瞰图
交通流分析
地图匹配
无线互联

图 10-5　浮动车采集技术（路网信息流纵剖面采集）

浮动车信息采集可以看作是固定式采集的重要补充，它实现了路网全流程的信息采集（纵剖面信息采集），结合固定点式采集（断面信息采集），可以为路网数学模型的建立提供更全面丰富的数据，为路网状态仿真提供更精准的依据。

目前，浮动车主要由安装了具有交互功能的车载导航设备的出租车、公交车以及其他公共勤务或警务车辆来担当。

需特别说明：在车联网条件下，可通过由汽车车载单元组成的无线自组网节点之间，以及车载单元与安装在路旁的路旁单元之间的通信，计算出不同时刻通过路口的车辆数。

信息采集
信息处理
检测器、人工数据
GIS、数据库等
诱导信息生成
交通控制系统
诱导信息发布
车载终端
Internet
电视、广播
路段诱导屏
交通流

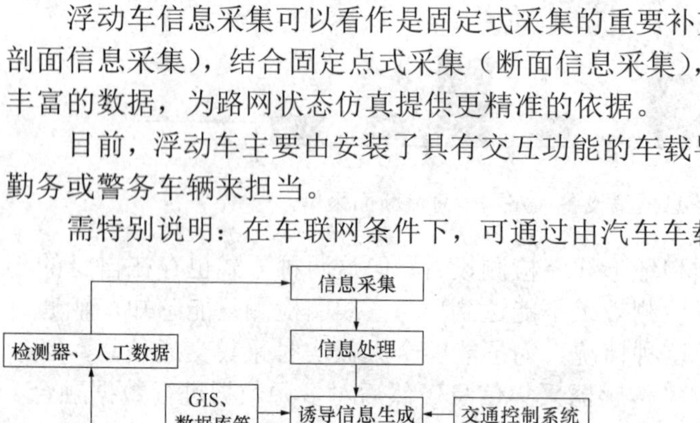

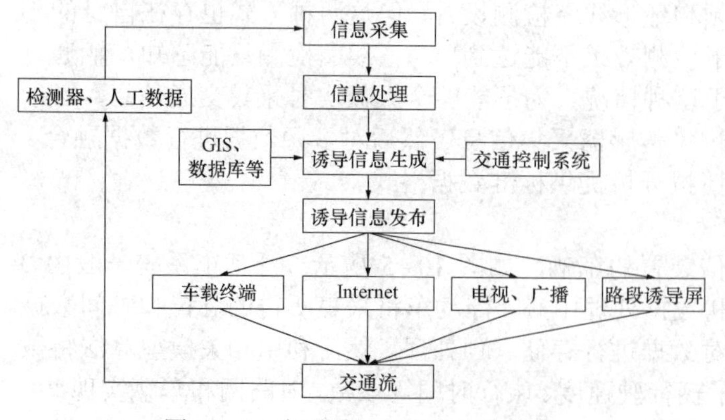

图 10-6　交通诱导信息发布流程图

2. 交通诱导系统

交通诱导屏信息发布子系统主要是利用城区主干道的户外大屏，采用区域诱导策略对驾驶员提供诱导，即信息板实时发布对应交通节点下游的部分路网交通状态，并对道路使用者进行实时诱导，对交通管理措施提供跟踪反馈。基本的交通诱导信息发布流程如图 10-6 所示。

交通诱导屏信息发布子系统主要功能包括以下方面。

1）车辆诱导和紧急事件通知

为驾驶员提供交通诱导信息和紧急事件信息，使驾驶员及时了解路况，调整出行路径，引导车流在路网合理分布，缓解车流分配不均对交通造成的影响，保障驾驶员安全、快捷出行。其中，交通诱导信息主要包括道路拥堵信息、快速路出口匝道拥堵信息、各种交通警示信息等，比较常见的警示信息就是由于天气、维修养护或其他特殊情况需要封闭道路的信息等。

2）自动/手动控制

系统内部建有一个控制策略将系统分为两种控制模式，即自动控制和手动控制，二者之间可自由切换。在自动情况下，系统自动向交通诱导屏发送显示道路交通状况的信息，红色表示堵塞，黄色表示拥堵，绿色表示畅通；在手动的情况下，需要人工参与诱导信息的发布，一方面系统在自动发布交通诱导信息前需要操作员手动确认，另一方面操作员可手动向交通诱导屏发送文字信息。

3）可变动态文字警示信息显示

为了增强交通诱导屏的直观性和可读性，在重要的路况信息、警示信息等诱导信息发布时，在涉及的标志板下方增加全点阵显示部分，单行汉字显示，这打破了信息标志牌完全依靠固定不变的文字信息的局限性。

3. 交通控制系统

交通信号控制系统采用三层分布式结构，信号机通过 RS–232/RJ45 与中心连接，采用 RJ45 网口形式组网。系统结构主要包括信号控制中心、通信部分和路口部分，层级结构如图 10–7 所示。

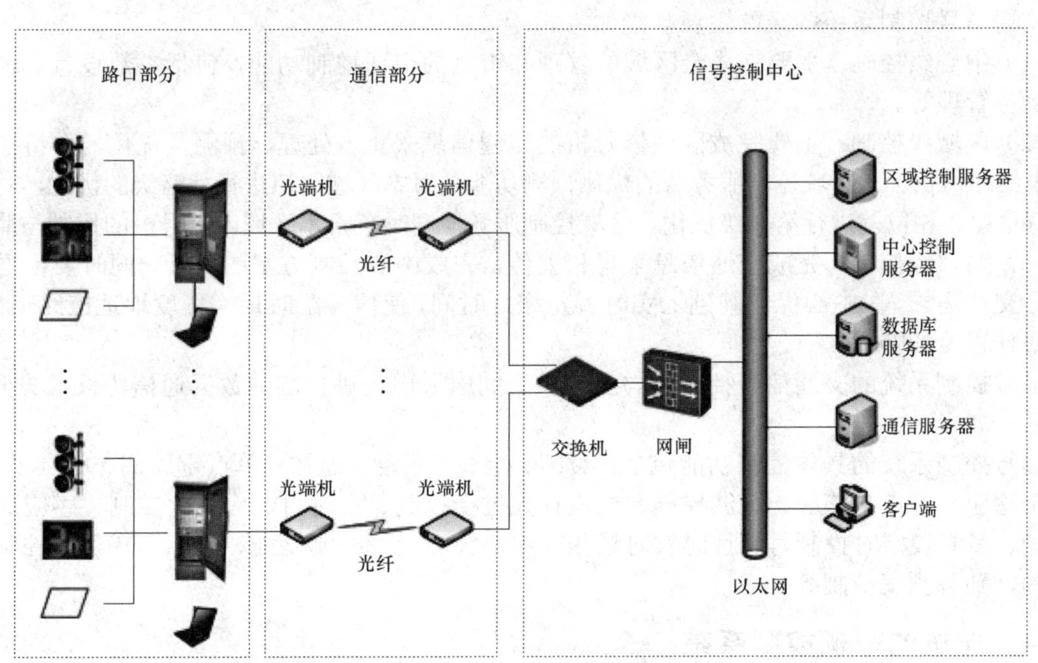

图 10–7 交通信号控制系统层级结构

信号控制中心设备主要包括中心控制服务器、区域控制服务器、通信服务器、数据库服务器、客户端等。通信部分主要包括光端机和通信网络，本方案中信号控制点采用光端机与中心设备相连，通信接口采用 RJ45 口。路口部分设备主要包括信号机、检测器等，信号机根据车辆检测器所检测的交通信息（包括车流量等）实时调整路口控制方案（信号周期和绿信比），实现路口的有序控制。

系统的逻辑结构从上而下包括中心级、区域级、路口级，如图 10-8 所示。

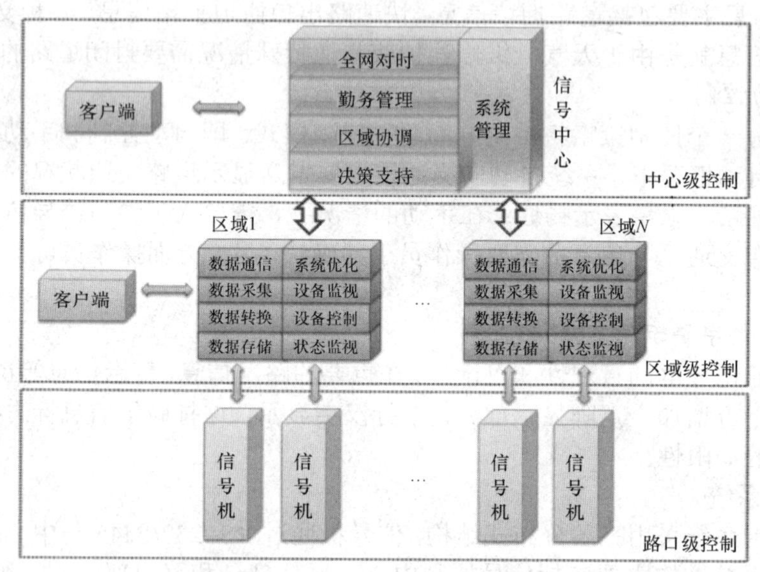

图 10-8　交通信号控制系统逻辑结构图

交通信号控制系统各级的主要功能如下。

（1）中心级控制：主要完成全区域的管理和市级的交通控制功能，包括参数设置、区域协调、勤务管理等。

（2）区域级控制：主要完成区域信号机的交通信息采集、处理、预测及优化，并将控制方案下发给路口执行。区域控制服务器的优化预测功能是对本区域路口进行战略级的优化，对周期长、绿信比、相位差进行第一级优化。区域控制服务器同时负责本区域内信号机的控制与监视。

（3）路口级控制：完成交通信息采集和上传，完成中心控制方案的执行。同时要根据路口的实际交通需求，在中心优化基础上实时调整绿灯时间，使信号配时最大程度地适应路口情况，达到最佳程度的畅通。

信号控制系统的交通信号控制机与上位机之间应采用先进标准的数据通信协议，以便于系统今后扩展。

信号控制系统的具体控制功能包括：黄闪、全红、手动、遥控、单点定周期、单点多时段、单点全感应、单点半感应、绿波控制、二次行人过街控制、实时自适应优化控制、感应式线协调控制、多时段定时控制、倒计时实时通信功能、公交优先控制功能、紧急车辆优先控制、强制控制、勤务预案控制等。

10.2.4　先进的车辆控制系统

先进的车辆控制系统（advanced vehicle control system，AVCS）是辅助驾驶员实行车辆安全控制的各种智能技术，包括对驾驶员的警告和帮助，以及避免障碍物等自动驾驶技术。系统主要借助安装在汽车上的各种智能设备，完成车辆智能控制任务。

目前，相关的研究大多数仍处于测试阶段，主要可分为两大类：车辆辅助安全驾驶系统、自动驾驶系统。

1. 车辆辅助安全驾驶系统

系统主要包括车载传感器、微波雷达、激光雷达、摄像机、其他形式的传感器、车载计算机和控制执行机构等。车辆在路网行驶过程中，可通过车载的传感器测定出与前车、周围车辆以及与道路设施的距离和其他情况，车载计算机进行处理，并依据情况对驾驶员提出警告信息，在紧急情况下，可对车辆进行强行制动。

2. 自动驾驶系统

装配了自动驾驶系统的汽车可称为智能汽车，在出行过程中可自动导向、自动检测并躲避障碍物。在智能公路上，装有驾驶系统的车辆可在较高的速度下自动保持与前车的距离。但在普通公路上，装有自动驾驶系统的车辆也仅装备了一套辅助安全驾驶系统，并不能实现完全自动驾驶。

10.2.5 紧急救援系统

紧急救援系统是一个特殊的系统，它的基础是先进的交通信息服务系统（ATIS）、先进的交通管理系统（AIMS）和有关的救援机构和设施，通过 ATIS 和 AIMS 将交通监控中心与职业救援机构连成有机的整体，为道路使用者提供车辆故障现场紧急处置、拖车、现场救护、排除事故车辆等服务。

具体可包括：

（1）车主可通过互联网、电话、短信、手机 App 等多种服务方式了解车辆具体位置和行驶轨迹等信息。

（2）系统可对被盗车辆进行远程断油锁电操作，并追踪车辆位置。

（3）当车辆发生故障时，系统自动发出求救信号，通知救援机构进行救援。

将交通物联网应用于紧急救援系统，可以更加快速、全面地获取车辆的相关信息，有效缩短救援机构获取车辆信息所花费的时间。

10.2.6 车辆自动识别管理系统

车辆自动识别管理（AVIM）系统常用于交通管理部门的交通管理、治安侦查、整治高速公路逃费等方面，可以看作是智能交通系统的前端信息采集平台。

1. 系统组成

系统主要由车辆标识电子标签、各种读写设备、后台工作终端及处理计算机、专用短程通信、专用及公共信息网、系统管理中心及卡管理中心等组成，其工作原理如图 10-9 所示。

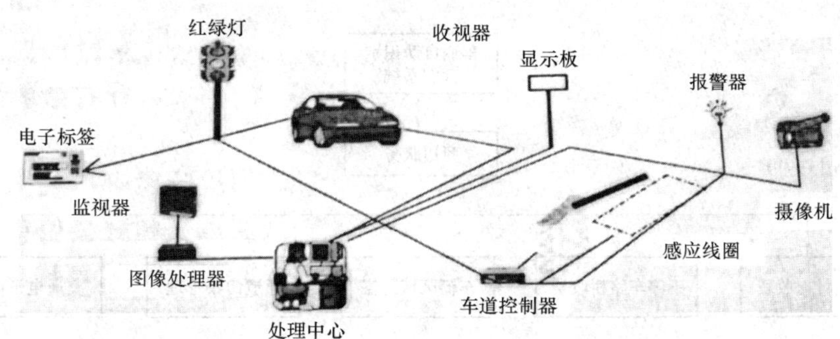

图 10-9 车辆自动识别管理系统

1）电子标签

每辆车仅能办理一个电子标签，每张电子标签也仅对应一辆车，将电子标签固定安装在每辆车的挡风玻璃处，卡内存有车辆的基本信息，即车号、车型、发动机号码等内容，以及各种商用数字化信息。

2）车外读写设备

通过车外读写设备可采集近距离内静止或移动的车辆的信息，即车外读写设备通过短程无线通信在非接触条件下获取车辆电子标签信息。车外读写设备有车载式、路边式、台式、手持式等，根据使用场合的不同选择不同类型的读写设备。

3）车道控制设备

主要包括车道控制器和感应线圈等。

4）专用短程通信（DSRC）

DSRC 是由电子标签与车外读写设备之间通过一系列通信协议接口和操作控制软件，按照国际标准建立起来的通信网络。通过对欧、美、日等国家和地区的不同体系进行优化处理，相关软件达到了在大区域联网使用的条件。

2. 系统功能

系统的主要功能包括：实现车辆信息数字化、车辆识别自动化、车辆管理自动化等。

系统将先进的微波通信技术、识别技术和计算机等技术综合应用，使其具有车辆自动识别、查控报警、查询统计、实时处理等功能，能够同时读多个卡，可在联网或脱机条件下运行。基于以上基础设备，可根据不同用户的实际需求，组建成专用或综合应用系统，可获取道路及车辆的各类信息，然后将信息通过公用或专用通信网络传送给监控中心，在监控中心对信息进行汇集、存储、分析，然后将处理后的信息发送给各个检测点或车载终端，为用户或交通管理者提供交通信息，从而形成了覆盖某个区域的动态车辆管理系统。通过系统用户权限设置或者采用加密措施可提高系统的安全。

3. 系统的应用及特点

车辆自动识别管理系统的应用示意图如图 10–10 所示。

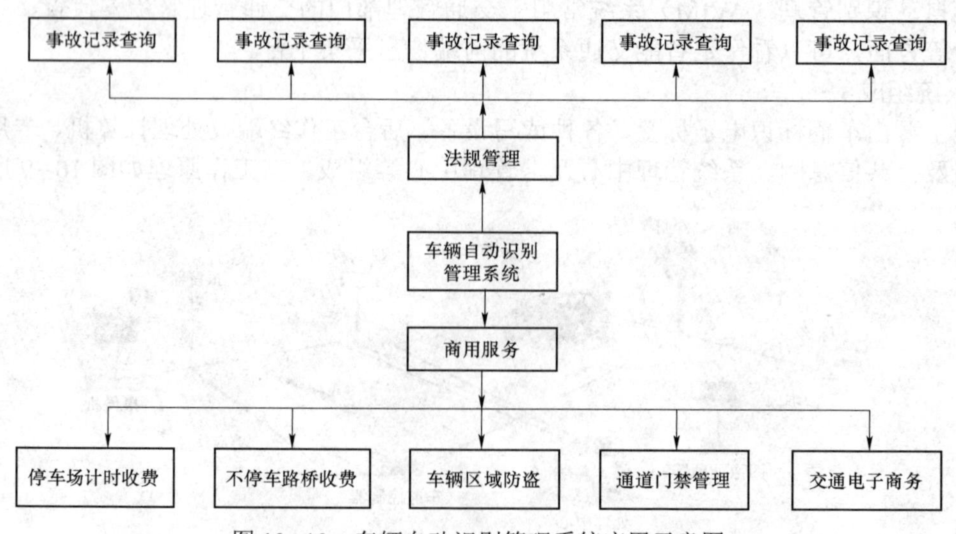

图 10–10　车辆自动识别管理系统应用示意图

该系统的应用特点主要包括：

（1）针对政府相关部门（如公安、交通、税务、海关、环保等）的实际需求对系统的功能进行扩展或个性化设计。无论车辆静止或移动，系统都可读写存入识别卡的数据，鉴别车辆法定身份的真实性，判别车辆的车型，完成对车辆年审、事故记录、纳税情况等的例行检查，以及对车辆实时定点通行的记载和流量统计。

（2）车辆自动识别管理系统可在不停车或停车状态下随时随地验证车辆的合法性，即系统可根据对车卡的快速自动识别和读出的车辆信息（车牌号、车型、发动机号等）判断车辆的合法性。该系统可应用于治安侦查，稽查被盗车、走私车、非法翻新车、肇事逃逸车、挪用牌照车、未按时年审车等，节省用于车辆稽查的人力、物力和财力。

（3）该系统能及时查出不按营运线路行驶或未办理合法手续的车辆。该系统可用于交通路政管理，尤其是营运车辆，从而有效保障合法经营者的权益，维持正常的秩序，避免不必要的民事纠纷。

（4）由于该系统中每个车辆都配备了电子标签，可实现自动识别。因此也可将该系统应用于停车场、加油站自动收费，生活小区车辆防盗，车辆进出门禁服务，车站站务管理等其他商业性服务。这不仅能为用户带来极大方便，降低车辆或企业管理成本，优化管理，提高服务水平和质量。

10.2.7　电子收费系统

道路建设资金回收的重要渠道之一是收取道路通行费，但是随着交通量的增加，收费站拥堵成为了一个比较常见的问题，收费站开始成为道路上新的瓶颈。针对于这种情况，研发出了电子收费系统（electronic toll collection，ETC），又称为不停车收费系统。不停车收费系统是目前世界上最先进的路桥收费方式。通过安装在车辆挡风玻璃上的车载器与在收费站车道上的微波天线之间的微波专用短程通信，利用计算机联网技术与银行进行后台结算，从而达到车辆通过路桥收费站不需要停车就能交纳路桥费的目的，且所交纳的费用经过后台处理后清分给相关的收益业主，通过该系统可有效提高车道的通行能力。

随着电子收费技术的快速发展，其技术日渐成熟，并已经被应用于城市交通中的各种自动收费场合，成为了智能交通的重要组成部分。ETC 系统综合了电子技术、通信和计算机技术、自动控制技术、传感技术等多种技术，再与交通工程和系统工程相结合而成为一种产品，是典型的交通物联网应用。ETC 系统可以在车辆通过的瞬间自动完成所过车辆的登记、建档和收费整个过程，在不停车的情况下收集、传递、处理该车辆的各种信息，这可以有效缩短收费所花费的时间。

目前，电子收费系统在高速公路收费站应用最为广泛。一般高速公路 ETC 系统包括 4 部分：车载单元（OBU）、路边装置（RSU）、ETC 管理中心及后端的银行结算系统。如图 10-11 所示。

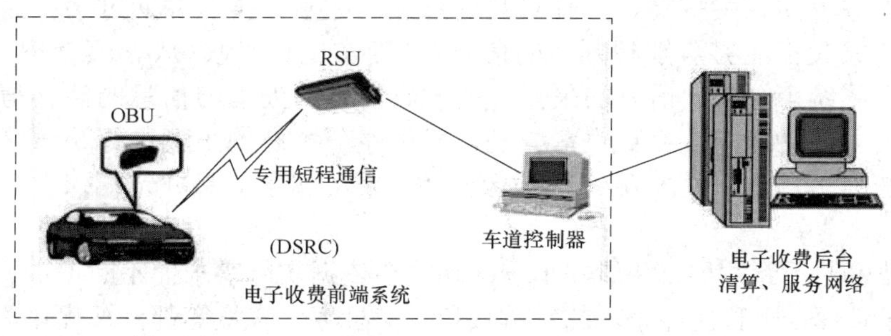

图 10-11　电子收费系统示意图

车载单元一般使用IC卡+CPU单元组成的“双片式”结构，其中IC卡存储账号、余额等信息，CPU单元存储车主、车型等物理参数并为车载单元与路边设备之间的高速数据交换提供保障。路边装置负责完成与车载单元的高速通信，实时读取通过车辆中车载单元的数据，进行合法性判断后，发送控制信号，并将车辆通信信息发送到管理中心。ETC管理中心对整个系统进行监控和管理，与银行收费系统进行通信和业务处理数据交换。后端的银行收费系统首先收到扣费请求，然后进行结账和对账处理。

下面通过一个实例来说明RFID在ETC中的应用过程，如图10-12所示。

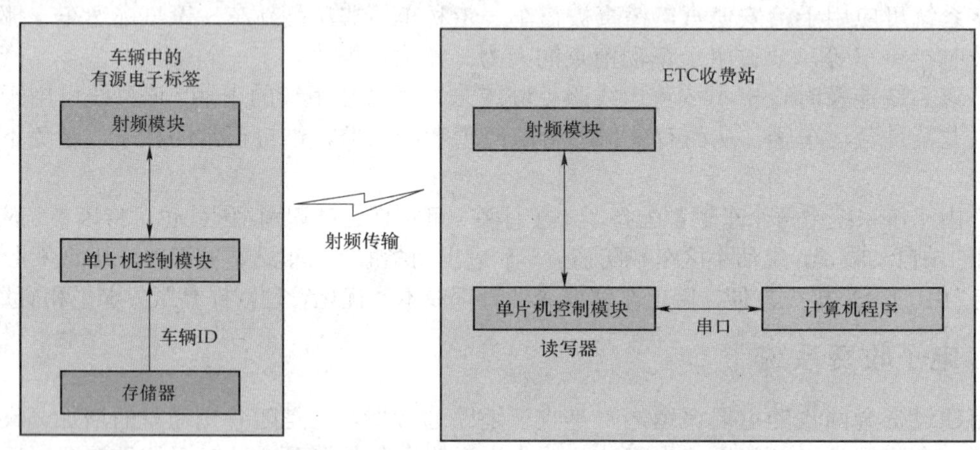

图10-12　利用RFID技术实现ETC原理图

射频模块采用CC1101芯片，单片机采用STC89C52芯片。当装有电子标签的车辆通过ETC收费口时，电子标签会将车辆的ID（身份标识）通过射频模块发送给收费口的读写器；读写器收到信息后会通过串口将车辆ID传送给计算机上的程序，由该程序查找相应的数据库，找到车辆的对应信息，计算出所需缴费的金额，完成扣费后将缴费信息发回给读写器；读写器收到扣费信息后再通过射频模块将缴费信息发送给车辆；车辆中的电子标签收到缴费信息后会在其LED七段数码管处显示出所扣费用。

10.2.8　智能停车场系统

1. 智能停车场管理系统

该系统是现代化停车场车辆收费及设备自动化管理的统称，是将停车场完全置于计算机统一管理下的一种非接触式、自动感应、智能引导、自助收费的停车场管理系统。该系统把IC卡、ID卡或兼容卡（IC卡和ID卡兼容）等智能卡作为载体，通过智能设备使感应卡记录车辆及持卡人进出的相关信息。同时对其信息加以运算、传送并通过字符显示、语音播报等人机界面转化成人工能够辨别和判断的信号，从而实现计时收费、车辆管理等自动化功能。智能停车场管理系统可分为：信息的采集与传输、信息的处理与信息的储存与查询。智能停车场管理系统的主要功能有3个：收费盈利，即对停车场内的车辆进行统一管理及看护；对车辆和持卡人在停车场内流动情况进行图像监控；采集文字信息并定期保存以备物管处、交管部门查询。

随着信息技术的不断发展，智能停车场的功能会依据实际需求而不断增加，将交通物联网技术应用于停车管理，则智能停车场的终端接口、信息存储容量等都会被优化，其特点主要体现在以下方面：

（1）支持多种收费模式，包括支持大型停车场惯用的集中收费模式和通行的出口收费模式。

（2）多种停车凭证，包括 ID、IC、条码纸票、远距离卡，满足各种用户需求。

（3）多种付费方式，包括现金交费、城市一卡通、银行 IC 卡、手机钱包等。

（4）等级系统运行维护，即系统软件自动升级、故障自动报警，在高峰期通道入口或出口可以灵活变换，以解决高峰拥堵问题。

（5）多种防盗措施，包括车牌识别、图像对比、双卡认证等。

（6）车位引导，停车场空车位指引功能、空余车位显示，可与城市级/区域级车位诱导系统联网。

（7）强大的报表生成器，可灵活生成贴近用户需求的多种规格报表。

（8）停车彩铃，不同车辆、不同日期实现个性化语音播报。

2. 智慧园区停车场系统

随着机动车数量的不断增长，停车问题日益突出，将交通物联网技术应用于停车管理系统，统一集成管理，实现信息共享，对停车供需关系进行管理，以实现停车场系统的可持续、智慧化发展。

智慧园区内各个智能化系统相对独立，系统互联互通、信息共享难以实现，这不利于整个园区的统一管理与资源合理配置，对于园区内的停车场更是如此。据了解，园区内各个停车场之间、停车场与安防、信息发布等智能化系统之间缺乏信息共享，数据利用率低，系统联动难以实现，运营成本高还缺少个性化指引和查询服务。而交通物联网技术的应用是把智慧园区作为一个整体，对不同建筑同一系统以及多个不同子系统的更高层次的集成化，通过它可向住户、企业、园区管理者、系统维护者等不同用户提供多样化的服务，把建筑智能技术深化、细化，让智慧园区内的生活环境变得安全、高效、便捷、节能、环保、健康。

1）需求分析

针对交通物联网技术应用于智慧园区停车管理的需求进行分析，主要包括两方面：基本停车需求和社会停车需求。基本停车需求也可称为夜间停车需求，主要是指园区居民或单位车辆夜间停放的需求，这时的安全和环境备受关注，急需采用相关技术实现信息的实时采集、共享、与安防等系统联动，并反馈实时信息、停车位现状和停车场环境；社会停车需求是由社会、园区经济活动产生的各种出行所形成的非静态需求，由于出行活动目的地、地点和时间等均不易掌握，这就需要利用物联网相关技术搭建停车场管理平台，将多个停车场信息汇总统一管理，信息共享，将停车场管理系统建成一个开放、动态的可查询信息系统，并给用户提供停车选择行为诱导。通过路线优选、分散停车，减少拥堵和找车位带来的时间浪费，和由此引发的交通事故，从而实现智慧停车。

基于停车场的安全性、运行效率、人性化管理和为用户提供个性化服务的要求，同时兼顾园区中各个停车场系统之间以及与其他系统之间的信息交流和共享问题，将交通物联网技术引入到车辆管理系统中来，搭建物联网数据平台，将园区中的各停车场管理系统的实时数据、信息接入到该物联网数据平台，用户能够使用智能手机、平板电脑或 PC 机登录 Web 界面，查阅相关停车场的地理位置及实时车位等信息。运用基于物联网相关技术的园区智慧车辆管理系统，可以实现对车辆管理系统的统一管理，可以实现更好的经济效益和社会效益，更好地服务于智慧城市。

2）系统设计

将物联网技术运用到停车场系统中，搭建物联网智慧园区停车场管理系统应用平台，将园区中各建筑的停车场子系统接入到所搭建的智慧园区物联网数据平台上，用户能够使用智能手机或PC机浏览Web界面，以地图加坐标的形式，直观地展现各个停车场的位置、空余车位信息、停车诱导、路线推荐、停车步行距离、高峰停放指数和停车场环境等相关信息。这样就为用户停车提供了实时又完整的数据支持。此外，还可将园区停车场管理系统的数据上传到上一级车辆管理中心，如市级车辆管理中心，以便于整个城市车辆管理系统的统一监管评估，以实现数据共享，缓解交通压力，提高出行便利性。

基于物联网相关技术的智慧园区停车场管理系统，可以实现对整个园区停车场的统一管理，为用户提供更多的服务并带来切实的便利，创造出更多的经济效益和社会效益。智慧园区停车场管理系统总体结构如图10－13所示。

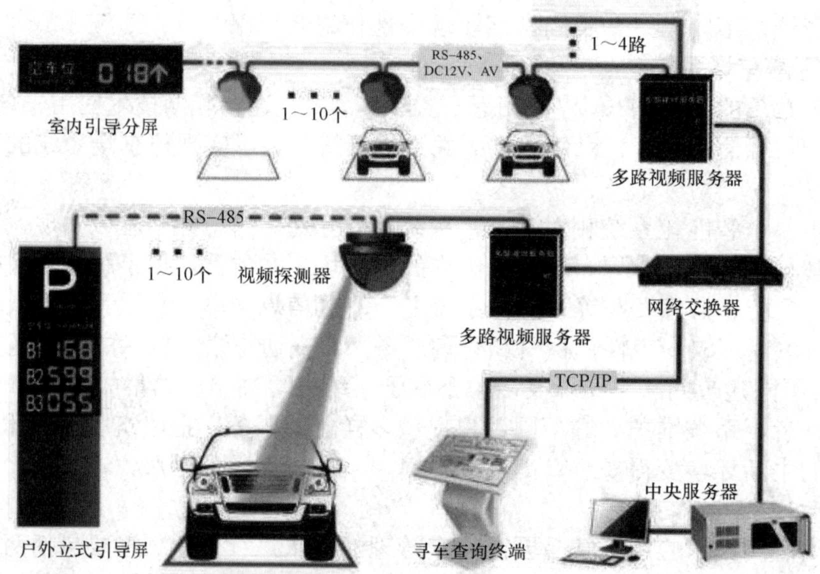

图10－13　基于物联网技术的智慧园区停车场管理系统总体结构图

在整个系统设计中，要实现智慧园区停车场管理，则园区中各建筑的停车场子系统必须利用物联网技术搭建，以保证所需数据的采集以及所开发应用的高效实现。设计中遵循实用、安全、先进、经济、可靠、可扩充原则，充分考虑用户实际需要和信息技术发展趋势，根据用户现场环境，设计选用功能适合现场情况、符合用户要求的系统配置方案，通过严密、有机的组合，实现真正的资源共享。

3）子系统架构

物联网智慧园区停车场子系统由后台系统、车位检测、速度传感器装置、微波通信设备、车辆引导、出入口管理设备以及管理工作站组成。停车库管理工作站设置于出口值班亭内，装有视频监视和图像比对软件、收费管理软件、车位引导和管理软件及电子地图，用于停车库的有效管理，并设置三方对讲系统（入口值班亭、出口值班亭和智慧园区管理中心三处实现任意两方或三方之间的对讲通话，用于发生停车纠纷时，快速请示、协商处理）。该系统可分为以下几个部分：区域内部无线传感器网络部分、RFID读写设备部分、上位机综合决策终端（管理工作站的核心）部分、GPRS通信设备部分、视频监控及图像传输设备部分。其系统架构如图10－14所示。

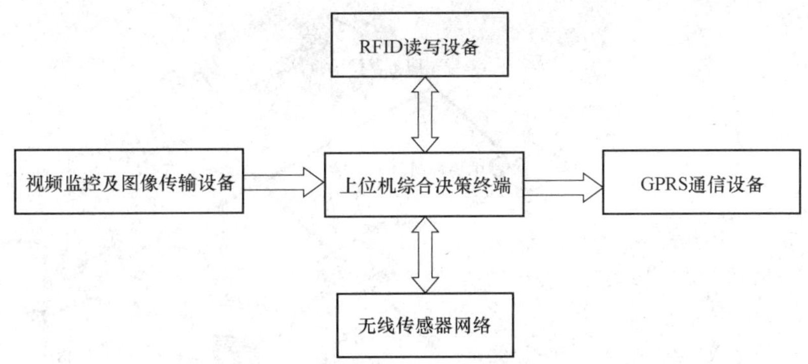

图10-14　基于物联网技术的停车场子系统架构

基于物联网技术的智慧园区停车场子系统与传统停车场系统相比，采用先进的射频技术（RFID 识别技术），结合视频识别技术实现无人化计费，在入口通过收费站时，通过车载设备实现车辆识别、信息写入，通过出口时费用将自动从预先绑定的 IC 卡或银行账户上扣除，如图10-15所示。智慧停车场管理系统具有操作简单、方便，功能先进等特点。

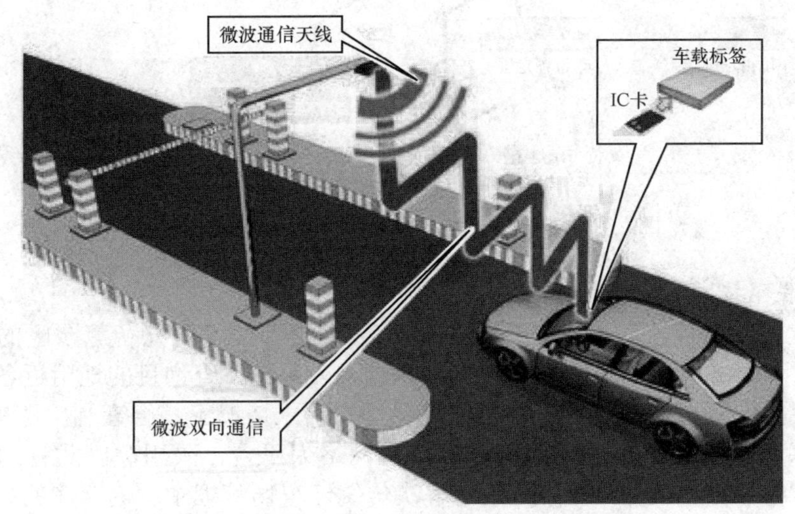

图10-15　基于物联网技术的不停车收费系统

4）车位引导系统

利用物联网相关技术设置车位引导系统，为物联网平台开发的诱导系统提供数据支持。车位引导系统主要对进出停车场的车辆进行智能引导，方便车主快速、有效地找到空位。系统通过超声波探测器对车辆检测，将车位的占用信息定位到具体的单个车位，通过实时发布停车场剩余车位信息、单个车位的占用信息并配合方向指示引导车辆快捷、高效地到达空位泊车。系统由数据采集、中央控制、信息发布和反向寻车四个子系统组成，车位引导系统结构如图10-16所示。

采用超声波探测技术进行定位，使得车辆检测精准、无误，强大的信息发布显示系统可确保场区各区域车位信息和行驶路线及时、准确更新显示。智能、人性化的引导流程方案，提升停车效率，更贴近车主习惯，且支持对车辆按照时间安全保护及报警功能，为车辆安全保驾护航，自带车位预约功能，为出行的目的地停车位提供保障；并能将相关数据信息储存到子系统数据库中，以供物联网应用平台调用。

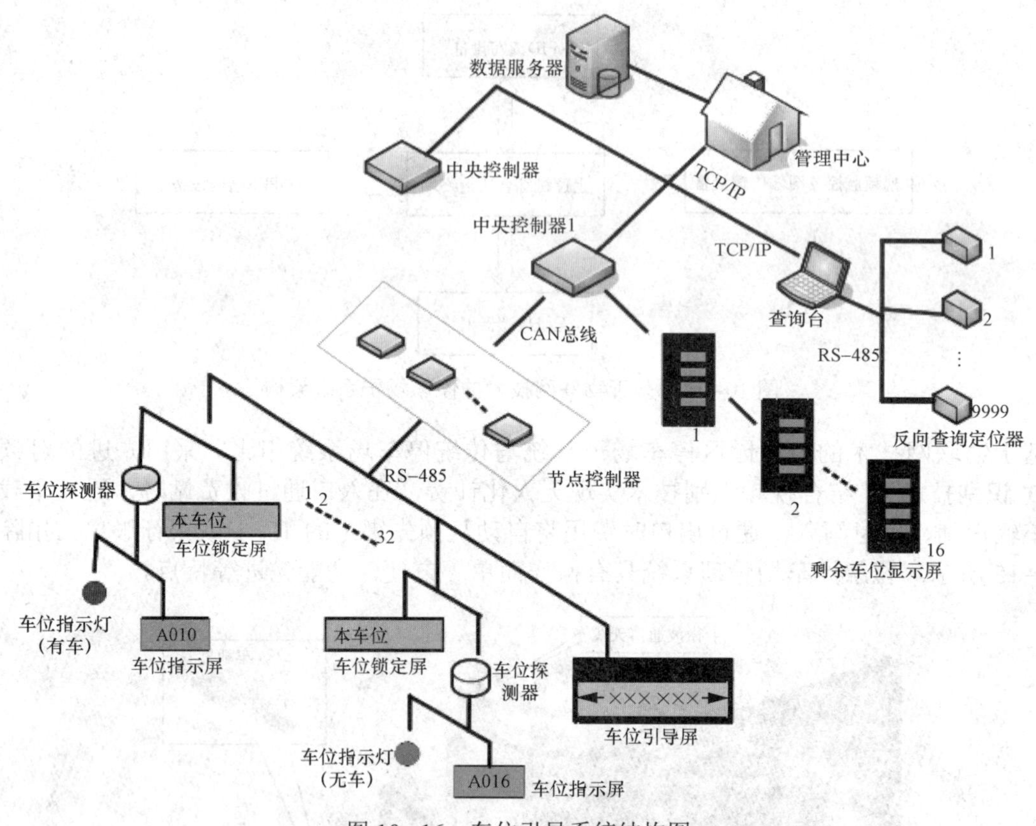

图 10-16　车位引导系统结构图

5）结合物联网技术的停车场子系统特点

该平台汇集了各个停车场系统的数据，通过数据挖掘技术研究智慧园区的停车规律和特点，研发新的智慧服务应用。用户也可通过用户端登入系统，查询目的地附近各个停车场的车位使用情况，根据需要选择最优停车位，在满足用户需求情况下，合理利用停车资源。

结合了物联网技术的停车场子系统以计算机网络为平台，采用联网式管理实现智能化控制，并增加停车诱导智慧服务，从而有效地解决传统停车场管理中普遍存在的缺乏方便快捷诱导、收费透明度底、停车费流失和安全性低等各种弊病，使用方便、服务高效，为广大用户提供极大便利，也最大限度地提高操作者的工作效率，加快了投资的回报周期。

10.2.9　车联网

1. 车联网的发展

车联网通过在车辆和道路之间建立有效的信息通道，实现智能交通的管理和信息服务。随着 WiFi、RFID 等无线技术的快速发展，近年来它们被广泛运用于交通运输领域智能化管理，这也为车联网的实现与推广提供了可能，奠定了基础。其中，比较常见的有智能公交定位、智能停车场管理、车辆类型及流量信息采集、不停车路桥电子收费、车辆速度计算分析等。

车联网的研究已经引起了世界各国研究机构和科研人员的密切关注。美国联邦通信委员会在 1999 年 10 月就为车辆与车辆（vehicle to vehicle，V2V）之间、车辆与路边设施（vehicle to infrastructure，V2I）之间的专用短距离通信划定了一个特定的频道。该频道在 5.9 GHz 频段，频带为 5.850～5.925 GHz，带宽为 75 MHz，其电磁波传播受天气影响小，且可依据不同应用，将频道划分为 8 个信道。除此之外，欧洲电信标准协会 ETSI 也于 2008 年 8 月在 5.9 GHz 频段中划出车联网的专用频道。

2004 年，美国费城召开 ACM 第一届车联网学术会议；2004—2006 年，ACM/IEEE 移动计算与未来国际会议 MobiCom 召开了 3 次专题研讨会。近年来，有越来越多的学者与组织机构开始关注车联网的研究与应用。美国车辆安全通信联盟（VSC）、车辆与基础设施整合研究、欧洲的车辆间通信联盟、多国合作的 COMeSafety 研究项目、德国的 Network on Wheels 研究项目、日本的互联网智能交通系统联盟和高级安全车辆 ASV 研究项目等都是比较有代表性的研究车联网的组织与项目。现有的实际案例描述如下：

（1）智能交通应用方面，2006 年上海交通大学着手开展的 TIG 项目，获取了上海市 4 000 多辆出租车的实时信息。

（2）MIT CarTel 项目部署了一个分布式的移动传感网和通信网结合的系统。该系统的上层应用能够利用移动车辆和手机上的传感器收集数据，然后通过无线通信模块传输数据，借助计算单元实现对数据的处理、分析和可视化。

（3）2006 年旧金山湾区启动了 Cabspotting 项目，该项目通过安装在出租车上的 GPS 跟踪设备记录车辆的移动轨迹。

（4）IBM 在新加坡对构建的交通预测模型进行了初步测试，结果显示可提前 1 h 预测车流量和车速，且精度高达 90%。

2. 车联网的应用研究

车联网是物联网在交通领域的一种应用。车联网通过车辆网络动态地收集、分发和处理数据，使用无线通信方式共享信息，实现汽车与汽车、汽车与建筑物，以及汽车与其他基础设施之间的信息交换，使汽车与城市网络相互连接。它甚至可以帮助实现汽车与路上的行人和自行车、汽车与非机动车之间的“对话”。车联网示意图如图 10–17 所示。

图 10–17　车联网示意图

车联网的典型应用主要包括以下几方面。

（1）紧急救援系统。

驾驶员在紧急情况下可通过车上的紧急按钮发出求救信号，通过无线通信方式将求救信号送达客服中心。客服中心借助 GPS 技术对求救车辆进行精确定位，然后为驾驶员提供救援服务。在救援过程中，驾驶员可与客服中心的工作人员进行在线交流，客服中心可准确获取现场信息，迅速制定救援方案，从而降低可能造成的生命财产损失。

（2）智能驾驶。

车联网在车辆智能驾驶方面的应用可以概括为三个方面：车辆安全预警、车辆辅助驾驶和车辆自动化系统。

通过车辆之间交换的实时行车状态信息，系统对采集到的信息进行汇集、存储和分析，依据分析结果会向驾驶员提供路况及相关预警信息，以及应急方案，协助及时调整驾驶行为，减少交通事故的发生，提高行车安全性。车辆安全预警包含的内容有：正面碰撞预警、盲点警示、车道偏离警示、车道合并与变化警示、行人检测与报警、追尾报警等。除此之外，针对于驾驶员疲劳驾驶的检测也会有相应的预警提示。

依靠车联网的通信功能及时获取道路上同方向行进的车辆队列中每一辆车的行进状态，自动计算并控制与前车的车间距，当车队中有一辆车减速时，尾随车辆就及时调整自身车速及与前车的车间距，以便保证不相撞。

（3）智能交通系统。

车联网的应用将有效提高智能交通系统信息采集的精度，使信息获取更加及时，实现各个系统的互联互通与数据共享，从而使智能交通系统在城市交通中的作用发挥得更好。

（4）智能导航。

随着 GPS 技术、电子地图技术的成熟，各类车载导航设备已经大规模应用。但是目前使用的车载导航大多数不能自动更新地图数据，导航计算的依据都是事前下载好的。如果没有定期到指定部门更新导航的地图数据，则地图数据就可能与实际情况有偏差，由该导航提供的出行信息就有可能有错误。而且这种情况下导航数据是不能与外界交互的，它就类似一个“信息孤岛”。在未来车联网条件下，各个联网汽车与路旁基础设施就形成了一个无线自组网，每辆车既能提供实时路况，也可获取实时路况，从而驾驶员可以依据获取的实时路况及时调整出行路径。

（5）车载社交网络。

实现车联网技术的未来城市交通将告别红绿灯、交通拥堵、交通事故和停车难等一系列问题。此外，自动驾驶的实现将驾驶者从紧张、劳累中解脱出来，进而享受路途中的社交无线网络。

思考题

1. 简述国内外交通物联网发展的异同点。
2. 简述交通物联网的发展趋势。
3. 物联网在交通运输中有哪些作用？
4. 简述基于物联网的智能交通体系结构。
5. 交通信息实时采集与动态诱导系统有哪些功能？
6. 车联网的典型应用主要包括哪些？

本章参考文献

[1] 蒋新华，陈宇，朱铨，等. 交通物联网的发展现状及趋势研究[J]. 计算机应用研究，2013（8）：22-27.

[2] 谢辉，董德存，欧冬秀. 基于物联网的新一代智能交通[J]. 交通科技与经济，2011（1）：

39−42，52.
[3] 颜志国，唐前进. 物联网技术在警务领域的应用：物联网技术在智能交通中的应用[J]. 警察技术，2010（6）：3−7.
[4] 徐颖秦. 物联网技术及应用[M]. 北京：机械工业出版社，2012.
[5] 武奇生，惠萌，巨永锋，等. 物联网工程及应用[M]. 西安：西安电子科技大学出版社，2014.
[6] 程春，刘洋. 物联网技术在智能交通中的应用[J]. 山东工业技术，2015（7）：142−143.
[7] 李宏侠. 物联网技术在智慧园区停车场系统中的应用研究[D]. 西安：长安大学，2013.
[8] 吴功宜，吴英. 物联网技术与应用[M]. 北京：机械工业出版社，2013.

第 11 章　RFID 技术在智能交通领域的应用

RFID 技术在智能交通系统中应用非常广，成功应用案例包括：国内最大的铁路机车车号识别系统（已遍及全国 18 个铁路局集团公司、7 万多公里铁路线），各省市在实施与运营中的联网高速公路不停车收费系统（广东、上海、北京、重庆、福建等省市都在运营与实施中），全国各地数千个停车场 RFID 收费系统，各地的工厂车辆自动称重系统，公交车站车辆进出站管理系统，海关车辆进出检验系统，北京市城市汽车环保检测 RFID 环保信息卡系统（涉及车辆总容量达 300 万辆），以及正在杭州和北京推行的快速公交系统。

11.1　RFID 技术在智能交通控制系统中的应用

目前，北京、上海、重庆、厦门等城市已将 RFID 技术用于智能交通管理中。厦门是国内较早大规模成功发行路桥年费卡（射频识别电子标签）的城市，目前已有 40 多万辆机动车安装了厦门路桥的年费卡（即电子标签），全市汽车贴卡率超过 90%。2010 年，厦门市完成了基于 RFID 的“道路交通信息射频采集与处理系统”项目，该项目利用基站采集到的车辆过车信息数据，分析计算出路段平均速度和里程时间信息，并可提供给诱导发布系统进行对外发布；同时可提供车辆稽查功能，通过获取到的车辆电子标签 ID 号和通过时间的读写单元位置可确定重点查控车辆行驶路线及时间，形成记录，从而获得车辆的行驶路线及大概位置，并可将其显示在电子地图上，有利于公安等相关部门完成对车辆的跟踪、调查、取证工作。

2011 年开始，在原项目基础之上，进一步扩大了 RFID 系统的基站建设，在保证以上 RFID 系统在城市交通管理方面的传统应用之外，并首次在国内突破性地将 RFID 系统引入到服务于信号控制系统的数据检测，为智能化交通信号控制系统提供战略性检测数据，从而实现对部分区域的自适应协调优化控制。

1. RFID 点位的布设

根据射频采集的特性，结合信号控制系统的战略检测要求，根据厦门市道路网络的拓扑结构和信号控制示范区域的交通流现状，进行了优化设计。RFID 检测点规划总目标是，通过对进入岛内和“三横四纵”核心控制区域的车辆进行检测，通过 RFID 检测器的检测数据实现以下功能：

（1）厦门岛内交通总量的态势分析。

（2）主要交通走廊和关键交通流发生区域的动态交通流分布分析。

（3）获取智能信号控制区域的动态交通流数据，用于交通信号控制。

（4）对某些区域常发性交通拥堵的全方位监测。

在用于交通信号控制时，RFID 检测器的布设主要基于以下考虑：

（1）一般情况下布设于距入口停车线 80～150 m 处。

（2）布设位置距路口距离应大于路口该方向上的平均排队长度。

（3）在满足上述条件的情况下，若平均排队长度较长，可以布设出口检测器，检测器布于上游出口 25～35 m 处。

（4）检测点到停车线之间不能有新的合流或分流。

（5）为节省成本，布设 RFID 检测器时应尽量利用已有的天桥或者龙门架进行布设。

厦门市根据 RFID 监测点检测数据生成的综合交通运行态势评估系统界面如图 11-1 所示。

图 11-1　厦门市综合交通运行态势评估系统界面

2. 信息采集设备

系统中主要采用了厦门信达物联 CTU6861 室外射频识别设备，其主要特点如下：

（1）支持 ISO18000-6B、ISO18000-6C 和 1-PX，该设备可在同一应用环境下同时支持 6B/6C 协议，且能实现 6B/6C 协议标签的自动切换识别，可单独配置一种协议，也可以采用双协议轮询的工作模式。

（2）符合信部无〔2007〕205 号《关于发布 800/900 MHz 频段射频识别（RFID）技术应用试行规定的通知》，完全支持中国无线电管理委员会要求的工作频率为 840～845 MHz/920～925 MHz，读写器在同一应用环境下可支持双频，并能完成双频切换。

（3）内嵌 Linux 操作系统，支持 Alien Higgs-3、Impinj Monza4、NXP XM 等主流芯片的私有加密功能。

（4）自带底层算法，可准确判别车道，解决邻道干扰及误读情况，并可过滤冗余数据，减轻服务器及网络传输负担。

（5）快速标签识别，每秒可清点 300 个以上的标签，支持读写器远程固件升级。

（6）防护等级为 IP65，为室外型读写器，天线及其他接口均为室外防水插头，在室外无需任何其他防尘防雨设施，可直接安装于户外道路，适应全天候高温、雷雨、冰雪等恶劣户外环境。

（7）读写器支持通过通信接口进行固件的在线升级。

（8）接口类型丰富，提供以太网口/RS-232/RS-485、WiFi，并支持 GPRS、WCDMA、

TD SCDMA、CDMA2000（模块采用可选装集成方式）。

3. RFID 数据

在信号控制时，每个基站监测点每 250 ms 上传一次监测数据。通过对上传数据的解析，可以获得监测点车流量、监测点之间的车辆路段平均车速及监测点异常数据检测、路段拥堵等交通事件检测数据，同时可以获取车辆的行驶轨迹等。

数据格式：

YYYY-MM-DDHH：TT：SS：MS，站点号，方向，车道号，车辆标识符。

车辆标识是在车辆贴标时唯一赋予的，在厦门采用了两种不同的编码形式，通过与数据库比对，可以获得车牌号。

RFID 检测器能够监测到的区域是离 RFID 检测站点（读写器所在地）10～15 m（使用 12 dBi 天线，6C 协议）或 8～10 m（使用 12 dBi 天线，6B 协议）的区域。下面仅以厦门市某一 RFID 检测站点（4000072）自 2012-9-10 17:7:10.500 至 2012-9-10 17:7:13.500 共计 3 s 内上传的数据为例，分析所能获得的检测信息。以下是实时上传的数据：

2012-9-1017:7:10.500,4000072,2,1,E00400002L731602

2012-9-1017:7:10.500,4000072,2,2,E0040000FP95FN01

2012-9-1017:7:10.500,4000072,2,3,E0040000FN90FN01

2012-9-1017:7:10.750,4000072,2,1,E0040002L731602

2012-9-1017:7:10.750,4000072,2,2

2012-9-1017:7:10.750,4000072,2,3,E0040000FN90FN01

2012-9-1017:7:11.0,4000072,2,1,E00400002L731602

2012-9-1017:7:11.0,4000072,2,2,0592010120120504144353000002 3214

2012-9-1017:7:11.0,4000072,2,3,E0040000FN90FN01

2012-9-1017:7:11.250,4000072,2,1

2012-9-1017:7:11.250,4000072,2,2,05920101201205041443530000023214,E0040000878K3302

2012-9-1017:7:11.250,4000072,2,3,E004000016513901

2012-9-1017:7:11.500,4000072,2.1

2012-9-1017:7:11.500,4000072,2,2.0592010120120504143530000023214.E0040000878K3302

2012-9-1017:7:11.500,4000072,2,3,F004000016513901

2012-9-1017:7:11.750,4000072,2,1,E00400003K5N3202

2012-9-1017:7:11.750,4000072,2,2,05920101201205041443530000023214,E0040000878K3302

2012-9-1017:7:11.750,4000072,2,3,E004000016513901

2012-9-1017:7:12.0,4000072,2,1,E00400003K5N3202

2012-9-1017:7:12.0,4000072,2,2,05920101201205041443530000023214,E0040000878K3302

2012-9-1017:7:12.0,4000072,2,3,E004000016513901

2012-9-1017:7:12.250,4000072,2,1,E00400003K5N3202

2012-9-1017:7:12.250,4000072,2,2,0592010120120504143530000023214,E0040

000878K3302

2012－9－1017:7:12.250,4000072,2,3,E004000016513901

2012－9－1017:7:12.500,4000072,2,1,E00400003K5N3202

2012－9－1017:7:12.500,4000072,2,2,E0040000EL702606,059201012012050414435

30000023214,

E0040000878K3302

2012－9－1017:7:12.500,4000072.2,3,E004000016513901

2012－9－1017:7:12.750,4000072,2,1,E00400003K5N3202

2012－9－1017:7:12.750,4000072,2,2,E0040000EL702606

2012－9－1017:7:12.750,4000072,2,3,E00400005NC1A301

2012－9－1017:7:13.0.4000072.2,1

2012－9－1017:7:13.0,4000072,2,2,E0040000EL702606

2012－9－1017:7:13.0.4000072,2,3.E00400005NC1A301

2012－9－1017:7:13.250,4000072,2,1,0592010120120504144353000002321 4

2012－9－1017:7:13.250,4000072,2,2,E0040000EL702606

2012－9－1017:7:13.250,4000072,2,3,E00400005NC1A301

012－9－1017:7:13.500,4000072,2,1,05920101201205041443530000023214

2012－9－1017:7:13.500,4000072,2,2,05920101201204230802520000019069

2012－9－1017:7:13.500,4000072,2,3,E00400005NC1A301

以第一条记录为例，记录中依次反映的信息是：采集时间是 2012 年 9 月 10 日 17 时 7 分 10 秒 500 毫秒，站点编号（站点编号对应实际的空间地理位置）是 4000072，车辆运行方向是东向西，检测的是第一个车道，当前检测到的车辆标识符是 E00400002L731602（通过数据库的比对，可以得到车牌号）。

下面以上面给出的站点 4000072 检测到的第二车道数据为例，分析可以获取的信息。

1）交通流量信息

交通流量是指在选定时间段内通过道路某一地点、某一道路断面分车道的交通实体数量。本例中对于第二车道在 1 s 内（17:7:11.0—17:7:12.0，不包括 17:7:12.0 的数据）分别通过了车辆标识符为 E0040000878K3302、05920101201205041443530000023214 的两辆车，则第二车道单车道流量为 2 辆/s。同样，第一、第三车道的单车道流量也为 2 辆/s，则该车道断面车流量为 6 辆/s。不能简单地通过这样的算法获得的每秒流量累计来获得短时或小时车流量，这是由于车辆通过 RFID 检测器有效阅读区需要一定的时间，当这个时间大于某一基本时间单位（本例中为 1 s）时，就存在 1 辆车在连续两次车流量统计中重复出现，造成统计的误差。例如，对于第二车道，在下 1 s 内（17:7:12—17:7:13）分别通过了车辆标识符为 E0040000878K3302、05920101201205041443530000023214、E0040000EL702606 的 3 辆车，则第二车道单车道流量为 3 辆/s；如果要计算 2 s 的短时交通流量，不能简单地通过上面分别获得的每秒流量进行累计（5 辆/s），因为有两辆车在前后 2 s 内的统计是重复的，实际 2 s 内第二车道单车道通过了 3 辆车，所以在计算流量时应该考虑连续统计周期内重复的车辆。

此外，本系统可在输出交通流量时，按照 RFID 标签信息中对应车辆的号牌信息，输出按车型区分的交通流量统计数据，同时输出标准当量车流量。根据国家标准，当量交通流量是以小型客车为标准车类的，其他类型的车辆都需要转换成标准车类，具体转换系数见表 11–1。

表 11–1 车辆当量交通流量转换系数

车辆类型	一般道路	高速公路
大型客车	2.0	1.0
大型货车及其他大型汽车	2.0	1.0
小型客车	1.0	1.0
小型货车及其他小型汽车	1.0	1.0
拖拉机	2.0	
农用运输机	2.0	
专用机械	2.0	
摩托车	1.0	1.0
电车	2.0	1.0
挂车	3.0	1.0
自行车及其他人力车	城区 0.15	
	公路 0.10	
畜力车	2.0	

由于本项目是在厦门市区实施的，因而所有转换系数按照一般道路计算。

2）路段平均车速

简单来讲，要获得路段车速数据只要计算出车辆通过某一路段所需的时间，根据此路段的距离即可计算出车速，再对所有车辆车速求平均值。下面介绍一种实际中采用的计算方法。

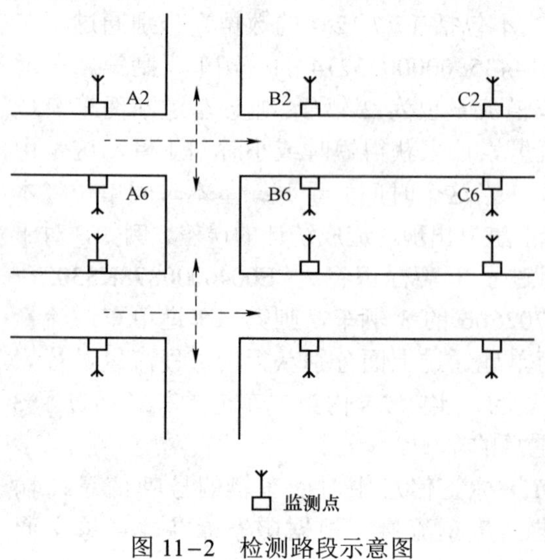

图 11–2 检测路段示意图

建立路段平均车速表，内容包括：路段起始监测点编号，结束监测点编号，计算时间段起点，计算时间段终点，路段平均车速（km/h），样本数。

下面以图 11–2 所示的 A2 到 B2（2 代表方向，从 A 到 B）这段路为例进行说明。计算的基本思路如下：

（1）假设程序每隔 ΔT 时间执行一次，程序在时间点 t_0 开始启动，则程序计算的时间序列为 $t_0+\Delta T$，$t_0+2\Delta T$，…，$t_0+m\Delta T$。

（2）假设每条路段的设计车速分别是 v_1^{std}，v_2^{std}，…，v_i^{std}，…，v_n^{std}，每条路段的长度分别为 L_1，L_2，…，L_i，…，L_n，则正常情况下车辆通过这段路程所需的时间分别为 δt_1，δt_2，…，δt_i，…，δt_n，其中 $\delta t_i = L_i / v_i^{\text{std}}$。

（3）假设程序到了时间点 t_p 需要开始计算，首先统计 $t_p-\Delta T$ 到 t_p 时间段内通过 B2 的车辆 $\{c_1, c_2, \cdots, c_i, \cdots, c_q\}$，然后统计 $t_p-\Delta T-\delta t_{\mathrm{A2\to B2}}$ 到 $t_p-\delta t_{\mathrm{A2\to B2}}$ 时间段内通过 A2 的车辆 $\{c_1, c_2, \cdots, c_i, \cdots, c_r\}$，对这两集合求交集，得到先后经过 A2 和 B2 的车辆 $\{c_1, c_2, \cdots, c_i, \cdots, c_s\}$，然后根据每辆车经过 A2 到 B2 所用的时间，计算出每辆车的通行车速 $v_1, v_2, \cdots, v_i, \cdots, v_s$。

（4）异常速度数据的剔除。由于实际情况中存在车速过高或者过低的情况（如车辆超速、中途停车等），为了使这些车速值不影响真实道路服务水平（路段道路通畅状态）的检测，需要做数据处理，可采用五数概括（five number summary）法则剔除异常速度，具体如下：

① 把样本速度 $v_1, v_2, \cdots, v_i, \cdots, v_s$ 按照从小到大的顺序排列。

② 统计出最低车速 $v_{\min}$、1/4 位点车速 $v_{1/4}$、中位点车速 $v_{1/2}$、3/4 位点车速 $v_{3/4}$、最高车速 $v_{\max}$。

③ 计算出 $v_{1/4}$ 和 $v_{3/4}$ 之间的差 $\mathrm{IRQ}=v_{3/4}-v_{1/4}$，然后删除那些大于 $\alpha\mathrm{IRQ}+v_{3/4}$ 或者小于 $v_{1/4}-\alpha\mathrm{IRQ}$ 的速度值。α 作为一个参数值，可以根据实际情况略作调整，通常取 1.5。

五数概括法则用中位数和分位点来界定异常数据的范围，而不是用均值和标准偏差，这样更有利于异常值的检测。试想如果有一些很大或很小的数据，它们会严重拉大或拉小均值，增加方差，如果用这样的均值和方差去衡量单个样本数据会有较大的误差。这样的情况下，中位数可较为真实地反映数据的分布情况。

（5）对处理后的车速求平均值 $\bar{v}=\sum_{i=1}^{w}v_i$。其中，$v_i$ 是异常处理后的车速值的个数。

最后根据计算出的平均车速判断道路通畅的情况。根据我国公安部、建设部 2008 年公布的《城市道路交通管理评价指标体系》，作者结合实际工程情况进行了总结，交通拥挤程度可以用城市主干路上机动车的平均行驶速度来描述，见表 11–2。

表 11–2　城市主要道路运行状况评价

平均行驶速度值/（km/h）	平均车速评价等级	道路交通拥堵状态
＜15	拥堵	车流平均车速低，道路交通拥堵状况很差
[15, 30]	缓行	车流平均车速一般，道路交通拥堵状况一般
＞30	畅通	车流平均车速较高，道路交通拥堵状况较好

3）车道占有率

车道占有率的定义是某一瞬时，单位长度路段上行驶的车辆总长占该路段长度的百分比，即

$$R_s=\frac{1}{L}\sum_{i=1}^{n}l_i\times 100\% \tag{11–1}$$

在两个检测站点 AB 之间的路段，在从 t_0 时刻到 t 时刻之间经过检测站点 A 处的交通流量是通过 AB 区间内新增加的车辆数；反之，这时在下游检测站点 B 处的交通流量等于从 AB 区间内减少的车辆数。AB 区间内车辆数的变化值应等于入量与出量之差。因此，只要知道最初 AB 区间的原始车辆数，就能求得检测时间内实有车辆数。在 (t_0, t) 内有

$$E_{(t)}=Q_{A(t)}+E_{(t_0)}-Q_{B(t)} \tag{11–2}$$

$$E_{(t_0)}=q_B+a-b \tag{11–3}$$

式中：$E_{(t)}$为在t时刻路段AB区间内的车辆数；$Q_{A(t)}$为在(t_0, t)通过站点A的累加交通流量；$E_{(t_0)}$为在检测初始t_0时刻，AB区间内的原始车辆数；$Q_{B(t)}$为在(t_0, t)通过站点B的累加交通流量；q_B为在(t_0, t)通过站点B的累加交通流量；a、b为超车数和被超车数。

在实际的检测时，要保证A、B两个站点同时开始检测，也就是说保持同步。在检测中，可以认为a、b是相等的，因为只要一个路段之间不存在中间停车问题，那么车辆之间的超车与被超车数都是相等的。

由以上的计算方法就可以检测出任意时刻t，在AB区间内存在的车辆数，然后读取标签中的车辆信息，读取车辆的长度（如果车辆信息中没有长度信息，那么只能根据以上的车型转换为当量交通流量，然后再计算），之后进行叠加求和，再和总的检测路段长度相比，就是车道占有率。同时为了提高检测准确度，可以适当地延长检测时间。

4）车头时距的检测

可通过统计每个检测站点所检测到的车辆的时刻表，然后进行统计与汇总，按照时间先后顺序排列。计算出每两个时间之差序列$\{\theta_1, \theta_2, \cdots, \theta_n\}$，即前后两辆车的车头时距。车头时距的检测主要是针对某一点或者断面进行的，最后求出平均值即可。

5）车头间距的检测

系统可根据检测到的每辆车的地点车速$(v_1, v_2, \cdots, v_n)$和计算出的时间平均车速v^*，以及检测到的车头时距$\{\theta_1, \theta_2, \cdots, \theta_n\}$和平均车头时距，算出车头间距。

6）排队长度的检测

（1）针对检测到的交通流量，全部转换成当量交通流量，然后设定小客车的平均长度为L，基本上建议取值4.3 m。因轿车一般的车身长度为4～4.6 m，再长一些的会有5 m左右，但是所占比例很小，因此一般取4.3 m即可。

（2）车队排队时的车头间距d，这个数值是个随机量，但是在交叉口基本上只能取一个平均的车头间距。由此可以得到前后两辆车之间的车头间距为$d+L$，再根据检测到的车辆数n就可以得出排队长度$n(d+L)$。

在实际应用中，可以通过RFID检测器检测到的进入路口车辆数减去驶出路口车辆数来获得排队的车辆数，从而获得一个估计的排队长度。

7）检测站点交通事件检测

检测站点异常数据的分析可以用来检测交通拥堵事件，主要表现在如果出现拥堵情况，则在较长时间内只能检测到停留在它的检测范围内的车辆，具体判断方法如下：

（1）统计$t_p-\Delta T \sim t_p$的时间内经过某个检测站点的车辆，找出所有不同的车辆标识符（电子标签号）。ΔT必须大于最长的红绿灯时间，这是针对距离路口近的进入路口方向的检测站点而言的。

（2）如果每辆车被感应的次数都达到最大值，并且大部分都有多条记录，则可以判断这个检测站点附近出现拥堵或者异常事件。至于这个“大部分”实际上是一个阈值，可以实际选择一些拥堵的情况，统计出每次拥堵时有多少车辆有两条或两条以上记录，多次统计后选择一个合理的值。

根据道路交通信息采集与传输子系统收集并传输的道路交通信息（包括实时交通流量数据、实时道路拥堵数据、突发事件数据以及相应的交通静态数据等），并对这些采集到的交通信息进行相应处理，将处理后的数据传输至相应的处理业务子系统，并由相应业务系统做出相关的决策处理，如图11–3所示。

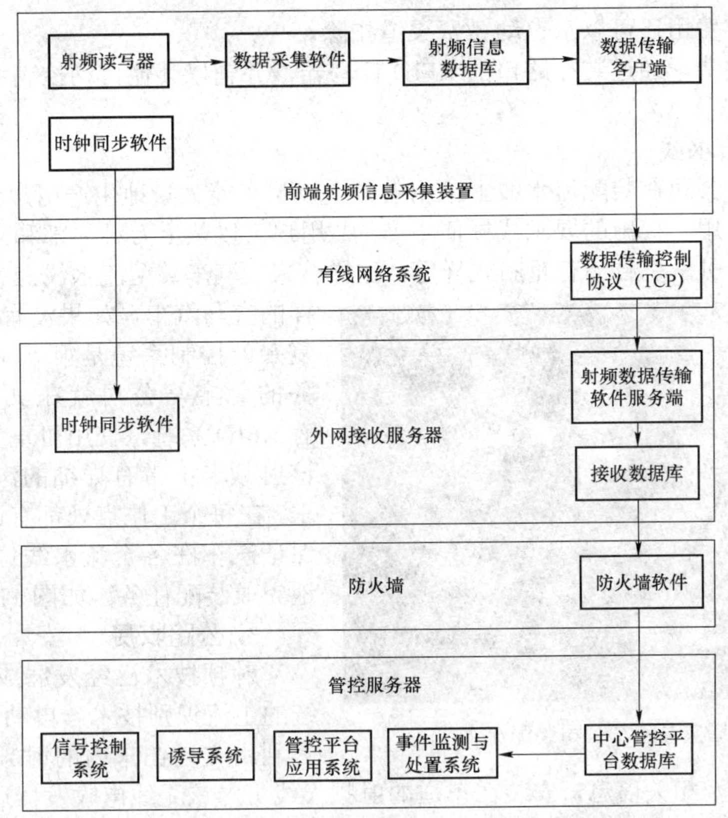

图 11-3　基于射频识别检测技术的交通信息采集与处理系统架构框图

11.2　RFID 技术在车辆识别管理中的应用

1. 车辆检测器

RFID 技术目前在车辆检测器领域得到了广泛应用，主要有：

（1）相对位置定位，确定车辆进入车辆检测器范围内的相对位置。其定位的准确度取决于 RFID 读写器安装的密度。

（2）实时速度获取，进而实时统计得到车辆的平均行驶速度。不仅可以得到道路的实时交通态势，给驾驶员提供选择路段的参考。而且对于超速车辆，通过适当的信息发布机制对该车辆进行通告或警告。

（3）实时路段流量统计，根据通过两读写器区间的车辆数量，可以实时进行某路段的交通流量统计。如果交通流量超过某范围，还可以进行相应的警告信息发布以及进入限制。

（4）实时路径诱导，根据事先选定的路线，在抵达某关键路口的前一个路口，通过适当的信息发布机制，可以告诉车辆应准备在哪条行车道行驶或哪个出口驶出。

（5）实时信号灯相位控制，通过安装在路口的 RFID 读写器可以探测并计算出某两个红绿灯区间的车辆数目，从而智能地计算红灯或绿灯的分配时间。同时，通过对公交车辆类别的识别，可以实现公交优先的交通信号控制。

（6）自动交通违法监控，在区间出口处识别到在某区间违法的车辆后，可以自动进行违法的记录与惩罚。其费用还可以从自动缴费渠道扣除。

（7）不停车收费，通过装在路口的 RFID 读写器，并辅以其他自动控制系统，可实现不停车电子收费功能。

2. 汽车装配流水线

德国宝马汽车公司在装配流水线上应用射频卡以尽可能大量地生产用户定制的汽车。宝马汽车的生产是基于用户提出的要求式样而生产的：用户可以从上万种内部和外部选项中选定自己所需车的颜色、引擎型号还有轮胎式样等，这样一来，汽车装配流水线上就得装配上百种式样的宝马汽车，如果没有一个高度组织的、复杂的控制系统是很难完成这样复杂的任务的。宝马公司就在其装配流水线上配有 RFID 系统，使用可重复使用的射频卡，该射频卡上带有详细的汽车所需的所有要求，在每个工作点处都有读写器，这样可以保证汽车在各个流水线位置处能毫不出错地完成装配任务。如图 11－4 所示。

图 11－4　德国宝马汽车公司装配流水线

3. 公路收费

射频技术已经发展成为不停车收费系统的主流识别技术。自动车辆识别（AVI）是利用安装在车内的射频卡（又称电子标签）存储车辆编号及相关信息，安装在车道的射频天线可与该无线电收发器通信，并对其存储内容进行读写操作，从而识别出当前通行车辆。自动车辆识别主要指工作在微波 5.8 GHz 频段的短距离（8～30 m）通信技术。国际上在自动车辆识别领域内曾经研究和使用过的频率主要有三种：915 MHz、2.45 GHz、5.8 GHz。从已经建成的应用系统来看，915 MHz 系统主要应用于北美地区，尤其是集装箱识别系统。并且，近几年以来，国际上（包括美国在内）几乎再没有新的 915 MHz 系统应用于道路收费系统。美国自身也在逐步地将应用于智能交通领域内的自动车辆识别的标准转向 5.8～5.9 GHz 系统。5.8 GHz 专用短程通信（DSRC）系统主要应用于欧洲、亚洲及大洋洲地区。2.45 GHz 系统应用相对较少，没有形成主流。

由于智能交通系统概念与工程实施在近年来引起各个国家的普遍重视，不停车收费作为其中重要的服务领域之一得到较大发展。我国的 ITS 服务共划分为 8 个服务领域、43 个子服务、138 种服务功能，其中电子收费共需提供 6 种服务功能，包括：路桥隧不停车自动收费服务、路桥隧停车自动收费服务、路侧停车自动收费服务、停车场自动收费服务、公交电子自动收费服务、交通信息有偿自动收费服务。公路不停车自动收费服务将主要依托短距离射频识别技术实现，而公交电子自动收费等服务将主要依托射频耦合 IC 卡技术实现。

在不停车收费系统中，在车道上方或路侧安装有微波天线，天线连接到由天线控制器构成的读写器上。读写器通过天线向电子标签发射信号，电子标签被激活开始进行通信。电子标签反馈回与具体车辆对应的独一无二的 ID 号码，用于 ETC 收费系统对车辆（顾客）进行身份辨析。

现在，欧美许多高速公路自动收费口都使用这一技术。经常往来于高速公路上的车辆事先就在车上安装了射频卡，当它通过收费站时，不需要排队等待交费，而是直接通行，因为在该收费口安装有读写器，记录了该车的通行时间和距离，公路费自动从用户账户上扣除。国内应用见图 11－5。

4. 停车场智能化管理

停车场管理系统采用射频读卡技术，用户持特定的感应卡进出停车场，使用感应卡读卡器来分辨停车场的用户，停车场收费、月租卡的发售及临时卡的授权均由收费计算机完成，可自动调用每一辆车进场时存入的数据及出场时存入的数据，并自动计算出收费金额，实现真正的智能化管理。而且系统用视窗操作，中文菜单显示，使用者能轻易掌握操作。驾驶员无需停车，系统自动识别车辆，完成放行（禁止）、记录等管理功能，可大幅节约进出场的时间，提高工作效率，杜绝管理费的流失。如图 11-6 所示。

图 11-5　长沙不停车收费专用车道

图 11-6　停车场管理系统

5. 货物无线跟踪和识别

现在更多的零担货运公司使用地面网络提高拣货和运输操作的效率。例如，Old Dominion 货运公司安装了 Symbol 技术公司提供的约 7 500 台手持设备。每天 Old Dominion 的司机到达岗位时，他们将当天行车路线下载到手持设备上，在运输中的每一站，他们用这种手持设备扫描装载的或卸载的货物，并将此信息传回调度中心。在中心的跟踪系统实时对送货情况进行更新，发货处的工作人员即可得知哪些货物将到，随即可以提前对发货进行计划。随着这套业务流程逐渐成熟，Old Dominion 能非常清晰地得到装载货物的情况并可进行直达运输。对当天拿到的客户取货要求，现在通常可以很快挑选最合适的司机和卡车去提货，这些信息传递已经无需电话通知。

使用无线技术可以通过消除电话和纸上业务联系提高生产效率。在 Old Dominion，以前每到一个站点司机们都通过填写工作卡片来记录进出时间以及行车里程数，如果碰到退货或回收情况，他们需要填写更多的单证。现在这些都通过手持设备来操作，Old Dominion 统计在一个服务中心取货和送货工作量提高了 10%，在使用无线技术后的第一个季度整体生产率提高了 3.5%。另外一个显著的提高在于取货送货时的单证核对上。司机可以更快地清点所卸货物，并更快核对是否符合订单要求，客户可以立即签收并将确认立即传回中心，这样企业可以随即向客户收取服务费用，与使用无线技术之前相比收款周期缩短了 3～5 天，财务收益因而非常显著。

在 Old Dominion，最新使用的无线技术是 Symbol 生产的手持设备。几年前 Old Dominion 还在所有的牵引车、拖车、手推车等设备上安装了无线射频识别（RFID）标签，在场区和站门安装了无线天线，所有车辆经过这些地点时自动被记录，货车所载货物也自动被清点，数量、到达时间等数据传回计算机系统，并对 ERP 或其他管理系统进行实时更新。货物到达场区内后，带有无线装置的引导人员到拖车的准确位置，利用站台的局部无线网络跟踪指挥清点过的货物进行装载或卸载，并指挥站台工作人员进行操作。如图 11-7 所示。

6. 公共交通电子车票

射频识别系统，特别是非接触 IC 卡，应用潜力最大的领域之一就是公共交通领域。使用非接触式 IC 卡作为电子车票，具有使用方便、可以缩短交易时间、降低运营成本等优势。韩国汉城在 1996 年就采用了这一系统。目前，北京的公交车如 719、749 路等公交车也都加装了电子车票收费系统，很快便可大量投入运营。武汉市电子公交卡如图 11－8 所示。

图 11－7　货物无线跟踪和识别技术

图 11－8　武汉市电子公交卡

7. 汽车防盗

这是 RFID 较新的应用。由于已经开发了足够小的射频卡，能够封装到汽车钥匙当中作为含有特定码字的射频卡。在汽车上装有读写器，当钥匙插入到点火器中时，读写器能够辨别钥匙的身份。如果读写器接收不到射频卡发送来的特定信号，汽车的引擎将不会发动。用这种电子验证的方法，汽车的中央计算机也就能容易地防止短路点火。目前欧洲的丰田汽车、福特汽车和 Mitsubishi 汽车公司、韩国汽车制造商 Hyundai 等在其欧洲车型中也应用射频卡用于防盗。目前全世界已经有大约数百万辆汽车装有该防盗系统。

有一种汽车防盗系统，司机自己带有一个射频卡，其发射范围是在司机座椅 45～55 cm 以内。读写器安装在座椅的背部。当读写器读取到有效的 ID 号时，系统发出三身鸣叫，然后汽车引擎才能启动。该防盗系统还有另一强大功能。倘若司机离开汽车并且车门敞开，引擎也没有关闭的话，这时读写器就需要读取另一有效 ID 号。假如司机将该射频卡带离汽车，这样读写器不能读到有效 ID 号，则引擎会自动关闭同时会触发报警装置。同样这种射频卡也可用于家庭和办公室的防盗。

图 11－9　汽车防盗系统

射频卡可应用于寻找丢失的汽车。在城市的各主要街道路线处埋设 RFID 的天线系统，只要车辆带有射频卡，则在路过任何天线读写器时，该汽车的 ID 号和当时时间都将会被自动记录，并被返回到城市交通管理中心的计算机中。除了城市街道埋设天线外，警察还开动若干辆带有读写器的流动巡逻车，可更加方便地监测车辆的行踪。如果车辆被盗，就能很方便快捷地被找回。在巴西的圣保罗市已经使用这样的系统，如图 11－9 所示。

11.3　RFID 技术在公交优先系统中的应用

国内外多年实践经验表明，解决城市交通问题的重要途径就是发展公共交通，建立先进的公共交通系统 APTS（advanced public traffic system），提高道路通行能力和公交车辆运营管理水平。城市公共客运系统尚未（或正在）引入先进的高新技术，基本上还是采用“定点发车、两头卡点”的手工作业调度方式，导致公交车辆的行车速度下降，行车间隔不均衡，时常出现“串车”“大间隔”现象，严重影响了公交客运的服务质量。尤其是缺乏现代化通信手段，调度人员无法实时了解运营车辆情况，难以及时有效地采取调度措施。公交车辆调度处于“看不见、听不着”的落后现状，具有较大的盲目性和滞后性。将 RFID 应用于公交车场管理系统，可以实现公交车进出站，信息自动、准确、远距离、不停车采集，使公交调度系统准确掌握公交停车场公交车进出的实时动态信息。通过实施该系统可有效提高公交车的管理水平，对采集的数据利用计算机进行研究分析，可以掌握车辆运用规律，杜绝车辆管理中存在的漏洞，实现公交车辆的智能化管理，提升城市形象，从而提高城市公共交通运营调度的管理水平。

RFID 公交优先系统特点：

（1）能够提高公交运行速度和效率，缩短公交在红绿灯路口停留时间。

（2）有效减少公交停车次数、频繁起停带来的能源浪费，提高稳定性和准点率。

（3）实时掌握公交运行状态，调度中心可对公交决策控制并调度。

RFID 公交优先系统原理：

（1）信号灯路口安装 RFID 阅读器，公交车发放及安装绑定信息的 RFID 标签。

（2）当公交车行驶到 RFID 阅读器读取范围内，RFID 阅读器读取车辆上的标签信息，并将读取的信息上传到公交优先系统。

（3）公交优先系统向交通管理部门的中心信号控制系统提出优先申请，交管部门系统对请求进行处理并给出优先结果，实现优先调度操作。

（4）车辆离开阅读器识别区域后，信号控制系统进入信号状态恢复状态，直到信号状态恢复，完成信号优先调度过程。

11.3.1　公交信号优先控制系统概述

对于公共交通系统而言，造成车辆运营工作延误的原因主要有两种：站台延误和交叉口延误。站台延误可通过站台设计优化、车辆乘降优化来减小；交叉口延误一般采用交叉口公交车辆信号优先来解决。在道路交叉口，公交信号优先可为公交车辆（公共汽车、客运车辆、有轨电车等）提供便捷的优先通行服务，由此降低公交车辆的行程时间和排队等候绿灯放行的时间，从而提高其准点率和服务水平。公交信号优先不仅要提升公交车辆交通的运行效益，而且要尽量降低对其他车辆及行人交通等产生的负面影响。

1. 公交信号优先控制系统目标

“公交优先”的概念包括两方面的含义，即对公共交通在通行“空间”和“时间”上给予优先。所谓“空间优先”是通过设立公交专用道来实现；所谓“时间优先”则体现在为公交车提供优先通行信号。快速公交在土建施工时设计了公交专用道，在“空间”上已保证公交车辆的优先，因此，优先信号最佳控制是提高快速公交系统运营效率的有效措施。快速公交车的载客量显然远大于社会车辆和一般公交车辆，是效率化的运输方式。因此，快速公交车通过道路交叉口时理应享有更大的通行权。

信号优先系统不仅要考虑公交车辆通过路口的需求，还要保证路口交通的正常秩序。因此，在兼顾以上两种因素的基础上，制定了以下的优先控制目标：

（1）实现公交车辆识别，进行有针对性车辆的路口优先；

（2）制定完整的信号优先方案，可以满足不同情况下的公交优先需求；

（3）选择合适的优先策略提高车辆路口通过率；

（4）实现车辆运营计划与交通信号的协调控制。

2. 公交信号优先控制方式

根据国内外信号优先系统的实施经验，针对交通基础设施情况及交通流量实际情况，在进行公交信号优先系统设计时，可采用以下技术路线。

1）信号优先控制模式

信号优先系统应当具备多种模式工作的能力，主要应具备的几种模式为：

（1）系统控制下优先。这是信号优先系统的最终目标，但由于这种方式需要大量的分析、交通调查等准备工作，并且在实施过程中要进行不断的调整，才能达到预期的效果，因此在项目建设期间该种方式的实现往往会滞后于其他系统正式运营。

（2）系统监视下的本地优先。在系统控制优先未能实现的情况下，依靠此方式实现路口的优先控制，为异常情况下人为介入信号控制提供支持。

（3）本地控制下优先。作为系统紧急情况下控制方案，例如在通信链路故障时，路口仍能够行使信号优先的控制职能。

2）信号优先控制策略

采用实时控制与运营计划控制相结合的方式，采用运营计划控制的思路确定沿线各路口的信号周期与相位次序。利用车辆识别系统对即将通过路口的车辆进行检测，从而实现主动的实时优先申请，并在此基础上进行优先决策。在信号控制策略方面采用实时控制与运营计划控制相结合的方式：

在充分考虑线路车辆调度计划以及社会交通流量的前提下，确定不同时段的配时方案。

在车辆到达路口时使用实时控制策略，在获得车辆的位置、速度信息基础上（主要是位置信息），实行信号优先分配。

车辆检测/识别是主动优先的必要组成部分，只有实现了精确的车辆检测/识别才能有效地进行信号优先分配。由于线路运营需要准确及时地监控车辆位置信息，因此，公交车辆进出站台、场站时都有必要进行准确的检测/识别。

3）信号控制方法

以扩展优先、调用优先为主要信号控制方式，因插入专用相位以及相位次序交换方法容易与人们的习惯相矛盾，导致在使用中可能出现交通混乱现象而较少使用。

11.3.2 基于 RFID 技术的公交信号优先控制系统

随着微波射频识别（RFID）技术的发展和成熟，将其应用于快速公交车辆检测/识别将大大提高对车辆的管理和运营效率。该方法由 2.4 GHz/5.8 GHz 有源电子标签和基站式读写器组成，该频段设备通信具有良好的方向性，通过调节路侧读写器的输出功率及天线的方向，可以获得不同的直线通信距离。

阅读器通过发射天线发送一定频率的射频信号，当标签进入发射天线工作区域时将车辆 ID 信息通过标签内置天线发送出去；系统接收天线接收到从标签发送来的载波信号，经天线调节器传送到阅读器，阅读器对接收到的信号进行解调和解码，然后送到后台主系统进行相关处理；后台主系统根据逻辑运算判断该标签的合法性，针对不同的设定做出相应的处理和控制，发出指令信号控制执行机构动作。

1. 信号优先控制原理

信号优先控制系统是指交通信号系统对 BRT 车辆在时间上给予的优先，它主要体现在：当 BRT 车辆行驶到十字路口附近时，交通信号系统识别到车辆并判断车辆的运行方向，为其提供优先通行信号。

信号优先系统主要包含有源电子标签和基站式读写器。有源电子标签可通过无线通信方式来与基站式读写器进行信息交互，提供车辆位置、方向等信息，基站式读写器通过对该信息的处理和优化，向信号控制机发出请求优先信号，并由信号控制机对信号灯相位进行控制，以实现对公交车辆的信号优先，其原理如图 11–10 所示。

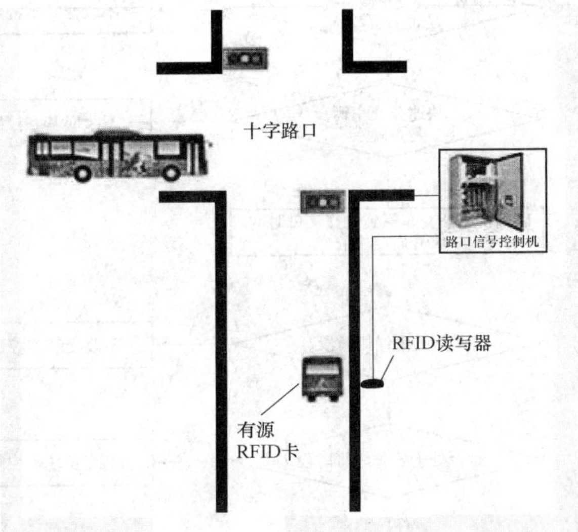

图 11–10　基于 RFID 的公交信号优先控制原理图

2. 信号优先控制方案设计

基于 RFID 的快速公交信号优先控制系统由主要由 4 部分构成，其结构如图 11–11 所示。

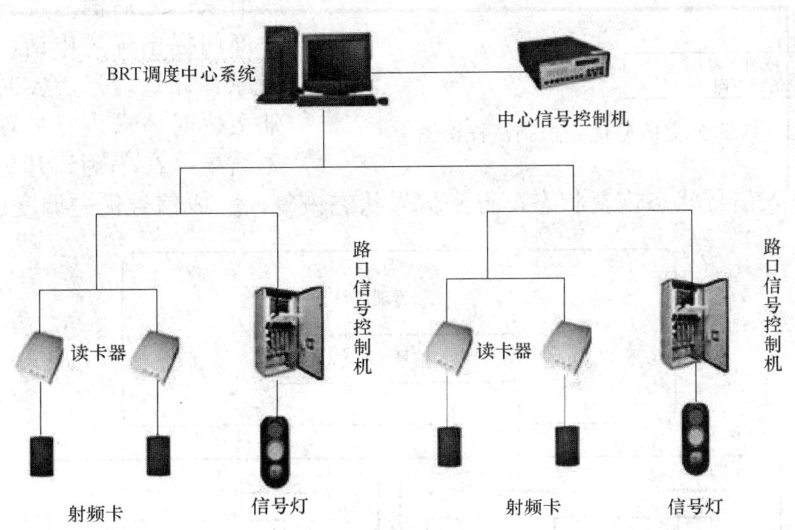

图 11–11　基于 RFID 的公交信号优先控制系统结构

（1）车载单元：射频卡（RF 标签）；采用 2.4 GHz/5.8 GHz 频段，安装在每辆 BRT 车辆前方车顶，识别距离为 2～200 m 可调，识别速度在 200 km/h，可同时识别 200 张卡，ID 全球唯一，使用寿命可以达到 5 年（有源），且不易损坏。

（2）路边单元：读写器的定向天线是室外板状定向天线，具有增益高、前后辐射比大、三维尺寸小、结构紧凑等优点，是一种高质量的室外通信天线。

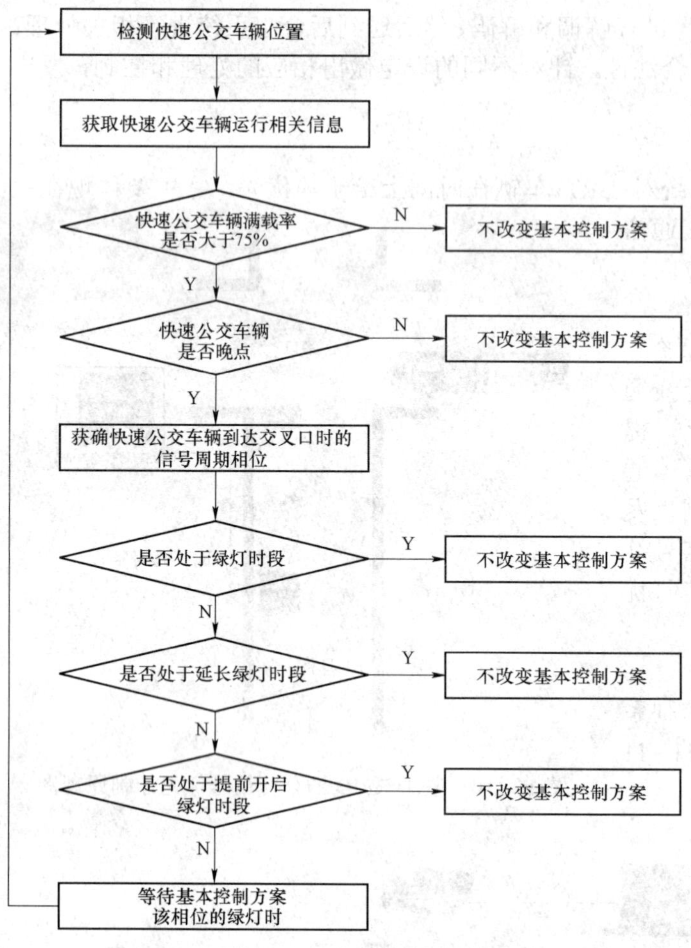

图 11-12　快速公交信号优先控制流程框图

（3）信号控制系统：中心信号控制机（内置嵌入式优先处理模块）为信号优先请求的处理部分；系统采用嵌入式的请求处理模块，通过条件判断是否给予优先通行的权力，对路口信号控制机发出指令，用以控制信号灯相位。快速公交信号优先控制流程见图 11-12。

（4）通信设备：可选以太网方式进行车辆定位信息的传输，也可以选用无线形式，如 GPRS、CDMA 和 WLAN 等。

基于 RFID 的快速公交信号优先控制应用框架如图 11-13 所示。它对交通管理的应用如下所述：

当车辆到达交叉口，RFID 读卡器读到标签，获取车辆信息；通过与智能调度系统交互获取车辆实时调度状态，包括是否晚点、是否快车调度以及满载率等，根据车辆实时状态，生成请求；之后信号优先系统向交通管理部门提出优先申请，交管部门系统在原有计划信息、实时调度信息的基础上，对请求进行处理，最后给出优先结果；在车辆离开定位区域之后，信号控制系统进入信号状态恢复状态，直到信号状态恢复，完成信号优先调度过程。

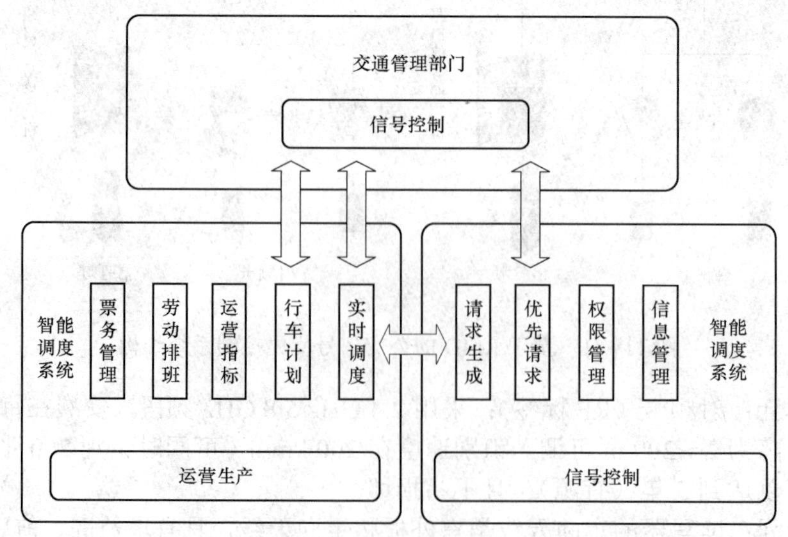

图 11-13　基于 RFID 的快速公交信号优先控制应用框架

思考题

1. 简述 RFID 在厦门智能交通控制与管理系统中的应用。
2. 简述 RFID 在车辆识别管理中的应用。
3. 什么是公交优先信号控制系统？
4. 简述快速公交信号优先控制流程。
5. 简述信号优先控制的原理。
6. 简述 RFID 公交优先系统的特点和原理。

本章参考文献

[1] 李颖宏，张永忠，王力. 道路交通信息检测技术及应用[M]. 北京：机械工业出版社，2014.

[2] 甘琴瑜，周建平，梁楚华，等. RFID 在道路交通信息实时采集系统中的应用[J]. 公路交通技术，2012（3）：132−136.

[3] 但雨芳，马庆禄. RFID，GPS 和 GIS 技术集成在交通智能监管系统中的应用研究[J]. 计算机应用研究，2009，26（12）：4628−4630，4634.

[4] 郭军. RFID 技术在城市道路交通管理中的应用[J]. 交通建设与管理，2009（8）：84−86.

[5] 王兴文，黄础章. RFID 技术在智能交通中的大规模应用模式分析[J]. 中国电子商情（RFID 技术与应用），2009，1（1）：20−24.

[6] 杨涛. RFID 在智能交通领域的应用[J]. 物流科技，2006，29（3）：24−26.

[7] 王志华，史天运. 射频识别技术（RFID）在交通领域的应用现状[J]. 交通运输系统工程与信息，2005，5（6）：96−99.

[8] 王志伟，闫秀霞，孙宝连. RFID 技术应用研究综述及研究趋势展望[J]. 物流技术，2014，33（5）：1−5，10.